ELLE,
TANT AIMÉE

MELANIA G. Mazzucco

ELLE, TANT AIMÉE

ROMAN

Traduit de l'italien par
Philippe Di Meo

Traduit avec le concours du
Centre National du Livre

Titre original :
Lei così amata

Éditeur original : Rizzoli

Elle, tant aimée

[...] celle
Qui reçut tant d'amour que d'une seule lyre
Plus de plainte jaillit que de mille pleureuses,
Et que naquit pour elle un monde fait de plainte,
Où tout fut à nouveau : les forêts et vallées,
Villages et chemins, bêtes, fleuves et champs.
Et ce monde de plainte eut aussi un soleil
Tournant autour de lui comme autour de la terre,
Avec un ciel silencieux et rempli d'astres,
Un ciel de plainte aux étoiles défigurées – :
Pour elle, tant aimée.

RAINER MARIA RILKE,
Orphée, Eurydice, Hermès

LA CHUTE
7 SEPTEMBRE 1942

Va. Ton heure
n'a nulle sœur, tu es –
es de retour.

Paul Celan, *Strette*

En Afrique, pour quelques tribus de la forêt équatoriale, un malade guéri doit changer de nom et en prendre un nouveau. Le malade est mort, et celui qui s'en
revient est un autre. Cela parce que son identité précédente demeure attachée à son nom, avec tout ce que
cela suppose : malchance, destin et ainsi de suite. Le
guide de Molanda lui avait assuré que les Blancs ne
partageaient pas certaines superstitions. Et ainsi,
depuis qu'elle était revenue en Europe, après tant
d'égarements – remise sur pied, et finalement libérée –,
elle avait retrouvé le nom qui avait toujours été le
sien : Annemarie.

Par une lumineuse journée d'été, tandis que le soleil
dissipe les derniers résidus d'une perturbation, et
chasse un nuage retardataire capricieux derrière les
montagnes, une bicyclette, poussée par de vigoureux
coups de pédales et un vent favorable soufflant depuis
le col, roule sur la route qui serpente le long de la rive

du lac. Elle évite les pièges, se faufile entre les rochers qui infestent la rive, les trous creusés par la pluie, les branches basses des mélèzes et les flaques d'eau. Elle rebondit sur les aspérités du sol, projetant sur l'eau l'enchevêtrement symétrique des lignes de son cadre, le cercle harmonieux de ses roues et la frêle silhouette du cycliste. Qui pourtant, à cet instant, ne s'aperçoit de rien et continue à pédaler, légère : c'est en effet une femme, cette femme-là – Annemarie. Lâchant le guidon, elle noue son écharpe de soie derrière son cou, serre sa cigarette entre ses lèvres et se retourne pour vérifier si la calèche de louage qu'elle a dépassée va réapparaître après le virage. La femme avance, de soubresauts en coups de frein, dans un pénible grincement de ferraille, tandis que son ombre sombre glisse sur la surface du lac – légère, silencieuse, imprenable.

Quelques centaines de mètres plus loin, caché par un reflet d'ombre et de soleil, il y a un trou peu profond où stagne une mare d'eau de pluie. Après le trou, une pierre dépasse du sol de quelques centimètres. Une pierre insignifiante, oblongue, pointue, qui s'est arrachée à la montagne comme des milliers d'autres pierres identiques disséminées le long de la route. Annemarie ne le sait pas et, sans le savoir, elle va à sa rencontre. Elle ne croise aucune automobile, aucun cheval, pas même un piéton. La route blanche est déserte, éblouie de soleil. Les cimes de granite et les branches des sapins à peine mues par le vent se reflètent dans l'eau du lac – du même bleu sombre que le ciel. La bicyclette et la femme, fondues l'une dans l'autre pour composer un être informe et étrange, semblent la seule chose vivante dans ce paysage vide, cristallisé dans une immobilité irréelle, comme fantastique. Dans ce lieu si serein, si paisible, aucun mal ne peut la poursuivre. Aucune douleur. Les montagnes enserrent la vallée, presque pour en défendre les habitants et les protéger du monde. Depuis le bois qui ceint les pentes plongeant dans le lac s'exhale un parfum de mousse et de foin, de champignons et d'herbe fauchée depuis peu. Annemarie connaît ces lieux et elle sait où mène la route blanche qui serpente le long du lac : ici les chemins ne se perdent pas et ils mènent toujours quelque part.

La dame de Bocken pose l'aiguille sur le disque. Une voix féminine plane dans l'air, s'élève dans les aigus et retombe aussitôt. Renée est étendue sur une chaise longue, la tête encore bandée, la jambe douloureuse après une chute catastrophique – il s'en est fallu de peu qu'elle ne l'envoie rejoindre le Créateur. Un événement véritablement insolite. C'est une amazone formidable, et le mot « chute » ne fait pas partie de son vocabulaire. Le garçon d'écurie est bouleversé, il tremble : il ne sait comment annoncer la nouvelle à sa maîtresse, qui est d'une humeur impossible ces derniers temps, depuis qu'elle est contrainte à l'oisiveté – elle qui ne tient pas une seconde en place –, à paresser sur son fauteuil dans une immobilité forcée. Renée n'est plus si jeune, elle devrait cesser de monter à bride abattue dans les bois qui entourent le lac de Zurich. Mais qui pourrait trouver le courage de le lui dire ? Depuis le gramophone, la voix essoufflée de Brunhilde croasse : Renée a usé ce disque. « Il s'agit de Parzifal », bredouille le garçon d'écurie. Renée relève tout à coup la tête. Parzifal est son petit poulain préféré. Un moreau à robe noire, aux pattes fines, au caractère impétueux, la gloire de ses écuries. Il a un peu plus d'un an et demi et il promet de faire des merveilles. Elle le suit pas à pas. Chaque jour, elle va vérifier que son avoine est bien sèche et dépourvue de germes, suivre les exercices de dressage – tout. « Il a la colique », murmure le garçon d'écurie. Renée ne perd pas son temps à insulter l'incapable qui a mis la vie de son Parzifal en danger. « Donne-moi ma béquille », ordonne-t-elle. Elle s'exprime d'une manière autoritaire, expéditive, comme si le monde était en retard et qu'elle n'avait pas le temps de l'attendre. Elle se lève d'un bond, saisit la béquille et se traîne du côté des écuries. Elle n'est pas encore capable de marcher, et s'il y avait dans les parages quelqu'un doué d'un minimum de bon sens, il l'empêcherait de bouger. Il ne lui appartient pas de s'occuper de Parzifal. Mais à Bocken, il n'y a personne. À cette heure, les volets sont tous fermés : les domestiques travaillent, il n'y a pas d'hôtes, la mère de madame, âgée, se repose, ses enfants sont partis – l'un s'est marié et vit le plus loin possible d'elle, un autre s'est perdu dans le silence, le troisième a été perdu – et la maîtresse de maison est seule. Dans le box, le petit poulain est étendu sur la paille. Impuissant, il se débat. Il se roule par terre. Il cogne plusieurs fois sa tête contre son flanc humide de sueur. Il souffre atrocement. C'est un spectacle déchirant. Personne n'a jamais vu la maîtresse pleurer.

Une abeille volette au-dessus d'une flaque, un instant elle se pose sur une pierre oblongue, puis elle s'envole au loin. La pierre demeure là où elle était. Si la cycliste déviait imperceptiblement sa roue, si elle changeait de trajectoire, elle l'éviterait. Mais elle ne le fera pas. Certains soutiennent que « hasard » signifie « chute ». Dans l'acception de quelque chose qui tombe – ou surgit spontanément dans l'esprit, comme une idée, une trouvaille. Une chose qui se déplace vers quelqu'un, comme si elle était obscurément attirée par lui. Le silence enchanteur de la vallée est soudainement brisé par le vacarme des cloches. L'illusion est rompue, le monde est en effervescence, tout continue – c'est un jour comme un autre. Un instant, elle a pu croire que la vallée était redevenue nature et silence, peuplée seulement d'animaux et de montagnards courbés sur les champs à faucher le foin, à fendre le bois à la hache, comme il y a cent ans. Elle a voulu croire que les grands hôtels étaient restés vides. Au contraire, les volets des fenêtres du

Waldhaus sont tous ouverts, les femmes de chambre battent les édredons aux fenêtres et les grands hôtels célèbrent encore – comme si de rien n'était – leurs rites habituels. Cette année aussi – même si moins nombreux qu'à l'ordinaire, même si ce ne sont pas les mêmes –, les vacanciers sont venus se promener, jouer au golf, respirer l'air salubre de Sils et de Saint-Moritz. Leur vie continue comme avant que tout cela ait commencé, recréant un état d'enchantement fait tout à la fois d'indifférence à la guerre et de recherche désespérée d'un havre de paix. Arrivés au début du mois de juin, ils ne sont pas encore repartis : leurs vacances sont longues, comme le temps dans ces montagnes. Ils n'ont aucune hâte de retrouver leurs bureaux, leur ville, leurs affaires. Et même si la distance les lui dissimule, elle peut les imaginer et les voir clairement, car cette vie-là a très longtemps été la sienne. Très longtemps, elle est venue ici pour le même motif qu'eux. Pour oublier, pour se bercer d'illusions, pour se reposer. Mais cette fois, elle n'est pas venue pour cela.

L'avion s'arrache au sol dans une brusque secousse alarmante. Il se cabre. Les quelques voyageurs – tous des militaires excepté une correspondante de guerre, Miss Mèn, comme l'appellent les officiers – sont écrasés sur leurs sièges et projetés en arrière. Les cloisons vibrent, le moteur bourdonne, le plancher de l'appareil tremble. La carlingue produit un grincement sinistre, et semble sur le point de se désintégrer. Les militaires les plus jeunes pâlissent, d'autres prient. Avec nonchalance, les faisant rougir de leur faiblesse, Erika les regarde, éclate de rire. Son rire est franc, presque déconcertant. Elle est habituée aux transports hasardeux des temps de guerre, dans des avions assemblés, dirait-on, avec du matériel de rebut, de la ferraille ou sait-on quoi d'autre. Habituée à regarder les villes, les déserts et les pays depuis une hauteur impensable, à voler à travers les fuseaux horaires, d'un bout à l'autre du monde, le plus souvent toute seule, elle n'a pas le temps de se faire du souci. Et puis, elle ne s'effraie pas facilement. Ni les risques, ni les dangers, ni même les bombes : seule la bêtise lui fait vraiment peur. « Espérons que nous ferons un bon voyage, Miss Mèn », lui lance le jeune capitaine assis à ses côtés, hasardant un sourire. « Mon cher, espérons seulement arriver à bon port, répond Erika. Je n'aimerais vraiment pas finir dans le ventre d'un thon. Du reste, je crois être plutôt indigeste ». Le coucou ne s'est pas encore stabilisé en position horizontale qu'elle extrait laborieusement sa machine à écrire de sous son siège et se met à taper quelques notes pour sa conférence du soir même. Elle doit parler à la radio. Expliquer à ses auditeurs invisibles éparpillés à travers les espaces américains infinis combien la situation est grave en Méditerranée, et combien une intervention américaine en Europe s'avère indispensable, maintenant que le vieux continent est sur le point de tomber. Elle doit demander à chacun de mettre la main à la pâte. Car, au moment décisif, personne ne doit se dérober : toute vie particulière pourrait être celle qui changera le cours de l'histoire de notre temps. Elle a les idées claires, elle sait parfaitement ce qu'elle dira et même comment elle le dira – avec quelle intonation, à quel moment elle fera une pause et quand elle haussera la voix – et c'est peut-être pourquoi elle n'a pas envie d'écrire. Elle est loin, à des milliers de kilomètres et à bien des jours de voyage de celle qui fut son amie, Annemarie. Leur éloignement dans l'espace et dans le temps est devenu si profond qu'elles ne seraient pas plus éloignées l'une de l'autre si l'une était vivante et l'autre morte. Et pourtant, chaque fois qu'elle voyage, elle pense à Annemarie – même si c'est à la dérobée. Elle n'a pas encore reçu de réponse à sa dernière lettre, et ne sait pas même où Annemarie pourrait se trouver à pareil moment. En Afrique ? À Lisbonne ? Si on lui disait qu'elle est au bout du monde, elle ne s'en étonnerait nullement. Erika se penche vers le hublot, mais il est opaque. À l'aide de sa manche, elle ôte une couche de poussière grasse. Elle cherche en vain à voir quelque chose. L'avion vole dans une brume blanche, aveuglante.

Portées par le vent, la voix de son amie dans la calèche et celle du cocher lui parviennent. Incompréhensibles. Annemarie voudrait entendre ce qu'elles disent, mais cela changerait-il quelque chose ? Elles parlent de choses sans importance. Isabelle se plaint du rationnement de l'essence : mais, à la fin, la Suisse est-elle un pays neutre, oui ou non ? Pourquoi diable nous faut-il payer nous aussi les conséquences de cette guerre ? Le vieux cocher de la calèche de louage n'est pas d'accord. Il est satisfait. Il a toujours vécu en Engadine et il se souvient de ce qui arriva voici vingt ans. Jusqu'en 1925, il était rigoureusement interdit de circuler dans la vallée en automobile. Ces engins étaient bruyants, et dans ce paradis écarté, on n'en voulait pas. On ne voulait pas de poussières, d'émanations de pots d'échappement, d'exhalaisons de gaz nauséabonds ou d'essence. « On se croirait revenu vingt ans en arrière, je suis content », dit l'homme. Accompagnée par le murmure de leurs voix, Annemarie continue à pédaler. Trois virages, un bosquet et un court bout de route la séparent de la pierre oblongue. Elle inspire une bouffée de fumée et s'amuse à observer son ombre reflétée dans l'eau et qui semble l'accompagner. Cette ombre étirée, inconsistante, a quelque chose de spectral.

La calèche débouche d'un virage. À cet endroit, les rochers sont en aplomb sur le lac et dessinent d'allusifs gribouillis sur l'eau. Le soleil sur les cailloux de la route est éblouissant. La pierre oblongue se tapit dans l'ombre d'une branche. Une petite embarcation à rames remonte péniblement – contre le vent – de Silvaplana vers les marécages nus de Sils. Annemarie lâche son guidon d'une main et recoiffe ses cheveux qui s'obstinent à tomber sur ses yeux. Il fait chaud et elle regrette de ne pas avoir de chapeau. Elle regrette même le drôle de casque colonial dont elle ne s'était pas séparée des mois durant, et qui, à en croire ce que tout le monde disait, la faisait ressembler à un explorateur.

Le front emperlé de sueur, le souffle lourd, la chemise trempée collant complètement à son corps tendu sur sa table de travail, Claude s'affaire sur le ventilateur, s'acharne sur le mécanisme cassé. Les pales sont inertes, l'engin a cet air insolent propre aux objets désobéissants. Claude s'essuie le front avec son mouchoir. À Tétouan, il fait une chaleur infernale aujourd'hui, et dans son bureau, il doit faire dans les quarante degrés. Est-il possible qu'un consul français, je dis bien français, doive être traité de la sorte ? Il doit y avoir trois mois, depuis le début de l'été, qu'il a passé une commande de ventilateurs. On ne la lui a pas encore expédiée. Mais qui devrait la lui expédier, après tout ? Les vichyssois ont bien d'autres chats à fouetter, et les gaullistes contrôlent certes l'Afrique, mais non ce protectorat espagnol où il a été nommé. Et lui, qui représente-t-il ? Qui représente la France aujourd'hui ? Qui est l'ennemi ? Des instructions écrites reçues le matin même l'informent que, comme cela semble logique, l'ennemi est l'Angleterre. Mais aujourd'hui précisément, il a parlé avec un général français, et les instructions verbales sont tout autres. L'ordre reçu au Maroc est le suivant : se défendre. Le général lui a expliqué, à sa grande surprise, que les Allemands sont l'ennemi. Il faut donc se préparer à coopérer avec les Alliés. Assis face à lui, l'Arabe lui adresse un doux sourire insondable, vaguement moqueur, qui l'agace, car il est typique des gens du cru. Irrité, Claude lui demande s'il ne s'est jamais rendu de l'autre côté du détroit de Gibraltar, en Europe. « Non », répond l'Arabe, en hochant la tête. Il

14

ne semble pas que la chose soit importante, pour lui. Claude au contraire compte les jours qui le séparent de la date à laquelle il pourra songer à demander un congé pour rentrer. L'Europe, la douce Europe. Il déteste cet endroit – le bureau et les murs empoussiérés, le drapeau bleu-blanc-rouge et la pathétique photographie du maréchal Pétain. Il déteste l'Afrique, il déteste Tétouan, il déteste ce que son mandat qualifie euphémiquement de peuples indigènes, et il déteste davantage encore les Blancs – tous des voleurs, des intrigants, des espions. Avec un soupir, il s'abandonne sur le dossier de son fauteuil. Il avale une gorgée de thé bouillant qui lui laisse un goût de poussière dans la bouche. « Monsieur le Consul veut-il recommencer à dicter sa lettre ? », demande Abdallah. « Oui », répond Claude. Il cherche à remettre de l'ordre dans ses pensées, à trouver les formules appropriées pour une demande officielle de fournitures, et il n'y parvient pas : entre une phrase et l'autre s'insinuent des mots absolument incongrus. *Ma chérie**. *Ma chérie**[1]… Je voudrais que tu sois à mes côtés. Lorsque tu es ici, je me supporte mieux, et j'ai davantage de courage. Avec une nostalgie désespérée, lui revient à l'esprit le petit vent frais qui se lève à cette même heure depuis Maloja pour faire ployer les mélèzes, balayer l'herbe et agiter les eaux profondes du lac de Sils. Il songe à ce ciel limpide, aux nuits glaciales, aux premières neiges qui dans quelques semaines recouvriront les prairies de la Fextal. Et surtout, il songe à Annemarie. Il revoit sa fine silhouette dans cette pièce, précisément sur le fauteuil décati où Abdallah est maintenant assis. Il la revoit, son éternelle cigarette aux lèvres – triste, mécontente, perdue dans ses pensées comme dans un labyrinthe. Ses cheveux coupés très court – par le même coiffeur qui coupe également les siens, et de la

[1] Tous les mots ou expressions suivis d'un astérisque sont en français dans le texte. (*N.d.T.*)

même façon, avec une raie à droite et un dégradé sur la nuque. Ses yeux gris liquides, qui lorsqu'il s'assombrit deviennent sombres eux aussi, presque noirs. Qui sait si elle a reçu sa lettre. Elle ne lui a pas encore répondu.

Le cocher tire sur les rênes du cheval afin de ralentir son allure. Assise auprès de lui, coiffée d'un casque de cuir de motocycliste, les lunettes de travers, Isabelle gesticule et lui fait signe de s'arrêter : la bicyclette qu'Annemarie enfourche lui appartient. En raison d'un insondable paradoxe, elle, qui a conduit des automobiles sur les routes les plus improbables du monde, sur des pistes pas même tracées dans les déserts d'Asie et sur des sentiers perdus parmi les marécages africains, est obligée – chez elle, dans son propre pays – de se déplacer à bicyclette. La journée a été vide et dans le même temps fébrile, occupée par ces fastidieuses bagatelles quotidiennes qui lui sont pourtant si nécessaires, parce qu'elles font obstacle à la dérive de ses pensées. Et puis elle croyait être pressée, parce que le notaire l'attendait à Silvaplana : elle devait signer le contrat d'achat d'une maison.

C'est une construction ancienne, typique de l'Engadine, avec une façade recouverte de graffitis désormais délavés, des marches de pierre, des fenêtres carrées, avec un vestibule sombre sur lequel donnent les portes des chambres, un immense poêle en fonte et des pièces aux cloisons recouvertes de bois. Elle avait loué cette bâtisse bien des années auparavant : elle aurait voulu l'acheter depuis toujours mais elle n'avait jamais trouvé l'argent pour le faire. Et ceux qui possédaient cet argent – son père, sa mère – ne le lui avaient pas donné, et elle croit désormais comprendre pourquoi : afin que – éternellement fille – elle ne puisse se bâtir ailleurs une maison vraiment à elle. Sa maison était à Bocken, et c'est là qu'elle reviendrait. Mais maintenant, après tant d'atermoiements, d'attentes, et d'espoirs déçus, la vieille maison blanche perdue dans la bruyère de Sils lui appartiendrait.

Elle s'était réveillée tard, d'une humeur étrange. Sans forces, elle s'était prélassée quelques minutes dans son grand lit. Là, dehors, quelqu'un s'escrimait avec les clefs, dont elle pouvait percevoir le tintement métallique. L'ancienne grande maison était vide. Elle ne l'avait jamais autant voulue. C'était une maison idéale pour une famille, même si elle avait toujours rêvé de créer une famille différente et nouvelle, sans parents et sans enfants, faite seulement d'égaux – d'amants, d'amis. Mais le mois de septembre était déjà venu, les derniers hôtes étaient partis, et leurs chambres étaient restées vides. Curieusement, en se mettant à la fenêtre, la première chose qu'elle avait aperçue avait été une bicyclette adossée à la palissade et appartenant peut-être à la pension d'à côté. La vue était si reposante, depuis sa chambre ! L'eau lisse du lac, immobile, miraculeusement bleue, scintillait dans le lointain que le vent de Maloja n'agitait pas encore. Çà et là sur l'herbe, des rouleaux de foin séchaient. Après tant de vicissitudes, il lui semblait si étrange, et si beau, d'être de nouveau à Sils – à la même fenêtre, à la même table, dans la même *Stube*, entourée par les mêmes merveilleuses montagnes, l'atmosphère amicale du village et le magnifique paysage estival.

Dans la prairie voisine, deux jeunes filles aux bras nus étendaient le linge de la pension sur des fils. L'apercevant, elles la saluèrent d'un geste de la main. « Bonjour, Madame. » Madame, avait-elle pensé avec une imperceptible déception. Elle aimait s'entendre appeler ainsi – ce mot témoignait d'un respect, d'une distance et dans le même temps d'une familiarité secrète. Elles l'avaient désormais acceptée. Elles ne s'étonnaient plus de sa manière de s'habiller ou de se couper les cheveux, ni de sa vie. Elles l'appelaient « la Dame de Zurich ». « La Dame des Voyages ». Ou, encore, tout simplement, « la Dame ». Mais aujourd'hui, ce mot lui avait semblé lugubre.

Brusquement, elle s'était rendu compte que son frère Freddy avait raison, avec sa lucidité pleine de bon sens et un brin déprimante : il fallait se rendre à l'évidence, sa jeunesse s'était enfuie. Une nouvelle époque allait commencer. Mais pour elle, c'était encore quelque chose de nébuleux, d'informe, de provisoire. Et, en dépit de toutes ses bonnes résolutions, et de l'étrange sérénité qui depuis quelques mois l'accompagnait, elle n'avait pas la force de commencer quoi que ce fût. Un instant, elle désira s'anéantir, se changer en fragment du grand tout. Devenir un arbre – l'enveloppe, l'écorce rugueuse d'un sapin, dépourvu de mots, dépourvu de voix, dépourvu de regard. Elle sourit cependant aux jeunes filles. Celles-ci portaient un uniforme noir froissé, elles étaient décoiffées et n'avaient pas même vingt ans. Les gens du cru avaient été contents de la voir revenir. Ils ne savaient pas que c'était le seul endroit au monde où il y avait encore un recoin pour elle.

Des corps nus des recrues se libère une lourde odeur empestant la salle d'école et de collège. Dans le couloir de la caserne de Governor Island, le bourdonnement des médecins et des soldats se fait de minute en minute plus animé, presque assourdissant. Ils sont tous en file, l'un derrière l'autre, en rangs serrés. Ils avancent lentement vers une porte – là-bas, au fond – d'où filtre une lumière. « Avancez, avancez », entend-il crier. « Tenez-vous droits, sortez vos épaules. Qu'êtes-vous donc, un troupeau de moutons ? » les insulte un officier tout en les poussant. Le jeune homme qui le précède a quant à lui des épaules de portefaix et des poils roux sur les fesses. Klaus aussi est nu. Tous ceux qui aspirent à s'engager sont nus : c'est le moment de vérité. Klaus est complètement abattu et même la vue de la corne d'abondance de la nudité juvénile – des corps musclés, glabres, frétillants – ne lui procure aucune joie, seulement un sentiment d'infinie tristesse, qui étend son ombre partout et ternit les couleurs du monde. Il n'est plus capable d'éprouver de désir, et la seule chose qui lui semble désirable, il ne peut la regarder ni la toucher, parce que c'est la mort. Il se traîne le long du couloir, s'arrête, avance, s'arrête de nouveau, tout en se demandant combien de temps on peut résister lorsque la vie apparaît si insupportable et la mort aussi prometteuse qu'une guérison pour un malade, que le retour dans sa patrie après des années d'exil. Le médecin prend son pénis entre ses doigts, l'examine d'un air professionnel. Le soupèse. L'évalue. Lui serre fort les couilles. Klaus réprime un gémissement. « Bravo, l'Allemand, tu n'as pas attrapé une blennorragie en Amérique. Tu as attrapé la syphilis. » « Je ne suis plus un Allemand, répond-il avec lassitude, je vous l'ai déjà dit, j'ai demandé à être naturalisé américain. » Le médecin l'observe, le fixe droit dans ses yeux clairs. « Es-tu fou ? Communiste ? Pédéraste ? » « Non », répond Klaus, soutenant son regard. Depuis quelque temps, lorsqu'il parle aux autres, il lui semble être un acteur occupé à jouer son propre rôle. Il sourit, bavarde, ment. Il pourrait dire n'importe quoi sans aucun effort. Et de l'intérieur, il est rongé par la solitude, par un monstrueux sentiment de solitude et d'impuissance. Mais cette représentation le décourage. Pourquoi tant d'histoires ? Il veut seulement s'enrôler dans l'armée américaine. Pour faire ce qu'il lui sera possible de faire – journaliste, interprète, soldat. Peut-être cherche-t-il seulement à vivre un jour de plus ou à en finir au plus vite. À cet instant, il n'a pas même assez d'argent pour trouver une manière décente de mourir. Peut-être que *celle-là* en est une. « Qu'est-ce que c'est que ces bleus sur votre jambe ? » Ce ne sont absolument pas des bleus : ce sont des piqûres, et alentour, la peau est toute rougie. Klaus feint de le remarquer seulement à cet instant. « Ah ! Je ne sais pas. C'est peut-être à cause des moustiques. »

Elle n'avait rien fait de différent de ce qu'elle avait fait hier et de ce qu'elle ferait demain. Elle avait écrit, écrit et encore écrit. Elle a sacrifié tout l'été à son livre, et encore une matinée de soleil. Mais, dans la douceur de leurs sonorités, ses phrases perdent leur direction, ne vont nulle part. Elle s'abandonne aux mots, peut-être parce que la clef du retour est en eux. Puis, le déjeuner dans le jardin, sous les mélèzes, face au lac. Elle a signé des reçus et réglé des dettes. Tu es de nouveau riche – semble-t-il. *Fille de famille**. Les familles nous possèdent même lorsqu'elles n'existent plus. Les morts nous poursuivent et nous ne pouvons savoir si les dons des fantômes qui ont peuplé notre enfance nous rendent libres ou définitivement prisonniers. La factrice lui avait apporté son courrier – mais il n'y avait aucune lettre, rien que la *Neue Zürcher Zeitung*. Et pourtant, depuis des mois les nouvelles étaient tellement mauvaises que l'envie de lire le journal lui était passée. Annemarie était revenue, mais rien n'était plus comme avant. L'Europe était ravagée, et les villes où elle avait vécu, occupées, dominées, méconnaissables. Le monde qu'elle aimait n'existait plus – pour elle, il était devenu non moins inaccessible, non moins perdu que Bocken, dont elle avait été chassée pour toujours. Elle n'avait plus de langue – les sonorités allemandes de ses pensées elles-mêmes s'avéraient pour elle insupportables – ni de public ni de lecteurs ; elle ne possédait plus rien excepté le texte dactylographié inachevé de son dernier livre – que peut-être personne ne lirait jamais –, cette maison parmi les montagnes et le poids du présent. Si un avenir différent existait ou pointait, il était trop éloigné, elle ne parvenait pas à l'imaginer.

Sa promenade préférée la menait à travers prés jusqu'à la rive du lac. Elle marchait alors parmi les herbes hautes et les marécages, suivant la rive orientée vers l'embouchure de la vallée – vers le col de Maloja. Les nuages, la pluie, l'hiver, le vent arrivent par-là. Puis, elle tournait le dos au lac et regardait le clocher – cylindrique et brun, couvert d'ardoises – de Sils-Baselgia scintiller sous le soleil, se dresser dans la bruyère. Voici bien des années, elle faisait cette promenade avec son airedale terrier tant aimé. Il s'appelait Doktor. Il était sous-alimenté et mal élevé, précisément comme elle. Mais il n'est plus, lui non plus. Ses amis sont partis. Elle grimpa sur la presqu'île, une langue de forêt qui s'avançait dans le lac – en surplomb, très raide et rocheuse. De son point culminant, on dominait la vallée. Là, jamais personne ne montait. Là, on trouvait un silence parfait. Elle s'assit sur son rocher habituel et alluma sa énième cigarette de la journée. Elle avait de nombreuses choses à faire, mais elle ne voulait en faire aucune. Pas même y penser. Ses pensées avaient une consistance insoutenable. Cette fois, les décisions les plus simples elles-mêmes semblaient devoir être définitives. Comme si elle avait épuisé toutes les possibilités et qu'il ne lui en restait plus qu'une. Partir de nouveau – se trouver une destination quelconque, un continent – ou bien s'arrêter : accepter un but, un métier. Chercher un espoir ou renoncer à tout salut. S'établir ici. C'est la seule patrie qui lui reste, encerclée par les montagnes, menacée et néanmoins intangible. Rester avec Claude ou s'en séparer pour toujours. *Ma chérie**, je rêve d'un fil de soie imaginaire qui relierait Tétouan à ton Engadine. L'autre partie du fil serait liée à ton doigt, et chaque fois que je le tirerais pour te rappeler que tu as laissé une affection sur ce dernier lambeau de terre africaine, tu le sentirais. Viens, *chérie**. Lorsque tu es à mes côtés, je me supporte mieux et j'ai davantage de courage. Je t'embrasse. *Chérie, chérie**. Des choix simples, comme aller à Silvaplana ou revenir à la maison. Au fond, il n'y a plus aucune raison d'aller à Silvaplana, puisque le rendez-vous avait été annulé. Mais désormais il était trop tard pour changer d'idée et Annemarie n'avait pas décommandé la calèche. Elle était d'ailleurs déjà arrivée. Depuis la péninsule, elle la vit à l'arrêt devant chez elle.

Elle se rendait à Silvaplana en cahotant sur sa calèche, pensant aux choses qu'elle devait faire avant le soir. Pensant à ce qu'elle devrait faire le lendemain. Lentement, suivant la cadence somnolente du cheval de trait qui seconde le rythme distrait de ses pensées. Mais, à mi-chemin, Isabelle l'avait rejointe à bicyclette. Sait-on pourquoi elle l'avait fait. Sous le coup de quelle étrange inspiration, désir ou folie, Annemarie avait demandé au cocher d'arrêter la calèche et à son amie de lui prêter sa bicyclette. Tant d'années étaient passées depuis la dernière fois qu'elle avait pédalé. Elle était encore un garnement de douze, treize ans, à cette époque : en cachette des adultes – de ses parents, de sa gouvernante et de sa surveillante – elle s'élançait le long de la descente raide du domaine de Bocken. Depuis l'esplanade face à sa maison, et en contrebas, le long de l'allée qui y menait, jusqu'à la grille, le cœur battant, sans freiner, sans jamais poser ses mains sur le guidon. Regarde-moi ! Criant : regarde-moi. Cinq kilomètres de virages, de plaine, d'une douce route blanche serpentant le long du lac. Une voix intérieure lui disait que se présenter devant un notaire le visage sale de poussière, le revers des pantalons éclaboussés de boue et les mains noircies par la graisse de la chaîne n'était peut-être pas particulièrement indiqué pour la femme qu'elle était désormais devenue – qu'elle le veuille ou non. Mais elle ne devait plus se rendre chez le notaire, et puis elle n'avait jamais écouté la voix des usages. Les voix qui lui parlaient étaient tout autres. Mais désormais, elle savait qu'on peut se cacher dans le néant, qu'on peut se laisser engloutir par la forêt tropicale, mettre l'océan et les montagnes entre nous et ce qu'on fuit, mais qu'on ne pourra pas ne pas rencontrer son destin. On peut seulement l'attendre – et l'accepter. C'est vraiment ce qu'elle essayait de faire depuis quelque temps. Parce que renoncer à sa propre volonté au profit d'une volonté supérieure, universelle, éternelle, rend libre. Voici quelque temps, elle a écrit une longue lettre. « Mon séjour en Afrique m'a fait prendre conscience, plus clairement que toute autre expérience, de l'insignifiance du monde extérieur, de sa fausse réalité. En effet, je pourrais également ne pas m'appeler Annemarie, mais en dépit de tout, mon identité et mon expérience humaine demeureraient intactes. S'adresser aux hommes c'est faire fausse route : nous sommes frères, certes, mais seulement en vertu de notre origine commune, parce que nous sommes les fils de Dieu. Il ne me reste qu'à chercher le moyen de ne pas être blessée par le hasard du monde extérieur qui nous domine tous. Que je sois tuée par les hommes, par la faim ou par une pierre, l'éternel qui est en moi ne peut être atteint. Nous sommes néanmoins nés libres, au-delà de toute loi terrestre. » C'est ainsi qu'elle descendit de la calèche, enfourcha la bicyclette, pédala le long de la route et disparut.

Aussitôt après le trou, la pierre oblongue dépasse de quelques centimètres du sol. Elle est encore dans l'ombre, mais la route est éblouie par une réverbération du soleil. Flanquée de la calèche, la bicyclette sort en grinçant de derrière le virage. Annemarie pédale vigoureusement, regardant l'ombre légère – et fidèle – qui glisse au fil de l'eau, tout près. Elle se sent légère, ici, elle est en sécurité. Rien ne lui appartient et elle n'appartient à rien. Elle a déjà renoncé à tout ce qu'elle a été et à ce qu'elle pourrait être. Elle est libre. Elle est partout, et elle est tout parce qu'elle n'est plus. Elle plane au-dessus des désirs désormais enfuis et des sensations déjà éprouvées, au-delà de la chaîne de la vie et de la nécessité. Alors, le temps et l'espace se vident, et tout devient présent. « Regarde-moi ! Regarde-moi ! » dit-elle. Sait-on à qui elle parle ? Car elle susurre à peine, et puis un vent furieux s'est levé, les occupants de la calèche ne peuvent plus l'entendre. Quelqu'un crie « Annemarie ! » et le son de son nom lui procure un frisson. Le vent de Maloja souffle en rafales violentes qui font ployer les sapins et balaient le lac. L'eau se fronce. Le cordage de l'ancre qui retient une barque se dénoue et, détachée de la rive, abandonnée à elle-même, la barque se balance doucement dans le bleu et dans le ciel qui se reflète dans le lac. Son ombre sombre qui, légère, glisse au fil de l'eau, disparaît, pour se décomposer en mille fragments. L'eau reflue vers la rive, et son ombre se dissout. Elle s'en aperçoit, elle comprend. Un instant et la bicyclette glisse, déraille, s'incline sur le flanc et tombe. Quelqu'un crie : « Annemarie ! »

Dans la pénombre des écuries de Bocken, sa mère est restée seule entre les portillons des box tous fermés : seule avec sa tête bandée et sa jambe endolorie, puisque Renée a fait le vide autour d'elle. Ayant pris de l'embonpoint avec l'âge – c'est une veuve mûre de presque soixante ans –, elle ne contourne pas les obstacles, elle les surmonte. Ou les abat. Elle a perdu son mari, un empire, ses enfants, tout ce qu'elle avait de plus cher. Mais elle ne se complaît pas dans ses malheurs, peut-être parce qu'elle n'y pense jamais – ou parce qu'elle n'a jamais perdu quelque chose de vraiment important. Elle pleure son Parzifal, caresse son museau et souffle affectueusement dans ses narines pour la dernière fois ; elle pointe son revolver dans sa direction et lui tire une balle en pleine tête avec une détermination impitoyable que sa fille connaît bien, cette assurance qui l'effarait tellement. L'avion vole au-dessus des nuages, et Erika plaisante avec son voisin : elle le rassure, il est probable que la défense antiaérienne allemande cherchera à atteindre leur avion pour les éliminer, mais il est tout aussi probable qu'elle les manquera, parce qu'elle est tout sauf malchanceuse – en fait, c'est exactement le contraire – et à la guerre, et pas seulement à la guerre, les possibilités de s'en tirer sont importantes pour quiconque, mais *a fortiori* pour elle, parce qu'elle NE veut PAS que quelque chose lui arrive. Ses yeux sombres s'illuminent lorsqu'elle rit. Elle semble de bonne humeur. Elle porte la bonne humeur pour vêtement, et elle l'ôte seulement lorsqu'elle est seule. Mais Erika n'est jamais seule. Le jeune capitaine assis à ses côtés lui fait la cour – comme tout le monde la lui fait et comme elle aime qu'on la lui fasse –, il l'appelle Miss Mèn, et Erika sourit, car cette prononciation est incorrecte et dans le même temps juste, comme tant d'autres choses – toutes peut-être. Et Claude boit un thé à la poussière dans son bureau embrasé de Tétouan, rêvant obstinément que l'impossible s'est réalisé. Qu'Annemarie et lui se sont retrouvés pour recommencer. Il s'affaire sur le ventilateur cassé, et la lettre commerciale d'une rare insignifiance qu'il dictait à son Arabe a fini à la corbeille. Maintenant, la lettre révèle au Français de la France libre des informations militaires secrètes – au Maroc, notre armée compte 20 000 fusils dissimulés aux Allemands, 1 000 FM et autant de mitrailleuses, 160 mortiers, 7 chars d'assaut, 600 véhicules, des stocks de munitions et de vivres suffisants pour… – Claude dicte et s'efforce de conserver une efficacité professionnelle et une certaine morale dans le désastre qui le cerne. Sans même savoir si à cet instant il choisit la France et l'avenir, ou la trahison et sa propre fin. Son visage large, presque enfantin, est d'ores et déjà marqué par ses premières rides. Et lorsque le soir il se retrouve seul dans l'énorme résidence de consul qu'on lui a réservée, entre les drapeaux et le vide qui l'entoure, il ne se supporte pas. Il maudit la distance qui les sépare et il attend un courrier qui ne lui apportera pas sa réponse. Et au même instant, sans le savoir, Klaus, le « compagnon de douleur » d'Annemarie, pense aux mêmes choses qu'elle, et cherche seulement une manière de s'en sortir. Triste et découragé, il quitte la caserne de Governor Island et met ses lunettes de soleil. Il a remis son costume de lin couleur de fumée, il est élégant comme à son habitude – mais Annemarie le connaît trop bien, cette cravate froissée et ses cheveux trop longs sur sa nuque lui révèlent qu'il n'a pas un sou vaillant en poche, pas même un centime pour acheter un ticket de métro. Dans ses yeux clairs, elle lit sa condamnation – la marque de l'exclusion qu'on lui a imprimée sur le front. « Encore repoussé ». Eux n'en savent rien. Renée, Erika, Claude, Klaus. Partout, où qu'ils puissent être, ils ne l'entendent pas, et ils ne peuvent répondre à son appel. Regarde-moi... Aucune prémonition ni aucun présage ne les effleure, ils ne pensent même pas à elle. En vertu d'une merveilleuse clairvoyance, elle peut cette fois les voir. Elle peut les entendre. Mais eux ne sont pas ici. Un instant et la bicyclette vient heurter lourdement le sol dans un grincement de ferraille, glisse sur les pierres, rebondit, la projette au centre de la route – et elle non plus n'est pas ici.

Dans la pénombre de son box, le corps de Parzifal se raidit dans un sursaut mécanique, et la tension qui contractait ses membres s'atténua tout à coup. Les muscles du poulain se relâchaient. Une admirable précision. Un vétérinaire n'aurait pas fait mieux. Renée s'agenouilla sur la paille et posa sa main sur sa crinière. De la blessure jaillissait un flot de sang qui inonda sa main. Parzifal ne bougeait pas. C'en était fini. Sur la route de Silvaplana, le cocher arrêta la calèche et descendit. Ni lui ni Isabelle n'avaient compris comment la chute d'Annemarie avait été rendue possible. Rien que la bicyclette qui s'inclinait, et son corps était projeté au milieu de la route. Qu'était-il arrivé, lui demanderait-on mille fois – sa mère, ses amies, la police, le notaire, le médecin – mais ils n'avaient pas compris. C'était un bout de route comme un autre. Les pierres habituelles, les cailloux habituels. Des trous peu profonds. Pas même une branche ne s'était emmêlée dans la chaîne. Aucun écureuil, cervidé ni agneau ne lui avait coupé la route. Annemarie ne tomberait jamais d'une bicyclette. D'un cheval, peut-être – mais non d'une bicyclette. Non. Impossible. Erika demanda dans combien de temps l'avion atterrirait et le capitaine lui demanda si elle était pressée d'arriver. « Je suis toujours pressée, répondit Erika, j'ai peur de ne pas parvenir à faire ce que je dois faire. » « Et que devez-vous faire de si important ? » plaisanta le capitaine. Fronçant les lèvres, Erika dit amèrement qu'elle aimerait sauver le monde, mais qu'elle n'était jamais parvenue à sauver quiconque, pas même les êtres qui lui étaient les plus chers. « Eh ! cesse donc de plaisanter, Annemarie, tu nous as flanqué une sacrée frousse », dit Isabelle, sautant de la calèche et courant vers le milieu de la route. Annemarie ne répondit pas, ne bougea pas. Elle était absolument, terriblement immobile. Klaus dénicha un *cent* au fond de sa poche et le déposa dans la petite machine. Il descendit les escaliers pour se laisser engloutir non sans soulagement par la fraîcheur du souterrain. Le quai était désert : seul un clochard fumait une chique, assis sur un tas de traverses. Il regarda le tunnel sombre, mais la rame de métro se faisait attendre. Et, impatient, il faisait les cent pas parmi les lumières faibles de la gare, il était seul, et il avait arraché un jour de plus à la vie. Le cocher de la calèche s'agenouilla sur ses talons et lui effleura l'épaule, la secoua imperceptiblement. Il pensa que la dame était d'une maigreur spectrale, et que peut-être elle était vraiment malade – comme tout le monde le prétendait, à Sils-Baselgia. Claude secoua son stylo afin d'en humidifier la plume. *Ma chérie**, écrivit-il à la hâte, tu sais que j'ai toujours éprouvé un certain embarras pudique à dire ce que je ressens le plus fortement. J'ai honte quand je pense que je ne t'ai jamais rendu ce que tu m'as donné. Tes conseils. Ton soutien affectueux. Ton courage. Mais je ne serais pas un homme si je ne savais pas prendre, et le don gratuit est cher aux femmes. Et toi, tu es une femme, *ma chérie**.

Annemarie était étendue sur les cailloux de la route, face contre terre, la tête sur la pierre, inclinée à peine, les yeux tournés vers le lac. Sur la surface bleue flottaient les premiers nuages. Ses jambes et ses bras – étendus dans la poussière – semblaient nager dans un vide profond. « Hé ! tu t'es fait mal ? Hé ! Tu m'entends ? » Ils l'allongèrent sur le dos. Elle avait les yeux ouverts, et son visage, gisant sur une pierre et dans les ténèbres, se tourna vers les nuages qui défilaient et le ciel dégagé. Le cocher de la calèche se pencha sur elle et lâcha, non sans soulagement : « Elle respire. »

Première partie

L'apprentie de la vie

Pourquoi exclure la pire
angoisse de la jeunesse ?
être jeune signifie être tous tendus par l'anxiété,
                                        attendre
dans une salle bondée l'appel personnel
d'une voix étouffée depuis un lieu lointain
qui définira notre demain. Les doutes que nous
                                    connaissons
sont de ne pas savoir. La tombée de la nuit nous
                                        apportera
un semblant d'ordre effrayant : ouvre une
                                    quincaillerie
dans une petite ville... Toute ta vie, enseigne les
                                        sciences
à des jeunes filles évoluées... il se fait tard,
n'appellera-t-on jamais ? Ou encore, simplement,
n'a-t-on pas besoin de nous ?

WYSTAN HUGH AUDEN, *L'Âge de l'anxiété*

UNE MERCEDES BLANCHE

Le sapin, coupé depuis peu et dressé seulement maintenant par les domestiques dans le salon de musique, entre le piano à queue et le divan, embaumait encore la résine. À quatre heures de l'après-midi, à quelques heures de la grande réception de Noël, tandis que la maison était totalement absorbée par ses préparatifs, et que dans les couloirs ce n'était qu'une succession d'ordres fiévreux, les lumières, les boules de verre et les guirlandes se trouvaient encore dans la boîte qu'on venait tout juste de descendre du grenier : la décoration de l'arbre était réalisée avec un retard inacceptable. En équilibre précaire sur une échelle, Annemarie essayait en vain d'accrocher une étoile d'argent sur sa pointe – risquant de tomber à tout moment. « Fais attention ! », lui cria Hasi, à genoux sur le tapis cherchant à dénouer un ruban doré tout emmêlé. Les tâches revenant à ses frères leur avaient été assignées depuis un temps immémorial. Mais, en dépit de ses efforts, Annemarie ne parvenait pas à fixer son étoile – qui pendait misérablement vers la gauche. Et puis, Hasi la distrayait, parce qu'il ne l'avait pas vue depuis des mois, et la bombardait de questions stupides – est-il vrai que Berlin est si grand ? combien de fois plus grand que Zurich ? dix fois ? vingt fois ? et combien de cinémas y a-t-il ? et sur quelle musique danse-t-on ? et comment est-ce de vivre seul – plus de discipline, jamais plus de réveille-toi, lève-toi, lave-toi, conduis-toi bien – et d'être loin de *Mama*, et Bocken te manquait-il, et moi est-ce que je te manquais ?

Le fait était qu'à vingt-trois ans Annemarie se jugeait trop âgée pour s'occuper encore du sapin de Noël, pour elle, ce rituel avait perdu sa magie d'autrefois. Mais la tradition et l'habitude prévoient qu'un enfant – où qu'il vive au cours de l'année, et elle habitait pour sa part à Berlin depuis quelques mois – revienne à la maison passer ses vacances de Noël dans sa famille. Avec ses parents, ses frères, ses grand-mères, ses oncles, ses cousins, ses invités. Et qu'il feigne d'être content de revenir. En un certain sens, Annemarie était vraiment contente d'être à Bocken. Parce que Bocken était le paradis privé de sa famille – une maison aussi vaste qu'un château dans un domaine aussi vaste qu'un fief. Finalement, sa vie d'ex-étudiante diplômée depuis peu et transhumant d'une chambre étrangère à l'autre – qui ne pouvaient d'aucune façon être comparées, même de loin, à la sienne, tellement plus chaude, confortable et familière – s'avérait aussi enthousiasmante que fatigante. Il était si rassurant de se retrouver soudain dans le salon de musique de Bocken à décorer le sapin de Noël avec Hasi, comme si rien n'était arrivé, essayant encore de jouer le rôle de la gentille fille qui lui convenait toujours moins. Mais cohabiter avec ses parents peut aussi s'avérer non moins harassant que la solitude, les nuits blanches ou les réveils migraineux succédant aux abus d'alcools forts et aux nuits passées à traîner jusqu'au petit jour dans l'automobile que son père lui avait offerte lorsqu'elle avait passé sa licence et à errer d'un café à l'autre, épiant les incomparables promeneuses qui, sur les trottoirs de la Friedrichstrasse, offrent une heure d'amour à leurs chanceux acquéreurs. Peut-être seuls les parents peuvent-ils être heureux en famille. Seul celui qui a fondé une famille et pourvoit à ses besoins peut conserver sa propre autonomie et son propre espace vital en son sein, avec la satisfaction illusoire d'avoir bâti un édifice solide, capable de résister aux heurts du développement des individus et à l'irruption des événements de la vie. Aux enfants reviennent seulement le chagrin de devoir raconter des mensonges, un sentiment de culpabilité découlant de la certitude de cette trahison et le désir de repartir au plus vite, pour recouvrer une liberté ardemment désirée et pouvoir être finalement eux-mêmes. Parce que, entre-temps, ce qui compte est ailleurs, et *Mama*, papa, Hasi, Freddy, les grand-mères et les cousines n'ont pas la moindre idée de ce qu'elle est devenue, et de ce qu'est maintenant sa vie.

Heureux ceux pour qui le mythe du divertissement a toujours été une idée ridicule, ceux pour qui les plaisirs de la grande ville n'ont aucune importance, ceux qui, indépendamment de leur genre érotique, tiennent les *cabarets** et les boîtes de nuit pour rien d'autre qu'une perte de temps et d'argent. Parce que pour tous les autres, et surtout pour les jeunes arrivés dans la métropole comme dans un parc d'attractions, le temps et l'argent s'écoulent comme du sable, qu'on fréquente des gens sans le sou – auxquels il faut payer le dîner, l'essence, l'apéritif – ou qu'on fréquente des gens titrés, qu'on accompagne dans les meilleurs restaurants de Berlin : fréquenter des gens riches est incroyablement dispendieux. Davantage que de fréquenter des gens pauvres. Annemarie fréquente les uns et les autres, peut-être pour garder un juste équilibre social : des actrices, des femmes écrivains et des journalistes émancipées de son sexe – mais également des serveuses aux ongles sales et d'inquiétants travestis coiffés de perruques. L'apprentie de la vie s'attendait à une révélation ou à la vérité définitive quant à la signification de l'existence, ne trouvant ni l'une ni l'autre chose, mais l'insomnie, la nausée d'avoir trop bu et la satisfaction infantile – toujours plus ténue au fil du temps – d'avoir transgressé les ordres reçus : les règles de sa famille.

Elle avait tôt fait de connaître les bonnes adresses du Berlin pittoresque et s'était complaisamment introduite dans des boîtes de nuit sordides, empestant la bière, jugées à la mode et dès cette époque ravalées au rang d'attractions touristiques, dont les astucieux gérants savaient identifier à l'instant un Américain, un homme d'affaires ou une provinciale pleine aux as, disposés à dilapider des centaines de marks pour regarder danser des filles entre elles. Sans négliger les salons entièrement recouverts de stucs et d'or de l'Adlon, où elle rencontrait, pour les cocktails de l'avant-dîner, ou en attendant de se rendre au théâtre, ses protectrices aristocratiques – qui, préoccupées, observaient ses traits chaque jour plus tirés, ses cernes sombres si voyants sur son visage si pâle, et son immanquable cigarette aux lèvres, avec la cendre qui oubliait de tomber et lui glissait entre les doigts. Annemarie était pressée – et elle voulait tout. Habillée en marin, ce qui lui donnait du courage pour mener à bien ses entreprises les plus audacieuses, croyait-elle, elle errait dans les boîtes de nuit lesbiennes bondées jusqu'à l'invraisemblable. Berlin pullulait de femmes en pantalons – disponibles et décomplexées. Elle errait dans le monde des écrivains, des écrivailleurs et des soi-disant artistes – si fascinant de loin –, elle était présentée à des dizaines d'individus. Elle commençait ses soirées dans de piteux ateliers de peintres, où les expressionnistes et les avantgardistes parlaient sans trêve d'art et de politique, mais ne lui épargnaient pas les propositions amoureuses avinées. « Tu es un problème et un plaisir », lui disaient-ils, au comble de l'ivresse. « Tu es adorable, tu es sauvage, tu es troublante. Mais tu ne regardes pas vraiment les gens et tu as un grand défaut, laisse-moi te le dire. Pourquoi ne couches-tu pas avec les hommes ? » « Et vous ? répondait-elle, scrutant le visage de son amoureux de l'heure, lui coupant le souffle, pourquoi ne le faites-vous pas ? » Elle finissait pourtant ses soirées dans les très bourgeoises chambres à coucher des femmes mariées qu'elle parvenait à convaincre de l'héberger une nuit en jouant au Chérubin. Elle était impatiente, et pourtant elle révélait une patience infinie. Elle était incapable de rester à la maison pour travailler – parce qu'il lui semblait perdre ainsi son temps, et ne pas jouir suffisamment des plaisirs de la liberté ; mais elle était également capable de rester toute une soirée dans une cave, illuminée par des lanternes chinoises en papier et ornée de poussiéreuses guirlandes d'étoiles filantes, assise sur un divan tout râpé qu'on aurait pu prendre pour le fauteuil d'un wagon de troisième classe – où elle n'était jamais montée avant cette expérience –, toute une soirée à avaler de la fumée pour ces quelques instants extatiques au cours desquels la serveuse – par ailleurs déjà usée par les années – lui servait de mauvaise grâce une saucisse et la gratifiait de son indifférence. Lorsque après la fermeture de la boîte de nuit, elle la raccompagnait chez elle dans sa Victory dans un obscur quartier de banlieue, et, tout émue, attendait le prix de son dévouement, la serveuse lui lançait un sourire rugueux, murmurait cependant : « Tu es jeune, tu es mignon, j'aurais aimé tomber amoureuse de toi, mais mon Jules est jaloux » – et faisant tic-tac sur ses échasses trop hautes, elle disparaissait dans les escaliers d'un bâtiment misérable.

Annemarie voulait être acceptée par tous, elle quêtait la bienveillance, elle voulait être l'amie de tous. Elle voulait plaire à tous. Elle y parvenait. Tous la gâtaient, parce qu'ils la trouvaient « délicieuse », ou « délicieux » – échange équivoque ou lapsus qui était pour elle une source d'amusement, mais également une douleur vive, parce qu'elle savait parfaitement qu'elle n'était pas « un *vrai* jeune homme », mais seulement une imitation, et donc fiction, théâtre, rien. « Il a beaucoup de chance, une chance incroyable, vraiment beaucoup de chance. Les gens ont un comportement amical avec lui », avait-

elle écrit dans un passage autobiographique de son premier roman, « ils l'invitèrent à dîner en leur compagnie,
ils l'appelèrent « petit compagnon » ou « *the child* » ».
« Tout le monde l'aimait, il est gentil, séduisant au plus
haut point. » « Vous êtes l'enfant de la fortune, tous les
dieux et les hommes bons vous aiment. » Mais ces soirées de benjamin de la fortune étaient pénibles. Et à la
fin, après tant de gentillesses, présents et promesses, le
délicieux jeune homme se retrouvait sans protection,
sans défense : seule. « Tu dois faire bien attention,
Annemarie », lui disaient des dames douces chez lesquelles elle se réfugiait après un si un grand vagabondage, déçue par les complications de l'usage de la liberté,
de son abus, « ne fréquente pas les écrivains, les fils d'écrivains et ceux qui se tiennent pour particuliers, ce sont
des êtres indifférents et désagréables. C'est une perte de
temps, ce n'est en outre nullement original – pire, c'est
prévisible et de mauvais goût. » Mais si ses aristocratiques amies désapprouvaient les artistes, les artistes
désapprouvaient ses amies, tant et si bien qu'elle se sentait désapprouvée à la fois par les uns et par les autres.
Elle ne se sentait vraiment à sa place avec personne.
Sauf avec Erika, mais elle la voyait trop peu, et elle s'en
séparait chaque fois avec frustration et chagrin. « Tu
choisis mal tes amis », lui dit même Erika, à laquelle elle
avait avoué sa déception de ne pouvoir, semblait-il, établir de rapports profonds avec les gens mais uniquement
des liens superficiels. Les gens avaient peur de quelque
chose, et ce quelque chose c'était elle. En l'espace de
quelques mois, elle avait seulement appris que les gens
louent l'audace et admirent le courage de ceux qui ne se
fondent pas dans la masse, mais choisissent la réserve,
la prudence, la circonspection. Elle conduisait sa
Victory vers le mirage des lumières du Jockey Club, il
pleuvait et Berlin était un kaléidoscope de lueurs. Tel
un miroir l'asphalte reflétait lui aussi des milliers de
lueurs. « Tu choisis des amis trop intelligents ou trop

célèbres, ou hautains. Il est inutile de gaspiller son amour avec eux, dit Erika. J'ai moi aussi fait cette erreur. Il faut au contraire s'en tenir aux inoffensifs, aux infantiles, aux ignorants. » Annemarie avait freiné d'un coup, il s'en était fallu de peu qu'elle ne bute contre un lampadaire, surprise, parce que soudain elle s'était demandée si par hasard ce n'était pas pour cela qu'Erika la fréquentait. Mais elle n'avait pas osé le lui demander.

En réalité, dans sa famille, on commençait à se faire une vague idée de sa vie à Berlin – Hasi la prévint, chassant d'une tape l'importun Lucky, l'un des chiens de Bocken, auquel il avait été exceptionnellement permis de suivre Annemarie dans la maison : un chien de chasse têtu, qui croyait peut-être poursuivre un faisan et n'en finissait pas de fourrer son museau entre les boules du sapin et de les prendre dans sa gueule, risquant ainsi de les avaler. « Les gens ne se mêlent jamais de leurs affaires, Anne, ils ne savent que faire de leur langue, s'ils ne l'utilisent pas. » « Ah ! dépêche-toi, Hasi », coupa-t-elle court, enfonçant finalement la maudite étoile sur la pointe du sapin. « Sous peu, les princesses arriveront et nous ne nous sommes pas encore habillés. Nous ressemblons à des sauvages. » Au mur, l'horloge sonnait quatre heures et demie d'une voix funèbre. Depuis toujours, ce son avait été pour elle un rappel à l'ordre, à la discipline et à l'obéissance. « Anne, insistait Hasi, est-il vrai que tu as publié un roman ? Pourquoi ne me l'as-tu pas dit ? » « Et pourquoi aurais-je dû te le dire ? Tu n'as jamais lu un livre de ta vie ! Songe plutôt à jouer au hockey, champion ! » plaisanta-t-elle, descendant avec prudence de l'échelle et décochant un crochet farceur à son petit frère. Après tout, Hasi n'était plus un petit frère, il était déjà plus grand qu'elle, il avait eu dix-huit ans en mai et dans quelques jours, il partirait faire son service militaire. Mais il restait son frère cadet, celui auprès duquel elle pouvait se vanter de sa propre liberté, celui qui l'admirait, la défendait, et ferait l'impossible pour elle, même mentir. « Je voudrais le lire, pourquoi ne me l'offres-tu pas, Anne ? », insista Hasi, drapant sa guirlande sur les branches du sapin avec une diabolique habileté. « Parce que j'ai dépensé beaucoup d'argent pour me faire publier, et je ne peux pas gaspiller un exemplaire pour toi. Et puis, il ne te plaira pas... » « Je pensais que les écrivains étaient payés pour publier, Anne. » « En effet », répliqua-t-elle, songeuse. C'est bien le cas des vrais écrivains. Mais aux jeunes on demande de la patience. Quoi qu'il en soit, ses débuts avaient été accueillis avec bienveillance par tous, et loués de tous côtés – sauf dans sa famille. Dans sa famille, on n'en parlait pas – on faisait silence comme pour les affaires louches et les maladies. À Bocken la littérature était comme un cancer. Freddy passa une tête dans le salon de musique, il étudia la situation du sapin – il lui revenait de lier les fils électriques et de régler l'allumage alterné des lampes : donc les jaunes s'allumeraient d'abord, puis les rouges, comme sur le drapeau espagnol, en l'honneur de leurs hôtes, et ensuite d'abord les blanches, puis les rouges, comme sur le drapeau suisse, en l'honneur des maîtres de maison. Comme Hasi et Annemarie n'avaient pas encore achevé leur décoration, il disparut dans le couloir.

« Je suis vraiment heureux que tu sois revenue », lui dit tout à coup Hasi. Depuis qu'Annemarie vivait à Berlin, et que Freddy était allé faire ses études à l'université, à Bocken les hivers étaient devenus interminables, et la maison immense. Les douzaines de pièces inhabitées, les parquets luisants, toutes les portes fermées sur des vestibules trop grands, les greniers pleins de bric-à-brac et d'objets inquiétants, les lourds rideaux de velours qui empêchaient le soleil de pénétrer dans les salons, les poêles monumentaux, les escaliers plongés dans l'obscurité, les couloirs longs et sombres peuplés d'étranges présences, lui faisaient presque peur. À Bocken, on ne s'amusait guère lorsque Annemarie n'était pas là. Il était difficile de supporter *Mama* tout seul. Annemarie ébouriffa affectueusement les cheveux blonds de son frère. Hasi était son préféré. Freddy avait au contraire une fâcheuse tendance à prendre parti pour l'autorité.

« Cela suffit, je vais m'habiller, finis tout seul, Hasi », lui dit-elle, cherchant à se libérer. Aujourd'hui, elle n'avait pas écrit une ligne. Habituellement, elle écrivait dix, douze heures d'affilée, jusqu'à ce que sa main devînt raide, comme si elle était arthritique, et qu'elle ne parvînt même plus à la bouger. Mais Hasi avait une rafale de questions à lui poser, et il savait qu'il n'aurait pas d'autres occasions d'être seul avec elle, ces prochains jours. Bocken croulait sous les invités, et eux sous les devoirs. Il y avait des cousins, le match de hockey, le concert d'Emmy Krüger, l'entraînement avec le maître d'équitation en vue des compétitions du printemps, il fallait accompagner les princesses espagnoles dans leurs randonnées à cheval – et puis Annemarie elle-même attendait des invités, car la célèbre Erika viendrait à Bocken, et tous, lui compris, brûlaient de connaître la nouvelle amie d'Annemarie. « Est-il vrai que tu as eu beaucoup de maîtresses à Berlin ? » murmura Hasi, baissant la voix car deux femmes de ménage armées de plumeaux s'étaient traîtreusement introduites dans le salon de musique et commençaient à épousseter les étagères et le piano à queue – sur lequel régnait un ordre suprême ; bien évidemment, il n'y avait pas le moindre grain de poussière. Un ordre souverain régnait à Bocken. Chaque chose était à sa place, même un crachat ne pouvait rester longtemps là où il ne devait pas se trouver. « Hé, ça suffit », commençait-elle à s'énerver. Qui le lui avait dit ? « Tu n'as pas à t'en mêler, Hasi, ce sont mes affaires », protesta-t-elle, vexée de voir qu'on violait ses secrets. Si Hasi le savait, tout le monde le savait. Et cela signifiait querelles, chantages, menaces. Mais à la fin, Annemarie éclata de rire. Hasi interpréta sans doute cette absence de réponse comme une confirmation. Qu'elle chance elle avait. Il n'avait encore jamais embrassé une jeune fille, sauf la fille du chauffeur, qui avait cependant des joues rouges et n'était pas digne d'un sentiment compromettant. « Belles ? » « Très belles », rit Annemarie. « Plus belles que toi ? » la flatta Hasi, pour qui sa sœur était hors catégorie et nullement comparable aux autres jeunes femmes des environs, qui lui semblaient banales, toutes semblables, grassouillettes, avec leurs tresses blondes et leur allure paysanne. Sa sœur, au contraire, avec l'air éthéré et distant d'un messager céleste tombé par hasard parmi les mortels, était belle d'une manière bien à elle – elle ne ressemblait à aucune autre.

« Son visage frais était celui d'un garçon. Ses cheveux souples, d'un blond terne, coupés court avec une raie, pouvaient avoir un miroitement très clair, quelle que soit la manière dont la lumière tombait sur eux : leur couleur était susceptible de changer, se raviver ou s'éteindre. Sa bouche était large, infantile et grave, ses lèvres étaient un peu rugueuses, et elles avaient tendance à se gercer, chose qui donnait à sa jeune bouche quelque chose d'embarrassé et d'inquiétant. La partie la plus belle de son visage était son front clair, et la forme de sa nuque qui, longue, et noblement creusée, semblait appartenir à un garçon audacieux et bien fait. » Ainsi Klaus Mann décrit-il Annemarie, en romançant, en recourant à des licences poétiques et à un certain élan passionné.

« Chez elle, tout était extraordinaire, rare et noble, écrivit un autre de ses amis. Un objet dont elle avait besoin, un vêtement qu'elle portait : tout ce qui entrait en contact avec elle finissait par partager sa singularité, devenait aussitôt précieux et désirable aux yeux des autres. La voir quelque part procurait du plaisir – une rencontre, une conversation avec elle se révélaient toujours une aventure fascinante. Cet effet presque incompréhensible de sa personnalité, toujours vérifié, et pas seulement chez ses amis, était d'autant plus surprenant que, dans sa silhouette, ses discours et ses gestes, elle n'avait rien d'excessif, mais était au contraire simple et circonspecte, se contrôlant toujours. Elle possédait un caractère presque infantile, mêlant timidité et détachement d'une manière gracieuse qui rappelait le comportement d'un animal léger, prudent et hautain voué seulement à la liberté et à la fuite. »

Et elle ? Elle se voit androgyne, exigeante, sévère. Un ange de Botticelli avec l'agressivité de Jeanne d'Arc. « Sur les portraits, on ne comprenait pas si elle était un garçon ou une fille. » C'est ainsi qu'elle se décrivait elle-même. « Ses traits doux étaient presque dépourvus de contours, seul son front ceint de cheveux blonds resplendissait d'une forme définie, ses sourcils sévèrement froncés se courbaient au-dessus de ses beaux yeux sombres. Ils faisaient un effet étrange, si on les regardait longuement : on se sentait interrogé de manière réprobatrice, on esquissait un sourire forcé pour leur arracher une réponse amicale, et on demeurait confus devant tant d'opiniâtre insistance. » Sur les nombreuses photographies que ses amis, parents, ou des inconnus ont prises d'elles, les clichés pour lesquels elle a posé ou qui ont été pris à son insu, tout au long de sa vie – de sa naissance à sa mort et, peut-être, au-delà –, Annemarie, tantôt petite fille-garçon, tantôt marin, tantôt jeune fille en fleur, mince dans sa robe de soirée, tantôt dandy cravaté, les lèvres peintes au rouge à lèvres, tantôt épouse-garçon, très maigre dans ses pantalons déformés, tantôt femme marquée, apparaît toujours inquiète et fuyante, rarement avec un sourire aux lèvres. Sur toutes les photographies, par la volonté du photographe ou par la sienne, elle est inaccessible, mystérieuse, comme un ange dépourvu de sexe, sérieux et terrible.

« Ça, je ne le sais pas, Brüderlein – peut-être », répondit Annemarie, doucement. Hasi s'approcha d'elle et lui souffla à l'oreille la question qu'il attendait de lui poser depuis qu'elle était revenue – la seule en réalité, qui lui tînt vraiment à cœur. « Que faut-il faire pour être aimé par une femme ? » « Ne pas être impertinent, Hasi », lui reprocha-t-elle en rougissant. Il leva les yeux sur les femmes de ménage, qui époussetaient les disques de l'autre côté de la salle, et sur Joseph, le domestique de papa qui, raide comme un piquet sur le seuil de la porte avec son visage de vieille chaussure, les fixait d'un regard vide. Peut-être avait-il entendu. Peut-être pas. Mais de toute façon, il serait impossible de le savoir. Il était habitué à ne pas commenter le comportement de ses maîtres – quoi qu'ils puissent faire. Peut-être même se laisserait-il tuer par eux sans se rebeller. « Allez, Anne, aide-moi, conseille-moi », suppliait Hasi. Mais quels conseils pouvait-elle lui donner ? La seule dont elle cherchait à se faire aimer vraiment ne l'aimait pas. Et elle n'aimait pas celles qui l'aimaient – jamais. « Si tu veux être aimé par une femme, Hasi, lui dit-elle avec une certaine mélancolie, commence par l'aimer. » Au pied du sapin, Freddy, qui était occupé à bricoler avec les fils de l'installation électrique, leva un instant la tête, intrigué par ces mots intéressants, mais lorsque Hans et Annemarie lui jetèrent un regard alarmé, il feignit de s'occuper de ses ampoules. « Fais attention, Anne, susurra Hasi dans un souffle, *Mama* et papa sont furieux contre toi. Je te l'ai dit, les gens ne se mêlent pas de leurs affaires, on leur a raconté comment tu passes ton temps à Berlin, que tu sympathises avec les gens de théâtre et les communistes. Tu peux imaginer combien leurs oreilles sifflent. » « Quelle barbe, hurla-t-elle, je voudrais vraiment savoir qui m'espionne ! » Si elle avait vraiment voulu éviter les amies de sa mère, ses parents, ses cousines – tous ceux qui pouvaient la connaître –, elle les aurait évités. Berlin est une ville tellement grande. Mais en réalité, elle n'avait nullement évité ces femmes – et d'ailleurs, irrésistible-ment, sans s'en rendre compte, elle les avait recherchées, parce que leurs conversations, leurs demeures, et même leur façon de s'habiller lui étaient familières et lui rap-pelaient sa mère. C'est pourquoi elle avait tout fait pour qu'elles sachent tout et le rapportent à Renée. Parfois, tout ce qu'elle faisait était comme une agression contre elle. Et cette nuit, elle avait fait un rêve terrible : elles chevauchaient ensemble, comme elles le faisaient cha-que jour à Bocken, mais Renée tombait de cheval et elle la piétinait avec le sien. Elle passait sur son corps, une, deux fois sans parvenir à s'arrêter. Elle s'était réveillée en sursaut.

« Je dois te dire une autre chose importante, Anne », chuchota Hasi, puisque Freddy ne devait surtout pas entendre. Mais, très concentré, Freddy s'escrimait avec les fils électriques du sapin : en dépit de ses efforts, les lumières ne s'allumaient pas. Et il ne pouvait pas non plus se permettre de faire mauvaise impression – *Mama* se serait mise en colère. Renée tenait à ce que sa récep-tion fût parfaite : d'un point de vue mondain, à Bocken, elle constituait le point culminant de la saison. Freddy haleta et essuya son front qui commençait à se couvrir d'une sueur froide digne d'une panique. « Papa menace de te couper les vivres, pour t'obliger à revenir. » « Pour-quoi ne le fait-il pas ? répliqua fièrement Annemarie. Je subviendrai toute seule à mes besoins. Je me mettrai à écrire pour un journal. Je vendrai mes romans. Hasi, je vais te confier un secret. J'ai loué le Studio Fluntern. Le vingt-sept, je fais une lecture publique à Zurich. Si papa veut supprimer ma rente, je gagnerai de l'argent. C'est vrai à la fin, beaucoup de monde subvient tout seul à ses besoins. Pourquoi ne devrais-je pas y parvenir ? » « Parce que travailler n'est pas une tâche qui te revient, Annemarie, dit Freddy, sérieux. Tu es une Schwarzen-bach. »

On ne pouvait pas dire que les soirées de Bocken étaient ennuyeuses. À Noël, comme à l'occasion d'autres festivités, des inaugurations de la saison musicale, du festival symphonique, des concours hippiques et des anniversaires et le premier août, jour de la fête nationale, il y avait toujours des invités. Ces hôtes étaient souvent des gens intéressants : des musiciens, des chefs d'orchestre, des compositeurs, des nobles italiennes, des chevaliers allemands, des princes roumains et baltes et des infantes espagnoles. Annemarie avait toujours aimé écouter leurs conversations sublimes, qui avaient pour objet la dernière mise en scène d'un opéra ou d'une pièce de théâtre à la Schauspielhaus de Zurich, le dernier concert d'un fameux maestro à Bayreuth, ou – toujours plus souvent ces derniers temps – la politique. Zurich, disait Renée avec une fausse modestie, est une petite grande ville. Mais dans quelle autre petite grande ville Toscanini vient-il diriger un orchestre ? Toutefois Annemarie commençait à trouver résistible le charme des invités, même celui des femmes les plus séduisantes, et ennuyeuses les soirées au cours desquelles il fallait se démener pour les entretenir ou les amuser. Elle s'efforçait de converser avec le jeune marquis italien qu'on avait placé à ses côtés – pour l'essentiel un mannequin doué d'une apparence humaine – mais elle ne trouvait pas un seul sujet dont elle aimerait parler plus d'une minute avec lui, elle ne parvenait pas à l'écouter – parce que en réalité, elle répétait en elle-même le nom d'Erika, comme si ce nom aimé pouvait la protéger de l'ennui de ces soirées. Erika qui, attendue depuis une éternité, arriverait bientôt à Bocken – et il n'y a rien de plus merveilleux qu'attendre une femme. Et une fois qu'on connaissait Erika, qui était la quintessence de l'ironie destructrice, il n'y avait plus de repas ou de dîners amusants sans sa compagnie. Un taon à tête molle, un homme inutile – voilà ce qu'Erika dirait du marquis de Marignano. Si elle avait su quels projets ses parents avaient avec ce bonhomme-là ! Absente, elle était assise droite sur sa chaise, cambrant sa souple épine dorsale tandis qu'avec une lenteur exaspérante, les aiguilles de l'horloge progressaient vers la minuit de cette interminable réception de Noël. Elle fixait la guirlande rouge portant l'inscription « Joyeux Noël » imprimée en lettres dorées qui décorait toute la cloison au-dessus de la cheminée de marbre noir, elle fixait les verres rouges de dôle, les mains des commensaux qui s'agitaient rythmiquement, les bouches qui s'ouvraient et se fermaient, elle grignotait nonchalamment la fricassée de poulet, mais en réalité, elle désirait faire ce que sa mère qualifiait de gamineries et tout vomir dans l'assiette de son fiancé manqué. Savait-on quelle tête il ferait ? Peut-être n'avait-il pas d'autre apparence à substituer à celle, fausse et mondaine, qu'il s'était collée sur le visage, et n'aurait-il pas bougé le moindre muscle. Il aurait fait semblant de rien. Lorsqu'il y a quelque chose qu'on ne veut pas voir, on agit ainsi. « Je suis en train de vous ennuyer, Annemarie ? », roucoula Marignano avec un sourire fat. Amusée, elle lui répondit : « Oui. » Puis elle jeta un coup d'œil furtif en direction de Renée, craignant qu'elle eût entendu.

À la place d'honneur, du côté opposé de la table, emboîté entre la plaintive faconde d'Emmy Krüger et le noble silence de son Altesse l'Infante d'Espagne, Alfred lui lançait de loin en loin un regard sévère – qui annonçait un règlement de comptes imminent. En réalité, un premier règlement de comptes avait déjà eu lieu, parce qu'il l'avait convoquée dans son bureau, avec sa mère, avant que les princesses descendent dans le salon. Ils avaient poussé les hauts cris, chose qui arrivait rarement à Bocken, car d'ordinaire, on cherchait à contenir sa colère, comme d'ailleurs tout autre sentiment humain. Ici, il n'était pas même permis aux animaux de hennir, d'aboyer, de gémir librement. Exaspéré, Alfred avait donné libre cours à la litanie de ses reproches. Il ne pouvait accepter que sa fille se dégradât comme elle était en train de le faire. Il avait utilisé précisément le terme « se dégrader », comme si elle avait vraiment eu un grade. Peut-être son père en avait-il, lui, il en avait d'ailleurs à coup sûr, il était colonel d'artillerie, État Major de la VIe division, et il le répétait à tout bout de champ pour ne pas faire mauvais impression dans une famille de militaires comme celle de son épouse – mais elle non, elle n'en aurait jamais. En dépit de tout, elle considérait qu'être une femme était une chance. Même si les femmes ne jouissent pas d'un bien grand prestige, dans sa famille comme dans sa patrie, elles ne deviennent pas généraux, ministres ou prêtres, elles ne votent pas, elles comptent pour rien. Étrangement, même si elle ne l'avait jamais vu si près de perdre tout contrôle, son père ne lui avait pas adressé les accusations les plus graves, celles dont elle n'aurait su se défendre : il ne mentionna pas une femme de chambre dont elle convoitait un baiser, ni les mille personnes inconnues avec lesquelles une Schwarzenbach s'exposait à jouer le rôle honteux du petit garçon, ni du gaspillage de santé et d'argent, ni d'actrices, ni même d'une Victory cabossée contre un poteau électrique par une femme trop amoureuse pour conduire, se bornant à aborder de loin les véritables sujets – le vrai scandale. C'était là aussi une habitude de la maison. On ne pouvait jamais vraiment parler. Seulement trouver un sujet pour se déchirer, qui était en réalité un prétexte et un écran. Où allait-elle ? Que faisait-elle de ses journées ? À quoi passait-elle son temps ? Pourquoi se dégradait-elle au point de fréquenter des gens indignes d'aider un Schwarzenbach à porter sa valise ? Qui croyait-elle offenser, en agissant de la sorte ? Sa famille ? Papa ? *Mama* ? Et pourquoi ? Que faisait-elle donc à Berlin ? Pour ce qui est de sa licence, elle l'avait passée, pour ce qui était de faire des études, elle en avait fait, bravo, elle avait donné une belle satisfaction à son père. Mais c'était une époque révolue. Berlin est une ville malade. Le symbole de la décadence de l'Allemagne. Tu dois revenir à la maison. Tu as vingt-trois ans maintenant, il faut que tu songes à ton avenir. Eh bien, l'avenir d'une femme est le mariage, la maternité et la famille. Papa tenait beaucoup à ce qu'elle approfondît son amitié avec le marquis de Marignano. Elle le connaissait depuis bien des années. Elle avait de la sympathie pour sa famille. « De la sympathie pour sa famille ! », hurla Annemarie, retenant à grand-peine un rire hystérique. Voilà, si on lui avait proposé d'épouser la mère du jeune homme, elle y aurait peut-être songé, et peut-être serait-elle même allée vivre à Rome, avec la duchesse. Mais, bien évidemment, ce n'était pas possible. « Pourquoi ne prends-tu pas en considération l'idée de fiançailles ? insistait Alfred. Ce serait un signe de bonne volonté de ta part. » « Papa, ne te fâche pas, mais je n'y songe pas un instant, avait-elle répondu, souriante. Mon avenir a déjà commencé et je suis allée à Berlin précisément parce que je pense à mon futur. » Des bêtises, bouillait papa. Voilà, elle parlait ainsi parce qu'elle était malade. Il y avait quelque chose qui ne tournait pas rond chez elle. Elle n'était pas normale, cette fille. Elle se révélait exceptionnellement insensible, ne voyait-elle pas la douleur qu'elle infligeait à ses parents attentionnés ? Ne voulait-elle pas les rendre heureux ? Ne voulait-elle pas être une bonne fille ? « Oh ! si papa », s'empressait de promettre Annemarie, tandis qu'Alfred, sinistre, insistait : tu es malade, ce n'est pas ta faute, nous devons te faire soigner. C'est pourquoi, Renée – disait-il, cherchant l'assentiment de son épouse, qu'il tenait pour acquis, compte tenu de sa rageuse agressivité vis-à-vis d'Annemarie – comme elle ne fait preuve d'aucune bonne volonté, et qu'elle refuse d'accepter nos conseils, il faut l'envoyer chez un docteur, cette fille. Il lui ferait comprendre ce qui n'allait pas dans sa tête perverse, il la lui remettrait en place et la ferait fonctionner comme il faut. « Mais je ne suis pas l'une des machines de ton usine, papa ! avait-elle hurlé. Ma tête fonctionne très bien. Même trop bien, peut-être est-ce précisément ça qui ne te plaît pas. »

Les domestiques servaient de l'oie fourrée aux pommes, et Annemarie lança un regard à sa mère. Renée conversait avec l'infante d'Espagne. Elle était rayonnante, comme toujours lorsqu'il y avait une tête couronnée à Bocken. Probablement se sentait-elle l'une d'entre elles – pour une heure, un jour, une semaine. C'était elle qui lui avait transmis une inclination pour les femmes qui peuvent faire précéder leur nom d'un titre de noblesse. Jusqu'à ce qu'elle rencontre Erika, une telle inclination ne lui avait jamais semblé anachronique ni terriblement bourgeoise. Il ne lui avait pas davantage semblé vivre dans un des *feuilletons** que lisaient ses femmes de chambre – où tout était affaire de chevaux, d'automobiles et de baronnes : c'est Erika qui le lui avait fait remarquer, sarcastique, lorsqu'elle lui parlait justement avec orgueil des chevaux, des automobiles et des baronnes qui, à Bocken, animaient sa vie quotidienne. Mais en dépit de tout, même si elle comprenait l'ironie d'Erika, elle ne parvenait pas à penser comme elle, elle n'aurait pas davantage pu reprocher quoi que ce fût à sa mère. Elle admirait énormément Renée et, un jour, elle aimerait être comme elle, capable d'organiser une réception semblable à celle-là, de commander une armée de domestiques, de synchroniser les conversations, de se faire tout à la fois attendre, craindre et détester. Mais elle ne possédait aucune de ses qualités et tous ses défauts. Elle avait parfois le sentiment de se jeter la tête la première dans les embarras rien que pour l'obliger à s'occuper d'elle. Elle l'adorait – mais quels que fussent ses efforts, elle n'était jamais parvenue à obtenir son approbation ; au contraire d'ailleurs, sa mère lui répétait souvent que son existence avait été pour elle un fardeau et qu'elle était devenue une honte. Et elle ne savait comment concilier ce qu'elle était avec l'espoir, jamais abandonné, de donner à sa mère ce qu'elle voulait plus que toute chose : qu'elle soit comme elle. Son prolongement, sa copie, son nouveau commencement. Ce soir elle lui savait particulièrement gré d'avoir pris peu avant – la laissant pétrifiée sous le coup de la surprise – sa défense contre Alfred. Même si c'était elle qui l'accusait devant son père de n'avoir aucun frein moral, d'être un concentré de mauvais instincts, elle avait fait part à son mari de tout son mépris pour les médecins et les psychanalystes – une engeance d'escrocs. Alfred voulait-il vraiment que sa fille raconte ses actions honteuses à un charlatan ? C'était inacceptable. Elle ne mettrait jamais sa fille dans les mains de ces gens-là. Bref, sa mère l'avait défendue. Avec toute l'énergie dont elle était capable, autrement dit, beaucoup – trop. Tellement qu'à la fin, papa – vaincu, comme toujours – avait battu en retraite les laissant seules dans son bureau, face à face, dans un silence lourd de dangers. « Je ne te ferai pas un prêche parce que je ne suis pas un prêtre, avait dit sèchement Renée, mais la Suisse est un petit pays, et quoi que tu fasses, ton père, tes frères, tes oncles, nous tous en payons les conséquences. Si tu veux vivre dans ce pays, tu dois accepter les règles du jeu. Respecte ta famille, sois solidaire avec ta famille, et prends un mari. Une femme seule fait trop jaser, et, crois-moi, c'est une bien grande liberté que d'être une femme mariée. » « *Mama*, avait-elle pontifié, les hommes sont présomptueux, trop sûrs d'eux-mêmes et ils veulent que nous soyons à leur image. Je ne me marierai jamais. » Renée n'avait pas sourcillé. Mais quelques instants plus tard, elle lui avait demandé ce qui se passait. Mon nain, mon petit nain, que veux-tu faire de ta vie ? Écrire, aurait-elle voulu lui répondre, mais le courage lui avait manqué. Renée l'avait longuement fixée du regard, déçue, mais n'avait rien ajouté d'autre et s'en était allée. Annemarie était restée sans voix. Elle ne comprenait pas sa mère, c'était une femme imprévisible.

D'habitude, elle était appréhensive, nerveuse et irascible. À table, lorsqu'ils étaient en famille, sans témoins, elle faisait souvent des scènes hystériques pour un rien – la défaite de l'un de ses chevaux lors d'un concours hippique, le foin trop feuillu ou trop sec donné à sa Primula, le désordre de la cuisine ou une rayure sur son disque préféré. Les éclats de colère et la plus violente indifférence étaient pour elle. Mais de la même façon, et, avec le même insondable manque de logique, les gratifications, les attentions, les marques de sa préférence étaient également pour elle. Parfois, elle pensait qu'à force de monter et d'élever des chevaux et de les suivre à travers l'Europe, sa mère avait fini par ressembler à ces quadrupèdes. Elle avait le même caractère qu'eux, follement irrationnel, extravagant, où le courage le plus aveugle s'assortit à la plus absurde bêtise, où le talent physique emboîte si rarement le pas à un équilibre mental. C'est pourquoi, il lui était impossible de comprendre ce que pensait sa mère ou de prévoir ses réactions. Elle pouvait seulement chercher à lui complaire, ou, du moins, à ne pas trop la contrarier. Il y a bien des années, sa préoccupation principale avait été de ne se faire remarquer d'aucune façon. Rester silencieuse, devenir invisible lorsque son adorée amie Emmy Krüger dormait, lisait ou travaillait sa voix, se lançant dans d'interminables vocalises que les enfants prenaient pour des gargouillis de lavabo. Si les enfants jouaient bruyamment, c'étaient des crises de colère épouvantables. Même si, de son côté, Emmy avait toujours en réserve en signe de pardon – pour ces diables d'enfants de Renée – des chocolats, et certaines pastilles à la violette qui se collaient au palais, laissant dans la bouche une saveur sucrée. Laisse-les tranquilles, Renate, ce sont des enfants, disait-elle, comme si le fait d'être enfants fût un malheur. Mais maintenant, Emmy avalait son *foie gras**, souriait, conversait avec la princesse Eugenia, et la princesse Eugenia avait entendu parler de cette fameuse cantatrice et mourait d'envie de l'écouter. Madame Krüger, chanterez-vous vraiment pour nous ? Et que chanterez-vous ? Les Lieder de Schubert ? « Oh ! non, esquivait Emmy, rien que des chants de Noël traditionnels. Annemarie m'accompagnera au piano, n'est-ce pas, *ma chérie** ? » glapit-elle, en lui souriant parmi les reflets des verres de cristal. Avec ses tresses blondes ramenées en chignon, son corps robuste, ses lèvres charnues et ce détestable nez retroussé encombrant, madame Krüger l'agaçait. Elle l'agaçait parce que, avec cet air jovial digne d'une ménagère germanique, madame Krüger avait cependant quelque chose de plus qu'elle : elle avait la musique. Un vrai talent. Hasi lança à sa sœur un regard complice auquel Freddy chercha en vain à s'associer, espérant se faire pardonner sa sortie malheureuse précédente. Ses oncles, ses tantes, sa grand-mère, ses cousines et ses cousins la considéraient avec scepticisme : savait-on si cette parente dégénérée, qui à Berlin déshonorait le nom de leur famille, parviendrait à jouer du piano ce soir ? Sans le dire, il espérait presque un scandale. Il n'arrivait jamais rien dans ce pays. On ne pouvait parler de rien. Mais Alfred acquiesça, Emmy acquiesça, Renée acquiesça et adressa à sa fille un sourire formel. Parce que tout va bien, tout doit paraître parfait. Nous nous envions et nous nous admirons et nous sommes un exemple et un modèle pour le monde – une merveilleuse famille.

À minuit, les lampadaires du salon de musique s'éteignirent. Après un pénible flottement initial, les lumières du sapin de Noël s'allumèrent bien comme il faut, faisant zébrer les couleurs des drapeaux dans une allégresse scintillant de rouge, et Freddy mérita son moment de gloire, conquérant également quelque mètre de pellicule dans le film de Renée et rien d'autre, parce qu'on avait déjà fait silence. À la lumière des bougies de Noël, Emmy s'éclaircissait la voix, Annemarie était assise sur le tabouret du piano à queue qui trônait sur de petites colonnes tronquées ; elle effleurait le clavier des doigts ; Emmy regardait Annemarie : « Je suis prête, *ma chérie** », et Annemarie commençait à jouer, et Emmy à chanter, et Renée – omniprésente – filmait le tout avec sa caméra, s'arrêtant sur le sapin, sur ses proches, mais surtout sur la pianiste et la cantatrice – les contemplant à travers l'œil implacable de l'objectif : ses tant aimées. Emmy avait une voix aiguë, perçante, point trop abîmée par sa carrière, elle communiquait encore des frissons d'émotion, et Annemarie jouait avec une habileté et une passion insolites – dommage qu'elle eût une santé et un caractère fragiles, car elle aurait pu devenir une vraie concertiste. Mais après tout, le piano, les chants, le sapin tout illuminé, étaient des choses qui revenaient chaque année, et il ne fallait pas se laisser distraire par les sentiments, il y avait des problèmes plus urgents à affronter.

Renée reposa sa caméra et s'approcha avec circonspection de Hasi qui s'ennuyait ferme dans la concavité rigide des canapés. « Alors, s'informa-t-elle à voix basse, quand arrivera cette Erika ? » « Après-demain, je crois », répondit Hasi de mauvaise grâce. Il cherchait à ne pas croiser le regard de sa mère parce qu'il n'avait pas encore appris à se défendre de son sans-gêne, ni à lui mentir. « Dis-moi la vérité, cherchait à savoir Renée, Anne lui a-t-elle donné ces mille francs qu'elle a fait disparaître ? » « Ah ! non *Mama*, non », protestait Hasi, désolé. « Ne mens pas à ta mère », ordonna Renée : sous son regard impérieux, Hasi fondait comme un glaçon. « Une partie, bredouilla-t-il. Rien qu'une partie. Elle a payé une conférence d'Erika à l'université. » « Mille francs pour une conférence sur la poésie moderne ? C'est une pure folie, commenta Renée. C'est le salaire mensuel d'un maître tisserand, de notre expéditionnaire en chef ! Que sont les mots, sont-ils de l'or ? » « Mais mademoiselle Mann est une actrice célèbre, serait-elle venue parler à Zurich si on ne la payait pas ? » la défendit Hasi. « Et c'était à Annemarie de la payer ? Qu'est-elle donc, une association de bienfaisance ? Et puis, qu'est-ce qu'une actrice peut bien connaître à la poésie moderne ? » « Mais le frère d'Erika était également présent, expliqua Hasi, satisfait de pouvoir prouver à sa mère qu'elle faisait fausse route, c'est un vrai écrivain. Ils ont parlé l'un et l'autre. » « Ah ! c'est ça, les fourbes ne se déplacent jamais seuls », conclut Renée, acide. « Ne dis pas ça, *Mama*, ils sont très célèbres l'un et l'autre », protesta Hasi en pensant que pour sa part, tel qu'il était, il ne deviendrait jamais célèbre, que le succès offrait une garantie de sérieux. Mais pour Renée, la notoriété de ces deux-là n'avait rien d'engageant – bien au contraire : elle les tenait pour les enfants incapables d'un grand homme, qui s'agitaient vulgairement afin de se faire remarquer, insoucieux d'exploiter leur nom et de punir ce père qui l'avait rendu illustre au prix d'une délétère ration de douleurs. C'était un mauvais exemple pour une jeune fille au nom illustre telle qu'Annemarie. « Anne dit que le grand amphithéâtre était bondé, la conférence a été un triomphe, poursuivit Hasi, et puis les autres cinq cents francs n'ont servi qu'à elle seule, elle fera des lectures de ses livres, et elle viendra également à Zurich, au Studio Fluntern, *Mama* ! » conclut-il, transporté de joie. Hasi était très fier d'Annemarie, et il espérait qu'un jour elle deviendrait un écrivain célèbre comme le père d'Erika, qui depuis qu'il avait reçu le prix Nobel était devenu l'un des hommes les plus célèbres au monde et dont l'effigie avait fini également sur les paquets de cigarettes qu'on trouvait dans les cafés – à tel point que, sans avoir jamais vu l'amie d'Annemarie, Hasi avait vu en revanche le visage de son père, pour constater combien sa ressemblance avec le sien était déconcertante. Renée soupira, parce que la manière dont sa fille avait dilapidé l'argent d'Alfred l'indignait. Mais elle n'avait pas de temps pour l'indignation, car Annemarie et Emmy jouèrent et chantèrent vraiment longtemps, et il fallait commencer le rite le plus attendu.

Et voici ouverte la chasse aux cadeaux, dans la confusion des échanges, le déballage, les embrassades, les remerciements, avec à son paroxysme toutes ces femmes de chambre qui, en rangs, réservées, défilaient devant Alfred pour recevoir un panier de sucreries, et s'éloignaient irritées parce qu'elles auraient préféré recevoir de l'industriel une enveloppe bourrée de francs, avec Joseph, dont le visage de vieille chaussure rougit, parce que, de toute l'année, c'est pour lui la seule occasion de serrer la main de son maître et qu'il attend ce moment comme d'autres attendent le baiser de leur aimée, avec les princesses qui, déballant leurs paquets et découvrant deux fantastiques sacs de peau emplis de cannes de golfs à poignées d'argent, laissent échapper un ooohh ! d'émerveillement et le marquis contemplant les boutons de manchettes en or qu'on voudrait qu'il portât à son mariage, et Freddy pleurant presque parce que son père lui a offert une nouvelle selle en cuir, et Alfred admirant avec passion ce fils modèle qui, contrairement à Hasi, étudie et n'a pas de lubies en tête, qui n'est pas un arriéré mental comme son aîné et ne lui donne pas de soucis contrairement à cette autre – une satisfaction que Freddy ne peut cependant pas même deviner puisque le visage de son père est un masque de retenue pudique –, et Hasi proteste, lui aussi aurait aimé recevoir une selle neuve, car après tout, comme cavalier, il surclasse Freddy, c'est lui qui remporte les compétitions, les coupes, les trophées, puis il contemple sa nouvelle paire de skis et brûle de les essayer à Saint-Moritz, et Alfred remercie l'Infante pour le sabre reçu, une lame de Tolède, et Renée retourne dans son giron le poste de radio à haut-parleur incorporé qui lui permettra d'écouter les concerts des programmes du soir, ainsi Renate, mon trésor, ce sera comme si tu étais à l'opéra avec moi, même lorsque tu seras au loin, murmure Emmy – et Renée embrasse Emmy qui lui a fait ce cadeau splendide – ah ! *Ma chérie**, merci, merci, et, incrédule, Annemarie regarde avec des yeux ronds le trousseau de clefs que Renée lui a mis dans la paume de la main, et elle ne parvient pas à croire que *Mama* lui a vraiment acheté une voiture neuve – après toutes ces querelles, et les accusations sanglantes dont elle a été l'objet ces derniers temps –, tu déplorais que ton amie Erika possède une voiture plus grande que la tienne, commente Renée, avec nonchalance, tu sais que je ne peux tolérer l'idée que ma *fille* ne possède pas le meilleur – mais sérieusement, *Mama* ? demande Annemarie, qui redoute une paix armée, un armistice, un chantage – cette voiture en échange d'Erika, par exemple – mais : regarde par la fenêtre lui dit Renée – et Annemarie se précipite pour ouvrir grands les volets, elle se penche au-dessus du rebord de la fenêtre et sur la vaste esplanade située devant la maison, sur l'allée couverte de neige, juste devant les marches de l'entrée, il y a vraiment une automobile blanche, immaculée, toute neuve – avec des sièges en cuir noir et des enjoliveurs en argent – une Mercedes ! oh ! mon Dieu, *Mama*, elle est superbe ! – s'exclama-t-elle, la gorge serrée par un sanglot – mais ce n'est pas juste, proteste Freddy, Annemarie avait déjà une automobile, et, pour ma part, je n'en jamais eu, il y a des privilèges, des inégalités, ici, alors, faut-il se dégrader, fréquenter la canaille pour obtenir de la considération dans cette maison ? À quoi cela sert-il donc de se conduire bien comme il faut ? – et Annemarie a les larmes aux yeux parce qu'elle ne méritait vraiment pas une Mercedes, oh ! mon Dieu, le sentiment de culpabilité l'écrase, l'accable, la terrasse, désarme tous ses projets de révolte – *Mama*, *Mama* – remercie ton père parce que c'est lui qui l'a achetée, Anne, coupe court Renée, refusant l'accolade repentie de sa fille, qui fond sur son père, murmurant : papa, papa je t'adore, et, indignée, Emmy Krüger lance à

Alfred qu'il serait souhaitable d'avoir des principes éducatifs cohérents au lieu de dire une chose et d'en faire une autre, sinon, la jeune fille croira que les interdits n'ont aucune valeur et que toutes ses escapades sont au fond considérées avec plaisir et pour cette raison pardonnées, et la comtesse Wille, acide, lui fait remarquer que personne ne vous a demandé votre avis, mademoiselle Krüger, mais lorsque ensuite, humiliée, Emmy s'abîme dans le silence, sa grand-mère siffle, et certes pas à voix basse, afin que le cœur mou de son gendre puisse l'entendre – comme ta mère te gâte, Annemarie, je t'aurais offert un beau séjour dans une clinique de fous, voilà ce que je t'aurais offert, moi, si tu avais été ma fille. Mais par chance, personne n'a le temps de pleurer ou de s'emporter car en guise d'hôpital psychiatrique, les cadeaux ont consisté en un gaspillage d'argent, en une montagne de rubans et de papiers déchirés ; l'obscurité est tombée, l'obscurité est totale – et des bougies consumées agonisent dans un chandelier, dégoulinent dans une atmosphère de Noël propice aux réconciliations, repentie, les yeux rouges, ne sachant comment exprimer l'amour passionné, total, qu'elle lui voue, Annemarie ne quitte pas sa mère d'une semelle, tous meurent de sommeil, d'ennui et de fatigue, il est temps de prendre congé, bonne nuit à tous – et merci à Dieu, encore un Noël de passé.

La meilleure chambre d'amis, réservée aux visiteurs de marque, possédait un lit à baldaquin avec de petites colonnes torses trapues, une grande écritoire et des rideaux bleus assortis à la couleur de l'édredon. Erika s'approcha de la fenêtre, jeta distraitement un coup d'œil au paysage. Encadré par les arbres centenaires du parc des Schwarzenbach, comme sur une carte postale, dans la lumière transparente de midi, le lac de Zurich scintillait parmi les douces déclivités des collines comme sous un voile de fumée bleue : à la surface de l'eau, des rides que le vent parait de reflets argentés se poursuivaient les unes les autres. La nature avait son allure hivernale habituelle – des herbes jaunâtres, des squelettes de broussailles d'une couleur cendre violacée et des arbres comme fanés – mais la blancheur de la neige flamboyait derrière de fantomatiques enchevêtrements de branches nues, et le soleil invitait à la promenade. « N'est-ce pas beau ? » s'enquit Annemarie. Cette vue suscitait chez elle cette même question chaque fois qu'elle revenait à Bocken : peut-il exister un paysage plus reposant et plus « humain » que celui-là ? Et pourquoi est-ce que dans le même temps je le trouve oppressant, il m'étouffe et je le fuis, comme si je le craignais parce que en réalité sa douceur tue ?

« La Suisse est un pays parfait », commenta Erika, mais elle ne le disait pas sérieusement. Elle ne disait jamais rien sérieusement, et ses compliments étaient toujours empoisonnés. « Rien à redire. Elle est élégante, hygiénique, parfaite. Si parfaite qu'elle s'avère complètement ratée. Précisément parce que tout est comme il doit être, tout est parfait, il n'y a rien qui puisse nourrir une indignation ou des protestations. Je ne pourrais jamais vivre ici. Je donne le meilleur de moi-même lorsque je suis contre quelque chose », conclut-elle. « Parfois je pense qu'elle ressemble à une prison », convint Annemarie, qui en réalité n'a jamais vu la chose sous cet angle, et qui parvenait seulement à le faire à travers les yeux désenchantés d'Erika. « Il y a des moments où je voudrais me mettre à crier. » « Et alors aie le courage de désirer : crie donc », dit Erika, ce qui lui valut un regard alarmé d'Annemarie : à Bocken, et en Suisse, il est interdit de crier. Si quelqu'un se met à crier dans la rue, il est aussitôt arrêté. Erika laissa tomber le rideau et lui prit la main. Annemarie trouvait ses mains agiles et sveltes, irrésistibles. Et si son geste pouvait ne pas être perçu comme flagorneur, ou ridicule, elle les lui embrasserait.

Annemarie avait de nombreux projets, pour le bref séjour de son amie. Elle aurait voulu lui montrer sa Mercedes neuve, son cheval, les sentiers de ses explorations enfantines, lui faire connaître *Mama*, Hasi, les chiens et surtout Lucky. Elle aurait voulu être encouragée : elle espérait qu'Erika défendrait sa cause artistique auprès de sa mère, qu'elle convaincrait Renée que sa fille avait un avenir comme écrivain et qu'elle ne l'entraverait pas – mais la soutiendrait au contraire. Elle aurait voulu être insouciante, joyeuse, un bon exemple de vie réussie et, plus que tout, avoir un peu de secrète solitude à deux. Mais Erika avait d'autres projets, aussi parce qu'elle resterait peu de temps. « J'ai deux choses à te dire, prévint-elle. Ce que tu as dit et demandé à mon propos m'a beaucoup agacée. Cherche à ne pas te conduire comme une adolescente de quinze ans. Mets-toi bien dans la tête que tu ne disposeras pas de moi à ton gré. J'ai une vie. Ce qui te convient ne me convient pas toujours. Mon intérêt n'est pas le tien. S'il y a quelque chose que je ne tolère pas ce sont bien les reproches et les prétentions que tu as sur moi. Sois gentille, je ne veux pas me mettre en colère contre toi. » « Et quelle est la seconde ? », demanda Annemarie, prévoyant un reproche supplémentaire. « Cela concernera la lecture de ton nouveau roman », dit Erika, écartant de son front une mèche de ses cheveux blonds cendrés : Annemarie les avait si souples, et fins comme la soie que son père faisait filer dans ses usines de Thalwil. « Je t'en prie, dis-moi que tu acceptes, Erika, j'en serais tellement honorée ! », susurra Annemarie. Il y avait une telle vénération dans sa voix qu'Erika sourit. « Non, *mein Kind*, je ne le peux pas. »

« Non, parce qu'il ne t'a pas suffisamment plu ? » Erika ne répondit pas. Elle se demandait jusqu'à quel degré de sincérité elle devait pousser son amitié, et si la sincérité à outrance était une preuve d'honnêteté ou de méchanceté. Généralement, elle disait toujours ce qu'elle pensait, et même avec une dureté déconcertante. C'est pour cela qu'elle avait beaucoup d'ennemis, et qu'on la redoutait énormément. Annemarie la fixait du regard dans une attente crispée : son avis était tellement décisif pour elle qu'une critique l'anéantirait. Annemarie était dans une situation personnelle, familiale et professionnelle difficile – elle avait besoin de confirmations, elle doutait d'elle-même et plus encore de son propre talent. À la vérité, elle craignait de n'en avoir aucun. Mais – elle le lui répétait souvent –, écrire était indispensable pour elle, vital : une confirmation de son existence. Erika la trouvait en outre adorable, avec cet air orgueilleux et intransigeant qui attestait d'une jeunesse extrême, et de la resplendissante virginité d'un corps dépourvu de souvenirs. La première fois qu'Annemarie était allée dîner dans sa famille, sur la Poschingerstrasse, à Munich, Thomas Mann, le Magicien, l'avait longuement regardée, avec un mélange de préoccupation et de satisfaction, et puis il lui avait dit : « Comme c'est étrange. Si vous étiez un garçon, on devrait vous déclarer exceptionnellement beau. » Mais c'était une fille, et c'est ce qui faisait d'elle quelque chose de fragile et de précaire – incongru, et menacé. Erika ne voulait pas la blesser. Au reste, elle lui disait la vérité, même si elle lui en confiait seulement une partie. « Parce que j'ai beaucoup à faire, Annemarie. La Ligue féminine internationale m'a invitée à lire des poèmes pacifistes lors de l'un de ses meetings. Et j'ai accepté. Le moment de faire moi aussi quelque chose est venu. Je n'ai plus envie d'être une spectatrice, de ne pas remuer le petit doigt, tandis que ces gorilles saccagent la démocratie. » « La politique ne t'a jamais intéressée, Eri », lui reprocha Annemarie, déçue parce que ce n'étaient pas les actualités qu'elle attendait aujourd'hui d'Erika, mais un peu de chaleur, et de folie. « Emmène-moi tout de suite chez ta terrible *Mama* », l'interrompit Erika. « Lui en toucheras-tu un mot ? », supplia Annemarie. Erika répondit par un rusé : « Je suis follement curieuse. »

L'inabordable Erika, toujours affairée, toujours en *tournée**, en voyage, en mouvement, est finalement vraiment à Bocken, Erika sur les déplacements de laquelle Annemarie réglait les siens propres au point d'avoir préféré Berlin – même si elle ne l'aimait pas et le trouvait sale et étranger – à Paris, car il lui était inconcevable de vivre trop loin d'elle. « Il n'y a rien de beau, d'encourageant ou de réconfortant en dehors de toi et je ne veux rien d'autre que toi. Je me demande toujours, lui avait-elle écrit, ce qui serait advenu de moi si je ne t'avais pas rencontrée. » Erika est ce que durant bien des années Annemarie elle-même définira comme « le soutien et l'affectueux garant – un symbole » : un modèle de vie, l'objet du dévouement de ses vingt ans, une passion déjà passée par tous les stades du transport amoureux – enthousiasme, déception, jalousie, résignation –, qui reviennent de façon cyclique afin que rien ne semble définitivement perdu et où souvent, après de longs intervalles, un rapprochement, une tendresse soudaine rallument l'espoir – objet d'un amour d'autant plus intense et obstiné que moins payé de retour. Parce que Annemarie aime avec la naïveté et l'impétuosité d'un enfant, mais également avec sa tyrannie ; elle s'agrippe à son aimée, l'étouffe de prétention, lui écrit tous les jours et même deux fois plutôt qu'une, la poursuit partout, où qu'elle aille, de ville en ville, même de pays en pays, se mêle de ses affaires publiques et privées, exige de l'attention, provoque des conflits et des jalousies, menace et agresse si elle redoute de perdre l'objet d'un si grand amour – un amour qui, dans un premier temps, étonne et fascine par sa violence, mais qui, dans un second temps, épouvante, à tel point que l'aimée s'échappe et prend du champ comme elle le peut, anéantissant ses déclarations sublimes par l'ironie la plus coupante, et met une distance salutaire entre elles.

Amusée, Erika jetait un regard alentour. Chez les Schwarzenbach, l'éthique, le pouvoir et la religion semblaient être une seule et même chose. Étourdie, elle suivit Annemarie à travers des pièces qui étaient de véritables dépôts de fauteuils, miroirs, tapis, vases dont sortaient des fleurs de soie, parmi des murs couverts d'un papier peint aux volutes baroques, et les vastes espaces vides que peuvent seulement se permettre ceux qui ont de l'espace. Elles glissèrent parmi des divans enveloppants et des bibliothèques installées le long des murs du couloir du premier étage ; ces livres avaient un air ornemental – comme les fusils et les lampadaires. Annemarie ne prêtait nullement attention à sa maison – elle ne lui semblait aucunement particulière. Qui plus est, seul un bibelot lui appartenait. Erika trouvait la maison des Schwarzenbach vraiment trop grande, vaguement démesurée, la richesse était abondamment soulignée par la moindre babiole – lourds les stucs du XVIe siècle qui encadraient les plafonds, trop sombre le bois des *buffets**. Mais on n'aurait pu dire qu'on y trouvait quelque chose de déplacé. Au reste, la maison était parfaite, la décoration recherchée – sauf que tout était affreusement bourgeois. « Pourquoi ne vas-tu pas chercher notre prince charmant ? Il a dû se perdre, dans ce labyrinthe, je ne voudrais pas qu'il fasse une mauvaise rencontre, sauve-le », lui dit-elle.

De mauvaise grâce, parce qu'elle aurait voulu ne pas se séparer d'Erika, Annemarie disparut le long du couloir : elle ne fut pas présente lorsque la rencontre tant redoutée des deux femmes les plus marquantes de sa vie eut lieu sous les arcades de la terrasse couverte. Mais peut-être était-ce mieux ainsi. Elle se serait sentie obligée de prendre le parti de l'une ou de l'autre, et elle aurait été comme déchirée par un tel choix – divisée en deux. Parce que sa mère et son amie ont livré une bataille sans quartier dont l'enjeu est la possession de son âme – mais, pour ce qui la concerne, elle espère encore qu'elles pourront se comprendre, et peut-être même s'allier. Au reste, comment Erika pourrait-elle ne pas plaire ? « Bienvenue à Bocken », dit Renée et Erika lui tendit gracieusement la main, que l'autre serra vigoureusement. Elles se regardèrent un temps, en silence, s'étudiant, se flairant comme deux animaux ne sachant comment commencer leur cour, ou comment engager une lutte mortelle, ou l'une et l'autre chose à la fois.

Maigre, la peau sombre comme celle d'une Tzigane, douée d'une voix magnifique, sonore, presque de baryton, les sourcils touffus, le nez expressif, une grande bouche et des yeux noirs conférant à son visage un regard spirituel et intelligent, à vingt-six ans Erika est encore coiffée à la garçonne, une mèche coquine retombe continuellement sur son front. À qui la connaît peu, elle pourrait donner l'impression qu'elle est restée la petite fille taquine d'autrefois, et c'est pour partie vrai, mais elle est incroyablement sage, et plus mûre que son âge. Elle est très sûre d'elle-même. Elle sait toujours quoi dire et comment le dire – elle est l'âme des repas et des dîners de sa famille, celle qui parmi les enfants de son père, de par sa forte personnalité, frappe ceux qui l'approchent. Peut-être est-ce pourquoi on l'appelle « le Prince des Mann ». Mais Annemarie l'appelle « le grand frère », « le prince de soie » ou également « le prince à la Ford » : quoi qu'il en soit, une entité dont on devient les sujets. Elle s'avère sociable, née pour être parmi les autres avec l'assurance d'un acteur sur ses tréteaux. Elle possède un sens de l'ironie prononcé et un talent inné pour le comique, tant et si bien qu'elle parvient à saisir en un instant l'aspect ridicule ou grotesque des situations et des individus. En un mot, depuis bien longtemps, elle ne croit plus à rien, elle se moque de tout et il lui est difficile de résister au charme vertigineux de la bêtise humaine. Mais peut-être s'efforce-t-elle de rire de tout pour ne pas avoir à en pleurer, et l'ironie constitue-t-elle le rempart qui la protège du monde – et son salut. Elle a déjà vécu une, deux, peut-être même trois vies. Elle a été une actrice suffisamment appréciée pour elle-même dans les *Kammerspiele* de Max Reinhardt et dans les textes écrits par son frère. Un chauffeur de rallye courageux : au volant de sa Ford, elle a remporté une compétition automobile longue de dix mille kilomètres à travers l'Europe. Elle a déjà derrière elle quelques pièces pour les enfants, un tour du monde, un mariage, un divorce, de nombreuses amours et surtout de nombreux cœurs brisés – parce qu'il est très facile de tomber amoureux d'elle, mais beaucoup moins d'en être aimé en retour. Erika a déjà un frère, Klaus, avec lequel elle vit dans une sorte de symbiose exclusive, et elle a déjà une amie. Sa vie est peuplée, mouvementée, satisfaisante : elle n'accorde aucune place aux autres. D'autant moins à Annemarie, qui est toutefois une soupirante spéciale, son corps ambigu attire et fascine, trompe son monde, elle est en outre dévouée, délicieusement têtue et tenace et elle est en train d'apprendre à rester à sa place, à la partager avec les autres : elle signe ses lettres en professant un « attachement total et sans exigences de ta petite fille A. ». Elle lui réserve le rôle – exaltant, mais fatigant et souvent ingrat aussi – de l'institutrice, du « grand frère » : son guide dans l'apprentissage des choses de la vie. Personne ne pourrait reprocher à Erika de donner et de refuser tout à la fois, d'enflammer les sentiments vaguement excessifs d'une jeune femme au fond superflue pour elle : il est difficile, presque inhumain, de repousser une adoration confinant à l'idolâtrie comme celle d'Annemarie. Et toute idolâtrie révèle par définition un rapport asymétrique : est une idole celle à qui je délègue le poids et le risque de mon existence, pour ne pas les assumer moi-même. Lorsqu'elle se retournera pour me demander de prendre des responsabilités, pour me mettre face à moi-même, elle ne sera plus une idole – et je l'abattrai ou je me perdrai avec elle en la perdant. Mais Erika n'a encore jamais rien demandé à Annemarie. Du reste, elle vient tout juste de commencer à se demander à elle-même de prendre des responsabilités.

À Bocken, Erika n'était pas venue seule. Pas même un tant soit peu décoiffé par le voyage, Klaus était lui aussi descendu de la Ford. En dépit d'une agaçante inflammation des yeux qui l'empêchait d'écrire et de lire, ces jours-là Klaus était d'excellente humeur, dynamique et optimiste quant à son avenir, qui semblait riche de promesses, et c'est pourquoi il s'était volontiers associé à l'incursion suisse d'Erika. Ou peut-être parce qu'il lui était pénible de se séparer d'elle. Bien des années, ils s'étaient présentés au monde comme un couple de jumeaux, même s'ils ne l'étaient pas. Inséparables, spéculaires, fascinés. Tout le monde ou presque les tenait pour des jumeaux. Klaus connaissait peu Annemarie. Même s'il lui arrivait de la rencontrer à Berlin, même lorsque Erika était au loin, il la jugeait trop anonyme pour être vraiment son ami. Elle n'était pas *quelqu'un*, non parce qu'elle n'était pas une femme écrivain célèbre, ni la fille d'un écrivain célèbre, comme la plupart de ses amis, ni même parce qu'elle était trop jeune – elle avait seulement deux ans de moins que lui et trois de moins qu'Erika ; c'était plutôt à cause de l'indécision de son identité, à cause de ce qu'elle deviendrait ou était d'ores et déjà. Un marin dissolu, une jeune fille de la haute société, un Don Juan, une femme écrivain, une épouse : Klaus ne comprenait pas ce qu'elle voulait de sa vie – Erika exceptée.

Erika et Klaus étaient préparés au pire quant à la famille d'Annemarie. Ils tenaient les Schwarzenbach pour des capitalistes incapables de se racheter. Le père d'Annemarie était un industriel du textile étroitement lié aux puissantes banques suisses. Le père de son père,

Robert Schwarzenbach le Grand, avait su exploiter le développement économique de la fin du XIXᵉ siècle, transformant la petite entreprise familiale en l'un des empires de la soie les plus importants au monde. Annemarie n'en parlait jamais, mais les Schwarzenbach possédaient des usines à Thalwil – non loin de Bocken – et dans tout un tas d'autres pays. Si Erika et Klaus se méfiaient instinctivement d'Alfred comme d'un affairiste visqueux qui haïssait les syndicats et exploitait les ouvriers, ils ne se méfiaient pas moins de Renée, qu'ils tenaient pour une Walkyrie nationaliste et autoritaire. La famille maternelle d'Annemarie, les Wille – à la grande tradition militaire et militariste – s'était taillé une place dans l'histoire du fanatisme germanisant. Général, le grand-père d'Annemarie avait été le chef de l'armée suisse, et son oncle était en passe de le devenir. Sur les Schwarzenbach circulaient des anecdotes et des racontars féroces. On faisait même courir le bruit que, lorsque en 1923, peu avant le putsch de Munich, Adolf Hitler était venu à Zurich en quête de fonds pour ses projets, il avait rencontré au domicile du frère de Renée les industriels de la ville, qui l'avaient financé en grand secret. Le bruit voulant qu'Alfred et Renée aient été également présents – et généreux – courait aussi. Et si le père de cette dernière, le vieux général, avait été dégoûté par le sous-caporal sorti du ruisseau qui empestait encore l'étable, il était apparu au frère de Renée comme quelqu'un avec qui « commencer quelque chose ». Bref, les jumeaux s'attendaient à trouver un milieu réactionnaire, étroit et fasciste. Des lieux communs et des discours rétrogrades qui fourniraient une matière comique à leur moquerie. C'est pourquoi, dès que Klaus, rentrant sur la terrasse en compagnie d'Annemarie, interrompit la conversation, fluide par ailleurs, des deux femmes – auxquelles s'était jointe la loquace Emmy –, les jumeaux échangèrent une œillade friponne à l'insu de la mère et de la fille, qui, elles aussi, s'interrogeaient en silence. Erika fit un clin d'œil aux nouveaux arrivés, et à en juger par l'énergie avec laquelle Renée l'invita à la suivre au salon – car elle entendait lui montrer les trésors de Bocken –, Annemarie comprit que le miracle dont elle avait rêvé s'était produit : Erika et *Mama* se plaisaient. Ou du moins feignaient-elles de se plaire, dans le cadre d'une paix armée mêlant joutes oratoires et mots aimables. Annemarie embrasserait son amie : Erika savait bien se tenir en société, sait-on si elle apprendrait à en faire tout autant et quand. Elle se tenait vraiment pour une sauvage, de ce point de vue. À une autre époque, lorsque Renée parlait encore avec sa fille, elle l'avait comparée à une pouliche – récalcitrante, capricieuse, sauvage, peut-être indomptable. Puisque sa mère n'avait pas de passion plus profonde que les chevaux, c'était le compliment le plus touchant qu'elle pouvait lui adresser. Mais Renée avait renoncé à lui passer le mors, et savait-on si Erika réussirait là où l'autre avait échoué.

Renée assiégeait la fille de l'homme illustre avec l'orgueil d'une maîtresse de maison et la générosité d'une hôte ; Erika se défendait en charmant son amie Emmy et elle, elle racontait avec brio qu'elle n'avait encore jamais eu aucun succès comme actrice, mais qu'elle s'était en revanche déjà querellée avec tous les directeurs de théâtre les plus puissants, tandis qu'Emmy l'interrompait pour raconter ses débuts – tout aussi difficiles –, parmi les sifflets et les contestations, susurrant par-dessus le marché un « Les gens de théâtre s'entendent toujours immédiatement » de bon augure. Depuis que Klaus les avait rejointes, Renée le dévisageait avec un mélange de désapprobation et de perplexité, car ce jeune homme trop fin, trop gracieux, avec des traits délicats, presque féminins, une faconde impatiente et des mouvements trop rapides, constituait l'antithèse de ce qu'elle considérait qu'un homme devait être. Annemarie se creusait la cervelle afin d'inventer quelque chose pour s'esquiver en compagnie de Klaus. Elle voulait éviter que sa mère lui adressât la parole. Ils se comprendraient au vol, et se dégoûteraient mutuellement. Et Klaus était non seulement le « jumeau » d'Erika, mais encore un homme dont elle admirait le succès mondain et l'expérience et dont elle aurait voulu conquérir la confiance. Et sa mère risquait de tout gâcher. Renée savait être impitoyable. En un certain sens, même s'il n'y avait rien de plus différent qu'eux sur le plan des idées et du mode de vie, elle était en cela en tous points semblable à Erika. Erika aussi savait vexer, et blesser.

Aux pieds des escaliers ils croisèrent Alfred et les garçons de retour de Zurich, où ils avaient accompagné les princesses. Avec un sourire rusé sur son visage glabre, Hasi tendit maladroitement à Erika une rose qu'il venait tout juste d'arracher à la haie du parc, mais hélas, déjà desséchée, elle commençait à dépérir et perdit ses pétales au moment même où Erika la prit dans sa main. Erika rit et, tout à fait embarrassé, Hasi rougit. Il voulait que la « célèbre » actrice se sentît à son aise à Bocken, et qu'elle sût qu'elle avait des alliés dans la place. Annemarie sourit de sa maladresse. Comme il était mignon, Hasi ! C'était également le seul de la famille sur lequel elle pût compter. « Sais-tu une chose, Hans ? dit affectueusement Erika. Tu es sur la bonne voie pour devenir un bourreau des cœurs. Il est toujours préférable de faire rire une femme que de la faire pleurer ! »

Alfred père et Alfred fils avaient pris à part un Klaus réticent, cherchant à le séparer du groupe des femmes, d'où provenait un babillage animé. Freddy était trop timide pour oser adresser la parole au fils d'un prix Nobel, même s'il voulait lui demander des nouvelles de son voyage autour du monde : mais Klaus l'effrayait, parce qu'il affichait un air tellement supérieur que les autres ne semblaient lui importer que très peu. Il se tenait debout parmi les Schwarzenbach, pâle, délicat, il souriait, mais en réalité il n'était pas vraiment en leur compagnie, ses yeux bleus ne se posaient sur rien, il conversait à présent tantôt avec Alfred, tantôt avec Hasi, qu'il ne regardait pas, tandis qu'il souriait à Erika, et entre-temps, il parlait – mais en jetant ses mots à la hâte, comme s'ils avaient déjà été utilisés trop de fois et ne valaient plus rien –, il semblait ne vouloir regarder personne, parce qu'il voyait quelque chose que les autres ne voyaient pas, et lorsque finalement Freddy prit son courage à deux mains et bégaya une banalité à propos de l'Amérique, que, comme Klaus, il avait lui aussi visitée, Klaus posa ses yeux bleus rougis sur lui, répondit quelque chose, et Freddy se rendit compte que c'était comme s'il parlait à un autre, et qu'il ne savait pas même qui il était. Alfred plaignait Klaus car il avait dû subir la compagnie de ces femmes terribles tout seul : il savait pour sa part combien c'était difficile. « Jeune homme, vous devez vous ennuyer terriblement, avec toutes ces femmes, lui dit-il en le prenant par le bras. Je me permets de vous réquisitionner. Vous verrez que ma Bocken vous apparaîtra sous un autre jour. »

« Ne vous êtes-vous jamais demandé quelle est la vraie différence entre un Suisse et un Allemand, monsieur Mann ? » disait Schwarzenbach, en hurlant presque pour se faire entendre de l'autre côté de la cloison de bois qui les séparait. « Nous les Suisses sommes des gens simples. Dans les nations du monde entier, ce sont les villes qui ont forgé les idées, influencé les peuples et imposé leurs usages aux campagnes. C'est l'inverse qui s'est produit ici. La taille des pantalons vous convient-elle ? » – « Oui, merci monsieur Schwarzenbach », répondit Klaus en s'observant dans la glace que quelqu'un avait pendue au-dessus de la porte du vestiaire. Il n'avait pas la moindre envie de jouer au tennis avec le père d'Annemarie, mais il n'avait pas su refuser. Peut-être parce qu'il ne l'aurait pas pu. La question lui avait été posée de telle façon qu'une seule réponse était possible. Chaque famille a ses habitudes, ses rites : et le style des Schwarzenbach était celui-là. Quoi qu'il en soit, les pantalons et les chaussures étaient à sa taille, et même le tricot blanc qu'il lui donnait. Son image dans le miroir le satisfit largement. Il ne serait pas défiguré. « Les vallées, les lacs, les montagnes sont le cœur originel de notre pays, poursuivait Schwarzenbach. Ce sont les villes qui ont demandé à adhérer à la Ligue montagnarde, et non l'inverse. On ne peut pas changer la nature d'un peuple. D'une race. Pour nous les Suisses, les idées nouvelles sont un animal mystérieux, qu'on évite aussi longtemps que faire se peut et dont on se rapproche tout au plus avec une grande prudence. Nous sommes des provinciaux, nous ne sommes pas habitués à la confusion des villes, morale ou autre. Annemarie non plus ne l'est pas. » Klaus sourit non sans se moquer. Ah ! il comprenait maintenant où le discours du papa allait en venir. Il y avait du moralisme à l'horizon. Il ouvrit la porte du vestiaire et s'approcha du court de tennis. Il y avait un soleil timide et un ciel étonnamment bleu, comme en montagne. De l'autre côté du lac, enfarinées de neige, les collines scintillaient. Partout des arbres, du silence, des silhouettes de chevaux qui paissaient sur les prés bruns, çà et là tachés de neige. Et au loin, violacée à cette distance, on entrevoyait Zurich, qui s'étendait sur la rive du lac, embrassée à ses deux extrémités par des collines recouvertes de bois invitant aux vagabondages, à la méditation, mais nullement aux égarements. Après tout, Bocken était vraiment un bel endroit. Et pourtant, le calme scintillement du lac, qui s'ouvrait entre les collines tel un croissant de lune, faisait naître une nostalgie aiguë des océans.

Le manche de la raquette de Hasi était bandé de soie. Klaus la soupesa. Elle était lourde, et lui fatigué. Il s'était couché tard, et n'avait pas fermé l'œil de la nuit. « Moi, j'habitais à Zurich, qui certes n'est pourtant pas une métropole, dit Schwarzenbach en le rejoignant sur le court, et dès que je l'ai pu, je me suis installé ici. Quel air, ne sentez-vous pas, quel paysage, ne voyez-vous pas ? Nature et volonté – c'est ça, la Suisse. » « Oui, bien sûr, je comprends », acquiesça Klaus pour mettre au plus vite un terme à la conversation qui allait devenir désagréable. Les différences entre les peuples ne lui importaient guère – et c'est qu'il commençait à avoir le plus grand mal à se tenir pour un Allemand, mais il n'avait pas envie d'essayer de le lui expliquer. Schwarzenbach fit rebondir la petite balle sur la terre rouge. Il le regardait d'une étrange manière – l'examinant comme s'il était un insecte d'une espèce létale. Il avait entendu parler de Klaus comme d'un dramaturge frivole et immoral qui, comme Annemarie – même si de manière différente –, abusait du nom de son père. Il ne lui avait pas fait une bonne impression. Il apparaissait certes comme un jeune homme du monde – fin, impeccable, habillé avec une élégante désinvolture. On ne pouvait pas dire qu'il n'offrait pas un bel aspect. Bien au contraire. Il était mince, élancé, avec un visage aristocratique et intelligent. Mais il avait des gestes nerveux qui trahissaient une agitation et une sensibilité anormales. Il lui apparaissait comme un être ombrageux, vulnérable comme une statuette de porcelaine. Et puis, il y avait chez lui quelque chose de maniéré qui l'agaçait. « Dites-moi une chose, monsieur Mann, lui dit-il brusquement, quelles sont vos intentions à propos de ma fille » ? « Excusez-moi, je crains de n'avoir pas compris », répondit Klaus stupéfait.

Mais Schwarzenbach ne l'avait même pas écouté et s'éloignait déjà, se dirigeant à grandes enjambées de l'autre côté du filet. Il marchait vite, faisant mouliner son bras droit en l'air afin de dégourdir l'articulation de son épaule. Il tenait sa raquette comme si c'était un fusil. Klaus était contrarié. Par la question, par la situation, par tout. Il plia imperceptiblement les genoux et tendit son buste en avant, cherchant à prendre l'attitude d'un vrai joueur et à imiter les gestes de von Cramm – mais en réalité, il jouait rarement. Il préférait voir jouer les autres. Le service de son adversaire fut si violent qu'il ne vit même pas la balle. Il en entendit seulement le sifflement et l'écho. « Réveillez-vous, jeune homme ! » rit Alfred, et il servit de nouveau. Klaus se détendit presque jusqu'à la déchirure et frappa la balle de la pointe de sa raquette. Il réussit malgré tout à la renvoyer, pour être aussitôt frappé par un violent coup droit qui effleura l'intersection des lignes blanches et s'en alla mourir contre les filets de protection. « Vous êtes trop fort pour moi, monsieur Schwarzenbach », dit Klaus, en se penchant pour ramasser les balles. « Pas le moins du monde. Je ne joue jamais », répondit Alfred d'un ton mélancolique. « Le terrain est toujours réquisitionné par mes enfants, par mes petits-enfants, par Mademoiselle Krüger, par mes hôtes royaux. Vous êtes une occasion, pour moi. »

La partie se prolongeait à l'infini, se déroulant de manière toujours plus embarrassante. Klaus arrivait toujours trop tard ou frappait trop doucement – envoyant inévitablement la balle dans le filet – ou trop fort, l'envoyant s'encastrer entre les branches des arbres. L'autre, prouvant qu'il n'avait que peu ou pas de considération pour l'amour-propre de son hôte, ne s'en souciait nullement, d'ailleurs, plus les minutes passaient, plus Klaus se persuada que Schwarzenbach voulait justement lui démontrer que lui, l'*Homo helveticus* aux sains principes, jouissait d'une excellente santé, et que même s'il était de trente ans plus vieux que lui, il était agile, athlétique, bondissant – tandis que Klaus, *berlinensis*, à vingt-cinq ans à peine était d'ores et déjà un déchet, corrompu par la vie aberrante de la métropole. Après une demi-heure, tous deux, essoufflés, en sueur et marqués, allèrent s'asseoir sur des bancs situés le long du court. Schwarzenbach porta la main à la poitrine, respira plusieurs fois, grimaçant, serrant les dents, et but de longues gorgées de sa bouteille d'eau. Puis, il plongea son visage dans sa serviette-éponge et s'affala sur le dossier. Klaus eut l'impression qu'il allait se trouver mal. « Pour ce qui concerne la question que je vous ai posée précédemment, haleta Alfred, et sa voix semblait étouffée par la serviette-éponge blanche, mais peut-être n'avait-il plus de souffle, je vous préviens tout de suite de ne pas vous mettre en tête d'épouser ma fille, parce que j'ai de grands projets pour elle. » Klaus fixa stupidement la serviette-éponge blanche qui lui couvrait le visage et il rit. « Ah ! non, mon Dieu, je n'en ai vraiment pas l'intention. Vraiment pas, je ne suis pas intéressé », dit-il, soulagé. C'était donc cela qui préoccupait Schwarzenbach ? La peur qu'il veuille mettre la main sur le patrimoine d'Annemarie ? Et il faisait complètement fausse route. Il n'y avait jamais songé. Même si cela n'aurait pas été une idée si stupide, au fond. Mais il faudrait avoir une âme bien lâche, pour certaines idées, ce n'était pas son cas. « Pourquoi pas ? », dit Alfred tout à coup soupçonneux, plantant sur son visage un regard brûlant. « Qu'y aurait-il d'étrange ? C'est le meilleur parti de Zurich. Qu'est-ce qui n'irait pas chez ma fille ? »

« Annemarie n'a rien qui n'aille pas. Elle est bien charmante, fine, intelligente, elle a toutes les qualités qu'une jeune femme se doit d'avoir. Mais c'est précisément pourquoi elle ne m'intéresse pas. Ce n'est pas mon genre. Je ne sais pas si je m'explique bien, monsieur Schwarzenbach ? », répondit Klaus, avec une ironie cinglante. Qui sait si l'industriel était suffisamment déluré pour saisir le sous-entendu. Il empoigna sa raquette, se leva et se dirigea vers la ligne du fond du court. Il vérifia la tension des cordes. Il fit rebondir plusieurs fois la balle, les rattrapant chaque fois dans la paume de sa main. Dès que Schwarzenbach – lentement, comme ramolli – eut rejoint la ligne du fond, à l'autre bout du court, Klaus lança haut la balle et la frappa avec toute la violence dont il était capable. Il commençait à détester ce type : ses idées mesquines, ses soupçons, ses préjugés et ses espèces sonnantes et trébuchantes. Schwarzenbach lui renvoya la balle entre les pieds, et Klaus la repoussa, l'envoyant au loin avec tant de force qu'elle survola les cheveux clairsemés de Schwarzenbach, outrepassa le filet de protection, et se perdit dans les prés de Bocken.

Erika feuilleta le livre d'or des invités que la mère d'Annemarie lui montrait avec une vanité mal dissimulée. Elle lut distraitement les noms d'Alexander Moissi, Richard Strauss, Bruno Walter et sa femme, de la princesse Stoltberg, Siegfried et Winifred Wagner. « Votre père a reçu le prix Nobel, me semble-t-il », disait Renée, sans y accorder grande importance. « Il y a deux ans », confirma Erika. Au-delà de la célébrité et de la consécration de son père, l'événement avait rétabli les finances familiales, et surtout les siennes comme celles de Klaus : leurs parents avaient épongé toutes leurs dettes, leur redonnant une seconde vie – pour les libérer, en un certain sens. Ou, peut-être, pour les lier définitivement à eux. « Je voudrais vous raconter quelque chose, dit Renée. Songez que lorsque j'étais petite, je devais avoir sept ou huit ans, un étranger, un hôte de mes parents, à Mariafeld, me vit tomber de cheval alors que j'essayais de sauter un obstacle trop haut pour mes possibilités. Ce fut une mauvaise chute – la seule de ma vie, oserais-je dire – et je me suis relevée tout endolorie. Naturellement, je ne me suis pas plainte, même si je m'étais cassé une côte. Cet homme s'approcha pour me consoler et me dit qu'un jour je serais une grande cavalière. Il avait un sixième sens pour deviner les possibilités des gens. Je l'ai regardé en face et je lui ai dit : et qu'est-ce que cela peut te faire ? Ce jour-là tu seras déjà mort, après tout. » Erika rit. « Petite fille, *Mama* avait un caractère difficile », commenta Annemarie, lançant à sa mère un regard d'adoration. « L'étranger le prit très mal, et mon père me réprimanda durement, poursuivit Renée, l'hôte pria cependant mon père de ne pas me punir, parce que j'avais dit la vérité : il était âgé, il ne vivrait pas assez longtemps pour me voir triompher. Il voulut malgré tout me récompenser, et il m'offrit un diplôme que je possède encore. Cet homme c'était Nobel. Alfred Nobel en personne. Comme vous le voyez, j'ai moi aussi un prix Nobel. » Erika sourit. Annemarie, même si elle essayait fébrilement de détourner la conversation sur le sujet qui était vital pour elle, n'osait pas s'interposer entre elles deux, qui semblaient avoir trouvé une syntonie inattendue. Erika ne savait que penser de la mère d'Annemarie. Sans s'en rendre compte, Renée avait mis ses mains sur ses hanches, dans une attitude de défi. Elle portait un vêtement bleu bordé de fourrure. Les cheveux fauves, striés de gris çà et là, divisés en deux bandes, retombaient sur ses oreilles. Aux lèvres, elle avait un très long fume-cigarette en ivoire sur lequel était fixée une cigarette allumée. L'autorité masculine enjouée dont elle faisait étalage suscitait un certain effroi. Son étonnante énergie, sa dureté et son intransigeance, son orgueil démesuré frappaient d'autant plus Erika que sa fille chérie en était complètement dépourvue. Elle en déduisit que cette femme exerçait sur Annemarie une fascination absolue – et donc néfaste. C'était son dictateur.

Hélas, la présence d'Erika aux côtés d'Annemarie avait déchaîné la revêche jalousie de Renée. La voici donc, cette mademoiselle Mann – presque du même âge que ma fille et d'ores et déjà une personnalité, d'ores et déjà un nom. Une actrice sans qualités, mais avec un infaillible talent pour la publicité – personne ne sait obtenir autant de manchettes et de couvertures de journaux –, et même un sens pratique inné. Ma petite Anne, au contraire, ne sait rien faire et le seul talent qu'elle ait – outre celui de se créer des ennuis et d'en causer aux autres – est de se faire aimer. L'existence d'Erika s'annonce tellement plus facile, si on la compare à celle de ma fille, et cela me désole. Au reste, c'est un rapprochement stupide, dépourvu de sens, car Mademoiselle Mann est déjà une femme perdue tandis que ma petite Anne n'est peut-être pas aussi méchante qu'elle peut le paraître, mais seulement désorientée, et les rêvasseries littéraires qui l'ont aimantée vers ces deux casse-cou – uniquement parce ce sont les enfants de cet individu – sont seulement une illusion puérile. Mais cette Erika exerce une influence diabolique sur elle, pour Anne elle se révèle dangereuse comme un poison, un vice ou une maladie, elle l'entraîne sur une route dangereuse – poursuivre le rêve d'être comme eux, une partie de leur monde. Mais Anne est une Schwarzenbach. La famille est la seule chose que nous ayons, parce que rien d'autre n'existe, aucune relation ne s'avère plus profonde et plus incorruptible que celles qui constituent une partie de nous-mêmes, le reste est fictif, vain et caduc, et si nous perdons notre famille, nous perdons tout.

Précisément du fait de ses prévisions funestes, Renée continua à sourire à Erika avec affabilité, elle lui conseilla de descendre au lac pour une promenade en barque – Annemarie ramait comme un marin – et elle trouva même le moyen de lui dire qu'elle aurait été honorée qu'un jour, s'ils se trouvaient à passer par Zurich, elle revienne à Bocken avec son père. Au fond, même si c'était un écrivain – et les écrivains sont des personnes peu sérieuses, sinon dégénérées –, c'était tout de même un prix Nobel, et un prix Nobel valorisait sa « collection » d'hommes illustres. Erika referma le livre d'or de ses invités, et elle assura à Renée que si elle revenait à Zurich, elle ne manquerait pas de lui présenter son père. Renée souffla un nuage bleu du bout des lèvres et, pointant son très long fume-cigarette dans sa direction, lui dit : « Avant de partir, voudriez-vous avoir l'obligeance de signer le registre ? » – « Je crains de ne pas être suffisamment célèbre », s'exclama Erika, étonnée. « Je crains que vous le deveniez, Mademoiselle Mann », répondit Renée, dans un étrange sourire.

Propriété privée

J'arrive à Bocken par une journée estivale typique. Les voiles blanches des barques ponctuent la surface bleuâtre du lac de Zurich. Les baigneurs se prélassent au soleil sur les quelques parcelles de pelouse encore libres entre les bittes d'amarrage et les cafés, et sur leurs canots à moteur les excursionnistes s'amusent à passer à toute vitesse d'une rive à l'autre : mais les rives sont si proches, l'eau si lisse, que la satisfaction éprouvée doit être assez faible. Sur la carte topographique des environs de Zurich, Bocken-bei-Horgen est symbolisée par une série de points ocre – des constructions éparses au centre d'une tache verte. Mais la ville s'est inexorablement étendue année après année, et les faubourgs ont fini par monter à l'assaut des collines qui ceignent le lac. Les routes sont devenues des autoroutes, les vergers des hypermarchés, et des fast-foods, des stations-service et ont fini par cerner, assiéger et enfin engloutir l'ancien paradis anachronique des Schwarzenbach. Roulant à vive allure sur l'autoroute, depuis la fenêtre, on entrevoit encore les arbres séculaires du domaine et l'ombre blanche de la grande demeure. Les pâturages et les champs du domaine ont disparu, mais derrière le portail (que je trouve ouvert à cause de l'un de ces miracles d'invisibilité qu'Annemarie connaissait bien) tout semble être comme elle l'avait laissé. La maison de maître – un grand bâtiment blanc à quatre étages au toit pentu triangulaire et une grande annexe rectangulaire attenante sur le côté gauche – se dresse dans une vaste clairière, à mi-côte sur la colline, entre une forêt encore intacte et la rive du lac très urbanisée, où se trouve Horgen, qui était déjà à cette époque une ville industrielle tumultueuse où bourdonnaient des usines renommées pour la production de machines préparant au tissage mécanique – canetières, bancs de renvidage, machines à enrouler, dévider et nettoyer la soie. La propriété est isolée, mais comme l'autoroute passe à moins de cent mètres de la demeure, le silence idyllique est brisé de temps à autre par un lointain ronflement de moteurs.

Avant les Schwarzenbach, Bocken existait depuis des siècles. Les premiers souvenirs du lieu remontent au Moyen Âge : à l'époque, le domaine appartenait à un monastère de nonnes cisterciennes de Zurich. La propriété a toujours eu pour une part un destin féminin. Dans le nom du lieu – anciennement dénommé Buccunbach –, il y avait un fleuve, et un méandre, une déviation. Mais *bocken* est également un verbe qui signifie regimber, résister, et il paraît beaucoup plus pertinent pour ses nonnes batailleuses comme pour ses dernières propriétaires. Au cours de la dernière décennie du XVIIe siècle, la maison, située au centre d'un parc planté d'arbres centenaires d'où jaillissait une source aux qualités curatives réputées, était la propriété du gouverneur Johannes Stocker, une figure singulière de chirurgien et de médecin militaire de l'armée prussienne. Ayant appris l'existence de la source curative grâce à un livre du naturaliste Johann Jakob Scheuchzer, celui-ci décida de transformer Bocken en un lieu public de cure, pourvu de bains et d'une piscine thermale découverte. Il rêvait de faire de Bocken le Baden-Baden de la Suisse. En dépit de ses efforts, et, par la suite, de ceux de ses héritiers, le projet ne fut couronné que d'un succès partiel. Toutefois, à compter de 1805, les vacanciers étaient hébergés dans une Gasthof, baptisée « Aux ours » (peut-être y en avait-il encore dans la forêt, au-dessus du lac), encore en activité au début du XXᵉ siècle. « Vue incomparable sur le lac de Zurich », « Environs magnifiques », « Très agréables promenades au bon air de la montagne » étaient quelques-uns des slogans forgés pour attirer les touristes. En 1902, Bocken était également le but favori des excursions dominicales et le Baedeker de 1913 le recommande pour sa vue enchanteresse. La pension pratiquait des prix accessibles : quatre marks et cinquante pfennigs la nuit. Mais lorsque, sur les conseils du frère de Renée, en 1911, Alfred fit l'acquisition de la propriété et des terrains environnants, les hôtels et les piscines fermèrent et la nouvelle ère de Bocken prit son essor.

Schwarzenbach avait trente-cinq ans, quatre enfants, une femme qui n'aimait que les chevaux et la musique, une licence dans son tiroir, une filature de soie qui, à l'époque, comptait treize mille ouvriers et des filiales dans le monde entier. Mais l'exploitation d'une filature de soie était très risquée – une source d'immenses profits et d'immenses pertes. « Le tisserand, disait Robert le Grand, qui le matin n'a rien à se mettre sous la dent chevauche un cheval le soir. » Et son père avait mis à profit l'âge d'or du commerce de la soie pour agrandir son entreprise, mais il échut à Alfred de vivre à une époque turbulente, au cours de laquelle le prix de la soie sur le marché oscillait effroyablement entre spéculations et sinistres rabais, entre revendications syndicales et concurrence orientale, contrats collectifs et évolution de la mode (l'abolition des corsets et des jupons et le déclin de l'ombrelle coûtèrent à eux seuls des millions de francs à la Schwarzenbach & Co), entre rêves de *grandeur** et présages de décadence : il avait désespérément besoin d'un lieu où oublier les tensions professionnelles. Mais pas seulement. Du vaste domaine il fit son royaume. Il voulut rivaliser avec son père, qui en 1896 s'était fait construire à Rüschlikon une villa néogothique sertie de pinacles, le dépasser – et il agrandit la maison de maître en bâtissant une aile entièrement neuve : c'est probablement un hasard mais de cette façon Bocken finit par devenir la copie plus vaste et plus belle de Mariafeld, le domaine des parents de son épouse – le fils du tisserand avait dépassé également les Wille. Il fit construire une serre, un pavillon, une maison de jeux, un pigeonnier et une remise pour les automobiles. Il transforma la ferme en une entreprise agricole moderne, mettant sur pied, à côté de l'élevage des moutons et de la culture d'arbres fruitiers, des élevages de cochons, dans lesquels ses zoologues expérimentaient avec succès les croisements des races, et un poulailler, tout en se spécialisant dans la reproduction des poules blanches. Son installation futuriste pour le séchage de l'herbe devint célèbre. Mais surtout, puisqu'il partageait avec Renée au moins la passion des chevaux, il restructura les écuries, il fit peindre sur leurs murs des fresques équestres par le peintre Christian Schmid, il inaugura un élevage et construisit un manège. Dans la période de l'entre-deux-guerres, il ouvrit ses portes à ses hôtes et sa demeure fut une étape incontournable pour quiconque – célèbre, ayant du succès et doté d'un pedigree – passait dans la ville. L'hospitalité était appréciée, et lorsque ses hôtes illustres repartaient, ils signaient volontiers le livre d'or que Renée leur tendait. Ils écrivaient une phrase de remerciement cordial, mais comme la plupart d'entre eux étaient des musiciens, des directeurs d'orchestre ou des héritiers de compositeurs, auprès de leur signature ils ajoutaient un pentagramme. C'est ce qu'ont fait Wilhelm Backhaus, Arturo Toscanini, Othmar Schoek qui a donné à Renée les notes de la *Penthésilée*, et également Richard Strauss, qui lui a donné celles de l'*Elektra*, écrites avec une calligraphie tremblante. Deux héroïnes tragiques et volontaires, pour *Madame**. La « période Schwarzenbach » est tenue pour la plus heureuse de Bocken, et aujourd'hui encore, on se souvient d'Alfred et de Renée comme de deux mécènes qui diffusèrent la culture sur cette rive du lac de Zurich. C'est cependant surtout à elle qu'en revenait le mérite. Lui était un homme infatigable, mais réservé et qui n'aimait guère les apparences. La « maîtresse de maison », c'était elle : la châtelaine. Elle qui donnait le ton de ce milieu, elle qui sélectionnait les hôtes, préparait les événements. Elle avait une énergie inépuisable et ne se laissait jamais abattre. Elle continua à recevoir et à tout organiser même après le décès de son mari. Seule, elle reçut Wilhelm Furtwängler et Rafael Kubelik. Elle était l'attraction du lieu. Aujourd'hui encore, les *dépliants** publicitaires la qualifient de femme « passionnelle mais de bon cœur, forte, guère facile pour ses proches, mais pour beaucoup une personnalité intéressante ». Ces mêmes *dépliants** ignorent soigneusement Annemarie : pour eux, comme pour sa mère, son existence est une erreur. Elle n'a jamais existé.

Après la mort de Renée, et le transfert des derniers Schwarzenbach à Erlenbach d'abord et à Thalwil ensuite, le domaine inhabité a fini par tomber en ruine petit à petit. Mais lorsque j'arrive, la maison a l'air d'avoir été restaurée de fraîche date. Les fenêtres n'ont pas de volets : il y a seulement des vitraux cloisonnés, tous identiques exception faite de l'œil-de-bœuf du cinquième étage – le grenier selon toute vraisemblance. On n'aperçoit personne. Et pourtant, deux chaises installées précisément devant la porte d'entrée et des voix provenant des cuisines prouvent que la maison est habitée. Je tire la sonnette. Une caméra suspendue au-dessus de la porte d'entrée me dévisage impitoyablement. Mais je le sais et je souris. Évidemment, j'ai un air familier car – presque aussitôt – une femme vient m'ouvrir.

Nous ne pouvons communiquer en aucune langue par moi connue (elles ne sont au reste pas nombreuses). C'est mieux ainsi : je ne saurais expliquer ni ma présence ici, ni ce que je cherche. L'ombre d'une ombre – des fantômes. J'entre dans la maison de maître et, dans la semi-obscurité, lorsque je lève les yeux sur le plafond massif en bois qui semble être aussi ancien que la maison, je caresse un instant l'espoir que tout soit resté identique et que cette femme soit la dernière domestique des Schwarzenbach. Que les plafonds aient retenu l'écho du piano, les meubles les parfums, le papier peint les grommellements, les querelles, les pleurs, les révoltes, les secrets. Le vestibule est vaste et enténébré comme dans les maisons suisses ; six portes identiques, solennelles, surmontées d'une architrave en bois sombre y donnent, il mène à la partie arrière du bâtiment, inondée d'un soleil que filtrent de grandes verrières ; sur la gauche, un escalier en marbre monte à l'étage noble. La salle des fêtes est au premier étage, et c'est là-haut que se trouvent les pièces principales. Les écrasants plafonds de bois sombre à l'allure vaguement oppressante frappent comme le faste des vieux buffets de bois du XVIIe siècle, colonnes puissantes, stucs baroques, chapiteaux sculptés et poêles alambiqués de majolique comme on en voit seulement dans les musées. Au plafond, sous la couronne, on lit parfaitement les pompeuses devises latines qu'y fit graver le gouverneur : SI CONSTANS FIDES ÆTERNA LIBERTAS. EXULET PROPRIUM COMODUM ETHIS ARMIS STABIT HELVETIA. Dans ce qui devait être la salle principale, avant que Schwarzenbach ne fasse bâtir l'aile nouvelle où il installa la salle à manger et le salon, un dévot SOLI DEO GLORIA attire l'œil.

Mais c'est une pure illusion – une coquille vide, parce que en réalité tout a changé et qu'il ne reste presque plus rien des Schwarzenbach, qui sont passés ici sans laisser de traces visibles de leur histoire. Tout ce qui reste précède leur propre existence. Et aujourd'hui, la vulgarité des meubles de série contraste avec l'élégance résiduelle des portes et des plafonds de bois, comme ces chaises en plastique aux couleurs pop accumulées sous la véranda semblent être une violente intrusion dans la paix hors du temps du jardin. L'impersonnalité des meubles, l'abondance des ordinateurs et des tables de travail, ainsi que la présence de petits écriteaux attestent sans équivoque que ces pièces sont devenues des bureaux. Les Schwarzenbach se sont évanouis. Ils ont fondé leur empire sur quelque chose d'intrinsèquement éphémère comme la soie, et leur gloire sur quelque chose d'immatériel comme la musique. Seule Annemarie a cru en ce qui semble permanent – le mot. Ici, je ne trouverai aucune trace d'elle – aucun parfum. Rien de rien. Rien que l'étrangeté, la séparation.

Devenue propriété du canton de Zurich, Bocken a été cédée en usufruit au Crédit suisse qui l'a transformée en un centre de formation permanent pour managers. En vue de sa restauration, la banque a réalisé une sorte d'inventaire photographique, qui catalogue minutieusement les pièces et les meubles de cette demeure. C'est pourquoi, même si je suis arrivée trop tard, j'ai marché dans la maison de l'époque d'Annemarie. Et je connais la salle à manger où, à heures fixes, sa famille se retrouvait pour les repas, et le salon de musique où elle s'exerçait à étudier le piano, les chambres des hôtes et celles des maîtres, les salles de bains et les cuisines, les escaliers et les caves, la terrasse couverte, les salons et les couloirs. Et je connais les meubles Empire ou fonctionnels qui encombraient leurs chambres, et leurs fauteuils, miroirs, tapis, décorations de cheminée, *appliques**, porte-parapluies, commodes, vases à fleurs, consoles, chaises paillées, les papiers peints aux lourdes volutes art nouveau, la table ronde et les fauteuils en osier de la chambre de l'aile nord, le lustre pendant du plafond à caissons, le grand divan enveloppant aux coussins carrés du salon de musique, le piano à queue trônant sur des colonnettes tronquées, les belliqueux militaires en uniforme qui accueillent celui qui pénètre dans le vestibule du rez-de-chaussée, les pluviers, les cornes de cerf qui s'exhibaient sur la première porte, l'horloge murale sonnant les heures, les édredons des lits, les rideaux, les armoires, les arcades, les vestibules spacieux, les plafonds recouverts de stucs, les fenêtres aux vitres en cul de bouteille de la Festsaal, la bibliothèque installée le long des murs du couloir du premier étage, l'abat-jour tape-à-l'œil qui illumine le sofa du salon (assis là on croise le visage menaçant d'un militaire, peut-être un inévitable ancêtre), la main courante le long des couloirs et des escaliers, les parquets, les robinetteries, la grande buanderie vaste comme un salon et ornée de plantes *semper virens* et les lavabos aériens reposant sur de minces colonnettes, et même la forme insolite de leur baignoire. Je parviens à imaginer l'atmosphère qui devait régner dans ces pièces. Le bruit des voix furtives était atténué, elles s'étouffaient dans ces espaces trop grands. L'ordre des meubles alignés sur les tapis avec une précision inflexible. La dignité des salons où l'on oserait difficilement prononcer un gros mot et qui ne supportent que de nobles conversations. Le froid des couloirs et des escaliers non chauffés. Les brumeuses ténèbres hivernales. Les livres de la bibliothèque, tous reliés en cuir et en peau, qui ne semblaient pas être là pour être lus mais pour remplir le long mur du couloir. Mais également l'intimité de l'espace vital inviolé – car chacun possède le sien propre, sa chambre, son appartement, son monde. La beauté des objets rares et exquis. L'argenterie qui brille, la surface réfléchissante du bois parfaitement épousseté. Les miroirs resplendissants. Ignorer l'existence des objets vulgaires, ne jamais voir quelque chose qui n'est pas à sa place – un édredon, un balai, une paire de chaussons. Cette maison est le rêve réalisé d'un bourgeois qui a voulu se prendre pour un roi, ou d'une bourgeoise qui a voulu se prendre pour un roi, ce qui – à la fin – revient au même. En dépit de tout cela, tandis que l'inventaire anime leur monde, je ne vois pas Annemarie traverser ces pièces, de la même façon qu'ils ne la voyaient pas – ils l'ignoraient, ils regardaient à travers elle, l'invisible –, comme si elle n'était pas là. Cette maison n'a rien d'elle. Il n'y a rien, parmi ces meubles de bourgeoise honorabilité, de faste et de dignité, entre ces portraits de braves hommes d'affaires ou de pouvoir, qui la rappelle, ou qui dise qu'elle y a vécu. C'est la demeure de gens victorieux, opulents, apaisés. Mais elle a fui ce paradis artificiel, Bocken, sa famille, la Suisse, laissant derrière elle sa seule absence.

SILENCE : ON TOURNE !

La petite affiche devant le Studio Fluntern de Zurich annonçait :

Annemarie Schwarzenbach
Lit son nouveau roman inédit
Départ en automne

Un passant se serait demandé : Pourquoi, qui est-ce ? A-t-elle écrit d'autres romans ? Jamais entendu parler. Mais un passant quelconque n'aurait pas été autorisé à assister à cette lecture : les cartons d'invitation avaient été adressés à un public « choisi » – ses juges, ses complices, ou ses bourreaux. C'était sa première lecture devant un grand auditoire. Arrivée avec une demi-heure d'avance, en proie à une anxiété corrosive, Annemarie errait, la cigarette aux lèvres derrière la tribune où étaient posés les feuillets dactylographiés qu'elle lirait. Elle observait avec une angoisse croissante les rangées de chaises recouvertes de velours rouge. Elles étaient vides. Elle comptait les fauteuils et se demandait si quelqu'un s'y assoirait et viendrait l'écouter. À sept heures, l'heure prévue pour le début de la lecture, il y avait en tout et pour tout cinq quidams dans la salle, et qui plus est, ils n'étaient même pas invités, ils étaient parvenus à se faufiler savait-on comment. Des étudiants à l'allure négligée – ses ex-compagnons d'université. Cinq sales gueules issues de la province du Tessin, qui vivaient dans le pensionnat des jésuites et parlaient seulement de poésie. De loin en loin, au cours des leçons d'histoire nationale, ils collaient sur elle des regards visqueux d'adoration. Mais à l'université, Annemarie n'avait jamais daigné leur accorder la moindre attention. Et ce soir-là non plus, même si elle était sincèrement contente qu'ils soient venus, elle ne parvint pas à esquisser un sourire. « Monsieur Bloch, dit-elle, soucieuse, à l'un des organisateurs, êtes-vous bien sûr que les invitations soient arrivées à destination ? » – « Soyez tranquille, Mademoiselle, tergiversa sournoisement ce dernier. Nous en avons posté deux mille. » Annemarie alluma une Camel supplémentaire – pour le regretter aussitôt, car trop de fumée enrouerait sa voix. Mais pourquoi avait-elle choisi une salle aussi grande ? Une salle de lycée, ou un salon de thé n'auraient-ils pas suffi ? Mais non, elle avait voulu une soirée grandiose – et maintenant, tous ces fauteuils recouverts de velours rouge étaient là, tristement vides, les sièges pliants tous baissés comme la langue rouge d'une grimace. Mon Dieu, elle n'était pas même sûre de parvenir à la faire sortir, sa voix, parce que la peur lui tenaillait la gorge, bloquait sa respiration. Ah ! si j'étais une actrice. Si Erika m'avait donné quelques conseils. Parviendront-ils à suivre la trame du récit ? Finirai-je par les ennuyer ? Peut-être ne plaira-t-elle pas. Je lis tout – précisément tout, comme prévu – ou je coupe quelque chose ? Peut-être vais-je couper quelque chose. Si je commence à ressentir de l'impatience, de l'inquiétude, de l'ennui, je saute quelques chapitres. Elle cherchait à garder son calme, mais ses mains tremblaient, et elle avait la nausée. Disparaître, voici la seule chose qu'elle désirait. Fuir. S'évaporer. Se dissoudre. Elle ne résisterait pas à la tension. Elle resterait paralysée, comme lors des compétitions d'équitation – elle s'immobilisait devant les obstacles, incapable de sauter, de revenir en arrière, de faire quoi que ce soit. Elle resterait muette. « Bien, Mademoiselle, encore cinq minutes, puis nous commençons », dit l'organisateur, impatient. Elle se mordit les lèvres et acquiesça, très pâle. Elle n'y arriverait jamais – ni à affronter la soirée ni à supporter ce fiasco. Cependant, elle acquiesça, s'efforçant de sourire. « Je suis prête », dit-elle.

Et pourtant, petit à petit, l'angoissante grimace rouge des fauteuils disparaissait, et, s'animant, la salle prenait l'allure d'un véritable parterre. Les techniciens essayaient les lumières, allumaient les lampes et orientaient, comme sur une rampe, le faisceau des petits projecteurs vers la tribune derrière laquelle l'écrivain prendrait place. L'auditoire arrivait peu à peu. Les amies d'Annemarie, qui vociféraient, les journalistes des pages littéraires des gazettes de Zurich, les indulgents professeurs d'université qui avaient donné un compte rendu de son livre, des groupes de dames de la bonne société de la ville, ses nobles protectrices, qui cherchaient en vain leur « petit marin » dans la salle, de jeunes écrivains, soidisant tels, proclamés tels, talentueux ou dépourvus de talent – et enfin, même si plus réticents, quelques écrivains d'un certain âge, qu'Annemarie avait fait bombarder de coups de téléphone par Bloch, entraient. Ne prenez aucun engagement pour le soir du 27, vous devez absolument venir écouter Schwarzenbach : c'est la jeune romancière la plus intéressante de sa génération.

Annemarie n'avait jamais assisté à la présentation d'un livre, à une lecture, à un cocktail-party littéraire ou à un autre événement semblable avant de s'imaginer elle-même en tant qu'écrivain auquel il reviendrait un jour de s'asseoir de l'autre côté de la salle. Depuis lors, elle n'en avait fréquenté que trop, découvrant que les rencontres littéraires constituaient un véritable cauchemar social, parce que les écrivains ne sont pas comme les médecins, les architectes ou les ingénieurs, qui peuvent s'entretenir en parlant de choses et d'autres, autrement dit des expériences qui ont trait à leurs intérêts, mais qui restent étrangères à ce qui les concerne vraiment, leur permettant de se rencontrer sans se compromettre, sans s'exposer – ou se blesser. Les écrivains n'ont pas d'affaires dont ils puissent parler et ils peuvent seulement exposer ce qu'ils possèdent de plus intime : leurs livres. Ils sont ainsi contraints de se raconter l'un l'autre leurs propres œuvres – épreuves de quelque façon embarrassantes que seuls les écrivains très jeunes osent affronter. Mais ce soir-là, Annemarie était justement très jeune et elle désirait vraiment lire son roman à quiconque le désirait ou croyait le désirer par amitié, curiosité, intérêt professionnel, et c'est pourquoi – lorsque la salle fut pleine et que l'organisateur lui enjoignit de s'avancer, parce que c'était maintenant à son tour, elle respira à fond, éteignit sa cigarette, écarta le rideau et prit place derrière la tribune. Elle appuya ses mains sur les feuillets et fixa la salle. Les lumières l'aveuglèrent. Les visages des spectateurs se confondirent en une masse anonyme et de ce fait ne pouvaient plus lui inspirer de la peur. La peur s'évanouissait comme par enchantement – une magie inconnue. « Bonsoir », dit-elle, d'une voix rauque sans regarder personne, fixant un point indéfinissable au-dessus de l'ondoiement des têtes. Le public nota qu'elle n'avait pas souri.

Se glissant, inaperçue dans la confusion générale, dissimulée derrière la haie de petits chapeaux des amies d'Annemarie, des lunettes aux verres fumés bien enfourchées sur son nez, lèvres grimaçantes du fait de la tension, Renée s'était assise à l'un des tout derniers rangs. Elle ne connaissait aucun des présents et aucun des présents ne la connaissait. Ce n'était pas son milieu, il ne le serait jamais. Annemarie la croyait à Mariafeld et elle était à mille lieues d'imaginer qu'elle pût venir. Non seulement elle ne l'avait pas invitée, mais elle ne lui avait jamais parlé de la lecture. Si elle avait remarqué sa présence, son courage se serait évanoui, et sa voix de stentor aurait cessé de résonner. Mais Renée ne désirait pas être vue. Bien au contraire. Elle était ici pour voir. L'apparition d'Annemarie avait suscité des chuchotements. Insoucieuse de scandaliser ses modérés concitoyens, ou peut-être précisément pour cette raison, elle s'était présentée en complet sombre de coupe masculine et cravate à pois qui ressortait sur sa chemise blanche. Renée ne put s'empêcher de penser que ce complet lui allait beaucoup mieux que les tristes jupes grises et longues tombant à mi-mollets, les gilets de laine sombre et les chandails de *jeune fille** qu'elle portait chez elle, et dans lesquels elle semblait être tombée comme par erreur, afin d'éviter des disputes avec son père. Élancée, mince, très sérieuse, les mains tremblantes qui tournaient au fur et à mesure les feuillets dactylographiés, sa fille était debout à la tribune. Les lampes électriques illuminaient un visage d'adolescente – absorbé, comme clos en lui-même ; Annemarie ne levait jamais les yeux de ses pages et semblait ne s'apercevoir de la présence de personne. Elle lisait, sans emphase, sans jouer, sans s'arrêter sur des passages émotionnels forts – elle lisait d'une voix monotone, gutturale, mais ferme et sûre. Elle tournait les pages dans un silence qui ressemblait presque à une reddition. Comme la plupart des spectateurs, Renée cessa vite de suivre la prose frêle de sa fille, continuant cependant à la fixer du regard, parce qu'elle ne parvenait pas à détacher ses yeux d'elle. Les lumières lui conféraient l'éternelle inconsistance d'un fantasme – sa peau claire semblait presque opalescente. Elle agissait avec désinvolture – une désinvolture que Renée ne lui connaissait pas et qu'Annemarie ignorait ou ne voulait plus trouver dans les soirées de sa famille, où elle traînait son mécontentement et son inquiétude fébrile d'un divan à l'autre, agitée, maussade, toujours à l'orée d'une catastrophe. Elle avait la grâce embarrassée d'un cadet – d'un ange venu de distances incommensurables, sans temps, sans âge. Parmi les fauteuils du Studio Fluntern, parmi ces hommes habillés de sombre et ces dames couvertes de bijoux, c'était une présence étrangère, presque une absence. Non sans stupeur, non sans trouble, Renée constatait que sa fille charmait son auditoire de manière lancinante. Dans la salle, mis à part sa voix raréfiée et la respiration rythmée des spectateurs, on n'entendait pas le moindre bruit. Même si Annemarie lisait implacablement tout son roman – peut-être, comme elle n'avait pas trouvé d'éditeur et que désormais elle désespérait d'en trouver un, profitait-elle de l'occasion pour l'offrir à son public – personne ne bougeait. Personne ne toussait, personne ne chuchotait. Personne ne grignotait des bonbons, aucun craquement de chaise, aucun bâillement. Ils étaient tous immobiles sur leurs fauteuils rouges, comme pétrifiés.

Lorsque finalement l'écrivain retourna le dernier feuillet dactylographié et se tut, libérant ainsi le public et se libérant elle-même de la fatigue immense de devoir partager avec lui ses secrets, des applaudissements sonores montèrent de la salle mais sans chaleur ni véritable conviction. Seules les amies d'Annemarie applaudissaient à tout rompre, l'acclamant, tandis que quelques voix féminines répétaient « Bravo ! Bravo ! Bravo ! ». Renée demeura immobile dans son fauteuil, les mains obstinément croisées sur son giron. Elle était offensée, blessée et en colère. Elle se demandait où elle s'était trompée, avec sa fille, ce qu'elle avait pu faire pour qu'Annemarie lui soit devenue si hostile – ou ce qu'Annemarie, sans même le savoir, pensait qu'elle lui avait fait. Quand lui avait-elle échappé ? Les cinq étudiants de l'université bondirent à l'unisson vers la petite tribune, qu'ils atteignirent bons premiers, tendant à Annemarie – pour sa plus grande surprise – des exemplaires défraîchis de son premier roman. Non seulement ils avaient acquis *Freunde um Bernhard*, mais ils l'avaient également lu ! « Son Altesse Royale », le hideux le plus entreprenant, dont les fiers traits de latin étaient recouverts d'une barbiche soyeuse et noire, lui mit son livre sous le nez, suppliant : « Pourriez-vous avoir la gentillesse de me dédicacer votre livre ? » Son Altesse Royale, autrefois, c'est ainsi que l'appelaient ses amis d'université. Sans trop d'ironie, plutôt craintivement. « Que dois-je écrire ? » demanda-t-elle, en le regardant avec un désintérêt désolant. « Écrivez mon nom. » Et comme elle hésitait, déçu, il ajouta : « Michele Bezzola ». Mais bien sûr, même s'ils avaient fait leurs études ensemble bien des années durant, suivant les mêmes cours d'histoire médiévale mortifères, dans la même salle, parfois sur le même banc, la dédaigneuse Schwarzenbach ne se souvenait pas de son nom – ou peut-être ne l'avait-elle jamais su. À l'université, elle restait à l'écart, elle ne se mêlait pas à la plèbe estudiantine ; et quand elle parlait, elle agressait avec la véhémence de ses idées, et lorsqu'elle s'éloignait, elle laissait derrière elle de nombreux admirateurs, de nombreux doutes, de nombreuses questions et un stupéfiant sillage de parfum masculin.

La salle se vidait. Ses amis entouraient Annemarie, la couvrant de louanges et de compliments ; les spectateurs lui jetèrent un dernier coup d'œil dubitatif et disparurent dans le vestibule pour pouvoir parler librement. Renée aussi quitta la salle, et elle se confondit dans la foule qui gagnait la sortie. Le livre de sa fille ne lui avait pas plu, mais cela n'avait aucune importance. Elle n'était pas compétente en matière de littérature et il ne lui importait nullement de ne pas l'être. Ce n'était pas une chose bien sérieuse. Avec satisfaction, elle découvrit que les commentaires des autres Zurichois n'étaient cependant pas plus bienveillants que les siens. Il y avait de l'incertitude. De la perplexité. Certains la trouvaient belle, inquiétante, pleine de *charme** – mais se proclamaient scandalisés par son indifférence morale. Ces jeunes ne connaissent plus les vraies valeurs de la vie. Lorsque la masse de la jeunesse est formée de dégénérés, il est difficile que d'un tel marécage naisse une grande nation. La première chose à faire c'est de rééduquer la jeunesse. Une régénération est nécessaire. *Ad metalla*, rit un type efflanqué à l'accent bavarois. *Ad bestias*, voilà où j'enverrai cette *jeunesse dorée**. Lorsque j'avais leur âge, je suis allé faire la guerre. Une guerre avec des gaz, dans la boue, une belle guerre, voilà ce qu'il faudrait. Ces jeunes appartiennent à une classe d'âge maudite et à une génération irrémédiablement perdue. Sans consistance, sans grandeur et sans modèles. Une dame disait, avec un petit rire, qu'elle avait trouvé le roman un tant soit peu morbide. Étrange, l'écrivain est issu d'une famille tellement bien comme il faut. Quelle génération de débandés. Eh ! mais c'est naturel, ils ont grandi tandis que le monde changeait, que tout s'effondrait. Ils sont dépourvus de certitudes, aucun repère, aucun idéal – à notre époque, ce n'était pas comme ça. Il faut être indulgent avec la jeunesse. L'auteur est très jeune, il mûrira. Elle a de l'étoffe. Le livre qu'ils venaient d'entendre ne ressemblait à rien, et cela était selon certains un mérite mais à en croire la plupart un défaut. Mais pour nous – s'échauffait tel autre, s'essuyant le front dans un mouchoir à carreaux – que nous importe ce milieu mondain et cosmopolite ? Un Suisse doit écrire sur son pays. Enfin bref, de quoi parlent après tout ces livres ? disait ironiquement un journaliste. Des jeunes sans profession qui veulent faire les artistes, mais où sont les banlieues ? où sont les chômeurs ? la société ? et les problèmes sociaux ? Ce doit être parce que nous sommes d'une autre génération, mais je ne parviens pas à me passionner pour des personnages qui voyagent en wagon-lit et en limousine. Avec tout ce qui arrive dans le monde… Ah ! chaque génération a ses arguments, ses tourments, ses livres. Peut-être plaira-t-il aux jeunes. Certains avaient également lu le premier livre d'Annemarie, et ils le comparaient à celui-ci. De nombreuses affinités. Un beau style. De belles images. Une langue élégante. Beaucoup d'atmosphère. Quelques progrès. Elle du talent et une fortune, elle semble bénie par le sort. Cependant, on est vraiment curieux de savoir quelle forme elle donnera à sa vie.

La plupart des spectateurs ne parlaient déjà plus du roman de Schwarzenbach : certains se demandaient comment finir la soirée, d'autres commentaient la nouvelle du jour. Aujourd'hui Hitler a tenu une conférence à Düsseldorf, au Club de l'industrie. Dorfmann était là, et il dit que c'était impressionnant. Mais que nous importe ce peintre en bâtiment autrichien ? riait l'un d'un air supérieur. C'est un coup monté, le phénomène va désenfler. Ce sont des hystéries momentanées. Il suffit de regarder ses moustaches, peut-on imaginer des moustaches d'une vulgarité plus énigmatique ? Pour ma part, je ne tiendrais précisément pas ce phénomène pour passager, s'enflamma un jeune homme blond sculptural aux traits admirablement aryens. Il s'appelle Rolf Henne – l'un des galants les plus tenaces d'Annemarie. Parmi les étudiants, c'était un leader. Il était impétueux, viril, balayé par le souffle de l'Histoire, et on l'appelait respectueusement le « commandant ». Mais lorsqu'il pense à Annemarie, il perd toute aptitude au commandement, et se dévoile enclin au sentimentalisme. Il lui écrit de torrides lettres d'amour qu'il orne de gribouillis et de pétales de fleurs, et les glisse dans des enveloppes colorées de rose. Il les lui envoie tout anxieux. Annemarie les lui renvoie intactes, sans même avoir pris la peine de les ouvrir. Et lui se consume parce qu'elle s'obstine à ignorer les trésors de passion enclos dans son cœur rude de commandant. Il n'accepte pas la défaite et n'en démord pas. Mais jusqu'ici, la seule preuve d'amour qu'il ait reçue d'Annemarie a été une violente attaque de ses idées politiques nationalistes dans le journal des étudiants. Le parti du Führer est pourtant toujours le second parti du Reichstag, s'enflamme Rolf. Les Allemands ne sont pas tous devenus gâteux. Si toute la jeunesse vote pour lui, c'est parce qu'il nous a rendu un avenir et un espoir. Il y a un enthousiasme incroyable en Allemagne, c'est comme une renaissance. On va au cinéma, Rolf ? l'interrompt une jeune fille. Que donne-t-on au Forum ? Non, au Piccadilly, c'est mieux. Allons à l'Excelsior. À l'Olympia.

Annemarie fourra ses feuillets dans son sac, se dirigea avec ses amis vers la sortie, et lorsqu'elle fut dehors elle leva les yeux sur le ciel voilé. La lune luisait telle une ampoule de faible puissance, et sur le trottoir, attendant le chauffeur qui tardait – droite comme un grenadier, impériale parmi la foule qui s'éloignait en toute hâte, se dirigeant vers les lumières du restaurant le plus proche –, il y avait une femme, et cette femme était sa mère. Elle dut fermer les yeux et les rouvrir pour se convaincre qu'elle n'était pas la victime d'une hallucination. C'était vraiment Renée. « Excuse-moi, mais je n'ai pas le temps », dit-elle à Rolf, qui tentait de s'interposer entre sa mère et elle et lui répétait, pour vaincre son impitoyable résistance, une alluviale kyrielle de compliments. Elle chercha à rejoindre Renée, en se frayant un chemin au milieu des passants tandis que Rolf lui emboîtait le pas, murmurant, haletant : « Annemarie, tu as un grand talent et je suis ton premier soutien, tu veux la grandeur, moi aussi, tu te demandes si on peut tuer le monde pour construire sur ses ruines un monde nouveau... » Les lumières du théâtre dansaient sur ses cheveux blonds pour lui donner une allure de prophète. Mais Annemarie ne le regardait même pas. *Mama ? Mama ? Mama ?* – elle voulait l'appeler, hurler son nom, mais les lèvres de Renée étaient durcies par une telle grimace de désapprobation qu'elle n'en eut pas le courage. Le livre ne lui avait pas plu. *Mama* croit que je n'ai aucun talent. Qu'écrire a un rapport direct avec les querelles, les soucis ou la folie. *Mama* suit avec un manque de confiance intéressé tout ce que je fais. *Mama* entend m'anéantir – m'apprendre à devenir comme elle le plus rapidement possible, à me comporter et à penser selon ses intérêts, son point de vue et ses certitudes précaires. *Mama* veut me voir échouer. Je ne porte pas haut le nom de la famille. Je n'ai pas le droit de n'être rien. Je suis la fausse note. Telle est la fonction qu'elle m'a assignée.

Renée se pencha vers le coin de la rue, mais on ne voyait pas l'automobile. Tu ne connais pas ta fille. Quel diable est-ce donc ? Où va-t-elle aller ? Que veut-elle ? De quoi nous accuse-t-elle ? Contre quoi se rebelle-t-elle ? Ce n'est pas pour qu'elle écrive ces cochonneries que son père et moi l'avons envoyée à l'université. Ses livres sont insensés, décadents et pervers. Des provocations et rien d'autre. Les écrivains sont des individus malades. Des parasites. Des nullités. Écrire est un signe de faiblesse. Qu'importent aux autres nos pensées, nos sentiments ? Qu'importe aux autres combien il t'est difficile d'être jeune, Annemarie ? Rien. Être jeune signifie seulement se préparer à prendre sa place dans le monde. « Eh ! », cria-t-elle au chauffeur, en se penchant vers l'automobile et en lui faisant signe de s'arrêter. Annemarie se mordit les lèvres. Rolf était resté à sa hauteur, hésitant. Il se giflait distraitement avec une enveloppe rose. Tout à coup il souffla, mit la lettre en pièce et tourna les talons. La portière de la Packard s'ouvrit, Renée releva ses jupes et se laissa tomber sur le siège. Annemarie aurait voulu s'approcher, lui dire tant de choses, mais elle ne trouvait pas ses mots pour parler à Renée. Je ne comprends jamais ce que tu as vraiment en tête. Et je ne sais pas pourquoi tu ne me diras jamais ce que tu penses et ce que tu ressens réellement, tu ne me diras jamais rien des choses qui comptent véritablement pour toi. Mais je suis l'exact opposé, et je partagerais volontiers mes pensées et mes sensations avec mille, deux mille et même dix mille, cent mille personnes, si elles voulaient les lire. D'ailleurs, c'est précisément ce que je veux. Je me sentirais comprise, et pas seule de cette épouvantable manière. Je t'en prie, *Mama*

– ne méprise pas la seule chose qui compte vraiment pour moi. Renée claque la porte et la Packard tressaute sur l'asphalte. Un instant, et elle a déjà disparu au bout de la rue.

Ce fut un printemps de séparation et d'attente. Annemarie ne revint pas aussitôt de Berlin, parce que en réalité elle n'avait rien à faire là-haut, et l'absence d'Erika – occupée ailleurs par la tournée de son spectacle – la convainquit de retarder son retour. Mais en dépit de son éloignement physique (plus encore que géographique), elle ne se rapprocha pas de sa famille – bien au contraire : elle se jeta à corps perdu dans une entreprise qu'ils désapprouveraient fortement : abandonner l'Europe et ses routes anciennes, où on lui demandait, écrivit-elle à Erika, « si peu de courage et tellement de patience ». Initialement, le but de sa « fuite » lui était indifférent : ce pouvait être le Mexique ou l'Asie, pour peu que ce fût un lieu lointain. Au début, cette proposition était née comme par défi – intolérance, lassitude, refus. Au cours de la manifestation pacifiste de Munich organisée par la Ligue internationale féminine pour la paix et la liberté, Erika fut violemment agressée – physiquement – par les nazis des S.A. présents dans la salle. Les jours suivants, sa caricature difforme était bien en évidence sur les pages du *Völkischer Beobachter*, pour la désigner à la risée publique. Elle était qualifiée, dans le meilleur des cas, de « *jeune viveur blasé** », d'« hyène pacifiste », d'« actrice d'énormes bêtises », ou encore d'« entremetteuse des esclaves judaïques », de « furie et oie bolchevique d'une perversité décadente de la tête à ses pieds plats », tandis que toute la famille Mann était « un monde de scandale à liquider au moment opportun ». Souriant amèrement, Erika avait observé que l'air commençait à sentir le soufre en Europe – et qu'un voyage au printemps serait vraiment nécessaire pour récupérer de l'énergie et se préparer pour la « bataille d'automne » : elle était convaincue qu'il y aurait une guerre civile en Allemagne. Elle avait une automobile pour le voyage : la Ford gagnée l'année précédente grâce à son triomphe dans un rallye. Elle avait un excellent moteur, et avec ses caractéristiques, des suspensions remarquables, un grand réservoir, un châssis haut perché et cætera, elle avait été conçue pour rouler sur des routes accidentées. Annemarie savait plutôt bien conduire et, en dépit de son âge, son instabilité lui avait assuré une grande expérience des routes : elle serait le chauffeur en second. Toutes deux pourraient arriver partout, en se relayant au volant – peut-être même jusqu'à Pékin.

Klaus avait lui aussi trouvé cette idée suffisamment insensée pour qu'elle devienne nécessaire. Pour lui aussi, l'air de Berlin était devenu infect, à tel point qu'il ne s'était pas résolu à y revenir, errant incessamment de Paris à Munich, de Munich à Prague. Ces jours-là, il était aux prises avec des accidents typiques d'un jeune écrivain faisant ses premiers pas en littérature. Son roman avait été douloureusement éreinté : l'un l'avait qualifié de « gribouillage rapide », de « livre donnant la nausée », et avait taxé l'auteur de « talent gâché ». Qui plus est, un critique plus âgé l'avait attaqué dans la *Nouvelle Revue française* pour le définir comme un « Narcisse dans le fumier », ce qui l'avait blessé à mort. La France le trahissait précisément au moment où les journaux nazis publiaient de menaçantes lettres ouvertes à son adresse. « Il y a une jeune génération qui est suffisamment peu spirituelle pour te donner une terrible leçon. Tu ne dois pas avoir peur, Kläuschen, cette déclaration ne projette aucune agression de ton tendre corps d'enfant. Simplement, tu seras incidemment sodomisé. »

Annemarie prit cette proposition très au sérieux. Erika et Klaus avaient également convaincu Ricki, l'un de leurs amis d'enfance, qui avait participé avec Erika à la compétition automobile des dix mille kilomètres, au printemps précédent. C'était l'un de leurs amis très chers – peut-être leur ami le plus cher, parce qu'ils avaient grandi ensemble. Ainsi, petit à petit, jour après jour, entre une lettre et un télégramme, le rêve se changeait en itinéraire, l'idée en réalité, et la séparation en une très étroite proximité. La quête des visas commença – puis celle d'une carte routière à jour, d'un sac de couchage, et même d'un revolver. On discutait sur le choix de la destination, sur la route à prendre pour y parvenir, sur les dates du voyage – parfois Ricki, qui voulait et ne voulait pas partir, menaçait d'abandonner l'entreprise – et surtout sur son financement. Ils pensaient pouvoir se le procurer en proposant des *reportages**, des articles, des photographies et un film à des quotidiens, à des revues et à des maisons d'édition. Qui dès qu'elles entendaient le nom de Mann, découvrit Annemarie, devenaient sensibles à ses arguments. Comme elle, du reste. Le mot « Mann » diffusait un mystérieux enchantement – c'était tout ce qu'elle voulait pour elle-même : l'écriture. Les jumeaux en étaient conscients et ils avaient appris à transformer ce fardeau oppressant et un tant soit peu humiliant en une commodité ; ils dépensaient leur nom de famille comme une monnaie d'échange, avec une admirable désinvolture. Erika et Klaus étaient très occupés, tandis qu'Annemarie avait tellement de temps qu'elle ne savait qu'en faire – à part skier en Engadine où elle se rendait chaque année de janvier à février pour la saison d'hiver, et affronter sa mère lors de disputes toujours plus violentes qui la laissaient stupéfaite parce que si cela n'avait pas été absurde, elle aurait pensé qu'il s'agissait de scènes de jalousie : c'est pourquoi, même si elle n'imaginait pas que voyager fût une entreprise tout aussi difficile que vivre, elle se plongea avec entêtement dans les questions pratiques. Elle voulait démontrer qu'elle n'était pas une enfant égoïste, mais une digne compagne de voyage, autrement dit, de vie, et elle s'engagea à fond pour mériter la confiance d'Erika. Des semaines entières, elle erra de consulats en bibliothèques, s'escrimant avec de fastidieuses questions bureaucratiques, visas, timbres, change, permis, lettres de présentation pour les consuls et les ambassadeurs, et la recherche de fonds, au moins pour ce qui concernait sa part. Sa mère, rien qu'en entendant le mot « Perse », asséna sa phrase habituelle, sans raison aucune, obéissant simplement à sa tactique destructrice : « Tu n'as aucun frein moral et tu es un concentré de mauvais instincts. » Puis elle lui offrit un revolver. Rien qu'à entendre citer la Perse, son père lui dit « Tu es trop influençable, tu t'es choisi des amis dissolus et dangereux, tu finiras mal », mais ensuite, à l'insu de Renée, il lui offrit, pour commencer, l'hyperbolique somme de mille cinq cents francs, qui couvraient amplement non seulement ses propres dépenses, mais également celles d'Erika et de Klaus.

Annemarie dénicha des cartes routières rares, des guides point toujours fiables et de vieux livres de voyage, elle s'informa quant à l'efficacité des cachets contre les affections intestinales, elle se vaccina contre le typhus, elle étudia les trésors de l'art asiatique conservés dans les musées et l'histoire des Balkans, pour s'orienter parmi les frontières complexes de ces pays. Elle proposa également des étapes – elle suggérait de passer par Sophia et Bucarest, pour arriver à la mer Noire et de là à Constantinople. Chaque fois qu'elle obtenait des résultats, triomphante, elle télégraphiait à Erika – et il lui semblait bâtir, avec la patience qui lui faisait habituellement défaut, pierre par pierre, la maison de leur future vie commune. Ce que la Perse était vraiment, elle ne le savait pas encore. Elle savait que c'était loin – et qu'il n'y avait pas de Schwarzenbach, de Suisses, d'Allemands, de nazis, ni même l'angoisse de la littérature – écrire, écrire quelque chose qui eût de la valeur, comprendre la profondeur ou l'inexistence de son propre talent – mais un peuple inconnu, des déserts poussiéreux, faits de roches et de ruines. De loin en loin elle recevait une lettre d'Erika : en Allemagne, la situation devenait toujours plus difficile. À la Diète de Prusse, les nazis avaient fait voter une résolution qui refusait le renouvellement du contrat de tous les acteurs non allemands, et qui excluait du répertoire théâtral toutes les œuvres jugées antinationales, pacifistes ou corruptrices de la morale. Maintenant, certains commençaient à se demander s'il fallait tenir les communistes et les juifs pour de vrais Allemands. Autrement dit, ils commençaient à se demander s'il fallait offrir à la polémique mademoiselle Mann – féministe, pacifiste, sociale-démocrate, à demi juive – un rôle dans une compagnie financée par l'État allemand. Et la réponse était claire : non. C'est pourquoi, lorsque le mois de mai s'approcha – mois prévu de longue date pour leur départ –, Erika était au chômage, lasse et de surcroît, pour la première fois depuis qu'Annemarie avait fait sa connaissance, démoralisée. Annemarie, au contraire, peinait à refréner son enthousiasme, parce qu'elle craignait de s'éveiller soudainement d'un rêve. Des années auparavant, lorsqu'elle était encore une étudiante soumise, elle avait lu dans les journaux le compte rendu du tour du monde des jumeaux Mann : chacune de leurs entreprises suscitait une curiosité, une réprobation et une participation morbide. Et maintenant, elle était à Munich, d'abord dans leur maison de la Poschingerstrasse – dans une confusion domestique de sacs à dos, pellicules, Thermos, sac de couchage, lunettes et passe-montagne – puis dans les studios de la maison de production cinématographique Emelka – entre les désirs et les peurs, dans la fraternelle intimité de la cohabitation.

« Non, non, non !!! Stop ! » soupira, affligé, le metteur en scène, sautant sur ses pieds. Rien n'allait. Le chariot se bloqua dans un grincement et un murmure se fit entendre du côté du personnel. Le preneur de son ôta son casque. Tous fixaient le metteur en scène. Annemarie se recoiffa. « J'ai fait quelque chose qui ne va pas ? », demanda-t-elle, préoccupée à l'idée d'être la cause de l'interruption. C'était la plus inexpérimentée de la bande. Les autres en effet étaient, ou avaient été, des acteurs, habitués à l'objectif ou aux lumières de la scène. Elle n'avait pour sa part joué que dans les petits spectacles de son enfance, à Bocken, et là elle évoluait mécaniquement – comme les figurines des *carillons**. Mais ici on jouait, on feignait d'être des explorateurs, des voyageurs, des aventuriers : il fallait que ça ressemble à quelque chose de sérieux. Après tout, ils avaient l'intention d'aller dans une ville où peu d'Occidentaux étaient parvenus – le voyage présentait également un vague intérêt scientifique et anthropologique. Le metteur en scène ne lui répondit pas. Il s'approcha des deux automobiles, tourna autour des quatre acteurs, qui le fixaient des yeux, interdits. Les quatre intrépides Persans lui plaisaient : difficile de trouver un groupe d'individus plus étranges et plus narcissiques qu'eux. Tous quatre terriblement vaniteux, satisfaits de leur allure et de leurs vêtements exotiques : casques coloniaux, pantalons courts couleur sable, lunettes de soleil. Il avait voulu installer les deux femmes au volant des deux automobiles, parce que, lui semblait-il, elles seraient plus à même de communiquer le message d'une entreprise moderne, et il avait voulu faire asseoir les hommes auprès d'elles : Ricki dans la Ford d'Erika, Klaus dans l'autre, avec Annemarie, la carte géographique dépliée sur ses genoux. Mais il y avait quelque chose d'erroné dans cette scène, même s'il ne comprenait pas quoi. Le producteur, un corpulent crapaud, qui assistait aux prises de vue en déchirant une petite cigarette extrêmement fine entre ses énormes moustaches, protesta, lui dévoilant soudainement le *busillis*. Il y avait une confusion des rôles, et d'ailleurs une subversion des rôles : les demoiselles – de par elles-mêmes déjà peu rassurantes – semblaient avoir privé les jeunes hommes de leur autorité. Le public tiendrait la chose pour du féminisme agressif, et les hommes paraîtraient comme émasculés, privés de leur pouvoir, ce qui n'est jamais un avantage. Nous parlons aux masses populaires. Non à des cliques d'intellectuels. Le metteur en scène fit descendre Klaus et Ricki, et, après s'être creusé la cervelle en se demandant ce qui pouvait bien représenter le comble de la virilité pour un voyageur – peut-être agiter un revolver pour menacer les Persans ? –, il leur proposa de s'allonger sous les automobiles, pour faire semblant d'accomplir une tâche mécanique comme serrer un boulon défectueux ou réparer une fuite de radiateur. Ce qui était absolument faux, et même irréaliste car, comme l'observa ironiquement Ricki, si Klaus avait dû changer une roue sous le soleil de la Perse, ils seraient morts de soif entre-temps. Mais cela plaisait au metteur en scène. C'est bien comme ça, dit-il. La script-girl effaça l'inscription. *Départ pour la Perse. Scène I, seconde.* « Action ! » cria de nouveau le metteur en scène, et, dans les studios Emelka, le silence se fit de nouveau.

Ils devaient partir le lendemain. Le film avait un but publicitaire. Le commanditaire, la Emelka de Munich, était une maison de production cinématographique de gauche, qui avait tenté – sans grand succès – de faire passer la propagande sociale-démocrate à travers des images d'actualité, mais réalisait également des films (sous contrat avec la maison de production, Erika avait joué dans certains d'entre eux) et s'occupait également d'événements plus frivoles. Le studio était illuminé par la violente lumière des projecteurs qui imitaient le soleil aveuglant de la Perse. Les Ford des voyageurs reposaient sur des gravillons jaunâtres grinçants devant simuler les déserts d'Asie – mais çà et là la couche était si mince qu'elle laissait entrevoir les lames du plancher.

Dans le silence, on entendait le bourdonnement de la pellicule qui défilait dans la caméra. Et cette dernière s'arrêtait sur le visage de l'une ou de l'autre, enregistrait tout, saisissant leurs expressions, leurs inquiétudes, leurs espoirs. « Coupez ! », dit le metteur en scène. « La prise est bonne. Mais ne bougez pas, nous en faisons une autre. » Annemarie chercha à se dégourdir les jambes, qui en raison de son immobilité commençaient à fourmiller. De sous l'automobile, on entendit une plainte de protestation de Klaus, qui s'ennuyait et n'en pouvait plus avec son boulon. Pour sa part, Annemarie ne s'ennuyait nullement, en dépit des éternels temps morts et pauses du cinéma, des techniciens qui se donnaient du mal pour orienter les lumières et les secrétaires pour dessiner la scène – la position des acteurs, des accessoires – afin que des erreurs ne soient pas commises : il lui semblait qu'elles dessinaient la scène d'un crime. Elle était curieuse de tout, car tout était insolite et nouveau : l'ardoise sombre sur laquelle la script-girl écrivait et effaçait des nombres mystérieux à la craie, l'attirail du preneur de son – un drôle de petit chariot hérissé de lumières et de petites manettes –, le micro recouvert d'un revêtement poilu semblable à la toison d'une chèvre, la boîte aux pellicules déjà impressionnées, celle des filtres, les rails métalliques sur lesquels se déplaçait la caméra, le gros trépied, les drapeaux noirs qui voilaient le projecteur, le chiffon blanc posé devant l'objectif avant chaque prise de vue, afin que la pellicule impressionnât correctement les couleurs et gardât le contraste voulu, l'objectif aux verres spéciaux aussi – on l'appelait zoom – qui pouvait cadrer de près ce qui se trouvait au loin. Elle aurait aimé travailler dans le cinéma : elle avait projeté de le faire. C'est un travail moins solitaire que l'écriture, et qui rapproche des autres, vous serre contre eux.

« Bien. Merci, vous avez été excellents. » « Nous avons fini ? » bougonna Klaus de sous la Ford. « Pas encore. Cinq minutes de pause. Eh ! vous, je veux qu'on mette la caméra de l'autre côté. En contrechamp », lança le metteur en scène. Erika plaisanta avec la maquilleuse, qui se proclamait son admiratrice (je vous ai vue dans *Filles en uniforme*, comme c'était beau, quel film !) et Annemarie descendit de la Ford. Ricki et Klaus sortaient de sous la voiture – et la fiction semblait contaminer la réalité, car Klaus, l'impeccable Klaus, avait les mains noircies d'une mince couche de graisse. Ricki se remit sur pied et dit : « Alors, Klaus, aimerais-tu gagner dix mille marks, comme ça, soudainement, sans avoir à bouger le petit doigt, vieux Persan ? » Il sembla à Annemarie remarquer un nuage de trouble sur le visage de Klaus, mais elle pensa qu'elle n'avait pas compris de quoi ils parlaient car ces trois-là recouraient à un jargon secret, né d'une fréquentation ancienne, qui lui faisait défaut, à elle, lorsqu'elle se trouvait en leur compagnie. Au reste, avec eux, elle préférait partager l'avenir plutôt que le passé. Ricki s'était perché sur le toit du véhicule, telle une sentinelle qui voit plus loin. Violemment éclairé par le faisceau de lumière du projecteur, posé sur le tableau de bord, le revolver scintillait. Annemarie s'affala sur une montagne de bagages – mais ce n'étaient pas de vraies valises, elles étaient vides, et en carton. Un instant, un doute lui traversa l'esprit : c'était une fiction. Rien de tout cela n'était vrai – mais seulement illusoire, comme le fond exotique en papier mâché que les décorateurs avaient installé sur le mur du studio.

« Revenez à votre place, nous tournons », la rappela à l'ordre le metteur en scène, et elle retourna s'asseoir au volant : elle le serra dans ses mains – il était vrai, l'automobile était vraie, la carte de géographie posée sur le tableau de bord était vraie – et pourtant c'était comme évoluer dans le rêve d'un autre, comme devenir le personnage d'un film. Ricki ne riait plus, il restait juché sur le toit de l'automobile, il ne semblait pas avoir entendu l'ordre du metteur en scène, et c'est seulement avec mauvaise grâce qu'il revint s'allonger sous la Ford.

Sans pouvoir s'expliquer pourquoi, Annemarie eut la sensation qu'elle ne conduirait jamais cette Ford ailleurs que dans les studios – jamais sur du vrai sable, seulement sur des planches en bois. Jeu. Fiction. Illusion. Mais l'opérateur ne remarqua pas que l'enchantement s'était rompu. Ni qu'une ombre était descendue sur les visages des voyageurs. Il tournait, tournait et tournait, jusqu'à ce que le metteur en scène dise « Coupez », et alors, derechef, scène II, troisième prise, scène II, quatrième, cinquième, sixième prise, jusqu'à ce que la maquilleuse dût tamponner le front d'Annemarie de poudre de riz à l'aide d'un carré de ouate, et que l'assistant opérateur s'approchât, posemètre à la main, et le plaçât devant son visage pour contrôler la quantité de lumière. L'aiguille bondit jusqu'à des valeurs insolites. « Tu attires la lumière de manière incroyable, lui dit-il, admiratif, je n'ai jamais rien vu de pareil. »

Scène 2, neuvième. Annemarie regarde Erika qui est au volant de la Ford, les chaussures de Klaus qui dépassent de sous l'automobile, et esquisse un sourire. Elle était absolument convaincue que des mois entiers de voyage en leur compagnie les unirait pour toujours – indissolublement. Elle n'avait pas grandi avec eux, elle les avait rencontrés après – à la fin de l'adolescence, au moment où on naît à nouveau. Vivre côte à côte, jour après jour, dans les difficultés, dans la banalité de l'allumage d'un petit fourneau de camping – à Bocken, elle n'avait, pour sa part, jamais allumé un fourneau de sa vie et n'était pas même entrée, ne serait-ce qu'une seule fois, dans les cuisines comme, au reste, les autres ne l'avaient pas fait chez eux –, de la lutte contre les moustiques et les scorpions, dormant ensemble sous une tente ou dans l'automobile, dans la chaleur et dans le froid, s'aider et se découvrir, dans les faiblesses, dans les peurs, dans le plaisir, se disputer et être contraints de faire la paix parce qu'on voyage ensemble : au-delà des idéalisations de l'éloignement et de l'écriture, la vie quotidienne cimente ou divise. Eux, elle en était sûre, elle les unirait. Parce qu'elle les avait trouvés dans le labyrinthe de la solitude, parmi des gens étrangers, différents ou même ennemis – et elle les avait trouvés semblables à elle, d'une même fibre. C'était comme si, jusqu'à cet instant, elle avait vécu en territoire hostile : exposée à mille invisibles dangers, à tout moment avec la même peur, le même sentiment de précarité, de l'affût imminent, et que pour se sauver, elle eût appris à sentir la proximité de la présence ennemie, à envoyer des signaux chiffrés que l'un de ses semblables seul pouvait reconnaître : mais personne ne s'avançait. Il n'y avait pas de compagnons de route pour celui qui rêve de s'affranchir des limites de son corps et de soi-même, et de révéler sa propre identité secrète, double et nue. C'est ainsi qu'elle avait compris comment se frayer un chemin parmi les dangers, espérant trouver des alliés tout en en redoutant l'inexistence et tout à coup, dans cette brume, dans cette solitude, elle avait trouvé sa famille, ses semblables et ses frères – Erika et Klaus étaient venus à sa rencontre – elle d'abord, lui ensuite, qui se révélaient, comme elle-même en son for intérieur, deux et un. Elle les avait reconnus immédiatement, elle les avait voulus, cherchés, poursuivis, supportés, excusés, conquis, et d'une certaine manière mérités, et à la fin voilà – le moment était venu : elle les avait eus.

« Merci. Vous avez été d'une disponibilité exceptionnelle », dit enfin le metteur en scène. Les lumières s'éteignirent. Les techniciens commencèrent à démonter les rails du chariot. Klaus serra la main du metteur en scène, Erika saluait tout le monde, Ricki se dirigea vers la sortie et Annemarie sourit au cameraman. « Amusez-vous en Perse, les jeunes », dit le metteur en scène, avec un léger soupçon d'envie dans la voix. « Bon voyage », disait la script-girl, tout le monde disait « bon voyage ». Mais le périple qu'Annemarie désirait tant entreprendre ne se fit pas, parce que le lendemain, quelques heures avant le départ, tandis que les autres écoutaient *Le Chevalier à la rose* sur le gramophone, le quatrième membre de l'expédition, Ricki, se tua d'un coup de revolver en plein cœur.

Les parents des survivants trouvèrent ce geste cruel, malséant et irresponsable de sa part. Mais peut-être était-ce un avertissement pour eux – ce que Klaus qualifia d'« inscription sanglante sur un mur » : un message dont ils ne savaient pas comment déchiffrer la signification – ou plutôt un présage de ce qui devait arriver. Ou peut-être seulement un refus de la vie, de l'avenir, de grandir, de son identité, de la fin de la jeunesse. Mais également le refus d'un monde qui, parce qu'il changeait, ne lui appartenait plus. Ricki, l'ignare Persan, légua dix mille marks à Erika et tout autant à Klaus : disparaissant, il les enrichissait. Annemarie jugea que c'était une trahison sanglante. Peut-être pleura-t-elle son ami, ou du moins l'ami de ses amis. Mais c'était la fille de sa mère. Les larmes essuyées, le choc surmonté, elle ne donna pas à voir combien cette mort l'avait profondément touchée, comme si ce signe de sang sur un mur était un avertissement qui parlait également pour elle. Quelques jours plus tard, Golo, le frère d'Erika et de Klaus, arriva à Munich. « Ce n'est pas Erika qui est venue me chercher comme à l'ordinaire, mais sa nouvelle amie, Annemarie Schwarzenbach, la « Suissesse ». Elle annonça sèchement : la semaine dernière, Ricki s'est tué à Utting. »

L'écrivain Grete Weil, une amie d'enfance de Klaus Mann, les qualifia de « génération sans rédemption ». Elle raconta qu'autour de 1930, Klaus et l'un de ses amis consommèrent de la drogue en sa présence et l'invitèrent à en prendre en leur compagnie. À l'époque, prendre de la drogue en compagnie, fumer de l'opium, sniffer de la cocaïne, s'injecter une dose de morphine ou d'héroïne, expérimenter des narcotiques de tout type était encore une pratique auréolée d'un halo littéraire et esthétique – presque d'un signe d'élection. Toutefois, Grete Weil s'y refusa. Au cours de l'automne 1932, Annemarie, elle, ne refusa pas. Peut-être est-ce précisément Klaus, ou Erika, qui en prenait occasionnellement en compagnie de son frère et de ses collègues acteurs, ou leur amie Thea Sternheim, une Berlinoise qui disposait de drogue grâce aux trafics de son mari et qui représenta une tentation pérenne pour Klaus et Annemarie, qui l'initia aux stupéfiants. Le surnom de cette belle femme aux cheveux cuivrés, aux yeux doux et aux lèvres pulpeuses semblait une prédestination. Tous l'appelaient Mops. Le Mops est un chien de race gracieux, un carlin au poil fauve. Mais peut-être était-ce une citation cultivée : dans la mythologie grecque, Mopsos était le fils d'Apollon et de Mantô, la fille de Tirésias. C'était un prophète, un devin. Un oracle. Quelqu'un connaissant des mystères que d'autres ignorent. Quoi qu'il en soit, quelqu'un a dû aider Annemarie, parce que préparer un flacon, mélanger la drogue et puis s'injecter de la morphine par voie intraveineuse n'est pas une entreprise qu'un profane peut accomplir seul, du moins la première fois.

Et c'est ainsi qu'elle obtint un soulagement, une relaxation, un paisible épuisement physique et la fin de la tension interne qui la dévorait depuis toujours. La drogue était la magie qui dissolvait comme par enchantement l'intolérable pesanteur de la mélancolie pour lui apporter légèreté et volatilité. Dynamisme, euphorie physique, idées, fluctuations et égarement – rêves. Depuis lors, entre « péchés » et désintoxications, subterfuges et promesses, mensonges et empoisonnements, elle ne s'en défit plus. De nombreuses amies dominèrent sa vie. Quelques-unes y entraient sur la pointe des pieds, l'accompagnaient quelques jours, quelques semaines, un mois – l'enflammaient, la séduisaient (elle tombait amoureuse avec une désolante facilité, égale seulement à celle avec laquelle les autres tombaient amoureuses d'elle), et puis s'évanouissaient, car tout à coup un désintérêt soudain ou la peur la gagnait ; d'autres s'installaient dans sa vie tels des fétiches, des divinités capricieuses et autoritaires, dispensant tout à la fois passion et punitions, et au culte desquelles elle ne parvenait pas à échapper ; d'autres encore y faisaient irruption sans préavis, sans égards. Presque toutes venaient pour la sauver – car telle aurait dû être la fonction des amies dont elle s'entourait – mais certaines venaient pour la perdre. Et elle ne le devinait pas toujours à temps, parce qu'elles avaient souvent le même visage. Parmi tant d'autres, la morphine fut son amie la plus intime. Aimée, haïe, défendue, accusée, cachée, source de honte, de plaisirs secrets et violents. Elle lui dit : tu veux trouver quelque chose qui te fera te sentir toi-même et dans le même temps loin de toi-même, qui en un instant fera jouir tes sens davantage qu'une année de caresses, qui t'apportera de belles images, de beaux rêves, de beaux souvenirs, l'excitation, la liberté et la paix ? La peur qui te paralyse, l'insécurité qui te consume s'évanouiront, et les mots qui ne viennent pas viendront. Si tu veux t'unir à moi, changer de vie, suis-moi, viens avec moi et ce qui est mien sera tien. Et puisque, au même instant, elle ne devait rien lui donner en échange – elle avait encore beaucoup de temps pour cela –, elle accepta. La morphine fut ainsi l'amie à laquelle Annemarie resta la plus fidèle durant presque dix années.

Les semaines passant, les étourdissements du réveil, la fatigue, la somnolence, les vomissements, les frissonnements, la recherche torturante de médecins complaisants prêts à gribouiller des ordonnances, les œillades de connivence entre semblables commencèrent néanmoins. On ne comptait pas Erika parmi ces derniers, pour elle la drogue est toujours restée un dérivatif – un plaisir social qu'elle stigmatisait comme la « chose petite-bourgeoise ». Elle ne supportait pas la dépendance. Elle ne dépendait pas même de Klaus. Peut-être est-ce également pour connaître ce qu'Erika connaissait qu'Annemarie commença à en prendre. C'était comme poursuivre notre ombre qui nous précède, en croyant que cette ombre pourra être notre véritable identité. On l'imite, on s'identifie avec ce qu'on croit qu'elle est, mais cette ombre sera toujours devant nous. Elle aura déjà dépassé ce qui est important pour nous, et elle aura déjà découvert un autre secret. Elle en saura toujours plus que toi.

L'image d'Erika penchée sur elle comme une sorte d'infirmière était très douce et dans le même temps inquiétante, parce que c'était tout à la fois un souvenir – une femme penchée sur elle, malade, sans défense, quand était-ce ? Il y a des années, des siècles ? Et un cauchemar – cette femme qui était et n'était pas sa mère s'avérait au contraire être une Parque venue à elle pour la pousser dans les ténèbres – une image nocturne et onirique qui apportait du plaisir et de la paix, mais qui parlait de mort. Après l'injection, qu'Erika pratiquait avec une maestria nonchalante, avant de sombrer dans un demi-sommeil, elle la cherchait dans la pénombre. La voix d'Erika la calmait, dans la grande angoisse de la nuit – ou peut-être n'y était-elle pour rien et tout le mérite revenait-il à la morphine. Mais le calme s'évanouissait rapidement, et tout bruit – même la musique du jazz, l'écho lointain du trafic et le cliquetis des rideaux sous les courants d'air du mois de novembre, et la pièce qui semblait se dilater – devenait affreux. Les murs disparaissaient pour la laisser sans défense dans le noir. Dans l'obscurité, les choses prenaient une apparence terrible, menaçante, et alors elle suppliait Erika de lui tenir la main.

Lorsque Erika se rendit compte qu'Annemarie avait commencé à faire un usage trop désinvolte de la drogue, elle la mit en garde même si elle était d'ores et déjà lasse de lui servir de guide sur les mers du monde. C'était son métier. Tous allaient la trouver lorsqu'ils avaient un problème. Annemarie se reconnut coupable et lui promit non sans ambiguïté de se limiter : « Tu peux être sûre que la tentation demeure liée au souvenir de ta présence. » Parce qu'elle voyait rarement Erika (cet automne-là, puisqu'on ne la laissait pas travailler, elle avait décidé de se trouver elle-même un travail : elle créerait un *cabaret** lui appartenant en propre, raison pour laquelle elle vivait surtout à Munich), sa résolution de le faire seulement avec son « grand frère » était sage, et Erika s'en montra ravie. Annemarie trahit sa promesse, mais Erika mit un certain temps à le comprendre. Préoccupée, nerveuse, elle avait d'autres chats à fouetter : elle s'était lancée dans une entreprise dont elle paierait seule les conséquences si elle échouait. C'était elle qui s'exposait, avec son nom – mettant en jeu tout ce qu'elle possédait dans le *cabaret** dont elle s'était bombardée directrice artistique, écrivain et présentatrice. Les avertissements servirent à peu de chose. Au reste, elle ne pouvait empêcher Annemarie de fréquenter des individus qui s'adonnaient à la morphine, qui en achetaient, la vendaient ou la lui offraient. Chacun se crée son propre Méphistophélès tentateur, à sa mesure. Certains le reconnaissent, et l'éloignent, et certains autres attendent seulement de rencontrer celui qui les conduira dans les ténèbres – et Annemarie, peut-être, plus encore qu'elle, attendait la morphine.

Klaus, lui, vécut au fil des ans les mêmes trafics et les mêmes transactions qu'Annemarie, la même litanie de bonnes résolutions et de rechutes. Longtemps, ils ne s'avouèrent pas à quel point ils étaient attirés par la drogue et combien elle leur était indispensable. Ils se cachaient leur misère et leur dépendance, et niaient le sentiment de tristesse qui suintait de leurs rites. Ils redoutaient d'être devenus partie de cette tristesse, c'est pourquoi ils n'en parlaient jamais. Il est déjà difficile d'admettre être devenu quelque chose d'ignoble – inacceptable, donc, de se voir reflété dans la misère d'un autre. Les faiblesses rapprochent, cependant.

Une fois, au cours de l'automne de l'année 1932, ils finirent par errer dans la nuit profonde à travers un Berlin plus éveillé qu'ils ne l'étaient eux-mêmes. Les lumières des boîtes de nuit toutes allumées, des passants, des automobiles, comme en plein jour. Des affiches ruisselantes de pluie hurlaient des insultes et des menaces. Des svastikas étaient pendus devant la porte des sections. Comme endormie, Annemarie conduisait, les yeux mi-clos. L'essuie-glace grinçait sur la vitre, effaçant la petite pluie fine qui humidifiait l'asphalte. La Mercedes roulait à tombeau ouvert dans la nuit. Le compteur marquait quatre-vingts kilomètres-heure. Il y avait un feu de croisement, il était rouge, et elle accéléra encore. Klaus fumait, tirant nerveusement sur sa cigarette ; Annemarie aussi fumait. Et l'habitacle était saturé de brouillard. Ils se connaissaient peu. D'autres fois, elle avait partagé avec lui des lambeaux de soirées, de brèves haltes dans des boîtes de nuit bondées où l'on buvait beaucoup et parlait avec cent individus et avec personne, puis chacun poursuivait pour son propre compte – elle avec ses amies, lui avec les siens. Rien d'autre. Glisser l'un auprès de l'autre – en flottant sur la même surface cristalline des choses. Mais peut-être, plus que tout autre chose, ils avaient partagé une assourdissante solitude.

L'enseigne de la pharmacie était éteinte. Klaus descendit en claquant la portière et s'approcha des vitrines sombres. Il y avait le buste de bois d'une femme qui portait une gaine, une paire de savates orthopédiques et une publicité pour de l'aspirine. Il se pendit à la sonnette. Le pharmacien habitait à l'étage du dessus. Une adresse louche, dans un quartier louche, digne de malfaiteurs. Affalée sur le siège, les yeux clos pour ne pas voir, son visage plâtreux cadré par le rétroviseur, Annemarie attendait. Elle pria pour que le pharmacien soit chez lui. Derrière les rideaux des fenêtres, une lumière s'alluma, et un bonnet blanc ondula derrière les vitres. Annemarie s'avachit sur le volant. Elle entendit confusément Klaus crier quelque chose, et une voix féminine répondre précisément « *Nein, nein* ». Elle se redressa d'un bond. Un instant elle se dit, bien, c'est mieux ainsi. Je serai obligée de m'en passer. Une force à laquelle je ne puis m'opposer a décidé que je suis en train de sombrer et que je dois m'arrêter. Cette nuit, je prendrai un somnifère, et je retournerai vite à Bocken – et à Bocken, je ne peux pas acheter de morphine – et au moins jusqu'à la fin de l'année prochaine, il me faudra m'en passer. Une bande de garçonnets en chemise brune passait en braillant. Ils étaient saouls. On entendit la goualante chantée faux, et puis les pas qui résonnaient dans le silence, toujours plus proches. L'un d'eux s'arrêta pour pisser entre les automobiles garées, Klaus leur tourna le dos, s'éclipsant de la lumière des réverbères. Annemarie baissa sa vitre et essaya de l'appeler. Partons, voulait-elle dire – mais une bonne en savates était descendue lui ouvrir la porte, Klaus se faufila dans le hall d'entrée, et disparut le long d'un escalier sombre. Annemarie ne savait pas encore ce que l'on dit à un pharmacien à deux heures du matin tapantes. Peut-être ment-on, implore-t-on. En remontant en voiture, Klaus ne dit rien. Il avait un paquet entre les genoux. Il y était parvenu, on lui en avait vendu. Annemarie alluma le moteur et passa une vitesse. Klaus la fixa du regard – avec un mélange d'angoisse, de paix et d'avilissement. Angoisse, paix et avilissement étaient exactement les sensations qui se mêlaient en elle. « Kläuschen, lui dit-elle, il y a des heures où tout me semble si triste que plus que tout autre chose, je voudrais mourir. » « Je le sais bien. Moi aussi. » « Je ne veux plus participer aux choses qui arrivent. Je voudrais n'être plus rien. Je ne sais pourquoi je t'ai dit ça. Je ne l'ai jamais dit à personne. » Dans la lumière jaune des réverbères, coiffé de son chapeau, pardessus déboutonné, le profil de Klaus se détachait sur fond de vitre rayée par la pluie. Il lui dit, avec lassitude : « Moi non plus. »

UNE VAGUE DE TÉNÈBRES

À quelques kilomètres à peine de Saint-Moritz, le Suvretta House de Champfèr était un hôtel aussi grand qu'une ville, inauguré au début du siècle, à l'apogée de la Belle Époque, pour attirer les princes, artistes et grands de ce monde : c'est dans ses salons qu'en 1919 Nijinski vécut ses premiers jours de bonheur avant de se dissocier de tout. Mais, en 1933, le monde pour lequel l'hôtel avait été conçu avait été pulvérisé par la guerre, par la crise de l'après-guerre et par la récession ensuite. Même si princes et grands de ce monde comptaient encore parmi ses clients, ce n'étaient plus les mêmes, et le personnel, qui connaissait bien le russe, avait appris l'américain tambour battant, afin de mieux accueillir les stars du cinéma, les spéculateurs et les nouveaux maîtres du monde, auxquels se mêlaient également des hôtes munificents à la fortune toujours plus rapide et toujours moins limpide. Et le même bataillon de grooms en livrée rouge, le même sourire du concierge dédaigneux accueillaient malgré tout les uns et les autres. Dominant le lac, le bâtiment, aussi imposant qu'une forteresse – six étages de hauteur, des centaines de fenêtres, ainsi que deux poivrières au toit conique enchâssées dans la façade – se dressait opiniâtrement sur le flanc de la montagne.

À la fin de l'année, comme à son habitude et en dépit de tout, Annemarie était venue skier en Engadine, elle avait franchi la porte du Suvretta House, où, avec son amie Maria, elle avait réservé une chambre, elle avait donné son nom au concierge – qui la connaissait comme il connaissait également ses parents, et qui l'accueillit avec déférence – et elle avait signé le registre de l'hôtel. Le personnel la connaissait – tout le monde la connaissait. Tous se souvenaient d'elle, de ses pourboires, de ses tenues insolites – de son charme. Il était agréable de confier de nouveau son bagage à un porteur, agréable de trouver le dîner servi au restaurant et de l'eau chaude dans la baignoire. Ses parents – qui lésinaient pourtant ces derniers temps sur les dépenses – ne lésinèrent nullement cette fois, car des vacances au Suvretta ne pourraient que lui faire du bien. Au Suvretta, elle recouvrerait ce que Renée qualifiait de « santé morale ». Ou, peut-être, sa santé physique, qui s'en allait, attaquée par la grippe, par la morphine et surtout par la sensation qu'à l'improviste tout avait commencé à s'accélérer – un tout tourbillonnant, dans le tournoiement affolé duquel son avenir, son monde, sa personne elle-même glissaient le long d'un précipice, sans qu'elle sache comment arrêter le mécanisme, ni s'il fallait le seconder, se laisser tomber, courir, ou s'arrêter – et ne le sachant pas, elle se réfugiait dans la sécurité illusoire du *déjà-vu**, elle faisait ce qu'elle avait toujours fait, et enfilait son anorak et ses chaussures de montagne. Elle aimait l'Engadine plus que tout autre endroit. Elle aimait la vallée d'une beauté inégalable, le profil pointu des montagnes, la pente douce sur laquelle se succédaient les lacs, les couleurs pures, dépourvues d'ambiguïté : elle la tenait pour son territoire personnel. Elle skiait. Elles sortaient le matin tôt, lorsque la neige était dure et crissait sous leurs skis, assistant ainsi au réveil du soleil qui, peu à peu, se répandait derrière les montagnes. Elles skiaient parmi les sapins et les sentiers qui se perdaient dans les bois. Elles prenaient le soleil sur les terrasses des refuges, le thé de cinq heures de l'après-midi à Saint-Moritz, puis venaient le bridge, l'apéritif au Palace, le dîner au restaurant du Suvretta, dominé par d'imposantes colonnes autour desquelles s'entortillaient des feuilles et des plantes grimpantes de plâtre de style décidément art nouveau, et enfin plus tard le jazz au Carlton – champagne et robe longue.

Le premier soir de la nouvelle année, Annemarie était justement assise dans le salon rouge de *l'hôtel**, avant de passer au restaurant ; elle sirotait un cocktail en compagnie de Maria – encore plus belle que d'habitude car son bronzage donnait de la lumière à son visage – et d'un autre couple d'amies. Tandis qu'elle fixait distraitement sa montre, elle se rendit compte qu'au même moment Erika inaugurait son *cabaret** – dans une petite salle de Munich. Elle aurait voulu y être elle aussi, parmi le public, assise à une table avec ses parents. Erika l'aurait voulu elle aussi et elle le lui avait même demandé. Lors de la soirée la plus difficile, avant le grand saut dans les ténèbres (qui pouvait donner naissance à une nouvelle carrière, ou se révéler un fiasco colossal : après tout, le nom qui lui valait sa notoriété en faisait également une cible facile), elle voulait avoir auprès d'elle tous les êtres qui lui étaient chers ; mais Annemarie ne s'y était pas rendue. Elle avait préféré l'Engadine à Erika. Comment était-ce possible ? Et pourquoi l'avait-elle fait ? Plus que toute autre chose, elle désirait être présente dans la Bonbonnière ; mais elle ne s'y était pas rendue. Elle chercha à imaginer l'effet de l'apparition d'Erika sur la scène – Erika aux yeux sombres, jeune et belle, qui se montre pour provoquer le public, – et des mesdames et messieurs, voici le *Moulin à poivre… Moulin à poivre* – Erika l'avait appelé ainsi après que son père le lui avait suggéré. Et pour Annemarie, ce nom évoquait quelque chose qui irrite le nez, qui fait éternuer. Peut-être était-ce précisément l'intention d'Erika : inventer quelque chose d'urticant pour les consciences – qui secouât, aidât à expulser au moyen d'un éclat de rire le désagréable qui tentait d'y pénétrer. Rire afin de ne pas pleurer. Rire grâce à des chansonnettes, danses grotesques, mascarades, rimes embrassées, lazzis et ironies, rire du nazisme, du monstre en chemise brune, des petits-bourgeois hypnotisés et de tout le reste : le peut-on ? Erika jugeait la chose possible. Un éclat de rire est beaucoup plus dérangeant qu'une proclamation. Le ridicule tue. Sait-on si les spectateurs riront – s'il y a encore à Munich suffisamment de liberté pour rire des nazis et de leur barbarie ? Mais oui. Bien sûr que oui. Ensuite, elles vont dîner toutes les quatre, et on parle de choses et d'autres, de cinéma, automobiles, golf, intrigues et commérages – de tout sauf du *Moulin à poivre*. Non pas en vertu d'une hostilité quelconque, seulement par indifférence, parce qu'il serait déplacé de parler d'un *cabaret** vaguement subversif dans les salons du Suvretta – ce sont précisément deux réalités qui ne communiquent pas. Et après le dîner, on va à Saint-Moritz rendre visite à l'amie de l'amie d'une amie – toujours le même cercle d'amies, qui chaque année changent de fiancée, mais souvent les fiancées sont les mêmes, elles sont simplement accouplées différemment, comme dans un mouvement de valse les couples se font et se défont –, on écoute du shimmy et on danse, elle avec Maria, très belle, en robe longue, même si sans l'ombre d'un doute, c'est Annemarie qui des deux se fait davantage remarquer et qui a, en effet, déjà fauché bien des victimes dans ce cercle – et d'ailleurs, qui lui reste-t-il à conquérir ? Qui n'a-t-elle jamais embrassée ? La baronne Margot, qui cependant n'est peut-être pas du même bord, et ne répond pas à son regard invitant, mieux, révèle son agacement. À force de danser et de plaisanter, il se fait tard, et lorsque, au retour, harassée, elle retire son pantalon et passe son pyjama, Maria a déjà éteint la lumière, il est tard, elle a sommeil et le *Moulin à poivre* lui est sorti de l'esprit.

Le lendemain, elle appelle au domicile des Mann, mais le téléphone sonne en pure perte, personne ne décroche. Peut-être dorment-ils encore car ils ont dû se coucher tard, hier – les acteurs tous ensemble, dans cette atmosphère d'excitation et de fatigue que seuls les gens de théâtre, et pas elle, connaissent. Elle peut seulement imaginer ce qu'on éprouve lorsqu'on mange tous ensemble, affamés comme des loups parce que minuit est passé, et que, la compagnie exceptée, le restaurant est vide, qu'on traîne à faire l'éloge l'un de l'autre, et à se corriger parce que dans tel sketch quelque chose n'a pas marché, mais que tout ira mieux demain, et à bien mettre les tempos au point car le comique n'est pas seulement une affaire d'intelligence, ou de bonnes répliques, c'est surtout une affaire de rythme, le restaurant ferme et les acteurs et les auteurs traînent jusqu'à ce qu'une camionnette passe livrer les journaux au kiosque de la gare, et le plus courageux achète un exemplaire encore imprégné de l'odeur d'encre de l'imprimerie, et l'ouvre, feuillette rapidement les pages, cherche les comptes rendus des spectacles, cherche des yeux et puis trouve l'article qui les concerne – la première critique – et les acteurs et les auteurs se fixent, Klaus regarde Erika, et pendant un instant le silence règne. Annemarie fait longuement sonner le téléphone, en pure perte. Elle raccroche. Patience, s'ils ne répondent pas, elle rappellera plus tard. Puis elle sort à skis, prend le soleil sur la terrasse – Maria est toujours plus bronzée, toujours plus maternelle avec elle : Mais qu'as-tu donc Annemarie ? Tu es si pâle, as-tu pris quelque chose qui t'a fait du mal ? – puis elle se rend à Saint-Moritz pour le thé, au Palace pour l'apéritif, et on ne rentre pas avant la tombée de la nuit, et lorsqu'elle est finalement de retour au Suvretta, un fort sentiment de culpabilité l'assaille, parce que le téléphone sonne de nouveau dans le vide à la Poschingerstrasse.

Au Suvretta régnait l'atmosphère de toujours, à la fois mondaine et sportive : elle aimait cette ambiance, elle lui avait toujours plu. Depuis sa petite enfance, aussitôt après les fêtes de Noël elle venait en Engadine avec sa famille. Renée, suivie par la couvée de ses enfants, s'enfonçait dans le bois de la Fextal, et puis ressortait sur les champs enneigés : sûre d'elle, puissante, habillée de sombre sur une étendue ensoleillée. Les montagnes, granitiques dans leur élan aérien, ouatées de neiges, plongées dans une paix sans histoire, la rassuraient. Mais cette année-là, de loin en loin, elle se retrouvait comme déphasée, sa voix lui semblait inconnue, son errance d'un salon à l'autre dépourvue de but, le mouvement spectral, le murmure et l'inutilité de tous ces gens étaient comme le mécanisme automatique d'un *carillon**, comme un rêve confus dont elle-même faisait partie, et le très bel hôtel rien d'autre qu'une cage à singes, une caserne, et une prison.

La politique ne constituait qu'un agacement lointain. Pour les femmes qu'elle fréquentait – les qualifier d'aisées aurait été pour elles une injure –, rien n'avait d'importance sinon la qualité de la neige (poudreuse ou gelée), l'horaire du téléphérique et l'état des pistes, de savoir si ce matin il y aurait du soleil, du föhn ou des bourrasques. Lorsque la nouvelle selon laquelle Hitler aurait été chargé par Hindenburg de former le nouveau gouvernement se répandit, un bal masqué au *décor** inspiré des plantations sudistes battait son plein au Suvretta – Annemarie était tapageusement habillée en général Lee –, et personne ne trouva le temps de faire un commentaire. Au reste, les maris de ses amies, leurs parents, leurs frères – et tous les industriels les plus considérables – avaient signé un appel à Hindenburg, demandant expressément le pouvoir pour le parti national-socialiste. C'était un sacrifice, mais un sacrifice nécessaire. Peut-être son père l'avait-il fait lui aussi. Afin de préserver son siège de Berlin, ses exportations en

Allemagne, son usine – donc, en définitive, pourrait insinuer quelqu'un, pour la sauver elle aussi, pour lui permettre de passer ses vacances au Suvretta, avec Maria et ses amies, de faire ses voyages à Berlin, d'acheter ses livres… Mais pour sa part, elle skiait les yeux protégés par des lunettes de soleil, elle contemplait le visage bronzé de Maria, mettait ses skis dans le sillon déjà tracé par d'autres – et elle ne se rendait pas bien compte si cet événement était vraiment important. Et lorsque, dans le téléphérique, un quidam qui affichait sur son chandail de ski une gigantesque chaîne en or ornée d'un svastika lui demanda comment il se faisait qu'une jeunesse comme elle ne soit pas là-bas, à Berlin, précisément maintenant qu'on y faisait la révolution, elle répondit, avec une béate suffisance, que la révolution ne l'intéressait pas – car le déclin d'une société se décrit mieux que son aurore.

Des rumeurs invérifiées prétendaient qu'Erika avait obtenu un grand succès personnel, avec son *Moulin à poivre*. Elles évoquaient un public généreux, des applaudissements nourris, et d'excellentes recettes. Il semblait que toutes les représentations étaient d'ores et déjà complètes, qu'Erika reprendrait le spectacle en février, et que peut-être elle devrait chercher un théâtre plus grand. Je suis contente, je suis vraiment contente, se répétait-elle. Elle l'était vraiment, mais tout semblait loin – elle regardait le monde du haut des mille huit cents mètres du Suvretta House, depuis la tranquillité suisse. Mais maintenant, elle se demandait jusqu'à quel point elle parvenait vraiment à partager le succès d'Erika. Et elle se surprenait à découvrir le peu de joie que lui procurait ce moment tant attendu. Comme si dans les sentiments pourtant authentiques, profonds et parfois même désespérés qu'elle éprouvait pour son amie s'insinuait une irrésistible ambivalence, et même – contre toute volonté et toute conscience –, une rivalité secrète, presque une aversion. Et lorsqu'elle s'en rendait compte, elle s'en épouvantait. Était-il donc possible que Renée eût raison, lorsqu'elle l'accusait d'être bourrée de mauvais instincts – et donc profondément méchante ? Que le mal était en elle ? Que son amour était dangereux, car en réalité, plus elle aimait, plus elle voulait détruire ? Que parfois son insatiable fille l'épouvantait parce qu'elle serait capable de tout, même de tuer ? Mais peut-être était-ce seulement une réaction de jalousie. Erika l'excluait, et elle le lui rendait en froideur. Elle aurait voulu faire partie, sous quelque forme que ce soit, de l'entreprise qui accaparait entièrement le temps d'Erika, et qui constituerait le creuset autour duquel s'organiserait sa vie future. Mais elle n'était pas une actrice comique, ni une chanteuse, elle ne savait pas écrire des chansons satiriques – d'ailleurs, Erika lui disait souvent, en plaisantant, qu'elle n'avait pas le sens de l'humour. Ce qui, dans sa bouche, qui n'en avait que trop, était hélas un regret. Annemarie ne plaisait pas aux artistes du *cabaret**, les nouveaux amis d'Erika. Ils la trouvaient scandaleusement riche, la faisaient se sentir honteuse de sa richesse, et l'obligeaient à la cacher. Ils la trouvaient trop bien-comme-il-faut, trop grande bourgeoise. En un mot, trop « suissesse ». Leurs *parties* finissaient en beuveries et en exploits sexuels dont Annemarie était inévitablement exclue, même si, afin de se faire accepter, elle se conduisait de façon encore plus déréglée qu'eux. Quoi qu'il en soit, il n'y avait pas place pour elle au *Moulin à poivre*. Les exclusions. Les bifurcations de la vie. Cela aussi était au fond une sorte de trahison.

Finalement, un soir elle parvint à trouver la force de réserver une communication internationale et de se glisser dans une des cabines du Suvretta afin d'écouter la voix de son amie. Mais elle ne lui parlait plus depuis si longtemps, et que pouvait-elle lui dire au téléphone, après tout ? Derrière les vitres de la cabine les clients de l'hôtel, les professeurs de ski convoités, les patineuses,

121

les amateurs de sauts à ski qui s'en revenaient du trem-
plin olympique défilaient, ils étaient tous bronzés,
détendus, souriants – et tout à coup, elle se rendit
compte qu'elle n'en pouvait plus du Suvretta et du ski.
Elle allait raccrocher le récepteur, lorsqu'elle entendit la
voix du domestique des Mann qui disait : « Allô ?
Allô ? » Il lui fallait absolument la voir. Elle partit en
toute hâte, mais en Allemagne, elle apprit une nouvelle
paradoxale : leurs routes ne s'étaient pas croisées, bien
au contraire. Tandis qu'elle rentrait en Allemagne,
Erika arrivait en Suisse. Pour skier ! Afin de se remettre
des fatigues de son spectacle. Et elle ne le lui avait pas
dit – équivoque ou simple oubli. Ou peut-être voulait-
elle être seule avec une autre. Alors, la rencontre man-
quée devient la punition de sa méchanceté, la juste
récompense de sa faute, et son retour à Berlin, un vagabondage agité. Et aussi longtemps qu'Erika ne reviendra pas, ne lui pardonnera pas, elle sera égarée et
confuse, ne sachant que faire. C'est pourquoi elle se
réfugie dans la maladie comme dans une attente. Elle
est prise de nausées, elle ne parvient pas à manger, sa
fièvre monte, elle abuse de la morphine et du whisky,
se traîne encore quelques jours dans les boîtes de nuit
habituelles, les bureaux de son éditeur (mais quand sortira mon livre ? demande-t-elle, car il y a plus d'un an
qu'il a été acheté), les maisons habituelles, les bavardages habituels – jusqu'à ce que son corps refuse les trai-
tements qu'elle est en train de lui infliger comme si le
corps, et non l'esprit, était responsable de cet état – et
elle s'effondre. Maria – une des si nombreuses femmes
salvatrices qu'elle attire tel un aimant – pontifie, en
médecin qu'elle est : intoxication alcoolique. C'est quelque chose de grave. Les fonctions hépatiques se blo-
quent, tout se bloque : tu aurais même pu mourir. Tu
dois t'abstenir de boire de l'alcool. En ce moment,
même une simple bière peut t'être fatale. La perspective
d'une sobriété forcée l'atterre, parce que les états d'alté-

122

ration, qu'elle craignait autrefois, s'avèrent désormais appréciés. Ils permettent de voir plus clair autour de soi, et à l'intérieur de soi, pour y découvrir quelque chose qu'on n'oserait jamais avouer, des sentiments qu'on cherche à dissimuler et qui ne sont toutefois pas le pire qui soit en nous. Elle dépérit au fond d'un lit, elle fait fermer les fenêtres. Mais elle ne parvient pas à enfermer les événements au-dehors. Parce que tandis qu'elle sommeille, étourdie par la fièvre, dégoûtée du monde, et d'elle-même, les rues de Berlin résonnent de pas, de chants, et même de coups de feu. Chancelante, elle se traîne à la fenêtre, et la nuit est illuminée du rouge reflet des flambeaux. C'est une manifestation – une file interminable d'hommes en chemise brune marchant de façon désordonnée dans les rues de la ville, agitant des drapeaux. « Qu'arrive-t-il ? » demande-t-elle à Maria, qui se penche sur elle. « Rien », répond Maria, lui versant de l'eau dans son verre et lui tenant la tête afin qu'elle puisse humecter ses lèvres. Hitler a été nommé chancelier du Reich. Dans la maison de la Poschingerstrasse, le téléphone sonne, sonne, mais personne ne décroche.

La tension monte – comme si un abîme s'ouvrait en elle et en dehors d'elle – et pour échapper aux tentations, à l'anxiété, à cette impression de marcher sur le bord d'un gouffre, à la sensation de vide qui croît en elle, elle fait de nouveau ses valises, emballe vêtements, chandails, pantalons de ski, et monte à nouveau dans un train. De nouveau dans un grand hôtel aux porteurs en livrée – pour skier, à Zürs cette fois, parce que cette localité est proche de Munich et que si Erika voulait, si elle l'appelait, elle pourrait là rejoindre à tout moment. Leçon de ski tous les matins – se courber en deux et suivre le sillon tracé par son professeur, bêtement, l'esprit vide : que lui importe la réussite d'un christiania ? Et pourtant, quelques heures durant, elle parvient à croire que l'alignement de ses skis est la chose la plus sérieuse du monde. Elle se harasse, s'épuise, s'efforce d'arrêter ses pensées sur quelque chose – quelque chose – et le soir au restaurant, en robe longue, de nouveau les mondanités, le bridge, le snobisme, la cage aux singes où on parle de tout et de rien – puis cela aussi devient intolérable, elle fait de nouveau sa valise et même si cette fois personne ne l'a appelée, elle descend à Munich.

Poschingerstrasse, la vie continue comme toujours : Erika, éreintée par la fatigue des nouvelles représentations de son spectacle, prend son petit déjeuner au lit dans un délire de miettes et d'invitations, elle écrit, téléphone, s'emporte contre les acteurs qui ont pris d'autres engagements, se dispute, accuse, remercie les acteurs qui ont refusé d'autres engagements pour lier leur destin professionnel au sien. Annemarie frappe à la porte ouverte : Puis-je entrer ? dit-elle. Puis elle s'approche. Erika sourit. Est-elle contente de la voir ? Qui sait, oui, oui sûrement, mais peut-être est-elle également déçue, parce qu'elle aurait dû être ici voici un mois, et elle a préféré aller en Engadine. Eri ! crie presque Annemarie, en se jetant dans ses bras, et Erika, l'examinant, sur un ton qui est tout à la fois un reproche et un compliment : Comme tu es bronzée, *mein Kind*. La Bonbonnière est toujours bondée, le public rit, comprend, applaudit, et Annemarie aussi s'assoit finalement à une table, parmi les spectateurs, enveloppée dans le nuage de fumée de cent cigarettes allumées au même moment ; comme elle est belle Erika grimée en Pierrot – avec les projecteurs qui cadrent son visage que son fard rend blanc et spectral. Il y a quelque chose d'irréel, d'excessif dans son allégresse, mais peut-être est-ce seulement du théâtre. La voix d'Erika monte et descend, se fêle, s'abaisse, s'éteint – et lorsque le silence se fait, résonne en elle, et reste là.

Elle rencontre Klaus, dans le salon de la maison de la Poschingerstrasse, et la première chose qu'elle lui demande n'est pas : Comment vas-tu ? Es-tu préoccupé par ce qui est en train d'arriver ? Mais un sec : Tu en veux ? je t'en ai apporté. Et Klaus demeure interdit, presque déconcerté. Cependant, Annemarie achète à Mops des stocks de morphine toujours plus considérables, afin de ne pas se retrouver démunie : elle sait combien il est difficile de s'en procurer. À Bocken, elle a caché de nombreuses doses dans ses bottes d'équitation. Au moins, les retours à la maison eux-mêmes, entre un voyage et l'autre, deviennent supportables. Mais Renée est déjà au courant de tout – quelqu'un l'a déjà informée. Et pourtant, étrangement, elle ne l'accuse de rien, ne lui adresse aucun reproche. Une curiosité mystérieuse et cruelle, le plaisir de jouer avec le feu et une tentation inavouée pour l'abîme la poussent à observer avec détachement le sortilège dont sa fille est victime – sa chute et sa ruine. Lorsqu'ils se retrouvent seuls, Annemarie brise le haut de l'ampoule et Klaus y introduit la seringue. Un instant, elle pense que ce n'est pas cette complicité qu'elle aurait voulu instaurer avec lui – elle rêvait d'une amitié éthérée, pure et littéraire, et les voici sur le lit, lui fouillant de l'aiguille sa cuisse à elle, et le sang de s'égoutter sur le drap. Mais ensuite, elle s'abandonne à l'atmosphère de la demeure des Mann – si familière et dans le même temps si formelle, avec cette confusion de téléphone qui sonne continuellement, de notes de violon, d'aboiements de chiens, de voix d'enfants, avec la dynamique Maîtresse de maison qui contrôle tout, Lui, détaché, au loin, dans son bureau, le plateau bourré de cartes de visite, Erika qui a toujours un mot pour chacun (mais pour elle-même ? s'occupera-t-elle jamais d'elle-même ?), de beaux meubles, des livres partout, le jardin, l'alignement des pieds de vigne, la haie de rosiers... Mais après tout, c'est une famille comme une autre, eux aussi ont leurs problèmes et leurs embarras, pourquoi cette obsession, ce désir infantile d'être l'une d'eux ? Leur septième fille, le septième ange ? La seule chose qu'on ne peut choisir, ou changer, dans sa vie, c'est sa propre famille. Et elle, en réalité, tient vraiment à la sienne, et ne tolère pas qu'on la critique. Elle seule peut le faire. Personne d'autre ne le peut. Pas même Erika, qui en effet, en sa compagnie, n'en souffle mot, mais, derrière son dos, lapide les Schwarzenbach avec une férocité méprisante, imite savoureusement pour ses amis la fumeuse conversation d'Alfred, la disgracieuse démarche de Renée et sa pathétique fixation sur sa fille. Avec Annemarie, Erika se borne à dire que parfois, afin de se sauver, il faut se détacher. Faire sa propre vie. Vouer aux enfers ceux qui nous aiment, parce que leur amour nous vouerait aux enfers. Mais, en premier lieu, Erika elle-même ne l'a pas fait, elle reste viscéralement attachée à son père et à sa famille. Et Klaus, dont l'ombre immense du père ternit la vie, n'en a rien fait lui non plus. Les grands hommes (et les grandes femmes) ne devraient pas avoir d'enfants, ou, s'ils en ont, les faire grandir sous un faux nom comme des fils de criminels. Ils ne devraient pas élever leurs enfants à l'ombre d'une tradition resplendissante, d'un mythe familial, ni même d'un grand nom. Sans lumière, les enfants dépérissent et deviennent tout tordus, et ratés. Hélas, il est déjà cinq heures, on ne peut rester dans la maison d'autrui trop longuement, du moins pas les hôtes, seuls les membres de la famille le peuvent – ct, en dépit de tout, ce n'est pas son cas –, allez, de nouveau un voyage de plus, un train de plus – séparation, manque, nostalgie, fièvre – et tout recommence.

Berlin est gris, le ciel métallique, les nuages hâtifs, agités – mais peut-être est-ce seulement un reflet de sa propre agitation. Annemarie erre en Mercedes à la recherche de sa damnation ou de son salut – Mops, Mops aux cheveux cuivrés, Mops aux beaux yeux – et elle se rend chez Mampe, au Plantage, au Jockey, au *Café Viennois**, au *Café** Schön, elle la cherche parmi les tables et sur l'Unter den Linden, et à la fin, elle se résigne à chercher son horrible mari, dans le salon de l'Adlon. Avez-vous vu le baron ? Il était ici, je ne sais pas... Elle rencontre des gens, s'arrête pour bavarder devant l'Adlon, et petit à petit d'autres connaissances stationnent avec elle, elles deviennent trop nombreuses maintenant, et avez-vous donc vu Mops ? Jack ? et la police arrive – et allez, circulez, circulez, vous ne pouvez pas rester ici, êtes-vous sourds ? ne savez-vous pas que le droit de réunion a été aboli ? Et au-dessus des maisons, les nuages filent, rapides, mais ils sont colorés de rouge. Quelque chose est en train de brûler. Les camions de pompier roulent toutes sirènes hurlantes, et allez, circulez, circulez, circulez – avez-vous donc vu Mops ? J'ai besoin de voir Mops – quelque chose est en train de brûler du côté du Parlement, mais personne ne sait rien. Elle erre dans les rues de Berlin en Mercedes, le corps parcouru de frissons, l'esprit rendu confus par le sommeil qui ne vient pas et par la fièvre qui ne descend pas, elle voit et ne voit pas les lumières, les gens, la route, et elle ne voit pas le tram qui, klaxonnant, tourne et quitte l'avenue, et elle l'emboutit, ou plutôt glisse inexorablement contre lui – le choc est terrible, elle vient heurter le volant, elle heurte la tête contre la vitre – du sang coule de son nez, goutte sur son chemisier – et la carrosserie de la Mercedes blanche est un enchevêtrement de tôles. Oh, mon Dieu, ma voiture ! Que suis-je en train de faire ? « Mais tu es bigleux, espèce d'imbécile ? Où as-tu la tête, dans les nuages ? » gronde, furieux, le chauffeur du tramway – et il l'agresse presque, parce qu'elle porte une cravate, et un complet à chevrons, et qu'il la prend pour un jeune homme : un riche jeune homme gâté roulant en Mercedes, il n'a aucune pitié. « Excusez-moi, je ne l'ai pas vu », se justifie-t-elle. Mais comment est-il possible de ne pas voir un tramway de vingt mètres de long, avec des centaines de voyageurs à son bord, de ne pas entendre la sonnerie de sa petite cloche : comment peut-on être à ce point aveugle ? Ouvre les yeux ! Réveille-toi ! hurle-t-il, et Annemarie s'essuie le nez du bout des doigts. Elle ne sait que dire à l'officier de police, au conducteur, aux passagers : ils sont tous nerveux, agressifs, hystériques. Elle abandonne sa Mercedes et erre à pied, s'arrêtant pour demander à un travesti qu'elle connaît depuis l'époque du Kellnerclub où elle peut trouver Mops, et ils la cherchent ensemble dans les boîtes de nuit situées sous le niveau de la rue et ils pénètrent dans la grande salle, longue et basse de plafond, illuminée par de petites lanternes chinoises – il y a des filles qui dansent entre elles, des Américains qui paient pour le frisson de l'inversion, et Mops n'est pas là, on ne trouve pas davantage Jack, et son compagnon occasionnel se révèle effrayé au plus haut point, il a même peur, et à un certain point, il se met à pleurer, il lâche – tout s'écroule ici, mon Dieu, ils ont suspendu les libertés politiques et civiques, les libertés personnelles, la liberté de la presse, le secret de la correspondance, ils arrêtent tous le monde – ici c'est vraiment la dictature qui se met en place. Mais, allez, répond-elle, qu'es-tu en train de dire ? Tu verras, tout va s'arranger.

C'est comme une sensation de vertige. Et presque en rêve, elle remonte dans sa Mercedes, bouleversée, blessée – de loin en loin, de grosses gouttes de sang coulent de son nez –, c'est une course monstrueuse dans le vide. Il y a des gens qui font la queue devant les écoles, et les bureaux de vote, parce que c'est le jour des élections, d'autres élections ? Mais combien d'élections y a-t-il eu ces deux dernières années ? – et tous vont voter – vraiment tous. Les domestiques allemands des Schwarzenbach eux-mêmes vont voter. *Mama* met son automobile à leur disposition, ainsi que les voitures patronales, chargées d'employés – peut-être plus heureux de ces vacances inespérées que désireux d'accomplir leur devoir de citoyens –, et les accompagne à la frontière du Reich. Le jour décisif pour le futur de la nation allemande qui lui est si chère, pas un seul vote ne doit manquer. On comprend que *Mama* a également dit ce qu'il fallait voter, et comment. Mais, peut-être que dans le silence des isoloirs, dans le secret des urnes, il s'en trouve aussi, comme elle, qui n'ont pas le courage de le crier à haute voix, parce qu'ils ont peur, et qui le feront, qui voteront pour les listes de la démocratie – ce sera une révolte silencieuse. « Je ne suis pas nazie, Erika », lui écrit-elle parce qu'Erika l'accuse de ne pas prendre position. PAS MOI. Et entre-temps, Mops est introuvable, au Jockey, il n'y a personne, les amis d'Erika sont partis, et c'est une sensation absurde, paradoxale, ce vide monstrueux qui s'ouvre devant elle et en elle, parce que Berlin ne s'est pas vidé, ils sont tous à leur place, les tramways, les automobiles, le métro circulent, les foules inondent les trottoirs et profitent du soleil tiède de mars, des enfants, des poussettes, des petites familles, il n'y a rien d'étrange, aucune peur, d'ailleurs, il y a dans l'air une ferveur, un spasme – presque une allégresse. Elle aussi devrait y participer. Au fond, son livre sort demain. Il est beau, son livre : il a le charme de la jeunesse. Ils le lui ont tous dit. Si ce n'était pas le cas, la prestigieuse maison d'édition Rowohlt ne l'aurait pas accepté. Elle n'aurait pas attendu cet instant plus d'un an – avec une patience résignée. Mais ont-ils bien choisi la date ? Qui remarquera à pareil moment la nouvelle lyrique d'une jeune femme écrivain suisse ? Demain tous chercheront dans le journal le résultat des élections, et c'est ce qu'elle fera elle aussi. Ils ont obtenu 43,9 pour cent des voix. Le chiffre impressionne. Dix-sept millions de votes. À Bocken, on s'embrasse, le danger rouge a été évité. Le téléphone de la Poschingerstrasse sonne dans le vide.

Et alors, de nouveau en train jusqu'à Munich, parce que dans cette maison, dans cette ville, se trouve tout ce qui lui importe – le reste peut attendre, même son livre. Et de nouveau des embrassades, de la nervosité, parce que l'impensable est arrivé, personne ne le croyait, mais c'est arrivé : le « Monstre » a obtenu les pleins pouvoirs et a l'Allemagne bien en main. Quoi qu'il en soit, Erika a sa vie, et cela est plus que suffisant pour la rendre nerveuse : sa compagnie se dispute, le nouveau cycle de représentations a déjà pris fin, peut-être reprendra-t-il au printemps, dans un théâtre plus grand – mais sait-on, avec tout ce qui est en train d'arriver, si la permission de jouer leur sera accordée ? Annemarie, qu'es-tu venue faire à Munich ? Les Mann non plus ne restent pas en ville, ils ont de nombreux engagements, et ils sont également confus : pourquoi, que faut-il faire ? Sommes-nous vraiment en danger ou s'agit-il seulement de menaces ? Pour Annemarie, c'est simple : il faut déjà repartir. Elle prend le train en compagnie de Klaus. L'humeur tourne à l'élégiaque, et en esprit, il est pour sa part déjà loin. Elle a le journal ouvert sur ses genoux, elle l'achète parce qu'on ne peut pas faire comme si de rien n'était, il faut savoir, mais rien que le fait de le feuilleter lui donne des haut-le-cœur, c'est pourquoi elle le fait disparaître. Lui, lance de loin en loin un coup d'œil – tout à la fois vénéneux et déchirant – au paysage qui défile de l'autre côté de la vitre. L'Allemagne. Les derniers kilomètres d'Allemagne. Est-ce un adieu ? Mais on n'y voit guère, car il fait déjà nuit. Ils sont assis sur un siège empestant les étrangers et la fumée, et le train les ballotte dans l'obscurité. Un coup de frein les fait presque tomber. Le train s'arrête. À travers la fenêtre, on entrevoit une bruyère glacée et un drapeau s'agitant sur sa hampe. Voici la police des frontières allemande, des pas, des bottes, des torches, un hurlement rauque qui intime de préparer les passeports – et le train est toujours arrêté dans l'obscurité. « Kläuschen, se décide à dire Annemarie car le silence est insoutenable, comment ma *Nouvelle* est-elle ? » « Pourquoi me le demandes-tu ? rétorque-t-il. Ne sais-tu pas ce que tu as écrit ? » « Mais c'est ton avis que je veux, lui répond-elle. » « Et qu'en feras-tu, de mon avis ? Ma carrière est au plus bas, dit-il avec amertume. Je suis des plus impopulaires, ces temps-ci. Mes éloges ne te serviraient vraiment à rien, d'ailleurs, peut-être te nuiraient-ils – une attaque virulente de ma part te serait plus utile. » Elle secoue la tête et se montre effrayée par son sarcasme. « Mais Kläuschen ! s'exclame-t-elle inébranlable, qui suis-je, moi ? Que crois-tu ? Durant tout ce temps, t'ai-je fréquenté par intérêt ou parce que j'ai de l'estime pour toi ? » « Je ne crois vraiment rien », répond-il, lugubre. Il fixe les lumières des torches qui illuminent le côté du train et laisse retomber les rideaux. L'Allemagne est une lande sombre derrière une barrière fermée, et le train est arrêté sous la lumière des phares, dans le *no man's land*. « Un roman qui traiterait de notre époque, Miro, lui dit-il, doit être fort, radical, avoir du corps et des visions, des transes, des fragments de discussions sur la politique, sur la métaphysique, sur les problèmes artistiques et sociaux... Et dans ton livre, ces choses n'y sont pas. » « Je comprends », susurre Annemarie, fixant des yeux les rares lumières dehors qui ponctuent la campagne. Le hurlement des chiens de la police des frontières la fait frissonner. Des policiers sont montés dans le wagon, ils demandent les passeports. Au sien, ils accordent une œillade distraite : c'est une citoyenne suisse. Ils examinent celui de Klaus durant un temps qui semble interminable. Hé bien ! Pourquoi faites-vous une tête aussi sinistre ? C'est une simple opération de contrôle. On ne peut plus sortir d'Allemagne, peut-être ? Un citoyen n'est peut-être pas libre de circuler ? Peut-être pas. Plus maintenant. Annemarie déglutit, elle a la gorge sèche. Klaus fait montre d'une sérénité enviable. Tout va bien – les policiers poursuivent leur inspection, le wagon est long, le train bondé. Mais ce n'est pas fini, avec la méticuleuse, implacable précision des douaniers suisses –

la Suisse est comme le jardin d'Éden, on en sort facilement, mais il est difficile d'y pénétrer.

« Il est impalpable, comme un parfum, mais c'est un bon livre », recommence Klaus comme si de rien n'était – comme s'il n'en était pas sorti, maintenant, et que l'Allemagne ne soit pas restée derrière cette barrière. « J'en ai fait un compte rendu. Tôt ou tard, il paraîtra. » « Oh ! Kläuschen ! » s'exclame Annemarie, surprise. Elle ne s'attendait pas à cela de sa part. Klaus a si peu de considération pour elle. Chuuut, dit-il pour sa part, nonchalamment. On ne se remercie pas pour de telles choses. On s'entraide, comme les criminels. « Kläuschen ! promet-elle, solennelle, un jour, je te rendrai la pareille. » Et le train repart finalement, et nous sommes en Suisse.

Lorsque le train s'arrête en gare de Coire, Klaus descend sa valise, parce qu'il doit prendre une correspondance : il continue en direction de Paris. Pour elle, il semble odieux de se séparer ainsi. Parce qu'il a été vague sur leur avenir – en réalité, il ne lui a pas fait part de ses projets. Les séparations sont pour elle insoutenables. Elle redoute de perdre ses amis comme elle a perdu un jour son frère aîné : englouti par le vide. C'est pourquoi, même si Klaus est surpris, elle l'accompagne jusqu'à la porte grande ouverte du wagon, elle l'aide à descendre sa très lourde valise et puis l'embrasse virilement. « Écris-moi, lui dit-elle. Écris-moi dès ton arrivée. » Il ne confirme pas, parce qu'il ne sait pas s'il aura le temps de le faire. Kläuschen, Kläuschen, nous gâchons notre vie à force de séparations. C'est naturel, ni l'un ni l'autre ne tiennent jamais en place. Ils ne parviennent pas à rester plus d'une semaine dans un endroit quelconque sans qu'à leurs yeux l'endroit commence à ressembler à une cage – à une prison. Klaus descend. Sous la marquise, il n'y a pas âme qui vive, mais son train est sur le point de partir – et le temps fait défaut pour se saluer. Il ne peut pas manquer ce train. Traînant sa valise trop lourde derrière lui, il traverse les quais presque au pas de course. Elle se montre à la fenêtre, épouvantée parce que Klaus marche trop lentement, et que, d'autre part, un convoi pourrait jaillir des ténèbres et le renverser. Mais elle n'a pas le temps de voir si Klaus parvient à monter, parce que le train – le sien – se met en marche et l'entraîne dans la direction opposée.

Le téléphone de la Poschingerstrasse sonne dans le vide. Mais Erika est en lieu sûr. Est-il vrai que son nom figure sur la liste noire ? Qu'elle a été menacée de mort ? Que peut-il lui arriver, dans un pays civilisé ? Peut-être n'est-elle même pas en Allemagne. Mais ensuite on apprenait que, vagabondant, se promenant, bavardant, téléphonant, Erika était bien en Suisse – parce qu'on l'avait informée que, s'ils la trouvaient, ils l'élimineraient, comme ils sont en train de le faire pour l'opposition : ne le sais-tu pas, ne l'as-tu pas compris ? Fais-tu attention à ce qu'écrivent les journaux ? Mais ensuite, elle est rentrée à Munich. Oh ! mais pourquoi rentrer en Allemagne, si elle était à l'abri ? C'est une imprudence. Pour aller chercher les manuscrits de son père. Son roman était inachevé. Mais peut-être n'est-ce pas vrai. Il s'agit d'une légende. Peut-on mourir pour un manuscrit ? Pour le sien, peut-être pas, mais pour celui d'un père idolâtré comme un dieu... Oh ! ce serait tellement typique d'Erika. Ce mépris du danger, ce courage impudent – ce pourrait être vrai, c'est d'ailleurs probable. Très probable. Mon Dieu, dis-moi que ce n'est pas vrai. Le téléphone de la Poschingerstrasse sonne dans le vide.

À Bocken, au contraire, on répond aussitôt. C'est la voix de Vreni, la femme de chambre de *Mama*, et puis celle de *Mama* : elle l'imagine furieuse, hostile, parce qu'elle a encore couru à Berlin à perdre son temps avec la littérature, mais au contraire, dans le combiné, la voix de Renée se révèle douce, excitée, satisfaite. Elle ne lui raconte pas les anecdotes habituelles sur les compétitions, et les caprices des jockeys et de Primula, elle ne l'interroge même pas sur l'accident du tramway, elle ne lui adresse aucun reproche, c'est tout le contraire. Elle demande comment est l'atmosphère de Berlin. Ici, tous l'envient, parce que le nain a l'occasion d'entrer dans l'histoire. « *Mama*... », murmure-t-elle. Renée a entendu des choses abominables sur le compte de son amie Erika. Il semblerait qu'elle ait émigré, disant des choses infâmes sur sa patrie, Annemarie prend-elle toute la mesure de cette trahison ? Prendre position contre son propre gouvernement légitime ! Quelle canaille d'émigrée communiste, et nous qui l'avons hébergée à Bocken, nous l'avons traitée comme si elle était notre fille ! Reste à Berlin, *meine Geliebte*, ne passe pas à côté d'une telle occasion, on aura besoin de toi. Partir, au contraire – pense-t-elle – partir sur-le-champ. Le téléphone de la Poschingerstrasse sonne dans le vide. Et chez les grands-parents d'Erika, personne ne répond non plus. Cependant, après d'innombrables tentatives un domestique répond et hurle presque : Qui est au bout du fil ? Que voulez-vous encore de nous ? Finissez-en ! Laissez deux pauvres vieux en paix ! Et elle dit, mais je suis Miro, l'amie d'Erika, je la cherche, je vais devenir folle si vous ne me dites pas où elle se trouve, et le domestique dit que monsieur et madame Pringsheim ont cessé de répondre au téléphone parce qu'à tout moment, ces... brutes, ces barbares infâmes appellent, pour nous tourmenter et dire que Mademoiselle Erika a été internée à Dachau et que là elle ne tisse assurément pas de la soie. Mais ce n'est pas vrai ! – crie Annemarie – cela ne peut pas être vrai ! Où est Erika ? Où sont les autres ? Monsieur Mann est en voyage. Le petit monsieur Mann, Klaus, est lui aussi en voyage. Non, nous ignorons quand il rentrera.

Quitter aussitôt Berlin. Immédiatement. Mais non, il y a la *Nouvelle lyrique*, il y a la littérature – les maisons d'édition ont toutes leur siège ici, elle a travaillé des années pour accumuler des connaissances et des amitiés. Maintenant on la respecte, on l'estime. Ce n'est plus l'amie des Mann – la petite Suissesse. C'est quelqu'un qui écrit – et qui écrit bien. Comment peut-on renoncer à tout cela, s'en aller ! Tourner le dos à l'Allemagne ! Tous les livres qu'elle avait aimés petite fille étaient l'Allemagne, toutes les musiques et les mots qu'elle avait trouvés pour elle étaient l'Allemagne, tout ce qui donnait un sens à sa vie était l'Allemagne, tout ce qu'elle aimait était là-bas. Aimer l'Allemagne est une chose dont elle ne peut se passer, pas plus qu'elle ne pourrait cesser d'aimer son père et sa mère. Et son livre ? et les livres qu'elle écrira demain ? Ses lecteurs ne sont-ils pas en Allemagne ? Le téléphone de la Poschingerstrasse sonne dans le vide. Disparue. Disparus. Elle a posé *Kindertötenlieder* de Mahler sur le gramophone, parce que c'est la musique préférée d'Erika et de Klaus, et que chaque note les lui rappelle, lui donne l'illusion d'une proximité – du moins, ils vont bien, où qu'ils puissent être. Elle est au lit, plongée depuis des heures dans des gribouillages, café, fumée, don de soi et mélancolie, se levant seulement pour remettre le disque derechef. La voix du soprano vient mourir dans la pièce – aérienne, légère, libre. *Je pense souvent que les enfants sont simplement sortis. Ils reviendront très vite à la maison. C'est une belle journée, ne sois pas anxieuse. Ils sont seulement sortis pour une promenade. Oh ! oui, vraiment, ils sont sortis, et ils reviendront à la maison.* Depuis des jours et des jours, elle ne parvient plus à écrire. Cela n'a plus aucun sens. Le mot carrière est un mot vide. La possibilité d'obtenir la gloire littéraire ? Enfuie. L'ambition ? Évanouie. Tous ses objectifs bourgeois – défunts. *Ne sois pas anxieuse, c'est une belle journée, ils sont sortis pour une promenade sur les montagnes, ils sont seulement partis de chez nous et ne veulent pas revenir à la maison, nous les retrouverons au point le plus élevé, sur l'arc-en-ciel, c'est une belle journée sur ces collines*. Les vitres tremblent lorsque la foule défile sous les fenêtres. Elle ne bouge même pas, car elle sait ce que fêtent ces porteurs de torches dans les rues de Berlin. La guerre civile qu'Erika attendait n'a pas eu lieu. Le printemps est venu, et tout a été parfaitement légal. Ou presque. Une victoire remportée sans bataille. Une victoire terrible. Tout est fini. Le monde s'est émietté. Où trouver maintenant la force de peaufiner, ciseler, perfectionner le rythme, la musique, les mots d'un roman qui ne sera désormais peut-être plus publié ? Elle ne peut plus échapper aux événements – ils ont touché le centre même de son existence. Rester aveugle à tout ça est une folie, un suicide. Elle doit s'en aller. Changer complètement de vie, d'objectifs, de pays. Trouver un travail quelconque dans un journal. Même si elle ne s'est jamais occupée d'autre chose que d'elle-même, et qu'elle n'a pas la moindre expérience du journalisme. Un article sur les grands changements espagnols ? Sur la réforme agraire de la Catalogne ? Pourquoi pas, n'importe quoi plutôt que se retrouver une autre nuit seule et aveuglée dans une pièce telle celle-ci. Raconter ce qui arrive. Cela, on peut encore le faire, semble-t-il.

Le 10 mai 1933, Annemarie se trouve dans le sud de la France, à des milliers de kilomètres des étudiants et des jeunes gens de Berlin qui se réunissent sur la place du théâtre de l'Opéra. Elle a ignoré les suggestions et les invitations, quitté l'Allemagne et nombre de ses espérances et elle a rejoint la famille Mann – elle a finalement appris où ils se sont provisoirement réfugiés, et elle les a retrouvés. À neuf heures du soir, elle s'est montrée à la balustrade de la terrasse d'une chambre à *l'Hôtel de la Tour**, à Sanary, et elle regarde la nuit qui tombe sur la mer. La journée a été chaude et ensoleillée, presque estivale. Rapidement, les ténèbres ont englouti les écueils, la côte, les villas inhabitées perdues parmi les pins et la luxuriance de la végétation. Klaus est encore une fois occupé à vider sa valise et à pendre ses vêtements dans une armoire. Il ne sait pas combien de temps il séjournera ici, c'est pourquoi il range ses affaires comme s'il devait rester longtemps. Erika a été beaucoup plus claire, lorsqu'ils ont discuté de ce qu'il fallait faire : « Fuir, rien d'autre que fuir sans retour, et abandonner tout ce qui se trouve à Munich. » C'est ce qui est arrivé. Leurs biens ont été confisqués, tout comme leurs comptes en banque, et même leur voiture. C'est une opération amère qu'il est en train d'accomplir, dans un silence rompu seulement par le cri strident des mouettes, et le clapotis de l'eau qui monte depuis l'obscurité, et Annemarie voudrait lui dire quelque chose, le réconforter, l'inviter à retrouver son optimisme et son allégresse – mais elle ne trouve pas ses mots. Elle ne peut savoir dans quel état d'esprit doit se trouver celui qui n'a plus un endroit au monde où revenir – qui n'a plus de maison, plus de patrie, plus rien, qui s'est enfui de sa vie et de son passé emportant en tout et pour tout deux malles pleines d'affaires inutiles parce que l'essentiel ne peut être déposé dans aucun bagage. Elle parvient cependant à le deviner – parce qu'elle ne peut pas même concevoir une vie sans Bocken. Perdre Bocken reviendrait pour elle à perdre son centre – tout. Dans le ciel pointent les premières étoiles. « Kläuschen, dit-elle seulement, après tout, ça ne durera pas... » D'un coup de pied, Klaus pousse sa valise sous l'armoire, et lève les yeux sur la chambre où il vient de s'installer. Sur le bureau, il a posé une photographie d'Erika encadrée, la reproduction du torse d'un boxeur, un stylographe, un flacon de parfum. Sur le dossier de la chaise pendille une cravate qu'il vient tout juste d'ôter. Sur le lit, la veste et un exemplaire chiffonné du journal d'aujourd'hui. En dépit de tout, la pièce conserve quelque chose d'étranger – presque d'hostile. C'est néanmoins une chambre d'hôtel. L'émigration – toute émigration – comporte un sentiment de tristesse et d'inévitable indignité. Il regarde sa montre à la dérobée – mais il s'est fait tard, et l'autobus est déjà parti. Lorsqu'il a besoin de compagnie, il descend à Toulon en autobus. Il pénètre dans un café de la ville basse, sur le port, dans le quartier des putains bottées et coiffées comme des marins, et il attend de rencontrer un marin, un vrai. Il en rencontre toujours. Un instant, il pense demander à Miro de l'accompagner en Mercedes – elle le ferait volontiers. Elle aime conduire de nuit, et elle ne lui poserait aucune question. Mais il change aussitôt d'idée. Pour certaines choses, il faut être seul, et pour certaines aventures une femme – même une femme comme Miro – ne peut être une complice. Ce qui nous sépare des autres, ce n'est peut-être pas ce que nous savons d'eux, mais ce que nous leur cachons. Annemarie ne sait que dire. Peut-être devrait-elle insister, répéter que tout cela ne sera pas définitif. Une réaction viendra. Il n'est pas possible qu'on laisse ces brigands en uniforme, ces soudards œuvrer contre toute idée de civilisation et de culture. En Allemagne, il y a tellement de gens qui ne pensent pas comme eux. Au fond, moins de la moitié des Allemands a voté pour eux. Quelque chose se passera. Il y aura une réaction internationale. Les industriels s'apercevront peut-être qu'à la fin, l'isolement coûterait trop cher et ils abandonneront le Tribun à son destin. Mais Klaus ne saurait que faire de ses analyses économiques. Et puis, en réalité, elle non plus n'y croit pas, car que comptent cinquante, cent, et même cinq cents personnes face à la volonté de millions d'autres qui parlent une autre langue et qui se sont pliées par nécessité ? Rien – et elles sont destinées à être balayées. Elle voudrait simplement que Kläuschen sache qu'elle les soutient. Que son amitié pour Erika, pour lui – pour toute leur famille – n'est pas quelque chose que les circonstances ou l'intérêt, et moins que jamais la politique ou les dictatures, peuvent remettre en cause, mais quelque chose de si vital et de si absolu que celle-ci l'a menée dans une ville, dans un pays dont personne ne la chassera, quelque chose qui peut lui faire traverser la moitié de l'Europe rien que pour être ici maintenant – offrir tout ce qu'elle possède pour l'aider. Même si elle ne possède pas grand-chose – mis à part de l'argent qui ne lui appartient en réalité pas et que cependant elle lui a offert. Mais peut-être qu'être ici ce soir ne suffit pas.

« Il se fait tard, dit-elle, je dois rentrer au Lavandou. » C'est là qu'Erika s'est installée en compagnie de Theres, ses parents et ses frères. Annemarie a trouvé Erika en excellente santé, et – compte tenu des circonstances – le moral s'avère lui aussi excellent. Peut-être a-t-elle mille choses à faire : réorganiser une vie, dix vies – la sienne, et celle de sa famille, et même celle de son amie juive, associée et compagne. Planifier le futur, chercher une patrie, louer une nouvelle maison : on parle de la Suisse. Tous s'attendent à ce qu'elle s'occupe de tout. Et, avec l'énergie qui la distingue, Erika s'occupera de tout. Si elle n'existait pas... Si tu n'existais pas, Eri, lui disait-elle, la serrant contre elle, je ne saurais pas ce qu'est la joie, il n'est de bonheur pour moi là où tu n'es pas. Mais, allez, Miro, minimisait Erika, fourrant le chèque du père d'Annemarie dans un tiroir, pas d'enfantillages. Et, au ton ironique de sa voix, Annemarie a compris qu'Erika a repris le contrôle de la situation. Erika scrute la petite Suissesse qui papillonne autour d'elle, s'agrippe à elle qui même à cet instant n'a aucune certitude, pas même par-devers soi, l'ensevelit sous des offres amoureuses (inopportunes), de l'argent et des promesses, comme si elle redoutait qu'elle finisse par l'abandonner. Et tout à coup, il lui semble comprendre ce qu'elle veut vraiment d'elle. Annemarie veut être aimée, mais elle n'aime pas. Avec quelle violence et manque de logique elle veut que ses désirs soient satisfaits : comme si c'était une question de vie et de mort. Cependant, quel peut être le but de ces désirs, Erika ne le comprend plus. Peut-être n'en a-t-elle aucun. Il s'agit d'un amour dépourvu de satisfaction. Et il n'est plus même question de sensualité ou d'érotisme. Rien que de tendresse – un bonheur reposant. Mais pour aimer vraiment, il faut prendre contact avec le monde, éliminer le soupçon et la peur – et Annemarie n'en est pas capable. C'est un amour condamné à se résoudre en désillusion, et même à se changer en hostilité. Tôt ou tard, Annemarie, qui lui est si chère, sa petite fille, finira par la haïr – car nous haïssons ceux qui ne nous aiment pas. Alors, elle la trompera.

Annemarie a pris une chambre dans le même hôtel que les Mann. Elle va à la plage en leur compagnie, elle prend l'apéritif en leur compagnie, elle dîne en leur compagnie. Tous l'apprécient, Erika, Klaus – avec lequel elle imagine des travaux communs : elle a concrètement pris part à la réalisation de son premier projet littéraire après son exil, la revue *Sammlung*, dont le premier numéro sortira en septembre, ses frères plus jeunes, et, de quelque façon, également Theres, l'amie d'Erika, et même ses parents. Annemarie et le Magicien, une de ses longues cigarettes vaguement féminines aux lèvres se promènent en fin d'après-midi sur le bord de mer, traînant derrière eux leurs airedales terriers échevelés. Leurs chiens sont des jumeaux, ils sont de la même famille. Parfois Annemarie sent qu'elle aussi fait partie de la famille, parfois qu'elle est de trop. Elle éprouve cependant la même chose avec sa famille.

« Comment, tu t'en vas déjà ? Mais ne m'as-tu pas accompagné parce que tu voulais me lire ton nouveau roman ? Qu'y a-t-il, tu as changé d'idée ? », dit Klaus, du ton tout à la fois affectueux et professoral, digne d'un frère aîné, qui a toujours été le sien avec elle lorsqu'il est question de littérature. Afin qu'elle ne puisse oublier qu'il est l'écrivain et elle l'apprentie. Mais il est juste qu'il en aille ainsi : c'est la vérité. Klaus ferme son armoire et lui jette une œillade pleine de curiosité. Il réalise que ce soir

Miro, si bronzée, si sportive, a l'allure d'un marin. « Je pensais que tu n'étais pas d'une humeur idoine, lui répond-elle, rayonnante, je peux vraiment te le lire ? » « Tu l'as bien mérité », plaisante-t-il en acquiesçant. Oui, Miro est vraiment habillée en marin – avec son polo défraîchi sur un pantalon bleu trop large, elle a les mêmes cheveux très courts que ces jeunes gens à peine débarqués au port, la même taille fine et les mêmes yeux – affamés de compagnie, de confirmations, de conquêtes, de succès – mais elle a une certaine innocence. Émue, Annemarie déplie ses feuillets dactylographiés, surchargés de corrections. En hommage à son ami, il y a un Klaus dans son roman. Klaus est un enfant de dix ans, le fils de l'aimée. Dans le final, le sauvant de la neige et de la mort, l'apathique protagoniste échappe à son destin de spectateur des choses, vidé par l'autodestruction et par la fuite, et il fait ses premiers pas vers une vie authentique. « Son titre est *Le Refuge des cimes*[1] », lui communique solennellement Annemarie. Klaus acquiesce. Le mot « fuite » lui semble prometteur. Quelques mois plus tard, lorsqu'il commencera à écrire son nouveau roman, il l'utilisera lui aussi, dans son titre. L'héroïne sera une étrange jeune femme qui ressemble à Miro et peut-être est-ce elle, d'ailleurs – même si l'héroïne sera également, et c'est l'aspect le plus énigmatique de cette affaire, lui-même. Ce sera Miro avec ses défauts, ses hésitations et ses faiblesses, mais élevée au rang d'héroïne de roman : une Miro idéale, celle qu'il lui plairait qu'elle soit ou devienne à l'avenir. Les livres peuvent-ils changer les gens ? Comment les changent-ils ? Que serait devenue Miro, que serait-il devenu lui-même sans ce qui est arrivé, qui les a jetés tout à coup dans une chambre d'hôtel, à des milliers de kilomètres de chez eux ?

---

1. Le titre allemand de l'ouvrage, *Flucht nach oben*, signifie littéralement : « Fuite vers les hauteurs ». (*N.d.T.*)

Seraient-ils restés deux fils de famille gâtés, deux somnambules, aveuglés ? Notre destin est lié au grand destin des choses, mais peut-être devient-il seulement ce que nous sommes et dans les événements humains rien n'est plus fortuit que l'individu.

Lisant, recroquevillée sur le rebord de la fenêtre, ses feuillets posés sur les genoux, Annemarie tourne la dernière page et soudain se tait. C'est fini. Son petit livre est court, comme tout ce qu'elle écrit. Un silence angoissant descend sur la terrasse de sa chambre. Elle ne parvient pas à deviner le visage de son ami – seulement le mégot brûlant de la cigarette qu'il serre entre ses doigts, un petit cercle rouge dans l'obscurité. Lançant des cris de guerre, un vol de mouettes voltige au-dessus de l'eau. « Bien, Miro, approuve Klaus après un silence interminable. Très bien, tu as fait des progrès considérables. Une évolution appréciable, à tout point de vue. » Annemarie ne dit mot. Le ton de Klaus la surprend. Qu'elle écrive bien ou mal lui a toujours été complètement indifférent. Klaus n'est pas un maître, il ne veut pas de disciples. Mais il semble presque surpris par ce qu'il a entendu – et par elle. Non par pitié, car ce soir il ne parviendrait pas à mentir et qu'il ne peut que lui dire la vérité. Et pourtant, même si ses paroles d'appréciation représentent pour elle une sorte de point d'arrivée tant espéré depuis des années et des années – depuis qu'elle l'a rencontré –, elle ne parvient pas à éprouver la joie qu'elle en attendait. Comme si désormais cela n'avait plus d'importance. Elle a le cœur serré par l'angoisse. Lorsqu'elle l'a connu, elle s'intéressait peu à Klaus : il était seulement l'ombre d'Erika – plus qu'autre chose, un rival encombrant. Depuis un certain temps, toutefois, elle s'est découvert un faible pour lui, car elle sent qu'elle lui ressemble profondément – mais son amitié pour Klaus n'a jamais été aussi intime qu'elle l'aurait voulu. Il s'agit d'une amitié faite d'élans et de petites méchancetés, de progrès et de stagnations, d'interminables conversations politiques, sentimentales, érotiques et littéraires, et d'omissions. Cependant, ce qu'ils ne se disent pas est plus important que ce qu'ils se disent. Et aucun d'entre eux ne connaît véritablement l'autre. Peut-être seulement lorsque la nuit, sur le lit, ils trafiquent avec des tablettes d'Euka ou des ampoules de morphine, qu'ils échangent une seringue et même l'aiguille hypodermique qui mêle leurs sangs, et qu'ensuite ils planent chacun dans sa propre euphorie – peut-être ont-ils été proches durant ces moments-là seulement, mais ils étaient tous deux absents et en réalité ils n'étaient plus Kläuschen et Miro, mais deux corps endormis dans un rêve qui divise. Ce soir, au contraire, ils sont éveillés, lucides, presque voyants, et en dépit de cela, elle est plus proche de lui qu'elle l'a jamais été. Depuis les arbres du parc monte un parfum de magnolia. Peut-être qu'elle aussi doit quitter Bocken. Il est temps de quitter ce grumeau trouble qui est sien mais qui ne lui appartient pas. Partir sans bagage, et s'en aller quelque part. Se retrouver dans un village inconnu, dans un monde inconnu – sans appuis, sans orientation ni perspectives, déracinée, égarée comme ce soir il est, lui, pour sa part, déraciné et égaré. Elle doit entreprendre seule ce voyage en Orient qu'elle aurait dû faire en compagnie d'Erika, Klaus et Ricki. Ce ne sera plus du tourisme, une aventure, un film, ce sera quelque chose d'autre, et quoi qu'elle puisse trouver, ce ne pourra être pire que ce qu'elle abandonne. Peut-être est-ce là l'épreuve qu'on lui demande – et la seule qu'elle peut affronter, maintenant.

Klaus pose un bras sur l'épaule de son amie et Annemarie lui passe le sien autour de la taille. Kläuschen – qui sait où nous serons dans un mois, dans un an, et ce qu'il en sera de notre jeunesse. Si notre amitié savait dépasser les épreuves qui lui sont imposées – si je savais que je ne te décevrais pas comme je ne t'ai pas déçu ce soir, si tu savais apprécier ce que je ferais pour Erika et pour toi. Un jour peut-être repenserons-nous avec tendresse à cette soirée au cours de laquelle nous avons été côte à côte et si malheureux, parce qu'elle appartiendra aux souvenirs des jours difficiles que nous aurons surmontés. Ou, peut-être, au contraire, regretterons-nous également cette soirée de Sanary et sa tristesse nous semblera-t-elle désirable, car nous aurons connu un désespoir bien pire. Pour nous, il n'y aura aucun lieu où nous arrêter. Nous irons çà et là, et peut-être en vain, souffrant, dégringolant, dans les ténèbres, dans l'incertain. La vie ressemble à une fuite sans fin, pourquoi ne pas se décider, alors, aller de l'avant, sait-on où, se rencontrer à l'infini et mourir comme des aventuriers ? L'*Hôtel de la Tour** est à moitié vide, cette saison, et des autres chambres ne provient pas le moindre bruit. Ni la voix ni l'écho d'une radio ou d'une chanson – une atmosphère irréelle qui invite au silence. Miro est maigre comme un garçon et elle sent le sel, car aujourd'hui, pour la première fois, elle a osé se baigner dans la mer au mois de mai. Klaus a les traits délicats d'une jeune fille, les mêmes lèvres dessinées à la pointe d'un crayon, des yeux loyaux dans lesquels on ne décèle aucune trace de culpabilité. Au large, face à Sanary, les lumières d'un bateau de pêcheurs ondoient, et ce sont les seules, une constellation à la dérive sur une mer sombre et peut-être trop grande.

Au cours de ce même 10 mai 1933, sur la place du théâtre de l'Opéra de Berlin, au-dessus duquel flotte une odeur âcre d'essence, on célèbre un rite propitiatoire. Ou peut-être est-ce un rite d'expiation. Le trop célèbre bûcher des livres – aspergés de pétrole et incendiés par les pompiers. Des tonnes de livres rassemblés depuis des semaines dans les sections du parti, jetés par leurs propriétaires, arrachés aux bibliothèques privées, des écoles, des lycées et des collèges. Les jeunes – qui constituent la plus grande partie de l'assistance – sont harangués par un professeur de lycée, qui assure que leurs aspirations, leur révolte et leur désespoir ont été enfin satisfaits. Neuf crieurs publics s'approchent du bûcher. Et l'un après l'autre, ils déclament leur enchantement du feu.

Le bûcher, exécré de tous côtés, ne rencontrera à Bocken qu'une inoffensive, paternelle indulgence. Du moins, c'est ce que Klaus note dans son journal (« une lettre des plus délirantes du père d'Annemarie, favorable aux nazis et hostile à mon égard »), et c'est ce que rapporte Erika à Thomas Mann : ce sont les jumeaux qui étendent une ombre noire sur les Schwarzenbach – de leur part, seulement du silence. Ils pensent que ce qui les concerne est une « propriété privée », ils brûlent leurs propres lettres afin qu'elles ne leur survivent pas. Ils ne font pas confiance aux mots. Ils ne savent pas qu'ils durent davantage que la vérité. « Annemarie vient juste de recevoir une lettre de son père dans laquelle on lit que personne ne devrait être si mesquin et accorder trop d'importance aux excès, par ailleurs minimes et à coup sûr superflus, que comporte le mouvement hitlérien, perdant de vue la grandeur, l'intention cathartique, constructive et l'inéluctabilité de cette noble cause », écrit Erika. « Elle, Annemarie, devrait partir immédiatement pour l'Allemagne et donner sa contribution personnelle à la création de cette nouvelle Allemagne spirituelle et ne pas fonder une revue qui, « en vertu de ses pâles références internationalistes » est vouée à être balayée par ces forces qui sont, par chance, à l'œuvre afin de (c'est ce que pense ce débile) lui conserver ses usines. Et aussi longtemps qu'ils ne subiront pas le même sort qu'eux, ces rats capitalistes sourds-muets et esclaves de leur propre intérêt, ces crétins ne se rendront pas compte de ce qui est arrivé aux nationalistes allemands. » À l'affectueux Alfred, toutefois, Annemarie ne prête aucune attention, et non seulement elle passe la nuit du bûcher avec Klaus, mais elle utilisera les capitaux de son père pour soutenir la revue internationaliste de son ami et son nom d'entrepreneur sur le prospectus publicitaire destiné à la lancer.

Vingt mille volumes sont brûlés par les flammes. Aucun héraut n'entonne l'enchantement du feu pour les livres de Klaus, et pourtant ses livres aussi – il est jeune mais il écrit avec une prodigieuse abondance et il en a déjà beaucoup publié – sont jetés par paquets entiers dans les flammes, et son nom donné en exécration à la foule. Et lorsque ses romans, ses comédies, l'autobiographie d'un *enfant du siècle**, qui appartenait à son temps, tombent dans le feu, ils sont accueillis par une salve de hourras. Il ne le sait pas encore, cette nuit il est en compagnie d'Annemarie. Demain il saura qu'il a eu l'honneur de finir dans le bûcher avec Marx et Kautsky, Heinrich Mann, Ernst Glaeser et Erich Kästner, Friedrich Wilhelm Förster, Sigmund Freud et Erich Remarque. Il sera honoré, lui, un inoffensif romancier de même pas vingt-sept ans, de brûler avec les matérialistes, avec les « traîtres au peuple et à l'État », avec les corrupteurs des esprits et ceux qui refusent la nation, la patrie et incitent « à l'immorale dégénérescence des mœurs », méprisent l'esprit de la famille, et surévaluent la vie sexuelle. Les flammes crépitent dans une nuit où il n'est de place ni pour lui ni pour elle. Les flammes attisées par le pétrole attaquent les couvertures, les histoires, les personnages, la vie. Les flammes qui dévorent les mots, qui entament l'innocence, qui exigent le silence – qui engendrent des cendres.

Deuxième partie

Sur toutes grèves de ce monde

Étranger, sur toutes grèves de ce monde, sans audience ni témoin, porte à l'oreille du Ponant une conque sans mémoire :

Hôte précaire à la lisière de nos villes, tu ne franchiras point le seuil des Lloyds, où ta parole n'a point cours et ton or est sans titre...

« J'habiterai mon nom », fut ta réponse aux questionnaires du port. Et sur les tables du changeur, tu n'as rien que de trouble à produire,

Comme ces grandes monnaies de fer exhumées par la foudre.

SAINT-JOHN PERSE, *Exil*

MARCHER SUR L'EAU

Le paquebot à vapeur à destination de Beyrouth part de Trieste. Annemarie a réservé une cabine en première classe. C'est une journée limpide, et Renée conduit vitre baissée, afin de respirer l'air printanier et le parfum douceâtre des genêts. De loin en loin, elle jette un regard anxieux à sa fille, assise auprès d'elle, plongée dans le silence. Mais Annemarie ne prête aucune attention au paysage, ni aux gigantesques inscriptions – DUCE DUCE DUCE – tracées à la peinture noire sur les parois rocheuses qui flanquent la route et ni même à la beauté décorative de Trieste qui, soudainement, apparaît en contrebas : elle voit seulement le phare, qui oriente les navires, dans la rade du port. Y compris peut-être celui qui l'emmènera – loin de l'Europe, de tous. Elle retourne en Orient pour la troisième fois en trois ans. Cette fois, elle n'a cependant pas prévu une date de retour. Sa montre marque deux heures. Il y a encore du temps jusqu'au coucher du soleil. Ce sont les dernières heures qu'elles passent ensemble, car Annemarie partira seule. Renée se souvient encore parfaitement de l'état d'esprit avec lequel elle a attendu le jour de ses noces – plus de trente ans auparavant – et elle se demande quel peut être celui d'Annemarie. Ce n'est pas qu'elle puisse comparer son mariage à celui de sa fille. Ce serait presque un blasphème. Il est encore temps pour elles de faire marche arrière. Les conditions nécessaires pour bâtir un mariage n'existent pas. Mais elles ne parlent pas depuis des heures, et elle n'entend pas briser le silence hostile qui les sépare.

Renée arrête l'automobile sur la place principale de Trieste. Une marée grise de pigeons becquette parmi les tables et les enfants jouent parmi les réverbères, le long du port, les mères se promènent avec des poussettes, des serveurs naviguent entre les clients des cafés. Le kiosque est tapissé de journaux, les titres hurlent le résultat de la conférence de Stresa, qui s'est conclue hier : les dirigeants de l'Italie, de la France et de la Grande-Bretagne condamnent le réarmement allemand, et donnent des garanties à l'Autriche pour défendre son indépendance. 16 avril 1935 : dans un peu plus d'un mois, sa fille aura vingt-sept ans. Peut-être est-ce véritablement le moment d'accepter qu'elle ait grandi. C'est son destin, celui de chaque femme. Mais Téhéran est diaboliquement lointaine. « Nous mangeons quelque chose ? » lui demande-t-elle. Avec lassitude, Annemarie fait oui de la tête. Elle voudrait être déjà arrivée. Elle a toujours été impatiente, et l'attente l'épuise – elle finit par entamer ses convictions, refroidir ses enthousiasmes, et peut-être les éteint-elle. Au restaurant, elles commandent du risotto aux écrevisses et à l'anguille, et du pigeon au four, mais Annemarie ne parvient à avaler ni de l'un ni de l'autre. Elle n'a pas d'appétit. Elle fixe du regard l'inquiète, instable étendue marine froncée par le vent. Jouant du violon, un tzigane charme les clients. De petits airs balkaniques endiablés. Il a posé l'étui de son instrument à ses pieds, mais il contient peu de piécettes. Renée l'attire à leur table en agitant un billet de banque. « Que jouez-vous, vous autres, dans les mariages ? » l'apostrophe-t-elle. « La marche nuptiale », répond adroitement le tzigane. « Jouez-la pour ma fille qui va se marier », lui enjoint-elle. Jouez-la pour moi aussi – aurait-elle dû ajouter – car ce jour-là, je ne serai pas là. Ma fille se marie, et il n'y aura aucune fête, aucun membre de sa famille ne sera à ses côtés. Elle se marie en cachette, dans un pays sous-développé, avec un inconnu que nous n'avons même pas aperçu. Comme si c'était un délit, une réparation – et d'une certaine façon c'est bien le cas. Quelle honte. Annemarie agite en pure perte son bras vers le violoniste en signe de dénégation car cette musique – offerte par sa mère – lui semble d'une inutile ironie : parce que le tzigane veut gagner ses dix francs, il ne lui accorde pas la moindre attention. Son geste a toutefois servi à assombrir davantage l'humeur de Renée, car elle n'a pas pu s'empêcher de remarquer qu'une cicatrice est encore visible sur le poignet d'Annemarie. Seul un individu contraint de renoncer à tout espoir d'amour peut chercher à mettre fin à ses jours, avait dit le docteur Ruppanner. Le suicide est la punition que s'inflige celui qui se tue. Il retourne contre lui-même une pulsion homicide dirigée contre un autre. Parmi ceux qui se tuent, il n'y a jamais personne qui n'ait voulu tuer un autre ou qui, du moins, n'ait désiré la mort d'un autre. Mais Renée n'a pas encore compris qui Annemarie avait l'intention de tuer – si c'était elle, son père, Erika ou, peut-être, vraiment elle-même.

C'est arrivé au mois de janvier : désormais, trois mois sont déjà passés. Annemarie, comme chaque année, était en Engadine. Mais cette fois, pas pour skier ni pour séjourner au Suvretta. Elle se trouvait à Samedan, à quelques kilomètres en aval de Saint-Moritz, et, pourtant, très loin de son atmosphère mondaine : dans une petite construction rose de deux étages située au beau milieu d'un parc sur lequel veillaient deux mélèzes centenaires, deux vilains bouquetins de pierre faisant face au portail, de part et d'autre de la voie d'accès. La maison ressemble en effet à un hôtel ou à une maison de maître, mais si on la regarde de plus près, elle ressemble plutôt à un sanatorium et c'en est bien un : la Chesa du docteur Ernst Ruppanner – une clinique privée. Les patients viennent y soigner leur tuberculose, leur hystérie, leurs maladies nerveuses. Officiellement Annemarie s'y était rendue pour une période de repos dans un cadre alpin salubre – indispensable après les tensions d'un horrible Noël au cours duquel elle n'avait fait qu'insulter son père, sa mère, ses parents, les accusant d'avoir détruit sa vie, – pleurer, se désespérer, s'intoxiquer, téléphoner à Erika, lui envoyer des fleurs, des télégrammes, des lettres auxquelles, cependant, Erika ne répondait pas, car elle avait rompu avec cette « abominable famille » des Schwarzenbach. Moins officiellement, elle était venue à la Chesa pour se remettre d'une dépression et se désintoxiquer de la morphine. Mais, plus qu'autre chose, Annemarie s'était fait hospitaliser pour être loin de tous. Pouvait-elle chercher à mourir en Engadine, dans sa vallée, dans le seul endroit au monde où elle évolue avec assurance et légèreté ? Mais peut-être est-ce seulement dans les lumières et les couleurs familières qu'on peut essayer de s'en aller.

La clinique se trouve non loin du vieux village animé par la présence des skieurs au cours de ces journées d'hiver. Chaque matin, les tintements de la cloche la réveillaient, et le vent apportait les voix des clients des grands hôtels qui se dressaient à quelques centaines de mètres de distance seulement. Les divertissements et la maladie, la joie et la mort si contigus – si incommunicables. La clinique possède une vingtaine de chambres, le docteur Ruppanner accepte peu de patients en cure et garantit leur suivi, pas après pas, jusqu'à leur guérison. Chaque soir, à six heures, il fait le tour des chambres, et il adresse quelques mots aux malades. Certains y séjournent longuement, parfois tout un hiver, et il établit avec eux ces mêmes rapports qu'un hôtelier noue avec ses meilleurs clients. Cependant, la nuit, depuis les chambres fermées, il peut arriver d'entendre des quintes de toux, des plaintes, et, le matin, de voir des hôtes moribonds, qui, dans le parc, abandonnés sur des chaises longues, emmaillotés dans des couvertures, jouissent de ce qui pourrait être leurs derniers rayons de soleil. Depuis la fenêtre de sa chambre – aussi confortable que celle d'une pension –, Annemarie pouvait deviner le paysage de la vallée pour elle si familier, et suivre le cours du fleuve : Samedan se dresse en ce point où la vallée est le plus large, qui s'ouvre sur une plaine éblouissante, et l'Inn – qui en janvier prend la couleur froide de la glace – coule dans un lit très large. Mais elle se demandait combien de temps on peut supporter de vivre le long des fleuves les plus éloignés du Paradis, et comment on peut – si tant est qu'on le puisse – en remonter le cours jusqu'à leur source, et retrouver le fil des choses. Un soir, on lui avait apporté une lettre de son père. Elle avait pleuré en la lisant. Dans cette lettre, on ne trouvait pas un seul mot de compréhension. Seulement l'abandon. Net, chirurgical – sans appel. Il ne pouvait lui pardonner de s'être dressée contre sa famille. *Par ailleurs*. Tout le reste avait été toléré – avec une indifférence toujours plus grande. Mais une telle « déloyauté » n'était pas permise. Jusqu'à ce que – sans préméditation, sans même avoir écrit un message – elle se retrouvât à regarder fixement les couverts que l'infirmière lui avait apportés avec son dîner, sur un plateau. Le couteau avait un reflet métallique. L'aspect festif des choses l'avait toujours fascinée : le scintillement d'un fleuve, la fuite blanche des nuages, la surface émaillée du lac, la lueur argentée d'une lame l'entraînait tantôt vers d'aériens paradis, tantôt vers l'éternel et l'inconnu. Cependant, l'infirmière était venue trop tôt. Et maintenant, regardant les pigeons s'attrouper autour d'un jeune enfant occupé à grignoter un biscuit, regardant la place de Trieste, la mer agitée par le vent, les jeunes filles qui se promenaient sous le soleil printanier, elle s'efforce de se répéter que c'était mieux ainsi. Qu'elle veut vivre. Partir, se marier, et recommencer.

« *Mama*, dit tout à coup Annemarie, veux-tu m'accompagner ? » Renée fait fondre une petite cuiller de sucre de plus dans son café. On le fait si amer, ici. Elle ne lui répond pas. Elles se sont entretenues de ce problème des dizaines de fois. À un autre moment, elle aurait peut-être répondu oui. Bien sûr que oui. Prendre un paquebot à vapeur ensemble, partager une cabine – voyager avec sa fille, le soleil, deux femmes en voyage d'agrément – finalement toutes deux adultes, finalement libres. Elles n'en ont jamais eu l'occasion. Et lorsqu'elles partaient ensemble, l'anxiété de leur prestation, la terreur de l'insuccès et de l'échec, l'impératif de la victoire planaient toujours au-dessus d'elles, il y avait toujours un concours hippique, une compétition pour absorber toute leur attention, Alfred à rejoindre dans quelque filiale étrangère de son entreprise ou un concert d'Emmy auquel assister, et elles n'ont jamais été véritablement seules l'une avec l'autre. Toutefois, il est trop tard pour pouvoir reconstruire leurs rapports, et maintenant Annemarie part justement pour se libérer de sa mère, même si elle feint de l'oublier. « Ce n'est pas possible », répond Renée, avec une douceur véritablement insolite. « Je ne peux pas manquer le concours de Rome. » Annemarie hoche la tête, car elle sait qu'il s'agit d'un mensonge. La douceur de Renée n'est pas plus authentique, c'est seulement une précaution vouée à masquer sa peur. La peur de la perdre, et définitivement. Cette même peur qu'elle doit avoir éprouvée lorsque le docteur Ruppanner l'a informée de sa tentative de suicide. Cette même peur qui a choqué Erika, et l'a conduite à lui accorder une seconde chance. Annemarie est allée la trouver, elle a vécu un temps dans la maison que ses parents ont acquise à Küsnacht, sur les bords du lac de Zurich, elles se sont réconciliées et elle a même assisté à une représentation du *Moulin à poivre*, en Hollande : le spectacle de *cabaret** désormais interdit en Suisse – à cause de Renée, pense Erika – obtient un succès de plus en plus important. Cependant, les gestes habituels semblent dissimuler de la compassion ou du scepticisme, quelque chose s'est fêlé, reste comme une méfiance – un éloignement – et le passé ne s'efface pas. « Tu ne veux vraiment pas venir, *Mama* ? Pas même jusqu'à Beyrouth ? » insiste-t-elle. « Non, coupe court Renée, je ne veux rien avoir à faire avec ton mariage. Si tu entends prendre cette amibe pour mari, tu dois aller la prendre toute seule. »

Il se fait tard. Annemarie vérifie son passeport – elle commence à en être fière, parce qu'il est recouvert de tampons (le plus ancien est celui de la Turquie, la porte de son Orient), son portefeuille bourré de billets de banque, son certificat d'état civil et les autres documents nécessaires à son mariage. Il ne s'agira pas d'un mariage religieux : les époux n'appartiennent pas à la même religion, Claude est catholique. Ce qui fait bouillir le sang de Renée, qui tient cette religion pour sentimentale, emphatique et irrationnelle. Celle-ci a été l'une des causes du scandale, mais certes pas la plus importante. Il est français, en plus, un peuple qui chez les Wille a toujours été synonyme de frivolité, décadence, pape, gaz, tranchées, traité de Versailles et ainsi de suite. Et, insulte définitive à ses origines et à ses racines – à sa famille –, Annemarie perdra le privilège de la nationalité suisse pour devenir une citoyenne française.

Et dire qu'Annemarie a toujours été fière de son ascendance – dans le sang des Wille que Renée lui a transmis, il y a l'orgueilleuse hérédité d'une lignée indomptable, prête à défier le monde pour défendre ses propres idées. Au cours de son enfance, l'idéal masculin suprême d'Annemarie n'avait pas été son père mélancolique et beau, peut-être trop mystérieux et fuyant pour l'imagination de la petite fille, ni les hommes sans assurance dont elle a fini par rechercher l'amitié, mais son grand-père maternel – le général Ulrich Wille, maintes fois décoré. À cette époque, ce n'étaient ni la soie ni la littérature qui intéressaient Annemarie, mais bien les armes et les uniformes. Elle disait à qui voulait l'entendre : « Lorsque je serai grande, je serai général. » Son grand-père avait l'humour un peu lourd, il était affectueux, pontifiant et digne d'un oracle avec sa petite-fille. Racontant sa vie, il se comparait à Louis XVI à cause de tout ce qu'il avait dû subir de la part de la plèbe. Elle en était enchantée. Wille était déjà âgé : décati, il était devenu trop gros pour monter à cheval avec dignité. « Je ne suis ni présomptueux ni vaniteux, et je ne me souviens jamais de mon savoir ni de mon pouvoir, se vantait-il, avec bonhomie. Du succès de mon travail et du mien propre, j'ai toujours dit : chez les aveugles les borgnes sont rois, et je ne serais pas un cygne même si mon cou était deux fois plus long de celui des autres oies. » C'était en effet un mordu du droit et de la vérité, et il avait enseigné sa devise à sa petite-fille : « Dire la vérité, crûment et sans égards. »

Les belliqueux Wille qui enflammaient l'imagination d'Annemarie ne sortirent de la médiocrité que grâce à une détermination féroce. Leur ancêtre était un obscur Henri Vouille, maître cordonnier qui autour de 1740 avait quitté La Sagne du canton de Neuenburg pour s'installer à Zweibrücken. Son fils Joseph François était horloger, tout comme Jacques Arnold, le fils de son fils, qui s'installa à Hambourg. D'horloger celui-ci devint commerçant, mais il n'eut pas de chance : il finit sa vie entretenu par ses enfants, Louis et François, qui, au cours de leur adolescence, durent se débrouiller tout seuls, le premier en travaillant auprès d'un brasseur, le second comme précepteur. Le nom de la famille fut changé en Wille (Volonté), et fut un signe du destin. Petit à petit, en effet, avec orgueil, duels, arrestations, *pamphlet**, exils, habiles mariages, et surtout une volonté opiniâtre, ils conquirent des charges politiques, des terres et des domaines. Vers 1870, le grand-père Ulrich tomba amoureux de Clara von Bismarck, fille de la comtesse

Amalia Thibaud et de Friedrich Wilhelm von Bismarck, cousin du chancelier qui avait combattu les Russes aux côtés de Napoléon. Elle appartenait à l'une des familles les plus illustres de l'Allemagne de Guillaume II et c'était une femme antiromantique, froide, sage et clairvoyante, douée d'humour et d'une pétillante exubérance. Même s'il était un étudiant en droit déprimé au futur incertain, au caractère impulsif et enclin aux coups de tête – sans position ni réputation –, sa volonté (ô charmante virilité) prit le dessus et il parvint à épouser Clara. Il abandonna ses études et se consacra à la carrière militaire. Dès lors, grâce au soutien et aux conseils de Clara, et de ses amitiés, il fit carrière. En l'espace de quelques années, non sans âpres querelles dues à ses idées autoritaires, à son mépris pour tout ce qui n'était pas allemand (autrement dit, Welsches, Italiens et Romanches), pour le Parlement, le peuple, les syndicats et le pacifisme, il devint même général, et puis chef de l'armée suisse. Ses enfants, Ulrich Jr, Fitz, Isy, Arnold et Renée, firent d'adroits mariages, nouant ainsi des liens de parenté avec de puissantes dynasties. Le général était fier de sa descendance. Il aimait ses petits-enfants, sûr qu'ils ne déshonoreraient jamais son nom. Il mourut en 1925 : à cette époque, il était fier d'Annemarie.

Et au contraire Annemarie renie son flamboyant lignage – et tout ce qu'il représente. Elle prend pour mari un fonctionnaire insipide, catholique et de surcroît français. Elle ne pouvait pas en trouver de pire. Cependant, c'est encore un discours usé jusqu'à la trame, parce de cela aussi on a discuté des mois et des mois. Et s'y opposer, au point où on en est arrivé, après la succession de catastrophes de cette malheureuse année, serait absurde, à tel point que Renée y a renoncé. Trêve, armistice. Elle s'est résignée à la voir partir et à ce qu'elle devienne madame Clarac. Et pourtant, Annemarie ne semble pas avoir hâte de partir. Elle s'attarde sur le môle du port, curieuse, observe les pêcheurs qui réparent leurs filets, les vieilles embarcations qui se balancent sur l'eau – tout, sauf son paquebot à vapeur. Elle se demande si Klaus a bien reçu son télégramme. Elle n'est pas parvenue à partir sans les saluer. Combien d'heures faut-il pour remettre un télégramme ? JE VOULAIS VOUS TÉLÉPHONER – a-t-elle dicté hier soir. JE PARS DEMAIN. Elle fouille dans son sac à la recherche d'un billet. Trieste-Beyrouth. Un aller simple. JE VOUS EMBRASSE TOUS TENDREMENT. MIRO. Je vous embrasse. *Tous*. Tous ont été d'emblée opposés à son mariage. Ils l'ont vécu comme une offense et une trahison. Mais personne n'a vraiment essayé de l'empêcher. Elle cherche et cherche encore : dans son sac à main, il y a ses papiers et des billets de banque, son peigne et son sirop pour la toux. Mais son billet n'y est pas. Elle l'a oublié.

« C'est mieux ainsi », dit Renée. C'était le destin, ce mariage si abracadabrant ne devait pas se conclure. Il ne remédie à rien, et il aggrave la situation. Elle n'en veut pas, sa fille n'en veut pas, personne n'en veut – excepté ce Claude, peut-être. Un inconnu pour lequel elle n'éprouve aucune indulgence. Un homme disposé à faire une concession en blanc en fera une autre, et une autre encore. Donc, en dépit de tout, c'est un faible, un mollusque – un demi-homme. Annemarie fixe la montagne de bagages que les porteurs s'épuisent à charger sur des chariots, et puis le visage bronzé de sa mère sur lequel se dessine un sourire de triomphe imperceptible, et elle réalise qu'elle ne fera pas marche arrière. Désormais, les choses sont allées trop loin, et en réalité, elle ne laisse rien derrière elle – mis à part un écheveau de désillusions et d'erreurs. Le passé est douleur et dissolution, l'inconnu est virginité et elle a au moins un espoir devant elle. Elle recommande aux porteurs de ne pas cogner sa machine à écrire, son Leika, son étui à chapeau : elle en parlera au commandant. Elle résoudra cette affaire. Sa cabine est réservée à son nom, et il n'y a pas d'autre Annemarie Schwarzenbach dans le port de Trieste. Elle repaiera son billet. Elle paierait deux, trois, dix billets si nécessaire. Si seulement elle pouvait être sûre de Claude comme elle prétend l'être. Elle le connaît si peu.

Sur ses bagages voltige une étiquette à son nom. Des bagages sous la lumière rasante du soleil. Des malles. Des valises. Tous ses vêtements. Tous ses livres. Des cahiers. Des manuscrits. Elle n'a rien laissé à Bocken. Sa chambre est vide, son armoire est vide, vide est également son bureau. Une vraie désolation. Presque une vengeance. Déçue, Renée hoche la tête. L'attitude têtue d'Annemarie l'irrite, car elle s'avère stupide et infantile : regardant son visage, quiconque comprendrait que la perspective d'un mariage l'attire autant qu'un peloton d'exécution. C'est un acte de guerre, une provocation, une de plus. « Ce sera un désastre. Écoute ta mère qui te connaît mieux que n'importe qui d'autre. Si tu te maries, il arrivera une catastrophe, Anne. » « Ah ! suffit, *Mama*, ne recommence pas, tu n'as pas le droit de parler de catastrophes », lui répond-elle, obstinée. Et puis Claude doit être déjà parti pour aller à sa rencontre. Sa fiancée peut-elle le faire attendre inutilement ? On doit vouloir du mal à quelqu'un pour se comporter ainsi, et non seulement elle ne veut pas de mal à Claude, mais elle l'aime. Tant de choses ont changé, ces dernières années – tant de liens se sont dissous, et il est maintenant la seule personne dont elle n'entend pas se séparer. Il se révèle étranger aux tempêtes familiales, aux haines et aux intrigues de ces derniers temps. De tout ce qui est arrivé, il est le seul vraiment innocent.

« Tu te maries seulement par commodité, Anne. Ça, c'est franchement i-nac-cep-table. » Renée sait tout, car elle ne la connaît que trop : l'esprit de sa fille est pour elle un paysage sans surprise. Annemarie ne peut lui mentir ou se moquer d'elle comme elle le fait avec les autres membres de sa famille pour lesquels elle peut bâtir une précaire historiette sentimentale. C'est pourquoi, lorsque Renée l'a interrogée, Annemarie a dit, précisément comme elle le lui a appris, la vérité, dans toute sa crudité, sans aucun égard. Avec la plus grande des sincérités qu'on puisse accorder à une mère. En conséquence, Renée ne peut s'attendre à rien de bon de son mariage, elle refuse donc de le prendre en compte. Au reste Annemarie ne s'attend pas non plus à grand-chose. Autrement dit, aucune mystification – aucun rêve. Mais, en réalité, peut-être n'en attend-elle que trop : vivre en compagnie de quelqu'un qui l'aime, et qui ne lui soit point trop étranger – que ce soit un homme sans l'être trop ou d'une manière qui l'épouvante – et qui sache lui offrir la stabilité. Voilà, si Claude parvenait à la lui donner, à un moment où elle semble marcher sur l'eau, elle lui donnerait tout. Et pourtant, c'est précisément en voguant sur l'eau qu'elle va à sa rencontre, et sur l'eau, déjà dans la rade, se balançant sous le reflux des vagues, que l'attend un paquebot à vapeur.

Au loin, depuis la vieille ville, la sonnerie des cloches descend sur le port. Il est presque cinq heures, le moment du départ se rapproche. Le temps des récriminations et des doutes passé, vient le temps des mises en garde et des conseils. Renée expose les anxiétés que lui inspirent le climat de la Perse, la malaria, la modeste connaissance de la vie diplomatique de sa fille, elle suggère la meilleure manière de recevoir des hôtes et d'orienter les conversations – mais sa fille, sa fille lunatique sera-t-elle en mesure de devenir une véritable maîtresse de maison ? une digne représentante du pays de son époux ? – et au torrent en crue de ses paroles, Annemarie répond en acquiesçant nonchalamment. Peut-être ne parvient-elle pas le moins du monde à s'imaginer à Téhéran, pas plus qu'elle n'imagine quelle sera sa vie. Et plus les minutes passent, moins elle a envie de partir. Parce que c'est une véritable séparation – parce que c'est véritablement un adieu. Et peu à peu, l'atmosphère jusque-là glaciale devient surchauffée, et Annemarie sent sa gorge se nouer, et même si le soleil est déjà bas derrière la ville, Renée enfile des lunettes sombres – déplorant que le vent se soit levé et lui brûle les yeux. Le mot « pardon » est trop fort, il présuppose que quelqu'un ait véritablement raison, et que quelqu'un ait tort, c'est pourquoi ce n'est peut-être pas le mot juste. Mais depuis quelques minutes, Annemarie se répète qu'elle n'en veut pas à sa mère. Personne n'est méchant, c'est la souffrance qui rend les gens méchants. Et tout ce qui est arrivé, Renée ne peut vraiment pas l'avoir voulu. Ou du moins ne l'avait-elle pas prévu. C'est arrivé. Il en est allé ainsi. Chacun a dû jouer son rôle – et elle, qui a toujours refusé le rôle prévu pour elle, quel qu'il ait pu être, a tout pris sur elle. Elle a payé pour tous les autres. Parce que personne n'a pris le moins du monde en considération son point de vue, ses sentiments, ses perspectives – pas même son avenir. Chacun a pensé à lui-même, à son intérêt, à son avenir – sa famille aussi bien qu'Erika. Et son éloignement est apparu aux uns et aux autres comme une trahison. Et peut-être était-ce bien le cas, car lorsqu'elle est revenue, le scandale du *Moulin à poivre* s'était déjà estompé. Il y avait déjà eu les coups de feu dans le théâtre, les articles de journaux, les arrestations, les accusations d'Erika qui reprochait à Renée d'avoir engagé des bandes de voyous afin de la faire chasser de Suisse, les accusations de Renée, qui reprochait à Erika d'avoir poussé les sociaux-démocrates à nuire à son frère Ulrich, commandant de l'armée suisse, les rondes de police, les interrogatoires de Renée, tandis que ses fiançailles simultanées avec Claude avaient accru la rancœur et la colère, et il n'avait servi à rien de s'exposer sur les journaux pour défendre Erika et contre sa famille, de se faire montrer du doigt, de devenir une paria, une indésirable – il était trop tard. Mais le 16 avril, quatre mois ont passé depuis ce terrible mois de novembre, il faut aller de l'avant.

« Regarde-moi, Anne ! » crie Renée. Elle brandit son appareil photo. Elle n'a pas voulu s'en séparer, pas même cette fois. Elle fait avancer la pellicule, elle cadre. Les arrière-plans ne l'intéressent pas, même le paquebot à vapeur, ou le pittoresque fourmillement du port, les filets couleur rouille des pêcheurs mis à sécher entre les barques, les seaux de fer-blanc emplis de mollusques – uniquement sa fille. Même si elle a le visage trop pâle, et un air de condamné plus que d'épouse. Elle ressemble d'ailleurs à quelqu'un qui saurait qu'il serait arrêté d'ici peu et savourerait ses derniers instants de liberté. « Regarde-moi, *meine Liebste*, souris. » Annemarie obéit, la regarde, mais ne parvient vraiment pas à sourire. Elle a les lèvres serrées dans une grimace effarée, parce qu'elle est sur le point de partir, parce qu'elle est sur le point de se marier, et qu'elle ne veut ni l'une ni l'autre chose. Mais rien que le fait de voir sa mère, si encombrante, si envahissante, capable de lire en elle, à laquelle elle ne peut rien dissimuler, aucune de ses faiblesses ou de ses secrets, fait naître chez elle un terrible soupçon : elle pourra se cramponner à Claude, fuir en Perse et partout ailleurs, mais elle ne parviendra jamais à se libérer d'elle, jamais à être simplement elle-même. Mais c'est exactement ce qu'elle cherche, et elle n'a pas d'autre alternative. Beyrouth, le Kurdistan, la légation française de Téhéran, et devenir une autre, quitter Bocken, la Suisse, sa citoyenneté, et même son nom de famille. Tant et si bien que lorsqu'on ôte les barrières, et que le soleil s'éclipse rapidement derrière la colline, un disque blanc dans une brume rosée, elle se hâte de s'embarquer sur le paquebot à vapeur, et s'installe dans sa cabine. Lorsque le bateau se détache du môle, elle se montre au hublot, mais sa mère, qui n'aime pas les cérémonies d'adieux, s'éloigne du quai à grands pas –

une ombre sombre sur un môle ensanglanté par les feux du couchant.

Claude vint la chercher à Beyrouth. Ils logeaient dans le seul lieu de la ville qu'il jugeait supportable – l'Hôtel Saint-Georges. Il avait été bâti depuis peu, face à la plage : protégées du soleil, ses pièces sombres étaient fraîches, et le bar bien approvisionné. Il y avait un bon restaurant sur la terrasse, et un orchestre qui jouait de la musique occidentale pour les clients. De nombreux diplomates, de nombreux militaires se rendaient à Beyrouth pour prendre des bains de mer. On s'y saluait, on s'y connaissait. Claude la présenta plusieurs fois comme « *ma fiancée** », « *my wife* », « *ma femme** », et chaque fois qu'il prononçait ces mots, les époux se lançaient un clin d'œil complice à l'insu des gens qui n'étaient au courant de rien, et se souriaient. Les parents de Claude – non moins soupçonneux que les Schwarzenbach au sujet de ce mariage hasardeux – lui avaient écrit une lettre édifiante, hargneuse, pour lui rappeler que le mariage est un sacrement, un engagement pris vis-à-vis du Seigneur pour l'éternité, c'est pourquoi ils le priaient de choisir la compagne de sa vie avec pondération. Ils avaient tous deux souri de leur conformisme. Après le coucher du soleil, ils descendirent se promener sur la plage : les vagues venaient se briser contre les rochers, les baignant d'une douce écume blanche. Ils s'assirent autour de petites tables du café arabe en plein air. Claude commanda un café turc et elle l'imita. Il était reposant de se conformer à ses désirs, et à l'indolence du serveur, qui n'avait hâte ni de servir ni d'encaisser. Ici, personne ne semblait être pressé, ni les cireurs, qui perchés sur leurs boîtes à cirage ne cherchaient pas les clients, mais les attendaient, patiemment, ni les vendeurs ambulants qui étalaient leurs marchandises pour les passants, mais se vexaient si quelqu'un les acquérait sans marchander, et pas même le soleil qui – téméraire

– s'attardait à l'horizon suspendu sur l'eau. Les narghilés répandaient un parfum intense de miel. La fumée fleurait bon les épluchures de pomme et les fraises. Sirotant son café à petites gorgées afin d'éviter d'en soulever les fonds poudreux, Annemarie ne parvenait pas à cesser de contempler, mi-surprise mi-incrédule, la Buick monumentale que Claude avait fait garer sur le bord de mer. Claude souffla un nuage de fumée douceâtre. Les braises du narghilé refroidissaient déjà. « Alors, que dis-tu de la Buick ? Te plaît-elle ? Et elle est presque neuve. Un ingénieur qui rentrait en Europe me l'a vendue. Elle possède une carrosserie robuste, elle consomme peu d'essence et roule à merveille. Je l'ai conduite personnellement jusqu'ici. » « Merci, *chéri**, dit Annemarie dans un sourire, je ne m'y attendais pas, elle est formidable. » C'était le cadeau de noce de Claude.

Des tas d'enfants aux pieds nus se pressaient autour de la Buick. Les jeunes gens étaient beaux. Les jeunes filles aussi. Dans aucun article, elle n'avait pu décrire le bonheur des après-midi passés dans les *cubicula* des bains turcs, où, parmi les nuages de vapeur, des soupirs brûlants et d'humides massages, les corps couleur de bronze de ces femmes – tantôt minces, tantôt charnus, tantôt jeunes, tantôt mûrs – passaient devant ses yeux comme pour une fête interminable. Claude parlait de la France, d'Oudon, où il aurait voulu s'en retourner, mais il était parti depuis trop de temps, et il redoutait de ne plus pouvoir retrouver le monde qu'il avait quitté. Qui prend du champ, qui embouche des voies trop éloignées de celles des autres, ne peut jamais revenir en arrière – il peut seulement s'en aller encore plus loin. Annemarie pensa, au contraire, qu'elle reviendrait en Suisse. Elle avait déjà loué une maison, sur le lac de Sils, même si elle ne savait pas quand elle s'y rendrait. Mais elle l'avait louée pour savoir qu'elle pourrait revenir en arrière. Claude, presque sans s'en apercevoir, recommença à parler de son sujet de prédilection : la pluie. Un jour, il l'emmènerait en Loire-Atlantique. Annemarie cessa de l'écouter. Elle fixait des yeux tantôt la Buick, tantôt le visage de Claude, plein comme une lune. Son large visage d'enfant était illuminé par un sourire désarmant et désarmé. Claude ne semblait pas connaître le doute ou le repentir. Il avait le don de prendre les choses comme elles venaient, imperturbable – il vivait complètement dans la réalité, et se tourmentait peu pour ce qui appartenait au passé ou à l'avenir. Il avait déjà oublié les préoccupations que, lors des quelques heures passées à Paris, Annemarie lui avait fait entrevoir. Comme s'il l'avait quittée la veille et que la séparation eût été seulement une nécessité fastidieuse. Il ne soupçonnait pas le moins du monde combien de fois elle avait pensé à ne pas tenir sa promesse et à ne pas revenir. Annemarie se demanda si vraiment il la comprenait comme elle l'avait cru. Claude souriait, inspiré, et semblait heureux. Elle aussi était heureuse. Elle pensait que si Claude lui avait offert une automobile, il l'avait fait pour lui prouver qu'il ne voulait pas la garder prisonnière. Il voulait véritablement lui laisser son indépendance et sa liberté. Et pourtant elle était alarmée. Parce que d'autres lui avaient offert une automobile, il n'y a pas si longtemps, et l'avaient fait pour des motifs opposés : pour lui donner seulement l'apparence de la liberté. « Voulons-nous aller dîner, *chérie** ? » dit Claude, lui caressant la main. « Comme tu veux », répond-elle. Claude la prend par le bras. Il est presque aussi grand qu'Annemarie, et beaucoup plus fort. Il a des cheveux souples châtains, qui frisent sur ses tempes, le front dégagé, des yeux qui sous ses paupières sont comme un reste de thé au fond d'un verre. Le nez petit, les lèvres délicates, les joues parfaitement glabres. Beaucoup de femmes le trouvent beau garçon. Elle aussi. Claude est bronzé, détendu, tranquille. Mais un fiancé qui offre une automobile à sa future épouse doit au moins soupçonner qu'elle l'utilisera un jour pour s'en aller loin de lui.

Ils dînèrent sur la terrasse suspendue au-dessus de la mer comme le pont d'un bateau. Une brise fraîche soufflait sur les tables, gonflant les rideaux des salons, et derrière le dos de Claude, l'eau sombre tremblait légèrement. Les serveurs étaient habillés de blanc et servaient des boissons dans un seau à glace. L'orchestre jouait, le vacarme de la batterie et la voix du chanteur cherchaient à créer une ambiance, diffusant une impression d'allégresse aléatoire, la lune s'élevait au-dessus de la ville illuminée, une musique languissante se répandait dans la brise, avec la fumée des lanternes japonaises, quelques couples dansaient, enlacés, glissant sur les carreaux de la terrasse dans un bruissement, la lumière était douce, la température était douce, et doux était le vent, et tout semblait parfait. Tandis qu'ils dansaient, elle se laissait embrasser et guider – parmi les couples, sous l'orchestre, d'un bout à l'autre de la terrasse illuminée, et puis dans l'ombre parfumée de sésame. Un si long temps est passé. Depuis la dernière fois. Le corps de Claude est chaud, solide, et massif. Comme vous êtes jeunes et heureux, lui avait dit, avec envie, un collègue de Claude. Je vous souhaite beaucoup de chance ensemble. Claude avait acquiescé froidement, et elle s'était rembrunie, comme sous le coup d'un pressentiment. Elle aurait vraiment voulu rendre Claude heureux, et trouver le bonheur en lui. Suivre vraiment ses pas – et se laisser porter, comme ce soir. Ils dansent, enlacés, tellement serrés qu'elle sent l'odeur de sa brillantine. « Te sens-tu jeune et heureuse, *chérie** ? » plaisante Claude, qui, serrant sa fiancée contre sa poitrine, repense aux paroles de son collègue. « Moi, oui. » Il a le torse large – comme un petit taureau, aime-t-il penser. Son étreinte n'est cependant pas rassurante – au contraire, un peu lente, presque molle. Annemarie ne répond pas. Elle garde les yeux fermés, et pose la tête sur ses épaules. Sur sa nuque rasée depuis peu pointent quelques cheveux blonds très fins. Claude aime cette nuque de garçon, et même ses mains, si grandes, menaçantes, et la lumière noire, presque torve, qui parfois scintille au fond de ses yeux clairs. Il y a chez Annemarie quelque chose d'obscurément violent qui le préoccupe. Il commence à redouter qu'en réalité, d'eux deux, ce soit elle le guide – elle qui le conduira où elle le veut. « Claude », lui dit tout à coup Annemarie, alarmée, s'immobilisant au centre de la piste sur laquelle ils se sont maintenant arrêtés et sont restés seuls parce que, dansant, si absorbés, dans cette étrange première nuit maritale, ils ne s'en sont pas aperçus, mais la musique a cessé, les musiciens rangent leurs instruments et les serveurs vêtus de blanc sont en train d'éteindre les lampes. « Claude, dit Annemarie, alarmée, nous ne devons pas rester trop longtemps dans cette partie du monde. »

Son vrai prénom n'était pas Claude. Avec le mauvais goût clérical-bourgeois typique qui les distingue, ses parents l'ont baptisé Achille-Marie. Achille, est, hélas, le nom de son père. Une loi devrait interdire aux pères de se redoubler dans leurs enfants : c'est un acte violent, une marque de possession désespérée vouée à la faillite. Claude aurait plutôt préféré recevoir le prénom de sa mère : Ernestine. Comme un tel prénom est plus doux, et agréable. À en croire son père, Achille est un nom de ministre, et c'est pourquoi il le lui a infligé, car l'ambition déclarée des Clarac est de voir un jour Achille-Marie au *ministère des Affaires étrangères**, dans le bureau le plus haut placé du Quai d'Orsay. Et Claude avait fait de son mieux pour correspondre à l'idée que ses parents se faisaient de lui. Très jeune il avait décroché une licence en droit à Rennes, et à Paris il avait passé le diplôme d'études supérieures. Sa carrière avait été rapide et brillante. À vingt-sept ans, il avait été attaché, puis, peu après, secrétaire d'ambassade, dans un des postes les plus prestigieux de la diplomatie : Washington ; à seulement trente et un ans, il était devenu second secrétaire à Téhéran. Clarac est efficace sans être zélé, doux mais têtu, il possède un patrimoine moral solide et de sains principes conservateurs. En bon citoyen, il adore la France et l'État, et, en bon Vendéen, l'Église, le pape et Jésus. Il a en outre un sourire formidable – et sa gentillesse accomplie passe avec aisance, comme si de rien n'était, de la vie professionnelle à la vie privée. Il n'a pas de défauts. Excepté un. Ce qui lui manque pour être un diplomate en vue – affirmait la femme du consul français de Perse, qui le tenait pour son *protégé** : une épouse. Un beau jeune homme tel que Clarac ne doit pas rester longtemps célibataire. Cela nuirait à sa carrière, éveillerait les soupçons. Une épouse est indispensable. Cependant, lorsque Claude lui annonça ses fiançailles avec l'archéologue suissesse androgyne, la femme du consul ne lui fit aucun compliment, pas plus qu'elle ne lui souhaitât bonne chance : elle le regarda droit dans les yeux, jusqu'à ce que Claude rougît et fût contraint de détourner les yeux.

Ce que ses parents, sa famille et ses supérieurs ignorent – pratiquement tous, mais non Annemarie – est qu'il se morfond encore lorsqu'il pense à ses camarades du lycée Clemenceau, à la stupide et féroce discipline des institutions où il a appris à mentir ; qu'il évalue avec compétence les adolescents chevauchant dans la poussière des hauts plateaux et les yeux humides des officiers du schah. Ils ignorent qu'il aime – au moins autant que la diplomatie, la carrière et la France –, la natation, les chansons de Maurice Chevalier et les garçons. Annemarie est seulement le garçon le plus fascinant qu'il ait jamais rencontré : c'est pourquoi il l'épouse.

Lorsque, peu après leur rencontre, Annemarie lui avait dit clairement – sans pitié – que leur amitié buttait sur un seul obstacle, son métier, qu'elle n'aimait guère car c'est un métier fait d'apparences et de mensonge, et que, pour sa part, elle cherchait la vérité chez les gens et dans les choses –, il s'était empressé de lui assurer qu'il était disposé à abandonner la diplomatie. Si une occasion favorable se présentait il démissionnerait. Pour devenir avocat, magistrat, fonctionnaire – il fallait voir. Elle pourrait éventuellement le conseiller à ce propos. En réalité, il y avait une autre raison qui venait miner les perspectives de sa carrière. Le climat persan. Claude ne pourrait jamais être vraiment heureux dans un pays où, six mois durant, la pluie est un miracle. Il est né dans un petit village de la vallée de la Loire, et il a grandi dans le domaine familial, perdu dans les campagnes flagellées par la pluie atlantique qui tourmente ce lambeau de terre française. Il a grandi dans un climat de mélancolie uniforme. En classe, au lycée de Nantes, une odeur de laine mouillée montait des vêtements des enfants, et les vitres des fenêtres étaient toujours zébrées de bruine. La pluie menaçante, les nuages couleur de fumée, la marée qui se retire pour laisser des mares reluisantes sont restés pour lui comme un appel. Il ne trouve aucune poésie – seulement l'inquiétude – dans le climat sec de Téhéran. La poussière qui se dépose sur toute chose – les automobiles, les meubles, les chevaux, le gramophone, le visage des gens, les mains, les chaussures, et même sur leur volonté afin de la briser –, le paysage aride, presque hostile, du haut plateau qui emprisonne Téhéran, se révèlent pour lui insupportable. Il ne l'a cependant pas dit à Annemarie. D'ailleurs, il a fait tout ce qu'il pouvait afin que son séjour persan fût agréable et qu'elle aimât ce pays. Pareillement, s'il s'était fort étonné qu'une jeune et riche Suissesse ait fini une même année par revenir deux fois de suite dans un tel endroit, dépourvu de toute commodité, de tout attrait, excepté des ruines considérables, il lui avait vanté les beautés de la Perse et de la Légation française – située dans un splendide, élégant petit hôtel entouré d'un jardin et de bassins d'eau artificiels, et où il y aurait toujours un lit pour elle – et un ami. Le temps passant, Annemarie est devenue un besoin inexplicable pour Claude. Étrange vision, pâle éphèbe qui tout à coup lui est apparu dans la poussière de Rhagès, incarnation de son imagination la plus secrète – qui l'a réconcilié avec lui-même. Lui, qui a toujours vécu de subterfuges et d'omissions, s'est retrouvé compris et accepté. Ensemble, tous deux se soutiendront et affronteront la vie.

Une fois, en automobile, ils se perdirent dans les ténèbres épaisses de la nuit persane. À l'intérieur des vieux remparts, la ville était un labyrinthe de ruelles et de voies sans issue et elle offrait peu de points de repère, même pour lui qui y habitait pourtant depuis presque un an. Téhéran était une ville immense, infinie, d'aspect semi-européen, et laide, de surcroît, complètement dépourvue de bâtiments présentant une valeur artistique ou historique. Elle était sillonnée de rues rectilignes, très larges, flanquées de maisons basses, toutes semblables, de routes poussiéreuses les jours de soleil, fangeuses les jours de pluie, bordées d'alignements de platanes empoussiérés et de caniveaux où s'écoulait l'eau de pluie après les orages et qui constituaient l'aqueduc de la ville. Les Persans lavaient leur linge avec cette eau, cuisinaient avec cette eau, déchargeaient leurs ordures dans cette eau. Dans la ville sévissaient le typhus et la dysenterie. Lorsque Claude eut montré à Annemarie la seule rue pavée de la ville – la rue Pahlavi, où demeurait le schah Riza –, la rue Lalezar où se trouvaient les magasins de luxe, et puis les ministères, le siège de la banque et de la police et le discutable palais de faux style persan des Postes et Télégraphes qui donnait sur l'immense place Sepah, lorsqu'il lui eut montré les *droschke*, les pittoresques voitures à cheval de Téhéran – il crut lui avoir tout montré. À Téhéran au reste il n'y avait rien à voir, rien que des maisons et des murs, des murs et des maisons. Son seul attrait – les très belles mosquées – était inaccessible aux étrangers. Les rues ne portaient aucune indication, les numéros des maisons n'étaient pas signalés, le pavé était criblé de trous, et l'éclairage public, faible, fonctionnait seulement du crépuscule à minuit. Il était impossible de s'orienter la nuit, téméraire d'y rôder. Ce soir-là, au retour d'une party au cours de laquelle, pour la première fois, il avait dansé avec elle, serrant dans ses bras, avec une émotion inexplicable, son corps maigre et dans le même temps étrangement doux, Claude conduisait et il croyait être dans les alentours du bazar, mais il se retrouva devant un mur. Ils s'étaient perdus. Tandis qu'il passait la marche arrière, il lui demanda tout à coup : « Voudriez-vous m'appeler Claude ? »

VAGABONDE

Au cours de l'automne 1933, Annemarie s'était rendue pour la première fois en Orient en utilisant le moyen de transport le plus fascinant qui soit, un train, le Taurus-Express, qui lui sembla être une version réduite du Shanghai-Express. En réalité, le véritable Taurus-Express partait d'Istanbul, et le tronçon européen de cette même ligne portait le nom moins exotique de Simplon-Express. Le train partait de Londres, et, passant par Paris, Lausanne, Milan, Venise, Belgrade et Sophia, parvenait à Istanbul, d'où, deux fois par semaine, il poursuivait en direction d'Ankara, Mossoul, Téhéran ou encore de Mossoul, Bagdad, Bassora, ou encore, trois fois par semaine, d'Alep, Beyrouth et Le Caire. En un mot, ce train était la principale ligne de raccordement entre l'Orient et l'Occident – une version moins eurocentrique de l'Orient-Express. Il possédait des wagons-lits de première classe, à un lit, et de seconde classe, à deux lits. Excepté le prix, la différence n'était pas significative. Sur le convoi, il y avait des industriels désireux de visiter les filiales de leurs usines situées dans des terres lointaines ou soucieux d'en implanter de nouvelles, des trafiquants sournois qui se rendaient dans les Balkans vendre des armes aux différents royaumes en lutte perpétuelle les uns contre les autres, des agents secrets des gouvernements camouflés en archéologues, journalistes, ingénieurs, des femmes déjà fanées engagées pour chanter dans les orchestres des grands hôtels du Liban ou de Perse, des joueurs de jazz, des danseuses sur le déclin, des militaires chargés de rédiger des cartes topographiques, des chasseurs et des courriers diplomatiques à la petite valise scellée. Et il y avait des voyageurs – comme Annemarie – qui voyageaient seulement pour voyager.

C'était l'âge d'or des voyages. Entre les deux guerres mondiales, une humanité excentrique, curieuse et libre se jeta sur les routes du monde. Une armée pacifique sans cesse en mouvement, de maison en maison, de village en village à la recherche de nouveaux lieux à découvrir, aimer, détester, et où ne pas s'arrêter. Une génération qui avait grandi bercée par des récits d'aventures, mais dont l'enfance avait été déçue par la guerre, qui vénérait l'image du vagabond, du coureur de routes, du voyageur sans bagage que, d'une certaine façon, elle sacralisait, qui, comme le Tramp de Charlie Chaplin, se mettaient en marche le long d'une route dont on n'entrevoyait pas la fin. Voyageaient des écrivains, des essayistes, des intellectuels, des poètes en quête d'inspiration et de paradis non contaminés, des veilles filles, des veuves, des vierges, des femmes en quête de liberté et des reporters en quête de célébrité, des utopistes, des anthropologues, des philosophes, des révolutionnaires, des photographes, des ethnologues, des hommes de théâtre et des rêveurs en quête d'alternatives au mode de vie européen, empoisonné par les fascismes, le totalitarisme et le capitalisme. Voyageaient des Anglais, des Français, des Allemands, des Suisses, des Italiens. Au-delà des nations dont ils étaient issus, le refus d'une réalité identique les rassemblait : l'Europe.

Entre 1922 et 1925, David H. Lawrence erra à travers l'Australie et parmi les Taos du Nouveau-Mexique. En 1923, Joe Ackerley partit pour l'Inde, où Hermann Hesse – précurseur entre tous – avait déjà été illuminé. En 1924, André Malraux prit la route du Cambodge. Le vénéré maître de toute une génération, le « directeur de conscience » André Gide, partit pour le Congo en juillet 1925 ; en octobre de la même année, Carl Gustav Jung partit pour l'Afrique-Orientale – parmi des tribus du Kenya et de l'Ouganda sans contact avec la civilisation, il cherchait un matériau précieux : des rêves. En 1926, Paul Nizan partit pour Aden-Arabie ; en 1927, Henri Michaux partit pour l'Équateur et Malcom Lowry s'embarqua comme mousse sur un bateau en partance pour l'Orient ; en 1928, les jumeaux Mann partirent faire le tour du monde et Friedrich Glauser s'enrôla dans la Légion étrangère ; en 1930, Evelyn Waugh partit pour l'Abyssinie et, en mai 1931, Michel Leiris embarqua pour Dakar, Afrique tropicale ; en 1933, Hemingway partit pour les vertes collines d'Afrique ; en 1934, Graham Greene pour la Sierra Leone ; en 1935, Claude Lévi-Strauss partit pour le Brésil, tandis qu'Ella Maillart – à pied, à cheval, à dos de chameau – traversait la Chine de Pékin jusqu'au Cachemire ; en 1936, Saint-Exupéry partit pour le désert et Antonin Artaud pour le Mexique. Il déclara : « Je pars à la recherche de l'impossible. »

En automne 1933, Annemarie partit pour l'Asie. En chemin, elle précéda souvent, sur les mêmes lieux et dans les mêmes hôtels, Robert Byron, l'auteur de *La Route de l'Oxiane*. Au printemps de l'année 1934, ils étaient tous deux à Téhéran. Annemarie était l'hôte de la légation allemande où l'Anglais dut supporter l'embarrassante projection d'un film de propagande nazie, et il remercia le sort de ne pas l'avoir fait naître Allemand. À cette époque, il y avait moins de six cents étrangers à Téhéran, et on savait tout de chacun. Chaque voyageur était précédé par des commérages, allusions et espérances. Ils ne s'y sont pas rencontrés.

Annemarie n'appartenait à aucune des catégories ci-dessus mentionnées, et pourtant, elle appartenait à chacune d'entre elles. Elle cherchait un paradis non contaminé, elle cherchait des raisons de vivre et d'écrire, elle cherchait la liberté, elle cherchait une alternative à l'Europe, elle cherchait la fortune et se cherchait elle-même. Son voyage était un rite d'initiation et dans le même temps une fugue : elle se contraignait volontairement à affronter solitude et désagréments, et à couper le fil de sa vie habituelle. Elle échangeait des rivages familiers contre le désert, sa maison contre l'incertitude, ses amis contre d'éphémères compagnons de route, les consolations de toujours contre l'inconnu. Elle n'avait aucun but : elle ignorait combien de temps son voyage durerait, où elle s'arrêterait et avec qui. Elle cherchait des villes qui n'avaient pas été bâties pour elle, des drapeaux auxquels elle ne prêterait jamais serment, des maisons qui ne l'accueilleraient pas, des labyrinthes à travers lesquels personne ne lui montrerait son chemin. Au fil des mois, il fut clair qu'elle voyageait pour trouver une terre promise qui appartînt à elle seule – inaccessible à sa mère, à sa famille, à Erika, et à son passé. Et puis, lorsqu'elle comprit que, comme toute vraie terre promise, elle était inaccessible et surtout pour elle – alors, elle se demanda si elle n'avait pas poussé trop loin ses recherches.

Après quelques jours de train, elle descendit à Istanbul. Ces dernières décennies, la Turquie avait subi des changements tumultueux : c'était un pays rénové et bouleversé, même dans sa langue. L'alphabet latin s'était récemment substitué à l'alphabet arabe. Istanbul – but archaïque, but moderne, but occidental, but étranger – fut vraiment sa porte pour l'autre côté du miroir – son entrée dans le trois cent soixante-sixième jour de l'année, dans la dimension suspendue, surnaturelle, d'une vie à rebours : la non-vie. Mais à cet instant, elle ne le savait pas encore. La Turquie avait été rapidement et récemment occidentalisée par Atatürk : Annemarie découvrit qu'à un chef d'État, il faut moins de dix ans pour changer un pays. Elle se demanda également si dix ans suffiraient à Hitler pour changer l'Allemagne, pour la mener sait-on où, et si c'était vraiment pour la conduire à la catastrophe. Elle erra quelques jours dans les mosquées, le bazar, les bains turcs et les instituts archéologiques de la ville. Puis, elle poursuivit en direction d'Ankara.

Depuis lors, elle a utilisé tout moyen de transport – automobile, motocyclette, camion, charrettes, chevaux, avions, ânes, wagons-lits semblables à des wagons à bestiaux, compartiments plombés, ferry-boats, paquebots à vapeur et chameaux. Et même les « cuffas », les embarcations en forme de paniers flottants qui décrivaient des cercles concentriques en tourbillonnant dans les courants du Tigre. Elle a parcouru quelque chose comme dix mille kilomètres : son trajet n'a jamais été linéaire – il n'y a pas d'itinéraire fixé à l'avance, ni de dates à respecter –, il est scandé par des pauses et des retours, guidé par les rencontres, la pluie, par les neiges et le hasard.

Elle a traversé la Turquie et les steppes arides de l'Anatolie battues par le vent, pu voir l'architecture moderne d'Ankara, et la sacralité antique de Kayseri et de Konya. Et le froid de l'hiver, le vent glacial qui fouette le visage. Quelque temps, elle a même été tentée de s'arrêter à la seconde étape de son voyage – mais elle a poursuivi. Elle a traversé les monts du Taurus, et à mi-chemin, entre Antakya et Alep, elle s'est arrêtée à Rihanie, où, sur une colline criblée par les fouilles, invitée par une expédition américaine, elle a découvert les principes de l'archéologie. Mais à cet instant, elle ne savait pas encore que cette rencontre changerait le cours de son voyage et même de sa vie. Elle a passé parmi les archéologues un Noël insolite (le premier sans sa famille), parfumé de jujube, de raki et de réglisse. Mais l'arbre de Noël ne faisait pas défaut : un sapin rachitique sur les branches duquel, en guise de décoration, elle a pendu des chapelets de raisins secs. Elle est repartie. Elle a dépassé Homs, traversé la vallée de la Bekaa aux pentes recouvertes de vignes, pris des douzaines de photographies dans le stupéfiant temple de Jupiter de Baalbek. À l'université américaine de Beyrouth, elle a remis quelques tablettes couvertes de caractères cunéiformes provenant des fouilles de Rihanie, et, dans le musée archéologique du professeur Harald Ingholt, le chef de la mission danoise et le découvreur des fresques des nécropoles de Palmyre, elle a admiré de passionnants témoignages de l'histoire de l'Orient. Sur le chemin du retour, elle a séjourné dans l'immanquable Hôtel Baron d'Alep. On lui a proposé de travailler aux fouilles de Ras Shamra – où a été trouvé (mais non encore déchiffré) l'alphabet le plus ancien du monde. C'est une tablette aussi longue qu'un doigt, arcane. On la regarde avec une loupe grossissante. Cependant, l'alphabet que poursuit Annemarie – une langue primordiale, universelle – n'est pas gravé sur les tablettes et n'est pas fait de signes. Elle a décliné cette invitation. Elle est repartie. Elle a suivi les traces des chevaliers croisés à Baghras, admiré les fresques de la synagogue de Doura Europos, ensevelie dans les sables du désert, et les tombeaux de la montagne sacrée de Petra. Elle est revenue sur la Méditerranée : cette mer lui rappelle Le Lavandou, et elle repense à ces jours-là avec une arrogante nostalgie. Elle a vu la neige tomber sur les vignes bibliques du Moyen-Orient, conférant au paysage une atmosphère enchantée ; elle a nagé dans l'eau froide au large de Byblos – poussant toujours plus loin du rivage jusqu'à ce que derrière les collines, comme une vision, apparaissent les cimes enneigées des montagnes du Liban. Elle est allée à Damas, puis à Jérusalem, en Palestine et, passant par le lac de Tibériade, elle est revenue à Damas.

Et puis, elle s'est avancée toujours plus loin et toujours plus haut : une nuit deux employés de la French Air Line l'ont réveillée et menée jusqu'à l'aéroport à travers les jardins de Damas, assoupis dans une lumière blanche comme le lait. Là, elle est montée sur un tri-moteur, dont, en tournant, les hélices émettaient des décharges d'étincelles bleues qui explosaient dans l'obscurité avant de s'éteindre. Elle a volé dans les ténèbres profondes au-dessus d'un monde non encore né : le désert. Peu à peu, l'aube est venue. Le pilote l'a appelée dans la cabine de pilotage, de l'autre côté de la vitre, une étendue lunaire de pierres bordée de lointaines collines est apparue, une surface ondulée comme le fond de la mer, froncée comme une carte de géographie. Et une route constellée de caravanes, de chacals, de tentes de nomades, et tout à coup le ruban sinueux de l'Euphrate. Entre ses verts rivages, l'eau scintillait comme le fil d'un couteau. Parmi de si nombreuses images saisies par hasard, depuis le haut, dans l'immense vide qui unit (ou divise) la Syrie de l'Irak l'avion a commencé à dessiner sous lui son ombre. Il était tard lorsqu'ils ont atterri à Bagdad.

La ville fabuleuse aux cent mille mosquées d'Haroun-Al-Rachid était réduite à une longue route nauséabonde, d'où montait une odeur de saleté rance, de graisses et d'épices qui dans ses souvenirs finit par se substituer au si célèbre parfum de l'Orient. Et pourtant, c'était dans le même temps une ville d'une confusion indescriptible, chaotique, un joyeux désordre de calèches et de chameaux, de taxis et d'enfants, d'ânes, de chiens et de boue. Dans le bazar regorgeant de fanfreluches, elle ne trouva cependant à acheter rien d'autre qu'un carillon.

Elle a visité Babylone, le centre de l'univers, l'ombilic du monde, et Hilla, le long des rives paradisiaques de l'Euphrate. Elle a traversé le désert où les canaux antiques se sont asséchés, où les fleuves ont oublié leurs cours et où les villes antiques se sont enfoncées dans le sable. Une plaine jaune où de temps à autre apparaissaient dans les lointains des caravanes et des galopades de cavaliers tout burnous au vent, jusqu'à ce qu'elle devienne seulement un vide de sable où s'ensevelissent des squelettes de chevaux et la carcasse d'un chameau que les rapaces n'ont pas encore fini de déchiqueter. Elle s'est arrêtée dans les fouilles de Warka, l'Uruk de la Bible. Les archéologues allemands travaillaient dans une lande déserte. Depuis la boue grisâtre émergeait l'ombre d'une ziggourat. C'était le royaume des têtes noires. Uruk – lui dit-on – était l'œuvre de Gilgamesh. Il lui sembla être entrée dans un univers mythologique, réengloutie par le tourbillon du temps. Et puis vinrent les villes aux noms magiques – Havy, Kut, Ctésiphon – et des villes redécouvertes trois ans auparavant seulement, d'abord par Henry Frankfort de l'Institut oriental de Chicago – Tell'asmar et Khafajé –, où les archéologues avaient ramené au jour des temples mystérieux hérissés de symboles non déchiffrés, de géométries de figures inorganiques, capricieuses, allusives : arbres qui fleurissent sur des échines de chèvres et de bouquetins, et des peignes dressés sur des dos de gazelles. Et les villes saintes des chiites, Kerbalâ et Nedjef, et la majestueuse forteresse d'Ukhaidir, où elle arriva en suivant une vieille piste qui de la sortie de Kerbalâ s'enfonçait dans le désert, et la ville de Kûfa, où le gendre d'Ali fut assassiné. Et puis les marécages, le règne des joncs et du silence, et Bassora, et la mer bleue face au Koweït.

Elle a traversé les montagnes du Kurdistan, recouvertes de neiges, emboîtant le pas à une file de camions qui essayaient de rejoindre le col juste après le dégel, tendus car le col qui mène en Perse a été fermé tout l'hiver. De ce fait, elle aussi est restée bloquée des semaines entières en Irak. Mais les routes sont encore presque impraticables, les roues s'enfoncent dans la rosée, et plus on monte, plus la neige est haute. Le froid est vif et d'une *chaikané* un Kurde à la barbe teinte au henné sort secourir les voyageurs bloqués dans la neige. Il leur tend du thé, mais pour de si nombreux voyageurs, il n'a apporté qu'un seul verre. Annemarie est sceptique, mais le Kurde prend soin de nettoyer le verre avec un chiffon très noir, et le lui tend avec une gentillesse si profonde qu'elle renonce au préjugé éminemment helvétique de la propreté : dans son pays, les gens ont une peur presque pathologique de la saleté – comme de la misère, de la laideur et du désordre – et maintenant, de loin, elle se demande si cela n'équivaut pas à une certaine forme de refus de la vie. Elle boit le liquide bouillant à même le verre malpropre, et remonte en automobile, jusqu'à ce que, après plusieurs heures proprement hallucinantes, épuisée, elle se retrouve à Kermanchah, la ville des mendiants, ou fourmille une humanité défigurée et difforme. Un nuage de dépression et de découragement l'assaille. Peut-être dû aux fatigues du voyage, à la solitude, à la pauvreté qui l'entoure ou aux désagréments d'un hôtel – le seul de la ville – sur les matelas duquel galopent les punaises et dont les seules toilettes sont hors d'usage. Il faut continuer. Elle est encore montée, jusqu'au col d'Asadabad, à deux mille huit cents mètres d'altitude, jusqu'à ce qu'elle plane sur Hamadan, l'antique Ecbatane, où elle a dormi dans un caravansérail décrépit qui porte abusivement le nom de « Palace », certes plus approprié pour son homonyme de Saint-Moritz, Engadine, et puis, finalement, elle est arrivée à Téhéran.

Elle a traversé les monts Elbourz jusqu'à Mazandaran, sur les rives de la mer Caspienne, où elle croyait trouver la patrie du schah, mais elle a, au contraire, découvert des traces de magie noire (les Persans l'appellent le pays des démons) – les crânes des animaux suspendus sur les haies – et la vapeur malsaine d'une forêt millénaire. Elle a marché dans le désert de sel du Kewir. Sur sa carte, c'était seulement un espace blanc et vide, et c'est, au contraire, un monde d'une beauté sidérale. Le sel couvre tout comme un léger drap de neige. Mais c'est un monde cristallisé et dépourvu de vie. Elle a traversé l'étendue nue du haut plateau iranien, trop plat pour être qualifié de colline, trop irrégulier pour être qualifié de plaine, mais d'une solitude et d'une distance infinies. Un oiseau a été la seule vie aperçue dans cette sinistre et vaste région, et sa fugitive présence l'a aidée à croire réelle cette nature indifférente.

Elle est revenue à Téhéran, elle a fréquenté les fouilles de Rhagès et la légation française : dans l'un et l'autre lieu on lui a proposé de revenir en automne. Elle s'en est allée au sud, elle a parcouru les centaines de miles qui séparent la capitale d'Ispahan – plaine nue, montagnes nues à la couleur de bronze et de boue. Parfois, le paysage était complètement vide, dépouillé et dépourvu de toute végétation et les pentes des montagnes si impitoyables, simples et grandes – si étrangères, un enfer déjà prêt pour ses victimes, a-t-elle pensé. Mais elle a aussi vu les bourgeons des buissons, la plaine qui se teintait de rouge et les flancs des collines creusés par les pluies. Et les aériennes colonnes élancées de Persépolis, épargnées par le temps, et le bazar de Chiraz – et le golfe Persique. Elle a montré des douzaines de fois ses papiers aux diligents policiers du schah : des douzaines de fois on lui a demandé de remplir un formulaire et de déclarer sa profession. Les premiers temps, cette exigence l'embarrassait, et elle s'est demandé plusieurs fois quelle pouvait être sa profession, et si elle en avait une, parfois elle écrit promptement : femme écrivain, journaliste reporter. Mais à la fin, elle a écrit, avec une joyeuse satisfaction : WANDERER (vagabond). Et sur un autre ZUGVOGEL – oiseau migrateur. Les gabelous persans ne connaissent pas l'allemand. Elle a vu les mosquées et la maison de Zoroastre, les jardins, les tours et l'église de la communauté arménienne de Julfa, traversé de nouveau le haut plateau de Perse, jusqu'à Téhéran, avant de reprendre, vers la fin du printemps, la route du nord, vers Pahlavi. Là, elle s'est embarquée sur un bateau à vapeur rouillé, une relique du tsarisme ridée par les ans, où flottait un joyeux drapeau rouge.

Ce bateau corrodé par le vent et la pluie, bondé de marins et d'ouvriers a constitué sa première rencontre avec le monde communiste – l'envers du monde, pour sa famille. Mais également pour tous les autres Suisses, qui, au lendemain de la révolution, ont interrompu tout rapport diplomatique avec la Russie. Les vagues de la mer Caspienne l'ont emmenée jusqu'à Bakou, où finalement elle a foulé la terre promise des Soviets.

L'impact a été brutal, parce que, à peine était-elle descendue du bateau à vapeur, que des fonctionnaires des douanes l'ont séquestrée, avec une rude impolitesse ils l'ont traînée dans une sorte de cage de bois appelée bureau des douanes. Ils ont ouvert sa valise et trouvé des centaines de pages, des documents, des photographies. Une femme écrivain ou une journaliste en voyage depuis sept mois a rédigé un journal intime, des lettres, des articles, des carnets, des ébauches, des projets. Examiner ces pages – a réalisé Annemarie – coûterait à ces hommes qui ignorent l'allemand des jours entiers, des semaines, peut-être davantage. Son appareil photo est en outre confisqué, et il ne lui sert à rien d'assurer qu'elle est un photo-reporter indépendant, qui collabore à certains journaux suisses, et faire montre d'un antifascisme convaincu, cela aggrave sa situation. Parce que son voyage touchait vraiment à sa fin, qu'elle a juré qu'elle ne faisait que transiter en URSS, ayant fait plomber sa machine à écrire, sceller son appareil photo, on l'a finalement laissée librement débarquer dans la ville. Ses amis allemands de Téhéran lui avaient donné quantité de conseils et de provisions qui devaient lui suffire jusqu'à son arrivée à la frontière polonaise, à Schebetowska. Ceux-ci lui avaient recommandé de ne manger sous aucun prétexte dans un restaurant russe ou dans un wagon-restaurant et surtout, à Bakou, jusqu'à son départ, de ne jamais quitter sa chambre d'hôtel, de ne fréquenter aucun bolchevik et de ne pas perdre de vue ses bagages. Elle n'a pas suivi leurs conseils.

Dans la Bakou corrodée, elle a erré parmi les palais déchus d'une ville déchue, ou bouleversée par un malheur (mais elle n'est pas parvenue à comprendre lequel), où rôdent seulement des passants tristes et préoccupés. Puis, fatiguée de marcher, elle s'est faufilée dans un cirque. Il y avait des clowns, des dompteurs, d'habiles trapézistes qui voltigeaient suspendus à des fils, et une puanteur animale. Elle s'est énormément amusée, faisant connaissance avec une bande d'étudiants, qui n'ont cessé de lui demander ce que gagne un ouvrier en Suisse, et comment est la vie là-bas où les bourgeois capitalistes exploitent les prolétaires comme les serfs de la glèbe. Assurément horrible, puisqu'elle est venue ici : eux, au contraire, ne se sont pas éloignés de Bakou. Annemarie n'a pas su quoi leur répondre. Au reste, elle ignore vraiment ce que gagnent les ouvriers de son père. Elle ne se l'est jamais demandé. À six heures, les jeunes gens l'ont accompagnée à la gare et lorsqu'elle est montée sur le « train de luxe » qui devait la ramener chez elle, les dangereux bolcheviks lui ont offert un bouquet de fleurs et sont restés sur le quai raides comme des piquets, presque émus, à agiter les mains pour saluer la capitaliste qui s'en retournait dans son enfer. Elle voulait se pencher à la fenêtre, mais elle était bloquée – et c'est pourquoi elle n'a même pas pu saluer ses derniers amis.

Pour les étrangers, la seule manière d'entrer en Russie consistait à s'en remettre à l'agence de voyages étatique soviétique Inturist, et c'est ce que, pour sa part, elle avait fait elle aussi. L'Inturist avait programmé son voyage depuis Téhéran, lui garantissant un billet, un guide, des réservations d'hôtel. Confiante, elle était montée sur le train en partance pour l'Europe. Elle traversa la Russie en deux jours et trois nuits de voyage à bord d'un convoi branlant, complètement plombé comme une prison. Elle partageait un wagon avec un type sinistre, crasseux et hirsute, avec lequel elle fit l'expérience du caractère absolument insurmontable des barrières linguistiques. Dans cet espace resserré, se répandit rapidement une odeur mystérieuse et lourde, que ni les fleurs ni son eau de Cologne ne parvinrent à dissiper. Les vêtements de cet homme empestaient, ses pieds empestaient, ses bagages empestaient, ses cigarettes empestaient, et son haleine tout autant. Annemarie trouva la confirmation de ses convictions, la vie commune avec un homme peut réserver des surprises désagréables. En dépit de ce qu'assurait l'Inturist, le train était dépourvu de wagon-restaurant et, en raison d'une solidarité idéaliste, elle commit l'erreur de partager ses provisions avec son muet et nauséabond compagnon : elle lui offrit de son caviar de Pahlavi, et lui un pain à l'atroce goût de carton, assaisonné d'une tranche de concombre. Lorsqu'elle sortit d'Union soviétique, elle éprouva un soulagement compréhensible. Au *buffet** de la gare de Schebetowska, à demi morte de faim, elle se précipita s'acheter deux œufs sur le plat et des tartines de pain beurré. Jusqu'à ce que, en mars 1934, après une absence de plus de sept mois, elle soit de retour à Bocken.

Au cours de ces sept mois de dépaysement, elle avait connu des pays et des paysages inouïs : pêle-mêle, les images se bousculaient dans sa tête, comme des photographies éparpillées dans un tiroir. Des déserts de pierre et des océans de sable, des citadelles ponctuées de minarets et de coupoles de mosquées, parfumées d'odeurs inconnues – les si célèbres épices, mais également l'odeur, plus moderne, presque nauséabonde, du mazout. En Irak, dans la région des puits de pétrole, un paysage spectral disséminé de tours, la terre brûlait : il suffisait de remuer la surface de l'humus de la pointe de sa chaussure pour qu'en jaillisse une petite flamme, qui comme un feu follet voltigeait, augmentait, diminuait, pour finir par se disperser dans l'atmosphère. Il n'est plus d'ordre grâce auquel classifier ces sept mois dans sa mémoire. Tout ordre – géographique, historique, culturel, et même fortuit – serait arbitraire. Pourquoi pas un ordre alphabétique, alors ? Archéologues, bédouins, boue, chiens, cireurs de chaussures, désert, fièvre quarte, gabelous, haschisch, héroïne, isolement, mendiants, moustiques, nostalgie, opium, pétrole, raisin, sable, tombes, vent. Mais tout aussi bien, angoisse, bazar, bijoux, chacals, châteaux, douanes, ébène, fièvres, harem, hommes, inondations, muezzins, neige, or, prêtres, quarantaine, ruines, tapis, vignes, voleurs, ziggourat. Un ordre ouvert – infini.

Choses, maisons, dieux, peuples. Des exilés des pogroms tels les Arméniens ou à la fin de leur exil, comme les sionistes ; des enfants en haillons, estropiés et des hommes grêlés par des maladies disparues, comme la variole et même la peste ; des bandes de mendiants qui infestent la moindre automobile qui s'arrêterait près d'eux, mais également des gens différents, irréductibles à la civilisation occidentale – des nomades vivant loin des pistes, dans leurs tentes de laine, avec leurs chiens, leurs chèvres, leurs moutons et leurs célèbres chevaux. Des nomades bédouins, baloutches, bakthyaris, kurdes, shachevanis, shevanis, turcomans, kashgais, luristanais. Des peuples entiers jamais recensés, jamais vaincus qui vivent en mouvement – et qui traversent l'espace, des fantômes aux marges de la vie des autres –, craints, admirés, incompris. Des nomades qui à l'arrivée du printemps, avant que les pâturages soient brûlés par le soleil, migrent du golfe Persique vers le nord, avec leurs ânes, chevaux, chameaux, moutons, oies, marmaille, et toutes leurs hardes – à travers les montagnes jusqu'aux hauts plateaux du nord, et puis, avec l'arrivée de l'automne, ils parcourent de nouveau la même route en direction inverse, de nouveau vers le sud, vers les terres plus chaudes, et encore au printemps, vers le nord, dans un cycle infini – éternel. Le soir, les feux de leurs campements tremblotent dans l'obscurité. Des femmes. Les femmes des Bédouins, totalement soumises à leurs maris, les très belles servantes de Bagdad et les Persanes tout de noir vêtues, les beaux visages cachés sous les voiles, mais également les nonnes allemandes aux vêtements blancs, angéliques dans leur couvent de Jérusalem : parmi les unes et les autres, elle s'était demandé où était sa place, et qu'était donc, ici-bas, une femme. Des hommes, des races, des rites, des religions dont jusqu'ici personne n'avait même soupçonné l'existence : elle apprit des mots comme Druse, Chaldéen, chrétien de rite syrien, de rite arménien, Alaouite, Maronite, Sunnite, Chiite, Ismaëlien, Métouali, zoroastrien. Elle fut le témoin d'usages menacés dans leur existence qui semblaient sur le point de disparaître, et revint à Damas uniquement pour voir – une nuit – lors des festivités du ramadan, avec son cortège de saltimbanques et de danseurs, la danse cosmique des derviches, qui une fois l'an tournoyaient dans la ville, suivant les chants de Celaleddin, leur maître si poétique. Elle vit les rues illuminées et l'allégresse des Baïram. Elle vit des gens liés au passé, et d'autres à l'avenir. Les inquiétants pèlerins persans aux épaisses barbes noires dans leurs villes saintes que, sans même le savoir, elle profanait de sa seule présence, lui présentèrent le spectacle hallucinant d'un monde privé de femmes : un peuple fanatique, livide, sinistre, des hommes qui entendent à tout prix nier la réalité et la fuir. Mais lorsqu'elle le raconta à Claude, il rit. « Et, toi, Annemarie ? lui dit-il, qu'es-tu en train de faire d'autre ? » D'autres se réfugiaient dans le passé comme dans l'avenir : à Jérusalem, les Allemands avaient oublié leur langue et n'écrivaient qu'en hébreu. Des réfugiés arrivaient par centaines, par milliers – la Palestine semblait trop petite pour les accueillir tous. Et les Arabes observaient avec hostilité l'installation de ces gens qu'ils identifiaient instinctivement comme des ennemis. C'était un monde contradictoire, l'Orient où elle avait cru se perdre – et perdre l'Europe. Dans les villes, des femmes vêtues à l'occidentale sirotaient leur apéritif sur les nouvelles terrasses des hôtels et des porteurs d'eau débitaient une boue fangeuse dans un seul et même verre ; sur les routes des caravanes de chameaux guidées par un âne caracolaient, dépassées par des camions et des automobiles européennes rapides ; dans le désert où affleuraient les dernières traces de la civilisation mésopotamienne courait le superbe oléoduc des Anglais, dont à Hatitah le réseau français se séparait, afin de souligner la différence, sourcilleuse, de ces pays ; les gouvernements ouvrent le feu sur les Arabes qui se soulèvent pour réclamer leur indépendance, condamnent les usages des nomades, et les Occidentaux cherchent – par la force et par l'exemple – à plier l'Orient à leurs désirs. Annemarie tint pour une horreur l'information, que lui communiqua un fonctionnaire, selon laquelle l'espérance de vie d'un nomade de sexe faible est de trente-cinq ans : mais, par la suite, elle se dit qu'à trente-cinq ans une femme occidentale a trahi tellement de fois sa jeunesse qu'elle aussi voudrait s'esbigner avant cet âge. Moins déconcertée, elle écouta également les paroles de l'un de ses compagnons de route – le noble allemand von Walther, qui, lors d'une soirée vraiment occidentale, à base de whisky-soda, jazz et héroïne dans une chambre d'hôtel lui raconta la fin du dernier descendant du maître de Konya, le derviche qui se jeta de la fenêtre de son hôtel d'Istanbul parce que Kemal Pacha lui avait interdit les cercles cosmiques et l'avait contraint de s'habiller à l'européenne, l'expropriant, en pratique, de son âme et de son passé. À la magnificence du paysage se mêlaient trop de tensions pour que – même au cours des journées les plus insouciantes de son aventure – elle pût avoir l'illusion d'avoir atteint son but. L'Orient ne devint jamais pour elle un rêve, un mythe ou un destin. C'était un monde impitoyable, fait de solitude, où la condition humaine perd tout son clinquant pour se réduire à son essence la plus désolante – autrement dit, à l'oppression et au mensonge – et exige en échange la plus profonde patience – qui s'avérera de toute façon inutile. Elle était en outre devenue une journaliste. Elle prenait des photographies, rédigeait des articles pour les quotidiens suisses, se faisait photographier non sans coquetterie dans les déserts, coiffée d'un casque colonial et parée de pantalons à la zouave, satisfaite elle faisait écrire en légende : *Notre correspondante d'Asie Mineure Fräulein Schwarzenbach*. On lui avait demandé de photographier des chameaux, des Bédouins et des ruines, qui devaient accompagner les articles génériques voués à assouvir la faim d'évasion de la bourgeoisie européenne. Elle envoya toutefois aux journaux de mystérieux articles lyriques, dans lesquels elle parlait de manière obsessionnelle de l'obscurité et des ténèbres. Elle évoquait des égarements nocturnes, des vagabondages dans un paysage ensorcelé enveloppé d'une obscurité dense comme la fumée, des routes sans fin, dépourvues d'indications, dépourvues d'écriteaux – des routes perdues. Elle se représentait elle-même comme quelqu'un qui dort et qui est réveillé à l'improviste, par des mains mystérieuses qui lui secouent l'épaule.

Elle répétait à tous sa conviction. Je suis en train d'accomplir ce voyage afin de ne pas risquer d'être rien : rien que moi-même. Elle ne rechercha pas même le plaisir, qui semble au contraire pour tout un chacun intrinsèquement lié au voyage – peut-être parce que le mouvement est liberté, et que les vibrations des trains, des automobiles, des camions excitent les sens et l'imagination. Je veux être l'étrangère, la vagabonde, la pèlerine errante sur toutes les routes du monde – et je ne cherche pas de compagnie pour autant. Au cours de son voyage en Orient, au contraire, pour la première fois hors de l'enveloppe maternelle, dans laquelle elle avait jusque-là toujours vécu, elle fit la connaissance des hommes. De courtois ministres qui la recevaient dans leurs demeures ceintes de palmiers, et racontaient des campagnes militaires et des projets d'équipements. Des employés d'entreprises pétrolières qui passaient leurs soirées à l'hôtel à jouer au poker et à se défier lors de tournois de whisky : parfois, elle les battit, les laissant annihilés par son seuil de tolérance à l'alcool. Des diplomates du Troisième Reich, tel Wippert von Blücher, ministre à Téhéran, qui l'hébergea lors de son séjour persan ou des chasseurs tels les ennuyés Anglais de Bagdad, qui lui proposèrent de se joindre à eux – et lui donnèrent un cheval et un fusil. Elle les accompagna dans le désert, où se déroula une chasse inouïe et sanglante : une chasse au chacal. Ils poursuivaient cet animal sauvage, solitaire et lâche, craint et réprouvé par tout un chacun, parce que c'est un prédateur meurtrier à l'aspect inoffensif, mais également parce qu'il n'est pas aimable comme la cigogne ou amusant comme le dromadaire. Parce qu'il est différent. On tirait n'importe où, mais surtout pour décharger sa tension : davantage pour tuer l'ennui que pour occire la proie. Les cavaliers disparaissaient dans la poussière, le vent brûlait les yeux, Annemarie poussait son cheval, suivait les traces de l'animal dans le sable, le traquait, mais lorsqu'elle visait, elle entrevoyait à grand-peine sa fourrure mimétique, qui se confondait avec les dunes, son fusil tremblait dans ses mains.

Parfois, ces hommes étaient des militaires. Des soldats de garnison gagnés par l'ennui, des aviateurs auréolés de légende ou de simples officiers frappés de malaria, qui languissaient dans des postes écartés, aux marges du désert, où, absurdement, ils avaient été envoyés pour effectuer des relevés de cartes routières que le vent effaçait chaque nuit. Ou encore, de simples compagnons de route occasionnels tels le docile Schlumberger et le noble von Walther, avec qui elle se rendit à Damas voir les derviches, et dont l'automobile leur servit d'hôtel parce qu'ils ne trouvèrent aucune auberge digne de ce nom et passèrent donc la nuit à trembler de froid, discutant avec animation afin de savoir quel était le meilleur guide de la Syrie. L'Allemand portait dans sa malle le vieux – désormais presque désuet – livre de Karl Humann et Otto Puchstein : *Reisen in Kleinasien und Nordsyrien*. Il préférait voyager avec un guide de 1890 plutôt qu'avec celui d'avant-hier : il lui faisait mieux comprendre le sens de l'Histoire. Annemarie n'avait, au contraire, aucun guide. Mon rêve, disait-elle, est de voyager sans bagages. Peut-être est-ce pourquoi elle n'achetait pas de *souvenirs**, et lorsqu'elle le faisait, séduite par un kilim ou par un tapis, elle s'empressait de les expédier là où elle se rendait. Ses objets la précédaient. Mais elle aimait à penser qu'elle ne possédait rien. Son sac à dos était léger. Pas d'image, pas de noms – pas de souvenirs. Elle ne voulait aucun obstacle, aucun lien.

Ainsi, toutes les rencontres duraient l'espace d'une étape. Même celles qui se révélaient stimulantes, comme avec le professeur Reifenberg, de l'université de Jérusalem, ou celle du musicien Bronislaw Huberman, qui, ayant juré de ne plus jouer dans le Troisième Reich, était venu interpréter Beethoven et Brahms en Palestine et dirigeait l'Orchestre philharmonique de Jérusalem. Même lorsqu'elles s'avéraient enthousiasmantes, comme celle du célèbre archéologue anglais sir Leonard Wooley, qui en Irak – avec une exquise courtoisie de lord – se proposa de lui montrer personnellement les temples, les palais, les ziggourats et les tombeaux royaux découverts par son équipe. En quelques années seulement, Wooley avait découvert quelque chose comme deux mille tombes, remontant à différentes époques, et parfois antérieures au troisième millénaire avant Jésus-Christ. Mais les tombes d'Ur avaient été sa découverte la plus extraordinaire. Tout s'était produit en l'espace de quelques années à peine. En 1926, l'un de ses ouvriers avait retrouvé un poignard en or. Wooley ne put jamais savoir si ce poignard avait été placé dans la terre qui avait recouvert la tombe ou s'il avait été perdu par des voleurs après un pillage. La chambre funéraire était vide, en effet, et elle ne contenait que des vases de cuivre et une petite feuille d'or. Mais le poignard était d'une facture si exquise qu'il prouvait la présence d'une civilisation évoluée et parfaite. Les fouilles continuèrent et en 1928, ses efforts furent récompensés. Il trouva des tombes semblables à des palais souterrains composés de nombreuses pièces meublées. La lumière de sa torche illumina des squelettes que personne n'avait touchés depuis des millénaires. Auprès d'une femme de haut lignage, la reine Shubad – sur ses cheveux majestueusement coiffés, une couronne d'or était posée, et sur ses lèvres un vase d'or – étaient encore étendus les cadavres de ses domestiques, sacrifiés après sa mort. On retrouva par la suite les tombeaux des rois, encore encombrés par des cadavres de soldats, munis de leurs lances d'argent et de leurs casques de cuivre, et de chars auxquels étaient encore attelés deux ânes sauvages, et leurs cochers, et neuf femmes splendidement parées, couvertes de joyaux d'or, de lapis-lazuli, de cornaline, avec une harpe entre les doigts. Intacte était la beauté raffinée des chars, des bijoux, des instruments de musique. Le roi Abargi avait voulu emporter avec lui toute sa cour dans l'au-delà. Et un autre roi avait voulu ses soixante-huit femmes auprès de lui. La dernière, une jeune fille, avait été presque surprise par la mort, et n'avait pas eu le temps de coiffer le diadème d'argent, que Wooley avait retrouvé dans sa poche. Les Sumériens croyaient selon toute vraisemblance dans l'au-delà. Le cortège était descendu joyeusement dans la tombe. Chacun avait bu sa potion de poison, s'attendant à se réveiller de l'autre côté. Là-bas, ils avaient emporté tout ce qu'il fallait pour mener une vie agréable. Et se sont-ils réveillés, Sir ? lui demanda Annemarie. Wolley sourit. Je crains de les avoir d'abord réveillés moi-même, cria-t-il afin de dominer le vacarme des excavatrices, qui vidaient les puits, et du petit train qui, glissant sur des rails minuscules, emportait des wagons emplis de boue. Qui sait si, restée auprès de sir Wolley, Annemarie serait devenue une archéologue ?

D'autres rencontres furent plus inquiétantes, comme celle d'un fonctionnaire qui lui refila de l'héroïne trop pure au Maude Hotel de Bagdad – suscitant chez elle une embarrassante overdose précisément tandis que les ministres dansaient dans le salon. Ou surprenantes comme le *mirzà* autoproclamé de la place Sepah, à Téhéran, un écrivain public tout décati qui exerçait son métier justement devant le bureau de poste. Accroupi sur le sol, entre sa bouteille d'encre et un tas de feuilles froissées, la plume entre ses doigts osseux – avec un ton plaintif, plein de dignité, il appelait les passants. Peu de Persans savaient lire et écrire, et beaucoup recouraient à ses services. *Mossié, Mossié* – lui cria-t-il lorsqu'il la vit s'attarder devant lui – et piquée de curiosité, Annemarie s'approcha. Le *mirzà* lui montra sa plume et mêlant indistinctement quelques mots d'anglais, de français et de russe, il lui offrit ses services. Mais je n'ai pas besoin que tu m'écrives une lettre, grand-père, tenta-t-elle de lui dire, je l'écris moi-même. Mais ensuite, elle s'accroupit auprès de l'écrivain public et lui dicta néanmoins une lettre. Elle lui dicta un quatrain de Sa'adi, que venait tout juste de lui réciter son admirateur, un prince kurde – mais elle y ajouta une variante. « *Erika, d'un bout à l'autre du vaste monde j'ai cheminé,/ partout à tous je me suis associée,/ j'ai exploré tous les lieux où je suis allée,/ j'ai recueilli des épis dans tous les champs labourés,/ mais le plus beau et le meilleur que je vis/ fut le divin pays de ton regard.* » L'écrivain public agita la feuille au vent afin que l'encre séchât et la lui tendit : c'était un tapis recouvert de caractères persans, élégants, merveilleux, complètement inconnus. Annemarie envoya la lettre à Erika mais elle ne sut pas si elle l'avait reçue.

Son serviteur, Mahmout, était aussi un homme. C'était un Égyptien colossal à la peau foncée. Avant d'être son domestique, il avait été cireur de chaussures. Mahmout la regardait d'une façon inhabituelle pour elle. Les yeux des hommes du nord glissent sur le visage d'une femme, ceux de Mahmout l'exploraient comme un paysage et ils étaient à ce point insistants qu'elle aurait pu en décrire le parcours sur sa peau puisqu'ils y laissaient comme un sillon ardent. Ces yeux ne la quittaient jamais. Annemarie en était surprise, flattée et amusée. Elle le tenait presque pour un ami. Son ombre colossale la protégeait. Elle n'avait pas même besoin de se retourner pour s'assurer que Mahmout était toujours à ses côtés : il y était bien.

Mais les semaines passant, une nostalgie féroce l'assaillit : revoir le visage découvert – insolent, poudré – d'une femme. Savourer son parfum et serrer son corps entre ses bras. Combien peu de femmes semblaient exister dans cette partie du monde… Mais peut-être le leur interdisait-on seulement – ou on les cachait – : elles avaient des espaces réservés dans les salons, les maisons, sur les voitures à chevaux et même dans les automobiles. Et à elle, qui voyageait avec les hommes et parmi les hommes, qui était et n'était pas une femme, elles ne se montraient pas volontiers, et lorsqu'elles faisaient leur apparition, c'était un mirage – une lueur d'yeux sombres tout juste devinés derrière la grille d'un harem, ou lancée par un fantôme croisé dans la rue. Mais on ne pouvait même pas regarder ces femmes.

Au début, le suaire qui enveloppait ses tentations lui avait semblé fascinant. Fascinants les mouvements gracieux qu'il imposait, fascinantes la simplicité et l'harmonie de ces femmes, les laideurs qu'il cachait et les beautés qu'il laissait seulement imaginer. Mais lorsqu'elle accompagnait ses amis de Téhéran en visite chez quelque notable persan, qui avec des manières affables et polies offrait son thé aux étrangers, elle s'étonnait de constater combien sa maison pouvait être vide. Et elle était vide non parce qu'elle était trop spacieuse ou peu meublée, mis à part des meubles de mauvais goût, ou les immanquables tapis, ou parce les chaises et les sofas avaient comme la barbe de leur hôte une allure rigide et austère – mais parce que dans cette maison, il n'y avait pas une femme. Non seulement l'épouse du maître des lieux ne se montrait pas aux étrangers, mais on ne pouvait même pas demander de ses nouvelles. Elle existait et n'existait pas – dans un ailleurs qui ne devait pas les regarder.

Ce fut une pièce de monnaie qui lui signala que le moment de rentrer chez elle était venu. Elle la trouva au cours de l'une de ses visites dans les fouilles de Rhagès, non loin de Téhéran : un fourmillant enclos de pierres au centre d'une vaste zone, où tout était nu, uniforme, dépourvu de couleur. Gris, comme recouvert de cendres. Le vent soulevait des tourbillons de poussière, irritait sa gorge, faisait pleurer ses yeux. « Ce pays est terrible, dit Claude, inconsolable. Une région stérile, où tout est dénué de ressources, où vivent seulement des gens analphabètes qui poussent des troupeaux de moutons ou de chèvres considérables dans le néant : des pierres et des rochers, monotonie et désolation, ici il n'y a véritablement aucun espoir. » « Ce n'est pas dépourvu de grandeur, objecta Annemarie, il te révèle la force secrète des choses. Il a un pouvoir presque formidable, qui concerne directement la vie et la mort, sans illusion. Que seraient toi, moi, la terre, et notre esprit lui-même, si nous ne parvenions à imaginer le silence et la solitude ? » « Tu entends dire que peut-être tu reviendras ? » murmura Claude. Annemarie ne répondit pas, il enfonça son béret sur ses cheveux et instinctivement leva les yeux comme pour s'assurer qu'elle était encore là : empanaché de neige, dominant le haut plateau, le Demâvend se dressait très haut. Où qu'on regardât, on le voyait partout. Nu et irrégulier, élancé vers le ciel. Ce fut alors qu'elle remarqua un reflet de cuivre qui brillait dans la poussière. Elle devait avoir au bas mot plus de deux mille ans. Elle représentait le conquérant de la Perse, Alexandre le Grand – flanqué d'un éphèbe qui chassait au faucon. Annemarie se baissa pour ramasser la pièce de monnaie et ne dit rien aux archéologues. Elle la garda dans son étui à morphine : il était vide, parce qu'en Perse, elle n'avait pas le temps d'en chercher, elle avait trop à faire et même si elle éprouvait le besoin d'en consommer, elle s'en passait. Au reste, les quelques fois qu'elle s'était concédé cette consolation, en raison de son peu d'accoutumance, les conséquences s'étaient avérées désastreuses. Le soir, dans la pénombre des salles de la légation allemande, où étaient bien en vue les journaux nazifiés qui recouvraient le bureau pour y déverser les nouvelles des événements européens comme une vague de ténèbres, elle retourna la pièce de monnaie dans ses mains. Elle fut envahie de nostalgie. « Ah, Kläusilein, lui écrivit-elle, combien de temps resterons-nous encore sans nous voir ? Combien de temps dois-je vivre sur le rivage de fleuves plus éloignés que le Paradis ? » Le charmant éphèbe de la pièce de monnaie était tellement beau qu'elle avait aussitôt pensé l'apporter à Klaus.

Par la suite, elle ne trouva pas le temps de lui donner cette pièce de monnaie, pas même dans le train qui les emmenait en Union soviétique. Assis l'un auprès de l'autre, ils débattirent amicalement de projets littéraires communs : une pensée balourde, lui sembla-t-il. Ces derniers temps, leur principal sujet de conversation était devenu la finance – non la grande finance mondiale : simplement la leur. Annemarie s'efforçait de devenir la bienfaitrice et le mécène de Klaus : mais elle ne disposait pas du patrimoine de son père, seulement d'une rente mensuelle. À Klaus, comme du reste à Erika, elle envoyait régulièrement trois cents francs par mois, en partie pour soutenir leurs dépenses et leurs besoins privés, en partie pour soutenir la *Sammlung*, la revue que Klaus avait fondée à Amsterdam et qui devait donner la parole à la littérature de l'émigration allemande. Dans le projet publicitaire, la liste des soutiens s'avère impressionnante. Le nom d'Annemarie Schwarzenbach, le plus long, finit par occuper – le seul entre tous – deux lignes. Il ressort ainsi, presque de force, entre ceux de Joseph Roth et d'Anna Seghers, s'imposant sur André Gide et Robert Musil, Alfred Döblin et Jean Cocteau, Ödon von Horváth et Aldous Huxley, Sinclair Lewis et Stefan Zweig, Thomas Mann et Romain Rolland. La signature d'Annemarie accompagne celle de Klaus dans l'acte de garantie signé à Paris le 14 juin 1933 : « Nous pouvons au moins pour trois mois, autrement dit pour trois numéros, garantir également les coûts pour nous-mêmes comme pour les rédacteurs… » *Wir* : nous. Un pronom pluriel qui lie. Toutefois, dans les numéros de la revue, Annemarie ne compte pas parmi les collaborateurs. Tout d'abord ce choix craintif lui a appartenu – pour s'éviter des complications et des difficultés en Allemagne, où elle avait encore de nombreux amis et où, sans oser l'avouer, elle espérait toujours pouvoir revenir. Klaus en avait pris ombrage, et elle s'en était repentie – comme d'une lâcheté. Toutefois, lorsqu'elle lui avait adressé un article écrit en Irak, il ne l'avait pas publié. Mais en échange on ne lui avait pas offert l'Allemagne : bien au contraire. À cause de ce « nous », séjourner dans le Troisième Reich lui fut interdit. Klaus se dit que peut-être tous deux pourraient vraiment faire quelque chose ensemble et il lui demanda de partir avec lui. « Seuls ? Toi et moi ? » demanda-t-elle, surprise.

La seconde semaine du mois d'août 1934, Annemarie et Klaus prirent un wagon-lit pour Moscou. Il avait été, pour sa part, invité au Congrès des écrivains organisé par le gouvernement soviétique, et elle se proposait, de son côté, d'en rédiger un compte rendu pour la presse suisse. Peut-être est-ce parce qu'elle n'était pas une voyageuse suspecte, mais une hôte du Parti, qu'elle fut traitée différemment, et que la Russie se montra à elle sous un jour meilleur, encourageant les espoirs qu'elle mettait dans le socialisme. Les écrivains étaient presque tous des hommes. Il y avait Louis Aragon, Boris Pasternak, Alexis Tolstoï, André Malraux, Ilya Erhenbourg, Karl Radek, Ernst Toller et Stefan Zweig... Dans la photographie de groupe, parmi les hommes en gris ou en noir prenant racine devant la gigantesque cloche du tsar Kolokol, la silhouette d'Annemarie ressort – défraîchie en habit clair, les chaussures outrageusement blanches. Mais nombre d'entre eux la tenaient seulement pour l'élégante accompagnatrice de Klaus et il s'en trouva même pour aller jusqu'à la qualifier, fort peu courtoisement, de « fille d'un millionnaire suisse qui aime à fréquenter les gens célèbres afin de se distraire et vraisemblablement également pour se rendre intéressante ». Mais Annemarie n'avait nullement besoin de se rendre intéressante : elle l'était. Et les écrivains, hélas, l'intéressaient vraiment. Il lui semblait qu'ils avaient quelque chose qu'elle craignait ne pas avoir – le succès, l'assurance, le talent, le pouvoir. De jour, accompagnés comme des étudiants au cours d'une excursion scolaire, des prisonniers durant l'heure de promenade ou des ambassadeurs en visite d'État (chacun était libre de se forger sa propre opinion), les écrivains étaient ballottés d'une parade à un champ d'aviation, un musée, une école, le soir ils banquetaient dans la résidence princière de Gorki ou de bureaucrates du Parti. Mais surtout, ils parlaient du rôle de l'écrivain dans le monde à l'énorme parterre réuni au Palais des congrès qui débordait de délégués issus des provinces asiatiques les plus éloignées, souvent des camarades conteurs d'épopées paysannes, patriotiques ou sidérurgiques. Les écrivains prononçaient des mots ailés – et dans l'atmosphère de Moscou, rendue pétillante par l'agitation des drapeaux rouges et par les défilés militaires, il semblait qu'un naïf enthousiasme, impensable en Europe, circulait : la conviction d'être en tant qu'écrivains, non plus des parasites, des criminels, des malades, mais des hommes utiles, nécessaires, et même indispensables. « La littérature n'est pas ici une arabesque décorative en marge de la société. C'est une partie importante de la vie publique. L'émotion est plus forte que la contradiction, écrivit Klaus, c'est pourquoi je sens de nouveau qu'il y a un avenir. »

Annemarie aussi aurait aimé croire à la mission de l'écrivain, et donc également à la sienne : elle ne demandait pas autre chose que de trouver un but. Mais, à Moscou, le prix qu'on exigeait de l'écrivain en échange commença à lui sembler trop important au fil des jours. Elle ne parvint pas à croire aux mots d'ordre du congrès, et elle resta convaincue que l'individualité de l'artiste restait toujours la chose la plus importante, et que son sacrifice n'était d'aucune utilité pour la littérature. « Ici, on honore le poète, parce qu'il écrit les livres de cette œuvre immense. Rien d'autre n'occupe aujourd'hui le poète. Mais j'ai peur de ce monde-là, et je crois que le poète doit toujours rester dans l'opposition vis-à-vis du monde clair des faits, que la douleur et la contradiction le rendent mûr, et que ce sera toujours seulement un désir nostalgique que lui laisser croire qu'il ne fait qu'un avec ce monde, et qu'il est en syntonie avec ces choses, le labeur et les cœurs des ouvriers. » Et le bonheur du peuple soviétique vanté par leurs hôtes, auquel elle voulait néanmoins croire, jurait avec les signaux imperceptibles qu'elle devinait de l'autre côté des vitres des automobiles dans lesquelles ils allaient et venaient d'un point à l'autre de la ville. Le luxueux hôtel qui les hébergeait était pourvu de tout le confort moderne –

bain privé, eau chaude, téléphone et même radio dans les chambres (la radio transmettait, hélas, seulement les discours de Staline et des musiques populaires), mais la ville semblait à l'état d'abandon. Les boutiques et les magasins étaient fermés, les routes et les maisons non entretenues : les fenêtres des copropriétés avaient des carreaux cassés jamais remplacés ou réparés tout au plus avec des planches de bois. Les passants étaient uniformisés par des vêtements sobres et humbles, dans le ciel planait une tristesse de plomb. Mais Annemarie chassa cette pensée pour l'attribuer à son humeur, qui, après son retour d'Orient, balançait entre deux dépaysements – elle ne se sentait plus chez elle nulle part, comme si elle était repoussée dans une région intermédiaire, dans un lieu qui n'était nulle part – ni terre ni ciel, ni passé ni futur, ni femme ni homme – un *no man's land*. Elle préféra croire ce que croyaient ses compagnons de voyage, et Klaus lui-même : le marxisme leur était étranger mais il n'était pas leur ennemi. La révolution n'était pas seulement une idée juste, mais également la seule espérance encore vivante en Europe. Les voies de la liberté des peuples ne sont pas moins complexes que celles de l'individu.

Ils partirent pour Leningrad. Ils avaient désormais peu de temps, mais les nuits étaient lumineuses et l'obscurité semblait ne jamais devoir venir. Ils se promenèrent sur la Perspective Nevski et dans les couloirs de l'Ermitage, ils allèrent au théâtre et dans une ancienne église abandonnée. D'occident soufflait un vent froid, imprégné de salinité baltique. Sur le bateau à vapeur qui glissait sur les eaux grises de la Neva, Klaus prit les mains d'Annemarie entre les siennes et souffla sur ses doigts engourdis. Ses mains à elle, maigres et longues – chéries. C'était le 28 août. Ils étaient sur le point de se séparer après quinze jours de vie commune. La dernière nuit, Annemarie remit à Klaus la pièce de monnaie d'Alexandre le Grand. Klaus dit qu'il garderait son éphèbe parmi les choses qui lui importaient et avec lesquelles il se hâtait de décorer les chambres d'hôtel où se déroulait désormais sa vie d'exilé. Puis il l'embrassa. Les lèvres d'Annemarie étaient gercées par le vent, sa peau avait un léger parfum de poudre de riz. Ils fêtèrent leur amitié toujours plus intime avec une piqûre de morphine. Après quoi, l'aiguille laissa une rougeur circulaire sur leur peau – comme le signe d'une nuit d'amour. Peut-être auraient-ils dû rester ensemble. Changer de projets, s'inventer une vie : c'était possible, c'était facile. Il suffisait que l'un d'entre eux – elle ou lui, cela n'avait aucune importance – prononçât un mot. Mais nul ne le proféra. Ils se séparèrent, et quelques semaines plus tard, elle était de nouveau en Perse.

Un garçon prénommé Claude

Elle s'établit – comme assistante – dans le champ de fouilles de l'université américaine de Chicago, à quelques kilomètres de Téhéran. Cette fois-ci elle n'était pas venue pour vagabonder – seulement pour le travail. Son contrat prévoyait un engagement de trois mois. On lui assigna pour logement une maisonnette enchâssée dans le mur d'enceinte, au bout d'une allée plantée de grenadiers. Elle était l'un des membres du groupe : elle essayait de vivre la vie des autres, dans une communauté. En partie parce qu'elle en avait vraiment besoin, en partie en vertu d'un choix mûrement réfléchi, elle s'était persuadée de devoir elle aussi trouver un métier et gagner sa vie. Tout le monde avait un travail. Erika avait le *Moulin à poivre*, Klaus la *Sammlung*, et, pour sa part, elle avait choisi la poussière. L'insuccès de ses romans loués par la critique, et le médiocre intérêt suscité par son livre de voyage lui faisaient redouter que son écriture ne soit rien d'autre qu'un amour non partagé – hélas, certes pas le seul : un rêve qui l'avait déçue. Elle devait se trouver un rôle, et une place dans le monde – autrement, elle finirait par se perdre. Elle choisit l'archéologie.

Eric Schmidt, le directeur du chantier, était l'un des archéologues les plus chanceux parmi ceux si nombreux qui, après l'avènement du schah, avaient été autorisés à entreprendre des fouilles en Perse. Il était allemand. En 1933, il avait découvert un site d'une richesse exceptionnelle, à Damghan-Tepe Hissar, où avaient été reconnues des traces d'époques et de cultures différentes : la ville existait dès la fin du quatrième millénaire, mais son apogée s'était situé entre 2000 et 1600 avant Jésus-Christ. Devenue prospère, monumentale, magnifique, la ville avait attiré les convoitises de hordes, qui une nuit l'avaient assaillie et détruite. Schmidt était très fier de sa découverte (comme Hertzfeld Persépolis, il la tenait pour une sorte de propriété privée), mais il reconnaissait qu'elle était surtout le fait du hasard. Parce que si quelques lieux ont conservé le souvenir de leur passé, et quelques villes se sont perpétuées, d'autres, détruites par les invasions, et abandonnées, ont disparu et la poussière recouvre encore les empires de l'Asie centrale. Tepe Hissar avait été attaquée par surprise, incendiée et pillée. Les assaillants avaient jeté des torches enflammées dans les greniers et le feu enveloppa rapidement la ville qui avait été ainsi complètement détruite. Réveillés par l'incendie, les habitants n'avaient pas eu le temps de fuir – asphyxiés par la fumée, ils n'avaient opposé qu'une faible résistance et avaient tous été massacrés : leurs cadavres avaient été amoncelés près des portes et des escaliers. Parmi les ruines, avec une émotion semblable à celle que devaient avoir éprouvée les découvreurs de Pompei et d'Herculanum, les archéologues avaient trouvé plus de mille sept cents squelettes. Parmi les victimes les plus émouvantes de cette nuit tragique, on parla à Annemarie du cadavre d'une jeune femme, qui pour mourir s'était couchée dans une position si gracieuse et harmonieuse qu'elle méritait qu'on la baptise du nom de *Tänzerin* – la danseuse. Ses membres délicats étaient encore recouverts de bijoux. Ailleurs, ils avaient découvert les restes d'un adolescent dont l'attitude exprimait encore une épouvantable angoisse. Il avait été terrassé par l'asphyxie tandis qu'il tenait bien serré sous son bras un vase d'onyx qu'il espérait soustraire à la furie des assaillants. Il n'avait pas songé à sauver autre chose que cette pierre transparente qui l'avait accompagné dans la mort et qu'il serrait encore contre son squelette. Par la suite, Schmidt avait découvert les ruines d'un palais sassanide d'une grande beauté, orné de magnifiques sculptures. Dans la variété des thèmes décoratifs, mêlant les motifs arabes et les motifs persans traditionnels, il fut particulièrement frappé par la survivance d'un très ancien motif sumérien – le signe de l'eau. Ce signe sembla être pour Annemarie la confirmation symbolique de son choix : il s'agissait d'un S.

Mais la découverte du squelette ne lui revenait pas, ni même celle de son initiale gravée sur le bas-relief d'un palais princier : son travail était tout autre. À la lumière d'une lampe à pétrole, dans une pièce froide appelée musée, tandis que ses compagnons déchiffraient au microscope les inscriptions des pièces de monnaie, et que l'architecte dessinait le plan de la ville mise au jour par les fouilles, Annemarie répertoriait des heures durant les objets au fur et à mesure qu'on les découvrait sur le terrain. Elle écrivait des chiffres à l'encre de Chine sur les objets, et avec un tampon, elle imprimait ces mêmes chiffres sur les fiches du catalogue. Avant d'écrire le moindre numéro, elle prenait l'objet et le comparait avec la description du catalogue. Enveloppée dans une couverture, tandis que sa cigarette se consumait dans le cendrier, elle remplissait des fiches, des fiches et encore des fiches. Schmidt daignait rarement observer son travail. « Chère demoiselle, lui dit-il une fois, relevant dans ses yeux un éclair d'impatience, vous ne regretterez pas d'avoir échangé l'écriture contre l'archéologie. C'est une école de vie et ce qu'elle vous enseignera vous servira également si un jour vous deviez décider de revenir à vos livres. L'archéologie exige de grandes vertus physiques et morales qui ne s'apprennent pas, mais que vous découvrirez posséder, j'espère. » « Quelles seraient ces vertus ? » lui répondit Annemarie, perplexe. « La culture. La capacité de lier des choses différentes. La biologie et l'anthropologie, la psychologie et la botanique, l'ethnologie et la géologie, la sensibilité et la santé, l'art de commander les hommes et la démocratie d'apprécier chacun d'entre eux, d'être tout à la fois sévère et bonne, exigeante et juste. L'humilité. La précision. Le désintéressement. Le courage. La patience. »

Sa tâche consistait à mettre des fragments en place, des lambeaux d'un passé qui se révélait comme une mort universelle, impersonnelle, terrible. Les semaines passant, l'Orient lui apparaissait toujours plus comme un amas de décombres, une ruine atemporelle et éternelle, où l'Histoire – l'identité – s'abîme dans la poussière. Quelque chose de semblable se vérifiait également chez elle. Souvent, peut-être parce qu'elle était trop lasse ou qu'elle avait trop bu, il lui arrivait de ne plus se souvenir de rien. Tout s'effaçait, et aucun passé n'existait plus pour elle. Plus un seul visage. Son esprit vacillait parmi les détritus de la mémoire, images déréglées qui éludaient la conscience pour s'évanouir dans le néant. Seulement plus tard, réaffleurait de nouveau quelque chose, et ce quelque chose était le visage d'Erika, auquel elle s'agrippait comme à une prise. Ah ! son visage imperturbable – ses yeux sombres rieurs qui cependant ne rient pas pour elle. Elle essayait de penser à Erika, mais penser à elle augmentait sa sensation de déracinement et de solitude. Car, cet automne, Erika était sur le lac de Zurich, pour préparer le début du *Moulin à poivre*, à musarder le long des rues, des vitrines, des théâtres et des cafés qui avaient été autrefois toute sa vie – et elle était ici, dans le néant.

Par la suite, au fil des jours, la peur fit son apparition. Une peur dépourvue de cause, vide et abstraite, paralysante. Elle avait peur du crépuscule et de l'obscurité. Peur des papillons nocturnes qui crépitaient par centaines contre la lampe et qui s'engluaient dans ses cheveux. D'un tourbillon grisâtre, comme de cendre, une toupie tournoyante dans laquelle elle se sentait réabsorbée. Peur d'un monde étranger d'où se rapprochaient les sinistres sonnailles des caravanes qui traversaient le haut plateau au cours de la nuit, passant le fleuve à gué précisément de l'autre côté de la clôture du champ de fouilles. Les chameaux portaient au cou des cloches qui tintaient à chaque pas, et, dans l'obscurité, ce son devenait pour elle comme un appel de mort. Peur d'éteindre sa lampe, et de traverser le champ de fouilles non éclairé, tellement que parfois elle demandait à la cuisinière russe de l'accompagner. Peur de rester seule – définitivement et indéfiniment, un temps long comme l'éternité. Peur des morts et de la mort qui étaient restés emprisonnés sur cette terre et sur ces ruines, parce que rien qu'à Rhagès le Mongol Houlagou Khan avait massacré sept cent mille hommes, et dans la poussière les ouvriers trouvaient non des tessons et des lambeaux de vaisselle, mais des orbites de crâne, et des morceaux d'os. Elle marchait sur une terre jaune, aride et désolée qui était en réalité un immense cimetière. Et si elle se penchait depuis les remparts de la ville moderne, elle voyait des cadavres d'ânes et de moutons putréfiés, restés dans la position dans laquelle ils étaient tombés lorsqu'on les avait jetés du haut des remparts – les pattes encore liées. Les fouilles étaient enveloppées d'une poussière dense comme de la fumée. Avant le crépuscule, l'heure que tout le monde appelait « morte » durait à l'infini. Une couleur identique colorait les routes, les champs, les remparts et les maisons de Perse : c'était la couleur de la poussière, de l'argile crue et du poil des chameaux. Elle la définissait ainsi : couleur de lèpre. Au cours de l'heure morte, tout devenait opaque, le monde semblait se pétrifier. Elle était alors prise d'une peur de vivre irrationnelle. Elle avait même peur du paysage mouillé par une lumière irréelle, qu'elle entrevoyait de l'autre côté de la clôture du champ de fouilles. C'était une vision lunaire, comme si à l'improviste le monde s'était réduit à une structure géologique géométrique, sans hommes. L'espace était un vide, uniquement constellé de cônes rocheux de montagnes, cylindres tremblotants de minarets, soumis à des changements soudains, à des tempêtes inattendues à la violence inouïe – et l'omniprésence de la nature la faisait se sentir monstrueusement insignifiante. Dans un monde où les distances n'avaient pas de fin, où le silence et l'éloignement étaient sa seule et unique compagnie, et l'éternité sa destination – mais peut-être en va-t-il ainsi en tout monde –, sa présence était seulement un accident parfaitement fortuit. Fruit d'une erreur, d'une équivoque, d'une chute inexplicable. Et sa vie présente, et son passé, et les années perdues sur les livres et dans les villes, à la poursuite de fantasmes de bonheur qui avaient d'évanescents visages de femme, tout prenait une saveur d'exil biblique. Mais, parmi tous les hommes qu'elle avait rencontrés dans son vagabondage précédent, il y avait également Claude.

Claude venait lui rendre visite plus souvent qu'une bonne éducation l'exigeait. Ils passaient ensemble d'étranges soirées à manger du riz et des brochettes de mouton à la lumière d'une lampe à pétrole. L'odeur grasse de cette viande imprégnait le champ de fouilles, la poussière, les rues de la ville elle-même. D'étranges soirées accroupis l'un face à l'autre sur des bidons de pétrole en fer-blanc, parce qu'il n'y avait pas d'autres sièges, et qu'en Asie, les bidons de pétrole en fer-blanc servaient à tout : ils devenaient paravents et escabeaux, récipients pour conserver l'eau et urinoirs, toits et tuyaux de poêle de cuisinière, cloisons de baraques ou baraques entières. Accroupis sur les bidons de pétrole en fer-blanc, à trembler car les nuits deviennent toujours plus froides, et que dans le bâtiment, il n'y avait pas de chauffage.

Claude était timide et dans le même temps obstinément orgueilleux. Il pouvait parler d'Oudon, du *Ministère**, de ses arides ambitions, mais également rester assis toute la nuit à la regarder comme un enfant égaré dans un rêve. Lorsqu'ils étaient seuls, ils parlaient sans arrêt, comme s'ils avaient peur du silence. De devoir se regarder dans les yeux, s'embrasser et s'aimer. Claude ne l'avait jamais effleurée. Le jeudi soir, sachant qu'elle ne travaillait pas le lendemain, car le vendredi était un jour de repos (les ouvriers musulmans ne fouillaient pas le jour du Seigneur), l'automobile de Claude – une Dodge blanchie par la poussière et la boue – faisait son apparition derrière les caravanes et entrait dans le champ de fouilles. Le chauffeur lui ouvrait sa portière, Claude descendait, lissait son pantalon, recoiffait ses cheveux et appelait son nom à haute voix : « Annemarie ? criait-il, en prononçant les r à la française, Annemarie ? »

Les archéologues le toisaient avec méfiance, parce que ce grassouillet secrétaire d'ambassade était le seul véritable ami d'Annemarie, et, pour sa part – même si en leur compagnie elle se moquait de son assiduité dévouée –, elle l'attendait et s'il tardait, elle tripotait sa montre, fumant cigarette sur cigarette. Claude l'emmenait à Téhéran, où elle retrouvait le présent, le confort et la vie mondaine. Ils formaient un couple étrange : elle, maigre dans son pantalon trop large, pâle, le regard inquiet, Claude, joufflu, flegmatique, le sourire aux lèvres. Elle, légère, presque céleste, avec l'air de quelqu'un qui est sur terre par pur hasard ou en vertu d'une mission étrange, lui, lourd, concret, avec l'air de ne pouvoir être ailleurs que là où il est. Claude disait qu'il existait des individus aériens et des individus terrestres. Il se savait terrestre. Les individus aériens et les individus terrestres ne se comprenaient pas, et ne se rencontraient jamais – même s'ils étaient nécessaires l'un à l'autre, parce les seconds apporteraient le poids et la matière qui empêcheraient les premiers de s'envoler, et les premiers la légèreté et la fantaisie qui empêcheraient les seconds de s'engloutir. Mais parfois, les individus aériens et les individus terrestres rêvaient l'un de l'autre. Un matin, le consul le convoqua dans son bureau. « Il faut que je vous parle, Clarac », dit-il. Sa voix promettait des reproches.

Le consul le réprimanda, parce que Claude s'était trop fait voir de-ci de-là avec « la Suissesse ». C'est ainsi qu'il s'exprima, et Claude en fut vexé. On les avait vus au marché et au bazar, au bal et en automobile. En outre, il l'avait fait trop souvent dormir à la légation française. « Les femmes qui voyagent seules ne sont bien vues dans aucun pays. Vous êtes en train de créer un scandale. » « Bien, monsieur », se hâta d'acquiescer Claude – en vertu d'un réflexe automatique. Car l'homme au crâne dégarni qui maintenant le dévisageait avec indignation était son supérieur, et une appréciation négative de sa part pouvait briser net sa carrière. En réalité, Claude aurait voulu rire de l'absurdité de cette accusation. C'était vraiment paradoxal. Le consul protesta parce que Claude s'était permis de lui faire prendre une douche dans la légation française sans lui en demander l'autorisation. « Monsieur, protesta Claude, cette demoiselle n'est pas habituée à la rudesse de la vie du champ de fouilles. À Raghès, il n'y a pas d'eau chaude, il n'y a pas d'eau courante, c'est d'une incommodité terrible pour une femme. On m'a appris que c'est notre devoir de montrer au monde quelle est la généreuse hospitalité de la France. » C'était la vérité, mais également un mensonge, car Claude éprouvait un plaisir inavoué lorsque dans ce petit hôtel particulier qui ignorait le mot « péché », on entendait le crépitement de l'eau dans la chambre d'hôtes, et il imaginait le jet de la douche sur sa peau à elle. Une peau qui avait la fragrance et la luminosité d'une amande, dont il se surprenait à imaginer le parfum. « En conclusion, il semble que vous vous soyez compromis », affirma le consul, le fixant d'un regard piqué de curiosité où se mêlaient, étrangement, embarras et ironie. « Quelle conduite me conseillez-vous ? » demanda Claude, d'un air hautain. « Celle de quelqu'un de respectable, Clarac », dit le consul. « Je m'y tiendrai », le rassura Claude. Puis il ajouta, nonchalamment : « Je crois que je finirai par l'épouser. »

En vérité, sa première demande en mariage, avancée soudainement au printemps dernier, avait été refusée sans hésitation par Annemarie. « Je ne pourrais jamais vivre avec un homme, lui répondit-elle, arborant son plus aérien sourire. Et puis, j'aurais une trop grande nostalgie. » « De qui ? » lui demanda Claude, mordu par une jalousie soudaine. Elle ne répondit pas. Claude s'éloigna en toute hâte. C'était une stupide soirée chez les von Blücher, dont Annemarie était l'hôte. Les enfants des diplomates allemands, déguisés en cow-boys, allaient et venaient hululant et tirant n'importe où dans les jardins de la légation, tandis que leurs parents regardaient un film sentimental qui se déroulait dans les Alpes. Claude était blessé dans son amour-propre et même déçu. Beaucoup plus qu'il ne le pensait. Il avait des projets à réaliser avec Annemarie. Il l'associait à lui parce qu'il s'était convaincu qu'ensemble ils lutteraient et se défendraient mieux. Ils feraient taire les racontars et mettraient fin aux soupçons, et personne n'exigerait de l'autre plus qu'il ne pouvait lui donner. Ce serait un pacte d'alliance et de secours mutuel. Toutefois, le jour faisant suite à son grand refus, Annemarie vint le chercher. Chefik, le prince kurde, l'avait invitée à participer à une chasse au faucon. Voir le faucon planer et fondre sur sa proie devait être intéressant, de même que voir les hommes le suivre à cheval, et tirer tout en restant debout sur leur selle – une preuve de grande dextérité. En Perse, il n'y avait plus beaucoup de faucons dressés. Cet usage très ancien était sur le point de disparaître, alors pourquoi ne venait-il pas lui aussi ? « Pourquoi le devrais-je ? » dit Claude, abattu.

« Parce que ce prince aussi m'a demandé de l'épouser »,
répondit malicieusement Annemarie. « Alors, épouse-
le », s'exclama Claude, acide. « Tes parents seraient
contents. Il est très riche. Il possède pour ainsi dire la
moitié de la Perse. Je ne saurais rivaliser avec un
prince, je ne suis qu'un secrétaire d'ambassade. Mais
fais bien attention, il a le sang chaud, je ne crois pas
qu'il te laisserait en paix. » Annemarie rit. Au cours des
journées qui lui restaient, elle rencontra souvent
Claude, et le soir avant de partir pour l'Europe, elle lui
dit, avec rudesse, qu'il la mettait de bonne humeur.
« Beaucoup d'hommes m'ont proposé le mariage, je ne
sais pas même combien, dit-elle, et j'ai toujours
répondu non. Mais toi, mon petit Clarac, ne sois pas
triste. » Puis, elle se pencha sur lui et effleura ses lèvres
pour un baiser rapide. Claude rumina la chose des mois
et des mois, jusqu'à ce qu'elle revienne.

En novembre, il le lui demanda de nouveau : il l'avait
accompagnée au bazar, autrement dit, le seul lieu de
Téhéran qu'Annemarie trouvait charmant, et où on respirait encore l'atmosphère de la vieille Perse. Elle
musardait parmi les milliers de boutiques et d'échoppes,
et les vendeurs l'assaillaient cherchant à l'attirer avec
leur gémissement plaintif : *Mossié, Mossié*. Ils ne
croyaient pas que cette créature blonde, à la peau très
blanche, qui musardait dans les rues tête découverte
était une femme. Ils l'appelaient comme ils appelaient
Claude, et – indistinctement – les autres étrangers de
Téhéran : *Mossié, Mossié*. Claude peinait à la suivre, risquant à chaque instant de la perdre dans la foule ges-
ticulante de toutes les races et classes sociales qui
fourmillait parmi les boutiques. Tirée par la manche
par des vendeurs arrogants et sournois, par des bar-
biers qui lui proposaient absurdement de la raser, des
écrivains publics, des musiciens de rue, des cuisiniers
qui improvisaient des rôtis de mouton sur des four-
neaux de fortune, des mendiants qui récitaient le

Coran, Annemarie – blonde, plus grande que tous, presque une apparition dans la pénombre du bazar – essayait d'évaluer des samovars étincelants et de l'argenterie de toutes formes et valeurs, des bijoux d'une authenticité douteuse et des ramettes de papier à écrire, des crayons à papier et des stylos-billes, des lambeaux de peaux brutes et des lampes à pétrole, des courgettes et des poivrons rouges, des épices et des grenades, du cuir ouvragé et des étoffes de toutes les couleurs, des chaussures et des vêtements, des chapeaux et de la farine, du raifort, des melons et des sucreries. De temps à autre, elle se retournait, et disait : « Claude ! Ne me quitte pas, mon petit Claude ! » Jusqu'à ce que tournant et retournant encore dans ce lacis d'allées, ils finissent par se perdre, et ne parviennent pas à sortir du labyrinthe – Claude ne savait pas la ramener chez elle. « Que faisons-nous ? » demanda-t-elle : elle voulait dire – comment sortirons-nous d'ici ? Mais Claude se méprit et lui fit de nouveau sa demande – au cœur du bazar, tandis que les vendeurs qu'Annemarie avait déçus et qui la suivaient hurlant *Mossié, Mossié*, tout à coup, simultanément, comme par magie, se turent. Un silence respectueux tomba sur le bazar, et tous s'immobilisèrent. Les voix se brisèrent sur les murs comme l'eau troublée par la pluie. Presque incrédules, Claude et Annemarie ne firent aucun mouvement. Le moment était solennel, mais au fond, il lui avait seulement fait une proposition de mariage ! En réalité, personne ne se souciait d'eux. Les boutiques se vidèrent, tous disparaissaient dans la mosquée voisine pour la prière de midi, et les deux étrangers s'en allèrent à travers les ruelles désertes, main dans la main, sans être dérangés. La seconde demande en mariage fut acceptée.

Tout avait déjà été décidé – la date, le lieu, et la bague elle-même avait été achetée dans une bijouterie de la place Vendôme, sur les conseils d'Ernestine Daix Clarac

– lorsque Annemarie posa ses conditions. La maison parisienne de Claude, non loin de Passy, donnait sur l'avenue d'Iéna. Le chauffeur de taxi qui l'y conduisit lui montra une image aussi surprenante qu'énigmatique. Au centre de la Seine, sur une île où autrefois Louis XIV se réjouissait de contempler ses cygnes, une petite statue – le bras levé, le flambeau dressé vers l'avenir – se montrait dans toute sa splendeur. C'était la statue de la Liberté – une copie réduite de celle de New York. Annemarie se demanda si la présence de cette statue si proche de la maison de Claude ne lui disait pas quelque chose à propos de son futur : si elle ne lui indiquait pas son but, son destin. Mais Claude rit d'une telle pensée. Il écrivait des adresses sur des enveloppes dans lesquelles il glissait un billet annonçant à ses connaissances la nouvelle de son mariage, et il pensait qu'un jour – l'époque des nominations à l'étranger révolue –, ils reviendraient habiter ici. Le soir, Passy retrouvait la sérénité de la campagne. C'était un quartier élégant et tranquille. Annemarie aimerait Paris. Elle aimerait Oudon et tout ce qu'il aimait. Les enveloppes s'accumulaient sur la table, Claude y traçait sa calligraphie minuscule, et Annemarie dit que peut-être il n'y aurait pas de mariage. Autrement dit, elle voulait toujours l'épouser – Claude lui était, véritablement, très cher –, mais elle y mettait deux conditions qu'il lui fallait connaître et accepter, sinon leurs rapports se fonderaient sur le mensonge. « Quelles seraient ces conditions ? » dit Claude, portant distraitement son stylographe à ses lèvres. *Nous avons le plaisir de vous annoncer le mariage d'Achille-Marie Clarac…* mentionnaient les cartons d'invitation. « Que pour moi, tu passeras toujours après l'écriture. » Tranquille, Claude acquiesça. Il était content qu'Annemarie eût décidé de se consacrer vraiment, et uniquement, à l'écriture. Aucun autre métier ne lui semblait digne d'elle. Elle pourrait en outre écrire n'importe où, et de ce fait, le suivre partout où il pouvait être nommé. « Ma *chérie** ! la réprimanda-t-il, avec un sourire de compréhension, je voudrais que tu puisses te réaliser ! C'est presque plus important pour moi que pour toi. » « Et puis que je puisse être toujours prête et disponible, pour *eux*, car tu passeras toujours après Erika et Klaus et tu devras les aimer comme je les aime. » Il y eut une minute de silence. Depuis l'avenue d'Iéna montait le tintamarre d'un trafic convulsif, coups de klaxon, cris et coups de frein. Le passage d'un autobus faisait trembler les vitres. *Nous avons le plaisir de vous annoncer le mariage d'Achille-Marie Clarac et d'Annemarie Schwarzenbach...* mentionnaient les cartons d'invitation. Annemarie le fixait d'un regard agressif. Ses yeux gris se perdirent dans la lueur noirâtre typique de ses jours de fugue, car ils étaient capables de changer de couleur selon ses états d'âme. Elle était sur le point de lui échapper. Claude recommença à écrire obstinément des adresses sur les enveloppes. Il dit qu'il ne voulait pas passer après Erika et Klaus. Il n'avait rien contre eux. Bien au contraire. La question n'était pas de les aimer, il les aimerait, certainement. Mais tous trois constituaient une entité close – impénétrable. Ils devaient lui concéder un passage. « Je te demande seulement de me laisser un espace à moi, *chérie**. » Puis, têtu, il répéta : « Veux-tu m'épouser, Annemarie ? »

« *Voulez-vous, Mademoiselle Annemarie Schwarzenbach, prendre Monsieur Achille-Marie Clarac pour époux** ? » dit le consul de façon expéditive. La formule bureaucratique de la République française est rapide et indolore. Elle prévoit seulement une réponse monosyllabique : *Oui**. Aucun serment, aucune déclaration de fidélité – ni à la nation, ni au conjoint. Le 21 mai 1935, auprès de la légation française de Téhéran seuls les employés et quelques connaissances de Claude sont présents. Le soir, un cocktail est prévu. Demain, dans le journal imprimé en anglais et en français qui publie les télégrammes laconiques des agences de presse étrangères, un entrefilet mentionnera cet événement. Annemarie pose sa main sur celle de Claude et dit : « *Oui** », sans emphase. Mais tandis que le consul répète sa formule bureaucratique à Claude, lui, qui a toujours été catholique, et qui aime dans la religion catholique son immuable solennité sacrée, songe à la formule de l'Église, et susurre pour lui-même : Veux-tu l'honorer et lui être fidèle dans les revers de la fortune et pour le meilleur et pour le pire, dans la joie et dans la douleur, l'assister dans la maladie, et rester auprès d'elle jusqu'à ce que la mort vous sépare ? Annemarie est habillée sobrement. Elle porte une longue jupe bleu ciel, un simple corsage blanc et un petit chapeau gris – de la même couleur indécise que ses yeux. Comme une collégienne le jour où elle reçoit son diplôme. Claude la trouve embarrassée. Il l'est tout autant. En fin de compte, on se marie une seule fois, et des gens comme eux souvent ne se marient jamais. Il s'éclaircit la voix et murmure « *Oui** ». Le consul pousse une feuille sur la table, où on peut apercevoir des tampons et des timbres fiscaux, et déclare : « Bien, j'ai fini, vous commencez. Bonne chance, jeunes gens. »

Mais tout alla de travers, dès les premiers jours de leur vie commune, même si ni lui ni elle ne l'admettraient jamais. Peut-être était-ce vraiment à cause du climat – comme s'obstine à le répéter Claude. Ce climat aride, cette chaleur suffocante qui enveloppe le haut plateau dans une canicule accablée de poussière, qui vide et rend les gens stériles – précisément comme il vide et rend stérile la terre. C'est à cause du climat que sa jeune épouse ne parvient pas à se concentrer et erre tel un détenu à travers la villa qu'il a louée pour elle, non loin de la ville, à Fermanieh, dans le quartier des jardins. Les causes de son aridité créatrice ne sont ni son mari ni son mariage. Et ce qu'Annemarie lui répète agressivement : « Je ne suis pas née pour être la femme de quiconque », n'est pas vrai. Claude relativise. Il relativise tout. Polémiques, accusations, reproches glissent sur lui comme de l'eau sur les plumes d'un canard. L'inquiétude d'Annemarie doit être mise sur le compte du climat. Après l'été, avec la fraîcheur et les pluies, elle sera beaucoup plus heureuse. Elle le fixe des yeux, parfois avec méchanceté. Claude possède une qualité qu'elle n'avait pas soupçonnée. L'étroitesse d'esprit. Il ne s'aperçoit pas des choses, voilà. Il ne s'aperçoit de rien. Croit-il vraiment aux sottises qu'il dit ? Puisque ce n'est pas l'amour, qu'est-ce qui l'aveugle ?

L'ambition, peut-être, parce que depuis la fin de la saison diplomatique, avec le début de l'été, le consul est rentré à Paris pour les vacances, Clarac est devenu le fonctionnaire le plus haut gradé de la légation. Ses responsabilités l'ont ragaillardi, et rendent la Perse beaucoup plus agréable pour lui, et ses journées beaucoup plus remplies. Le secrétaire a pris une épouse, une maison, des domestiques. Tout a changé. Il faut que la villa des Clarac soit splendide, et digne d'eux. *Monsieur le Secrétaire** élève souvent la voix pour se faire respecter par ses domestiques persans. Pour leur imposer l'ordre, la propreté, la ponctualité – et il n'obtient rien. Parce que ces hommes ne connaissent pas la valeur du temps, ni celle de la fatigue, ils travaillent le moins possible – chacun seulement le peu qu'il juge indispensable. Le cuisinier ne fait pas la plonge, le plongeur ne cire pas les mocassins, le valet de chambre ne refait pas le lit, qui refait le lit n'arrose pas le jardin, et c'est pourquoi il faut dix hommes pour faire le travail d'un seul, et souvent ces dix-là ne suffisent pourtant pas. Et Claude s'indigne. Il élève la voix parce qu'il est jeune, sans expérience, il n'a pas suffisamment d'autorité pour s'imposer ni assez de curiosité pour les comprendre. Les Persans vous regardent avec des yeux noirs doux comme des gouttes de poix, ils sourient, ne se départent jamais de leur calme, ne se mettent jamais en colère, et plus vous vous agitez, plus ils sourient courtoisement, ils vous laissent protester, accuser, hurler, et lorsque vous avez fini de crier, vous vous apercevez que vous n'avez rien gagné, ni autorité ni force, que d'ailleurs vous les avez perdues, vous vous êtes humilié, et maintenant vous êtes à leur merci. Annemarie hait le son strident et pétulant de la voix de Claude lorsqu'il cherche à se faire obéir par ses domestiques, à contraindre le valet de chambre à la ponctualité et le chauffeur, qui conduit lentement, comme s'il avait toute la vie pour emmener son maître en ville, à se hâter. Elle le hait parce qu'elle croit comprendre beaucoup mieux que lui la hiératique paresse de ces gens, auxquels elle ressemble chaque jour davantage. Les Persans sont un peuple déchu et fier, ils ont une allure sérieuse et pleine de dignité – une dignité dont le monde ou l'Histoire les ont peut-être dépouillés, mais seulement extérieurement. Elle les comprend, et elle aussi croit être au monde de cette manière-là – déchue d'un paradis chaque jour plus inaccessible pour elle et pour lequel elle ressent une nostalgie toujours plus grande. Quel est donc ce Paradis, est-ce le Paradis littéral de la Bible, celui de sa prime enfance, de son innocence perdue ou seulement de l'Europe ? Elle ne saurait le dire précisément. Les Persans sont mélancoliques, ils sourient rarement et ne rient jamais. Dans l'intimité, Claude l'appelle « mirzâ », avec affection et crainte, parce que *chérie** est vraiment en train de devenir un vieux Persan. Comme ces hommes, elle passe des journées faites de contemplation, immobile à fixer l'infinie – l'âpre vastitude de leur monde. Eux, couchés sans rien faire auprès d'un samovar, sur les bancs de bois des *chaikané*, elle sans rien faire sur les coussins de leur jardin, à repenser aux paroles de Thomas Mann. « En Asie, l'indifférence au temps est due à l'énorme extension de la terre. Où il y a beaucoup d'espace, il est beaucoup de temps. Nous,

Européens, avons aussi peu de temps que nous avons peu d'espace. » Mais ici l'espace est infini, et infini le temps – et la solitude d'autant plus épouvantable. Lorsqu'elle s'aventure sur le haut plateau, il lui semble avancer dans le néant – et à l'infini, comme le temps, même l'espace cesse d'exister, et seule l'évolution de son ombre vient lui rappeler qu'elle est encore vivante. Si toutefois elle l'est vraiment. Dans l'air, seulement des corbeaux qui planent comme de la cendre poussée par le vent, pas d'eau pour ruisseler, pas une fleur, alentour rien d'autre que le silence – de la poussière, de la poussière et encore de la poussière. Elle n'avait jamais deviné combien de déserts il y avait sur cette terre, et jusqu'à quel point la présence des hommes est, comme la grâce, le don d'un hasard arbitraire. Son ombre est devenue toujours plus mince à la tombée de la nuit – jusqu'à ce qu'elle-même sente qu'elle n'existe plus.

Il fallait attendre presque un an avant le premier congé de Claude, qu'il ne pourrait demander avant le printemps prochain. Claude s'était résigné à l'idée de vivre jusqu'alors en Perse, et il lui recommanda d'en faire autant. Avec un sourire toujours moins sincère, Annemarie lui répondit de ne pas se faire de souci. Elle aimait la Perse, assurait-elle. Elle s'était également habituée aux bruits du pays : le tintement bavard des sonnailles que les ânes portaient au cou et les voix des muezzins qui appelaient à la prière, les cris des marchands ambulants, qui à la différence de ceux de tous les autres pays d'Asie attirent leurs clients au moyen d'une cantilène triste comme une lamentation et ne marchandent jamais. Tous ces sons étaient vraiment devenus familiers, et les appels des chameaux eux-mêmes ne lui faisaient plus peur. Mais elle haïssait la voix stridente de Claude, également parce qu'elle n'était pas sa vraie voix. Ce n'était pas le Claude connu lors des fouilles de Rhagès. Elle n'avait pas épousé un diplomate hystérique mais un garçon au large sourire, au pantalon empoussiéré, qui tremblait de froid assis sur un bidon de pétrole en fer-blanc, et qui l'accompagnait dans l'obscurité du champ de fouilles, le bras posé sur ses épaules.

« *Tu as perdu tes amis et ta famille, chérie** », lui avait dit Claude le jour de la catastrophe du *Moulin à poivre*, « mais je suis là, je serai ton compagnon et ton *frère**. » Mais Claude et Annemarie ne pouvaient vivre la vie qu'ils s'étaient choisie. Ils ne pouvaient être amis, compagnons et frères. Le monde les observait. Tous les épiaient. Ils écoutaient ce que le secrétaire et la dame se disaient lorsqu'ils se disputaient. Ils prenaient soin de vérifier s'ils dormaient ensemble. Et ils jugeaient négativement le fait que madame se couchât plus tard que lui – à trois heures du matin – lorsque le pauvre secrétaire ronflait déjà, et qu'elle se levât à midi, lorsqu'il était déjà à son bureau depuis longtemps. Des faits qui rapportés de bouche en bouche – connus de tous – finissaient par constituer un sujet de conversation et de réprobation.

Claude ne s'en apercevait pas ou feignait de ne pas s'en apercevoir. *Tout va bien** – répétait-il toujours, à Annemarie, à ses collègues de la légation, à ses amis anglais qui avaient trouvé Annemarie aussi charmante, à l'époque où elle était une archéologue, aussi dilettante qu'elle leur semblait dangereuse maintenant qu'elle était devenue sa femme. Annemarie s'abandonnait, sans même s'en apercevoir, à des fantaisies de voyages, et lorsqu'elle les découvrait chimériques, elle sombrait dans le chagrin, et Claude travaillait. Trop, disait-on alentour, du moment que la saison des vacances diplomatiques avait commencé. Cependant, il se rendait souvent à la légation, aux prises avec le problème de l'oléoduc, obsédé par le rôle subalterne de la *République** et par la décadence du prestige français dans cette région anglicisée de l'Orient. La Perse était en train de changer. Exécré par les conservateurs, par les mollahs et par les analphabètes, mais également par les esthètes occidentaux, et même par les touristes et par les voyageurs, le schah était en train de transformer la Perse – pays immobile, pétrifié, mort – en un pays moderne. Le schah accordait avec désinvolture des concessions et des contrats d'adjudication aux sociétés occidentales pour la réalisation d'imposants travaux d'infrastructure. La France devait en profiter. En Perse, on construisait des routes, des chemins de fer, des centrales électriques, des gazoducs, les ingénieurs, les architectes, les ouvriers arrivaient par centaines d'Italie, de Belgique – c'était une grande occasion : était-il possible qu'à Paris on laissât échapper une si belle opportunité ? Claude en faisait une question d'honneur. Il se souciait – notèrent les esprits malveillants – plus de l'honneur de la France que du sien propre. Même lorsqu'il ne travaillait pas, il étudiait l'alphabet persan, et il s'exerçait à le prononcer en parlant face à un miroir. Il se trouvait gonflé et harassé. La cuisinière arménienne le gavait de nourritures qu'il ne parvenait pas à digérer, et Annemarie lui donnait bien du souci. Elle était en train de se révéler une femme beaucoup plus compliquée que prévu. Mais en réalité, il ne connaissait véritablement pas les femmes, car elles ne l'avaient jamais intéressé, et c'était la première fois qu'il en avait une à ses côtés. Il l'observait avec stupeur, avec la même maladroite inexpérience et la même gratitude qu'un entomologiste découvrant un papillon d'une espèce rare. Il ne possédait pas les connaissances qui lui eussent permis de la comprendre, mais il l'acceptait. Il aurait voulu qu'elle en fasse tout autant.

Parfois Annemarie s'absentait des heures entières. Elle disparaissait avec sa Buick et son serviteur Hassan. Elle ne disait jamais où elle allait. Et si elle le disait, elle mentait. *Mais tout va bien**. J'aime la France, j'aime ma femme, et j'ai reçu en partage un devoir de responsabilité. Ma carrière prend son envol. Encore une année en Perse et je pourrai demander un poste plus important. Nous irons à Londres ou dans n'importe quelle autre capitale européenne. Ses ambitions proliféraient dans la chaleur – tels des mirages. Dans son lit étouffant de chaleur et vide, il pensait parfois à Annemarie, qui, dans la pièce d'à côté, dactylographiait sur son Underwood des pages et des pages de récits orientaux qu'aucun éditeur ne publierait jamais – trop politiques pour les éditeurs suisses, pas assez politiques pour les éditeurs allemands de l'émigration. Il rêvait. Il se voyait honoré aux réceptions de l'Élysée. *Monsieur l'Ambassadeur**. Avec la croix convoitée épinglée sur sa veste. La Légion d'honneur. Il était disposé à tout, afin que ce jour arrive. Et ce jour-là, *chérie** serait à ses côtés.

L'épouse d'un diplomate a une vie sociale. Elle noue des liens, tisse un réseau protecteur autour de son mari, elle reçoit ses compatriotes illustres en visite dans le pays, feint de s'intéresser à leurs épouses, rassemble autour d'elle le meilleur de ce que l'environnement local propose, sait charmer, attirer, amuser, animer. Ses ennemis sont le populisme, l'intellectualisme et la mauvaise réputation. L'épouse d'un diplomate est proche et inaccessible – elle invite, organise, sourit, règne : bref, elle se consacre vingt-quatre heures sur vingt-quatre à son mari. Il faut qu'elle sache sacrifier sa vie personnelle. Qu'elle sache mettre ses ambitions de côté, si elle en a, et ses vices – si elle en a. L'expérience des années précédentes avait convaincu Annemarie qu'une trop grande liberté conduit à considérer la vie comme arbitraire, son propre devoir comme fortuit, la loi comme un repli dépourvu de valeur intime, et par voie de conséquence, elle mène au découragement et à l'indifférence. Cependant le manque de liberté ne mène nulle part. Et elle s'est retrouvée prise au piège. Elle n'aurait pas dû épouser Claude. Elle n'aurait pas dû revenir en Perse. Comment avait-elle pu le faire ? Lorsqu'elle feuilletait son texte dactylographié, inutile sur son bureau, elle était assaillie par un sentiment d'effroi. Et à la légation allemande, lorsqu'elle ouvrait le couvercle du piano et disposait la partition, elle réalisait qu'elle avait les yeux emplis de larmes, et qu'elle ne parvenait même pas à lire les notes. Le piano avait un son désaccordé – tout était faux, un pur prétexte, absurde.

Tout va bien chérie*, disait Claude. Il y avait une telle incompréhension dans les yeux de son mari qu'elle ne réussissait même pas à l'accuser de quoi que ce soit. Claude la couvrait de cadeaux. La villa de Fermanieh qu'il avait louée appartenait au prince Firouz – elle était aussi merveilleuse que celle des fables. Il invitait ses amis archéologues, organisait des dîners, des baignades dans le petit lac et des cavalcades au crépuscule, il ne lui faisait rien manquer. Excepté le piano, qu'elle était contrainte de jouer dans la légation allemande. Mais elle ne pouvait lui en faire grief, il aurait été objectivement difficile de faire venir un Steinway en Perse. Claude lui avait trouvé une cuisinière arménienne moustachue afin qu'elle s'occupe de la maison à sa place. Et pourtant, il était distant, distrait, et lui demeurait complètement, terriblement étranger. Il ne savait rien de ses pensées – il ne lui demande plus même de lui lire ses récits. Et il ne comprend pas son désespoir de ne pas savoir la valeur de ce qu'elle écrit, son besoin d'être reconnue, appréciée, lue. Il ne feuillette pas la *Sammlung* que Klaus envoie d'Europe, même si, des mois durant, il a insisté pour en payer l'abonnement et soutenir la revue, comme il le peut. Peut-être que ses promesses de Paris avaient été faites tout en sachant qu'il ne pouvait pas les tenir, et qu'il n'avait pas su y renoncer parce qu'il la voulait à ses côtés. Claude était un égoïste, comme elle l'était également. Au cours de leurs dîners à la lumière d'une bougie sur la véranda, elle se demandait continûment ce qu'elle faisait à Téhéran – avec lui. Pourquoi avait-elle donc épousé ce garçon ? Elle n'avait rien en commun avec Claude. Ses rêves l'irritaient, son étroitesse d'esprit l'avilissait, ses discours l'ennuyaient, ses amis lui étaient indifférents. Si vraiment il lui fallait épouser un homme, pourquoi lui plutôt qu'un autre ? Klaus par exemple. Klaus ne lui était pas étranger. Et alors, elle commençait à ruminer le passé, le présent, l'avenir, ce qui n'était pas arrivé, mais qui pourrait arriver, ce qui n'avait pas eu lieu et qui était encore potentiellement possible.

Aussitôt après son départ pour Leningrad, regrettant leur séparation hâtive, en proie à la sensation douloureuse d'avoir manqué cet instant – l'instant clé qui révèle la vie et la change –, elle s'était précipitée pour lui écrire une lettre allusive et contournée, dont le vrai sujet était le mariage. Elle tâtait le terrain. Elle pourrait vivre avec lui, et le ferait volontiers. Erika mise à part – leur dépendance vis-à-vis d'elle constituait indubitablement leur affinité la plus intime –, ils avaient passé des journées ensemble, des années d'amitié. Ils ne pourraient jamais avoir de rapports sexuels – mais la plus complète *amitié**, l'amitié tendre, la tendresse fraternelle, celle-là était d'ores et déjà une réalité. Avec Klaus, elle était allée en Italie et en Finlande, en France et en Hollande, en Suède et en Russie – ils s'attiraient l'un l'autre, il y avait de l'affection et de la compréhension entre eux, ils s'étaient drogués ensemble, ils avaient même dormi ensemble. Avec Claude, ils avaient seulement parlé, et rêvé. Mais en réalité, ils n'avaient même pas su partager leurs rêves. Klaus aurait eu besoin d'un passeport, depuis que les Allemands lui avaient retiré le sien. Par un mariage, elle aurait pu l'aider à obtenir en Suisse un statut de résident, et le mettre à l'abri de la police allemande pour toujours. Mais il ne le lui avait pas demandé. Et à sa lettre de « demande en mariage », il avait répondu de manière vague, dilatoire. Il est probable que l'idée de vivre avec elle lui avait semblé obscène. Annemarie, au reste, n'avait plus eu l'occasion de le lui proposer. Cet instant ne s'était plus représenté, au lieu du mariage, il y avait eu le tintamarre du *Moulin à poivre* à Zurich, la trahison des Schwarzenbach, ses fiançailles, sa trahison. Elle ne l'avait pas aidé, comme elle n'avait pas aidé Erika. Pas d'entrave, pas de liens – c'est ce qui avait dû se passer. La peur, presque panique, de se lier vraiment à quelqu'un qu'on pourrait aimer. *Ô ! toi que j'eusse aimé...**

C'est peut-être pour cela, après ses fiançailles avec Claude, que Klaus avait désapprouvées et tenues pour un message de rupture sans équivoque, et encore davantage après son mariage, qu'Annemarie avait commencé à lui écrire assidûment, passionnément, comme elle ne l'avait jamais fait. Elle entendait le persuader qu'il n'y a jamais eu de trahison. Mais le 30 novembre 1934, Klaus avait été réveillé de bonne heure par un télégramme d'Erika qui lui communiquait une nouvelle stupéfiante. Erika, engagée dans une lutte sans quartier contre la « vieille Schwarzenbach », apprit la nouvelle avec une glaciale, ironique indifférence. Cependant, Klaus fut foudroyé et attristé par la surprise, commentant dans son *journal** : « Miro se serait fiancée avec le conseiller de l'ambassade française de Téhéran, ce qui équivaudrait, vraisemblablement, *à la fin de l'amitié**. » Annemarie ne le pensa nullement : ses fiançailles étaient stratégiques, rien de plus. Et lorsqu'elle rentra en Suisse et découvrit une Erika hostile et un Klaus distant, dans une lettre torrentielle, désespérée, elle précisa : « Kläuschen, je ne souhaiterais pas que cette étrange période transitoire, liée à la chère personne de ce garçon de Perse, Claude, ait pour conséquence une prise de distance – je ne parviendrais vraiment pas à le supporter. Je suis très liée à toi, cependant », et cætera. Ainsi, présentement, se tourmente-t-elle au sujet des finances si mal en point de Klaus, elle s'angoisse s'il ne reçoit pas les trois cents francs suisses qu'elle lui envoie chaque mois, et lui promet d'autres secours, parce qu'il doit compter sur elle, précisément comme Piotr

Tchaïkovski – dont le fantôme visite Klaus ces jours-ci – avait pu longtemps compter sur Nadježda von Meck. Avec son argent, généreusement distribué, cette femme riche avait permis à un artiste qu'elle estimait de travailler sereinement, et de composer sa musique. Cette femme riche était « sa véritable, réelle épouse »… Annemarie invite Klaus à la rejoindre en Perse, projette de partir avec lui et Claude, un utopique projet d'amour pluriel, d'aller avec lui chez Erika, qui l'automne prochain sera peut-être en Palestine avec le *Moulin à poivre* – le projet d'amour pluriel s'élargit à Theres, et se complique –, elle rêve de faire nommer Claude à Amsterdam parce que Klaus s'y est établi, de passer avec l'un et l'autre l'hiver à Sils… Ses châteaux en Espagne s'écroulent dans la lumière aveuglante de l'été persan. Renouer après leur séparation est ce qui lui semble fondamental. Rester ensemble. Rester l'un auprès de l'autre. « Prinz Klaus Heinrich, mon bien-aimé », lui écrit-elle, en cachette de son mari, comme si cela n'était pas parfaitement innocent, « nos plans. Pour ton arrivée, le 20 septembre est une date excellente. Je n'ai encore rien dit à Claude. Autrement dit, je ne lui ai pas dit qu'à l'automne, je le quitterai ».

Tout va bien*, répète Claude, en se glissant à ses côtés dans l'eau glacée de l'étang sur laquelle elle flotte – les yeux clos, le visage tourné vers un soleil ennemi. Et Annemarie ne parvient pas à le contredire, parce que maintenant c'est Claude qui a besoin d'elle, et elle ne peut l'ignorer lui aussi : elle l'a épousé ! Il la consulte sans cesse, avec une confiance aveugle. Il l'accable avec ses problèmes d'oléoducs, ses problèmes avec les ouvriers en grève de la ligne ferroviaire transyrienne, les affaires de la légation – dont elle se soucie comme d'une guigne, et qu'elle peine à écouter. Claude apprécie ses conseils. Il la tient pour plus intelligente que lui, et plus clairvoyante, et il le lui dit avec une sincérité puérile. Il ne considère pas que cela le diminue, bien au contraire. Seul un sot a peur de l'intelligence. L'homme sage sait qu'il a besoin de celui qui voit plus loin. Et Annemarie voit des choses que les autres ne voient pas, et elle sait deux ou trois choses qu'il ignore. Annemarie n'est pas de cette terre, et Dieu la lui a donnée afin qu'il trouve son chemin. « *Mais que dis-tu, mon petit** ? » rit-elle, s'enveloppant dans une serviette de toilette. Cependant, son rire est forcé, parce que Claude est absolument sûr de ce qu'il dit. Il s'en remet à elle, à la recherche d'un soutien, et son dévouement la paralyse. S'il savait qu'à un peu plus d'un mois de son mariage, elle songe déjà à le quitter. Pas définitivement, seulement pour six mois. Six mois en sa compagnie, six mois en compagnie de Klaus et d'Erika – c'est un juste compromis, lui semble-t-il. Claude s'étend sur une chaise longue. Depuis ses cheveux mouillés, des rigoles d'eau coulent le long de ses joues rebondies. Le regardant, Annemarie frissonne. Parce qu'elle réalise seulement maintenant que Claude n'est pour elle-même pas un frère, comme le petit-grand Hasi : c'est comme si elle avait épousé son fils.

Les diplomates n'ont pas de temps pour penser : leur vie en Perse, au cours de la saison des vacances diplomatiques, est un tourbillon de dîners, cavalcades, tournois de tennis et de golf ; les diplomates reçoivent, s'invitent les uns les autres, ils dansent le soir dans le jardin de l'Astoria ou dans les *boîtes** où jouent des orchestres libanais, ils montent des chevaux turcomans, jouent au polo sur le terrain du schah. Au bras de Claude, Annemarie se traîne d'une *party* à l'autre telle une somnambule, car tous la regardent, parce qu'elle vit en vitrine, et qu'elle ne peut pas ne pas le faire. Mais elle voudrait être en un tout autre lieu, au bazar, dans les rues de la vieille ville ou au volant de sa Buick, en promenade sur le haut plateau désert. La Buick est au contraire immobile dans le jardin de Fermanieh, et l'époque des voyages est finie, parce que la femme d'un diplomate doit rester au côté de son mari. Elle regrette même la vie spartiate du champ de fouilles des archéologues, et les sonnailles mortifères des chameaux. Cependant, plus que tout, elle regrette l'Europe. Le pays qui a toujours été le sien : sa lumière, les couleurs qui illuminent les sentiers de son adolescence et de sa jeunesse. Le lac, les arbres séculaires de Bocken, ici où les arbres n'existent pour ainsi dire pas, et sont si rares qu'ils ressemblent, lorsqu'ils se découpent contre la nudité d'une colline, à une note de musique après un long silence. Le profil des montagnes de l'Engadine et les vitrines de la Bahnofstrasse. Sa Mercedes et toutes les femmes qu'elle a aimées. La voix de sa mère, celle d'Erika, le sourire oblique de Klaus, les reproches de son père et l'arbre de Noël décoré par Hasi, les chevaux et l'odeur de la cheminée, qu'elle ne retrouve pas dans le remugle de bouses brûlées qui monte des feux de la Perse. C'est un sentiment doux et bouleversant, qui blesse la mémoire et la scelle d'une trace embrasée de tristesse.

Ses récits sont terminés et resteront inédits, le piano de la légation allemande est désaccordé – il n'y en a pas d'autre – et un après-midi où elle erre, en proie à une inquiétude insupportable, irrésistiblement attirée par une voix flûtée, elle se faufile dans un cinéma. Il y a des dizaines de cinémas à Téhéran – presque comme à Paris ou à Zurich. La bande-son du film est projetée à l'extérieur par un haut-parleur. On donne *La Fille du tsar*, un mélodrame épique tourné en Inde mais joué en langue farsi, dont Annemarie ne comprend pas un traître mot. Lorsqu'une femme apparaît sur l'écran, le visage découvert – une vision qui laisse un instant supposer une hypothèse de bonheur –, un tumulte s'élève de la salle, du parterre monte une bordée d'insultes, et la projection est interrompue. Il est arrivé quelque chose d'inadmissible. Les temps changent, mais le schah ne peut exiger autant de son peuple. Il a imposé aux hommes un ridicule béret en forme de poêle et aux femmes, il a donné la possibilité d'ôter leur tchador. Cependant, aucune ne l'a fait. Et s'il a permis aux femmes d'entrer dans les cinémas, elles doivent s'asseoir dans le secteur qui leur est réservé, à gauche. Et ce secteur est vide. Quelqu'un secoue Annemarie par l'épaule, beaucoup hurlent : « Dehors ! Dehors ! » D'autres la contraignent à se lever, la poussent vers la sortie. Annemarie se retrouve seule dans la rue, avec dans les yeux l'image – infiniment chaste – de cette artiste aux yeux ronds et noirs.

La mélancolie augmente, et avec la mélancolie la fatigue, la déception et la maladie. Le futur se déchire, se démaille et dissout, le présent s'anéantit et se trouve réenglouti par l'appel du passé, le corps aussi est perdu, par manque d'amour et absence de perspectives : elle est arrivée à un point de non-retour, malade d'une maladie mortelle. Et cette maladie n'est pas la malaria. Même si le diagnostic du médecin est précisément celui-là : ce sont probablement les moustiques attirés par l'eau de l'étang de Fermanieh. Utiliser l'étang comme une piscine a été une imprudence de la part des Clarac. « De nombreux étrangers ont attrapé cette maladie en Perse, ce n'est pas grave, minimise Claude. La malaria ne tue pas. » Elle l'oblige pourtant à passer des journées entières étendue sur son lit, humide de sueur, sans forces. La malaria est intermittente, comme une vague – comme les vagues de désespoir qui l'assaillent parfois et la bousculent. En outre, un sentiment de faute s'accroît chez elle avec la fièvre. Elle s'accuse et se condamne, car maintenant ce pourquoi elle se trouve ici lui apparaît très clairement, et elle n'est pas ici pour le sourire dévoué de Claude. Elle a choisi la Perse comme un exil. Mais c'était la voie la plus facile. De cette manière, elle voulait éviter de décevoir Erika, qui la poussait à des exils bien plus radicaux – faits de misérables chambres d'hôtel, d'engagement et de lutte –, et sa mère, et éviter également de ne pouvoir plus remettre les pieds en Suisse. C'était une fuite. Je

227

suis un déserteur, et j'ai emprunté une route qui me permettra d'échapper à mes amis. Mais pour ne pas choisir, j'ai fini par tous les trahir – Erika, ma mère, Klaus, et moi-même. Je les ai déçus et profondément offensés, et j'ai fini par tout perdre, et par les perdre tous, y compris moi-même, pour me retrouver totalement seule, je voudrais revenir – mais je ne parviendrai plus à quitter ce lieu ensorcelé par une mort millénaire – et peut-être suis-je moi aussi déjà morte.

Le médecin qui soignait sa malaria avec de la quinine avait de petites moustaches pointues et un air avide ; son regard, lorsqu'il s'informait de sa santé, était celui d'un affamé ; elle osa lui demander de lui prescrire de l'Eukodal. Lorsqu'elle se rendit compte qu'il rédigeait diligemment son ordonnance, elle osa davantage, et elle lui en demanda dix boîtes. Elle pensait : j'en ai besoin pour retrouver un minimum de tranquillité, si je me modère, j'en aurai pour tout l'été. Le médecin fronça à peine les lèvres sous ses petites moustaches – et ne souffla mot. Mais sur l'ordonnance, il spécifia : 1 boîte. Elle souhaita qu'il n'eût pas compris. Le soir, Claude ne remarqua pas qu'il y avait quelque chose d'étrange chez sa femme, qui était anormalement calme – comme apaisée. Mais lui ne remarquait rien. Et il ne savait rien d'Eukodal, morphine, héroïne, et il avait fumé de l'opium à une seule reprise, pour faire plaisir à un hôte persan qui lui en offrait en signe d'amitié. La somnolence, l'étourdissement, la perte de contrôle sur ses pensées et sur son corps qui fluctuait dans un aquarium sensoriel, induits chez lui par la drogue, ne lui plurent guère. Il n'imaginait pas qu'ils pussent lui plaire. Elle ne l'aida pas davantage à comprendre. Lorsque Claude lui demandait si tout allait bien, elle mentait. À Samedan, le jour où il l'avait admise dans sa clinique, le docteur Ruppanner lui avait dit familièrement : vous, les drogués, vous êtes d'incurables menteurs. Il lui avait même fait ouvrir sa valise, et il l'avait perquisitionnée comme un policier – ou comme un père, car il redoutait qu'elle n'en ait apporté une réserve de chez elle. Mais je ne suis pas une morphinomane ! lui avait-elle répondu avec hauteur, blessée. Non ? avait dit Ruppanner, sceptique. Je le souhaite vraiment. Tu n'imagines pas combien je voudrais me tromper, ma chère Annemarie.

La boîte fut rapidement finie, et elle retourna chez le médecin. Il ne voulut pas lui prescrire d'autre Eukodal. Elle chercha à le corrompre, ce qui fut un grave faux pas. Celui-ci se montra scandalisé. Effrayé. « Je vous prie de ne plus me tenir pour votre médecin », lui dit-il, en la congédiant. Elle craignait qu'il la trahisse en racontant tout à Claude. Le pharmacien chez qui elle osa revenir sans ordonnance fit mine de ne pas comprendre. Ses insistances furent vaines – elles se heurtaient à un mur. Elle hurla et l'insulta – en pure perte, car crier ici était inutile, et elle ne le savait que trop. Au médecin des Anglais – chez qui elle se précipita aussitôt après –, elle raconta qu'elle avait une maladie rénale, et qu'elle avait besoin d'Eukodal contre les coliques. Menteuse, menteuse – tu recherches la sincérité chez les autres, tu exiges l'absolu de tout un chacun, et tu ne sais pas même te la demander à toi-même. Il lui prescrivit un médicament alternatif et il ne fut pas possible de le convaincre. Dans le médicament de l'Anglais, il n'y avait aucune trace de morphine, et elle dut le jeter à la poubelle.

Les Persans fumaient de l'opium dans les *chaikané* d'où ils exhalaient des parfums paradisiaques. Ils tiraient sur de longues pipes de cuivre et puis, étendus sur des bancs, ils rêvaient. Mais lorsque l'étrangère demandait de l'opium, les Persans la regardaient avec des visages innocents, et feignaient de ne pas comprendre ce dont elle parlait. Même si cette étrangère-là avait vu de ses yeux de vastes champs de pavots et aurait reconnu l'odeur de la résine entre mille. « Ce que vous êtes en train de faire est très dangereux », dit son serviteur Hassan, qui l'accompagnait dans ses pérégrinations équivoques. Quelques années auparavant, un Anglais avait été lapidé ici seulement parce qu'il cherchait à photographier une mosquée. Hassan n'était pas content d'accompagner *Madame** aux abords de la ville et sur les pistes des caravanes. *Madame** ne peut aller où elle veut, *Madame** est une femme. Ici, les femmes se promènent dans leurs jardins, protégées par des remparts infranchissables, tel est leur paradis. Jusqu'à ce qu'un vendeur d'opium lui donne rendez-vous dans la pension du Grec de Zanthe, à Téhéran. C'était un endroit louche, fréquenté par des voleurs d'antiquités, des espions, des chauffeurs, des opiomanes et des filles de joie. Hassan la supplia de ne s'y rendre sous aucun prétexte. Mais lorsque Annemarie se retourna pour le dévisager – avec un sourire débordant de désir à fleur de lèvres – Hassan ne voulut pas la laisser y aller seule.

À la pension du Grec, les Occidentaux allaient par dizaines s'étourdir avec de l'opium. Ils venaient en Perse rien que pour cela. Dans les ambassades, on en parlait comme d'une plaie sociale. Quel type d'image de l'Occident offrent ces vagabonds toxicomanes, disait Claude. Il faut briser net ce phénomène, chasser ces épaves. Lorsque Annemarie sortit de la pièce où elle avait passé des heures d'hébétude en compagnie de Hassan et d'un rat d'hôtel dont elle ne sut jamais le nom – la première chose qu'elle vit, en revenant à la nue réalité du monde, dans une pièce dont la porte grande ouverte allait et venait dans le couloir, fut un cercueil. Au cours de la nuit, le locataire de cette chambre s'était tiré un coup de revolver en pleine tête, et, au lieu de dissimuler l'événement comme l'aurait fait n'importe quel hôtelier d'Europe, et de déplacer le mort à la faveur de la nuit afin de ne pas troubler ses clients, l'aubergiste avait simplement fait porter un cercueil dans sa chambre. Le mort gisait encore sur son lit. Chancelante, Annemarie s'agrippa au bras de Hassan. Pour lui, ce fut comme si elle lui avait dit : sauve-moi. Tandis qu'il conduisait vers Fermanieh, Hassan la surveillait du coin de l'œil, grâce au miroir du rétroviseur. *Madame**, parut-il dire, avec une sagesse consommée, la drogue ne peut ni vous guérir, ni vous transformer, ni vous libérer. Elle ne vous donnera aucune énergie, aucune joie, n'apaisera pas votre faim, mais ne vous laissera plus manger, elle ne rendra pas ce pays plus accueillant et ne vous laissera pas rentrer chez vous, dans votre maison, elle ne vous offrira même pas un rêve, elle noiera votre désir et n'aura aucune pitié pour vous. Mais cette voix provenait de très loin. La tête appuyée sur le dossier du siège, Annemarie s'était abandonnée à un rêve figé – sans rêves.

Elle finit par se retrouver dans un gourbi au rez-de-chaussée d'une maison, au fin fond d'une avenue de la ville nouvelle. Une étiquette délavée était accrochée sur la porte. On pouvait y lire : Dr Kaminski. Deux jeunes femmes visiblement préoccupées étaient assises dans un étroit vestibule sentant le chloroforme. L'une avait les yeux gonflés par les larmes, et l'autre serrait sa main et lui disait quelque chose à mi-voix, en russe. Annemarie mit ses lunettes de soleil sur son nez. Elle ne pouvait pas se permettre d'être reconnue. Une chaise gynécologique recouverte d'une toile crasseuse, recouverte de giclures de sang, trônait au centre du cabinet médical. Sur une étagère, des instruments aux formes épouvantables. Kaminski avait une barbe hérissée et des yeux ensevelis dans la graisse de ses paupières. Dans ses mains, une seringue devait faire aussi peur qu'un couteau. « Combien de mois a-t-il ? » lui demanda-t-il, avec le ton d'un bandit intimant : la bourse ou la vie. Ou peut-être était-il pire qu'un bandit, parce qu'il exigeait l'une et l'autre chose. Au reste, selon toute probabilité, il n'était pas même médecin. « Je ne suis pas venue pour cela », répondit Annemarie, dans un souffle. Kaminski se montra compréhensif et lui prescrivit dix boîtes d'Eukodal. Il lui tendit l'ordonnance, mais ne la lui remit pas. « Cela fait deux cents marks », dit-il. Elle pâlit. C'était un chiffre énorme. Elle ne disposait pas d'une telle somme, elle ne pourrait jamais la demander à Claude. Comment lui expliquer une chose semblable ? Il n'y avait rien qui coûtât deux cents marks à Téhéran. Kaminski sourit. « Ne vous tracassez pas, madame Clarac », la rassura-t-il, en lui tendant l'ordonnance, et elle rougit car elle ne lui avait pas dit son nom. « Vous me les apporterez demain, après-demain, lorsque vous le pourrez. » Annemarie cacha la feuille dans son sac à main. « Je sais que vous êtes une femme respectable, ajouta Kaminski en la raccompagnant jusqu'à la porte. Une vraie dame. » Menteuse. Menteuse.

*Mais tout va bien** – disait Claude, lorsque à son retour à la légation, il se penchait sur elle pour l'embrasser. Elle le fixait avec des yeux transparents – presque sans le voir. Je dois donner deux cents marks à Kaminski et je ne sais où les trouver. Dois-je en arriver à les voler ? Dois-je en arriver à les ôter à Kläuschen auquel je les ai déjà promis ? Si c'est une pente, dois-je me précipiter dans l'abîme ? Vendre mes antiquailles et mes tapis, mes pièces de monnaie et mes bijoux de famille ? Mon alliance ? Et Claude, qui dépense peu parce qu'il économise pour le jour de son retour en Europe, il ignore les tourments de l'opium, de la morphine et de la nostalgie, lui dit de s'habiller, car ce soir, ils monteront les chevaux turcomans avec les Anglais : des chevaux aux jarrets minces, à l'odeur sauvage et qui galopent des heures sans se fatiguer. On va au pas, dans la steppe aride, tandis que le soleil relâche son étreinte, et que de la terre se lève un souffle de vent chaud. On va au pas enveloppés dans un nuage de poussière – Claude en tête, debout sur ses étriers, comme il a l'habitude de le faire maintenant, elle bonne dernière, s'attardant, les yeux fixés sur l'horizon confondu avec le ciel, à l'arrière-plan duquel, pour toute certitude, se détache le sommet du Demavênd. Klaus lui a écrit qu'il viendra vraiment, fin septembre. Elle lui parle de ce voyage depuis des mois – depuis avant son mariage. « Tu pars avec moi, Klaus ? » lui a-t-elle demandé. Elle aurait voulu que ce soit lui qui l'accompagne chez Claude. Puis à Téhéran, elle a continué à insister. « Oh ! cher Klaus, peux-tu te décider à venir ici ? » Et à la fin, il s'est décidé. Elle en a été presque surprise. Sait-on ce qui l'attire vraiment en Perse ? Elle sans doute, mais pas seulement : ce voyage jamais fait – il y a trois ans, interrompu par un coup de revolver et par une inscription de sang sur un mur. Une promesse infantile. Quoi qu'il en soit, Prinz Klaus viendra, et il l'emmènera, car elle ne passera pas un autre hiver en Perse. Si elle reste, elle finira intoxiquée dans une pension pleine de punaises, ou dans un fossé, ou assassinée par un fanatique, ou dans une prison du schah. Si elle reste, elle ne pourra jamais rentrer chez elle. Claude descend devant une *chaikané*, il confie son cheval à son serviteur, elle aussi descend, il la prend sous le bras, dit que c'est l'heure la meilleure en Perse – l'heure où les couleurs s'enflamment, et où le soleil devient couleur de mil et le ciel bleu sherry : il ne lui vient pas à l'esprit de métaphores autres que gastronomiques, il n'a pas l'âme poétique – on boit du thé assis sur des bancs, tandis que les Persans les observent – et elle sent infailliblement l'arôme de la résine –, et il fait déjà sombre lorsqu'on rentre à Fermanieh. L'étang a été vidé afin d'exterminer les moustiques porteurs de malaria, et à la lumière de la lune, qui flotte dans le ciel comme un disque de platine, la trouée diffuse une clarté verdâtre. Dans le jardin, le silence règne, et l'air est immobile – dans les frondaisons des arbres, pas même un bruissement. Il fait encore trente-cinq degrés. La peau brûle. Le 20 septembre, Klaus arrivera. Il doit arriver pour la sauver. Et elle doit toujours apporter deux cents marks à Kaminski. Quelques jours après, Annemarie reçoit une facture : Kaminski réclame, courtoisement, sournoisement, ses deux cents marks. Annemarie se démène, elle prend son automobile et va chez son vieil amoureux. Cependant, Chefik est parti pour ses montagnes : l'été aucun noble ne demeure à Téhéran, sa maison est fermée. Téhéran est une fournaise, le ciel un opaque nuage de poussière. La sueur se colle à la peau, aux vêtements, l'ombre se retire dans les jardins. Les femmes marchent en rasant les murs. Elles semblent épouvantées. Des fantômes vêtus de noir, d'autres vêtus de blanc, des fantômes dont on entrevoit seulement la lueur des yeux – des fantômes voilés qui ressemblent à des masques en forme de dominos par une nuit de carnaval. Des femmes qu'on ne peut pas même regarder.

Elle perd l'espoir de trouver deux cents marks, d'apaiser Kaminski, de partir, de s'en aller, de vivre avec Claude, de vivre. La perspective de l'arrivée de Klaus elle-même ne présente plus aucun charme. Et d'ailleurs, actuellement, songer seulement à sa présence l'épouvante : son regard limpide posé sur elle. Pour sa part, il comprendrait aussitôt dans quel état elle se trouve. Elle lui écrit des lettres décourageantes, déprimantes, l'entretient des difficultés d'un voyage à travers la Russie, de la rudesse de l'Asie, des duretés du climat, du risque présenté par le typhus et des désagréments paratyphiques, comme si elle voulait – au fond – qu'il change d'idée et qu'il ne vienne pas la rejoindre. Elle cesse de sortir de chez elle, de chercher de l'aide : tout ce qui est en dehors d'elle devient irréel – peut-être n'a-t-elle même plus d'existence. Les gens, les choses, les objets, deviennent des noms évanescents. Le passé est mort. La réalité est morte. Et elle s'enfonce – elle s'enfonce.

Un soir, après sa promenade quotidienne à cheval en compagnie de Claude, elle mit pied à terre devant le tombeau d'un saint, non loin de Fermanieh. Il y en avait des dizaines, disséminés dans la poussière. La mort qu'elle avait accueillie en elle était partout. Le vieil aveugle assis devant le tombeau qui l'empêcha d'y entrer était peut-être mort lui aussi. Elle l'implora inutilement. Le vieil homme marmonna quelque chose, et Hassan suggéra aux deux messieurs de s'éloigner. Elle ne lui demanda même pas ce que le mystique avait dit. Parce qu'elle n'en avait nullement besoin. Elle le savait parfaitement – car elle avait compris ses paroles incompréhensibles. Notre rapport avec Dieu passe avant tout le reste. Tout ce qui est personnel est sans importance. Tu dois vivre conformément à ton âme. Tout ce qui t'en éloigne est péché. Il n'est de péché plus grave que se laisser éloigner de Dieu.

Au cours de cet été 1935, Klaus Mann organisa véritablement, pour la seconde fois, son voyage. « Le début d'un voyage en Perse, prévenait Robert Byron, ressemble à une équation algébrique : on ne sait jamais s'il réussira. » Pour ce qui est de Klaus, il ne réussit pas. Après des hésitations, des doutes, des incertitudes, des allers et retours dans les consulats aux prises avec le problème des visas (durant l'automne 1934, il avait perdu la citoyenneté allemande et voyageait avec un passeport hollandais), il se procura des papiers pour s'expatrier. Il devait partir seul. Sa première étape était Pahlavi, où Annemarie viendrait le chercher. Pour sa part, en effet, beaucoup plus têtue et intrépide qu'il l'avait cru – elle n'abandonnait jamais un projet mais le repoussait seulement, et elle était capable d'attendre des années avant de le réaliser –, non seulement elle était arrivée dans le pays qu'elle convoitait, la Perse, mais, de surcroît, elle y demeurait. Étrangement, Klaus se laissa convaincre de partir. Il était découragé par la faillite de la revue dans laquelle il avait investi une si grande part de lui-même : attaquée par les nazis, sabotée point trop inconsciemment par son père, abandonnée par ses collaborateurs les plus illustres, dépourvue de financements importants, la *Sammlung* agonisait et cesserait rapidement de paraître : le dernier numéro sortirait en août. Il était déprimé, obsédé par des pensées de mort, sans demeure, sans patrie et même sans Erika, que son succès d'artiste de cabaret entraînait toujours plus loin de lui. En outre, l'accoutumance à la drogue devenait préoccupante, il en était presque dépendant. Il avait besoin d'un dérivatif, c'était urgent, et Annemarie attendait son arrivée comme un salut. À pareille époque, « Miro » et « Kläuschen » étaient très proches : ni auparavant ni par la suite, ils ne seraient si intimes et leurs vies parallèles sur le point de se superposer ainsi. L'époque des étranges fiançailles – et puis du mariage – d'Annemarie fut également la plus importante de leurs rapports. Depuis Téhéran, au cours des journées les plus dépressives de son séjour, Annemarie lui écrivait des lettres pratiques, détaillées, bourrées d'informations à propos de ce que Klaus devrait faire pour la rejoindre. La voyageuse, maintenant, c'était elle, et Klaus, un écrivain pauvre et dans le même temps terriblement gâté, qu'il fallait informer sur la piètre qualité des logements, sur la misère de la contrée, sur les difficultés du voyage. « Pourras-tu dormir sur un petit lit pliable, auprès d'une lampe à pétrole ou d'un feu de charbon ? » Avec une sollicitude fraternelle, maternelle, amoureuse, elle lui écrivait tout ce qu'il se devait de faire. Elle lui recommandait un itinéraire, lui conseillant – pour des raisons économiques, mais pas seulement – de passer par la Russie. Elle l'informait du prix des billets de première classe du train Moscou-Bakou qui, à travers la Russie, devait le conduire jusqu'à la mer Caspienne, d'où il prendrait le ferry-boat pour Palhavi, Perse : Annemarie l'attendrait là-bas en automobile. Elle l'attendait de l'autre côté de la mer, et sait-on si cela avait une signification. Sait-on qui d'entre eux deux venait sauver l'autre, qui d'entre eux deux tirait l'autre vers la vie ou la mort. Elle lui suggérait de se rendre à la Kantonalbank de Horgen, où elle possédait un livret d'épargne, et de faire opérer un retrait de deux cents francs sur son compte. Elle lui adressait une invitation officielle écrite par Claude sur du papier à en-tête de la légation afin d'attester qu'il pouvait vivre en Perse sans être dans la nécessité de devoir gagner sa vie. Elle lui recommandait des pilules de Billixaxin contre le typhus, les troubles paratyphiques et les parasites intestinaux, elle lui ordonnait de les avaler sans faire d'histoires – trois fois, avant le petit déjeuner. Elle lui écrivait à propos des vivres à emporter lors de son voyage sur les voies ferrées soviétiques – bien qu'il existât, le wagon-restaurant dispensait une nourriture immangeable. Emporte une boîte de biscuits, du chocolat, un morceau de fromage, des fruits, de l'eau minérale. Ne bois jamais de l'eau non embouteillée. Et apporte de quoi fumer car en Perse, les gens acceptent volontiers des cigarettes occidentales en cadeau. Elle poussait le zèle jusqu'à préparer sa valise, détaillant quels vêtements il devait emmener avec lui : un manteau d'hiver, des pull-overs, l'un de ses costumes gris, des knickerbockers, des pantalons de flanelle usés pour ne pas exciter de convoitises dans un pays si pauvre mais également un smoking que les gens portent ici plus volontiers qu'ailleurs, et peu de bagages afin de ne pas être entravé dans ses voyages en automobile. Le fuyant Klaus s'en remet, presque passivement, à la *Sorgenkind* et la laisse faire. Il obéit à ses ordres. Il prend ses médicaments, accepte son parcours, prépare sa valise.

Toutefois, Erika est contrariée par le voyage, et décourage son frère par tous les moyens. Peut-être connaît-elle Annemarie mieux que lui – ou, peut-être, despotiquement jalouse, ne veut-elle pas qu'il se rende en Perse. Pour elle, en effet, il n'est pas question de partir : elle est accaparée par la tournée de son *cabaret** jusqu'à la fin de l'année. Effrayé, Klaus vacille mais ne renonce pas. Dans son *journal**, le 3 septembre, il écrit : « Erika téléphone depuis Vienne. Ses hésitations à propos de mon voyage en Perse. Annemarie va mal. Elle a causé un scandale à Téhéran. J'ai vu arriver tout cela, et j'ai hésité à me mettre en route. Je viens tout juste de me décider. Miro est à coup sûr en grand danger. Hélas, pauvres de nous. Au bord du gouffre. Qu'est-ce qui nous attend encore ? » Mais il n'a pas vraiment renoncé. Trois jours plus tard, il envoie un télégramme à Annemarie. « Dois-je partir ? » lui demande-t-il. Elle répond immédiatement, et répond qu'elle l'attend. Presque soulagé de ne pas avoir à décider, mais qu'Annemarie ait décidé à sa place, Klaus part pour Prague, se fait vacciner, passe au consulat russe, fait antichambre, demande un visa et l'attend. L'attente est plus longue que prévue. Impatient, Klaus attend et attend encore. L'idée de partir le démange. Erika lui téléphone de nouveau, elle insiste, et cette fois elle s'avère plus pressante. Il ne doit absolument pas partir. Il y a la malaria à Téhéran (mais il y en a toujours eu), une guerre est sur le point d'éclater (mais le croit-elle vraiment ?), Miro est dans un état déplorable (ce qui apparaît très probable, même si cela ne constitue pas une raison suffisante pour ne pas aller lui rendre visite). Klaus est toujours plus indécis : le visa russe ne lui parvient cependant pas. Les jours passent, Klaus attend, il dilapide l'argent qu'Annemarie lui a envoyé pour faire face à ses frais de voyage. Le 20 septembre, date de son arrivée, promise à Annemarie, Klaus est encore à Prague. Enfin, le 25, Erika le rejoint. Elle lui rapporte des rumeurs alarmantes sur l'état de santé d'Annemarie. Elle parle de dépression, de drogue, de déséquilibre mental. Elle insiste pour qu'il n'y aille pas. Se montre presque péremptoire. Depuis Téhéran, Annemarie n'est pas à même d'insister, elle est confuse, égarée ; elle ne sait pas véritablement ce qu'elle veut. Elle lui écrit encore – rêvant de projets de voyages toujours plus improbables, farfelus (la Grèce, la Palestine, Marseille…), presque absurdes du moment qu'il n'a plus un sou vaillant pour se rendre à Bakou, ni même ailleurs. Klaus ne renonce officiellement jamais à son voyage en Perse ; mais il n'en parle plus.

« *Ô toi que j'eusse aimée !* »*, écrivait-il à cette époque dans son roman intitulé *La Symphonie pathétique*. « Telle formule de la plus grande résignation, telle constatation de faiblesse, t'accompagne sur la voie du retour, Piotr Illitch. C'est une déclaration qui est pour partie une révocation, pour partie un renoncement. Ç'aurait été toi, je t'aurais choisie si – déjà, si... Et derrière ce *si* un abîme s'ouvre en grand. Je n'ai jamais aimé une femme comme les femmes veulent être aimées, sérieusement et pour changer notre vie. Là où j'ai dissipé mes sentiments, n'existaient ni le danger ni l'espoir de conséquences compromettantes. » Comme Tchaïkovski, son personnage, Klaus ne se jugeait pas à même de posséder ce qu'il n'avait jamais désiré avec suffisamment de passion.

Klaus ne mettra jamais les pieds en Perse. Il n'essaiera jamais plus de chercher la route de l'Orient. D'ailleurs, il prendra la route opposée : il décide de partir pour l'Amérique au printemps, avec Erika (mais le voyage sera remis à l'automne). Quelques semaines plus tard, Annemarie aussi quitte la Perse. À la fin du mois d'octobre, elle lui téléphone depuis l'Europe. À la vérité, ce n'est pas lui qu'elle cherche, mais Erika – il lui est cependant impossible de joindre Erika, comme, pour sa part, celle-ci ne peut le joindre. Lorsque Klaus lui parle de nouveau au téléphone, Annemarie fait naître une série d'interrogations et une étrange – déconcertante – association. « Je m'intéresse de nouveau davantage à elle. Aurais-je pu vivre avec elle ? Pourrais-je vivre avec elle ? Je préférerais à coup sûr être depuis longtemps *immédiatement* mort. Erika prend place entre la mort et moi. » Miro, la petite Suissesse, la petite *fille à problèmes**, la *Sorgenkind*, la complice avec laquelle il a voyagé à travers l'Europe, la sœur-écrivain névrotique qui le hante avec ses inédits, ses revues à fonder, avec leurs projets littéraires communs, la mécène Nadježda, l'éphèbe-sirène qui a vainement tenté de l'attirer vers elle sont devenus un regret éphémère (« ô *toi que j'eusse aimée** »...), une hypothèse dont la promesse n'est pas le bonheur, l'indifférence ou l'amitié : c'est la mort. Un désir d'autant plus attrayant et dangereux qu'il est *mortel*. La vie auprès d'elle n'est pas une alternative à la mort. La vie auprès d'elle est la mort. Annemarie est l'ange de la mort – et la Perse, où elle essayait de l'attirer, une terre spectrale de fantômes.

Lorsque vint l'automne, par une monotone journée d'octobre qui avalait le paysage dans une fumée de nuages et de brouillards, Claude prit sa Dodge et accompagna Annemarie à Pahlavi. Il conduisit durant des centaines de kilomètres, le regard fixé comme hébété sur la plaque d'immatriculation empoussiérée de la Buick de sa femme qui le précédait le long d'une route qui semblait courir dans le vide. Quittant Téhéran, il se retourna brusquement et il lui sembla deviner la pyramide du Demavênd constellée de blanc dans les lointains. Cette très haute montagne – cinq mille six cents mètres de roche –, tout à la fois vénérée et redoutée par les nomades telle une divinité, semblait effleurer le ciel et avait toujours suscité chez lui un sentiment de désarroi. C'était une présence solitaire, inviolée et inaccessible. Ainsi, murée dans l'habitacle qui la ballottait lorsque son véhicule roulait sur les nids de poule, elle lui semblait se confondre avec Annemarie. Murée dans ses projets dans lesquels il n'y avait aucune place pour Claude, dans ses pensées, dans ses égarements, dans ses secrets. Solitaire, inviolée et inaccessible. Et tous les efforts qu'il avait faits pour elle au fil des mois, toutes ses attentions ne l'avaient jamais rapproché d'elle. Il n'était pas véritablement blessé, ni surpris, il ne se sentait pas trahi. Seulement exclu. Et déçu. Annemarie s'en allait, et en réalité, elle n'avait jamais été vraiment à ses côtés. Il en vint même à se demander si elle le haïssait. Je ne la hais point, répétait-il, je ne la hais point. Il l'avait cependant haïe lorsque, dans la minute d'une lettre qu'elle avait jetée à la corbeille, il avait lu avec quelle frivole indifférence elle parlait de lui à Klaus. « Tu arriverais au début du mois d'octobre – dans la seconde quinzaine du mois, nous pourrions aller nous promener et je te ferais découvrir la Perse – au mois de novembre, nous devrions être de nouveau à Téhéran, nous logeons Claude en ville et nous lui aménageons une maison pour l'hiver. Puis, nous partons au début du mois de décembre, et nous rentrons à la maison. Et Claude est content, l'ignorant. » Il l'avait haïe lorsqu'il s'était rendu compte qu'elle s'abandonnait à l'inertie, à la dépression, à des adultères féminins qui l'éclaboussaient de honte et de ridicule. Il l'avait haïe lorsqu'il s'était imposé d'écrire – à contrecœur – une lettre courtoise, presque une invitation, à Klaus Mann, qui ne savait plus que faire – s'il devait ou non se rendre en Perse – et il tergiversait. Il doutait. Il remettait à plus tard. Dieu seul sait combien il lui avait coûté de lui écrire pour l'encourager à venir à Téhéran. Ignorer et pardonner ses projets de fuite, ses mensonges, et même ses trahisons – dont peut-être, avant même Annemarie, Klaus lui-même et sa sœur étaient les principaux responsables. Les jumeaux n'avaient jamais fait montre de sympathie à son égard, seulement d'une ironique suffisance qui dissimulait du dépit et de la jalousie. Ils le désignaient toujours par l'expression « cet enfant » et ne lui accordaient même pas l'honneur d'un nom. Et si, dans ses lettres, Annemarie leur parlait de lui avec tant d'indifférence, peut-être le faisait-elle également parce qu'elle ne voulait pas qu'ils sachent combien elle avait d'affection pour lui. Mais maintenant, cela n'avait plus aucune importance. Il s'était fait violence pour recommander Klaus aux autorités iraniennes – le fils du célèbre écrivain, lui-même romancier reconnu –, pour le saluer avec la plus sincère amitié – à bientôt mon cher. Il était prêt à lui faciliter son voyage, à s'occuper de ses nouveaux visas, à l'héberger, le subventionner – parce que tout à coup, il s'était rendu compte qu'il fallait, qu'il fallait absolument qu'il vînt. Car Annemarie ne savait pas vivre sans eux. Chercher à les effacer de la vie de sa femme avait été une erreur. Les en éliminer était impossible. Ils étaient loin, à des milliers de kilomètres, ils lui écrivaient rarement – mais elle attendait la distribution du courrier, et parmi les douzaines de lettres qu'elle recevait, elle cherchait d'abord les enveloppes portant leur écriture. Les jumeaux étaient toujours présents – quoi qu'Annemarie pût faire, et même lorsqu'elle cherchait à les oublier. Et Claude avait au contraire lutté contre eux, stupidement, des mois et des mois, et il avait perdu. Il l'avait haïe lorsqu'il avait compris que si Mann ne venait pas en Perse, Annemarie irait le chercher, et qu'elle le quitterait. Il n'était pas parvenu, et ne parviendra jamais à pardonner à Mann d'être quelque chose que lui n'est pas. Et de pouvoir trouver avec Annemarie, dans un espace qui n'existait nulle part, uniquement mental, la place qui lui revenait et son apaisement. Car Klaus était, comme elle, une créature aérienne, et Erika était au contraire terrestre, et il le savait. Et les rêves d'Annemarie étaient naïfs, et irréalisables, comme ceux d'un enfant, mais c'est pourquoi leur sincérité blessait, et excluait. « Klaus, mon chéri, Erika étant toujours en voyage, je considère que tu pourrais diviser ton lieu de résidence de cette façon : en habitant à Amsterdam et dans la ville où Claude et moi séjournerons ces prochaines années, Londres selon toute vraisemblance. Chez nous, tu pourrais avoir une pièce pour travailler et pour dormir, sans avoir à te soucier de faire face à tes dépenses pour ce qui est du reste. Une cohabitation avec nous, et pratiquement tout prendrait sans effort une direction supportable et agréable, et nous pourrions, toi et moi, travailler sans être dérangés, comme de juste. » Il avait haï Annemarie des semaines et des semaines – sombrement, en s'imposant de ne pas le reconnaître et de toujours sourire. Tout va bien. Mais maintenant qu'elle s'en allait, terriblement seule, comme elle était venue, l'abandonnant dans un pays étranger et hostile, lui aussi redoutait de sombrer dans la folie, comme si la Perse était une maladie contagieuse. Il était confus et, en réalité, il ne restait rien de la haine et de la jalousie qui avaient empoisonné son été – et il se rendait compte avec stupeur que non seulement il ne la haïssait plus, mais que, inexplicablement, il croyait même l'aimer.

Il voulait le lui dire, il voulait lui demander d'accorder à leur mariage une seconde chance – l'empêcher de partir, mais il ignorait comment. Annemarie gardait le silence. Elle était pâle, distraite, expéditive. Elle ne ressemblait à rien, et elle n'était pas de ce monde. Avec lui, elle était de passage, sur le point de s'en aller. Elle errait parmi les automobiles attendant d'embarquer, parmi les marins, sans les voir, elle errait d'un point à l'autre du môle de Pahlavi, sans s'arrêter – observant fixement quelque chose devant elle qu'elle seule parvenait à voir. Autour d'elle, il y avait toujours le vide. On aurait dit l'incarnation d'un ange de la nostalgie. Une fois, Claude l'avait vu dans un vieux livre d'histoire de l'art. C'est Skopas qui l'avait sculpté, des milliers d'années auparavant. Il lui semblait se souvenir qu'il s'appelait Pothos. Charmé, il avait arraché la page du livre, et l'avait collée dans son livre de géométrie. Il lui avait tenu compagnie des années entières. C'était un démon ailé (ou un ange ?), un éphèbe aux lignes superbes qui regardait vers un ailleurs immatériel avec un mélange de désir, de regret et de plaisir. Il avait éprouvé quelque chose de semblable avec sa femme. Annemarie était semblable à tout ce dont il avait été contraint de se séparer. Sans le savoir, sans le vouloir, elle lui avait apporté la béatitude d'une reconnaissance, et d'une découverte. Dès que je t'ai vue *chérie**, je suis retourné là d'où je suis venu. C'était terrible d'aimer cette femme parce qu'on ne pouvait pas la protéger ni rien faire pour elle. Elle continuerait à aller de-ci de-là, sans s'arrêter – comme un oiseau migrateur survolant tous ses domaines sans jamais se reconnaître en eux – d'une rive à l'autre du monde, sans jamais trouver une demeure, planant dans une forme d'existence si inquiète, si errante qu'elle se déporte dans la folie. Et même si elle s'arrêtait quelque part, elle continuerait à se nourrir d'autres lieux, fomentant un voyage sans retour. Elle désirera toujours ce qui est loin, absent, invisible, interdit, intangible, perdu – un nulle part où elle croit que sa duplicité originaire est contenue –, et ce nulle part, elle ne le trouvera pas. Elle aura encore des aventures, me fera damner et puis un jour disparaîtra de nouveau, et en dépit de tout, je me demanderai pourquoi je n'ai pas été capable de la retenir. Et un jour, lorsqu'elle aura lassé tout le monde, elle disparaîtra définitivement – ou peut-être m'enverront-ils un câble, sait-on où je serai quant à moi, et sait-on où elle sera, et on me dira qu'on l'a retrouvée au fond d'un lac, dans un fossé, dans une crevasse, sur le trottoir d'une ville inconnue, sur le bord d'une route.

Il osa lui faire part de cette préoccupation, et Annemarie hurla contre lui – férocement – que la manière dont elle mourra ne lui importe guère comme ne lui importe guère la manière dont elle vivra. Elle aurait voulu être archéologue, une épouse, exercer tous les métiers, être chez elle dans tous les pays. Mais, au contraire, elle n'est rien. Elle s'est libérée de ses faux devoirs et de ses fausses valeurs, et une route vaut peut-être mieux qu'une église. Un jour, elle s'enfoncera dans une terre muette qui ouvrira son sein pour l'engloutir – dans un sommeil que rien ne pourra interrompre, un sommeil qui ne sera plus humain. Alors, aucune image, aucun rêve, aucune voix, aucune hallucination ne viendra déranger ce sommeil. Elle ne se réveillera plus – et ce sera alors peut-être son but. Elle sera peut-être vraiment rentrée chez elle. Et lui, au contraire, un brave homme car il n'est pas autre chose, quelle manière de mourir aurait-il choisie pour elle ? Pour les gens de votre espèce, même la mort connaît les différences de classe, même la mort a ses consolations et ses sacrements. Mais moi, je ne transige pas avec moi-même, et le prix à payer pour votre bonne vie est trop élevé pour moi. *Chérie** – bégaya Claude –, *chérie**, sois sage, *je t'en prie**.

Au moment de la séparation, Annemarie ne trouva rien à lui dire. Elle n'était pas sentimentale. Elle lui serra la main, lui tourna le dos et s'embarqua avec sa Buick sur le ferry-boat rouillé à destination de Bakou. Elle ne lui appartenait pas, à lui, son mari, pas plus qu'elle n'appartenait à une idée, à un groupe, à une patrie – à un amour. Claude frissonna et donna des coups de pied dans une bouteille vide. Blanches, jeunes, silencieuses sont les femmes – elles ne comptent guère. Ou encore, elles sont avides et méchantes, elles prennent ce dont elles ont besoin, et le consomment comme les animaux leur proie. Mais elles ne comprennent pas ce qui arrive en toi et en moi. Le cadeau de mariage d'Annemarie est un ennuyeux, étouffant malheur – comme une malédiction. Et maintenant, elle l'abandonne dans ce pays trop vide. Claude vit le ferry-boat s'éloigner en tanguant : sur les vagues de la mer Caspienne, il traçait un sillage grisâtre qui par la suite se referma. Tandis qu'il revenait vers sa Dodge, le soleil refit son apparition. Rapides, les ombres s'allongeaient et la monotonie du paysage s'en trouvait entamée, le ciel se séparait de l'horizon, la terre redevenait la terre, et l'eau redevenait de l'eau. En se couchant, le soleil restituait au ciel une couleur rose, et le rouge, le bleu et le violet devenaient toujours plus élusifs. L'eau, les forêts et les collines scintillaient. Leurs couleurs possédaient la vitalité de la pierre précieuse et une douceur que tout tapis envierait, celles-ci jaillissaient de l'eau à travers des voiles de brume comme des fantômes, jusqu'à ce que, finalement, le soleil plonge dans la mer Caspienne. Les perspectives s'estompaient, le ferry-boat devenait invisible et autour de lui, les formes devinrent une énorme goutte de pourpre qui vira au gris et finalement, dans les ténèbres, dans la nuit. L'automobile qu'il lui avait offerte la ramènerait chez elle. Très très loin de lui. Leur mariage n'avait pas même duré six mois.

Annemarie ne voulut même pas garder l'automobile de Claude. La Mercedes qu'elle avait laissée à Sils avait vieilli, sa carrosserie rouillait, son moteur avait des ratés, son radiateur fuyait : et pourtant, lorsqu'il s'agit de choisir, elle ne parvint pas à s'en séparer. Pour des raisons économiques – a-t-on dit. Contre sa vieille Mercedes, on lui aurait donné quelques centaines de francs. Sa Buick était en meilleur état, et beaucoup plus demandée. Elle en aurait tiré davantage d'argent, dont elle avait besoin. C'est du moins ce qu'elle voulut croire. Et au moment de choisir, elle préféra vendre sa Buick.

Sanatorium Europe

En Engadine, le hameau de Sils-Baselgia était constitué d'une petite église flanquée d'un clocher cylindrique, évoquant vaguement les contes de fées, d'un cimetière empli de tout un tas de stèles moussues et de croix de fer, d'un noyau de vieilles maisons ornées de sgraffites, dans le style local si typique, d'une pension gérée par les sœurs Godli et d'un grand hôtel de luxe, le Margna. Rien d'autre, hormis des montagnes, des sentiers, des miroirs d'eau, des mélèzes, des pâturages et le calme. Annemarie était venue presque chaque année en haute Engadine et lorsque la crise l'opposant à sa famille s'était aggravée, et que les tensions étaient devenues insoutenables, elle avait songé à déménager là-bas. Un agent immobilier avait offert de lui louer une maison de paysans à Sils-Baselgia et elle avait aussitôt accepté, sans se soucier du fait que, étant sur le point de partir pour la Perse, elle n'y passerait que peu de jours. Elle la louait du reste avec l'intention d'en faire un point de chute non seulement pour elle-même, mais également pour ses amis déracinés et expatriés. L'Engadine lui semblait être le cœur symbolique de l'Europe. Issues de montagnes vertigineuses, ses eaux donnent la vie à l'Europe entière : le Bergell coule vers le lac de Côme, au sud, le Rhin monte vers la mer du Nord, le Rhône se dirige vers la mer Méditerranée, autrement dit, vers l'Ouest, l'Inn descend vers le Danube et l'Est : mettre

247

l'Engadine au cœur de son exil revenait à croire encore à une idée de l'Europe. Cela revenait à croire qu'en Europe il existait encore un espace pour leurs vies.

La maison comptait sept pièces, un fenil, un poêle de majolique imposant, des murs de bois protecteurs et une vue enviable sur le lac. Annemarie la jugea parfaite, et elle signa le contrat. Le montant considérable du loyer ne l'épouvantait nullement, car à cette époque, elle s'illusionnait encore et croyait pouvoir vivre de son travail, et n'avait pas la moindre idée de combien la vie vagabonde qu'elle avait choisie pouvait être onéreuse et peu rémunératrice, et de combien d'argent serait englouti dans ses tentatives pour aider ses amis en difficulté et elle-même. Ses largesses étaient infantiles, aussi disproportionnées que ses avarices. D'un autre côté, sa famille pensait avec soulagement que si elle s'établissait en Engadine, elle ferait peu parler d'elle, et détournerait l'attention d'elle et d'eux. Cette décision de leur fille si peu sage leur paraissait sage, et pour la première fois, non seulement ils ne découragèrent pas son initiative, mais ils semblèrent l'approuver. Alfred l'accompagna chez le notaire puis dans sa maison vide. Papa, lui dit Annemarie en faisant tinter ses clefs, nous avons fait une bonne affaire. Alfred haussa les épaules, car sa fille ne savait pas même ce qu'étaient les affaires, c'est pourquoi elle ne pouvait en conclure de bonnes, mais seulement de mauvaises. Mais cela n'avait aucune importance. Il était content de la voir contente, et il n'objecta rien. La maison lui plaisait vraiment – elle était solide et simple, comme lui-même aurait voulu l'être. Il se demanda cependant si elle l'hébergerait jamais là-haut également, lui son père, ou seulement ses amis. Annemarie le prit par le bras et lui exposa ses idées à propos de la décoration – finalement, elle aurait ses meubles, son poêle, son lit. Elle était convaincue que tôt ou tard, son père comprendrait combien il était important pour elle d'avoir une maison à elle, et qu'il finirait par lui en acheter une. Dans un élan de générosité, comme une automobile, un billet d'avion ou un poste de radio – par munificence ou seulement par amour. Mais Alfred ne la lui acheta pas.

La maison de Sils – onéreuse au point que c'en était intenable – fut au cours des années suivantes le seul point stable dans ce mouvement perpétuel qui la mènerait partout – en Amérique, dans les États baltes, en Suède, de nouveau en URSS, en Autriche, tout juste occupée par Hitler, à Prague sur le point d'être envahie par les chars d'assaut, dans la turbulente Dantzig, de nouveau en Perse, en Afghanistan, au Turkménistan, en Inde, de nouveau en Amérique et encore plus loin. À Sils, tôt ou tard, elle finissait toujours par revenir. Elle allait chez les sœurs Godli, et prenait ses clefs. Les habitants de Sils voyaient les volets grands ouverts et l'automobile garée sur la pelouse, et savaient que la « Dame » était de retour. Elle revenait au cœur de l'hiver, lorsque le lac était gelé et la route recouverte de neige ; au printemps, avec la boue et les champs détrempés de rosée ; l'été, lorsque les prés étaient jaunes de foin et même en automne, lorsque le brouillard était bas sur le lac. C'était chaque fois comme une renaissance – un nouveau début. Un été Claude vint à Sils, il se présenta à tous les habitants comme le fantomatique mari de la Dame – il souriait, il était gentil, il plut : mais il dormit dans la chambre d'amis, il vivait une passion pour un soi-disant danseur qu'Annemarie avait cependant déjà présenté avec succès à Klaus, et il lui était plus étranger que jamais. Erika et Klaus vinrent à plusieurs reprises à Sils. Lorsque Annemarie était présente, mais également lorsqu'elle était au loin. Ils prenaient les clefs chez Godli, et s'installaient dans la « merveilleuse maison d'Annemarie ». Tandis qu'Annemarie était en Perse, avant même qu'elle eût habité dans sa maison, aidés par Theres, ils achetèrent un seau de peinture et décorèrent les murs blancs d'une pièce. Ils s'amusèrent comme des petits fous. Erika peignit une tasse à café et un marin, Theres un cœur transpercé de flèches et Klaus un fétiche africain et le visage de son petit ami. Ils revinrent avec leurs nouveaux amants et avec leurs parents. Pour skier, pour écrire, travailler, pour se reposer, respirer ou seulement pour être ensemble. La maison de Sils devint la maison de leur « famille ». Ils n'en eurent jamais d'autre. Mais après s'être enfuie de Perse, Annemarie ne se réfugia pas à Sils.

Miro, Erika et Kläuschen se retrouvent aussitôt après son retour de Perse. Le 5 novembre 1935, Annemarie, qui n'a pas encore décidé de se faire hospitaliser, passe sur l'autre rive du lac de Zurich, elle va saluer les Mann à Küsnacht et dîne avec la famille – « en pantalon », écrit de manière cryptique Thomas Mann, qui commente, lapidaire : « Miro, si chère et morphinomane. » Le 9 novembre, Klaus note : « Conversation avec Erika à propos de la drogue. Elle me met en garde de manière pressante et sûrement infondée. Si elle n'existait pas, j'y aurais sombré davantage et mieux, je n'existerais vraiment pas. Miro est ici. » Annemarie revient en effet prendre le thé avec la famille Mann et finit par dîner en leur compagnie. Cependant, lorsque les parents vont se coucher, à la maison, l'atmosphère devient un peu orgiaque, on boit du champagne, on se saoule, on danse, et à la fin, Klaus s'injecte une ampoule de morphine pure. Elle fait sur lui le même effet qu'un *coup de revolver**. Le 14, Annemarie lui téléphone : elle le salue, parce qu'elle est sur le point de partir pour une cure de désintoxication dans la clinique du professeur Forel à Prangins. Klaus commente : « La pauvre, la si chère, la tellement menacée. Je voudrais vraiment avoir des liens plus profonds avec elle, mais à tout le reste s'ajoute le fait qu'elle soit étonnamment peu fiable du point de vue humain ou plutôt, qu'elle est insaisissable. »

Puisque ces deux dernières années, ils ont vécu synchroniquement, même s'ils ne sont pas parvenus à se le dire, au cours de ces mêmes journées où Annemarie bataille avec le professeur Forel, Klaus, qui répétait « Mais je ne serai jamais un toxicomane », sombre dans une terrible crise d'abstinence, qui lui révèle – et le révèle surtout à son entourage familial – jusqu'à quel point il est, au contraire, en train de devenir dépendant des drogues. Le 22 novembre, tandis qu'elle est recluse dans une pièce du sanatorium du docteur Forel, Annemarie se réveille en sursaut, en proie à des douleurs atroces, ruisselante de sueur, les mains engourdies par une effroyable contraction de son corps, des spasmes intestinaux, un malaise tellement insupportable qu'il semble pire que toute maladie, pire même que la malaria, les ulcérations et les abcès occasionnés par l'utilisation d'aiguilles infectées. Elle commence à lancer des hurlements, et lorsque quelqu'un entre dans la pièce, à pleurer – à pleurer sans parvenir à se refréner. « Klaus – lui écrit-elle – ça n'en vaut pas la peine. » Klaus aussi se réveille, au cœur de la nuit, précisément dans la maison de son père. « Ce soir, j'ai hurlé de désespoir. Puis j'ai eu une crise de larmes qui a duré une demi-heure – comme je n'en avais jamais connu. Le docteur Stahel a dû venir, il m'a fait une piqûre de Pantopon et de Scopolamine. » Son père qualifie l'événement d'« inopportun ». Ce jour-là, Thomas Mann écrit : « Klaus croit pouvoir rester maître de la drogue, et pouvoir préserver un état de suspension où la dépendance s'avère libre et purement occasionnelle. Sa crise de larmes lui aura sans doute révélé l'étendue de son erreur. Toutefois, le désir d'en finir complètement avec la drogue ne l'habite pas vraiment, et se traduit tout juste dans son intention d'aller consulter un médecin. »

Toutefois, pour le moment, tous deux en ont assez. Annemarie, momentanément désintoxiquée, ayant survécu à la drogue, à sa dépression persane et à la mort, fugitivement amoureuse d'une sensuelle dame bruxelloise connue à la clinique – à laquelle, en cachette de son mari, elle a, comme dans une *pochade**, donné rendez-vous au Palace de Saint-Moritz –, tout aussi fugitivement amoureuse d'elle-même et de la vie, trois semaines à peine après son hospitalisation, elle quitte la clinique, déboussolée par sa présence, et au début de l'année, elle retrouve Erika et Klaus à Sils.

La neige qui recouvrait la bruyère, la vallée et même le lac, renvoyait des lueurs rosées et retenait de très légères ombres bleues. Il y avait une lumière comme baptismale, et un paysage de purification. Mais peut-être lui semblait-elle ainsi parce qu'une nouvelle année commençait – un nouveau cycle, et le mot espoir retrouvait une signification. Qui plus est, la maison était bondée, le vestibule encombré de skis, de raquettes, de chaussures de montagne, les pièces de voix, les bureaux de papiers, et elle croyait parvenir à faire vraiment de cette maison ancienne et paisible la maison de sa « famille ». Pour une fois, c'était un rêve heureux et réalisé : les avoir tous auprès d'elle. Erika constitue, comme toujours, l'apparition d'une femme affairée, volcanique et particulièrement vive. Elle écrit des lettres, téléphone, tempête contre la lâcheté des gouvernements occidentaux, correspond avec des hommes politiques et de soi-disant révolutionnaires, organise et projette sa vie et celle des autres, du *Moulin à poivre* et de sa famille – et elle a promis qu'elle ne restera que quelques jours seulement. Mais Annemarie – qui il y a un an, à pareille époque, croyait ne devoir plus jamais la revoir – a appris à s'en satisfaire.

En Engadine, le soleil brille, des journées bleues où la lumière semble diaphane, raréfiée, et colore la peau de reflets de bronze. Le matin on monte dans la Fextal en se poussant sur ses skis – une vallée latérale, faite d'arbres et de silence, vraiment enchanteresse – jusqu'à atteindre le glacier et sur la voie du retour, on s'arrête à la pension Sonne, qui n'usurpe pas son nom, puisque

le soleil la baigne de l'aube aux derniers feux du couchant, et que, humides de neige et de sueur, on peut y
déjeuner sur une terrasse. Puis, une fois restauré, on
descend sur les pentes douces, pour rentrer chez soi, et
la journée est encore longue. On lit, on écrit, on
retrouve sa joie de vivre et on fait l'amour au Palace
avec la dame de Bruxelles – à laquelle, à Prangins,
Annemarie a rendu tout à la fois la santé et une maladie : l'amour non partagé, puisqu'en effet la rousse sensuelle aux taches de son la passionne, mais à la longue,
elle finirait par l'ennuyer, et c'est presque une chance
qu'elle soit mariée avec un homme jaloux. Annemarie,
qui croit vraiment être sortie d'une période infernale,
intrigue à Saint-Moritz, elle joue le jeu excitant de
l'adultère, conduit dans l'obscurité sur la route plate qui
serpente autour du lac, mais, pour elle, le moment le
plus apaisant de la journée coïncide avec son retour
dans une maison où elle se retrouve entourée par toutes
ses amours, où ils dînent tous ensemble, cancanant, se
lisant les uns les autres leurs écrits, se vantant de leurs
propres prouesses, et puis sortent se promener sous un
ciel incroyablement piqué d'étoiles. Klaus aussi est
plein de bonnes résolutions, il commence à écrire un
nouveau roman et il se tient loin des tentations, et Erika
se repose, après les fatigues d'une année qui l'a –
comme on dit – « vidée ». Pour peu de jours une étrange
harmonie règne entre eux. Comme si on pouvait vraiment vivre ensemble, s'aider, se protéger, se défendre
du monde, et être, autrement dit, une vraie famille. Et
pourtant, un matin, tandis qu'encore emmitouflés dans
leurs anoraks, trempés par la neige, de retour d'une
excursion à skis, ils s'assoient sur les marches devant
la maison afin d'ôter leurs chaussures de montagne,
grillent des cigarettes, rient, et se promettent de revenir
à Sils, Erika prononce une prophétie sinistre. Peut-être
plaisante-t-elle, comme elle le fait toujours, il ne faudrait jamais la prendre au sérieux. Mais lorsque son

regard caresse les visages rougis par le soleil de son frère et d'Annemarie, elle ne sourit pas. « Dans dix, quinze ans, dit-elle, vous serez tous les deux morts. Moi, au contraire, je vivrai très vieille. Je verrai tout, j'assisterai à toutes les tempêtes et à tous les changements. Et je ne pourrai rien faire. Je vous survivrai – quelle tristesse. »

Quand est-ce que les amis qui se sont rencontrés jeunes commencent à se trouver changés ? Quand est-ce que la politique, les problèmes économiques, la douleur, l'impuissance, la distance commencent à corroder les rapports les plus solides, insinuant parmi la tendresse et le désir la méfiance et le doute ? Est-ce à cause des années qui passent ou des expériences, des nouvelles rencontres ? Est-ce la hâte, l'insuccès, la drogue, qui nous amènent à emprunter des sentiers divergents, qui ne se rencontreront plus ? Ou encore, est-ce la folie, et la peur muette de l'incompréhensible qui les sépare ? Annemarie passe le printemps à suivre les traces d'Erika comme un chien celles de sa proie – ou de son maître. Elle ne lui permettait jamais de s'éloigner trop. Parce que – comme elle l'avait écrit à Klaus, qui savait ce qu'elle disait – « on ne peut pas vivre sans Erika ». Elle l'a suivie en Hollande, en Angleterre et en France, elle l'a suivie en Espagne et à Majorque, et puis encore plus loin, jusqu'à New York. Elle l'aurait peut-être même suivie chez ses beaux-parents : parce que comme Annemarie – mais pour des raisons plus impérieuses comme la nécessité de se procurer un passeport et une nationalité après que la citoyenneté allemande lui eut été retirée – Erika aussi avait pris un mari. Elle était devenue une citoyenne anglaise. Son mari était le chef de file de la jeune poésie britannique, il s'appelait Wystan Hugh Auden, et lorsqu'il l'épousa, il n'avait vu Erika qu'en photographie. C'était un mariage nécessaire, et technique, sans risque de complications sentimentales : le poète ne faisait pas mystère de son homosexualité.

« *I didn't see her till the ceremony*, écrivit-il à Spender, *and perhaps I shall never see her again. But she's nice.* » Toutefois, au printemps 1936, pour trouver un « mari » à Theres (c'est John Hampson-Simpson, un ami d'Auden qui se prêta au jeu), connaître ses beaux-parents, et passer quelques jours avec son propre mari, Erika se rendit en Angleterre, avec Theres et Annemarie dans son sillage, afin de former un étrange et inédit cortège nuptial. Annemarie irait elle aussi chez les parents d'Auden, avec Erika, sans se demander si c'était une bonne idée ou une erreur. C'était une erreur. Elle la laissa y aller seule et rebroussa chemin. À Paris, il y avait Claude, en congé. Il ne voulait pas retourner en Perse. Son mandat à Téhéran achevé, il espérait être appelé par l'administration centrale et finir par être assigné au *ministère des Affaires étrangères**, afin de pouvoir rester quelques années dans sa patrie. Ils se promenèrent par les rues de Saint-Germain, faisant du lèche-vitrine, perdant leur temps dans les librairies, dans les cafés. Ils mangèrent des fraises à la chantilly dans une crémerie de la rue Jacob. En Perse, Annemarie avait rêvé de ces fraises : elles appartenaient, avec la crémerie, l'odeur de la fumée et de la soupe, la vue des arbres de Bocken vitrifiés par le givre et le crissement du gravillon de l'allée de sa maison sous ses chaussures, aux petites choses qu'elle croyait avoir perdues depuis longtemps. Claude l'appelle toujours *chérie** et, précisément comme en Perse, il ne parvient pas à dire à Annemarie ce qu'il éprouve pour elle. Combien il a besoin de son soutien. Il est en train de traverser son enfer personnel, et le malheur l'a changé – mais il ne trouve pas les mots pour le lui dire. Elle, au reste, ne parvient pas, pour sa part, à lui pardonner de n'avoir eu aucun égard pour elle, aucune pitié. Rester mariée avec lui l'arrange, mais elle ne croit pas que Claude jouera encore un rôle quelconque dans sa vie. Claude lui demande si elle a l'intention de revenir vivre avec lui, et Annemarie lui répond que non. « Je veux vivre, lui dit-elle, et en ta compagnie, je meurs. » Cependant, Mops était également à Paris. Elle avait encore ses beaux yeux de toujours, ses cheveux fauves et sa bouche douce. Elle avait encore le même mari impossible et des tiroirs pleins de drogue. Annemarie se promit qu'elle céderait à la tentation une fois seulement.

« Majorque : une île merveilleuse, écrit Klaus Mann dans son *Vulcano*, illuminée avec douceur par un soleil bienveillant ; prodigue en palmiers, cyprès et en buissons fleuris ; en promenades le long de la mer, monastères, hôtels, rochers regroupés de manière décorative, grottes, cours d'eau, belles femmes, hommes passionnés et vigoureux, enfants aimables, cathédrales, arènes, bordels, cinémas, aéroports, embarcadères, musées, montagnes et jardins, paisibles petits recoins et places animées... Majorque, île pacifique, petit paradis insouciant, si loin du vacarme et des dangers du monde... » À Majorque, au mois de juin 1936, la famille de bohémiens se recompose. Sur l'île, parmi les exilés venus reprendre des forces après les succès, les humiliations et les fatigues, il règne une atmosphère d'allégresse factice. Les grands hôtels sont bondés d'étrangers, les plages de baigneurs, les casinos de joueurs. Majorque est vraiment une oasis heureuse – et la mer semble la protéger des convulsions européennes. En Espagne, aux élections de février, le Front populaire a gagné, et il a formé un gouvernement radical-socialiste. En France aussi, aux élections du mois d'avril et du mois de mai, les partis de gauche du Front populaire ont gagné, et ils ont formé un gouvernement radical-socialiste, et lancé de grandes réformes sociales. Bref, il semblerait que le vent ait changé de direction, et recommencé à souffler du bon côté. Sur l'île, l'espoir renaît. Peut-être que l'Europe redeviendra un endroit habitable. Peut-être ne sera-t-il pas nécessaire de s'en aller jusqu'en Amérique, pour chercher à s'inventer un avenir. En vacances, Erika, Annemarie, Klaus et son ami éditeur Fritz Landshoff passent leurs journées allongés au soleil, à lire, à discuter de l'avenir du monde avec les clients de l'hôtel et à nouer des flirts inconsistants comme la paix. Une Anglaise blonde tombe amoureuse d'Annemarie, un beau gaillard d'Allemand de Klaus, un Anglais d'Erika. Mais le galant d'Erika s'appelle Charlie, il a des lèvres rosées, de gros yeux naïfs, et sept ans d'âge. Erika passe beaucoup de temps, trop de temps avec lui. Elle s'amuse à lui bâtir un volcan de sable colossal, elle le bourre de petits cailloux, d'allumettes et de papier journal, et puis elle allume la mèche pour lui faire cracher des coquillages et de la fumée. Émerveillé, Charlie éclate de rire. Depuis leur chaise longue, face à la cabine, Annemarie la surveille : Erika est ramassée en boule sur le sable, Charlie, accroupi devant elle, ravi. Erika est en train de lui raconter une fable – tantôt, elle est la sorcière, tantôt elle est le Petit Poucet, sa voix change, et de la même façon son visage. Erika sait trouver les mots pour parler aux enfants. Elle les a toujours trouvés. Peut-être parce que, d'une certaine manière, elle est restée la petite fille rebelle et taquine d'autrefois. Annemarie l'est devenue, au contraire, trop tard, et seulement par jeu. Tous l'appellent *mein Kind*, *mon enfant**, mais en réalité, on ne lui permet pas de se conduire vraiment en enfant. C'est seulement un jeu ennuyeux. « *Eh ! Charlie*, s'interrompt tout à coup Erika, *do you wanna fly* ? » « *What do you mean, Mrs Erika ?* » demande poliment Charlie. C'est un garçon bien élevé et gentil. Ses parents dînent parfois à leur table. Erika prétend qu'il s'agit d'Anglais falots. « *Come on, darling* », lance Erika, prenant Charlie par la main.

« Eri, où vas-tu ? s'inquiète Annemarie, levant les yeux au-dessus de sa revue, mais Erika ne l'a pas entendue, elle est déjà loin avec le petit Charlie : elle parvient à les voir tandis qu'ils montent dans la voiture d'Erika, garée devant la plage. « *Drive, Charlie, and let's fly away*. » Presque incrédule face à une aussi grande liberté, Charlie s'installe sur les genoux d'Erika, prend le volant de la Ford entre ses mains, et l'automobile glisse au loin, patinant, faisant du surplace, s'enfonçant, débandant, et finalement se lançant sur le sable dur de la ligne de brisement des vagues. L'automobile roule comme suspendue entre ciel et eau, jusqu'à ce qu'Erika et l'enfant s'éclipsent sur la plage de Majorque, dans une poussière imprégnée de sel.

Lorsqu'ils reviennent, il est déjà l'heure du cocktail. Les chaises longues sont rangées, les cabines désertes, les établissements balnéaires vides, et Annemarie remonte paresseusement la plage en direction de l'hôtel, son tricot de corps rayé de marin passé sur son maillot de bain, son sac de paille en bandoulière, ses lunettes de soleil, désormais inutiles, enfilées dans ses cheveux. Le petit Anglais lèche une glace avec avidité, Erika le tient par la main. À les voir de loin, on dirait une mère et son fils, et Annemarie demeure presque choquée par cette pensée inévitable. Elle se demande si c'est précisément à cela qu'Erika est en train de penser. Quoi qu'il en soit, ensorcelé, Charlie lui donne la main en toute confiance. Charlie ne plaît guère à Annemarie. Parce qu'il est trop sérieux, trop poli – ou, peut-être, parce que c'est un enfant. Jusque-là, c'est elle qui avait toujours été le *Kind* d'Erika.

« Te joins-tu à nous pour la cavalcade, Miro ? » l'apostrophe Erika. « Quelle cavalcade ? » demande Annemarie, qui ne parvient jamais à tenir un rôle dans les comédies d'Erika. « Petite princesse, ne sais-tu pas qu'il y a des chevaux dans la mer ? J'ai promis à Charlie que je le ferai monter sur un cheval marin. *Ehi, Charlie, I would like to introduce you to a friend of mine, she's a princess*. » « Mais qu'inventes-tu donc ! » rit Annemarie. « *A real princess ?* » murmure Charlie, intimidé. Il scrute la princesse déguisée en marin et ne sait pas s'il faut être déçu ou heureux de cette rencontre. À son âge, les princesses portent encore des couronnes et des vêtements de tulle. Elles ne ressemblent pas beaucoup à Annemarie. Les aspergeant d'écume, agitée, la mer se fracasse avec violence sur la ligne de brisement des vagues. Les vagues vomissent un poisson mort et une bouteille sur la rive. « *A real princess* », confirme Erika, très sérieuse. « *Nice to meet you, Charlie* », lui dit Annemarie, et puis, elle rappelle Erika à l'ordre. Il se fait tard, avec ce stupide petit garçon anglais, le soleil s'est déjà couché, dans une heure on dîne. Erika hausse les épaules. « N'est-il pas mignon ? Je l'adore, dit-elle, songe à ce que serait un fils comme lui. » « Mais à quoi songes-tu donc ? » bégaie Annemarie. « Penses-tu que je ne pourrais pas avoir d'enfant ? Que tu ne pourrais pas en faire un toi-même ? Nous avons un mari, nous devons seulement trouver un père. » « *Princess, are you married ?* » demande Charlie, en la dévisageant soupçonneusement, parce qu'il ne comprend pas ce que sont en train de se dire ces deux « Allemandes », mais il devine que c'est de lui qu'elles parlent. « *Yes I am*, répond Annemarie* », de mauvaise grâce. « *And where are your children ?* » « *We have no children, Charlie.* » Pour Charlie, cette réponse ne paraît guère sensée. Mais alors, durant tout ce temps… qu'avez-vous fait, *you and your husband ?* Annemarie rougit, parce qu'elle ne sait vraiment pas quoi répondre. Elle est totalement déconcertée par le discours d'Erika. Qu'est-ce que cela signifie ? N'avons-nous pas toujours célébré la pure stérilité de nos amours ? N'étions-nous pas fières de ne pas commettre le péché de la procréation ? Comment pouvons-nous infliger à un autre le mal que nous-mêmes n'avons pas vaincu ? Et quelle sera sa place dans la vie d'Erika, si… Déçu par sa réponse, Charlie se hâte de rejoindre Erika, qui avec un sourire malicieux lui montre la merveille qu'abrite la paume de sa main. Il s'agit d'un hippocampe, à la queue toute frisée. Charlie prend sa main et ils se dirigent vers la ligne de brisement des vagues. Dans le tourbillon d'algues, de sable et d'écume du rivage, les talons d'Erika et les pieds légers du petit garçon anglais laissent une longue file d'empreintes alignées, symétriques, accordées. Annemarie pose ses lunettes sur son nez et, assombrie, reprend le chemin de l'hôtel.

Ce soir-là, elle s'abandonne à de « lourds excès et, de surcroît, de mauvais goût », à en croire Klaus. Les jumeaux parlent d'elle jusqu'à l'aube. Erika refuse de l'admettre, mais elle trouve sa compagnie fastidieuse, et le prix à payer pour être son amie trop élevé. Erika se révèle nerveuse, préoccupée et pas seulement parce qu'elle doit décider quoi faire de sa vie, mais également à cause de toutes les personnes qui – dans toutes les acceptions du terme – dépendent d'elle, qui ont besoin de son initiative, de sa force. Annemarie veut l'obliger à s'occuper d'elle. Erika ne répond cependant pas aux messages grossiers, désespérés, violents, incompatibles avec la bonne éducation, les convenances, que Miro lui adresse – des messages lourds, désespérés, empreints de brutalité au-delà de ce qu'une bonne éducation et les convenances commandent. Au dîner, tous sont alarmés et même déconcertés, car les nouvelles en provenance d'Espagne ne sont pas bonnes. Il semblerait que les forces de droite n'aient pas l'intention d'accepter le résultat des urnes, que les militaires s'agitent, les phalangistes matraquent et cognent, certains murmurent « Coup d'État ». Certains soupirent, certains invectivent les peuples européens frappés de psychose, semble-t-il, contre les armées fin prêtes, la jeunesse disciplinée, le mensonge en ordre de marche, certains prophétisent, sombrement : ils nous tueront tous. C'est la catastrophe de la guerre d'Espagne, de l'infection mondiale qui se rapproche, mais pour Annemarie c'est surtout une catastrophe personnelle. Lorsque à table on entend un bruit sourd, un instant personne ne s'aperçoit de rien.

C'est une chute en avant, à demi consciente – le visage dans son assiette. « Miro ? » murmure Erika. Elle la secoue par un bras. Annemarie vomit son dîner sur la table. Et lorsqu'elle croise le visage livide d'Erika, sur lequel elle lit un reproche – l'accusation d'avoir de nouveau pris cette chose, d'être une irresponsable –, elle réagit en hurlant, gifle le serveur qui s'est courtoisement rapproché d'elle, agresse le *maître d'hôtel**, le frappe à coups de pied avec une sauvage fureur. « Klaus, emmène-la, murmure Erika. Emmène-la. » « Vous ne savez faire que ça avec moi ? hurle Annemarie. Comme ma mère, comme mon père, vous ne voulez pas me voir et vous m'envoyez dans une autre ville et vous vous tournez dans une autre direction ? » « *I'm afraid she's a bit inconscious* », dit Erika aux Anglais. Elle est irritée, mais également épouvantée : elle s'efforce de faire montre de son humour proverbial, mais son petit rire est forcé. Klaus écarte le serveur, qui se plaint – « *¿ Está loca ? ¿ Está loca ?* » –, esquive le maître d'hôtel, s'approche d'Annemarie et cherche à l'emmener – parce que ce qui est en train d'arriver se révèle embarrassant, tout le monde les regarde, les serveurs de l'Hôtel Camp de Mar se sont arrêtés, étonnés, les chariots bourrés de friandises, au beau milieu du salon. *¿ Está loca ? ¿ Está loca ?* « Miro ? Viens, allons-nous-en », dit Klaus à voix basse. Mais il ne parvient pas à la regarder dans les yeux – parce que cette femme égarée, bouleversée, qui bredouille des mots confus est et n'est pas son amie, et il ne veut pas la reconnaître. Il la pousse dehors. Lorsqu'ils sont sortis, un instant, les conversations s'arrêtent, un silence embarrassé s'installe. Erika s'excuse avec les commensaux de la mauvaise éducation de son amie, *oh, no problem at all* – lui cloue le bec le père de Charlie – *we care about her.*

« *We all care about Annemarie*, dit Erika, secouée, *we love her, but what can we do for her ?* » Erika est au bord des larmes. Tout est si triste. Elle pose les couverts sur l'assiette, le dîner est fini. Dans ses oreilles résonne encore la question du serveur *¿ Está loca ? ¿ Está loca ?*

What can I do ? Erika se le demandera encore – chaque fois qu'Annemarie sera à ses côtés. Mais que peut-elle faire d'autre sinon la laisser aller son chemin, où qu'il la conduise ? Pour tout le reste, des sentiments qu'elle n'a pas éprouvés et que désormais elle n'éprouvera plus auraient été nécessaires. Elle se le demandera tout au long de l'été à Sils et au cours d'un hiver hystérique à New York. Et elle se le demandera encore à Boonton, au mois de décembre 1937. Annemarie vient tout juste d'achever un épuisant reportage dans le sud des États-Unis – qui l'a conduite, solidaire, parmi les syndicalistes et les grévistes, les communistes et les ouvriers – Erika est sur le point d'entreprendre une non moins épuisante tournée de conférences : elles se rencontrent à mi-chemin, dans une petite ville anonyme du New Jersey, dans un paysage anonyme, parmi des gens à la physionomie opaque et indifférente. L'état de santé d'Annemarie est alarmant : elle est sous-alimentée, elle ne dort pas, elle fume trop, elle est poursuivie par une sensation hallucinatoire voulant que ses nerfs s'amincissent comme les muscles des sportifs lorsqu'ils ne s'entraînent plus. Mais Erika s'est habituée également à cela. Et pourtant, c'est l'audace des jours décisifs qui a poussé Annemarie à Boonton. Avec l'orgueil d'avoir finalement réalisé avec la misérable arme de sa plume quelque chose de digne, délestée de ce désespérant sentiment d'inadéquation qui la terrassait devant son amie, elle a porté avec elle l'espoir rouillé de conquérir Erika. Elles logent dans un hôtel désert – la petite ville n'est pas à proprement parler un lieu de vacances. Annemarie n'a aucune intention de repartir de Boonton sans avoir transformé radicalement ses rapports avec Erika et avoir obtenu ce qu'elle désire depuis des années comme si c'était son salut. Elle ne pourra jamais trouver la stabilité et le bonheur autrement. Mais après quelques heures, il est clair pour elle qu'Erika ne s'est pas arrêtée à Boonton pour se distraire entre ses bras, mais pour écrire un livre. Elle aussi a cédé à la malédiction de sa famille. Ce n'est pas un livre d'évasion, mais un livre militant – l'histoire de l'éducation de la jeunesse sous le nazisme. Une école de barbarie. C'est à *cette* innocence trompée et trahie qu'elle songe, et à aucune autre. Ces vacances deviennent oppressantes – ce sont les dernières, c'est la dernière fois que je pars avec toi, se répète Erika. Elle déteste que les choses n'aillent pas comme elle le voudrait – et elle voudrait ne plus être aimée par Annemarie. C'est pourquoi elle passe ses journées à torcher des chapitres, qu'on la laisse en paix, implore-t-elle, car elle a quelque chose de plus urgent à faire que légitimer la passion démesurée d'Annemarie. Puis, elle la console en lui assurant qu'elle a confiance en elle – elle n'aurait pas dépensé autant de temps, ne se serait pas autant préoccupée si elle n'avait pas cru que cela en valait la peine. Miro doit lui démontrer qu'elle avait raison. Elle doit vivre seule – sans sa mère, sans drogue et sans elle. Travailler. Erika n'a pas d'autre médecine à lui offrir. Cesse d'exiger et commence à donner. Comporte-toi comme une personne raisonnable. Telles sont les dernières braises d'une amitié qui fut ardente, et qui est devenue quelque chose d'arctique, sermonneur, qui ne tolère plus même la vérité, mais seulement des promesses, des fictions et des mensonges. Les silences de la soirée racontent l'ennui, l'éloignement, les saisons passées – l'amour qui ne s'est pas avéré, le détachement. La passion ratée qui donnait à son existence une direction claire et bien connue. Annemarie est tenaillée par le froid, par l'automne et par l'éclipse de son ancien héros. En outre, elle sait que cela n'en valait pas la peine, parce qu'elle ne réussira jamais à vivre de son travail – et même parce que sa fidèle seringue se trouve dans l'armoire de toilette de la salle de bains, mais

Erika ne le sait pas, elle ne peut pas et ne doit pas le savoir. Lorsque le dernier jour se profile sur la véranda, Erika est dans la rue à charger les bagages sur l'autocar. C'est tout ce que tu obtiendras d'elle. Une paix décolorée, grise comme les cendres et la brume, qu'on peut juste maintenir en occultant tes faiblesses et tes chutes comme un coupable. Les ombres sur l'avenue, le silence doré de tout ce qui finit, le fourmillement de glands trop mûrs tombés sur la route, les feuilles qui pleuvent d'un érable, la fumée des cheminées où brûle le bois, le soleil qui agonise dans les vapeurs de l'après-midi, les enseignes rouges de la station-service qui flottent dans la brume – c'est comme si toute chose prenait congé d'elle-même.

Depuis Majorque, Annemarie revint en France en compagnie de Klaus. Ils louèrent une cabine pour eux deux. La mer était lisse comme une feuille de papier, et la traversée fort longue. De l'autre côté du hublot, on devinait seulement la nuit, les ténèbres. Les ténèbres et la nuit. Ni l'un ni l'autre ne dormaient. Klaus avait allumé la lampe au-dessus de sa tête, et il lisait – tenant son livre assez haut sur son oreiller. Annemarie se tournait et se retournait, jetant de temps à autre un coup d'œil tantôt dans sa direction tantôt au hublot. Elle espérait qu'il lui dise quelque chose, mais Klaus lisait. Les ténèbres et la nuit, la nuit et les ténèbres, d'un côté comme de l'autre un faible, précaire halo de fumée. « Kläusilein ? » lui dit-elle tout à coup. « Qu'y a-t-il ? » marmonne-t-il, sans même détacher les yeux de son livre. « Pourquoi ne dors-tu pas ? » Découragée, elle garde le silence. Mais elle voudrait lui dire tant de choses. La nostalgie du passé, la terreur de l'avenir, l'indicible désir de la paix, de la dissolution – du néant. Elle voudrait lui demander de ne pas éteindre cette lumière, pour elle. De ne jamais la laisser seule.

Ils débarquèrent du ferry-boat à Marseille, et ils trouvèrent une ville – et un pays – paralysée par une grève générale. Les réformes du gouvernement – les quarante heures pour les travailleurs, la nationalisation de la Banque de France et des industries de guerre, la dissolution des phalanges et des groupes fascistes – ont déclenché des émeutes et des protestations. Le franc s'est effondré, les capitaux ont fui à l'étranger, les industriels invoquent le boycottage du gouvernement, les travailleurs sont en grève. La France est au bord de la guerre civile. Ou de la révolution. Des drapeaux rouges flottent sur le môle du port – comme à Bakou. Mais les dockers ne travaillent pas, et lorsque le bateau s'approcha du môle, ce fut un marin qui sauta par-dessus bord pour amarrer les cordages. Les passagers se bousculaient devant la station de taxis, mais il n'y avait pas la moindre automobile, ni même un porteur. Annemarie conduisit la Mercedes le long du port. Des gendarmes à képi bleu faisaient les cent pas, comme des cibles. Il y avait des camionnettes antiémeute garées transversalement sur le goudron. Un silence spectral. Tous les magasins étaient fermés, les volets de bois scellés afin de protéger les vitrines. Les hôtels et les restaurants étaient eux aussi fermés. Ils ne purent pas même acheter un sandwich. Au loin, on devinait des déflagrations très semblables à des coups de feu. Et puis, un faux gémissement qui devint lentement une chanson. C'était *L'Internationale* : Annemarie et Klaus l'avaient écoutée chaque jour au congrès de Moscou. Les manifestants firent leur apparition tout d'abord un peu à la sauvette, puis toujours plus nombreux – ils défilaient avec des drapeaux, des banderoles, en chantant. On se serait cru dans un film soviétique. Annemarie gara la Mercedes le long d'un trottoir et elle éteignit le moteur. « Peut-être sommes-nous en train d'assister à une révolution communiste », commenta Klaus. Cette perspective semblait excitante à Annemarie. « Tu m'emmènes tou-

jours dans les pays communistes, Kläusilein, rit Annemarie. Ne finirons-nous pas par devenir véritablement
communistes ? » Ils descendirent de l'automobile. Les
manifestants avançaient dans leur direction, poing levé.
On aurait dit une invitation à en faire autant. Mais
Annemarie les salua en agitant la main. Elle ne parvint
pas à fermer son poing.

Usée par les années et par les milliers de kilomètres
qu'elle lui avait infligés, tout à coup, tandis qu'ils prenaient une large avenue de banlieue, la Mercedes
d'Annemarie commença à hoqueter, à hoqueter et puis
rendit l'âme, les plantant là sous le soleil de juin, dans
cette rue déserte. Il n'y avait pas âme qui vive. Les Mar-
seillais avaient fermé leurs fenêtres, par crainte d'une
insurrection. Klaus resta assis dans l'automobile, et
Annemarie partit à la recherche d'un mécanicien. Tandis qu'elle marchait sous le soleil au zénith, elle repensait à la mise en scène des studios Emelka et elle
souriait car Klaus ne savait pas dévisser un boulon et
elle pas davantage, parce que quelqu'un l'avait toujours
fait à leur place. Cependant, les garages étaient fermés,
et lorsqu'elle frappait, les mécaniciens lui répondaient :
« *Nous sommes en grève*, nous sommes en grève** », et
croisaient les bras. Elle erra des heures entières, agacée
et dans le même temps excitée par une si grande obstination. Elle ne trouva pas de mécanicien disposé à travailler au cours de la grève, ni un garage pour y laisser
son automobile ou un chauffeur pour la lui apporter le
lendemain à Nice. Lorsqu'elle revint vers Klaus, traînant un jerrycan d'eau à verser dans le radiateur, il
lui suggéra de s'acheter une voiture neuve, et Annemarie lui répondit qu'elle n'avait pas d'argent. « Ne
sois pas avare, Miro ! » la réprimanda Klaus, pour
qui ne pas avoir d'argent était une expression concrète,
non une façon de dire. Annemarie lui dit qu'elle n'avait
vraiment pas le sou. Elle avait gagné si peu d'argent,
cette année. Et elle était trop orgueilleuse pour deman-

der à son père de lui acheter une autre automobile. Parce qu'elle savait qu'il l'aurait fait.

Ils louèrent une chambre dans un hôtel de la côte. Les draps fleuraient bon le savon, le vent de sel et le jasmin. Ils étaient liés à la France du Sud par quelques-uns des plus beaux souvenirs d'Annemarie. Non loin d'ici – à Sanary –, son amitié avec Klaus avait pris une tout autre tournure ; sur la rive de cette même mer, par un soir semblable, ils s'étaient découverts très proches, spéculaires, identiques. « Pourquoi ne nous sommes-nous pas mariés, Klaus ? lui dit-elle soudainement. J'aurais pu vivre avec toi. » « Nous n'aurions pas pu vivre ensemble, Miro, nous n'aurions pas su vivre mieux qu'aujourd'hui, et nous regardons trop de *l'autre* côté », dit-il, en fermant les volets. Attraction pour les ténèbres, dans leur code secret, ils l'appelaient ainsi. Tous les êtres qui l'attirent ou qui sont attirés par lui sont confus, perdus, égarés, ils voudraient ou ont voulu mourir. Ils courtisent la mort – l'évitent, s'agrippent à quelqu'un qui les en sépare, mais à la fin, ils s'y précipitent. Même Miro. À Majorque également, tous deux n'ont pensé à rien d'autre. Et puis, il doit y avoir chez lui un manque originaire – il n'a jamais été capable d'aller jusqu'au bout, il a toujours été trop avare de lui-même. La chambre se plongea dans l'obscurité. « Mais ensemble, peut-être aurions-nous pu au moins être moins seuls. Il faudrait trouver un compagnon stable, au cours de notre voyage », lui dit Annemarie. Klaus ne répondit pas. Il faisait semblant de dormir, parce qu'il n'avait pas envie de poursuivre une telle conversation, totalement insensée. Le silence s'étendit, et lorsqu'elle comprit qu'il n'y aurait rien d'autre, Annemarie plongea la bouche dans son oreiller. Mais oui, il était trop tard. Désormais, il n'était plus question de vivre ensemble – de s'appeler Mrs Mann, de s'ancrer dans le présent. Effaré par sa course alarmante vers l'autodestruction, Klaus l'observait avec détachement, presque avec crainte, et, inconsciente, Annemarie se dirigeait vers le vide.

Au cours du mois de février de l'année 1938, Annemarie et Klaus firent une dernière traversée ensemble. Ils revenaient en Europe après un séjour aux États-Unis, malchanceux pour lui comme pour elle, qui pourtant y avait réalisé le second de ses reportages destinés à obtenir un succès considérable. Ils s'embarquèrent sur *L'Île de France*. La rauque sirène atlantique résonnait dans le brouillard. Erika restait en Amérique : elle se détachait, elle s'éloignait d'eux comme le port de New York qui s'évanouissait dans la brume. Elle avait choisi « le pays de l'avenir », et eux ? Qu'allaient-ils chercher, pourquoi rebroussaient-ils chemin ?

L'Île de France est comme un grand hôtel, luxueux, raffiné, et même snob. En première classe, il y a des cabines spacieuses comme des salons, et des salons grands comme des terrains de football. Les grooms promènent les chiens des passagers de la première classe sur la dérisoire partie du pont réservée à la classe touriste. Des chiens emmitouflés d'imperméables écossais, de mantelets et de manteaux. Le boucher ne les nourrit pas moins bien que leurs maîtres. Toutefois, accablée de dettes à cause du loyer de Sils, dont les factures impayées commencent à s'accumuler, Annemarie n'a plus assez d'argent pour se payer un billet de première classe, elle partage donc sa cabine avec lui en classe touriste. Klaus se révèle fauché comme les blés, et il s'est fait payer son voyage par Annemarie – qui pourtant, avec une perfidie toute féminine ou dans une vengeance inconsciente, motivée par le dernier amour partagé de son compagnon de voyage, a refusé de lui donner de l'argent pour partir sans elle. Il a commencé à connaître l'humiliation d'ouvrir un portefeuille vide, de se demander comment il pourra s'en sortir, et à détester les riches car vivre avec eux en feignant d'être l'un des leurs s'avère trop onéreux pour lui. Parfois, il se sent un misérable, parfois un imposteur. Les passagers de la classe touriste sont davantage sociables, ou, peut-être, plus habiles. Annemarie trouve particulièrement attirante une belle femme qui utilise le paquebot à vapeur comme un bordel, et donnant la chasse aux hommes d'affaires, sympathique, lui aussi, le vieux Russe émigré depuis presque trente ans, bourdonnant autour de Klaus, insistant sur les affinités électives des sans-patrie, gentil l'étudiant californien se rendant en Europe pour entreprendre le grand tour et s'épuisant en exténuantes parties de ping-pong, assourdissante la petite famille d'Italiens s'en retournant dans son petit village après vingt années d'émigration, sympathique l'écrivain anglais qui les entraîne tous deux dans une nauséeuse projection du film *Heidi*, jouée par Shirley Temple. Ce doit être l'un d'entre eux qui lui dérobe le peu d'argent qui lui reste encore – trente dollars.

Lorsqu'elle l'apprend à Klaus, il donne un violent coup de poing contre la porte de leur cabine : « Miro ! la réprimande-t-il, nous avions besoin de ces dollars ! » Mortifiée, Annemarie lui promet qu'elle lui donnera malgré tout ses cent dollars mensuels. Elle se les fera prêter par son père. Schwarzenbach, sourit amèrement Klaus, qui le méprise, et qui méprise sa fille. Et il le donnera volontiers cet argent, parce qu'ainsi il prouvera son incapacité à se passer de lui. Klaus s'appuie contre la cloison de la cabine. Le dos de sa main saigne, il ne parvient presque plus à bouger ses doigts. Il ouvre le robinet du lavabo, et met la main sous le jet d'eau. Il évite de regarder Annemarie. La pensée qu'à trente-deux ans pour sa part, trente ans pour ce qui la concerne, ils doivent encore recourir à leurs parents le déprime. Annemarie, qui le connaît trop bien pour ne pas comprendre ce qu'il pense à pareil instant, voudrait lui dire qu'il n'y a rien de déshonorant à emprunter de l'argent, et que tous les grands artistes ont été entretenus par quelqu'un – et au fond elle croit que Klaus est bien un grand artiste. Mais il est avilissant de parler seulement d'argent, avec Kläuschen – même si depuis un certain temps ils ne font plus rien d'autre. Elle regrette de n'être pas parvenue à lui être indispensable, telle la célèbre Nadjezùda. Elle ignore qu'elle l'est devenue vraiment – même si seulement par moquerie. En fait, dans les lettres qu'elle lui écrit, la mère de Klaus l'appelle ainsi : elle qualifie Annemarie de « ta von Meck ». Klaus parcourt l'espace exigu de la cabine, d'avant en arrière, à plusieurs reprises. Il s'assoit, se relève, recoiffe ses cheveux, ne trouve pas la paix. Elle ne l'a jamais vu aussi nerveux. Les traits de son ami sont devenus effilés, une mince touffe de cheveux blonds traverse son front dégarni, devenu comme nu. Sa bouche a pris un imperceptible pli amer. Les années qu'il n'a pas vécues lui ont dérobé sa beauté délicate. « J'étouffe, souffle Klaus, il me semble être dans un tombeau, sortons. » Même la cuisine du restaurant de la classe touriste est bien pire que celle de la première classe, et tandis qu'ils coupent un bifteck dur comme une semelle, tous deux se rappellent une autre époque, au cours de laquelle ils lorgnaient, comme au zoo, les passagers de seconde classe de l'autre côté des barrières de séparation. Mais ils ne le disent pas. On ne peut pas admettre regretter ce qu'on n'a pas voulu.

Quatre jours durant, ils flottent sur une immense et mystérieuse étendue d'eau, aux humeurs et aux couleurs changeantes, qui passe du bleu scintillant au blanc d'ardoise et, soudainement, s'ouvre grand en cataractes, gouffres et abîmes. La mer se révèle agitée, il pleut à seaux, il fait froid : c'est le mois de février et sur l'Atlantique la tempête fait rage. Le bateau tangue, est violemment secoué, il s'enfonce. L'océan se révèle hostile, le monde se révèle hostile. Annemarie revient, elle ne sait où, elle a un passé digne derrière elle, mais aucun lien, aucun projet, et aucun avenir. Sa maison de Sils ne l'attire pas davantage. Il n'y a rien ni personne à quoi pouvoir se raccrocher. Les routes qu'elle a prises ne mènent nulle part. Tout au long des couloirs du bateau à vapeur, on respire une odeur de cire et d'antiseptique, sur le pont prospère une piquante senteur de salinité et dans la cabine, le parfum de Klaus. La cabine compte deux lits jumeaux superposés. Klaus a disposé ses cravates dans l'armoire et Annemarie son linge. Quatre jours et quatre nuits passés dans la même cabine. Il y a peu de place et trop d'intimité. Difficile de garder un secret ou de rendre un mensonge crédible. Et puis, ils se connaissent trop bien pour pouvoir se tromper l'un l'autre. Klaus reconnaît immédiatement sur sa peau les traces rouges qui rappellent une nuit d'amour. Lorsqu'il lui demande des explications, Annemarie nie – en s'échauffant, en agitant nerveusement sa main droite. C'est une main maigre, osseuse, aux longs doigts et aux lunules ovales, que Klaus reconnaîtrait entre mille – et un instant il s'émeut, remarquant qu'à cause de la nicotine, son pouce et son index commencent à prendre la couleur de l'ivoire vieilli. Il a aimé ses mains, et le geste fébrile qui accompagne ses colères et ses offenses. Lorsque quelqu'un mérite son indignation, lorsque quelqu'un la provoque, la met mal à son aise ou la trouble d'une façon ou d'une autre, elle agite sa main. C'est un signe d'impatience infantile et de rébellion. Il a beaucoup d'affection pour ce signe. Toutefois, le médecin de bord lui confirme que la passagère s'est fait prescrire de la morphine.

Klaus se penche par-dessus la balustrade du pont et fixe le blanc bouillonnant du sillage qui s'allonge à l'infini. Ce doit être parce qu'il se voit en elle qu'il ne lui pardonne pas. Lui aussi, après différentes cures de désintoxication, bien des promesses et des tentations, après avoir été *clean* cinq mois d'affilée, a replongé. Lui non plus ne l'admettrait jamais. Lui aussi ment et abuse. C'est pourquoi, chaque heure qui passe, cette

traversée en compagnie de Miro lui semble plus pénible, presque autant qu'à elle, contrainte de lui mentir
parce qu'elle sait bien que chez l'époux d'autrefois, elle
ne trouverait ni de l'affection ni de la compréhension.
Dans une gare de Paris, ils prennent congé l'un de
l'autre avec soulagement, ils se perdent.

C'est pourquoi Klaus lui écrit une lettre très dure –
pire que s'il avait été son père, sa mère, ou Erika. Le
réquisitoire bouscule complètement son être au monde,
et même la nature de leur amitié. Si tant est qu'on
puisse encore la qualifier de telle, – peut-être, au
contraire, s'est-elle éteinte dans les mensonges, l'éloignement, et les hasards de la vie. Klaus l'accuse d'être
fausse, indigne de confiance et incorrecte avec lui aussi.
Il l'admoneste, parce qu'on a également besoin d'elle
pour la bataille décisive qui se prépare. Le monde est
un volcan sur le point d'exploser. Le moment viendra
où ils ne devront plus parler ou écrire, mais agir. Il faut
être sérieux, adultes. La suite de leur amitié est liée à
sa libération. Il ne veut plus avoir affaire à une femme
esclave de la drogue. Tu veux combattre les injustices,
tu veux libérer le monde, Miro, et tu te fais l'esclave
d'une seringue ! En vérité, cette phrase, c'est un dealer
de Harlem qui vient tout juste de la lui dire – avec ironie. Mais justement, Annemarie est son miroir noir, et
Klaus n'accepte pas chez elle ce qu'il refuse pour lui-
même. 21 février 1938. « Une longue lettre à Annemarie,
commente-t-il, dans son journal, sévère, compliquée,
pleine de principes – et peut-être totalement dépourvue
de sens. (Je suis mal placé pour parler. Depuis vingt-
quatre heures, je me trouve sous l'effet, léger mais
continu, de la drogue. La paille dans l'œil du voisin.) »
Annemarie s'empresse de lui répondre dans une très
longue lettre chagrine qui est une apologie et une autobiographie. « Je t'en prie, Klaus, ne laisse pas subsister
quelque incompréhension que ce soit, oublie, conclut-
elle, ma déloyauté à ton égard, qui naissait d'une mal-

heureuse tentative d'être loyale, de ne pas profiter de votre indulgence si souvent mise à l'épreuve, et de cacher ce que je voulais surmonter et vivre toute seule. » Mais elle affirme ensuite qu'aux paroles sévères de Klaus, elle peut répondre seulement avec sa vie. Si elle vivait, dorénavant, de manière digne.

Troisième partie

J'habiterai mon nom

L'orage a fait tomber ses arbres,
Ô, mon âme était une forêt.

M'as-tu entendue pleurer ?
Car tes yeux effrayés sont grands ouverts.
Des étoiles répandent la nuit
Dans mon sang qui coule.

À présent, mon âme dort profondément,
Hésitante, sur la pointe des pieds.

Else Lasker-Schüler,
Nun schlummert meine Seele

HÔTEL BELLEVUE

À onze heures du matin, un jour de décembre, le hall de l'Hôtel Bedford, dans la Quarantième Rue, entre Lexington et Park Avenue, est animé par un va-et-vient frénétique. Des hôtes tout juste arrivés à Manhattan depuis la province croisent des *habitués** qui lisent le journal sur les divans ; d'autres écoutent la radio, vont et viennent entre le bar et la réception, se rencontrent, écrivent. La porte tournante est en incessant mouvement, c'est pourquoi l'entrée d'un médecin portant la petite mallette des premiers secours et d'un homme extrêmement nerveux, avec de petites moustaches blondasses tombantes sur les lèvres, suivis de deux infirmiers munis d'un brancard passe complètement inaperçue. Seul le directeur de l'hôtel, qui les attend, s'approche des quatre hommes, les réprimandant d'un ton agacé : « Mais combien de temps avez-vous mis ? Faut-il si longtemps pour faire venir une ambulance ? », et, agité, il les pousse dans l'ascenseur. « De quoi s'agit-il ? » s'informe le médecin, Leslie Field, qui est sorti en toute hâte de la clinique, aussitôt après avoir reçu l'appel téléphonique de Schwarzenbach, et c'est peu dire qu'il soit déconcerté. « Elle s'est ouvert les veines. On dirait que c'est sérieux. Ses amies sont en train de faire un tintouin du tonnerre de Dieu », répond à mi-voix le directeur. Il ne cache pas que l'incident est très déplaisant pour la réputation du Bedford.

Il est vrai que des centaines d'individus y habitent, pour lesquels l'hôtel est comme une maison, et beaucoup d'autres – surtout les réfugiés qui se sont transportés ici depuis l'Europe, après le début de la guerre – pour lesquels il l'est vraiment, et la seule qu'ils possèdent. Il est vrai que comme dans une ville, la mauvaise humeur, le malheur, les névroses et les intrigues y prospèrent. Chaque jour, tel ou tel boit plus que de raison, refuse de payer, monte sur ses grands chevaux, aime, hait, insulte – bref, vit. Mais y *mourir*, non, cela n'est pas admis.

Même l'homme aux moustaches blondasses, le visage livide, est vexé du contretemps, et il écoute le directeur avec de la gêne. Il aurait envie de défoncer la cabine de l'ascenseur, et de hurler. Hurler contre le sentiment du devoir qui l'oblige à quitter son bureau et une quantité d'affaires retardées parce qu'il lui faut se précipiter secourir cette effrontée d'Annemarie. Mon père est mort, ma sœur est folle, ma famille est détruite, mon usine est en ruine, je produis de la soie, de la soie, alors qu'une guerre mondiale bat son plein, de la soie ! Je suis en train de chercher à tenir bon – voudrait-il hurler. Mais il se retient, il se réprime, se limitant à extérioriser sa colère par des quintes de toux stridentes. Autrefois, j'aimais Annemarie, autrefois, je l'enviais parce que c'était la benjamine de la bande de Bocken, et qu'elle régnait sur la tribu des cousins et frères, et quant à moi, j'étais seulement un sujet, autrefois, tout le monde aimait Annemarie. Puis tout est allé à vau-l'eau. Et maintenant, ils n'ont plus rien en commun mis à part leur mère, leur enfance, leur nom. Freddy est un homme sérieux, posé, il ne fume pas, il ne boit pas, il ne se drogue pas, il ne s'abandonne pas à des amours irrégulières, il a une épouse et deux petites filles. C'est un dirigeant d'entreprise : il travaille douze heures par jour, le dimanche, il va à la messe et puis reste en famille. Un homme tranquille. Hébété, Freddy fixe du regard la fuite des couloirs qui à chaque étage apparaît devant lui quand s'ouvrent les portes coulissantes de l'ascenseur. Il n'a jamais mis les pieds au Bedford avant cet instant. Même si l'hôtel se donne comme « *A combination of american comfort and continental charme* », c'est un bâtiment décourageant en brique, avec un service négligé, des serveurs distraits, bondé de réfugiés allemands. Freddy déteste les hôtels. Il se méfie des gens qui vivent dans les hôtels. Des gens qui ne veulent pas assumer la responsabilité qu'implique une maison à soi. Les hôtels ont toujours une allure de précarité, de perdition et de solitude. Il est presque compréhensible qu'on finisse par y devenir fou.

L'ascenseur les dépose dans un couloir illuminé à grand-peine par des ampoules agonisantes. Une *moquette** jaunâtre court entre deux files de portes closes. Une femme de ménage traîne dans leur direction le chariot du petit déjeuner : des tasses sales tachées de rouge à lèvres, des *brioches** mordillées, des petits pots de confiture. Mais Annemarie n'a pas pris son petit déjeuner aujourd'hui. Elle a mis *La Jeune Fille et la Mort* sur le gramophone, elle s'est ouvert les veines à l'aide d'un couteau, et, tandis que les notes de Schubert tressaient leur danse pressante, elle a attendu la paix. La libération. La mort. Ainsi, à tous ses péchés, elle a ajouté le plus grand d'entre eux – le plus impardonnable. Celui de se faire l'arbitre de sa vie et de son destin. Et, au contraire, nous n'avons pas ce droit. La mort vient quand Dieu le veut, et il y a déjà eu un mort, pour les Schwarzenbach, ces jours-ci. Mon père qui gardait la famille unie, mon père qui montrait le chemin, s'en est allé. Le sacrifice a été considéré suffisant, et la petite fille a été sauvée. Le directeur est resté dans l'ascenseur. « Je vous prie de ne pas faire de scandale, conclut-il avec une froide courtoisie, afin de ne pas troubler mes clients. Le bon renom de l'hôtel ne doit pas être impliqué, et sous aucun prétexte, dans cette histoire. Emportez-la par la sortie de service. »

La chambre d'Annemarie est ouverte et, au goût de Freddy, il y a trop de monde. Deux femmes de ménage – dont une Noire – à l'air consterné, un groupe de femmes qu'il ne connaissait pas, un porteur à veste rouge. Il y a même un chien, un caniche noir avec un ruban rose noué sur le crâne. La chambre est encombrée de bouteilles de whisky vides, de papiers gras, de cendriers bourrés à ras bord de mégots de cigarettes et d'autres signes de détérioration. Les malheurs des uns attirent la curiosité des autres comme ni le bonheur ni la chance n'y parviennent. Mais peut-être qu'à la fin des fins, les malheurs aussi isolent, parce qu'au premier coup d'œil, Schwarzenbach ne reconnaît aucun des amis d'Annemarie. Pas même l'ombre des Mann, ni celui de ce médecin, Gumpert, qui avait autrefois soigné sa septicémie, ni les autres Allemands qui bivouaquaient au Bedford. Il est précisément vrai qu'à la fin on meurt seul. Quelqu'un a remis le disque de Schubert sur le gramophone, et la ritournelle des violons diffuse dans l'appartement une menace alarmante. Très froid, Freddy observe la modestie du logement de sa sœur. C'est lui qui le paiera. Parce que les Schwarzenbach ont perdu les trois quarts de leur patrimoine cette année, et qu'Annemarie a cessé de recevoir une rente de sa famille. Elle ne pourrait pas subvenir à ses besoins en écrivant ses articles. Elle doit emprunter à son frère entrepreneur – qui ne fume pas, ne boit pas et travaille douze heures par jour. Et la chose est encore plus détestable parce qu'elle ne lui saura jamais gré de la vie dont il lui fait cadeau. Tout a toujours été dû à Son Altesse.

Annemarie est allongée sur son lit, les bras enveloppés dans des serviettes de toilette détrempées de sang. Son visage n'est nullement comme Freddy imaginait que devait l'être celui de quelqu'un qui a cherché à mettre fin à ses jours ou à ceux d'un individu – et dans les deux cas, elle y est presque parvenue. C'est un visage angélique, de petite fille. Sévère, inconsolable, mais aucunement repentant. Fichez-moi la paix – murmure-t-elle –, je suis fatiguée, je veux rester seule… Freddy est accablé par l'embarras. Il ne sait où poser les mains, le regard, lui-même. Ce sont des choses personnelles, des problèmes intimes, se plaint Annemarie, que diable font donc ici tous ces gens ? Je n'ai besoin de personne, allez-vous-en ; elle monologue avec ses dernières forces résiduelles, elle ne semble pas le moins du monde résignée ni prête à mourir, maintenant, elle est seulement en colère contre ceux qui l'ont sauvée, contre ceux qui ne l'ont pas comprise, contre elle-même – et contre lui, lorsqu'il la voit cacher son visage avec son drap – comme si elle entendait chasser son image. Va-t'en Freddy, je t'en prie, lui dit-elle, mais Freddy ne bouge pas. On l'a appelé, il est venu, il représente la famille, il arrangera tout. Penchés sur elle, les infirmiers lui donnent les premiers soins, et Annemarie n'a pas la force de s'y opposer. Les coupures aux poignets sont profondes, mais pas suffisamment, et l'hémorragie est arrêtée. Field oriente une fiole en direction de la lumière : il l'agite, la brise et aspire le liquide à l'aide d'une seringue. « Vous avez besoin de dormir, madame, répète-t-il, d'une voix monocorde. Vous verrez, je vais vous faire faire un beau somme. » Annemarie ne veut pas dormir, ses rêves sont des cauchemars épouvantables, ces derniers temps – c'est pourquoi elle conteste, s'agite, se cabre, se rebelle, se soulève sur son lit, retombe inconsciente, continue à murmurer ses protestations, jusqu'à ce que ses paupières s'abaissent et que de sa bouche sortent seulement des gémissements incohérents.

Freddy identifie seulement maintenant la femme brune qui caresse mécaniquement le caniche au nœud rose. C'est elle, la baronne Margot. La dernière maîtresse de sa sœur. Elle doit avoir une quarantaine d'années et dégage quelque chose de glacé et d'inflexible. Quelque chose qui lui semble étrangement familier : le frappent les pommettes slaves et les yeux sombres, qui lancent des éclairs d'impulsivité volitive. La baronne doit avoir un caractère de fer parce que, étant donné les circonstances, elle ne semble pas le moins du monde bouleversée. Elle caresse le chien, lui lisse le poil et suit du regard les infirmiers qui s'affairent autour d'Annemarie, tranquille parce que tout semble se dérouler comme il se doit. Elle se comporte avec une désinvolture enviable. Elle est habituée au risque. Fritz, son mari, est un célèbre coureur automobile : un pionnier qui a poussé la voiture-fusée qu'il a lui-même conçue et construite jusqu'à deux cents kilomètres-heure. Le grand-père de Fritz a fondé ce qui est devenu une des principales firmes automobiles allemandes, mais, pour ce qui le concerne, ce doit être un téméraire, parce qu'il s'est mis à concevoir des missiles. On ne sait pas trop bien ce qu'ils sont venus faire – le baron et la baronne – en Amérique, ni pourquoi ils ont quitté l'Allemagne. Ils se professent antifascistes, mais la communauté des expatriés se méfie d'eux, qui en effet ne sont pas descendus au Bedford mais au plus luxueux Hôtel Pierre, sur la Cinquième Avenue, entre Central Park et Madison. Les Mann les soupçonnent même d'être des espions nazis, et Erika est allée jusqu'à proposer sa collaboration au F.B.I. pour les démasquer – avec pour résultat qu'à son insu c'est, maintenant, elle et ses amis que le F.B.I. épie, archivant méticuleusement leurs rencontres, leurs discours et leurs activités érotiques, cataloguées comme « *sexually perverted* ». Mais à cette époque, il y a une véritable psychose à New York – on ne parle de rien d'autre que d'espions nazis, de la cinquième colonne, de cheval de Troie, de saboteurs – et un accent allemand, un nom allemand, sont d'ores et déjà une condamnation.

Margot n'a pas, quoi qu'il en soit, l'air circonspect de l'espion, elle est seulement une femme charmante, sûre d'elle-même. Annemarie a aimé et a été aimée par davantage de femmes que Freddy n'en a jamais rêvé.

« Merci d'être venu », murmure Margot, d'une voix beaucoup plus contrite que son visage. Elle lui tend la main, mais Schwarzenbach ne la lui serre pas, afin d'extérioriser tout le mépris qu'il éprouve pour elle, et avec ostentation il appuie la sienne sur le dossier du petit canapé. Il la dévisage froidement – d'un regard vitreux. Le caniche, qui a senti l'hostilité de Freddy à l'endroit de sa maîtresse, gronde férocement dans sa direction, dégainant la pathétique denture d'un chien de salon. De manière répugnante, il sent le shampooing et les lotions féminines. Margot caresse le dos de son petit chien, ou mieux, de sa petite chienne – du calme, Mizzi, du calme. Elle hésite entre une salutaire crise de nerfs et une attaque de *fou rire**. Car cette situation est épouvantable et dans le même temps grotesque – comme le visage d'Alfred Schwarzenbach : Freddy, cet homme aux petites moustaches tombantes et au visage cireux, on dirait un prêtre un jour d'enterrement. Elle n'aurait pas dû ni voulu l'appeler, mais elle ne savait pas quoi faire d'autre et a dû décider à la hâte. Même si ces temps-ci Annemarie est asthénique, abrutie par l'alcool et par les barbituriques, Margot a vraiment eu peur d'elle. Elle est encore sous le choc, et depuis qu'on l'a appelée du Bedford pour lui dire qu'Annemarie a cherché à se tuer, elle continue à se répéter qu'il faut mettre un point final à cette folle histoire – définitivement. Du calme, Mizzi, tout va bien. Elle voudrait se réveiller, et découvrir que cela n'a été qu'un cauchemar. L'ami d'Erika, ce médecin, Gumpert, lui a dit une fois qu'au cours des crises psychotiques – lorsque la vie intérieure se détache de toute référence réelle et que l'imaginaire déborde –, les individus entendent des voix qui leur ordonnent de faire ceci ou cela. De se jeter par la fenêtre, de se couper les veines, de tuer le premier qui passe ou leur propre femme, dans laquelle se cache le démon. Est-il possible qu'il soit arrivé quelque chose de semblable à Annemarie ? Elle criait sauvagement, cette nuit, inhumaine, comme si elle voulait se libérer de Dieu et de ses sbires – la maladie, la folie, la douleur. Leur amitié devait-elle précisément finir d'une manière aussi terrifiante ? *Il m'a été donné le pouvoir de tuer, mais non de mourir.* Tiens-toi tranquille, Mizzi. Combien elle doit la haïr, Annemarie, si elle l'a agressée de cette façon. L'a-t-elle prise pour quelqu'un d'autre ? Ou était-elle justement l'objet de sa haine ?

Leslie Field a convaincu une Annemarie au déshonneur de se laisser hospitaliser dans une maison de santé ou peut-être est-ce un somnifère qui l'a convaincue, quoi qu'il en soit les infirmiers l'installent sur un brancard et serrent les ceintures de cuir autour de son corps. Afin d'éviter qu'il ballotte, disent-ils. Si ce n'est pas une trahison, cela y ressemble beaucoup. Mais ce qui est arrivé cette nuit libère Margot de tout sentiment de culpabilité. Après tout, la plus menacée, c'est bien elle. Étrangère, engluée dans une *liaison** de toute façon dangereuse, avec la perspective de se retrouver sans toit, avec la police qui l'a submergée de questions et traitée, elle, une dame, une baronne, comme la dernière des délinquantes. Et pourtant, elle a la certitude d'avoir fait un choix irrévocable – et alors, ça, qu'elle l'ait prévu ou non, constitue justement un adieu. Il n'y aura pas de voyage ensemble, pas de Mongolie, pas d'aventures, et Annemarie s'avère pour elle un pays inconnu, plus éloigné que l'Alaska. Annemarie ne semble plus savoir où elle est ni ce qui est en train d'arriver, et elle bégaie des paroles confuses. Peut-être qu'elle aussi va rêvant que tout cela n'est pas vrai. Mais lorsque Margot lui effleure la joue de la main, elle reconnaît parfaitement la ritournelle qu'Annemarie a répétée ces derniers jours. Père, père, père, ne m'abandonne pas, ne me juge pas, réponds-moi – père, père, père. « Partez immédiatement », siffle Freddy, fourrant sa main dans sa poche afin de se retenir d'asséner des gifles à la baronne. Margot rougit. Un instant, elle le fixe avec dégoût. « Je n'ai rien voulu entre-

prendre sans consulter un médecin, susurre-t-elle à Field, les choses sont allées trop loin. J'ai peur. Pas pour moi, non, je sais me défendre. J'entends, pour elle... »
« Expliquez-vous mieux, madame la baronne. Dans quelle mesure a-t-elle cherché à vous tuer ? » demande Field : le médecin ne se perd pas en périphrases – il va aussitôt au cœur de la question. Margot baisse les yeux et garde le silence. Elle écarte à peine son *foulard**, soigneusement noué sous son menton. Des traces, des griffures, des bleus s'étalent sur son cou – des balafres violacées sur sa peau claire.

L'ANONYME D'UNE GAZETTE DE LA VILLE (*faits divers locaux*). Hier soir, vers trois heures, l'aristocratique quiétude de l'Hôtel Pierre a été troublée par un épisode de violence. A. S., âgée de trente-deux ans, journaliste et photographe, réveillée à l'improviste, a cherché à étrangler la baronne M.v.O., âgée de quarante ans, une cliente habituelle de l'hôtel. La police, rapidement présente sur les lieux, a empêché l'homicide. Selon les enquêteurs, l'incident a été provoqué par des motifs passionnels ou par un raptus de folie. Les deux femmes sont de nationalité allemande.

MORGAN, PORTIER DE NUIT À L'HÔTEL PIERRE (*il rit*). Une histoire banale. La blonde a quitté l'hôtel à l'aube, j'ai appelé moi-même le taxi. Les fridolins, je peux vraiment pas les piffer, pourtant, la baronne von Opel est l'une de nos meilleures clientes – pourboires à en veux-tu en voilà, manucure et coiffeuse tous les jours. La blonde, je ne savais même pas que c'était une femme. Je pensais que c'était un garçon jusqu'à ce que je l'aie vue en bras de chemise dans la nuit d'hier. Des choses à ne pas y croire. À la fin, la von Opel s'en est tirée avec quelques bleus au cou. L'appartement, au contraire... Saccagé. Des dégâts pour des centaines de dollars. Le cendrier, le lampadaire en verre de Murano, les vitres de la fenêtre, une statue de la Liberté de plâtre mise en pièces. Lorsque nous sommes entrés, la blonde jetait sur le miroir tout ce qui était à sa portée. La baronne lui administrait des gifles dans le but de la faire revenir à elle. Il y a eu trop de charivari. La petite chienne m'a mordu. Von Opel est parvenue à la calmer, je lui ai permis de faire reposer la folle au Pierre, quelques heures encore, puis nous l'avons jetée dehors. Voilà tout.

FRITZ VON OPEL (*évasif, les yeux cachés derrière des lunettes épaisses comme des culs de bouteille*). J'avais prévenu Margot qu'Annemarie était une femme dangereuse. Pleine de charme, incontestablement, mais trop compliquée et un tant soit peu paranoïaque. Suis-je trop dur ? Comment définiriez-vous, pour votre part, une femme qui depuis des années fuit d'un continent à l'autre comme poursuivie par des furies ? Margot la fréquentait depuis l'époque de l'Engadine, nous avons un *chalet** à Saint-Moritz. Jusqu'au printemps dernier, par précaution, Margot n'a jamais voulu rester seule avec elle. Puis, nous sommes venus en Amérique. En Allemagne, notre situation était désespérée. Nous avons fait le voyage en bateau ensemble, tous trois. Ne vous méprenez pas, ne faites pas appel à des bassesses telle la jalousie – mais notre cohabitation a été hallucinante. Au début, il semblait que tout filerait droit. Annemarie a pris contact avec des journaux d'ici, vous savez, ces dernières années, ses reportages depuis la Dixie Line et l'Afghanistan lui ont procuré une réputation de journaliste engagée, dans les milieux progressistes. Même les responsables de la revue *Life* lui ont demandé un article. Mais en l'espace de quelques semaines, en Europe tout s'est effondré. La Belgique, la Hollande, le Luxembourg, puis également la France, envahis. Un abattement collectif. À New York, l'ambiance devenait déprimante. J'ai aussitôt filé à l'anglaise. Margot et Annemarie sont restées seules tout l'été. Elles se sont rendues en vacances à Nantucket, sur l'océan. Nous nous parlions souvent au téléphone. Margot était tendue, alarmée, la situation un tantinet morbide – il est plus facile d'aimer les femmes comme Annemarie que de partager leur vie. Mais rien ne laissait présager une tentative d'homicide. Annemarie doit avoir subi un effondrement nerveux. Ce n'est pas que ses amis l'aient beaucoup aidée ces derniers mois. Savez-vous ce que disait Erika Mann d'Annemarie ? Une petite fille, un mulet et une poule. Elle lui en voulait encore à cause d'une vieille histoire – un mariage avec un richissime banquier juif qu'Annemarie fit rater, ici, à New York, en causant la faillite de son *cabaret**, je crois. Même si au fond, je ne sais pas de quoi elle se plaint : la Mann était une actrice à demi inconnue et est devenue une conférencière bien rémunérée. Elle reprochait à Annemarie de s'en être allée en Asie, dans « les champs de pavots », je ne sais trop. Elles avaient fait des choix différents. Néanmoins, à la fin du mois d'août, la Mann s'en est allée en Europe. Le petit Mann aussi évitait Annemarie. J'ai entendu dire qu'ils ont des ennuis familiaux – un frère prisonnier en France, une sœur veuve dont le mari a été torpillé en mer – des histoires de cet acabit. Nous avons tous nos soucis – Margot a pourtant pris son souci chez elle. Annemarie s'est agrippée à Margot. Elle n'avait personne d'autre. Bon, l'important c'est que personne ne se soit fait mal, au moins, maintenant, c'est fini.

MARGOT (*avec un* understatement *aristocratique*). Encore cette histoire de l'Hôtel Pierre ? Cela suffit, ne pêchez pas en eau trouble. Il n'y a rien à déclarer. Gumpert, l'ami d'Erika, me dit qu'à la fin du mois d'octobre, Annemarie, si tant est qu'elle n'y était pas déjà plongée, effleurait déjà la psychose. Puis, elle a reçu la nouvelle de la mort de son papa, et elle a perdu la tête. *Pauvre enfant**.

Le 17 novembre, Freddy – avec lequel, même s'il était son frère et vivait à Manhattan, Annemarie parlait très peu au téléphone – l'avait appelée pour lui annoncer la mort de l'autre Alfred, son père. Il était malade du cœur depuis longtemps. Il était triste, angoissé à cause de la guerre, à cause de la catastrophe de son entreprise, à cause des nombreuses choses qui ne fonctionnaient plus, en sus de son cœur. Quelques semaines auparavant, il avait démissionné de toutes ses charges. Il savait qu'il allait mourir. Et dimanche il s'en était allé, aristocratiquement et sans tapage, comme il avait vécu. Son enterrement fut fixé pour mercredi à onze heures au Krematorium de Zurich. Ce n'était pas gagné d'avance, mais en prenant l'avion, on pouvait encore espérer l'accompagner jusqu'à sa « dernière demeure ». Hans et Freddy devenaient les nouveaux administrateurs de l'usine. La Ro. Schwarzenbach & Co. vivait les pires moments de son existence, les exportations étaient bloquées, le chiffre d'affaires en chute libre. Mais en dépit de sa réorganisation, elle était encore active, et peut-être qu'un jour la folie du monde guérirait et qu'on recommencerait à vendre de la soie.

Au fil des ans, Alfred était devenu un étranger et même un ennemi. Mais sa mort eut sur Annemarie l'effet d'un tremblement de terre. Le visage renfrogné de son père la scruta depuis la première page de la *Neue Zürcher Zeitung*. Je l'ai tué, se répétait Annemarie, laissant ses larmes couler sur son visage sans les essuyer. Moi aussi, j'ai tué mon père. J'ai tué tout ce qu'il aimait. Et, dans le salon de Bocken, elle revoyait jusqu'à l'obsession Alfred agiter la *Nationale Zeitung* où, des semaines durant, avait paru son *reportage** depuis les États-Unis. Un journal qu'Alfred et Renée qualifiaient de « feuille à scandale, bourrée de calembredaines, d'une seule tendance, antisuisse ». Elle avait signé son *reportage** d'un pseudonyme, car son nom ne lui appartenait pas davantage que l'entreprise.

Des lieux communs marxistes ! hurlait Alfred. Si ton grand-père qui montait les métiers à tisser de notre usine de ses mains te voyait ! Que crois-tu, petite communiste aveugle, que quelqu'un nous a fait cadeau de la Ro. Schwarzenbach & Co. ? Qui nous en a fait cadeau ? Qui m'a fait cadeau de quelque chose, Anne ? Qui m'a fait cadeau de la capacité de tisser le meilleur organza à bluter de Suisse ? Qui m'a fait cadeau des machines Turbo qui sèchent trente-six mille navettes en vingt-quatre heures ? Quand ton grand-père m'a légué son entreprise, nous avions encore des métiers à tisser à main ! Quelqu'un m'a-t-il fait cadeau de quelque chose depuis 1921 ? Ce fut une année terrible. Les entreprises suisses ont perdu en douze mois quarante-six mille quintaux à l'exportation. Nous avons perdu cent vingt millions de francs. J'aurais voulu me retirer – cultiver des roses et élever des poussins –, voilà ce que je voulais faire. Mais, c'est pour vous que je ne l'ai pas fait. Oh ! tu es journaliste, tu es du côté des opprimés, le gouvernement de Roosevelt t'a fait l'honneur de t'envoyer en voyage afin d'illustrer la dépression en Amérique, tu as seulement pris des photographies, tu as seulement interviewé des pauvres gens qui sont allés en prison parce qu'ils défendaient leur poste de travail – c'est cela que tu entends me dire ? Comme c'est émouvant ! Combien t'offensent la misère, la faim – les enfants sous-alimentés qui jouent dans les ruisseaux des ghettos et dans les décharges du pays modèle du capitalisme, qui travaillent dix heures par jour parce qu'ils coûtent moins cher que les adultes, nos lois de la concurrence, les usines que nous avons fermées parce que nous n'exploitions pas suffisamment, les ouvrières vieilles à trente ans, la haine des Blancs pauvres contre les Noirs, la justice de classe… Je sais ce que tu voulais me dire avec ces belles paroles. Que moi, ton père, je suis un exploiteur, un salaud de capitaliste. Mais qu'en sais-tu, Anne ? As-tu jamais produit quelque chose au cours de ta vie ? Sais-tu que ton grand-père a craché le sang à vendre des mouchoirs et de petits rubans de deuil ? Il a été contraint de vivre de la mort des autres, à bénir la tuberculose, les fièvres puerpérales et la variole. La mort de la reine Victoria a constitué une manne pour nos exportations en Angleterre. Et l'épidémie de choléra en France de 1893 a coïncidé avec un budget record. Nous avons habillé de deuil l'Europe entière. Dès 1785, il y avait à Zurich vingt-huit usines qui travaillaient la soie. Deux mille cinq cents métiers à tisser filaient sans trêve ni cesse. Du *crépon** et des rubans de rebut, du taffetas et des passementeries d'or et d'argent. L'une de ces usines nous appartenait. Nous faisions de la bourrette, de la strasse, du crêpé de soie, et du voile de soie. Sais-tu quelle est la différence ? Non. N'as-tu jamais vu une bobineuse ? Sais-tu comment fonctionnent les machines textiles ? Sais-tu ce que veut dire renvider les écheveaux ? Et ce qu'est le cantre ? Non, qu'est-ce que tu en as à faire ? Tu es une journaliste de gauche. Tu te consacres aux grands problèmes du monde. N'as-tu jamais entendu parler de la rayonne – la soie artificielle ? De quoi crois-tu que sont faits les chaussettes, les cravates, les parapluies ? Non, tu n'en sais rien, toi. Tu te promènes à travers l'Amérique avec un Rolleiflex, tu visites des prisons et des champs de coton, tu interviewes l'héroïne du syndicalisme, tu écris « l'histoire de l'Amérique est l'histoire d'une exploitation monstrueuse », « il n'y a aucun prolétariat sans exploitation », tu prends quatre photographies des ouvriers qui nous brisent les fenêtres de l'usine à coups de pierres, tu te mêles à ces Noirs, tu hurles quatre slogans, et tu as libéré ta conscience. Mais sais-tu ce que j'ai fait pour garder cette usine sur pied ? Combien il m'a coûté d'envoyer des lettres de licenciement à des gens qui étaient pour moi comme des membres de ma famille ? Sais-tu qu'en trois ans, le prix de la soie crue s'est effondré ? En 1929, il était de cinquante-cinq francs suisses, en 1932 de dix-huit. Et le prix des filés de soie – nos filés de soie, Anne – est passé de quarante-huit marks à dix-sept. Dans la seule Allemagne, le montant du chiffre d'affaires de l'industrie de la soie est passé de trois cent dix-huit millions de marks à cent soixante-dix. En 1929, le pourcentage de la soie dans la consommation totale de l'industrie textile équivalait à trente pour cent, et en 1932, à six seulement. La production de soie artificielle a dépassé les cent millions de kilogrammes, notre soie n'est désormais même plus à vingt millions. Ces chiffres te disent-ils quelque chose ? As-tu une vague idée du désastre que la Ro. Schwarzenbach & Co. doit affronter chaque jour ? Non, tu ne connais rien au travail, Anne.

Et tu n'en connaissais rien lorsqu'au mois de février 1937, on t'a envoyée prendre des photographies des grévistes qui manifestaient devant les usines de filés d'Altoona, Pennsylvanie. L'enseigne sur la porte d'entrée de l'usine annonçait SCHWARZENBACH. Et pas du fait d'une homonymie : cette usine était notre joyau américain. Les ouvriers avaient dressé des piquets de grève, ils bloquaient la production, ils protestaient, brandissaient des écriteaux, réclamaient de meilleurs salaires, des retraites meilleures, le droit à une vie meilleure. Peut-être seulement le droit à la vie, parce que nous avions envoyé des centaines de lettres de licenciement. Le conseil d'administration avait mis la fermeture de notre succursale américaine aux voix. Je m'y suis opposé, comme je me suis opposé à la rayonne, mais Alfred Schwarzenbach est un article d'antiquité, c'est un homme d'un autre siècle – et j'ai perdu. Tu ne peux changer le cours des choses, Anne – et un jour il faudra fermer toutes les usines de l'Occident, et les déplacer en Asie et en Amérique du Sud, parce que là les ouvriers ne coûtent presque rien et ne protestent jamais. Mais tu n'es jamais entrée dans mes usines, Anne. Chaque année, avant Noël, j'y emmenais mes fils, je les tenais par la main – Freddy à gauche, Hasi à droite. Je les faisais marcher entre les machines, les deux enfants étaient stupéfiés par le vacarme, par la hauteur du bâtiment et par la quantité d'ouvriers qui souriaient à leur passage. Mes ouvriers ne me haïssaient pas, Anne. Pourquoi l'auraient-ils dû ? Nous leur avons donné les dimanches et les jours de fête, les dix heures par jour et la pause du repas de midi. Avant les Schwarzenbach, il y avait les mines, à Bocken, et la misère. Maintenant, il y a des écoles. À mes ouvriers, je n'ai jamais offert d'argent, mais une photographie. Haute d'un demi-mètre et tout aussi large, déjà encadrée : je recommandais aux ouvriers de la pendre chez eux, parce que pour eux, comme pour vous, je suis un bon père, je veille sur mes enfants et je les protège. La photographie me représentait. Avec, tout à la fois, un bienveillant, paternel et sévère sourire. Et j'emmenais Freddy et Hasi avec moi chaque année, jusqu'à ce que les petits garçons deviennent des adolescents, et puis des jeunes gens, et maintenant des hommes, et après leur licence, je les ai fait entrer à l'usine, afin qu'un jour ils emmènent main dans la main leurs enfants entre les machines, et leurs fils, et les fils de leurs fils, afin que l'usine, la soie, nos ouvriers ne soient pas quelque chose de différent de nous, ils forment une famille, c'est nous. Mais toi, tu es une femme, et je ne t'ai jamais emmenée à l'usine. Pourtant, dis la vérité, combien de fois t'es-tu réfugiée dans mon bureau de Thalwil ? Tu y restais des heures et des heures à écrire. Sans être dérangée. Parce que je ne disais pas à Renée que notre fille passait des heures en ma compagnie, occupée par une activité qu'elle t'interdisait. Mon bureau était silencieux, Anne, lambrissé d'acajou et parfumé de tabac, c'était ton refuge contre elle – et notre secret. J'avais mis vos photographies sur mon bureau, auprès du portrait de mon

292

père Robert le Grand, comme un signe de continuité, et le diplôme de licence sur le mur en vis-à-vis, parce qu'on m'a donné l'usine, mais le titre de docteur c'est moi qui l'ai obtenu. J'avais ordonné à la secrétaire de te laisser entrer, lorsque j'étais en voyage, et tu t'asseyais sur le fauteuil pivotant, derrière mon bureau encombré de feuilles de papier à en-tête, d'imprimés de comptabilité, de cigares et de timbres. Mais il ne t'est jamais passé par la tête de te prendre pour le propriétaire de l'entreprise, tu n'as jamais ouvert l'un des tiroirs du bureau, ou soulevé le combiné lorsque le téléphone sonnait : tu pensais seulement à écrire. À écrire tes livres. Au cours de si nombreuses années, tu n'as jamais éprouvé la curiosité de franchir la porte du bâtiment en briques sombres qui se dresse sur la rive du lac. Tu ne t'es jamais demandé pourquoi elle était si proche de l'eau, ce qu'elle produisait, et comment. Tout au plus, tôt le matin voyais-tu les ouvriers et les ouvrières entrer dans l'usine après être descendus d'un pas rapide des villages des collines situées autour de Bocken. Une longue file silencieuse et eux – as-tu dit une fois lorsque tu étais petite fille – sont tous à nous.

Mais après tout, elle se l'était demandé. À Altoona. Quelqu'un jetait des pierres contre les lettres rouillées de l'enseigne – et de son nom. Et elle, peut-être pour la première fois, elle n'a pas voulu être ce qu'elle est. Sa fille. Je ne veux pas ma part, je ne veux rien. L'injustice absolue – totale – des lois, des choses, l'écrasait. Une centaine de visages, creusés par la fatigue, se pressaient devant l'usine de son père. Elle se tenait là, avec son appareil photographique en bandoulière, les mains gelées, et elle ne parvenait pas à les regarder. Comment pouvez-vous supporter ce qui vous a été imparti ? La maladie, la misère, la vieillesse, la mort – et vivre à tout prix ? Il faudrait avoir la foi, pour croire pouvoir changer les choses, mais je ne l'ai pas. À Moscou, le bibliothécaire m'a demandé si j'étais communiste. Je lui ai répondu que non, je n'ai pas un enthousiasme suffisant. Non, papa. Je ne peux pas être communiste.

L'usine Schwarzenbach d'Altoona, Pennsylvanie, est un monument de briques brunes, dressé dans une plaine impure, ponctuée de bosquets squelettiques, de hangars, aciéries et carrefours dont on se souvient seulement comme des noms étrangers, des non-lieux déjà oubliés. L'usine est plus haute que les bâtiments des alentours. Et elle – le visage appuyé contre la grille du portail fermé, glacée par la pluie – infiniment petite, presque insignifiante. Elle a ôté le couvercle de l'objectif, elle a approché son œil et a cadré. Elle est parvenue à les regarder – et elle les a vus. Et ce n'était plus vraiment la fille de l'omnipotent Schwarzenbach, contre lequel s'élevaient les slogans des ouvriers : c'était une journaliste sérieuse et objective, qui écrit ce qu'elle voit, sans égards ni pour son père ni pour elle-même. Et alors, Alfred a décidé que tu n'es pas de sa race. Que tu es un « individu malade décevant et en danger ». Un malade contagieux et en péril. Que tu ne franchiras plus le seuil de son bureau et n'y trouveras plus refuge. Que tu seras condamnée à errer à travers le monde jusqu'à ce que tu comprennes ce que tu as méprisé. Il a jeté le discrédit sur toi. Lorsqu'ils t'ont enfermée à Kreuzlingen, il ne voulait pas t'en faire sortir. Il était tranquille de te savoir là-dedans. Il a ôté ta photographie de sur son bureau et lui a substitué celle d'Ines, sa petite-fille. Il te tenait pour perdue. Et vous vous êtes perdus. Et tu ne sais même pas qui était Alfred. L'être qui a été une des sources de ton existence t'était complètement inconnu, et maintenant il le restera pour toujours. Tout ce que tu savais de lui était le fruit de suppositions, d'hypothèses, mais en réalité, tu ne savais rien de ton père, et tu ne le sauras plus. Tu ne sauras jamais ce qu'il pensait véritablement de toi, et si au fond il avait réussi à te comprendre, et même à te respecter. Après les affrontements toujours plus violents de ces dernières années, la tendresse qu'il avait éprouvée pour elle s'était changée en haine, ostracisme et refus, mais en dépit de cela, même s'il ne prononçait jamais le nom de sa fille perdue, il avait continué à l'aider, il payait ponctuellement le loyer de Sils à sa place, lui envoyait de l'argent, et même des lettres laconiques : chaque fois que l'amertume le poussait à commenter l'un de ses articles, elle savait qu'il continuait à se tenir informé de son travail. Et qu'il le tenait pour un travail, non seulement pour une offense ou un caprice. Alfred, l'évanescent Alfred, était le dernier fil, fragile comme la soie, qui la retenait liée à Bocken – et à Renée.

Au fond, depuis ce 17 novembre, peu de jours étaient passés, dont elle pouvait encore se souvenir du moindre instant, et pourtant, la distance qui les séparait augmentait avec une rapidité renversante – et elle ne retrouverait plus son père, qui lui échappait comme un rond de fumée ou son ombre elle-même. Dès l'instant où elle avait appris sa mort, elle avait été envahie par la désolante sensation que la barrière qui la protégeait avait été enlevée, la laissant soudainement, et pour la première fois, exposée aux coups, au monde et poussée comme sur le bord de l'éternité. La mort était devant elle désormais sans obstacles : son père mort, c'était maintenant à son tour. Et elle, la fille maudite, était à New York, tandis qu'il mourait en Suisse. Et si Freddy s'était aussitôt mis en voyage, elle, à cause de la honte, à cause de la peur, à cause du désespoir, ne s'était pas même rendue à son enterrement. Il y avait des centaines de personnes, sa fille n'était pas là.

Sa situation était d'autant plus amère qu'en réalité, elle n'aurait pas voulu être ici. Quand la guerre avait éclaté, elle se trouvait en lieu sûr, en Afghanistan. L'Europe lui semblait finie. Elle avait hésité à revenir. L'Occident, qu'elle avait fui comme un asile de fous, était très loin d'elle. Elle s'en était allée au bout du monde, dans une terre de l'autre côté de la mer et des montagnes, de l'autre côté du temps et de l'espace de sa vie, de la vie de tout un chacun, pour chercher là-bas quelqu'un qui sût encore ce qu'être un homme voulait dire. Elle n'avait pas choisi la vie facile, comme au temps de ses premiers voyages. Elle avait appris la relativité du mot « pauvreté ». Découvert que l'argent rend la liberté plus légère, mais qu'il ne l'assure pas. Elle n'espérait plus en l'avenir, et vivait en un lieu où le présent était le passé du monde. Son environnement d'autrefois lui semblait être une langue inconnue et oubliée. Elle-même était également oubliée. « Mon corps est maigre, écrivait-elle dans son journal, parfois, je ne sens plus rien, j'ai froid aux pieds. Je ne veux pas me voir dans un miroir (comme je ne veux pas entendre le son des cloches, ni ne veux l'écrire, plus rien...). » Mais là-bas non plus, il n'y avait aucune paix. « Torturée et violemment obsédée, révoltant désespoir, révoltante angoisse, aucune réponse – Dieu ne fera donc jamais la paix avec moi ? » Et un jour, elle avait éprouvé l'obscur désir d'être chez elle, l'exigence d'une communion de destin, et elle décida de partir. « Je dois rentrer, c'est là-bas que tout se décide, aujourd'hui comme demain, et je dois participer. » « Où vas-tu ? lui dit-on à Kaboul, avec stupéfaction. On ne doit pas se précipiter dans une maison qui brûle seulement parce qu'on ne peut pas en éteindre l'incendie. Tu ne peux savoir où tu es le plus utile. » « Cela n'a aucun sens de s'y opposer, répondit-elle, je peux seulement faire mon devoir. Et peut-être cette résignation, cette patience, n'est pas tout ce que je peux faire. » Mais la maison brûlait. Bocken brûlait, l'Europe brûlait. Elle était venue aux États-Unis afin de chercher à donner un sens et une direction à sa vie, afin de se soustraire au présent. Mais elle n'avait jamais aimé ce pays, et New York – qui enthousiasmait pourtant Margot – ne lui plaisait guère maintenant, comme il ne lui avait pas plu la première fois qu'elle y avait cherché fortune, en 1936. Les bâtiments trop élevés

l'angoissaient, le vent, la foule qui se traînait en troupeaux le long des trottoirs, le bruit perpétuel qui ne
cesse jamais pas même quand tout semble s'arrêter, et
devient alors intérieur, comme la pulsation du sang,
une vibration continue – une alarme. Dans cette
« monstruosité de pierre », dans cette ville de verre et
de béton, elle se sentait prisonnière et seul le fait de
marcher la nuit sur les trottoirs de Broadway, dans la
lumière des clubs, parmi des gens non moins au bord
du gouffre qu'elle, lui procurait quelque soulagement.
Lorsque le matin elle s'éveillait, et que ses yeux encore
embrumés se posaient sur les bibelots de la *suite** de
l'Hôtel Pierre, parmi lesquels une copie effrontée en
plâtre de la statue de la Liberté, et qu'elle détestait plus
que tout, son esprit formulait la question habituelle,
paralysante : pourquoi es-tu ici ? C'est une erreur,
affreux, ridicule, que tu retrouves ici...

Et pourtant, il y avait beaucoup à faire. Il fallait
convaincre les Américains de se porter au secours des
Alliés et d'entrer en guerre, il fallait collaborer avec la
Croix-Rouge, aider le Comité des réfugiés, préparer la liste
des écrivains, acteurs, artistes qui étaient maintenant
en danger de mort dans l'Europe occupée, chercher et
trouver les fonds pour tous les exilés politiques. Et de
surcroît, il fallait chercher à construire une vie normale
et une carrière. Mais il y a des individus qui se sentent
obligés de choisir les voies de l'insuccès parce que pour
eux, le succès signifie toujours l'humiliation et l'écrase-
ment de quelqu'un d'autre, et Annemarie était l'un de
ceux-là. Elle ne se serait jamais pardonné d'être restée,
parce que si elle était partie, elle aurait pu rencontrer
son père, lui expliquer, s'expliquer – et peut-être le
retrouver. Alors, elle se laissait aller à la vibration qui,
comme une onde, montait du plus profond de sa personne. Elle sortait en pleine nuit, en larmes, errant
jusqu'à s'étourdir sur les trottoirs de New York, dialo-

guant avec ce père qui s'était soustrait pour toujours à tout bavardage et, se soustrayant, avait vaincu.

Annemarie sommeille à demi sur un brancard, foudroyée par le somnifère, et elle n'a donc pas conscience qu'on l'emmène hors de son appartement, dans l'ascenseur – qui maintenant, en sursauts, par à-coups, descend lentement vers le début de son enfer –, elle voit seulement une lumière rouge qui glisse vers le bas, au fur et à mesure qu'ils s'enfoncent dans le gratte-ciel – huitième étage, septième étage, sixième, signale la lumière rouge, cinquième étage –, un client veut monter, étonné de voir tant de gens dans l'ascenseur. C'est un juif allemand qui la connaît. « Qu'est-il arrivé, madame Clarac ? » murmure-t-il. Les portes coulissantes se referment sur son visage surpris. Annemarie sommeille à demi, tranquille, parce qu'elle ne sait pas encore que du premier médecin à la camisole de force, il n'y a qu'un pas. Quatrième étage. Troisième étage, deuxième étage – sur le palier, la pianiste de Hambourg qui vit en piquant des cigarettes, quelques écrivains et un vieux professeur. Adieu. Premier étage. Le vestibule. La porte de service donnant sur la cour intérieure, remugle de la cuisine et des ordures. Le brancard est chargé sur l'ambulance, et l'ambulance roule vers le Doctor's Hospital. Au Doctor's Hospital, Leslie Field remplit le formulaire prévu à cet effet. Il demande le transfert de la patiente dans un hôpital comprenant un département équipé, car il s'agit d'un sujet frappé d'une crise psychotique aiguë. Le diagnostic est connu : « schizophrénie ».

L'hôpital de Greenwich, dans le Connecticut, est un bâtiment accueillant comme un collège, perdu parmi les bois enflammés par les couleurs de l'automne. En Amérique aussi, comme en Suisse, les asiles de fous sont construits dans des sites rassurants, afin que l'enchantement du paysage apaise la folie. Lorsque Annemarie se réveille, encore abrutie par les somnifères, le silence total qui l'entoure est la première chose qui la frappe, comme si elle avait glissé dans un aquarium, ou été enfermée sous une cloche de verre. Elle est étendue sur un lit, et il doit faire nuit. À la dureté de son oreiller, à la lumière insolite, au contact rugueux des draps non amidonnés, elle se rend immédiatement compte qu'elle n'est pas dans son lit du Bedford, ni même chez Margot. Elle se redresse en sursaut pour s'asseoir. Elle regarde autour d'elle. Elle n'est pas seule, et elle ne se trouve pas dans une chambre d'hôtel. On dirait une chambrée. Son lit est seulement le dernier d'une file – il doit y en avoir une dizaine. Ils sont tous occupés. Sur les oreillers, elle entrevoit des taches de cheveux – tantôt sombres, tantôt claires. Toutes ces femmes ont, comme elle, des cheveux courts. Et pourtant, on ne sent aucune odeur de femme dans cette pièce, seulement une vague senteur de désinfectant et de sciure. Elle n'a pas la moindre idée de l'endroit où elle se trouve : par la fenêtre, on aperçoit seulement des arbres. On doit l'avoir emmenée en dehors de la ville. Mais quand donc ? En vertu de quel ordre ? Et pourquoi ? Sur le moment, l'idée ne lui déplaît pas. Elle ne supportait plus New York, et l'espace lui manquait trop. De l'autre côté de la fenêtre s'étendent les grands espaces américains, les routes désertes, les forêts infinies.

Annemarie respire profondément, presque avec joie. Elle frissonne, s'enroule dans sa couverture, pose ses pieds nus sur le carrelage. Il est glacé. Silence absolu, non naturel. Le souffle des autres femmes lui-même n'est pas naturel. Elle fouille dans la table de nuit, à la recherche de son sac à main, mais il ne s'y trouve pas. Dans le tiroir, il y a seulement un exemplaire de la Bible. Pas d'allumettes ni de paquet de cigarettes, et elle éprouve un besoin spasmodique, impérieux, de fumer. Pour se calmer. Elle se rend compte qu'elle ne porte plus ses vêtements. Elle n'a plus de pantalon ni de chemise : on lui a enfilé un pyjama étranger. On lui a pris sa montre, sa chaînette, ses bagues. La peur s'insinue tout doucement en elle, à mesure que sa conscience s'éveille lentement. Une peur qui devient panique lorsqu'elle se rend compte que dans la chambrée, les lits sont occupés par des hommes. Seulement par des hommes. Où qu'elle puisse être, quels que puissent être ses compagnons, on l'a enfermée dans le service pour hommes. Ils ne savent pas qui elle est, ils la prennent pour quelqu'un d'autre. Elle court en direction de la porte, et s'essaie à l'ouvrir, mais la poignée est bloquée. « À l'aide ! » murmure-t-elle – elle n'entend pas hurler parce qu'elle est terrorisée à l'idée de réveiller l'un des hommes endormis. Mais un homme émerge déjà de l'obscurité, et la saisit par un bras, la réprimandant : « Où vas-tu ? tiens-toi tranquille, retourne te coucher. » « Excusez-moi, mais il doit y avoir erreur », commence-t-elle. Sa voix tremble, et elle ne parvient pas à être aussi convaincante qu'elle l'aurait souhaité. « Je ne devrais pas être ici. » « Ben, voyons, rit l'infirmier, dévoilant des gencives écarlates, vous dites tous ça. Retourne te coucher autrement je perds patience. » « Ce n'est pas ce que vous pensez, proteste-t-elle, je ne suis pas un homme. » « Mon beau, ne va pas trop le dire à tort et à travers, les pédales n'ont pas la vie facile ici », éclate de rire l'infirmier. « Mais je suis une femme ! » se rebelle-t-elle, surprise. « Et moi, je suis un scaphandrier », répond l'infirmier. « Je suis vraiment une femme ! » hurle-t-elle, maintenant presque terrassée par le découragement. Il lui semble ne plus même savoir qui elle est. L'infirmier en a assez de se disputer avec l'habituel fou efféminé qui pense être la reine Marie-Antoinette, Greta Garbo ou sait-on qui d'autre, et il gifle le nouvel arrivant avec violence, le saisit par une oreille et l'oblige à se glisser dans son lit.

Annemarie ne trouve pas le courage de répliquer. La violence brute la terrorise. Il en a toujours été ainsi :

elle n'a pas d'arguments, en pareil cas. Elle obéit et, docile, se faufile sous les couvertures. Tremblante. Elle doit garder son calme. Maintenant dans sa tête il y a de la confusion, demain matin tout s'éclaircira, et elle sera de nouveau Annemarie. Et il sera évident qu'une erreur a été commise. Et s'ils ne la croient pas, elle, ils croiront Margot, Erika, Freddy, Klaus, Carson ou n'importe qui d'autre, et on la tirera hors d'ici. Tout ce qu'elle doit faire maintenant c'est dormir. Et demain matin, téléphoner à New York. Demander de l'aide. Elle a la bouche desséchée et donnerait tout pour une cigarette. Le goût âpre et excitant de la nicotine. Aspirer, avaler la fumée, attendre qu'elle dilate les artères, se mêle au sang et monte au cerveau, aspirer de nouveau. Son voisin de lit, réveillé par ce tintamarre, est en train de la regarder. Il a de grands yeux sombres pleins de stupeur et d'épouvante. Elle se tourne de l'autre côté. Son autre voisin aussi est en train de la regarder. Dans les yeux de ces hommes, il y a le même paralysant effarement qu'il doit y avoir dans ses propres yeux. C'est horrible. Elle doit rester calme. Mais elle n'y parvient pas. Elle donnerait tout pour une cigarette. « Donnez-moi une cigarette ! » commence-t-elle à hurler. Et elle hurle – pleine de terreur, sa voix résonne dans l'obscurité ouatée –, elle hurle, et hurle encore jusqu'à ce qu'on lui administre un somnifère, et Alfred Schwarzenbach père, qui est très en colère contre elle, parce qu'elle est depuis trop longtemps loin de chez elle, se trouve assis sur la palissade des écuries de Bocken, son porte-cigarette d'argent marqué A.S. (ses propres initiales), entre les mains. Il dit : Anne, en veux-tu ? Elle : bien sûr que oui, papa, elle serre la cigarette entre ses lèvres et se penche sur la main de son père, qui brandit un briquet de soldat. Mais le vent éteint la flamme, même si les briquets à essence des soldats sont conçus exprès pour ne jamais s'éteindre, et son père l'allume de nouveau, et de nouveau le vent éteint la flamme, et elle s'agite, la cigarette entre les lèvres, et son père ne perd nullement patience, il essaie et essaie encore, et la flamme est maintenant haute, rouge et ardente, mais étrangement, la cigarette demeure éteinte, jusqu'à ce qu'elle regarde son père, l'implorant d'allumer cette cigarette, pourquoi m'a-t-on frappée, papa, pourquoi s'est-on moqué de moi, m'a-t-on offensée, je n'en peux plus, et lui sourit, d'un sourire mélancolique, il descend de la palissade et s'éloigne. Elle le rappelle, hurle, ne me laisse pas là-dedans, papa, mais il continue à marcher, un peu courbé, il marche et ne se retourne pas. Alors, elle aussi se rend compte que la flamme ne brûle plus parce que son père est mort.

C'est une clinique privée, pas un hôtel. Il est inutile que madame proteste et s'agite. Tenez-vous tranquille. Lorsque vous serez guérie, et c'est notre intérêt de vous guérir, nous vous ferons sortir. Madame se rend peut-être compte de sa dangerosité sociale. Nous vous avons déjà fait nos excuses pour la désagréable équivoque du jour de votre arrivée, vous n'auriez pas dû être emmenée dans le service « hommes », une équivoque véritablement désagréable, dont pourtant madame est responsable du fait de son aspect androgyne, qui révèle sa confusion mentale et les graves problèmes d'identité qui l'ont conduite à l'acte insensé de l'Hôtel Pierre. C'est pourquoi, soyez tranquille, cessez de demander à rencontrer le médecin en chef, lorsque le moment sera venu, vous le rencontrerez, c'est samedi, le docteur Craig n'est pas présent dans la clinique, il ne reviendra pas avant lundi, et alors, il vous visitera sans faute. Au reste, c'est lui qui s'est occupé de votre dossier clinique. Quant à vos requêtes, c'est la vingtième fois qu'on vous récite le règlement. Vous ne pouvez pas récupérer vos vêtements. Lorsque vous sortirez, vous les récupérerez. Et même votre montre, votre chaînette, votre ceinture, le couteau, les bagues. Cependant, aussi longtemps que vous serez notre hôte, vous porterez les vêtements de la clinique. Il est interdit de fumer dans le service. Les cigarettes sont seulement tolérées dans les salles communes – le réfectoire, le salon, la cour – et dans la quantité modique prescrite par le docteur Craig selon les exigences du patient. Madame – qui est encore trop agitée – doit s'en passer pour l'heure. La fumée est un vice, et ici, les vices sont combattus avec la ferme douceur propre à notre institution. Il est interdit d'introduire des livres dans le service. Il est interdit de téléphoner. Il est interdit de se mettre en contact avec des gens extérieurs à la clinique sans autorisation spécifique du médecin en chef, et le docteur Craig ne nous a pas donné l'autorisation de vous permettre de prendre contact avec vos amis ou parents. Je vous rappelle que les personnes de votre milieu ont une influence pernicieuse sur votre psyché, vu que vous avez cherché à en tuer une. Ce qui révèle à quel point de dangerosité est arrivée votre maladie. Au reste, si vous n'étiez pas folle, vous ne seriez pas ici, mais en prison, parce que vous avez cherché à tuer une femme. À l'étrangler pour être précis – geste typique de la manifestation du délire psychotique dans sa phase démoniaque. Et le fait que vous le niiez obstinément ne fait que confirmer votre dépersonnalisation. Il n'est nullement interdit d'écrire : le papier ne doit cependant pas être barbouillé et même dans ce domaine, dans l'institution Greenwich, la norme en vigueur est une quantité modique. Madame a déjà eu une ramette de papier, c'est pourquoi cessez de vous plaindre : si vous l'avez finie, soyez plus attentive la prochaine fois. L'incontinence est un péché capital. Mais on vous a peut-être interdit d'écrire des lettres ? Vous en avez écrit deux – une au docteur Alfred Schwarzenbach, et une à la baronne von Opel, oui, précisément Opel, comme les automobiles du même nom –, vous les avez remises au chef de service : soyez assurée que vos lettres ont bien été postées. Il est inutile que vous protestiez si personne ne s'est encore manifesté. Ce doit être à cause de Noël : avec tous les billets que les gens écrivent, les postes doivent être surchargées. Ou encore, vos parents et amis ne souhaitent pas vous voir. Vous verrez que lorsque vous serez guérie, ils vous verront volontiers. Madame insinue que ses lettres ont été mises à la poubelle : mais cela est inacceptable, ce sont de basses calomnies – un symptôme négatif, très négatif, parce que cela signifie que sa psychose évolue vers la manie de persécution – le délire.

« Docteur Craig, je suis en train de vous demander l'autorisation de passer un appel téléphonique. Ce n'est pas une requête bien excessive », lui dit Annemarie, en le regardant avec insistance. Elle bat des paupières. Elle serre les lèvres dans une grimace maussade de dédain et de noblesse. Jusqu'ici, les gens lui ont toujours témoigné de la compréhension. Ils sont en effet tous fascinés par elle. Et comme elle n'a pas changé – et d'ailleurs, ces dernières années, sa personne a été comme vulcanisée, atteignant un degré d'intensité qui a augmenté ultérieurement la fascination presque fatale qu'elle exerce sur les autres, elle ne voit pas pourquoi donc le médecin en chef de Greenwich devrait lui résister et lui refuser un appel téléphonique. Un appel téléphonique coûte moins d'un *cent* ! « Je suis disposée à payer. Je vous donnerai tout ce que vous voulez, insinue enfin Annemarie effrontément. Je vous jure que je n'en ai pas après vous, je ne veux pas me venger... Mon frère vous serait très reconnaissant, si vous faisiez montre de compréhension à mon égard. Ma famille ne voudrait jamais que je sois traitée ainsi, voyez-vous, ma famille est très connue, même ici en Amérique, mon frère est l'un des plus grands industriels de la soie de la côte Est, connaissez-vous la Schwarzenbach Firm d'Altoona, Pennsylvanie ? Peut-être l'avez-vous entendu citer... » Elle éprouve de la honte de devoir recourir à un argument aussi bas que celui-là, et davantage encore de devoir recourir au nom de sa famille, mais, à la fin, certaines personnes comprennent seulement certains langages et chacun a les arguments qu'il mérite.

Mais Craig, un vieux docteur à la barbichette en pointe sur le bout du menton et aux lunettes rectangulaires, ne perçoit pas clairement la situation de la patiente qui depuis une demi-heure est en train de l'implorer dans un anglais académique de la laisser sortir de Greenwich ou, à tout le moins, téléphoner à l'une de ses amies. Il a beaucoup de patients, et il ne se souvient pas de son cas particulier, c'est pourquoi il jette un coup d'œil rapide au dossier ouvert sur son bureau, afin de se rafraîchir la mémoire. La patiente androgyne au nom imprononçable est appelée « l'Allemande » par tout le monde. Son dossier est le plus mince et le plus lapidaire que l'on puisse concevoir, Craig n'a d'ailleurs rien écrit d'autre depuis son hospitalisation. La page est restée blanche, et auprès de son nom si long, il y a seulement écrit SCHIZOPHRÈNE. Craig s'allume une cigarette et Annemarie ferme les yeux et aspire, avec un plaisir qu'il ne peut même pas imaginer, la fumée enivrante, presque excitante, qui stagne dans le bureau. Melliflue, le médecin en chef lui sourit. « Madame Scivar, Schar, Schenbach, ah, vous avez vraiment un nom trop difficile, je vous appellerai Bach, cela vous dérange-t-il ? La première chose que je dois vous faire comprendre c'est qu'en ce moment, vous n'êtes pas une personne normale. Vous êtes malade. Et aussi longtemps que vous ne parviendrez pas à l'accepter, nous ne pourrons pas entamer le processus de guérison. Et sans guérison, pas d'appels téléphoniques, pas de cigarettes, et ainsi de suite. Nous sommes ici pour vous soigner, non pour vous punir. Nous voulons seulement votre bien. »

Annemarie, qui était restée jusque-là penchée sur le bord de la chaise, les coudes sur le bureau du médecin en chef, raide et férocement concentrée, s'abandonne sur le dossier, s'avachit presque. Elle est désespérée, sur le point d'éclater en sanglots. Des jours entiers, elle n'a pensé qu'à cette rencontre : elle a subi toutes sortes de vexations, de tracasseries diverses, elle les a supportées avec stoïcisme parce qu'elle avait cette perspective – cet espoir ; parce qu'à la fin, elle entrerait dans le bureau du médecin en chef et elle s'expliquerait. Mais les choses ne se passent pas ainsi. Craig ne lui permettra pas de téléphoner. Il ne la fera pas sortir de la clinique. Il répète comme une ritournelle les mêmes paroles qu'il répète à tous ses malades et il ne sait même pas qui elle est. Que son frère soit un des plus grands industriels de la soie des États-Unis ne l'intéresse absolument pas, ou peut-être ne croit-il pas que cela soit vrai. Au reste, regardant comme on l'a arrangée – décoiffée, vêtue d'une chemise de nuit anonyme, une robe de chambre froissée et une méchante paire de pantoufles au poil frisé qui ressemblent à un derrière de mouton – ce serait difficile à croire. Annemarie fixe son regard, hébétée, sur les petites lumières électriques rouges qui par intermittence s'allument sur l'arbre de Noël du professeur Craig. Noël ! Mon Dieu, depuis combien de temps l'a-t-on enfermée là-dedans ! Elle a complètement perdu la notion du temps, et maintenant, elle est paralysée par une sensation d'éternité. « Je ne suis pas malade, lui dit-elle, avec toute la dignité dont elle est capable. Et puis, n'entendez-vous pas quel son misérable rend le mot « santé », docteur ? Une santé en soi n'existe pas, et toutes les tentatives pour atteindre une chose semblable ont misérablement échoué. Cela dépend de ton but, de ton horizon, de tes énergies, de tes impulsions, de tes erreurs, de tes idéaux et des fantasmes de ton âme : c'est cela qui détermine ce que doit signifier la santé pour ton corps y compris. Je me nourris de catastrophes, mais mon esprit n'est pas malade, ma conscience n'est pas malade, sont malades les larves de pierre asphyxiées qui ont peur des choses vivantes – comme moi. Quelque chose est passé en moi – palpitait dans ma gorge, m'étouffait, devait sortir, et est finalement sorti. Rien d'autre. » Le docteur la regarde sans comprendre. Insister n'aurait pas de sens. Aucun sens. Du temps perdu. « Laissez-moi seulement parler avec quelqu'un... », le conjure-t-elle, puisant dans ce qui lui reste d'énergie. « Lorsque vous aurez dépassé la phase aiguë, vous parlerez avec qui vous voudrez », répond Craig. « Mais de quelle phase aiguë parlez-vous donc ! crie-t-elle, perdant patience. Cela n'a été qu'un tournant ! La catharsis ! Comment puis-je vous l'expliquer ? Avez-vous jamais aimé ? N'avez-vous jamais été aimé ? »

Craig arrondit les sourcils, indécis, partagé entre la curiosité et la peur. L'Allemande semble sur le point de l'agresser. C'est une femme de haute stature – plus grande que lui, au moins un mètre soixante-quinze – et Craig est vieux. Sur son bureau, il y a une sonnette : elle sert à appeler les surveillants en cas de danger. « Il y a des relations entre les personnes qui s'exacerbent jusqu'à l'impossible, poursuit-elle, s'enflammant, et qui peuvent seulement finir par une défaite, ou devenir une lutte perpétuelle, jusqu'à ce qu'elles se changent en haine, et c'est justement ce qui m'est arrivé. Il y avait une personne qui voulait m'enchaîner à elle, et je me débattais afin de rester libre. Les rois ont un million de sujets et ne partagent la pensée de personne – sont-ils malades pour autant ? Les persécute-t-on pour autant ? Les séducteurs sont incapables d'aimer ce qu'ils parviennent à posséder. Doivent-ils être punis pour autant ? Peut-on empêcher quelqu'un de penser ? Les mensonges engendrent la solitude, mais si je ne connais pas la vérité, comment puis-je la dire ? Laissez-moi parler avec quelqu'un ! Je vous en prie, je vous en conjure ! » « Ne vous énervez pas, madame Bach », répète Craig, bonhomme. Il continue à lui sourire. « Vous devez rester calme. C'est tout ce que vous pouvez faire pour l'heure. » « Mais vous ne savez rien me dire d'autre ?

hurle-t-elle. Il y a une fissure dans ma vision, et la folie la traversera toujours, mais ce n'est pas votre folie ! Maintenant, il ne s'agit plus de maladie ou de vie, mais de cette espèce d'enfer incréé dans lequel le corps souffre de sa propre respiration, dans lequel la vie est devenue une habitude irremplaçable, un enfer situé à la limite du sentiment comme de la pensée. Je le connais bien cet enfer de paralysie – une mort solide, et je ne peux vous permettre de me renvoyer là-bas. Je veux parler avec quelqu'un ! » « Ne pleurez pas, ne vous agitez pas, madame Bach, ne vous désespérez pas, essayez de rester calme. » « Je ne veux pas rester calme ! Je veux au moins parler avec mon journal, je ne veux pas disparaître ainsi, j'ai des engagements à respecter, que voulez-vous qu'on pense de moi ? » hurle-t-elle, et Craig, tout en continuant à sourire, afin de ne pas éveiller ses soupçons, appuie sur la sonnette.

Lorsque trois infirmiers de garde arrivent, la Bach est plongée dans ce que Craig qualifie de délire artistique. Elle pleure, elle hurle, elle répète qu'elle est une femme écrivain. Fièrement dressée devant le bureau de toute sa remarquable hauteur, elle récite des vers au ton prophétique, agitant un rouleau de papier hygiénique, qu'elle tente vainement d'obliger Craig à saisir. « Et ça, le voyez-vous donc, docteur Craig ? est-elle en train de dire, c'est un poème. Je l'ai écrit cette nuit. Sur du papier hygiénique parce que votre infirmier n'a pas voulu me donner d'autres feuilles. Écoutez-le, *ma* santé c'est ça, on parle d'un miracle, parce que je marche au-devant de moi-même dans l'attente d'un miracle, et je l'aurai, parce que je ne suis pas faite de votre dégoûtante boue, écoutez-le. Lève ton visage et fixe la route des ténèbres, si le soleil est éteint, muets les nuages et vaste le silence, ne refrène pas la douleur qui hurle en toi – le désir de liberté qui fait crier, éloigne la peur et arrache-toi à la forme qui t'enclôt… connaissez-vous la Bible ? Ne comprenez-vous pas que ce sont des versets ? je ne suis pas comme vous, je ne parle pas avec vos mots, je vis en dehors du monde, et ma trajectoire s'avère impossible à atteindre comme l'orbite d'une planète qui vous est inconnue… » « Ça suffit comme ça, madame Bach, vous êtes très agitée », répète Craig, qui continue à sourire, parce que c'est ce qu'on lui a enseigné dans ses cours de médecine, il y a bien des années : il ne faut jamais contredire les schizophrènes, du moins aussi longtemps qu'ils ne sont pas mis hors d'état de nuire. Il sourit également à ses infirmiers. C'est le signal. Au reste, ils savent très bien ce qu'ils doivent faire, et ils s'approchent. Mais Annemarie est trop accaparée par son poème, et elle ne comprend pas ce qu'ils lui veulent. Passionnée, elle est occupée à lire. « Et les verrous ne pourront t'enclore, et les portes s'ouvriront pour toi, j'éloignerai leurs ombres de toi et tu sentiras la lumière » – tant et si bien que lorsque l'infirmier noir dont la forêt des cheveux crépus sertit un visage inoffensif, d'enfant, se place jambes écartées derrière elle et la saisit par les bras, cherchant à les lui croiser sur la poitrine dans une étrange position non naturelle, elle se trouve prise au dépourvu, outre qu'embarrassée par le contact impudique, vulgaire, si rapproché avec cet homme situé derrière elle – dont la turgescente anatomie lui est ainsi révélée. « Lisez-le, je vous en prie ! hurle-t-elle à Craig en jetant sur le bureau le rouleau manuscrit, daignez le lire. Un dément peut-il écrire une telle chose ? »

Maintenant Annemarie a parfaitement compris ce que sont venus faire les trois infirmiers dans le bureau du médecin en chef – parce que tandis que le Noir, jambes écartées derrière elle, continue à lui croiser les bras sur la poitrine, les deux autres aussi sautent sur elle, et ils essaient de lui passer une camisole de force. Ils rient, et leur rire brise quelque chose chez Annemarie qui se jette sur eux avec une ardeur homicide. Même s'ils sont des experts, habitués à tout type de réaction, tous trois s'avèrent surpris par sa véhémence, et la laissent leur échapper. Annemarie essaie de se jeter du côté de la fenêtre, en hurlant, et comme ils l'empoignent avant qu'elle ne parvienne à l'ouvrir, elle se jette à terre, donne des coups de pied, se protège de ses mains. Furieux, les trois surveillants agissent sans délai et même s'il s'agit d'une dame, ils la saisissent par les coudes, la contraignant à découvrir son visage, lui administrent des gifles, des coups de pied, et même des coups de poing. Cependant, non seulement elle se débat, elle hurle, et si fort qu'on l'entendra même à l'étage d'au-dessus, agitant les fous apaisés à grand-peine, à tel point que l'infirmier noir – dégoulinant de sueur, la veine du front gonflée comme une vessie – lui fourre un mouchoir dans la gorge afin de la faire taire, et magiquement – presque comme si avec sa voix on lui avait ôté ses forces –, elle se rend, s'immobilise, et finalement les deux autres parviennent à lacer la camisole de force : et ils la nouent si serrée que, avec le mouchoir dans la gorge, les coups de pied dans l'estomac et ses bras croisés sur la poitrine, le souffle vient à lui manquer et un instant elle s'évanouit. Et durant tout ce temps, tandis que la bataille entre la patiente et les trois énergumènes se déroule, furieuse et foudroyante – sur le carrelage et entre les chaises du bureau –, Craig fume, imperturbable, parce que ces explosions de violence sont monnaie courante, à Greenwich. « Madame Bach, dit-il, avec le même ton séraphique d'il y a peu, mettant à la poubelle son rouleau manuscrit qu'elle ne peut sauver parce que maintenant ses bras sont immobilisés, je n'ai pas le temps de lire vos poèmes. Savez-vous que tous les fous écrivent, peignent, jouent ? Ici, à vous en croire, vous êtes tous des artistes. »

Au fond du parc, de l'autre côté d'un sentier recouvert de neige, on trouve le célèbre pavillon n° 5. Le service des agités, dont avant cet instant Annemarie a seulement entendu parler à voix basse, et seulement comme une menace, la punition que l'on promet à qui sera méchant. Elle se l'était imaginé, pour sa part, comme un dépôt de charbon, à Bocken : au cours de son enfance, Renée menaçait d'y enfermer – au froid et dans l'obscurité – quiconque se conduirait mal. Elle ne l'a cependant jamais fait. Elle n'en a pas eu besoin. Et les punitions les plus terribles de Renée étaient plutôt l'oubli, le mépris – l'indifférence. Marcher au vent, sous la petite pluie atlantique de la Nouvelle Angleterre, entendre les feuilles mortes crisser sous ses pantoufles, respirer à fond l'air humide, presque tiède d'un doux mois de décembre, lui procure des sensations relaxantes et n'étaient la camisole de force, qui l'entrave, et les voix étrangères de ses gardiens, cette promenade à travers le parc, sous la pluie, serait presque agréable. L'un de ses sourcils saigne et elle se sent toute pleine de courbatures et rompue. Elle n'a jamais été frappée par quelqu'un avant cet instant. Parfois, une dispute avec des petits garçons s'est terminée par des gifles, et un amour par des taloches, cependant jamais trois hommes à la fois ne lui ont asséné des coups de poing et des coups de pied, ni ne l'ont immobilisée et presque étouffée avec un mouchoir. Elle remercie Dieu que personne ne puisse la voir à pareil moment. La honte serait épouvantable. Quand elle le racontera, on peinera à la croire. En Amérique ? Mais allez donc, c'est un pays démocratique, personne ne piétine les droits d'un autre. Mais si seulement l'autre respectait les règles. Parce qu'autrement, personne n'en voudra plus – et celui-là sera pour tous un corps étranger. Un corps étranger. Et pourtant, son corps perclus de courbatures est en train de devenir douloureusement étranger pour elle aussi. Son corps s'est comme fermé en lui-même, scellé dans ses confins, incapable d'intentions, seulement susceptible d'attentions. Il faut cependant pardonner à ces hommes. Le mal est une marque de stupidité et dérive de la stupidité et du manque de courage. Même si on ne peut pas nier que certains ne peuvent pas sombrer en eux-mêmes parce qu'ils n'ont rien où sombrer. Cependant, est-il vrai que là où il y a l'amour, il n'y a pas de mal ? Ou l'amour n'est-il pas la forme la plus sournoise du mal ? Et toi, as-tu vraiment sombré – as-tu vraiment trouvé la connaissance et le courage ? Ou cette réclusion n'est-elle que la parodie de la prison qui t'a étouffée – sa caricature exaspérée, paradoxale ?

L'infirmier noir ouvre la porte du pavillon. Il y a des barreaux aux fenêtres et quatre lits vides. Sur le sol, il y a de la sciure, comme dans une cage. Et l'air renfermé a la même odeur fauve des cages des zoos. Une cage d'animaux sauvages. L'infirmier la pousse à l'intérieur et elle refuse, en s'obstinant, parce qu'elle a peur de l'obscurité, de la violence et d'être oubliée – corps éloigné et insignifiant – dans ce pavillon fermé au fin fond du parc, mais comme elle a les mains liées et qu'elle se déplace avec l'embarras d'un phoque, elle trébuche et tombe désastreusement. Les deux autres infirmiers la relèvent à bout de bras, et ils la déposent sur le lit. « Auriez-vous une cigarette ? » demande-t-elle. Poliment parce qu'il faut dissimuler son orgueil, et pardonner la stupidité des hommes. Pardonner à ceux qui ne savent pas. L'infirmier noir lui sourit. Tous sont devenus plus humains maintenant. Presque gentils. La crise est passée. Le Noir tire un étui de sa poche et prend une cigarette. Il l'allume. La lui pose sur les lèvres. Annemarie aspire. « Tu vois au moins ce que tu m'as fait ? » dit-il. « Quoi donc ? » demande-t-elle. L'arôme du tabac lui fait tourner la tête, il est sublime. Mais il est également humiliant de désirer à ce point une cigarette. Cela nous fait nous sentir esclaves, d'un désir – d'un manque. Le Noir, qui a cessé de sourire, reprend sa cigarette. Il agite sa main devant ses yeux, mais elle ne comprend pas et continue à regarder la cigarette car à cet instant, rien d'autre n'existe, sinon ce cylindre qui brûle lentement, la braise ardente et le fil de fumée azurin dans la pénombre. Puis, elle se rend compte : la main velue de cet individu saigne. « Tu m'as mordu, siffle l'infirmier, jetant la cigarette à travers la porte ouverte, l'envoyant s'éteindre sous la pluie. Tu n'aurais pas dû faire ça. Je vais te le faire payer. » Elle fait semblant de ne pas avoir entendu, et elle fait comme si elle ne craignait pas ses menaces. En réalité, il lui est difficile d'imaginer qu'il puisse lui arriver quelque chose de pire que ce qui lui est arrivé dans le bureau du médecin en chef. Quelque chose de pire que la violence aveugle – que la pure vexation. Cependant, ce qui est arrivé a été si terrible, si choquant et si humiliant pour elle qu'elle fera tout pour que cela ne se reproduise pas. Elle frisonne et elle lui demande dans combien de temps elle aura le droit de téléphoner. Si tu es bien sage, lui répond-il, dans cinq semaines. Mais puisque tu n'es pas sage, j'ai déjà compris qui tu es, bien davantage. Annemarie se laisse tomber sur son petit lit. Le plafond du pavillon est peint en blanc. Tout est blanc à Greenwich. Les plafonds, les carrelages, les murs et même le ciel. Elle a encore sa camisole de force liée, et les bras croisés sur la poitrine : elle respire à grand-peine et il lui semble étouffer. Pourtant, elle sourit à son ennemi. Non parce qu'elle pense être sage ou le devenir à Greenwich. Bien au contraire. « Je m'en irai bien avant, lui dit-elle, en défi. Personne ne parviendra à me garder cinq semaines là-dedans, c'est impossible. » Le Noir rit, sarcastique. « Je serais curieux de savoir comment tu vas faire ? »

Lève ton visage et fixe la route des ténèbres, éloigne la peur et arrache-toi à la forme qui t'enclôt. Et les verrous ne pourront t'enfermer, et les portes s'ouvriront pour toi, j'éloignerai leurs ombres et tu sentiras la lumière. Et je te dis : mais comment puis-je, moi qui existe, me rendre invisible ? et l'Ange dit : Qui redoute de se noyer, qui voit tout devenir invisible, peut mourir de soif. Ne crains rien, car lorsqu'on est à bout, l'aide est alors plus proche. Lève ton visage et marche car tu ne seras pas vue. Ainsi commençait le poème, écrit sur du papier hygiénique et à l'encre, que Craig n'avait pas voulu lire, et ainsi – avec ce même doute peu à peu dissous par la foi hallucinée dans le miracle elle-même – commença la grande fuite de la patiente « Bach » de l'établissement psychiatrique de Greenwich, Connecticut.

Comme on l'a déjà dit, cet établissement était situé en pleine campagne, entouré par une haute grille et gardé vingt-quatre heures sur vingt-quatre. La clinique était organisée pour prévenir toute tentative d'éloignement volontaire. Un système d'alarme électrique, qui se déclenchait dès qu'un mouvement suspect était décelé dans le bâtiment, avait été récemment installé. Chaque soir, après le coucher du soleil, la clinique était isolée de l'extérieur, et à l'intérieur de la clinique, les chambrées collectives et les chambres individuelles, comme celle où Annemarie avait été conduite après trois jours de punition, dans le pavillon situé au fin fond du parc, étaient systématiquement fermées à double tour. Cependant, un soir du mois de décembre, lorsque les pas de l'infirmier du tour de nuit se perdirent dans l'obscurité du couloir, elle ne chercha même pas à s'endormir – ou, alors, elle dormait déjà, et comme une somnambule, elle se leva pour s'asseoir sur son lit. Quelque chose lui disait que le moment était venu. Elle enfila sa robe de chambre et ses pantoufles, s'approcha de la porte sur la pointe des pieds et posa sa main sur la poignée. Elle ne se demanda pas ce qu'elle était en train de faire ni ce qu'elle risquait en quittant la clinique sans autorisation. Elle ne se demanda rien. En un certain sens, tout ce qui survint cette nuit-là survint dans un état de conscience très semblable à un rêve. Et en rêve, les impossibilités, les contradictions, les difficultés matérielles sont surmontées par la volonté du rêveur, qui modifie la réalité à sa guise, pour la plier à la nécessité de son désir. C'est ce qu'elle fit, elle aussi. Elle croyait ne pas habiter son corps, et elle ne l'habitait pas. Elle se croyait invisible, et elle l'était bien. Elle voulait sortir, et elle sortit.

Par la suite, puisque la porte de la chambre de la patiente Schwarzenbach ne s'avéra ni forcée ni ouverte frauduleusement, mais simplement ouverte, l'infirmier de garde fut puni pour sa négligence. Cependant, il nia obstinément la moindre faute : il avait bien fermé cette porte à clef, comme il l'avait toujours fait tous les autres jours, et c'était la seule vérité. Sauf que Schwarzenbach – sait-on comment – était néanmoins sortie. Comment a-t-elle fait ? Est-elle passée à travers les murs, tel un esprit ? rit Craig avec sarcasme. Pourquoi pas ? répliqua l'infirmier. Cette femme était une schizophrène en plein délire de métamorphose, et en semblables circonstances les êtres humains deviennent capables de tout. Le médecin en chef ne le crut cependant nullement, il pensa qu'il s'était laissé corrompre par la millionnaire suisse, par l'argent ou d'autres flatteries, il le rétrograda et lui attribua des tâches plus humbles. Quoi qu'il en fût, tandis qu'une vertigineuse séparation de l'âme et du corps se vérifiait chez elle, libre et invisible, Annemarie se retrouva dans le couloir du premier étage. Il était désert, silencieux. Seule lumière, le reflet changeant du réverbère extérieur sur le carrelage. Au bout des ténèbres, on voyait parfaitement le poste de garde des infirmiers. Ils étaient quatre, et ils étaient en train de jouer aux cartes. Il n'y avait pas d'autre issue, l'escalier était situé de ce côté-là : elle devait passer devant eux. Annemarie ne pressa pas le pas. Elle glissait lentement dans l'obscurité, rasant le mur, son cœur martelait sa poitrine, et elle était poussée par une conviction absurde : on ne la verrait pas – puisqu'en réalité, elle *n'était pas là*. Et, en effet, lorsqu'elle passa devant eux, silencieuse telle une ombre, ils ne la virent pas. Tous quatre jouaient au poker les cigarettes qu'ils auraient dû distribuer aux patients. Cependant, elle était trop concentrée pour s'en indigner. C'est seulement lorsqu'elle descendit l'escalier qu'elle formula sa dernière pensée logique de la nuit, elle se dit qu'avec ses draps, elle aurait dû simuler un renflement sous sa couverture, car si on inspectait sa chambre depuis le judas, on remarquerait aussitôt son absence. Elle n'y avait toutefois pas pensé car elle était sortie à l'improviste, lorsque, à l'improviste, elle s'était sentie appelée par la liberté. Ce n'était pas une fugue préméditée. Simplement une façon de saisir l'appel au bond. Comme au reste elle l'avait toujours fait jusqu'ici. C'est pourquoi sa vie semblait si insensée à tout un chacun, un ensemble d'actes involontaires – une vie rêvée. Et il était désormais trop tard pour faire marche arrière.

Au rez-de-chaussée, elle ne se dirigea pas vers le portail, qui était au reste verrouillé, mais du côté opposé – du côté des cuisines, où, à cette heure tardive du soir, il ne devait y avoir personne. Tout le contraire, dans la lumière froide d'un néon, Annemarie vit aussitôt un plongeur qui, assis sur un tabouret, essuyait nonchalamment – avec des gestes lents d'endormi – une montagne d'assiettes. Il fredonnait une chansonnette populaire sans trop de conviction. Il lui tournait le dos et, le temps d'un instant, elle demeura glacée par sa présence. Que faire ? la porte-fenêtre donnant sur le parc était située près du plongeur, et elle était fermée. Elle entendit très distinctement des voix masculines qui se rapprochaient : il était trop tard pour s'éloigner des cuisines et se cacher dans l'une des pièces du rez-de-chaussée. C'étaient, d'ailleurs, les bureaux des docteurs, qui n'offraient pas un refuge rassurant. Elle s'approcha alors du plongeur, et elle passa si près de lui qu'elle sentit son odeur. Cependant, le jeune homme ne sentit pas la sienne, mais uniquement, lorsqu'elle fut sortie, une lame de froid provenant du parc : la porte-fenêtre était ouverte, et le rideau blanc s'agitait.

Le temps avait changé rapidement, ces dernières heures. Depuis les forêts du Canada, un vent soudain s'était levé qui balayait maintenant les collines. C'était un vent qui glaçait la terre et les os. La nuit du mois de décembre était glaciale, et, pantoufles exceptées, elle était pieds nus, et elle portait seulement une chemise de nuit et une robe de chambre. Dans le parc, une mince couche de givre recouvrait la surface lisse des mares d'eau. Annemarie frissonna. La lune diffusait sa clarté laiteuse derrière une épaisse couche de nuages. Il y avait de la pluie dans l'air, ou peut-être même de la neige. Les châtaigniers raides et desséchés étendaient leurs ombres spectrales sur l'allée. Elle commença à courir. Elle courait vers le portail, et désormais elle ne pouvait plus revenir en arrière, car des voix animées se poursuivaient dans la clinique, et tout à coup, toutes les lumières du premier étage – là où elle aurait dû se trouver – s'étaient allumées. Elle courait lorsqu'elle entendit distinctement résonner son nom, écorché et anéanti dans la bouche d'étrangers. L'alarme avait été donnée.

Au bout de l'allée, auprès du portail, il y avait la guérite des gardiens, où la lumière restait allumée toute la nuit. De la fenêtre de sa chambre, dans la clinique, la clarté de cette guérite avait été ces dernières nuits sa seule consolation, sa seule certitude. Maintenant encore la lumière était allumée, et les chiens, enchaînés, devant l'entrée, étaient éveillés. Elle était habillée de clair, et, dans l'obscurité, c'était une tache évanescente, aisément repérable. Il était impossible qu'ils ne l'aient pas vue, qu'ils n'aient pas flairé son odeur. Cependant, aucun chien n'aboya. Elle passa ainsi rapidement devant la guérite et puis courut à la petite porte qui s'ouvrait près de la porte principale : c'était l'entrée de service, elle était utilisée par les gardiens et par le personnel de l'hôpital, et elle était ouverte. Elle se retrouva sur une route non goudronnée – au sommet d'une colline. Elle n'avait pas la moindre idée de l'endroit où menait cette route, ni si elle menait bien quelque part. Tout autour de la clinique, il n'y avait que des bois d'érables et d'aulnes, que la saison rendait fantomatiques. Aucune lumière de cottage, de ferme ou d'un lieu habité. Rien de tel. Un ciel bas, reflétant une lumière diffuse, blanchâtre, des amoncellements de nuages ou, peut-être même, de neige. À cet instant, le projecteur situé sur le toit du bâtiment s'alluma, un faisceau lumineux tourbillonnant tel un phare, afin d'illuminer les bois, la route, et l'allée d'accès, et une sirène commença à résonner. C'était une alarme conventionnelle signalant qu'*un patient s'était enfui*. Les infirmiers se précipitaient hors de la clinique, ils couraient dans l'allée, les surveillants sortirent de leur guérite, les chiens commencèrent à aboyer.

Annemarie s'éveilla alors de son rêve, s'émerveillant de la stupéfiante facilité de son évasion, se rendit compte qu'il faisait nuit désormais et eut peur, car elle ne savait pas où elle se trouvait, elle n'avait pas un sou vaillant en poche, la neige était sur le point de tomber et elle ne portait qu'une robe de chambre de coton, on lâchait les chiens sur elle, on alerterait la police, et elle ne savait que faire, ni où aller. Cependant, elle ne referait jamais marche arrière. Elle l'avait écrit. Tu seras libre. Voilà, elle était libre : ce n'était pas le moment d'avoir peur, il n'était plus temps de demander pardon. Le projecteur tourbillonnait au-dessus du toit, et elle commença à courir le long de la route. L'asphalte était glissant, recouvert d'une couche de glace crissante, et sur le goudron voletait une fumante humidité. Dans les lointains, de la vapeur montait depuis les prés jaunis qui scintillaient d'eau et de pluie. Dans le brouillard, elle courait, cherchant en vain des yeux les phares d'une automobile qui viendrait à sa rencontre ou qui, venue de derrière son dos, la dépasserait, mais c'était une route secondaire, personne ne venait – rien que les voix de ses poursuivants qui se rapprochaient de ses épaules. La route courait entre deux files de sapins, le bois semblait devenir toujours plus vaste, plus touffu, il s'étendait dans toutes les directions, il se confondait avec l'horizon. Elle courait dans les ténèbres et en direction des ténèbres. Le froid lui coupait le souffle et ceux qui s'étaient lancés à ses trousses se rapprochaient toujours davantage. Courant parmi les fougères, les troncs d'arbres, elle abandonna la route, s'enfonça dans le bois, remonta la pente de la colline, s'agrippant avec ses mains aux buissons, s'éraflant aux ronces, trébuchant, disputant une pantoufle à la boue ; elle courait suivie par les voix, par les sirènes et par les aboiements des chiens, elle courait, mais le terrain était accidenté, et les ténèbres devenaient toujours plus profondes, et elle avait toujours eu une véritable terreur de l'obscurité – une obscurité d'ailleurs habitée par de sinistres cris d'oiseaux nocturnes, déchirée par l'étincellement d'yeux phosphorescents d'animaux sauvages tapis dans le feuillage –, elle courait et elle tombait, trébuchait, se relevait, le souffle et le courage lui manquaient à chaque pas, elle retrouvait l'un et l'autre au pas suivant, elle courait, se jetant dans l'obscurité à l'aveuglette, jusqu'à ce que les voix, les aboiements et le halo des torches soient si proches que fuir devint inutile, et même nuisible. Ils arrivaient. Ils sont ici. Elle se jeta à terre – parmi les buissons. La voilà poursuivie, traquée – et les groupes des poursuivants tournaient autour d'elle, et leurs voix se rapprochaient toujours plus. Le halo circulaire de leurs torches illumina des brindilles brisées et l'empreinte nette de ses pas. Des voix qui s'appellent, le son strident d'un sifflement. « Elle est passée par ici ! Elle est allée par là, elle ne peut pas être loin. » On ne te verra pas – se répétait-elle –, ils ne te verront pas, ils ne te verront pas.

La terre était durcie par le gel, et elle, à plat ventre, cherchait presque à se confondre avec la mousse, parmi les feuilles mortes, écrasant son visage dans la terre fleurant les champignons et la résine – c'était une odeur familière. Ils étaient tout proches, et leurs torches illuminaient la clairière. Un renard aveuglé par les lumières jaillit des buissons, s'approcha d'elle. Argentées, des gouttes d'humidité miroitaient sur sa fourrure soyeuse. Ses yeux jaunâtres étaient à demi clos à cause de la lumière. Elle était épouvantée au plus haut point, dans l'expectative – elle respirait sans bruit. À plat ventre, dans la boue et les feuilles, boue et feuilles elle aussi – on ne te verra pas, on ne te verra pas –, Annemarie regardait fixement l'animal sauvage qui la regardait, un long instant jusqu'à ce que, souple, feutré, le renard passe son chemin sans même un bruissement. Et les chiens, les pas et les lumières se perdirent derrière le renard dans les ténèbres des bois, jusqu'à ce que les voix s'éloignent, se dispersent, et que même les aboiements se fassent plus faibles – et alors, morte de froid, elle respira profondément, elle claqua des dents et se frotta les oreilles, jusqu'à les embraser. Son cœur martelait dans son corps, le gel engourdissait ses membres, et, petit à petit, endormait ses mains, petit à petit, ralentissait le battement de son sang, et la calmait. Elle n'était plus épouvantée, bien au contraire, et n'échangerait pas la liberté de cette nuit sauvage contre la chaleur d'une chambre d'hôtel, sa solitude contre une compagnie, son silence contre aucune musique. Elle demeura immobile des heures et des heures, jusqu'à ce qu'alentour, tout fût calme.

Alors, elle se releva. Il faisait encore nuit – mais quelque part le ciel commençait à se strier d'un bleu vague. Transie, les mains et les pieds de glace, mais libre et invisible, chancelante, elle marcha jusqu'à ce que dans le bois un vrombissement lointain de moteurs lui parvînt : en contrebas courait une route goudronnée. Elle se laissa glisser le long du talus. Elle n'avait pas la moindre idée de l'endroit où elle était, mais c'était sans importance. Elle marcha sur le bord de la route – un fantôme maculé de terre, claudiquant, portant les pantoufles et la robe de chambre de la clinique. En dépit de l'heure, quelques véhicules automobiles filaient à vive allure non loin d'elle. Leurs phares glissaient sur la route glacée comme sur la surface d'un miroir. Elle leva le bras, elle se jetait presque au centre de la route, elle hurlait : « Arrêtez-vous ! Arrêtez-vous ! » Toutefois, ces fourgons ne s'arrêtaient pas parce qu'ils la prenaient pour l'un de ces nombreux vagabonds que la Grande Dépression avait jetés sur les routes d'Amérique. Maintenant, le bois se termine ici – se répétait-elle, il doit bien y avoir une station-service, il y en a des milliers en Amérique… Je trouverai le chemin de fer métropolitain menant à New York, il doit y avoir un arrêt à Greenwich… Maintenant le soleil tentait de percer les brouillards, et elle était sur le point de s'évanouir de froid et d'épuisement lorsque, dans la direction opposée à la sienne, tel un mirage, affleurèrent les phares jaunes d'une automobile portant sur son toit l'enseigne caractéristique des taxis.

Que Dieu te bénisse ! Elle gesticula et l'automobile se rangea immédiatement auprès d'elle. Elle s'approcha, et le chauffeur de taxi, épouvanté par son aspect, ne baissa pas sa vitre. « Je dois aller à New York », criat-elle, frappant avec ses doigts sur la glace recouvrant l'automobile. Elle était tout embuée, et une mince couche de givre s'était durcie sur le pare-brise. « Avez-vous de l'argent ? » lui demanda le chauffeur de taxi, méfiant. « Bien évidemment », répondit Annemarie. « Cela vous ennuierait-il de me le montrer ? » insista ce dernier. Il frotta son pare-brise à l'aide d'un chiffon car il ne parvenait pas à voir la vagabonde. « J'en ai à New York », dit Annemarie, sans se démonter. « Et pourquoi devrais-je vous faire confiance ? » rétorqua le chauffeur de taxi. Elle ne savait quoi lui répondre, elle ne savait pas davantage pourquoi il aurait dû en effet lui faire confiance. Elle dit la vérité. « Parce que je suis en train de vous demander de l'aide. » Indécis, le chauffeur de taxi dévisagea la femme étrange sortie du bois dans le croissant de verre qui s'embuait de nouveau : elle avait encore des feuilles et de la terre sur le visage, dans les cheveux, on aurait dit une créature mythologique, une sylphide de la forêt. Il y avait chez elle quelque chose d'impératif qui rendait un refus absurde. Il lui ouvrit la portière et lui offrit un plaid, car elle était presque congelée. « Où dois-je vous conduire ? » lui demanda-t-il, lorsqu'il passa sa vitesse, non sans l'étudier dans le miroir de son rétroviseur. « Manhattan, 44 West, Cinquante-Sixième Rue. »

La première conséquence de cette fuite nocturne miraculeuse fut une pneumonie, qui l'obligea à garder la chambre avec une fièvre de cheval. Le seconde, une désillusion définitive envers le genre humain, et la très amère découverte que l'amitié et l'amour possèdent des confins au-delà desquels ils deviennent des monnaies sans valeur. On peut se connaître des années durant, avoir vécu ensemble les journées les plus échevelées de la jeunesse, celles de la passion, du théâtre, du désenchantement et de la maturité, la richesse et la misère, être devenus une famille, avoir partagé un même lit et des réveils, des voyages et la drogue – quoi que cela puisse être, ensemble, mais au moment où on en aura le plus besoin, on se retrouvera à crever dans notre misère, et on sera seul. Erika – mille fois implorée, mille fois accourue, Erika que dix années durant tu as suivie à travers toute l'Europe, supportant un nombre infini de représentations de son *cabaret**, que tu as vue naître et mourir après son fiasco américain, Erika que tu as suivie jusque de l'autre côté de l'océan, dans un pays que tu détestes, Erika ne viendra pas t'aider. Trop occupée par l'organisation de son tour de conférences, par la défense de son frère victime d'une absurde dénonciation comme « agent communiste », les prétentions de son nouveau compagnon, mille engagements et l'espoir d'un repos de fin d'année mérité, ne viendra pas t'aider. On peut avoir mené les mêmes batailles, contre l'ombre de ses parents – toi contre l'ombre de ta mère, lui contre son père – pour la prétendue vocation, l'engagement, l'écriture, on peut avoir partagé des étreintes, s'être aimés, être presque devenus mari et femme, on peut avoir vécu des vies identiques, mais Klaus – *mein liebster, mein lieber Freund*, comme tu l'écrivais encore voici quelques semaines à peine et auquel tu as professé ton « envahissante tendresse » – n'entendra pas ton appel. Margot ne viendra pas non plus. Seulement un frère devenu malgré lui l'ombre de ton père – tellement identique à lui qu'il en possède, en sus du nom, le caractère, les gestes et le destin – il fera l'impossible pour toi, précisément comme ton père l'a fait, et de la même façon que lui, avec de la honte, et il le fait seulement parce qu'il est ton parent, parce que c'est son devoir – exactement ce devoir que tu refuses.

Wolkenberg chercha à lui expliquer que ses amis l'avaient abandonnée à cause d'un fait très simple : elle était recherchée par la police. Parce que, aux États-Unis, s'enfuir d'un asile psychiatrique est un délit, Annemarie. « Suis-je devenue une hors-la-loi au pays des cow-boys ? » s'esclaffa-t-elle, avec amertume. Mais elle pensait qu'en dépit de tout, ce n'est pas une bonne raison. Il était des liens pour lesquels on franchissait les limites de la loi, et en vertu desquels on transgressait les règles. À une autre époque, à cause de tels liens, elle avait transgressé les règles de sa famille, non moins normatives que celles de la société, elle avait écrit des lettres dans les journaux, elle avait donné son nom comme garantie. C'était peu de chose, peut-être rien, mais elle l'avait fait.

Toutefois, même si elle était recherchée, Wolkenberg, une connaissance de l'époque de l'Engadine, n'eut pas le courage de lui fermer la porte au nez, et il accepta de l'héberger dans sa maison de Manhattan, il lui fit préparer un lit, et chercha à la mettre en contact avec ses amis. Cependant Annemarie ne put prendre contact avec aucune des personnes dont elle aurait eu vraiment besoin. Peut-être parce qu'ils ne se trouvaient véritablement pas dans la ville ou plutôt parce que – étrangers, dans une situation précaire, liés à l'administration américaine qui, avec beaucoup de suspicion, leur avait accordé un permis de travail – ils ne pouvaient pas lui venir en aide. La première personne qu'elle essaya de contacter, comme elle l'avait toujours fait, fut Erika. Mais elle ne réussit pas à lui parler : et pourtant, elle était revenue aux États-Unis depuis longtemps, et elle devait passer les fêtes de Noël avec ses parents, à Princeton. Annemarie en était certaine : après des années et d'infinies péripéties, tous les Mann s'étaient réunis en Amérique, où, ayant abandonné la Suisse, le père d'Erika s'était également transporté. Annemarie s'était souvent rendue dans leur belle maison de briques sombres, dans la cité universitaire. Une vieille maison entourée d'un jardin saturé de végétation jusqu'à l'invraisemblable, avec une façade recouverte de vigne vierge, des fenêtres aux croisées blanches, des salons enténébrés et des escaliers grinçants. Elle avait été hébergée dans cette maison même lorsque Erika et Klaus étaient au loin. Les jours au cours desquels son père se mourait en Suisse, elle était bien tranquillement en train de dîner chez Thomas Mann – son père d'élection. Qui, un jour, avait découvert, non sans trouble, combien elle ressemblait à Elisabeth, sa fille cadette tant aimée. Et qui, après son arrivée, glosait dans son journal : « Dîner dans le grand cercle de famille », et après son départ : « La table s'est de nouveau faite plus petite. » Annemarie aurait voulu passer Noël en leur compagnie. Elle aurait eu un vrai Noël, car ce sont les familles qui font les Noëls, et non l'inverse – il y aurait eu à coup sûr des chants appropriés, et un sapin de Noël, et des cadeaux.

Ce soir-là, c'était sa famille, du moins celle qu'elle considérait comme telle et que depuis des années, elle avait choisie. Elle écrivit, elle téléphona, elle envoya des télégrammes : mais Erika ne répondit pas.

Margot avait résilié le bail de son appartement de l'Hôtel Pierre et elle n'avait pas laissé sa nouvelle adresse. Pourtant à New York, Klaus ne répondit pas davantage. Il occupait sa chambre habituelle du Bedford – en pratique, il habitait maintenant dans cet hôtel. Il menait une vie frénétique, mais secrète. Ses amis d'autrefois, absorbés par leurs misères ou par leurs ambitions, s'étaient lassés de lui, ou l'inverse. Il se demandait s'il en serait allé ainsi s'il avait eu une femme à ses côtés, et, entre-temps, il draguait des prostitués, des soldats et des prolétaires de couleur dans les cafés. Il alternait entre une euphorie artificielle – au début de la nouvelle année paraîtrait le premier numéro d'une nouvelle revue de langue anglaise qu'il dirigeait – et une dépression rampante : on l'avait vu, avec le moral à zéro, errer la nuit devant des hammams de la Quarantième Rue, avec l'air de qui chercherait à se faire poignarder par un marin. Ainsi, au pire moment de sa vie, la seule personne qui chercha à lui venir en aide fut précisément celle que, au cours de ces derniers mois, Annemarie avait systématiquement voulu chercher à éviter, et chez laquelle elle avait suscité – même si involontairement – une très amère déception, et peut-être même une maladie : Carson.

Elle l'avait rencontrée au mois de juin, peu de temps après son arrivée à New York. Flanquée de son mari, McCullers venait, elle aussi, à peine d'arriver dans la ville : elle venait du Sud, et dans la métropole, c'était, tout autant qu'elle, une provinciale. Elle l'avait rencontrée en compagnie d'Erika et de Klaus, mais elle avait ensuite pris un rendez-vous à deux pour une interview, parce que la très jeune femme écrivain – tout juste âgée de vingt-trois ans – avait été célébrée comme le meilleur nouveau talent apparu cette année-là dans la littérature des États-Unis (elle avait écrit le « livre du mois ») et un article sur elle lui avait été commandé par un quotidien suisse. À la vérité, Annemarie n'avait aucune envie d'écrire cet article. En Europe, en 1940, qui donc pouvait bien s'intéresser à une débutante américaine bourrée de talent ? Ou à qui pouvait-il encore importer que le talent ait été encore découvert, reconnu et récompensé ? Tandis qu'elle interviewait l'Américaine, de l'autre côté de l'océan, les jeunes talents de demain, les futurs écrivains, musiciens, peintres, éditeurs, étaient en train de mourir dans une guerre terrible, ou étaient d'ores et déjà morts et enterrés. On aurait pu former une armée de talents morts. Il lui semblait ne plus avoir le droit de prendre encore la plume. De par son silence, Annemarie se rangeait elle aussi du côté des victimes de cette guerre, comme ces millions qui n'avaient plus de voix. C'est pourquoi elle se rendit à son rendez-vous toute distraite, une oreille tendue vers les informations de la radio, qui parlait de la chute de Paris. Paris piétinée par les nazis : était-ce donc possible ? On aurait dit un mauvais rêve.

La femme de lettres avait une allure de petite fille, des yeux vifs sur un visage délicat. Ses mains tremblaient. Sans préambule, McCullers la réprimanda parce que le jour précédent, le groupe des juifs expatriés du Bedford et elle l'avaient snobée en tant qu'Américaine, l'accusant de ne pouvoir comprendre ce qu'ils étaient en train d'endurer. Mais ce n'était pas vrai. D'ailleurs, elle était venue exprès les rencontrer, pour leur dire qu'elle les comprenait. Elle aussi avait été comme expulsée de sa vie, elle aurait voulu devenir musicienne et elle avait fini par devenir écrivain, sans même savoir si elle l'était vraiment, et elle avait toujours aimé les gens affligés, repoussés, vaincus – les sans-patrie comme elle, madame Schwarzenbach. « Vous vous trompez », lui avait-elle répondu, gentiment, car la jeune fille avait des façons de faire si bizarres, qui la désarmaient, « personne ne vous a reproché d'être une Américaine, et au reste, pour ma part, je suis une Suissesse, mon pays est intact et moi non plus personne ne me persécute, ma conscience mise à part. Je suis une exilée volontaire. » « Ce matin, j'ai fait un rêve », dit la jeune fille, plantant un regard naïf et incroyablement innocent sur son visage. Parlant, elle fixait ses mains, et la fixait, elle. « J'ai rêvé de la Sonate en ré mineur pour violon et piano de Brahms. Voyez-vous, c'est ma musique préférée. Cela veut dire qu'aujourd'hui est un jour important pour moi, peut-être parce que je vous ai rencontrée, madame Clarac-Schwarzenbach. Vous me porterez chance. Vous la connaissez, cette Sonate ? » « Je crois bien, répondit Annemarie, souriante. Une fois on me l'a fait jouer pour Nikisch. Ma mère rêvait de faire de moi une concertiste. C'est l'une des nombreuses déceptions que je lui ai procurées. » « Oh ! *God*, vous voulez précisément dire Arthur ? Arthur Nikisch ? » demanda la jeune fille stupéfaite. « Oh ! j'avais seulement treize ans, je ne savais pas qui était cette personne si importante », minimisa Annemarie, dans un sourire. Carson semblait des plus admiratives. Annemarie trouvait les façons de faire des Américains insolites. Il était stupéfiant, si on les comparait aux Suisses, de constater comment ils réussissaient à exprimer librement l'enthousiasme et l'éloge. Ils écoutaient avec curiosité tous ses discours – mais comme si elle parlait de choses irréelles, inexistantes. Ils étaient tous très *friendly*. Mais c'était une cordialité qui la mettait souvent mal à son aise, parce que parfois, des mois après les avoir rencontrés, on n'était pas allé plus loin que la première fois et on en était toujours à la même cordiale surface. C'est pourquoi, même avec Carson, elle garda son quant-à-soi, se limitant à prendre quelques phrases en note sur son calepin. L'Américaine avoua trouver leur monde fascinant et leur style de vie enviable : presque un modèle. Mrs Clarac-Schwarzenbach et Erika Mann étaient deux femmes émancipées, sans attaches, sans obligations bourgeoises, avec une vision libre de la morale et de la vie : elle aussi aurait voulu être ainsi. Au cours de l'interview, qui se prolongea pendant une heure, la jeune fille parla très peu, penchée en avant, très pâle, émue, elle fixait des yeux ses lèvres comme si elle ne pouvait pas entendre ses paroles et la regardait avec une intensité embarrassante. Elles convinrent de se revoir.

Et pourtant, en dépit de la sympathie qu'Annemarie éprouvait pour cette jeune femme, de l'estime pour son talent précoce, et des incontestables affinités qui les rapprochaient, leur rencontre lui fut pénible, surtout parce qu'elle lui rappela une autre rencontre, presque identique, survenue à Zurich – longtemps auparavant. C'était alors elle qui avait vingt-deux ans, elle qui avait approché – admirative, séduite, charmée – une femme écrivain à la vie scandaleuse. Cette femme, qui n'était pas seulement la fille d'un prix Nobel, mais encore une actrice, une journaliste, une voyageuse (elle avait mille vies, et en chacune d'elles avait obtenu le succès), c'était Erika. Elle venait de parler dans un auditorium bondé d'étudiants. Et comme elle avait parlé, Erika ! Un feu d'artifice d'historiettes et de répliques qui arrachaient de l'embarras et des éclats de rire, émettant sur les poètes, écrivains et politiques des jugements tranchants – destructeurs, pleins d'assurance. À la fin de la conférence, tandis que le public – plutôt interdit – s'égaillait hors de la salle, Annemarie s'était approchée d'elle, et la femme écrivain l'avait regardée avec intérêt, parce qu'elle avait seulement vingt-deux ans et qu'elle était très, très mignonne. Un ami commun les avait présentées l'une à l'autre. *Ich bin Annemarie*, lui avait-elle dit en rougissant. Elle ajouta qu'elle était elle aussi une femme écrivain ou qu'elle le deviendrait. Elle écrivait sans arrêt. Écrire était sa vie. Comme ça, tu écris ! avait répondu Erika, la scrutant. Oh ! oui, j'écris beaucoup, vraiment beaucoup, dix pages par jour. Quelle énergie, mon trésor ! avait répliqué Erika, en éclatant de rire. Mon poète préféré est Stefan George – avait poursuivi Annemarie, intimidée. Mon trésor, l'avait interrompue Erika, en passant son pardessus, George, il faudrait lui donner des coups de pied dans le derrière. Eh ! tu es de ces petites filles onmattendàlamaisonjenepeuxpasrentrertard ou aimerais-tu nous accompagner, nous autres les lutins méchants, dans un beau restaurant et puis sait-on où, peut-être en enfer ? Cette fois aussi l'amour avait jailli au premier regard : un amour qui ne s'était jamais soucié d'être compris ni partagé. Un amour aveugle et dévorant que ni l'éloignement ni le refus n'avaient jamais éteint. Et c'est exactement ce qu'elle représenterait pour Carson. Et elle trouvait absurde et même injuste maintenant de jouer le rôle d'Erika, et de partager une passion semblable avec la même affectueuse indifférence.

Le jour suivant, elle reçut une très longue lettre de Carson – reposant sur des théories esthétiques confuses, mais dans le même temps passionnée, et par la suite, d'autres lettres encore. Pas plus tard que dix jours après, Carson – qui en réalité s'appelait Lula, mais avait renoncé à son nom de baptême trop sucré et féminin pour un autre prénom asexué plus intéressant – lui dit que l'avoir rencontrée avait été l'événement décisif de sa vie, que toutes deux étaient identiques, deux sœurs, deux âmes en miroir – elles avaient eu la même enfance, le même destin, les mêmes rêves. L'amour était tout ce qui avait manqué à l'une et à l'autre, mais maintenant et dorénavant, même plus. C'est pourquoi elle était disposée à quitter son mari. Mais les individus semblables ne sont pas destinés à se rencontrer, et Annemarie, qui avait néanmoins toujours espéré trouver un jour quelqu'un qui l'aimât ainsi, inconsidérément, follement, par-dessus tout, désormais, après tant de déceptions, ne le souhaitait plus, et cherchait seulement à vivre en paix. Au reste, n'importe quelle relation trop intime menaçait son équilibre intérieur, toujours plus précaire, et c'est pourquoi elle avait commencé à se méfier des gens émotifs comme elle et elle sentait qu'il lui fallait se défendre – luttant de toutes ses forces – contre les sentiments des autres qui entendaient l'envelopper et l'étouffer. C'est pourquoi – même si elle trouvait terrible de devoir blesser quelqu'un d'aussi innocent – elle chercha à éteindre ce sentiment naissant. Hélas, elle n'avait jamais été capable d'éteindre des passions, pas plus qu'elle n'avait été capable de les partager, mais seulement de les allumer, parce que pour les allumer, elle n'avait rien à faire – comme le disait Margot avec sarcasme : elle n'avait qu'à se montrer, comme une sorte de vision. Mais que dois-je donc faire ? se défendait-elle. Ce n'est pas ma faute. Ah, si ! hurlait Margot – qui par ailleurs était exactement une de ces personnes passionnelles et exigeantes dont elle commençait à avoir peur – en cette matière, personne n'est jamais innocent. Oui, cette jeune fille t'aime, elle, cela doit vouloir dire que tu lui auras fait croire qu'elle était payée de retour, parce que tu es structurellement peu digne de foi, et infidèle, tu dois avoir commencé l'une de tes histoires, et comme toujours, tu dois avoir fui lorsque tu t'étais portée trop loin. Elle finit – exactement comme Margot l'en accusait – par combiner un micmac, mentant à tous, et encore plus à elle-même, gâchant ses vacances, celles de Margot, de Carson et de son mari Reeves, impliquant tous ses amis dans *l'affaire** et même l'éditeur de Carson – gâchant sa liaison avec Margot et sa propre santé.

Dans le cottage situé face à l'océan, sur l'île de Nantucket, en dépit de l'atmosphère tranquille ou, peut-être, précisément à cause de cette atmosphère tranquille, ne pouvant écrire, elle commença à donner des signes d'intolérance. Elle se disputait avec tout le monde, témoignant d'une agressivité alarmante. Elle se disputait avec les communistes, avec les anticommunistes, avec ceux qui prétendaient que les gouvernants anglais étaient pires que Hitler, et avec ceux qui dénigraient la France, qui était toujours sa patrie adoptive, et dont, maintenant que la nation était tombée, elle se sentait vraiment citoyenne. Elle se disputait avec les Suisses qui l'accusaient de défaitisme, et qu'elle accusait en retour de connivence opportuniste avec le fascisme ; avec ceux qui théorisaient l'isolement de l'Amérique et avec ceux qui souhaitaient la destruction de la Russie bolchevique. Elle disait que lorsqu'on se déclare disposé à agir, on devrait sans compromis en arriver aux dernières conséquences. Elle, par exemple, qui avait la violence en horreur, se proclamait prête à tuer Hitler. Elle voulait, devait le tuer. Elle ne pensait pas à autre chose. Vous croyez que je n'en suis pas capable ? Mais j'en suis capable, et je le ferai. Je lui tirerai dessus avec le revolver que m'a offert ma mère, ou je le poignarderai dans sa baignoire, ou je lui couperai la tête, le monde sera libre et je serai sauvée. « Est-elle folle ? » demandaient à Margot les dames avec lesquelles la baronne jouait au bridge. « J'ai bien peur que oui », répondait Margot, caressant le museau de Mizzi. Les journaux parlaient seulement des conséquences de la guerre sur la Bourse de Wall Street, il y avait mille choses à faire pour convaincre les Américains réticents de secourir les Alliés, et elle était inactive, inutile. Chaque fois que le téléphone sonnait, il déclenchait des querelles et des scènes, parce que Carson – qui ne parvenait pas à accepter l'idée de devoir rester séparée d'elle le temps des vacances et était convaincue qu'elle non plus ne pouvait le supporter – lui téléphonait chaque jour pour lui proposer de l'accompagner dans le Vermont. En tant qu'espoir de la littérature américaine, elle avait été invitée à la mi-août au collège de la Bread Loaf School of English, où se tenait chaque été un séminaire de six semaines pour étudier la littérature américaine et de deux semaines de conférences. Il y aurait quelques-uns des écrivains américains les plus considérables de la littérature anglaise, comme Robert Frost, Eudora Welty, Wystan Auden. Mais Carson y renoncerait si Annemarie ne l'accompagnait pas : pourquoi ne pas aller au contraire ensemble en vacances à Cape Cod ? Elles deux, toutes seules ? Ne voulant pas la blesser, ni la voir renoncer à une telle opportunité pour poursuivre un rêve chimérique, Annemarie disait un jour oui et un jour non, et elle parlait continûment du mari de Carson, qu'elle trouvait par ailleurs bien assorti et ne méritant donc pas de souffrir – celui-ci faisait au reste enrager Carson qui se sentait trahie par l'un et par l'autre ; elle œuvra afin que Carson obtînt un poste pour elle au *college*, mais pour finir, refusa de partir. La décision s'avéra inacceptable pour Carson, qui ne sachant rien de Margot et d'Erika, la trouva injuste et arbitraire. Une déception – une blessure. Cependant, ces mêmes jours au cours desquels les écrivains se réunissaient dans le Vermont, Erika partait pour l'Europe, parce qu'elle était devenue correspondante de guerre pour la BBC, et Annemarie quitta Margot à Siasconset pour se précipiter à New York afin de la saluer.

Erika affrontait un voyage dangereux, ce qui la parait d'un halo héroïque. *Via* Lisbonne, elle se rendait à Londres, où les bombardements allemands faisaient rage, parce qu'elle voulait être là où se consumait la dernière résistance au nazisme. Elle partait avec un mépris du danger (préoccupée seulement de préoccuper qui se préoccupait pour elle), la voix rauque parce qu'elle l'avait usée dans les auditoriums les plus désolés du Midwest ; elle partait déjà presque en uniforme, avec un pantalon bleu et une chemisette blanche : elle était devenue comme plus droite, implacable, et cette femme batailleuse et autoritaire intimidait Annemarie. Les militaires eux-mêmes avaient un grand respect pour la petite, énergique Miss Mèn : elle eût été un chef charismatique si elle était née homme – reconnaissaient-ils. Mais elle l'était tout aussi bien, c'était le chef de sa tribu : et partant, elle les laissait en arrière. Klaus, Gumpert, Annemarie se sentaient égarés, minimisés, et trahis. Quoi qu'elle puisse dire, Annemarie avait abandonné l'Afghanistan et était revenue en Amérique pour Erika – parce qu'elle ne pouvait pas vivre loin de son « grand frère ». Mais elle ne l'avait pas retrouvé. Erika était distraite par les succès de sa nouvelle profession (orgueilleusement, amusée, elle racontait qu'elle était devenue la « *public speaker number one* »), de ses voyages, de son homme. Elle avait même peu de temps pour son frère ; pour elle, pas un instant. Annemarie se proposa de l'accompagner au clipper et Erika – même si elle était déjà en compagnie de Gumpert – ne refusa pas. C'était le 21 août : à l'aube une chape de chaleur suffocante pesait déjà sur New York. Il faisait encore noir, et il n'y avait pas un souffle de vent. L'aéroport était désert – sur les pistes qui se perdaient dans l'obscurité, rien que les silhouettes informes des avions immobiles. Gumpert était également plus angoissé qu'Annemarie, et il serrait de façon convulsive le bras d'Erika, comme s'il ne voulait pas la laisser partir. Son crâne presque chauve était luisant de sueur, ses sourcils froncés, son nez plus pointu que d'ordinaire. S'il s'opposait à ce voyage, il n'osait pas le dire : les amis d'Erika, politiquement engagés comme ils devaient l'être pour devenir ses amis, devaient approuver ce déplacement. Il n'est pas possible, disait Erika, de jouer des années et des années au petit soldat, attendant l'ordre de se mettre en marche pour ensuite déserter lorsque les trompettes de guerre sonnent finalement. Je deviendrais un poids pour moi-même si je perdais cette occasion de faire quelque chose. Elle répétait, en souriant, qu'il n'y avait pas de raison de faire cette tête d'enterrement : à la fin du mois d'octobre, elle reviendrait. Gumpert serrait sa cigarette entre ses lèvres, et il lui passa un bras sur les épaules, l'attirant vers lui. Annemarie marchait derrière eux – en se tenant respectueusement à quelques pas de distance. Cependant, ce fut douloureux parce que sur Erika, pour la première fois, elle ne voyait que d'inquiétants signes de fragilité. Son dos devenu, le temps aidant, décharné et osseux, ses joues creuses, sa peau un tant soit peu flétrie, quelque chose de ligneux dans sa démarche, et de nombreuses mèches de cheveux blanches qui s'illuminaient entre ses cheveux noirs. Elle n'avait jamais pensé que cela aurait pu arriver à Erika. L'hypothèse de sa mortalité était inconcevable. Puis Erika montra son billet au steward de la compagnie américaine. « Eh bien, mes amis, voici venu le moment de s'embarquer. » « Dis-moi qu'il ne t'arrivera rien, Eri, murmura Annemarie, lui tendant un cadeau empaqueté. Nous ne pouvons vivre sans toi. Il peut m'arriver quelque chose, à toi non. Tu es nécessaire. » Erika répondit qu'il ne lui arriverait rien parce qu'elle a trop de choses à faire pour trouver par-dessus le marché le temps de mourir. Elle prend son cadeau et le déballe à la hâte, parce qu'il est en train de se faire tard et le steward la regarde avec impatience. C'est un bien étrange cadeau, que celui d'Annemarie : un masque à gaz.

« Tu es devenue folle, Miro ? » lui demande-t-elle. Annemarie dit non. Elle tient à démentir les rumeurs injustes qui circulent sur son compte. Cependant Erika n'accorde aucune importance à sa réponse : en un certain sens, elle a déjà décidé, et elle la tient pour irrécupérable. Elle lui sourit, avec douceur. Elle lui effleure la joue du bout des doigts. Elle est presque émue. *Thank you, my child*. Elle fourre le masque à gaz dans son sac à main. Elle l'emmènera avec elle, c'est entendu, et elle l'utilisera, si nécessaire. « Comporte-toi bien, Miro, dit-elle, d'une voix grave, comme si c'était la dernière fois qu'elle cherchait la force de lui faire la leçon. Engage-toi. N'entreprends pas quelque voyage absurde. Le temps des grands voyages a touché à sa fin. Les voyageurs sont maintenant les correspondants de guerre. Tu n'es pas une exception, tu n'en es pas exemptée. Tu dois donner ta contribution et tu ne peux le faire si tu perds ton temps à songer aux dames de ton cœur, à ta philosophie. Tu es intelligente, tu le comprends bien, tu dois te débarrasser de ton individualisme. Et même de la liberté à laquelle tu tiens. Il est des moments où il faut renoncer à tout ce que nous avons cru, même au pacifisme. Autrement nous sommes de l'autre côté. »

« Grand frère – répondit Annemarie, égarée – pourquoi ne m'emmènes-tu pas avec toi ? Emmène-moi avec toi, je n'ai pas peur des incursions aériennes. Lorsque nous avons été invitées à la radio de New York, nous avons été merveilleuses toutes les deux, c'est toi qui me l'as dit, Eri... Je suis née pour être correspondante de guerre. Je n'ai pas peur de mourir et d'ailleurs, je crois que je saurais mourir mieux que je n'ai vécu, j'ai un passeport diplomatique, je connais deux langues... Donnez-moi une possibilité à moi aussi – faites-moi endosser un uniforme, faites-moi me sentir partie prenante de quelque chose. » Surprise par sa prudente requête, Erika est sur le point de lui dire quelque chose, puis elle se ravise – il n'est plus temps de parler. Elle se met au garde-à-vous : poitrine sortie, main à la tempe, épaules droites, ventre proéminent – elle ressemble véritablement à un général. Elle a un talent prodigieux pour la contrefaire, Erika, et elle parvient à la faire rire même si elle n'en a nullement envie. « Soldat Schwarzenbach, dit-elle, d'une voix virile avec un fort accent texan, regarde, tu as tant de choses à faire ici. Et tu ne peux t'enrôler, tu n'es pas faite pour cela, tu ne peux pas forcer ta nature. Travaille et conduis-toi bien. Me le promets-tu ? » « *Yes, captain* » – répond Annemarie, portant sa main à la tempe pour simuler un salut militaire. Mais à la différence d'Erika, elle n'est nullement convaincante. Ils éclatent de rire tous les trois. Erika enlace Gumpert, embrasse Annemarie à la dérobée, puis traverse la piste en courant, sollicitée par le personnel du clipper, et elle est vraiment la dernière, parce que lorsque la petite barque la dépose sous l'hydravion, les grosses portières se referment derrière elle. Gumpert fixe le ciel sombrement. Lui non plus n'est pas parvenu à la retenir. Ni à l'épouser. Le soleil déteint les derniers lambeaux d'obscurité. La lumière se fait bleue. Annemarie lève les yeux contre le mur de ferraille qui se balance sur l'eau : le clipper ressemble à une île très haute, sans accès, et il n'y a plus moyen de rejoindre Erika. Lorsqu'elle a atteint sa place, Erika tape du poing sur le hublot et cherche à se faire remarquer par Gumpert et par Annemarie, qui se tiennent l'un auprès de l'autre, tels deux étrangers. Elle hurle quelque chose, mais les quatre moteurs sont allumés, maintenant, le vacarme est assourdissant, et il s'avère impossible de communiquer. Erika continue à gesticuler, et puisqu'elle ne parvient pas à se faire comprendre, elle passe son masque à gaz sur son visage, le clipper sursaute en avant et se redresse sur les eaux, avec son masque sur le visage Erika ressemble à un monstrueux insecte vert, avec des yeux vitreux sur lesquels le soleil se reflète – et adieu. À cet instant précis, Annemarie a l'absolue certitude qu'il ne lui arrivera rien, qu'Erika s'en tirera à Londres comme n'importe où ailleurs. Le clipper vire dans la brume et elle, non seulement elle n'est pas parvenue à la suivre dans ses entreprises, ici en Amérique – mais de surcroît, maintenant, elle l'a vraiment perdue. Ce n'est pas la cruauté qui permet aux individus de survivre, mais une qualité indéterminée qu'Erika possède. Une sorte de soif inextinguible pour la vie – ou peut-être la foi en elle-même. C'est ce qu'Annemarie appelle le talent de la vie.

Erika partie, sa situation en Amérique lui révélait inexorablement sa faillite. Erika correspondante de guerre. Erika avait fait un choix de vie – elle offrait son talent, son nom, peut-être même son existence, pour quelque chose de grand. Et elle ? Elle séjournait dans un cottage sur l'océan, un lieu de villégiature prétentieux et futile, engluée dans des relations sans lendemain, au centre d'un réseau de jalousies féminines, aux prises avec des sentiments vacillants, des impuissances, des ambiguïtés. Elle commençait à se faire détester par nombre de ceux qui avaient été ses amis, elle n'avait pas un vrai travail, parce qu'à la Croix-Rouge, on ne sait trop quoi lui faire faire, et le Comité pour les réfugiés traverse une mauvaise passe – les Américains repoussent toutes les demandes et cette dernière année, avec la moitié de l'Europe occupée, ils n'ont pas accepté un réfugié de plus qu'avant le début de la guerre. Écrire en allemand, elle ne le peut pas, en anglais, elle ne le veut pas. Elle a par ailleurs promis des articles et des photographies, mais elle n'a pas la force de tenir ses engagements. Elle était là pour décevoir qui l'aimait, et se décevoir toute seule. Elle voulait au moins faire souffrir le moins possible ceux qui étaient véritablement innocents – comme elle ne l'était pas, pour sa part, comme elle ne l'était plus. C'est pourquoi elle demanda à l'éditeur de Carson de l'emmener en vacances à Cape Cod, de rester auprès d'elle et de l'aider à surmonter sa déception, conséquence de son refus. Mais Carson avait déjà trouvé la méthode : boire du bourbon, nouer une relation avec un autre homme, et s'efforcer de l'oublier à tout prix.

Après l'été, pourtant, leurs vies s'étaient séparées vraiment : Carson avait quitté son mari, pour aller vivre avec l'éditeur George Davis et le poète Auden (qui, par ailleurs, était encore le mari nominal d'Erika), dans une vieille maison de pierres brunes au numéro sept de Middagh Street, à Brooklyn Heights. La maison – où régnaient une tension créative et une allégresse fébrile – était devenue ces dernières semaines le carrefour de la *bohème** de New York, attirant une foule d'aspirants locataires, et toute une ribambelle d'invités, parmi lesquels figureraient Gipsy Rose Lee, Benjamin Britten, Paul et Jane Bowles, Leonard Bernstein, Aaron Copland, Kurt Weill, Pavel Tscheklichew, Richard Wright, Salvador Dalí et Gala. Et parmi les visiteurs ne manquait pas Erika, qui, au mois de novembre, comme promis, était revenue en Amérique. En compagnie de Klaus, elle venait rendre visite à son mari et à son frère Golo, qui s'était installé dans une des pièces de la maison. Annemarie aussi était allée par deux fois rendre visite à Carson, pour constater cependant avec tristesse que l'Américaine pensait à elle avec des espoirs inchangés, toujours convaincue qu'elle représentait son destin. Carson parlait d'elle avec dévouement, à tel point que ses amis finirent par trouver insupportable la Suissesse à laquelle Carson dédiait de monotones rhapsodies pleines de louanges. Annemarie est merveilleuse. Elle est charmante, intelligente. C'est un enchantement, la quintessence du bien, c'est le continent. Quel continent ? lui demandait-on en plaisantant. Et, rougissant, Carson criait. Plaisante sur Dieu, plaisante sur ce que tu veux. Ne plaisante pas sur Annemarie.

Et, au contraire, la quintessence du bien, Annemarie, s'enfonçait dans une spirale d'angoisse, d'impuissance, de whisky, de tabac et de sentiment de culpabilité, d'idées fixes de fugue et d'affrontements avec Margot qui finiraient par la mener à la scène de l'Hôtel Pierre, tandis que Carson, se morfondant entre bourbon, manque d'inspiration et refus, avait fini par provoquer de son côté une recrudescence de sa phtisie, à tel point que les rayons X révélèrent sans l'ombre d'un doute que ses poumons étaient atteints et qu'un hiver à New York pouvait lui être fatal. Sa mère était venue la chercher et l'avait ramenée dans le Sud. Et pourtant, maintenant que l'hiver étouffait les âmes, et que dans l'appartement de Wolkenberg, le Bottin sur les genoux, Annemarie téléphonait à tous ses amis, demandant de l'aide, et découvrant que les gens les plus inattendus, les plus importants pour elle, s'éclipsaient, l'Américaine accourut au téléphone et lui dit : « Où es-tu, *darling* ? Attends-moi, j'arrive. » Carson monta dans un train pour revenir chez celle qui l'avait repoussée. Tandis qu'elle était couchée, fiévreuse dans son lit, et qu'elle racontait à une non moins fiévreuse Carson les souvenirs miraculeux de sa fuite, Annemarie se disait combien se révèle injuste la vie qui ne lui avait pas permis d'en faire autant avec la seule personne qu'elle eût aimée vraiment, et poursuivie à travers des continents et des pays : Erika. Ou, encore, combien elle avait été faible et lâche, elle qui n'avait pas su rester auprès d'Erika lors des moments les plus difficiles de sa vie, comme cette innocente, géniale petite fille américaine savait maintenant le faire pour elle. Elle n'avait pas été appelée ou, de toute façon, elle n'avait pas accouru. Au contraire, elle avait fui. Dans le désert, comme les ermites bouleversés par la tentation. Où ni les routes ni les voix ne parviennent. Et maintenant, Erika n'avait plus besoin d'elle et n'en aurait plus jamais besoin. Alors, elle commença à pleurer, et à dire à Carson qu'elle ne devait pas s'esquinter la santé, tout était inutile : elle devait s'en retourner dans le Sud, parce que d'une façon ou d'une autre, elle en sortirait. Et trois jours plus tard, Carson partit vraiment.

Localisée en Californie après des recherches, Margot refusa, pour sa part, catégoriquement de revenir ou même seulement de la revoir. La nouvelle de sa fugue la mit hors d'elle comme jamais. « Tu es une inconsciente, hurlait-elle. Complètement irresponsable, ce que tu as fait ne te suffisait-il pas ? » « Margot ? » murmurait Annemarie, en s'agrippant au récepteur téléphonique, essayant de prolonger la conversation à l'infini parce que, après, dans le silence, elle admettrait sa défaite – « tu ne sais pas ce qu'on m'a fait, si tu le savais, tu ne dirais pas ça. Si tu veux te venger de moi, tu as réussi. » « Mais que dis-tu, *Liebling* ? Me venger ? Tu ne peux exiger que les gens te pardonnent toujours tout, Annemarie. Je dois rester à distance. Tu ne peux me blâmer. On ne peut passer sur une chose de ce genre... » « Margot – murmura-t-elle –, tu es encore en colère contre moi ? » « Non, *mein Kind* – répondit Margot sereinement, et sa sérénité était encore plus choquante que ses accusations – mais tu ne vas pas bien, tu as besoin de te faire soigner, tu dois t'en rendre compte, *Liebste*, je ne veux pas faire semblant de rien, si je le faisais, je ne t'aiderais pas, crois-moi, tu dois t'en tirer toute seule. » La ligne avait été coupée ou peut-être Margot avait-elle vraiment raccroché.

Alors, Annemarie commence à hurler. À hurler dans le récepteur de tout son souffle, comme si vraiment sa voix devait courir d'une côte à l'autre des États-Unis, elle hurle dans le récepteur et en direction de la fenêtre grande ouverte sur la ville, jetant en contrebas, vingt étages plus bas, tout ce qui lui tombe sous les yeux – les meubles de verre de Wolkenberg, les livres, les crayons, le cendrier, et à mesure que le monde s'allège, mincit et perd pour elle de son poids et de sa consistance, des objets toujours plus encombrants, lourds, dangereux – son parapluie, ses poupées, ses disques, le gramophone, la machine à écrire, une tête en plâtre, le téléphone lui-même, qu'elle arrache du mur presque sans effort. Hurlant et hurlant encore parce que l'appartement est vide et que personne ne parle avec elle, même si sa tête est assourdie par un concert de voix, qui hurlent toutes ensemble des discours et des invectives, la voix elle-même est un écho qui résonne à l'infini, et peut-être est-elle vraiment sur le point de perdre le contrôle sur les choses et sur elle-même et voudrait-elle se jeter elle aussi par la fenêtre, et en finir, parce que la mort, en comparaison, sera seulement une caresse.

C'est ainsi qu'elle ne se rendit pas compte que la porte de l'appartement était grande ouverte, que des agents de police et le concierge de l'immeuble étaient entrés : elle les fixait d'un regard opaque, et à la vue des uniformes, des matraques et des pistolets dans leurs sacoches, elle rit. « Annemarie Clarac-Schwarzenbach ? » dit un agent de police au visage couvert de taches de rousseur, un type d'Irlandais pâle. « Non », répondit-elle, elle continuait à rire parce que la situation d'Annemarie Clarac-Schwarzenbach, un récepteur de téléphone arraché en main, avec son fil muet pendouillant, lui semblait extrêmement drôle, tandis que la sienne, de situation, lui semblait tragique, sans voie d'issue, à tel point qu'elle était en train d'étudier la trajectoire à suivre pour se jeter par la fenêtre et tomber sur le trottoir en contrebas en évitant la marquise du restaurant qui l'aurait peut-être sauvée. « Vous êtes en état d'arrestation », dit l'agent de police. Il ouvrit ensuite les menottes et les referma sur ses poignets, dans un déclic argentin. Il la poussa dans l'ascenseur et puis sur le trottoir où ils enjambèrent l'amoncellement des objets brisés qu'elle avait lancés, parmi des éclats de verre, fer, métal, lambeaux de poupée, des morceaux de la machine à écrire de Wolkenberg, et une foule déconcertée, parmi laquelle elle passait menottée, avec un chiffon sur le visage, tel l'animal qu'elle est devenue, jusqu'à ce qu'un agent de police, lui faisant baisser la tête, la contraignît à monter dans la voiture de police secours.

Toutes sirènes déployées, à travers la ville occupée par les achats de Noël, dans les rues qui courent comme dans de profondes crevasses, parmi les gratte-ciel très noirs dans la lumière dorée du crépuscule, toutes sirènes déployées, dans le trafic convulsif, dans un enchevêtrement de lumières, parmi des feux tricolores et des ribambelles de piétons encombrés de paquets, parmi le scintillement des sapins de Noël et la vapeur des bouches d'égout, sous les réclames tournantes et les enseignes divines des théâtres, devant les magasins de luxe

illuminés – *W & J SLOANE, just two dollars, Gun &*
LATCHFORD – cigarettes, eye-glasses, men neckties – les
librairies – *BUY THE BEST SELLER BOOK OF THE*
YEAR – How green was my valley – ma vallée, ma vallée
– courant à travers la ville confuse, bruyante, où il
n'y a jamais de silence, à aucune heure, en bas, vers
Midtown, parmi les automobiles et les taxis, zigzaguant
entre les camionnettes de livraison des journaux et les
autobus, en bas, où les lumières sont éteintes, les réverbères grillés, à travers les quartiers des immigrés et des
putains, vers les maisons délabrées, où les escaliers
anti-incendie sont rouillés et les sans-abri fouillent
l'immondice, vers l'East River, pour deviner un instant
sur l'eau d'un gris de plomb comme le ciel les ferry-boats,
les péniches et les barques à moteur qui se dirigent vers
les îles, jusqu'à raccorder la Première Avenue à la Vingt-
Septième Rue, avec un brusque coup de freins devant un
bâtiment néogothique, tout en pierre – sombre – imposant, qui ressemble à une prison et peut-être en est-ce
une. La voiture de police secours se faufile sous une
arcade de pierre, elle franchit une grille de fer forgé qui
se referme dans un bruit métallique et maintenant, tu es
vraiment dans le pétrin, Mrs Clarac-Schwarzenbach,
parce que, après les rafles, c'est ici qu'on emmène les
putains, les alcooliques en état de *delirium tremens*, ceux
qui perturbent la tranquillité publique chassés à coups
de pied des boîtes de nuit, les violents séparés durant une
échauffourée, les pestiférés, les pauvres et les misérables : tel est le trop célèbre Bellevue Hospital.

De loin on entend les hurlements, les gémissements,
et même les terribles silences qui scellent les bouches
à l'improviste, rendent les visages vides et absents.
Come on, come on, lui répète la voix. De près, lorsqu'ils
la poussent à l'intérieur, ce sont des murailles grises,
tachées d'humidité et recouvertes de graffitis – des
cœurs brisés, des croix, des invocations à Dieu et puis

des noms, un nombre démesuré de noms, parce que dans la cellule de masse du Bellevue Hospital, sont enfermés, tous ensemble, en vrac, dans une promiscuité empestant la douleur et le sérail, des femmes en chemise et des hommes en cravate, des fous furieux qui s'arrachent leurs vêtements ou déjà complètement nus, et des dipsomanes, des exhibitionnistes, des enfants nerveux et des vieillards évanouis, on marche entre des files interminables de lits, que pourtant on pourrait difficilement appeler lits et qui sont seulement des squelettes de lits, parmi des seaux hygiéniques que personne ne vide, des excréments, des âmes en peine qui vont et viennent d'un bout à l'autre de la salle, comptant leurs pas, les carreaux de céramique, les minutes qui ne passent jamais parce que le temps est immobile là-dedans et qu'il évoque l'éternité, entre des débris sans conscience et désespérés qui ne savent pas pourquoi ils sont là, comme pour sa part elle l'ignore, elle qui s'agrippe à la blouse du docteur, l'implorant de ne pas la laisser là, de ne pas la laisser – comme elle le fait chaque nuit lorsqu'elle rêve de son père – et précisément comme son père le docteur, fantôme impassible d'un autre monde, se tourne sans lui répondre et l'abandonne.

GOD BLESS YOU – a écrit quelqu'un sur son lit. Quelqu'un d'autre a écrit SALLY, il a dessiné une bite et une rose. La lumière filtre depuis le haut, où des fenêtres très hautes, et pourtant brisées et bouchées avec du carton, sont rendues opaques par la poussière. Les rayons du soleil dessinent sur le sol des lignes nettes qui rendent fous les maniaques obsessionnels, tels les messages d'un alphabet secret. Des hurlements s'élèvent. « Voulez-vous un conseil ? Ne les écoutez pas. Ne vous occupez pas des autres. » Il n'y a pas un recoin de libre, dans la cellule pourtant énorme, parce que chacun a le sien propre, et le défend avec violence de l'intrusion des nouveaux arrivés. On ne voit plus de blouses blanches alentour, et lorsque ses gardiens l'abandonnent là-dedans, c'est comme si on l'avait enfermée en enfer. Annemarie l'a toujours imaginé ainsi, en effet, un lieu froid et nauséabond, où le temps est seulement un sentiment de la perte. Et qui ne croit pas à l'enfer, n'y croit peut-être pas seulement parce qu'il n'a jamais perdu quelque chose d'important. Pour sa part, au contraire, voici toute une vie qu'elle a le sentiment d'avoir été chassée d'un Éden originel, et maintenant d'en avoir été privée pour toujours.

Annemarie s'assoit sur le lit de fer qui lui a été attribué – un matelas crasseux déchiré et taché : elle est tellement bouleversée qu'elle ne parvient pas même à pleurer. Son désespoir est dépourvu de larmes – c'est le début de la fin du désespoir. Elle jette un regard circulaire autour d'elle à la recherche d'un visage qui conserverait les signes d'une certaine humanité – et elle n'en aperçoit aucun – car tous ses compagnons sont malades, fous ou emprisonnés – ils semblent pris par leur délire, évanouis derrière des pensées urgentes, ou encore seulement tendus pour conserver le peu qu'ils possèdent : leur écuelle avec leur nourriture, un mégot de cigarette obtenu en contrebande en échange de sait-on quelle faveur. Elle apprendra elle aussi les trucs les plus abjects, les mesquineries, les ruses de toute réclusion, mais il faudra du temps, et maintenant, elle n'a rien à cacher et ni même, peut-être, à redouter. Pourquoi suis-je ici ? Que m'a-t-on fait ? Que leur ai-je fait ? Je suis innocente. Mon Dieu, que leur ai-je vraiment fait pour finir ici ? Tant d'obstination, d'acharnement, de la part des médecins, des institutions, de la police, ne peut être le fruit d'une erreur. Il doit y avoir eu quelque chose. Elle doit avoir fait quelque chose – qu'eux jugent inacceptable, intolérable – quelque chose, même si elle ne le sait pas. Quelque chose qui est peut-être lié à sa manière de penser, d'être – de vivre. Mais quoi ? Une enfant noire, avec de petites tresses entortillées derrière ses oreilles, l'observe. Une mulâtresse provocante, dévêtue, l'observe aussi, un homme aux lunettes cassées qui chantonne une berceuse et une vieille femme chauve, des lèvres à demi ouvertes desquelles coule un filet de salive. Mais tous l'observent sans curiosité ou peine, parce que dans les yeux de ces femmes, hommes et même enfants, il n'y a plus aucune solidarité ni aucune confiance dans les autres. Elle ne parvient pas à accepter l'idée d'avoir quelque chose en commun avec ces gens qui n'ont plus rien d'humain. Elle ne hurle pas, elle ne s'arrache pas ses vêtements, elle ne crache pas, elle ne se macule pas d'excréments, elle ne se tord pas en convulsions, elle ne hurle pas, elle ne s'assoit pas même recroquevillée sur ses talons, le regard perdu dans le vide. Elle garde son maintien. Elle s'exprime en utilisant des termes appropriés. Elle s'efforce de penser à quelque chose de normal. Dans quelques jours, ce doit être Noël. Elle doit envoyer un câble à sa mère. Renée tient beaucoup à la forme, et elle ne lui pardonnerait pas si elle l'oubliait. Elle doit écrire à *Life*, les remerciant de leur aide pour les photographies : elle en est vraiment honorée, elle se rend parfaitement compte qu'être publiée dans *Life* changera sa vie et sa carrière. Dans le *Harper's Magazine*, aujourd'hui on parlait d'un livre de Ronald Bodley et Loran Hearst sur Gertrud Bell. *The remarkable life of a woman who, with Lawrence and Cox, created the kingdom of Iraq* – une femme courageuse sur laquelle elle-même aurait voulu écrire un livre. Parce qu'elle n'est pas une folle sans mémoire, mais une créature douée de raison et de connaissance. Une femme écrivain. Mais le privilège de la différence est d'une bien piètre consolation, ici – ici, il n'y a pas de plumes, il n'y a pas de papier, on ne peut écrire sinon dans son esprit, ici elle ne parviendrait jamais à trouver un vers, une phrase sensée – une musique. En d'autres circonstances, lorsqu'elle se cognait contre un mur, n'acceptant pas qu'il fût tel, elle le transformait en porte. Mais ici les murs étaient bien solides, et il n'y avait aucune porte. Elle n'avait jamais soupçonné que la voie de la vérité fût la voie du silence et naturellement personne ne le lui avait jamais dit, mais elle était comme quelqu'un qui cherche péniblement un logis marqué par une croix, convaincue, sûre de son existence – mais le but cherché se déplace continuellement et ses traces se confondaient, et de déviation en déviation, elle n'arrivait à rien, jusqu'à ce qu'à l'improviste, elle reconnaisse sur un mur un signe établi, mais le mur est bien celui-là, et tous les livres qu'elle a lus lui ont appris, au fond, que la plus grande partie de nos désirs débouche sur de fétides marécages – et qu'à la fin, il faut se taire, se taire, se taire.

C'est pourquoi, lorsque descend la nuit, et qu'entrent les infirmiers, on ne lui applique aucun traitement de faveur. On l'étend sur son lit, sur le dos, on s'escrime avec les ceintures de cuir du lit de fer, et lorsque, terrorisée, elle demande ce qu'ils sont en train de faire, personne ne lui répond, mais les ceintures sont lacées avec force – l'une passe au-dessus des couvertures à la hauteur des chevilles, maintenues bien écartées, une autre sur sa poitrine, presque jusqu'à étouffer sa respiration, les autres sur ses poignets, où bat son sang – et puis assurées sous le matelas, auquel elle a été liée si serré qu'elle ne peut pas même se tourner, afin que la nuit elle ne se lève pas et n'aille pas errer de-ci de-là, afin que neuf heures durant – jusqu'à ce qu'il fasse de nouveau jour, neuf heures interminables – elle reste immobile – absolument immobile, attachée et étendue comme un crucifix. Et dans l'obscurité, le temps s'écoule goutte à goutte, toujours plus lentement, et ne mène à rien, et les voix, les lamentations, les appels, les invocations, se poursuivent à l'infini, dans le vide, dans l'obscurité profonde, parce que les paroles n'ont pas de réponse, ni de signification, elles ne trouvent aucun écho. Et tout est vain, et tout est seulement douleur. Se taire. Se taire. Se taire. Dans l'obscurité.

Un jour, lorsque Bellevue sera loin, elle peinera à croire qu'elle a vraiment vécu quelque chose de semblable. Elle cherchera à oublier, elle n'en parlera jamais – seulement en omettant, ou en brouillant la vérité derrière des métaphores et des allégories. Qui ne l'a pas vécu ne peut comprendre, dira-t-elle, pour justifier son silence. Cependant, pas même une seule des minutes vécues ici ne sera oubliée. D'ailleurs, plus les jours, les semaines, les mois passeront, plus ces heures seront limpides dans sa mémoire, et il lui semblera qu'en effet, on ne peut jamais sortir de Bellevue, ni qu'on puisse jamais recomposer ce qui y est tombé en morceaux. Elle se rappellera tout instant, l'horreur, et tout à coup, elle devra l'écrire. Elle l'écrira, l'écrira mille fois, parce que les mots la guident hors de là. Mais peut-on expliquer cette sensation de honte profonde qui t'assaille face à quelque être humain que ce soit, que tu n'es plus, lorsque tu es complètement dominée, anéantie, dépouillée de tout – vêtements, identité, nom – réduite à un muet fantôme qui compte ses pas et les carreaux du carrelage ? Et les mots ne suffiront pas à la faire sortir et le Bellevue la tiendra serré où qu'elle puisse aller. Parce qu'elle trouvera les mots, mais dans cette prison, parler était interdit. Après, elle parlera, mais là toute tentative de dialogue, d'explication, de discours, était punie. C'était là qu'elle aurait dû parler, mais lorsqu'elle avait compris combien élevé était le prix des mots, elle s'était tue. Parce que le fond des choses est la douleur, mais être dans la douleur n'est pas souffrir, c'est vivre-sur, sur-vivre, et tout ce qu'elle avait cherché à faire était justement vivre-sur, sa douleur, la douleur des choses, sur, sur, de n'importe quelle manière, à n'importe quel prix, même en arborant un visage stupide et inerte, en disant toujours oui. Au Bellevue, elle avait connu le plaisir de tuer et la force épouvantable de la haine. Tuer n'est rien, rien qu'un geste comme un autre, qu'on peut commettre sans crainte et sans remords. Elle éprouvait une rage homicide face à ses geôliers, et elle aurait pu les agresser, les frapper, se libérer, étudiant les voies de fuite à travers les très hautes fenêtres sur lesquelles on avait collé du carton, mais cependant, elle ne le faisait pas, parce que la fugue prend fin et qu'il n'y a pas la liberté au terme de la fuite, seulement la réclusion, et lorsque, au cours de l'appel, le médecin, l'infirmier ou l'inspecteur de garde l'interrogeaient, elle n'était plus à même de bouger, et elle ne demandait qu'une chose : ne pas être remarquée. Elle se changeait en bloc de chair contracté, debout devant le lit de fer – les yeux baissés, le sang qui martelait dans son corps et dans son sang la vibration bien connue – la vague de la respiration et de l'énergie. Et elle ne se défendait pas, ni lorsqu'elle avait tort ni lorsqu'elle avait raison, et elle permettait qu'on lui mît, en souriant, la main sur l'épaule, qu'en souriant on l'enchaînât à son lit, ou qu'on lui passât les menottes pour l'emmener au dispensaire, que souriant, la main sur l'épaule, on lui fît ce que l'on voulait, parce qu'elle ne se défendrait pas.

Et pourtant, une nuit, lorsque comme d'ordinaire on la crucifie sur son lit dans l'obscurité, elle s'aperçoit avec soulagement que quelque chose est arrivé. Parce que les ceintures serrent comme d'ordinaire, bouger est impossible, respirer difficile, ses compagnons d'infortune hurlent, pleurent, insultent, gémissent, comme d'ordinaire, les ténèbres sont épaisses et impénétrables, le temps est mort, le monde perdu, et pourtant, elle n'a plus peur. Soudainement elle est libre – et si la nuit dernière, une cigarette lui était si indispensable comme au cours des années précédentes une fiole, maintenant il ne lui importe plus guère de fumer ni de se noyer dans les ténèbres. C'était comme si au même moment le secret de sa dépendance aussi avait été anéanti. Elle n'avait plus besoin d'une cigarette, ni de rien d'autre. Maintenant, elle parvient à se contrôler, à répondre aux questions d'une voix ferme, comme si elle était parfaitement saine d'esprit, et que la torture, les humiliations ne lui faisaient pas peur. Elle éprouve de la pitié, maintenant, pour ses autres compagnons d'infortune avec lesquels elle a tout, tout en commun, elle les entend supplier, crier, se défendre, et elle est avec eux – elle entend avec eux –, elle est eux. Mais maintenant, elle s'est débarrassée de sa peur. Et maintenant qu'elle sait qu'aucune parole humaine n'a plus de valeur, aucun sentiment n'a plus de valeur, aucune voix ne trouve plus d'écho, tout argument et toute lamentation ont seulement pour conséquence de nouvelles punitions, elle atteint quelque chose d'absolu – le noir silence qui l'enveloppe et la protège – et en cela, elle trouve une force insoupçonnable – l'inviolabilité.

Et lorsqu'un jour son nom : « Annemarie Clarac-Schwarzenbach ! » résonne dans l'abomination de la cellule collective, dans laquelle descend le silence glaçant du moment des inspections, des réquisitions, de la peur, elle ne répond pas, et non pas parce qu'elle craint d'être punie, et sait que l'appel – à l'armée comme dans les prisons – est toujours le moment des règlements de comptes. Elle demeure immobile sur son lit de fer, couchée sur le dos, fixant d'un regard absent – inaccessible, inviolable – le plafond, sur lequel ondoie une toile d'araignée grisâtre. « Annemarie Clarac-Schwarzenbach ! » Mais elle, rien – elle résiste à la tentation d'exister, elle se tient là, silencieuse comme un arbre. Son nom ne la tente pas ni ne lui fait envie. Elle n'est plus Clarac-Schwarzenbach, ou elle sait qu'elle l'est avec une telle conviction qu'elle sait également n'avoir à le démontrer à personne d'autre. « Clarac-Schwarzenbach », continue à répéter le docteur, toujours plus furieux, jusqu'à ce qu'un étudiant en médecine la reconnaisse, s'approche d'elle et la secoue par un bras. Elle, rien, immobile, comme morte. « Ramasse tes affaires, dit l'étudiant, tu as bien de la chance, toi ! Tu as des relations dans les hautes sphères, semble-t-il. Tu t'en vas.

On t'a transférée. » C'est seulement maintenant qu'elle pose les yeux sur le jeune homme au long nez de lévrier qui la secoue. Il s'agit d'un étudiant en médecine, on les envoie au Bellevue apprendre ce qu'est la folie. « Eh ! tu m'entends ? Je t'ai dit de ramasser tes affaires parce que tu t'en vas. Tu sors. »

Elle ne se rend presque pas compte que tout est fini, à l'improviste, sans explication comme cela a commencé, maintenant elle dort dans une chambre fleurant bon la lessive et le linge propre, dans une clinique privée nommée *White Plains*, plaines blanches, et les plaines américaines qu'elle entrevoit derrière les fenêtres sont vraiment en train de se recouvrir de neige. Des fenêtres sans barreaux, qu'on peut ouvrir lorsqu'on veut, pour respirer une odeur de bois, de résine et de charbon. Elle ne se rend presque pas compte que l'homme blondasse aux petites moustaches tombantes qu'elle rencontre un matin au parloir est son frère Freddy. Il vient à sa rencontre, il la serre dans ses bras, l'embrasse sur la joue et dit : « Mes meilleurs vœux, Anne, hum, prends ça, je t'ai apporté un petit cadeau pour Noël… Tu dois avoir passé un bien sale Noël là-dedans. » « Noël ? demande-t-elle, surprise. Est-il déjà passé ? » Et elle tourne et retourne entre ses mains le petit paquet que Freddy lui a apporté, elle n'a plus la curiosité de l'ouvrir parce qu'elle ne désire rien. « Heureuse année 1941, Annemarie », lui souhaite Freddy, en la serrant paternellement contre lui. En dépit des ennuis qu'elle lui a procurés, des embarras, du scandale, et de la honte, son frère ne l'a pas abandonnée – et d'ailleurs, il s'est damné comme un beau diable pour la sortir de Bellevue. C'est le seul, et elle le sait, c'est pourquoi il l'embrasse, la regarde avec sérieux, et puis s'assoit sur sa chaise avec son air fatigué et dans le même temps satisfait de toujours. Freddy est un Suisse, un excellent citoyen, il est heureux de faire son devoir dans le monde. Il se sent mieux lorsque quelqu'un lui dit quel est son devoir. Il se sent ainsi utile, et vivant. Cependant, la liberté que peut lui restituer un homme tel que Freddy se révèle d'une nature plus amère que celle qu'elle a trouvée dans le désespoir et le renoncement au Bellevue, et son prix s'avère plus élevé.

« Voici quelle est la situation, Anne, dit Freddy, observant la neige qui danse de l'autre coté de la fenêtre, recouvrant les plaines du New Jersey et les toits des annexes de la clinique de *White Plains*. Les autorités sont disposées à te laisser sortir. À une condition, cependant. Que tu quittes aussitôt les États-Unis. » Elle le dévisage, en réalité sans le voir – parce que depuis les jours passés dans la cellule collective, elle ne croit plus que la réalité soit inoffensive comme elle semble l'être, et que l'homme aux petites moustaches blondes soit vraiment Freddy, et qu'il soit ici *seul* pour l'aider. Les caresses dissimulent un coup de poing, les flatteries une requête, l'aide un chantage. Et Freddy est en réalité Alfred, peut-être, et il est venu pour la punir parce qu'elle a abandonné la maison paternelle et l'a laissé mourir – et en réalité elle l'a tué. Ses mots à lui flottent dans une irréalité atonale et elle ne parvient pas à en saisir la signification. Seulement le son. « Qu'est-ce que ça veut dire au juste ? » demande-t-elle. « Ça veut dire que tu peux rentrer en Europe, à la maison, Anne ! » dit Freddy, en lui prenant la main. Mais le contact avec la main d'Annemarie, froide comme une feuille, l'embarrasse, parce que ses ongles sont ensanglantés, rongés jusqu'à la chair, et sur son poignet la cicatrice est encore fraîche : une ligne écarlate qui est une proclamation manifeste, solennelle, de douleur. Sa sœur doit avoir énormément souffert, là-dedans : il ne s'en rend compte que maintenant. « Une infirmière veillera sur toi durant toute la durée du voyage, ajoute-t-il, comme si c'était un détail sans importance. Elle dormira avec toi sur le bateau et elle ne te quittera pas un instant. » « Freddy, je n'ai pas besoin d'une infirmière », répond Annemarie, se redressant sur sa chaise, l'air vexé. « Je n'ai plus besoin de rien. Peut-être que mon erreur a été d'attendre toujours quelque chose des autres. J'ai toujours supplié, demandé, parfois exigé, de l'aide. Et sinon de l'aide, de l'attention – une réponse. Cependant, je ne demanderai jamais plus d'aide à quiconque. Dorénavant, je m'aiderai toute seule. » « Non, non c'est impossible, l'infirmière aussi fait partie de l'accord, explique paisiblement Freddy. Elle viendra avec toi jusqu'à Lisbonne, puis elle te laissera partir. » « Et si je dis non ? » murmure Annemarie qui considère peu honorable un départ sous escorte : cela ressemble trop à une défaite. Si elle part, elle détruit tout ce qu'elle a cherché à construire. Son travail, les articles promis, les photographies pour *Life* qui doivent hurler son rachat, pallier la perte de temps de ces derniers mois, effacer la honte, lui redonner son honneur perdu. « Alors, reste là-dedans, Anne – je ne peux rien faire d'autre. Tu resteras ici à *White Plains* jusqu'à ce qu'on te tienne pour guérie. Cela peut prendre un mois, un an, et même bien davantage, je ne sais pas, je ne suis pas au courant de ces choses. »

Annemarie commence maintenant à comprendre ce que la liberté achetée par Freddy veut dire. Cela veut dire qu'elle ne fréquentera plus les asiles psychiatriques américains mais pas davantage ses amis qui vivent désormais ici ; qu'elle ne verra plus de camisoles de force, de menottes, de ceintures, de chaînes, de cellules collectives, de prisons, mais qu'elle n'aura pas non plus l'occasion de revoir Erika, Klaus, Margot, tous ses amis qui l'ont abandonnée, ni de se réconcilier avec eux maintenant qu'elle est devenue différente – plus forte, plus libre. Cela veut dire que tandis qu'Erika atteint le point culminant de sa vie – et de sa carrière imprévue – et que vêtue de sombre, désinvolte, amusée de l'honneur qu'on lui fait, elle monte les marches de la Maison Blanche, et dîne avec la *First Lady* et qu'elle est reçue par Roosevelt, le Président des États-Unis, dans le bureau ovale parce qu'elle est devenue quelqu'un, une *personnalité* – cela veut dire que tandis que Klaus fête dans une galerie de Manhattan le premier numéro de *Decision* avec une cocktail party de cent cinquante invités – elle n'a plus rien. Elle n'est plus rien. Cela veut dire que c'en est fini de la terre des opportunités infinies, qu'elle a perdu une occasion ; fini de l'incroyable crépuscule multicolore au-dessus de Manhattan, de son travail au Comité des réfugiés et à la Croix-Rouge, à la radio et dans les journaux de gauche, fini des guirlandes de lumières, des interviews d'écrivains et des élections présidentielles, avec les phares des automobiles qui s'écoulent comme un fil rouge de mercure, parmi les routes creusées entre les gratte-ciel, fini du Bedford, des cafétérias des environs de Time Square et des douces caissières aux cheveux teints, fini du bruit incessant de la métropole, qui vibre dans le sang même lorsque aucun bruit n'est plus perceptible ; cela veut dire ne laisser dans ce pays rien d'autre que des décombres et du désordre, laisser ici tout ce qu'elle a conquis en trente-deux ans et demi – projets, travail, et tous les rapports qui font une vie – et partir sans Annemarie, sans passé, sans avenir – partir sans.

Préoccupé, Freddy la regarde. Il ne pourrait en faire davantage pour elle. Pour obtenir le peu qu'il a obtenu, il a remué ciel et terre, toutes ses connaissances, mis en avant son nom, son pouvoir, sa bonne réputation. « Tu dois rentrer à la maison, Anne. » Annemarie contemple ses yeux gris. Ils ont les mêmes yeux, les frères et sœurs Schwarzenbach. La même couleur indéfinie, la même mélancolie. Quelle drôle de rencontre, et dire qu'il était venu lui souhaiter une bonne année 1941… cette année, il aura trente ans. Cependant, ces dernières terribles semaines, il semble avoir vieilli tout à coup – presque un éboulement, et il en a été tout autant pour sa sœur, qui a la pâleur des malades et les lèvres décolorées. Elle a les lèvres droites, Annemarie, comme les individus qui n'ont jamais dû *véritablement* mentir. Annemarie baisse les yeux : il neige à gros flocons – presque une tempête – les flocons tourbillonnent derrière la vitre embuée par la chaleur, le paysage se dissout et la neige, là, dehors, reflète une lumière ténue, une clarté laiteuse et trouble dans laquelle les contours des choses semblent se dissoudre comme une pastille dans un verre d'eau. Les branches dépouillées supportent patiemment le poids de la neige, s'élargissant et ployant de manière à peine visible. La neige se dépose sur le toit de l'ambulance à l'arrêt devant l'entrée, elle recouvre les signes illicites de la nuit, les sentiers qui sillonnent le parc de la clinique, les fontaines, les haies, la boîte aux lettres, les branches nues des érables, les traces de nos pas, les plaines blanches sans histoire. « Ça va bien, murmure Annemarie d'une voix éteinte. J'accepte. »

LE RETOUR DU FILS PRODIGUE

Au musée de l'Ermitage de Saint-Pétersbourg, on conserve un des derniers tableaux de Rembrandt, peint entre 1668 et 1669, et probablement laissé inachevé à sa mort. À la vérité, comme sa signature, R.v.Rijn, n'est pas autographe, et que quelques figures sont tracées d'une main mal assurée et indigne du maître hollandais, il ne semblerait pas que l'œuvre soit véritablement authentique, et seuls les figures principales seraient vraiment de sa main. Le tableau s'intitule *Retour du fils prodigue*, et c'est la dernière toile relative à un thème auquel Rembrandt avait consacré d'autres eaux-fortes et dessins. La toile est de très grandes dimensions (262 cm sur 205), et les figures de taille réelle. Elle représente le fils agenouillé devant son père au moment de leur rencontre. Trois témoins observent la scène, mais la lumière éclaire les deux protagonistes. Le fils nous montre ses épaules. Il est vêtu de haillons, et offre la plante de son pied gauche déchaussé à notre regard, tandis que la semelle de sa chaussure droite, en lambeaux, dévoile impudiquement son talon. La couleur du fils est ocre jaune, un doré chaud. Le fils cache son visage dans le giron de son père et tout ce qui nous est donné de voir de lui est sa tête rasée, et l'éclat inquiétant de son regard. Son père est très âgé. Il a une barbe blanche, un visage calme, et un mantelet sur les épaules ; la lumière frappe son front pour irradier une sage sérénité. Il est élégamment vêtu, et son habit comporte des manches somptueuses de dentelle. La couleur du père est le rouge. Il pose ses mains sur les épaules de son fils agenouillé, l'attire contre lui et le réconforte. C'est un geste d'amour simple et définitif : celui du pardon. Annemarie a vu ce tableau en 1934, lors du voyage fait en compagnie de Klaus au Congrès des écrivains, en Union soviétique. Foudroyés, les deux jeunes gens se sont arrêtés pour le contempler longuement. À cet instant-là, rien ne laissait supposer qu'un jour ce tableau parlerait également d'eux, et pourtant, ils le sentaient déjà – tous deux. Annemarie lui avait dit : « Je n'ai jamais supporté ce retour », et Klaus lui avait répondu : « C'est précisément pour cette raison le tableau le plus émouvant du monde. » Et, elle, dans les *Nouvelles du Congrès*, lui fera écho : « Les heures les plus belles de notre séjour à Leningrad, Klaus Heinrich et moi les avons passées devant un tableau de Rembrandt émouvant presque jusqu'à l'insupportable : *Le Retour du fils prodigue*. »

Lorsque Annemarie revint à Bocken, tout était blanc, humide, brumeux. Les routes autour de Zurich étaient encombrées de neige. C'était la fin du mois de février. L'étrange phénomène de l'invisibilité – de l'inviolabilité ceignant comme par enchantement sa silhouette – se renouvelait, parce qu'elle parvint à traverser la moitié de l'Europe avec une facilité stupéfiante, au cours de ce mois de février de l'année 1941, franchissant des frontières fermées et des routes barrées par du fil de fer barbelé. Elle était trop fatiguée pour s'intéresser à rien d'autre qu'à arriver au plus vite dans un environnement protégé et sûr où la folie absurde du monde et la sienne propre ne pourraient l'atteindre. Et l'unique lieu qui semblait répondre à de telles caractéristiques n'était pas Sils mais Bocken, où elle entendait retrouver des forces, sa mère et peut-être également elle-même, parce que quelque part, à l'Hôtel Pierre, au Bellevue ou dans les bois du Connecticut, elle s'était perdue.

Personne ne l'accompagnait. Une fois débarquées à Lisbonne, l'infirmière mise à ses trousses à New York par Freddy l'avait confiée à l'ambassadeur de la Confédération helvétique au Portugal, *monsieur** Henry Martin, et avait fait demi-tour par le premier paquebot en partance pour l'Amérique. L'ambassadeur s'était employé à rendre son séjour agréable, et lui avait conseillé de séjourner à Lisbonne – pour une sorte de convalescence ; s'efforçant de lui trouver quelque chose à faire, afin de la réinsérer dans la vie active, il la chargea de rédiger quelques articles. Ce qu'elle avait cherché à faire, avec beaucoup de peine. Cependant, lorsqu'il comprit enfin qu'Annemarie désirait seulement rentrer chez elle, l'ambassadeur fit en sorte qu'elle puisse repartir.

À la gare de Zurich, ce jour de février, il n'y a personne à l'attendre : et elle pense à un retard dans l'acheminement du courrier, un télégramme non encore remis à cause de la neige, mais elle n'imagine vraiment pas que cela puisse signifier qu'elle n'est pas attendue. Hasi doit être au travail à une heure pareille. Son petit frère est devenu quelqu'un d'important : maintenant, le bureau de son père à Thalwil est le sien. Qui sait s'il s'est fait pousser les moustaches, s'il a accroché sa licence au-dessus de sa table de travail, s'il a commencé à fumer le cigare. S'il est devenu, comme Freddy, lui aussi, un homme d'ordre ou s'il conserve encore l'esprit frondeur de son adolescence, et si, tôt le matin, il lance encore son cheval au-dessus des obstacles et en contrebas dans les ravins. Elle est impatiente de le serrer dans ses bras. Elle n'a pas de parapluie – ou bien, elle ne le trouve pas, dans la confusion des bagages faits approximativement par des étrangers – et la neige fondue tourbillonne encore dans l'air brumeux et mouille ses cheveux. Il a neigé des jours durant, et maintenant, pas une automobile, un réverbère ou un banc qui ne soit coiffé de son moelleux couvre-chef. Ou encore, l'enseigne d'un hôtel rembourrée se révèle un austère bonnet blanc. Ou une poubelle semble comme enveloppée d'un manteau de fourrure. La neige efface l'espace qu'elle a traversé, et même le temps qui la sépare de chez elle. Elle laisse ses sacs, ses valises et ses boîtes déformés par de nombreux déplacements à la consigne de la gare et s'achemine vers Bocken. Depuis Zurich, il doit y avoir une quinzaine de kilomètres. Des années et des années, son père a parcouru cette route à pied. Il marchait depuis Bocken jusqu'à son usine de Thalwil, et de Thalwil à Zurich. Il avait une automobile, un phaéton, tous types d'équipages, c'était un des hommes les plus riches de la ville, mais il préférait aller à pied. C'était un homme modeste, et inflexible. Le froid est vif et la neige détrempe ses chaussures.

L'obscurité commence à tomber lorsque, les joues rougies par le froid, les lèvres livides, essoufflée, Annemarie parvient sur l'esplanade de sa propriété. Tous les volets sont fermés, la maison semble à l'abandon : mais elle sait qu'il s'agit seulement d'une stratégie domestique visant à éviter toute déperdition de chaleur. En hiver, il est si difficile de réchauffer une maison si grande, et les vieux poêles ornant les salons sont aussi beaux que purement décoratifs. Elle se sent tel un naufragé reprenant contact avec la terre ferme après avoir flotté des semaines entières en pleine mer : l'émotion lui serre la gorge. Elle se demande également où elle peut avoir trouvé la force de quitter tout cela. Alfred a transporté sa famille ici lorsqu'elle était encore une toute petite fille. Dans ses souvenirs, aucune autre maison n'existe : le reste ce sont des chambres d'hôtel, luxueuses, crasseuses, et même infestées de puces, des chambres de collège, de pensionnat étudiant, d'appartements, d'ambassades, de consulats, des tentes, des salles de cliniques – des lieux de passage. Cependant, le centre permanent de sa vie, sa seule maison est celle-là. Et elle est belle comme dans les rêves d'enfants. Immense et familière, domestique et aventureuse. Elle a exploré le moindre mètre carré de cette maison. Le grenier ressemble au plus mystérieux des pays lointains que sa surveillante de collège lui montrait sur la carte de géographie, et les caves bourrées de tonneaux, les couloirs, les escaliers, les chambres de service, les garages, les écuries, ne ménageaient pas moins de surprises. Avec prudence, elle gravit le plan incliné – recouvert de glace – qui dissimule les marches devant la porte d'entrée. Elle s'approche de la sonnette et la tire plusieurs fois, un tintement électrique s'égare à travers les couloirs. Un instant, elle pense, avec amertume, qu'elle n'a pas les clefs de chez elle, et que, pour entrer, elle doit sonner, comme un hôte. Aucun chien joyeux ne vient à sa rencontre, aucune vieille nourrice. Elle a honte de ce retour quelque peu indigne, et elle a honte de sa honte. Elle n'est pas attendue. Elle est revenue trop tard.

La porte s'ouvre, et la première chose qu'elle remarque est une tête de cerf embaumée qui surmonte l'archivolte de la porte de droite. Puis, de l'obscurité émerge le visage de vieille chaussure de Joseph. C'est un visage familier – le premier après des milliers de visages étrangers – et des larmes lui en viennent aux yeux. « Oh ! madame ! marmonne Joseph, stupéfait, pourquoi vous promenez-vous par un temps pareil ? » « Oh ! Joseph ! elle l'imite, que faites-vous encore ici ? vous n'êtes pas encore à la retraite ? » Lorsqu'elle était petite fille, ce domestique était déjà vieux. Pour autant qu'elle se souvienne, il a toujours été vieux. Autant que la tête du cerf, à tout le moins, peut-être même davantage. Peut-être était-il à demeure avant l'arrivée des Schwarzenbach, c'est l'esprit de la maison : le génie du lieu. Joseph bafouille quelques mots de bienvenue. Il n'a plus la moindre dent, et il s'avère difficile de déchiffrer ce qu'il dit. « La *maîtresse* est-elle à la maison ? De quelle humeur est-elle ? Drapeau blanc ou drapeau noir ? » demande-t-elle, dans un susurrement. Le jeu des drapeaux est très ancien, un instrument de survie élémentaire inventé par les enfants, de nombreuses années auparavant. Le drapeau noir fait allusion à une Renée de méchante humeur, à éviter soigneusement. Drapeau blanc, *Mama* se contrôle, on peut plaisanter, demander quelque chose, et même demander pardon. Cependant, il n'est guère besoin que le domestique lui réponde, car depuis quelque part la voix de Renée résonne. Elle est à la maison, et aujourd'hui, c'est de toute façon drapeau blanc parce qu'elle est rentrée. Alors, Annemarie n'y tient plus, écarte Joseph et pénètre dans la maison de sa mère.

Bocken l'accueille avec une incomparable odeur de camphre et de cuir – un arrière-goût de bois et de tapis au-dessus duquel le piquant parfum de sa mère domine. C'est un parfum incomparable, oh ! *Mama*. « La maîtresse travaille », bredouille Joseph. « À quoi ? » demande Annemarie, étonnée, mais Joseph bafouille le nom d'un certain Araber, faisant allusion à quelque chose qu'elle ne connaît pas. Elle a été trop longtemps absente. Elle le précède dans le vestibule, et reconnaît avec joie les objets inanimés de son passé, le portrait de son arrière-grand-père avec ses favoris, la vieille lampe à pétrole qui ne s'allume plus et l'horloge murale qui, au moment même où elle passe, sonne trois heures de l'après-midi, activant le mécanisme d'un *carillon** bien connu. Tout lui semble plus grand que dans son souvenir – plus luxueux, et plus beau –, peut-être parce que ces derniers mois, l'espace lui a terriblement manqué, et que parmi les asiles d'aliénés et les cabines de paquebot, son monde est devenu désespérément étroit. Vreni vient à sa rencontre au bas de l'escalier en poussant des cris. « Vous êtes toute mouillée, madame Annemarie, oh ! quel désastre, vous devez vous essuyer tout de suite, sinon vous allez attraper une pneumonie ! » Depuis les cuisines descendent Kaspar, la cuisinière et la lavandière, plus surprises l'une que l'autre. Tous ont un sourire alarmé. Ils la regardent comme si elle était un *revenant** – un fantôme ressuscité, ou quelque chose d'approchant. Il est évident que tous *savent*.

Il y a un chandelier d'argent, sur la commode, et dans le chandelier une rose momifiée se découpe. Annemarie regarde alentour, et elle ne voit pas les plantes ornementales de son père, ni ses gravures dans les escaliers, ni même les meubles qu'il avait choisis, car c'était lui qui avait inventé Bocken qui aurait dû être son paradis – le signe tangible de son succès, de son bonheur terrestre : et pourtant, le temps passant, il y a toujours moins vécu, il s'en est éloigné le plus possible et il a fini par se retrancher dans le bureau de l'usine de Thalwil : c'est de là qu'il lui écrivait et c'est là, et non ici, qu'il voulait qu'elle lui écrive ; il conservait ses lettres dans la table de travail de son bureau, il prélevait sur la caisse de l'entreprise l'argent qu'il lui expédiait sans en informer Renée. Elle se demande si sa mère a trouvé ces lettres. Si elle sait maintenant qu'Alfred n'a jamais tourné le dos à sa fille ratée et si elle peut le leur pardonner. Cependant, la marque d'Alfred sur Bocken s'était peu à peu effacée. Ses gravures, représentant des vues du lac de Zurich au XVIIIe siècle, avaient été progressivement remplacées par des tableaux choisis par Renée et représentant des courses de chevaux, des parades et de sanglantes batailles. Des coussins faits à partir de parements sacrés avaient fait leur apparition – Alfred les détestait –, ainsi qu'un buste de Wagner de marbre noir – à l'allure terriblement funèbre. Renée avait pris possession de Bocken. Et maintenant, après sa mort, nombre d'objets ayant appartenu à son mari avaient disparu. Un portrait *Jugendstil* est tout ce qui reste d'Alfred, précisément dans les escaliers. Le regard immobile de son père se pose sur elle. C'est un regard dur – chargé de reproches. L'inimitié de ce regard ne lui fait cependant ni chaud ni froid. Il est désormais mort depuis plus de trois mois, et, à cause de leur éternelle séparation, elle a épuisé toutes les questions, tout son remords, et même son chagrin. Demeure la faute – plutôt que lui. Renée est restée. C'est à elle qu'il faut penser maintenant, parce que c'est d'elle qu'elle attend le pardon. C'est elle qu'Annemarie voudrait embrasser en disant : *Mama*, je suis revenue. Renée cependant se mettrait en colère si elle montait sans la prévenir. La chambre de sa mère lui a toujours été inaccessible. Pas même le dimanche matin, Renée n'avait permis que ses frères et elle y pénètrent. Cependant, elle se levait à l'aube pour monter à cheval, et les enfants le savaient. Parfois, quand Vreni était distraite, ils parvenaient à s'insinuer dans la pièce interdite : les draps étaient encore imprégnés de son parfum. Vreni a déjà soulevé le combiné téléphonique, placé sur une petite table au pied de l'escalier. « Maîtresse, est-elle en train de dire, d'une voix neutre, votre fille est là, madame Annemarie. Elle voudrait monter chez vous. »

La musique les a toujours rapprochées. Ce fut leur seule langue commune. Renée théorisait le détachement esthétique, parce qu'en lui seul il est possible de trouver la force de dépasser la vulgarité de la matière. Cependant, elle ne concédait un tel détachement esthétique ni aux mots ni aux tableaux – mais seulement à la musique. À l'opéra, aux leçons de piano, aux concerts qu'Annemarie donnait pour sa famille dans le salon de musique, aux heures passées en compagnie de Renée dans le salon à écouter le gramophone sont liés quelques-uns de ses souvenirs les plus émouvants de Bocken. Contrôle de soi et discipline mortifère ont été les points nodaux de son éducation ; Renée lui a appris qu'il n'est pas permis, jamais, de concéder à quelque sentiment que ce soit une expression trop manifeste, mais comme il était doux, blottie à ses pieds, le front entre ses genoux, de sentir sa main sur ses cheveux tandis qu'une voix de soprano planait depuis le pavillon du gramophone. *Mama* savait rester des heures à écouter, immobile, se levant seulement pour changer les disques : du reste, elle ne permettait à personne d'autre de le faire. *Mama* avait besoin de la musique. La musique atteignait à des vertiges de lyrisme, de sensualité, d'instincts de possession et de mort intraduisibles en mots – elle se dilatait, se contractait, se répandait, s'étendait, explosait, et la calmait. Annemarie a vu sa mère pleurer lorsque le drapeau suisse flottait sur la hampe la plus haute, après une compétition sanctionnée par une victoire, lorsqu'elle soulevait à deux bras une coupe d'or, ou lorsqu'elle a rencontré l'empereur d'Allemagne, mais elle ne l'a jamais vue pleurer pour elle-même, ou pour eux ; elle ne l'a jamais entendue se plaindre d'être malheureuse : mais qu'elle l'ait été, ses furibondes invectives qui explosaient soudainement sur les sujets les plus anodins, les haines sanglantes et mortelles qu'elle polarisait sur des gens insignifiants, ou sur des peuples, religions, États – choses qui en réalité ne lui importaient pas le moins du monde – le prouvaient ; comme dans un exercice d'occultation perpétuel, la musique avait été le langage des sentiments de Renée : le seul qui lui ait été concédé. C'est ainsi que, maintenant, Annemarie s'avance dans le salon de musique. Ici, rien n'a changé. Le prétentieux *buffet** du XVIIᵉ siècle, en bois, le piano à queue, le divan rembourré et même les coussins sont toujours à leur place. Elle soulève le couvercle du piano et effleure les touches du clavier de ses doigts. Oh ! *Mama*, voudrait-elle lui dire, il n'y a rien de plus difficile que de réaliser sa propre dissemblance.

La musique traverse les années, les espaces, et montant depuis les lointains qui les ont séparées et les séparent encore, elle dépasse les couloirs, les portes closes, et rejoint Renée, assise dans un fauteuil auprès du poêle, dans sa chambre. Le livre de comptes et la liste des dépenses sont sur ses genoux. C'est maintenant elle qui administre la maison. À la vérité, Renée l'a toujours fait. Mais depuis qu'elle est veuve, elle *doit* le faire. Elle porte encore le deuil, noir est également le ruban qu'elle porte dans ses cheveux dénoués. Elle n'est pas descendue serrer sa fille dans ses bras. Aucun « bienvenue », aucune scène-mère. Il est nécessaire d'éviter que cette rencontre dégénère en larmes et baisers comme dans un méchant mélodrame. Elle a fait dire à Annemarie de ne pas venir la saluer. Elle ne se sent pas bien. En effet, une migraine destructrice la fait souffrir, comme un clou fiché dans son crâne. Mais ce clou, elle le sait, c'est Annemarie. Qui d'autre aura su qu'elle est rentrée en Suisse ? La comtesse Wille, qui vit désormais avec elle à Bocken depuis une quinzaine d'années, sait tout, hélas, et Renée ne peut plus tolérer d'être humiliée, moquée ou seulement raillée devant les autres. Pas même devant sa mère. Qui d'autre peut être au courant ? Ully, son cher frère ? Sa belle-mère Schwarzenbach ? Ses petits-enfants ? Les choses ignobles sont tout de suite connues. On en parle des années et des années. On ne peut les cacher, parce qu'il y aura toujours un témoin pour évoquer le fait le plus infamant. Et Anne l'aura-t-elle déjà raconté dans un livre, avec tout un luxe de détails ? L'aura-t-elle écrit dans les journaux ? Et si elle ne l'a pas fait, elle le fera. Comment l'en empêcher ? Comment peut-elle faire disparaître cette fille ? En la convainquant de retourner à Prangins, à Kreuzlingen, à Yverdon, à Samdan – n'importe où. Mais après tout ce qui est arrivé, Annemarie ne remettra jamais plus les pieds dans une clinique. Et puis, à quoi cela servirait-il ? Dans trois mois, elle recommencerait derechef.

« Le problème de votre fille, c'est vous, lui avait dit froidement le docteur Ludwig Binswanger, et bien que presque trois ans se soient déjà écoulés depuis lors, Renée n'a pas oublié ses paroles. Si sa fille cessait de dépendre d'elle, elle ne dépendrait jamais de rien d'autre. Et la dépendance est une forme de mésestime de soi. De manque d'assurance. Vous devez aider votre fille à se détacher de vous. C'est la seule cure possible. Même au stade le plus avancé de la maladie, disait Binswanger, la schizophrénie n'équivaut pas à une perte de la raison, c'est seulement une raison autre qui émerge. Les déviations de la norme ne doivent d'aucune façon être tenues pour une antithèse radicale de la norme, mais correspondent à une norme nouvelle. À une nouvelle manière d'être au monde. Il se proclamait le seul capable de reconnaître les signes de cette maladie, de les interpréter et de les comprendre – de lire dans les paroles incohérentes, dans les âmes effondrées, les débris d'un discours, un cri. Annemarie n'en était pas là. Mais elle y arriverait. Binswanger pratiquait une psychothérapie différente des autres : il croyait à la parole, à l'âme, à la philosophie et au dialogue. Sa méthode avait un nom qui suscitait le respect : anthropologie phénoménologique. « Vous ne devez pas permettre à votre fille de sortir de la clinique, d'ailleurs, vous devez la convaincre de rester, l'admonesta-t-il. La relation du patient et du médecin est authentique seulement s'ils parviennent à établir une communauté de destin, une solidarité radicale dans la mésaventure, et efficace seulement si leur communication se fonde sur la confiance. Mais votre fille n'a pas confiance en moi. C'est une menteuse, qui ne vise qu'à rouler et duper son prochain. Votre fille est en train de se moquer de nous, elle se moque d'elle-même, de vous, de votre mari, et de nous également. Elle a besoin non d'être traitée avec indulgence, mais avec dureté. Si vous l'emmenez, vous ne lui rendez pas service. Gardez-la ! » exhorte Binswanger, en lui montrant Annemarie, allant et venant le long des couloirs de la clinique. Elle se dirigeait vers eux, un sourire ténu sur les lèvres, son sac à l'épaule, les épreuves de son livre serrées contre sa poitrine. Gracile, vacillante, légère. Trop légère. « Elle est en train de perdre le contact avec la réalité. Elle s'est enfermée dans sa vie intérieure. C'est une prison dont on ne sort pas. Non seulement elle s'éloignera toujours davantage du monde, mais elle le perdra, le monde ! Regardez comment elle marche ! Le corps de votre fille semble dépourvu de poids. Léger, comme évaporé. »

Renée n'avait pourtant pas écouté Binswanger parce qu'elle n'a jamais cru aux personnes qui prétendent soigner l'âme des gens, et, un jour d'été – contre l'avis d'Alfred, de sa mère, du psychiatre –, elle avait emmené Annemarie. Parce qu'Annemarie était à elle et à nul autre, ni un amour ni un médecin à la mode, ne pouvait la lui soustraire. C'est elle qui l'a soignée lorsqu'elle a manqué de mourir, parce que sa fille avait toujours été un être fragile, sans énergie, sans cet attachement obstiné à la vie qu'elle a toujours eu, elle. C'est elle qui l'a arrachée à la mort, elle qui l'a veillée sur son lit, chose qu'elle n'a jamais faite, pas même pour son père ou son mari, elle qui a trouvé les mots pour convaincre un Dieu impitoyable de lui laisser sa petite fille. C'est elle qui l'a créée, sa fille. Elle qui l'a faite comme elle est : une créature spéciale – élue. Cependant, pour toute récompense, Annemarie l'offense, et l'insulte par sa propre existence – chacun de ses gestes, chacune de ses paroles sont une blessure qui ne se refermera jamais et c'est seulement avec sa mort qu'elle cesserait de saigner. Cependant, peut-on souhaiter la mort de son enfant préféré ? Et pourtant, si Freddy lui avait écrit que lorsque Annemarie s'est coupé les veines, dans cet horrible réceptacle infecté de juifs et de communistes, ce Bedford, s'il lui avait écrit que lorsqu'il est arrivé il était trop tard, qu'elle était morte vidée de son sang, elle serait parvenue à l'accepter. Dieu pardonnerait à Annemarie, et sa mère ne serait pas moins miséricordieuse que Dieu.

Depuis quelques minutes – tantôt sourd tantôt violent – le son du piano l'obsède. Dès les premières notes, Renée a reconnu les partitions de Händel qu'Annemarie jouait toujours pour elle. Cependant, elle n'est pas descendue dans le salon de musique, et elle est restée enfermée dans sa chambre – avec ce clou fiché dans son crâne et dans ses tempes qui pulsent au rythme de Händel. Elle écoute la musique se disperser au loin dans la maison. Cependant, au cours de ces années maudites, Annemarie a perdu la magie du toucher et elle n'est désormais plus à la hauteur de la virtuosité de Händel. Et puis, elle a oublié les notes, elle s'interrompt souvent et la musique ne s'écoule plus avec fluidité, mais comme par à-coups, en sanglots. Plus qu'un concert, on dirait un appel. Une imploration, une invocation, presque une supplique. Renée le comprend parfaitement. Annemarie est en train d'appeler. Elle est en train de lui demander : viens. *Viens, Mama*. Comme elle l'a fait cette fois-là à la clinique de Kreuzlingen – et cette fois-là, elle avait cédé à son appel, et elle était allée la prendre. Renée frémit, s'enveloppe dans son châle et ouvre la petite porte du poêle : la braise est enflammée, les charbons ardents. Toutes les cheminées de la maison sont allumées tout comme le chauffage central. En dépit de cela, elle a froid, et ses mains sont glacées. Un gel plein de rancœur s'est insinué dans ses os, et plus loin encore. Les notes de Händel s'interrompent – voici qu'elle en a raté une, puis elles recommencent, plus fortes, maintenant. Annemarie tape sur les touches, écrase la pédale. Cependant, elle peut jouer sa prière comme dans une église, Renée ne descend pas. Elle n'entend pas la rencontrer. Parce qu'elle ne veut pas éprouver de pitié pour cette fille. La tolérance devient un crime lorsqu'elle répond au mal. Tout à coup le silence s'est fait. Et pourtant, le concert n'était pas fini. Annemarie a cessé de jouer. Oui, elle a renoncé. De loin, Renée entend distinctement le couvercle du piano se refermer.

Quelques minutes plus tard – entre chien et loup –, à travers les rideaux de sa chambre, elle la voit. Annemarie est dans le parc. La neige reflète une clarté laiteuse qui vient la frapper et la dévoiler. Elle porte un petit manteau noir sur les épaules – et sa silhouette se détache sur le blanc environnant. Dans le gel transparent de la nuit hivernale, l'apparition de la lune diffuse une clarté fantastique, presque perdue dans ses rêves, Annemarie marche sur le sentier qui s'éloigne de la maison, puis s'avance sur l'étendue recouverte de neige immaculée, laissant une légère file d'empreintes. Les ombres intenses qui tombent des arbres et des réverbères, et les contours nets de la colline, semblent plus consistants que son corps. Pourquoi es-tu revenue me tourmenter, Annemarie ? Pourquoi ? Qui sait si les démons existent, et de quelles apparences ils se travestissent, lorsqu'ils reviennent ? Ne sont-ils pas les désirs les pires, les rêves abandonnés, les pensées repoussées, les exigences insatisfaites – celui qui lui avait été assigné n'était-il pas sa fille ? La présence d'Anne dans cette maison lui est intolérable. Rien que de la voir excite ses nerfs, la fait trembler. Les souvenirs des jours meilleurs, les passions, les coups de colère, les amertumes, les haines et même les douleurs tombent du cœur. Et les enfants ? Peut-on jamais renoncer à un enfant ? Cesser de l'aimer ? En venir à le haïr profondément ? À le haïr autant que nous nous haïssons nous-mêmes ? Le peut-on ? Annemarie est en train de revenir sur ses pas, elle s'arrête non loin de la maison – elle regarde alentour. Le ciel s'est fait limpide, piqué d'étoiles. Partout un scintillement d'eaux et de cristaux. Le paysage nocturne est d'une irréelle beauté, le monde clos dans une virginité glacée. Son imperfection naturelle est recouverte de blanc, cristallisée dans le rêve d'une fabuleuse magie de mort. À cet instant, Annemarie lève les yeux vers sa chambre. Renée peut la voir parfaitement, sa fille. Elle ne le voudrait pas, mais est bouleversée par la vue de sa fille. Annemarie a terriblement maigri – devenue mince comme une tige de coquelicot – mais les revers de fortune de ces derniers mois ne l'ont pas entamée, bien au contraire, sa beauté s'est comme incarnée, devenant presque insultante. Depuis long-temps, Renée ne prend plus de photographie de sa fille – parce que désormais, elle a presque peur de sa pré-sence, de ce corps sauvage et souple – une peur dérai-sonnable de l'avoir à ses côtés.

Dieu miséricordieux, cela ne finira-t-il donc jamais ? Que peut-il leur arriver d'autre ? Depuis quand cette histoire dure-t-elle ? Quand la lutte contre elle a-t-elle vraiment commencé ? Voici dix ans ? Vingt ans ? Ou davantage ? Lorsque le page Anne a commencé à dan-ser sa danse sacrilège sur les pavements de Bocken, avec son petit pantalon court de cuir qui laissait ses genoux découverts, et ses cheveux courts – avec une gri-mace polissonne aux lèvres et le regard malicieux de qui sait. Elle était innocente, et pourtant, d'une certaine façon, elle connaissait déjà son pouvoir. Regarde-moi, *Mama*… regarde-moi. La douce évolution des patins à roulettes sur les marbres, et puis le passage velouté sur un tapis, et derechef. Regarde-moi, *Mama*. Elle l'a adressée en consultation aux meilleurs psychiatres de Suisse. Et cela n'a servi à rien. Ils n'ont pas été capables de la changer – et il y a quelque chose de profondément raté chez elle. Personne n'a su l'aider, ou elle les a empê-chés de le faire. Parce qu'en réalité, elle ne veut pas être aidée, elle entend être perdue. Elle veut perdre ceux qui l'entourent – détruire ceux qui l'aiment. Et cette fois, elle est venue demander pardon. Mais si elle l'obtenait, elle s'en irait de nouveau. Pour commettre un autre méfait, glisser dans un autre précipice, revenir, et ainsi de suite, dans une chaîne infinie de séparations et d'adieux, pertes et retrouvailles – elle est venue me détruire, et il faut la briser, cette chaîne. Il faut se libé-rer, toutes deux. Il faut vivre. Depuis quelques instants

Annemarie a entrevu la silhouette de sa mère, son regard s'est illuminé. Leurs yeux se rencontrent, Annemarie est sur le point de crier – *Mama* ! –, mais Renée ne lui en donne pas le temps, et elle laisse brusquement tomber le rideau.

Pourquoi es-tu revenue Annemarie ? voudrait-elle dire dès qu'elle la rencontre, le lendemain, lorsqu'elle la croise dans les escaliers. Cependant, elle est pressée, parce qu'il est déjà sept heures et qu'elle n'a pas encore monté. Renée est en tenue d'amazone, et étrangement, Annemarie aussi est vêtue pour monter – une bombe couvre ses cheveux, elle a mis ses culottes de cheval, la veste dont dépasse un *plastron** immaculé, et des bottes. Tardif repentir. Annemarie lui tend les mains et elle effleure sa joue et ses lèvres. Renée se retire brusquement. « Ah, ne me bécote pas, la prévient-elle, hâtant le pas, j'ai la grippe. Mon petit nain, tu as une allure effrayante, dit-elle, en la dévisageant, je ne te reconnaissais presque plus. » Elle ne le pense pas, naturellement. Elle pense qu'elle doit rester loin d'elle. Qu'une distance de sécurité entre elles pourrait être d'un millier de kilomètres – l'Asie conviendrait fort bien, mais l'Afrique serait encore mieux.

Renée est celle de toujours, pense sa fille – d'ailleurs, elle a encore meilleure mine. Elle a le visage sec, hâlé par le froid et par le soleil, des gens qui vivent au grand air, elle semble traverser une seconde jeunesse. La vérité des années lui redonne un visage plus conforme à son âme – celui que la répression et l'ordre de sa vie ont cherché vainement à effacer. Si la comparaison n'était pas désobligeante pour une femme, on dirait qu'elle ressemble de plus en plus à un loup de mer, un capitaine, un général qui a remporté de nombreuses batailles toutes gravées sur sa peau rêche comme du cuir, dans les rides profondes autour de sa bouche, dans la dureté de son regard. Son corps débordant serré au plus près par sa tenue d'équitation, dans laquelle elle semble étouffer, donne le sentiment d'une accumulation d'énergie retenue. Ses nerfs vont craquer, c'est imminent. Annemarie le sait. Elle le sent dans les vibrations de l'atmosphère. « Faisons-nous le parcours ensemble ? lui propose-t-elle. Puis-je t'accompagner ? » « Je ne pense pas que tu sois à même de monter », lui répond Renée, ouvrant grande la porte et sortant dans le parc. La tête basse, Annemarie lui emboîte le pas. Sa mère a peut-être raison. Elle a mobilisé ses dernières forces pour revenir, elle les a épuisées, maintenant, elle est au bout du rouleau.

Elle aurait mieux fait d'accepter l'invitation de Hasi, et de passer la matinée avec lui. Elle aime toujours son petit frère. Et il n'a pas changé du tout – même si maintenant au bureau, on l'appelle Docteur Hans. Hier soir, il est venu la chercher, mais il ne voulait pas le faire savoir à sa mère, c'est pourquoi il l'a fait appeler par Joseph, en grand secret : Hasi a élaboré une quantité d'astucieux stratagèmes, afin d'échapper au contrôle de Renée. Ils sont allés se promener sur les bords du lac. Devant l'embarcadère il y avait une nuée de cygnes transis, quelques foulques qui sans peur naviguaient au vent, et une mouette paresseuse se laissait porter par les courants comme un petit bateau de papier. Elle l'a pris par le bras, contente parce que Hasi, grand et fort comme il est, lui communique un sentiment de sécurité. Hasi s'habille comme un bien tranquille bourgeois de Zurich, il porte des moustaches et des chaussures avec des guêtres : il est le digne administrateur de la Ro. Schwarzenbach & Co. Mais il joue toujours au hockey, sur son cheval il se jette dans les ravins, et il a mis – quelle horreur ! – une photographie de sa sœur sur la table de travail de son bureau si sévère. Ainsi qui entend faire des affaires avec lui croise d'abord le regard inquiétant d'Annemarie. Hasi, lui, croise ce regard tous les matins. Il lui permet de se souvenir de ne pas trop prendre au sérieux ce qu'il possède et ce qu'il est. « Comment as-tu donc décidé de revenir ? lui a-t-il demandé, émiettant un savarin dans les eaux du lac. Comprenons-nous bien, je suis heureux que tu sois ici. Mais heureux pour moi – pour toi, je ne sais pas, je ne voudrais pas que tu aies le dessous. » Ils se sont assis sur un banc, afin de lancer des miettes dans l'eau : rapides, les cygnes nagent dans leur direction. Le bateau vient juste de partir. Sur la rive d'en face, les lumières s'allument. C'est de ce côté-là que se trouvait autrefois la maison des parents d'Erika – leurs familles vivaient au bord du même lac, mais sur des rivages opposés. Hasi l'a regardée longuement, et un certain temps, il n'a pas trouvé les mots justes. Il y a longtemps, très longtemps que tous deux n'ont pas été seuls l'un avec l'autre. Ils ne décorent plus de sapin de Noël ensemble, et Annemarie ne joue plus de chants de Noël au piano dans leur maison de Bocken. L'intimité du passé ne peut pas plus revenir que leur imprudente jeunesse. Au fond, il ne pourra plus jamais être du côté d'Annemarie. Mais la regarder lui cause un lancinant malaise, parce qu'Annemarie a l'air de quelqu'un dont la vie s'est effritée. Elle n'a plus la force de marcher, à peine celle de sourire. Elle pose quantité de questions – et comment va sa femme, Adrienne, et comment se porte l'entreprise, et le prix de la soie, et ton petit garçon ? Je ne parviens pas à croire que tu aies déjà un fils, Hasi – mais ces questions l'angoissent, parce que dans sa voix on ne décèle aucune joie, mais le poids écrasant de ce qui est arrivé – culpabilité, culpabilité, culpabilité, et l'attente, presque délirante, d'une punition. On lui a fait du mal, un mal sans remède, semble-t-il et Hasi éprouve un sentiment de rageuse impuissance. « Dis-moi que tu n'as pas renoncé à être ce que tu voulais être, Anne », lui a-t-il dit, à la fin, parce que c'est à cela qu'il pensait. Ce serait si insensé si tout avait été inutile et si tant de douleur n'avait servi à rien. Elle lui a affectueusement relevé le revers de son manteau, car un vent glacial soufflait depuis le lac, presque un vent à neige, et elle a souri. « Hasi, j'ai été en enfer, et j'y ai été toute seule et rien ne sera jamais comme avant, lui a-t-elle dit, mais je n'ai pas renoncé. »

« Pourquoi as-tu décidé de rentrer ? Quelqu'un te l'a-t-il suggéré ? » Renée se retourne pour le lui dire, bouclant sa bombe ronde sous son menton. « Quelle importance cela peut-il avoir ? Maintenant, je suis ici », répond Annemarie. Elle le dit, remarque sa mère, comme si sa simple présence pouvait suturer sa blessure. Elle se trompe. Des années durant, le soir, avant de s'endormir, Renée s'était surprise à se demander où était sa fille à ce même moment. Dans quel lit, dans quelle chambre, hôtel, avec qui, faisant quoi, si elle allait mal, si au contraire elle était heureuse. Elle imaginait confusément des rues d'une ville inconnue, des pays jamais vus et des visages dépourvus de physionomie. Depuis longtemps, elle ne savait rien de la vie de sa fille – et de la même façon ses joies authentiques, ses plaisirs, ses souffrances. Cependant, elle devinait les uns et les autres. Parfois, le matin, avant de se réveiller vraiment, elle pensait : Anne est en train de revenir. Aujourd'hui, ma fille sera ici. Elle chassait cette pensée avec épouvante. La chose la plus stupide était que ce qui était arrivé n'avait aucune cause. Que diable allait-elle chercher au loin ? Elle-même. Comment pensait-elle pouvoir être heureuse loin d'elle ? Annemarie a écrit à son père – parce qu'elle écrivait bien à Alfred – qu'elle était à la recherche non du bonheur, mais de la vérité : elle voulait savoir qui elle était. Elle est cependant sa fille. Quelle autre réponse peut-on trouver ? Qu'y a-t-il d'autre ? Renée fouille dans les poches de sa veste, pour s'assurer que la carotte et le morceau de sucre de Padishah s'y trouvent bien. « Sais-tu de quoi je suis convaincue, Anne ? Qu'en réalité, c'est moi que tu veux voir morte, commenta-t-elle, tu es en train d'essayer par tous les moyens possibles. De manière un peu indécente, *à vrai dire**. Cependant, je ne me laisserai pas étrangler, et je ne me laisserai pas terrasser par une attaque cardiaque. Pas moi. » « Mais qu'es-tu en train de dire ? » lui objecte sa fille, incrédule. Ton père t'a toujours défendue. Si j'apprenais l'un de tes exploits, je menaçais, lui te trouvait des excuses, arrondissait les angles, étouffait, étouffait la chose – et tout cela a duré des années. Cependant, maintenant il n'est plus – il n'y a plus que toi et moi. Tu n'as jamais rien fait d'autre que fuir, tu t'en es allée au bout du monde et au bout de toi-même, mais à la fin, tu devais revenir, et tu m'aurais trouvée prête à t'attendre. Me voici, je suis prête. Et toi, l'es-tu, pour le supporter ? « Songe à ce que tu veux, Anne. Je ne peux commander tes pensées. Tu es une adulte, fais ce que tu veux. Mais ne me demande pas de mourir pour toi. » Le cœur des faibles cède à ceux qui écrivent en cachette à leur fille, et les secourent même lorsqu'ils les détruisent. Pas à elle. « J'ai les nerfs à bout, Annemarie. Pourquoi diable sommes-nous en train de nous dire ces choses ? À quoi cela peut-il donc servir ? » Renée est pressée, parce que, à l'évidence, il est déjà tard : d'ordinaire, à cette même heure elle est déjà de retour. Et elle déteste monter lorsque le soleil est haut. Le cheval transpire. Et puis, elle ne doit pas rester ici à perdre du temps avec Annemarie. Elles n'ont parlé que trop. Maintenant, quoi qu'elles puissent se dire, elles finiraient par le regretter.

À mi-chemin, deux hommes des écuries viennent à sa rencontre. Ils sont agités. « Explique-moi cette histoire de camisole de force », dit tout à coup Renée. « De la barbarie. Ne sais-tu pas combien ils sont arriérés en Amérique. Freddy n'aurait même pas dû te le dire », répond Annemarie, rougissante. « Pourtant, les médecins ont dit la même chose que leurs confrères suisses. Comment te l'expliques-tu ? » insiste Renée, parce que ce jour-ci est le jour de sa victoire, et elle l'attendait depuis si longtemps. Annemarie ne répond rien. Elle ne veut pas se disputer avec sa mère. Bien au contraire. Elle la laissera parler, comme elle l'a toujours fait. Le garçon d'écurie de Renée, au tablier blanc humide de sang, accourt depuis les écuries. « Madame, hurle-t-il, tout excité, nous étions en train de venir vous appeler ! C'est Primula. » « Nous y sommes ? » lance-t-elle. « Il semblerait vraiment que oui. » « Bref, rien n'est vrai, dit amèrement Renée, pressant le pas, le cœur battant la chamade. Ton séjour en Amérique a été un succès personnel et professionnel. En moins de neuf mois, tu t'es mis à dos les autorités, la police, la municipalité, la presse de New York, tu t'es rendue odieuse aux gens bien comme il faut, tu t'es disputée avec tes amis, tu as presque tué une baronne, tu t'es presque tuée, tu t'es fait expulser parce que schizophrène. C'est fantastique. Je suis fière de toi. » « Mais c'est seulement l'aspect extérieur des choses, *Mama*. En réalité, tout est bien plus compliqué. » « Cela suffit avec tes sophismes, Anne. À quoi t'attendais-tu ? À ce que je te donne raison ? Que je te défende ? Tu veux tous nous ruiner. La police t'a mise en prison et tu as même fini dans le journal. » « Oh ! non, par égard pour notre nom, l'article n'a pas été publié », s'empresse de la rassurer Annemarie, qui hasarde un sourire. « Notre nom ! tu as déjà tout fait pour le détruire, ce nom. Et je n'ai pas encore compris si tu le fais exprès – délibérément – ou si tu ne t'en rends même pas compte – seulement tu ne peux pas y arriver. Anne, dans la vie le contrôle de soi est tout. Il n'y a rien d'autre. Si tu le perds, tu n'es plus rien, tout le monde te regardera à l'intérieur, et tu ne pourras pas te défendre. » Renée ne parvient même pas à regarder sa fille. Parce qu'Annemarie ne contrôle plus rien. Elle se tient là, devant les écuries, très pâle, désolée par sa réaction, avec un sourire suspendu aux lèvres. Ouverte comme un livre. En ce moment, quiconque le voudrait pourrait lui faire du mal. Et elle plus que tout autre. C'est pourquoi elle s'avance dans la pénombre sentant le foin et les animaux, et court vers sa Primula.

Le vétérinaire attend Renée sur le seuil du box. Il l'incite à faire vite. Même si en aucun autre endroit de Bocken, elle ne s'est jamais sentie aussi mal à son aise que dans les écuries, Annemarie la suit parce qu'elle espère encore trouver l'occasion de s'expliquer. Primula – la jument de Renée – est en plein travail. Les pattes bien larges, la tête qui va et vient de haut en bas, et une souffrance patiente, presque résignée, de loin en loin, elle pousse un hennissement : sa peau marron clair est tendue, son ventre énorme, comme sur le point d'exploser. Peut-être parce que la tension du moment la distrait de sa rancœur, sa mère semble plus joyeuse. Peut-être n'y aura-t-il pas de tempête : drapeau blanc. Renée rebrousse chemin et tout à coup, abandonne Primula, et elle conduit sa fille de l'autre côté des écuries, devant une porte peinte en vert : avec l'air complice de qui est en train de lui montrer un trésor, elle ouvre la petite porte et lui indique quelque chose. « L'étalon, c'est lui. Tu te rends compte ? Padishah et Primula, que va donner leur accouplement ? Tu n'as jamais vu Padishah. Mon champion. Regarde-le, n'est-il pas divin ? » Cependant, dans l'obscurité et la mauvaise odeur qui la happe, Annemarie ne parvient à deviner rien d'autre qu'une queue. « Ne comprends-tu pas ? », dit Renée, en fronçant les lèvres. Sur sa joue, une ride se creuse de façon menaçante. « Excuse-moi, *Mama*, mais je ne parviens plus à m'émouvoir pour un cheval. J'ai vu trop de choses. Excuse-moi. » Renée referme la petite porte et boucle la serrure, déçue. Non, Annemarie ne comprend pas qu'après la mort d'Alfred elle a pu réaliser son rêve : même si tout le monde la poussait à jeter l'éponge, elle a décidé de garder et de développer son haras, de s'en occuper elle-même. C'est maintenant elle qui sélectionne les chevaux, elle qui achète les étalons, elle qui les soigne, elle qui les fait s'accoupler, elle qui sera la première à voir grandir les poulains. À les dresser à gagner. Ce sera elle. Oh, Primula – pauvre Primula, c'est le moment le pire de la mise bas. La jument est encore droite sur ses pattes, épuisée. Par le sexe dilaté de Primula, fait son apparition ce qui semble être pour Annemarie seulement une effroyable saillie – et qui est pour elle, au contraire, une émotion pure : la patte noire, fine, du poulain. Le premier signe de sa vie nouvelle.

Cependant, Annemarie est trop mal à son aise dans ce bâtiment qui évoque pour elle trop de défaites, et elle se souvient trop bien combien de matinées elle a perdues dans le manège familial, combien de fois elle a répété le parcours du *dressage**, sous les yeux de son entraîneur, Otto Waldiger, un drôle de type tout mince qui avait connu Schwarzenbach à l'armée et qui, lorsqu'elle était petite fille, gagnait sa vie en enseignant l'équitation aux enfants de Renée. C'était lui qui lui avait appris le saut d'obstacle, à retomber après un saut, à se tenir droite en selle, à contourner le poteau peint. Renée rêvait que sa fille représenterait un jour la Suisse aux jeux Olympiques. En réalité, c'est elle qui aurait voulu y aller, aux jeux Olympiques, et elle aurait probablement remporté une médaille, mais elle était l'épouse d'un homme trop important, une mère de famille... Le temps des compétitions était sur le point de s'achever pour elle. Elle avait tout remporté. Chevauchant en amazone et sur une selle d'homme. Mais lorsque la jeunesse se conclut, une femme doit accepter de devenir quelque chose d'autre. Elle se tenait informée quotidiennement de ses progrès, et monsieur Waldiger – qui tandis qu'il proférait des mensonges devenait toujours plus fluet – disait oui, oui, la petite fille fait des progrès. Renée insistait pour assister au parcours d'Annemarie, et Otto, qui redoutait à juste titre d'être licencié sur-le-champ parce que son élève ne progressait pas, renvoyait toujours une telle séance à plus tard.

Jusqu'à ce qu'un matin, sans y avoir été invitée, Renée vînt au manège : elle s'était appuyée à la palissade et elle avait assisté à l'exhibition de sa fille. Le cheval faisait des écarts, se cabrait. Au premier saut, il avait heurté l'obstacle avec ses pattes, faisant lourdement tomber une poutre. Sans grâce, Annemarie avait glissé sur le côté, s'agrippant aux brides et parvenant à grand-peine à remonter de nouveau en selle. Cependant, il l'avait installée maladroitement, laissant trop d'espace entre les courroies et le ventre de l'animal, tant et si bien que la selle oscillait librement sur son dos, rendant l'animal fou de terreur. Et plus loin, au lieu de sauter la haie, celui-ci avait refusé l'obstacle, lançant des hennissements de protestation, puis avait honteusement cherché à la contourner, et lorsque à la fin, il s'était résolu à sauter, il l'avait fait avec un élan tel que la selle s'était renversée, et qu'Annemarie avait été projetée vingt mètres plus loin, le visage dans la poussière. Fin de la démonstration. Fin des rêves olympiques de Renée. Sa fille la trahit. Elle ne remportera pas de coupes, de médailles et de trophées. Quelque chose en elle refuse obstinément d'apprendre. Le pauvre Waldiger avait été licencié le soir même, mais pour elle, le jugement de Renée lui procura plus de douleur que ses côtes fêlées. « Petit nain, tu m'as déçue, lui avait-elle lancé, mécontente. Tu es si maladroite qu'on dirait que tu n'es même pas ma fille. »

Primula se raidit. C'est le moment le plus critique, qui fait transpirer le vétérinaire et crée de l'appréhension chez Renée. Quelque mouvement que ce soit pourrait maintenant tuer le poulain – lui briser les pattes, l'estropier pour toujours. La mère est toute-puissante, le petit sans défenses : il dépend seulement de son instinct. Et finalement, Primula peut prendre ses aises sur la paille et laisser glisser son poulain à l'extérieur. Un véritable fleuve d'eau, de sang et quelque chose de noir qui se débat jaillit. « Oh ! Primula ! » murmure Renée, avec une tendresse qu'elle n'éprouve plus pour personne.

« *Mama* », dit Annemarie, s'échauffant car c'est peut-être la dernière occasion qui lui est offerte d'expliquer à sa mère ce qui est arrivé, « un vrai cauchemar, mais il n'a pas été inutile. Tu m'as toujours dit que ce l'on obtient facilement est dépourvu de valeur. » « Et qu'as-tu obtenu, mon petit nain ? l'interrompt Renée, sarcastique. De te faire chasser des États-Unis et qualifier de schizophrène. Quel beau résultat. Comme je suis fière de toi. » « Pour ce qui me concerne, parvenir à revenir a constitué une conquête, insiste Annemarie sans relever l'insulte. Tu ne devrais pas avoir honte de moi, mais être fière. Je ne me sens pas anéantie. C'est au contraire moi qui ai eu plus de force qu'eux : je suis sortie du Bellevue, je veux m'en sortir. Il a fallu du courage, tu sais ? » « Du courage ! » rit Renée, caressant le museau blanc de Primula : elle est d'une blancheur parfaite. Voici très longtemps qu'elle ne caresse plus ainsi sa fille. Cependant, elle est maintenant plus familière de Primula que de sa fille. Elle ne peut plus avoir d'intimité avec Annemarie. Il y a quelque chose de trop violent, entre elles – de trop fort. « Pour quoi donc ? Il faut du courage pour être à la place que Dieu nous a assignée et faire son devoir, voilà pour quoi il faut du courage, tes frères ont du courage. Ton père a eu du courage, j'ai eu du courage, Annemarie. » « Ah ! certes, j'aurais pu vivre autrement, et vous rendre heureux toi, papa, Freddy, les grand-mères – tout le monde. Cela aurait été facile, très facile, crois-moi. Je n'aurais rien eu à faire, sinon respecter deux règles : tout ce qu'il y a de plus facile, je n'aurais jamais plus été seule, j'aurais seulement dû appartenir au troupeau. Mais est-ce ce que tu attendais vraiment de moi, *Mama* ? Je ne le crois pas. Tu me voulais *spéciale* – tout comme toi. Ah ! oui, j'aurais pu faire comme tous les autres – attendre mon tour, marcher au pas, on ne peut s'arrêter soudainement, pas même dévier –, seulement faire ce qui est prévu, mais moi, au contraire, c'est vraiment ce que j'ai voulu faire – j'ai pris une autre route… Je n'ai pas voulu m'habituer, réagir comme la pièce d'une machine, ni même accepter de vivre comme en rêve, sans devoir jamais ouvrir les yeux. Je les ai ouverts, les yeux, je me suis réveillée. C'est vrai que ce voyage a été un cauchemar. Un cauchemar de vivre en Amérique, et lorsque je me suis enfuie – ce qui te semble si offensant parce que les généraux ne fuient pas, je suppose – en pleine nuit, j'étais presque congelée – et combien une lumière, une maison, l'odeur d'une soupe fumante m'auraient été agréables, alors qu'au contraire, j'étais dans le bois, dans le gel – mais je préférais ça à la vie là dehors qui était seulement un mensonge, une prison, *Mama* ! Oui, je pouvais tout avoir si je me comportais conformément aux règles, cependant, je ne veux pas vivre de cette façon. Ces derniers temps, j'ai vu de nombreuses prisons, c'est vrai – et je n'en ai pas honte, je ne le cacherai pas, ne l'espère pas –, je l'écrirai dans des journaux et dans des livres, je le dirai à tout le monde. Je n'ai pas voulu vivre cette vie, *Mama*, j'ai voulu être libre. J'ai choisi la solitude, le courage d'accepter ce que je suis, sans nier que je savais que mon amour est désespéré, je l'ai accepté et suis restée courageuse. C'est cela que je veux dire. »

Renée éprouve un chagrin qu'elle n'aurait jamais pensé éprouver. La logique d'Annemarie est lucide, mais elle est folle. Et pourtant, elle comprend parfaitement ce que sa fille veut dire. D'ailleurs, personne ne sait mieux qu'elle le poids que suppose le fait de vivre dans l'arrogante prétention d'être une femme idéale, avec la honte d'en être, au contraire, seulement le masque. La responsabilité de savoir ce qu'on est et l'horreur de sa propre vie, désertée, reniée et vendue. Mais on ne peut accepter ces discours, parce qu'où d'autre mènent-ils sinon à la cellule de masse de Bellevue –, les criminels dans les prisons, les vagabonds dans les hospices, les ivrognes devant une bouteille vide, vont radotant des choses guère différentes. Il est des discours qu'on ne peut tenir, ou que l'on ne doit pas comprendre. Même les pur-sang cherchent à échapper au mors de fer, mais à la fin, ils s'habituent à courir avec un mors en bouche, avec une têtière de cuir, le filet, les rênes et le poids de la selle en croupe. Et ce n'est pas qu'ils courent pour autant moins vite, moins loin. Accepter la discipline revient à accepter la réalité, elle est nécessaire – une simple question de survie. La pénombre du box exagère les ombres sur le visage d'Annemarie, qui la fixe du regard – on ne sait ce qu'elle attend de sa part. Qu'elle lui pardonne, qu'elle l'approuve même. Ou peut-être seulement qu'elle la défende contre ceux qui ont cherché à lui faire du mal. Sa fille qui était son orgueil et son mérite. Et maintenant, elle est sa croix – et elle la traînera toujours, jusqu'à la fin. « Si au lieu de faire de la philosophie, tu songeais à l'état d'esprit de ta mère, Anne, tu aurais déjà compris que ta présence est un problème pour moi et tu ne serais pas rentrée », dit Renée, essuyant la sueur sur le dos de Primula – depuis combien de temps sont-elles ensemble, Primula et elle, et sait-on comment sera son poulain, s'il va savoir répéter le talent de sa mère ? S'il en est digne ? « Dimanche je reçois et je veux pouvoir me promener la tête haute. Tu ne peux rester, tu dois me laisser en paix. Je t'accorde trois jours pour t'en aller. Pas un de plus. » « Mama, je suis arrivée hier », proteste Annemarie. Le monogramme R. S. est gravé sur la couverture de Primula. Son chiffre, son chiffre en tout lieu, tout lui appartient, ici.

Renée renonce. Elle n'entendra plus ses pleurs, elle n'ira plus lui rendre visite dans le jardin d'un asile d'aliénés. Peut-être Anne a-t-elle oublié l'été de Kreuzlingen, elle non. Elle était seule à Bocken. Alfred aux États-Unis, ses fils au loin – les sains en balade à travers le monde, les vaincus, gardés par leurs infirmiers. Elle a déjà perdu un enfant, le premier-né, un garçon qui portait le prénom de son grand-père et le poids de son hérédité – doit-elle la perdre elle aussi ? Que veut dire, au juste, schizophrène ? Personne n'a su le lui expliquer. Alors elle est venue à Kreuzlingen. Dans le jardin du pavillon, il y avait des peupliers, des hêtres, et des bouleaux ; des allées fleuries, partout des anémones et des pervenches bleues, des rideaux rayés, des bancs, des infirmières blanches, impeccables comme des serveurs d'un hôtel thermal, de petits sentiers de gravier, l'eau cristalline du lac de Constance de l'autre côté des haies. Mais ensuite, elle les a vus – ses compagnons. Des lémuriens au regard aveugle qui soliloquent – leurs membres qui ne répondent plus à leur pensée, et qui vont chacun dans une direction. Des délirants qui construisent des antennes de fil de fer et des stations de radio avec des boîtes de carton, afin de recevoir des messages de l'au-delà, projetant des villes idéales et d'utopiques royaumes de la paix. « Compagnons des rêves », c'est ainsi qu'Annemarie les appelait. Et puis, tout à coup, je t'ai vue Annemarie – accroupie à l'ombre d'un buisson, les pages de ton livre sur Lenz Saladin sur les genoux, la plume entre les lèvres. Abîmée dans une concentration peu naturelle. Les cheveux courts recoiffés sur son front, son pantalon remonté – les pieds nus dans l'herbe. Je mourais de chaud, toi, au contraire, tu avais froid. Tu étais en train de corriger les pages du grand final. L'alpiniste Lenz est enseveli depuis trois jours dans la coque de sa tente recouverte de neige, à plus de six mille mètres d'altitude, cinquante degrés au-dessous de zéro. Les chairs congelées de ses compagnons qui pourrissent, ses doigts bleuis gagnés par la gangrène, et dont il faut ôter la croûte au couteau. Lenz aussi a les mains congelées et il ne parvient plus à écrire. Il griffonne. À Moscou, lorsque Annemarie a feuilleté pour la première fois son journal, le spectacle de ces gribouillis indéchiffrables arrachés au silence l'a émue. Après la tempête, Lenz était parvenu à ramener ses compagnons au camp de base. À retrouver les porteurs et les chevaux. Il avait chevauché dans la silencieuse blancheur d'un glacier qui l'entourait comme une mer de mort, et qui était d'ores et déjà le néant. La terrible marche du retour évoluait lentement comme une procession funèbre, et ses sauveurs avançaient trop lentement dans la direction opposée. Tout à coup, Lenz avait dit : je ne comprends pas, et il était mort. Moi, au contraire, j'ai tout compris. Je n'aurais jamais imaginé devoir subir également une telle offense, au cours de ma vie. Non seulement te voir aller à la dérive, émigrer, te détruire, vivre comme une Tzigane, sans demeure, sans patrie, sans métier, non seulement te corrompre, mais te gâter, professer des idées répugnantes, afficher des comportements répugnants, vivre avec des gens répugnants et impitoyables, non seulement refuser tout ce qu'on a reçu comme un don, mais également, à la fin de tout, s'enfuir dans son pays des schizophrènes – les évaporés, les sans poids. Et elle ne la suivra pas davantage dans le paradis de sa morphine. Elle ne reverra pas une fois encore les seringues et les tampons de coton rouge sang sur la table de nuit. Peut-être as-tu oublié que le docteur Ruppanner m'a chargée une fois de poursuivre ta cure de désintoxication à base de somnifères et de piqûres d'insuline par voie intraveineuse qu'il n'avait pas la force de poursuivre lui-même parce que ton corps ne tolérait pas le choc. Ruppanner, que tu appelais « *Vati* » (père – parce que tes pères t'ont toujours pardonné), t'avait concédé une dose quotidienne d'Eukodal. Apathique, tu errais à travers la maison, les paupières entrouvertes, égarée comme si le monde était devenu trop grand pour toi. Et je ne reverrai pas une autre fois l'expression de quiétude – épouvantable – qui se peint sur ton visage *après*. Tu dors ou tu veilles, un sourire hermétique aux lèvres – un être étranger, inexpugnable, inconnu. Je ne chercherai plus à t'imposer mes règles. Je n'exige plus rien de toi.

« Ah ! mais j'ai changé, assure Annemarie, soulagée, voici des mois que je ne me drogue plus. Cette chose ne m'intéresse plus du tout. Je te jure que je suis *clean*. » « Ne jure pas, pour l'amour de Dieu », hurle Renée, en cherchant à la pousser hors du box. Son visage s'est durci ; sur ses joues, ses rides ressemblent à des blessures. Elle a perdu le contrôle d'elle-même. C'est l'une de ses explosions typiques. Maintenant, elle va crier, elle va être insultante, féroce. Ses mots cinglent. « Ne me raconte pas d'autres mensonges ! Je ne suis pas ton père. Je ne te crois pas Anne. » « Je te le jure », insiste Annemarie. « Mon Dieu, hurle sa mère, que de fois je t'ai entendue répéter ces mots. Tu as voulu vivre comme tu l'entendais. Je t'avais prévenue. J'ai cherché par tous les moyens à t'empêcher de te nuire. Tu ne m'as jamais écoutée. J'ai vu qui de nous deux avait raison. Tu as vu ce que tu as fait à Freddy, à nous tous. À l'asile. Parmi des hommes. En prison avec des vagabonds. Peut-on imaginer un déshonneur plus infamant ? Quelle honte. Mais c'est toi qui l'as voulu. Maintenant, tu ne peux prétendre que cela me déplaise. Que je m'arrache les cheveux et te plaigne. Je ne te plains pas. Tu l'as voulu, supporte-le maintenant. Chacun de nous supporte ce qui lui est échu. Je le supporte. Je le supporte tous les jours depuis cinquante-huit ans. »

Faisant un écart, le petit poulain essaie de se relever. Il est né depuis quelques minutes à peine, il a le poil encore imprégné de sang, et déjà il veut courir. Il promet beaucoup. Il est le digne fils de sa mère. « Je ne suis pas tyrannique de manière obtuse, ni têtue à ce point, je ne prétends pas avoir toujours raison. Je suis intraitable sur un seul point et là je n'ai aucune hésitation ni aucune indulgence : c'est lorsque ma conscience me dit comment il me faut penser et agir, où je dois renoncer à l'estime que j'ai pour moi, si je cède. Tu aimes voyager. Voyage. Vaste est le monde, tu trouveras un endroit où même si je le voulais, je ne pourrais pas avoir de tes nouvelles », suggère Renée, qui s'est épanchée, et elle est parfaitement calme, maintenant, et tout ce qui lui importe est ce petit poulain noir qui piaffe sur la paille. Elle l'appellera Parzifal. Mais ce n'est pas un conseil. Sa voix est inflexible : c'est le ton auquel elle recourt lorsqu'elle commande et entend être obéie. Parzifal ne tient pas encore sur ses pattes, trop minces pour soutenir son poids, et il retombe sur la paille. Mais il n'en démord pas. Renée détourne son regard de sa fille, parce que les yeux luisants d'Annemarie lui disent – sans équivoque – qu'un voyage est la dernière chose qu'elle désire, à pareil moment. Tout ce qu'elle demande, c'est de rester à la maison. Ici. Avec elle.

« Tu ne peux pas rester, Anne, dit-elle, tu dois t'en aller. Je te paierai le voyage, parce que je suppose que tu es sans le sou. Tu as trois jours pour prendre tes dispositions. » Confuse, Annemarie fixe le visage de sa mère. Mais Renée ne la regarde pas, ne veut pas la voir, n'a d'yeux que pour son Parzifal. Annemarie voudrait dire qu'elle n'a plus personne, qu'elle ne sait où aller – tout lui est devenu étranger et indifférent, excepté cette maison, ces bois, et elle. *Mama*. « Tu dis qu'on peut aimer un vaincu, qui a lutté, qui a perdu, et qu'on ne peut pas pardonner à quelqu'un qui s'est rendu sans lutter. Personne ne le comprendrait. Alors, lutte. Imagine que moi aussi je sois morte, ou que tu sois morte. Je ferai comme si tu n'existais plus pour moi. Ne compte plus sur moi, n'essaie pas d'entrer en contact avec moi. Je n'essaierai pas d'entrer en contact avec toi. Je te donnerai tout ce dont tu as besoin, et je te laisserai vivre à ta guise. Tu es libre. » « *Mama*, tu n'as pas compris. Ce propos était très universel, il parlait de la société de masse, de la condition humaine… » « Il parlait de toi, Anne. Va, lutte, combats, montre ce dont tu es capable ou meurs. Vaste est le monde. Bocken me suffit, pour ce qui me concerne, à toi, non. Alors va le plus loin que tu le peux, va au Groënland, va-t'en en Mongolie, en

Indochine – où bon te semble. Franchement, cela ne me fait ni chaud ni froid. » « *Mama* ? mais que dis-tu là ? hurle Annemarie, toute remuée. *Mama* ! Tu ne crois pas un mot de ce que tu dis. Tu veux me punir. Tu veux te venger. Tu as raison, je le mérite bien, je dois payer, tout a été ma faute. Mais je ne sais que faire de la liberté, je te l'ai dit que j'ai appris à être libre même derrière une fenêtre munie de barreaux. » Mais Renée ne l'écoute plus. Parce que Parzifal, tremblant, se secouant, s'est dressé sur ses pattes, et vacillant, indécis mais tenace, il hasarde ses premiers pas et s'éloigne de sa mère. Et Renée le soutient du regard, et elle le suit, et lui débande, chancelle, mais il ne tombe pas, et il tient d'ores et déjà sur ses jambes, il est d'ores et déjà libre.

Sur les bords du Congo

Derrière la construction, sur une esplanade encombrée d'ordures, un enfant noir complètement nu courait, donnant des coups de pied dans une canette vide. Mais Annemarie ne parvenait pas à détacher les yeux d'une nuée d'oiseaux perchés sur le toit de la légation. On aurait dit des dindons ou des pigeons – mais de dimensions énormes, gigantesques, comme ici tout était énorme et gigantesque. « Qu'est-ce que c'est ? » demanda-t-elle à Bohringer, le chargé d'affaires suisse. Occupé à évaluer la lettre de présentation qu'elle venait tout juste de lui remettre, il ne jeta pas même un coup d'œil de l'autre côté de la fenêtre. Il vivait à Léopoldville depuis des années et il les connaissait bien. « Ce sont des vautours, madame Clark, Clarac ou Schwarzenbach, si vous préférez. Des vautours. »

Bohringer – engoncé dans un costume bleu strict qui contribuait à son intense exsudation – regardait Annemarie avec un mélange d'embarras et de perplexité. Il ne parvenait pas à cacher l'inquiétude que lui causait sa présence. Il continuait à faire tournoyer dans ses mains le coupe-papier avec lequel il avait ouvert sa lettre, pour le laisser ensuite tomber sur la table avec un bruit métallique irritant. L'Afrique lui dévoilait un aspect imprévisible et par elle imprévu : le visage aride et vaguement inhospitalier des bureaux de la bureaucratie. « Voulez-vous satisfaire une curiosité, madame Clark ? Qu'êtes-vous venue chercher en Afrique ? » Annemarie ne soupçonna pas le moins du monde que cet homme se méfiait d'elle. Pourquoi l'aurait-il dû ? C'était la première personne à laquelle elle adressait la parole depuis son arrivée au Congo belge. Alors qu'au contraire, pour une raison incompréhensible, tout en elle avait éveillé ses soupçons. Son allure insolite, les deux sacs de voyage qu'elle avait posés sur le petit divan du bureau, et même son nom. « Je ne suis pas venue chercher quelque chose, répondit-elle, s'efforçant de faire montre d'un minimum d'enthousiasme, je veux seulement me rendre utile à la société. » « À la société ? quelle société ? » demanda Bohringer, dans un sursaut. « La société..., bégaya-t-elle, trop lasse pour entamer une discussion si complexe, je veux dire... Je suis ici pour mettre la main à la pâte. Pour faire quelque chose... afin d'établir des rapports avec les autres. Bref, pour travailler. »

Bohringer essuya la sueur de son front : son mouchoir en fut complètement imprégné. Derrière son bureau le thermomètre annonçait trente-deux degrés et l'humidité saturait l'atmosphère. « Comment ça, pour travailler ? demanda-t-il, en lui lançant un regard pénétrant par-dessus ses petites lunettes. Ne m'avez-vous pas dit que vous disposiez de moyens de subsistance considérables ? » « Je ne comprends pas ce que vous voulez dire », répliqua-t-elle, mal à son aise. Bohringer continuait à la fixer. Ils étaient tous deux – pour des raisons différentes et opposées – intimidés l'un par l'autre. Elle, qui ne parvenait pas à s'expliquer autrement la réticence de l'attaché suisse, en venait à soupçonner que la lettre qui lui avait été transmise contenait non pas ses références mais les marques d'infamie de son passé – évadée d'un asile d'aliénés, recherchée par la police, *persona non grata* et pour cette raison à enfermer et à garder à l'ombre jusqu'à nouvel ordre. Lui ne savait s'il devait faire montre de gentillesse ou d'hostilité, et il ne savait pas qui la lui avait adressée et pourquoi. Dès le début, il se mit en tête que ses supérieurs lui avaient envoyé depuis l'Europe l'étrange jeune femme pâle à la cigarette aux lèvres, au regard égaré comme une punition, afin de le surveiller et d'écrire un rapport sur lui aux autorités compétentes. On le révoquerait de sa charge. Et la chose la plus paradoxale était que lui, ce jour du mois de mai 1941, ne savait pas s'il désirait être éloigné de cette ville qu'il avait toujours exécrée ou si, au contraire – au fond de son âme – il désirait y rester jusqu'à sa mort, à l'abri des regards de ses supérieurs, libre comme sont libres les Blancs des colonies, à des milliers de kilomètres de chez eux. Une prudence innée le convainquit de se montrer cordial. Après tout, madame Clark se présentait comme l'épouse d'un diplomate français, elle comptait un vaste réseau de relations avec les meilleurs titres de la presse européenne et elle appartenait à une famille importante, qui en Suisse jouissait d'appuis en très haut lieu et qui pourrait lui rendre la vie difficile. Il ignorait que sa propre famille jugeait cette dame aussi indésirable que la police américaine, et que c'était justement pourquoi elle avait fini sur les bords du Congo, dans son affreux bureau de Léopoldville. Il voulait apparaître comme un ami – un refuge sûr : c'est seulement de cette façon qu'il la contrôlerait, et comprendrait les véritables raisons de sa présence. « Madame Clark, dit-il, avec une fausse courtoisie, quoi que vous soyez venue chercher en Afrique, j'espère que vous le trouverez. C'est un grand plaisir, croyez-moi, d'accueillir quelqu'un qui arrive depuis notre petite patrie. Nous sommes tellement peu, *nous*, ici, que nous devons nous aider les uns les autres. Je vous souhaite un agréable séjour. » Annemarie se défit de cet air hautain qu'elle avait pris, elle s'alluma une cigarette – c'était au moins la troisième depuis qu'elle était entrée, quelques minutes auparavant –, et lui adressa un sourire, prudent, circonspect, comme si elle avait peur de lui ou du monde en général.

Annemarie avoua qu'elle se sentait épuisée. Le voyage avait été éreintant. Le Congo ne ressemblait pas à ce à quoi elle s'attendait. À la vérité, elle ne s'attendait à rien. Quoi qu'il en soit, sa première impression était positive. Le ciel était gris, la chaleur étouffante, mais pas autant qu'elle le craignait. L'humidité, peut-être, oui, excessive, mais il fallait s'y habituer. À cet instant, sa première exigence était de trouver un logement. Pouvait-il la conseiller ? Pouvait-il l'aider ? Bohringer la rassura, il lui offrit un thé et – avec une égale courtoisie – il lui dit que les premiers temps, elle pourrait loger chez lui. Le gouvernement avait mis à sa disposition une maison particulièrement spacieuse. Nombre de commodités feront défaut, mais la seule chose qui ne fait vraiment pas défaut en Afrique, c'est bien l'espace. Annemarie remarqua à cet instant que les aiguilles de sa montre étaient arrêtées sur le cadran : elles marquaient encore quatre heures, mais désormais cette heure devait être passée depuis un bon bout de temps. Elle approcha son poignet de son oreille, mais elle n'entendit aucun tic-tac. Rien qu'un sinistre silence.

Annemarie – ou Clark, comme elle préférait se faire appeler ici – mit trois jours à comprendre que dans ce pays, le danger n'est jamais manifeste mais latent. Elle était arrivée en Afrique presque sans l'avoir voulu, poussée par l'inertie et par la volonté d'un tiers, plus que par la sienne propre, se laissant entraîner par le courant, par le navire sur lequel elle était montée sans savoir où et sur quelle côte il la débarquerait. La destination lui était totalement indifférente. Précisément parce qu'elle ne s'attendait à rien, elle finit par s'abandonner à ce nouveau pays avec une confiance désarmante. Elle qui avait maintenant peur de tout, tremblait devant quiconque portait une blouse ou un uniforme et croyait avoir le droit de pouvoir l'interroger, elle qui fuyait tout contact physique, car même une poignée de main la fatiguait, elle finit par avoir confiance. Bohringer lui parut courtois et disponible. Les fonctionnaires efflanqués du gouvernement lui plurent, leurs pantalons courts leur donnaient un air inoffensif. Même le boy serviable nommé Massar – mais qui en réalité l'espionnait, référant chacun de ses gestes à son maître. Les papillons inconnus qui se donnaient du mal autour de l'abat-jour lui plurent, tout comme les pâles insectes aux élytres veloutés qui se posaient sur la moustiquaire. Elle se rendrait compte trop tard qu'ici aussi les herbes égratignent, les lianes coupent, les blessures s'infectent et ne guérissent pas. Parmi les fleurs les plus colorées se dissimulent les vers les plus immondes, l'écorce de l'arbre le plus luxuriant dissimule une prolifération de larves, le crépitement des feuilles annonce l'avancée de l'armée exterminatrice des termites. Derrière les apparences policées, l'Afrique dissimule une force secrète. Mais elle était venue chercher une stabilité et un peu de confiance dans son prochain et en elle-même, et, pour la première fois, après de nombreux mois, elle se sentait de nouveau disponible pour l'avenir. Elle alluma la dernière cigarette de sa première journée à Léopoldville, s'abandonnant dans son fauteuil d'osier sur la véranda de la maison de Bohringer. Regardant le ciel incroyablement pur au-dessus de la ville et les collines de la rive opposée, colorées de violet par les feux du couchant, elle se dit que ce pays électrique et orageux lui ressemblait intimement – il était précisément comme elle, et peut-être deviendrait-il véritablement le sien.

Léopoldville – la capitale du Congo belge – n'avait rien d'exotique : c'était l'imitation réussie d'une ville occidentale. En un lieu où, jusqu'à une vingtaine d'années auparavant, il y avait seulement des cabanes informes sur le bord du fleuve, les colonisateurs avaient bâti des quartiers, des maisons confortables de brique et ciment qui s'étendaient sur huit kilomètres sans interruption sur le Stanley Pool et sur les bords du Congo. Ils avaient bâti des rues (quelques-unes étaient même asphaltées), des hôtels et quelques monuments inexpressifs à la mémoire de leurs exploits. Sur les vérandas des hôtels, on trouvait des cafés déserts aux heures de travail mais animés dès la fermeture des bureaux, où traînaient les fonctionnaires des compagnies concessionnaires et des entreprises d'importation et des individus aux regards troubles. On murmurait que c'étaient des chasseurs d'éléphants embourbés sur les bords du Congo afin de fuir la guerre, des policiers, des espions, des déserteurs, des trafiquants d'ivoire et de diamants. Dans les quartiers occidentaux et devant les bureaux des compagnies pullulait une humanité affairée et sans miséricorde, attachée à faire de l'argent : ceux qui poussaient jusqu'ici étaient mus par un même désir dévorant. Oublier ou mettre entre parenthèses préjugés, morale, scrupules et rafler tout ce que l'Afrique pouvait offrir de mieux – une richesse aussi rapide que durable – en ignorant le reste, puis s'en retourner au plus vite en Europe. Une attitude sagement cynique que tous croyaient être à l'origine de la présence d'Annemarie ici. Mais ensuite, la guerre avait rendu leur retour en Europe impossible : beaucoup avaient été enrôlés et envoyés au combat, d'autres étaient restés en ville sans perspectives et sans espoir, jusqu'à ce que le changement des données politiques leur ouvrît soudainement de nouveaux horizons. Depuis quelque temps, ils avaient recommencé leurs affaires avec l'Angleterre, les États-Unis, le Canada, l'Afrique du Sud, et l'argent circulait de nouveau à flots. Il y avait des magasins de biens superflus et des magasins de tissus, des boutiques d'artisanat, des entrepôts et de petits restaurants où se répandait un parfum douceâtre de bananes frites. Dans les rues inondées par le soleil de l'équateur, roulaient même des automobiles luxueuses. Sur la rive droite du Congo, une existence paradoxale – petite-bourgeoise et impitoyable – suivait son cours, jour après jour ; mais l'obstination de la normalité, vaquer normalement à ses propres devoirs et à ses propres affaires, et l'inexorable mécanisme de la bureaucratie lui-même, qui ne s'était jamais enrayé, devenaient également une preuve de résistance. Parce que Léopoldville – à la différence de la mère patrie, la Belgique occupée et vaincue – était restée libre.

De l'autre côté du fleuve énorme, à cet endroit aussi large qu'une mer et pouvant devenir aussi démonté lorsque le vent se levait, sur la rive française du Congo régnait un ordre plus animé et plus militaire. La colonie avait proclamé la résistance à l'ennemi nazi, et s'était reconnue dans le gouvernement de De Gaulle, qui y avait installé son quartier général. Brazzaville, qu'on tenait pour la dernière – ou la première – capitale de la France libre, vibrait de patriotisme. La ville était devenue un territoire administratif des autorités militaires. Seuls des camions militaires et des véhicules montés sur chenilles circulaient sur les routes. On voyait très peu de civils se promener ou vaquer à leurs affaires. Tous les hommes valides avaient été rappelés et envoyés au combat en Afrique du Nord. Les cafés pullulaient d'armes et d'uniformes. Seuls des avions militaires décollaient depuis l'aéroport. L'émetteur radiophonique local ne transmettait pas de musique mais des journaux et des programmes consacrés à la Résistance. L'atmosphère était électrique et dynamique – et même enthousiaste. On ne parlait que de guerre. Contrairement à l'Europe pourrie qu'Annemarie venait tout juste de quitter, et sur laquelle s'étendait un nuage de résignation, d'impuissance et de défaite, ce dernier avant-poste de l'Occident était galvanisé par un optimisme étrange. Ici, il y avait encore de l'espoir. Le mot-clef était victoire.

Le père Koulemans, un prêtre catholique de la communauté belge – le premier habitant de la colonie qui lui fût présenté par Bohringer – lui demanda combien de temps elle pensait rester en Afrique. Elle lui répondit que parfois ses voyages avaient duré seulement quelques jours, parfois des années, de sorte qu'elle pourrait même rester en Afrique toute sa vie. Il lui conseilla alors de respecter un décalogue de survie élémentaire – celui-là même qui lui avait été enseigné par son prédécesseur, trente ans auparavant, le jour où il était arrivé à la mission. Il s'y était tenu, et en effet, il était encore là. Un. Parler peu. Deux. Écouter beaucoup. Trois. Ne pas se laisser aller. Quatre. Ne pas poser de questions. Cinq. Ne pas chercher à comprendre. Six. Se conduire comme tout le monde. Sept. Ne pas se promener. Huit. Ne pas faire confiance aux indigènes. Neuf. Penser le moins possible. Dix. Économiser ses forces. Annemarie le remercia, et cependant ne l'écouta guère. Elle se comporta comme elle l'avait toujours fait en arrivant dans un lieu inconnu. Comme une riche journaliste de gauche dont le goût prononcé du scandale trahit les origines grandes bourgeoises, connaissant tout le monde et personne, encline à toujours dire ce qu'elle pense et à faire ce qu'elle croit devoir faire, recherchant ses semblables, ou ceux qu'elle imagine être ses semblables – les secrétaires coloniaux, les ministres, les consuls, les journalistes. Maintenant, elle n'était plus riche et n'avait personne à ses côtés pour la protéger et l'aider à s'orienter dans un environnement nouveau. Ou, peut-être, simplement, ce n'étaient plus ses semblables – mais elle ne l'avait pas encore compris.

Lors de ses premiers jours en Afrique, réprimant son désir de suivre n'importe quel être humain sur le point de partir – pour aller n'importe où – Clark explora son nouveau monde et les nouvelles gens comme un continent inconnu. Elle chercha à s'intégrer, à comprendre, à plaire. Elle se présenta dans les bureaux des consulats, dans les sièges de la Compagnie foncière du Katanga et de la Compagnie minière des grands lacs africains, des agences de presse, de l'armée, et même de l'Automobile Club, de l'Association congolaise des amis de l'art africain, et des anciens étudiants de l'université de Lille. Elle connut les missionnaires catholiques d'Umangi-Lisala, et les missionnaires méthodistes de Wembo Nyama, qui déploraient la rareté des financements et des conversions : les uns et les autres – mal informés quant à sa prétendue richesse princière – lui demandèrent des fonds pour leurs missions situées au cœur de la jungle. Elle connut d'indolents fonctionnaires de l'administration belge, des militaires français qui lui vantèrent l'efficacité du réseau de radiocommunication qu'ils avaient installé à Brazzaville et qui diffuserait la voix de la Résistance au Canada et en Amérique, des diplomates pour lesquels l'Afrique était seulement le début de leur carrière, des agents du contre-espionnage anglais, les employés de la censure et le capitaine du bateau qui remontait le Congo jusqu'au cœur obscur de l'Afrique – sur la route, désormais sans mystère, qui avait tant fasciné Conrad. Elle approcha Colin Fisher, l'attaché de presse du consulat anglais, les correspondants des principaux quotidiens européens et les journalistes locaux : le directeur du *Bulletin agricole du Congo belge*, le directeur du *Bulletin sportif*, celui de l'*Afrikanike Hebdomadas* – organe hebdomadaire de la colonie grecque d'Elisabethville – et monsieur Decoster, le très subtil directeur de l'*Écho du Katanga*, un quotidien démocratique indépendant, à qui elle fit part de ses craintes affligées quant au sort futur de l'Europe. Oubliant le quatrième commandement de Koulemans, elle posa à tout le monde une infinité de questions – en prévision d'un *reportage** qu'elle espérait vendre aux journaux suisses auxquels elle avait collaboré. Comment avait été cette année la récolte de café ? Combien d'or, de cuivre, d'étain, de riz, de caoutchouc, d'huile de palme et d'arachide avaient été produits au Congo en 1940 et qui les avait acquis, puisque la colonie n'expédiait même plus un grain de café en métropole ? Comment fonctionnaient les transports locaux ? Pouvait-on visiter l'aéroport ? Quels étaient les nouveaux accords commerciaux passés avec les États alliés ? Comment se développaient l'agriculture et l'industrie minière ? Comment se portait l'activité d'extraction des diamants ? Et les mines d'or de Kilo-Moto ? On disait que ce grand pays était immensément riche en ressources : était-ce vrai ? Tous semblaient étonnés par ses questions, et lui répondaient en vantant la renaissance soudaine de l'économie de la colonie, mais s'en tenaient à des généralités. Pourquoi donc une femme comme Clark s'intéressait-elle à ces questions ?

Elle fit la connaissance d'Yves Hourdebise, à l'origine de Congolia, une station privée de radiodiffusion qui depuis la rue de la Fin (au nom sinistre) transmettait dans tous les districts du Congo. Hourdebise l'observa d'un œil clinique, tandis qu'un étrange sourire fronçait ses petites moustaches. La pâleur de la carnation d'Annemarie lui révélait qu'elle avait débarqué depuis quelques jours seulement. Il était dans les colonies depuis 1927, désormais il savait lire les états de service d'une personne aux nuances de sa carnation. La sienne était bronzée, presque *terracotta*. Oh ! madame serait contente. Au début. Mais après un an d'Afrique – moins, si le sujet est débilité ou déprimé –, commence la période de santé décroissante : la fièvre revient tourmenter toujours plus souvent, d'abord chaque mois, puis chaque semaine, puis tous les trois jours – quelques heures de fièvre qui vous laissent épuisé, abattu, très faible. Le départ devient alors une obsession, une chimère. Certains deviennent des alcooliques chroniques. D'autres deviennent fous, et sont rapatriés. D'autres se suicident. Nous avons un très fort pourcentage de dépressions et de suicides. Seuls les plus forts survivent, les autres dissimulent, mais ils sont pourris de l'intérieur. Méfiez-vous, chère madame, des Blancs qui sont ici depuis plus de dix ans : ils sont capables de tout. L'Afrique est seulement cela pour nous : une maladie, une inquiétude, une fièvre.

Dès les premiers jours, Annemarie trouva déprimant de fréquenter les seuls diplomates et les journalistes épuisés par l'humidité : leurs conversations sur les affaires, la politique ou la guerre ne lui suffisaient pas. Elle désirait ardemment connaître leurs épouses. La première fut madame Goethals, la femme du propriétaire d'une plantation du Bas Uele, dans la Province orientale. Elle était malheureusement allemande. Annemarie la connut à la *party* offerte par l'Institut scientifique à l'occasion du départ d'un certain Weber, qui s'en allait à Cape Town. Des heures durant, ennuyée, elle but du whisky avec un zoologue suédois venu au Congo étudier le comportement des chimpanzés. Mais Annemarie n'écoutait pas le récit de ses enthousiasmantes découvertes sur les primates : elle avait remarqué une femme qui se tenait à l'écart, isolée sur un divan, apparemment occupée à feuilleter un livre, et dont de toute cette soirée personne ne s'approcha. Elle finit par s'asseoir auprès d'elle et par lui demander ce qu'elle était en train de lire : si c'était passionnant au point de la détourner du monde, elle aurait voulu, elle aussi, le lire. Sous son nez, madame Goethals ouvrit grand deux yeux décolorés, saturés de ressentiment. D'une voix revêche, elle répondit qu'il ne s'agissait pas d'un livre qui la détournait du monde – c'était un roman d'Hemingway – mais que c'était le monde qui se détournait d'elle. Et penser qu'autrefois toutes ces personnes étaient ses amis. Quelques-uns avaient même été ses hôtes à la plantation. Maintenant, ils ne lui adressaient même plus la parole. « Pourquoi ? » lui demanda Annemarie, étonnée. « Parce que je m'appelle Brighitte – et non pas Brigitte, et que je suis allemande. Même si mon mari est belge et que je suis désormais belge moi aussi, depuis vingt ans. » Annemarie – qui au cours des premiers jours de son séjour se sentait si seule qu'elle avait franchi le seuil du supportable – éprouva de la pitié pour sa solitude et lui dit gentiment qu'elle admirait Hemingway : elle lirait volontiers ce roman, si Brighitte le lui prêtait. Goethals, naturellement, fut enthousiasmée par sa proposition. Elles papotèrent longtemps en allemand – à voix basse – jusqu'à ce qu'Annemarie ne pût plus supporter l'aridité de sa conversation et qu'elle s'éclipsât sous un prétexte quelconque. « Clark, vous ne devez pas parler à Goethals, prévint Bohringer au terme de la réception, tandis que l'automobile la ramenait chez elle, c'est une boche nazie. » Mais Annemarie ne suivit pas son conseil, et quelques jours plus tard, elle rapporta le livre à Brighitte, lui rendant visite à l'hôtel jusqu'à ce qu'elle repartît dans sa plantation. Au reste, elle était stupide, et même pas attrayante, contrairement à ce qu'on aurait pu croire de loin. Elle la regarda partir sans regrets.

La seconde fut Laura Hastings. Elle la vit pour la première fois à l'aéroport de Léopoldville, sur la piste d'atterrissage, dans le vacarme des moteurs et les tourbillons de vent – un lieu pas précisément idéal pour une première rencontre. Aussitôt leur amour fut quelque chose d'inextricablement lié au sentiment d'une prise de congé, d'une séparation : quelque chose de précaire – un rite de passage. Complet blanc de lin de coupe masculine, cravate relâchée, cigarette aux lèvres, bloc-notes dans une main, l'autre sur sa tête pour empêcher son panama de s'envoler, Annemarie marchait entre les avions, entourée d'une dizaine d'officiers belges qui, vaniteux, très impliqués dans leur rôle de mentors, lui exposaient les arcanes de la navigation aérienne. Hurlant pour surmonter le vrombissement des moteurs, le lieutenant Van der Elst – un échalas à la peau verdâtre écailleuse, du fait des pustules qui la constellaient et le faisaient ressembler à un alligator – cherchait à lui expliquer les prérogatives des avions-cargos de transport. Au loin, le soleil dessinait d'inexistantes taches d'eau sur l'asphalte, les contours des choses se confondaient dans un perpétuel scintillement et, sur la piste, le visage de la femme qui marchait dans leur direction d'un pas alerte avait la tremblotante inconsistance des mirages. « L'Anglaise arrive », les officiers se poussaient du coude, en clignant de l'œil d'un air entendu. Piquée dans sa curiosité, Annemarie regarda en direction de la femme : en dépit de la chaleur, elle était vêtue de noir, comme si elle était en deuil. Ils dépassèrent un chariot que le cargo venait à peine de finir de décharger des boîtes de médicaments qui constituaient sa cargaison. Le capitaine Goosens déplora que le problème de la santé publique ne fût pas suffisamment pris en considération par le gouvernement – la région était infestée par la malaria et les fièvres tropicales, mais également par la tuberculose, et les pneumonies étaient souvent létales. Annemarie acquiesçait, et la femme vêtue de noir s'approchait : elle était blonde, pulpeuse, décoiffée par le vent. Elle marchait sans se hâter, avec l'économie de gestes typique de qui vit depuis longtemps à Léopoldville. Excités, les officiers parlaient entre eux à voix basse : Annemarie saisit quelques mots à peine – des allusions sexuelles, des appréciations. Oui, l'Anglaise était appétissante, son sein généreux ondoyait sous son corsage, et elle se déplaçait avec l'indolence feutrée des femmes sensuelles. Surtout – poursuivait Goosens, implacable, le seul à ne pas daigner lui accorder un regard –, Clark ne vous laissez pas tenter par l'idée d'un bain dans le fleuve : les eaux de ces étangs étaient infectées, et pouvaient au minimum lui occasionner une congestion hépatique. Quoi qu'il en soit, le gouvernement belge ne s'était jamais soucié de ces choses-là – seules les mines l'intéressaient. Il n'avait pas formé un corps médical local, pas même un infirmier, et, sans médicaments, les quelques médecins du cru ne pouvaient pas faire grand-chose. Ceux qui venaient d'arriver avaient été demandés depuis des mois. S'il vous plaît, Clark, n'écrivez pas ces choses dans votre article. Je ne vous ai rien dit. Des porteurs de couleur chargèrent les sacs de toile sur un avion de transport et refermèrent la grosse portière. Cet avion se rendait en Amérique : sait-on quand un autre décollerait. Annemarie, qui avait été informée du départ, s'était empressée d'écrire à toutes ses connaissances. Ses lettres devaient être précisément dans l'un de ces sacs de toile.

« Bonjour, Mrs Hastings », dit en premier Van der Elst en croisant la femme vêtue de noir. « Salut, lieutenant. » L'Anglaise s'attarda parmi les officiers, sans leur accorder trop d'importance. Annemarie la toisa attentivement. Elle avait le nez droit et pointu, et un *chignon** sur le point de s'ébouler, entortillé derrière sa nuque. Ses cheveux étaient plaqués sur le front par la sueur et lui donnaient l'allure hérissée d'un chat. Elle était très jeune. Elle ne devait pas avoir plus de vingt ans. « Avez-vous apporté le courrier ? » « Hélas, oui, je l'ai apporté », dit Laura en souriant. « Les gens écrivent vraiment trop. Une loi devrait l'interdire. Que sais-je, donner à chacun sa ration de mots comme on nous donne une ration de riz. La carte de ravitaillement de la poste ! » Van der Elst rit. Annemarie remarqua que la femme vêtue de noir avait un rire joyeux, en contraste total avec son habillement. « Oh ! non, quelle idée ! s'exclama-t-elle, ce serait terrible ! » Laura jeta sur elle un regard rusé. « Vous ne pouvez pas comprendre. Vous êtes arrivée depuis peu, répondit-elle, et continuant de ce pas, vous n'y resterez pas longtemps. » Annemarie fut surprise parce que la jeune femme semblait très informée sur son compte. « Vous me connaissez ? » demanda-t-elle. « Ici tout se sait. Que voulez-vous, nous sommes si peu nombreux et nous nous ennuyons à mort, répondit Laura avec un sourire mali-

400

cieux. Les secrets durent tellement peu qu'il est préférable de ne pas en avoir. » Les officiers éclatèrent de rire. « Qui est-ce ? » s'informa Annemarie dès que l'Anglaise se fut éloignée. « Ma maîtresse », répondit Van der Elst. « Quel menteur ! protesta un lugubre officier anversois épuisé par la fièvre, ne l'écoutez jamais, Clark, Hastings oppose à l'envahisseur une résistance acharnée – comme l'Angleterre. » « Pour le moment, consentit Van der Elst, mais, je ne désespère pas. Personne ne désespère. Elle est trop jeune pour jouer les veuves inconsolables. » « Mais elle est dangereuse, commenta un autre. » « C'est la plus mauvaise langue de Léopoldville. » Annemarie la suivit du regard, mais la jeune femme ne semblait pas dangereuse, c'était seulement un petit bout de femme noire sur l'asphalte de la piste, si petite entre les silhouettes des avions.

Aucune de ses nouvelles connaissances de Léopoldville ne lui plut vraiment, et elle ne plut à personne. Personne ne semblait heureux d'être là, et personne ne se rappelait pourquoi il y était venu. Quoi qu'ils soient venus chercher, ils ne l'avaient pas trouvé. Ils ne pouvaient pas s'en aller et ils ne supportaient pas de rester. Du monde en dehors du Congo, ils ne savaient rien et du monde du Congo, ils ne savaient que trop. C'était comme si tous attendaient quelque chose, mais – comme l'avait dit Hourdebise – la seule chose qui finissait par leur arriver c'était de tomber malades. Ils constituaient un petit monde fermé, avec ses règles et ses rites, désespérément étroits. Ils étaient englués dans un réseau d'intrigues serrées – insinuations, commérages. Ils tuaient l'ennui en répandant des calomnies et en tramant des complots. L'atmosphère était dense de poisons et de tension. En l'espace de deux soirées, Annemarie fut informée que le correspondant du *Times* était un alcoolique et le commissaire de police un trafiquant de diamants, qu'un certain Van Hoojdonk volait l'argent de la compagnie et que le consul français avait une maîtresse noire qui lui avait donné trois mulâtres. Mais c'étaient probablement seulement des calomnies. Les habitants de Léo – comme on appelait familièrement la ville – convoitaient les nouveautés et en avaient un besoin désespéré, mais n'importe quel étranger éveillait des soupçons et une sombre méfiance.

Les premiers temps, on l'invita souvent à dîner, à des réceptions, et Annemarie accepta toujours : elle avait besoin de se faire de nouveaux amis. Elle errait de vérandas en salons un verre plein à ras bord bien serré dans ses mains et son éternelle cigarette aux lèvres – sur sa bouche le sourire distant et mélancolique de qui connaît le meilleur et le pire de la vie. La communauté l'observait – elle observait tout. On remarqua que l'étrangère était très informée sur la politique européenne. On remarqua qu'elle s'habillait élégamment, mais portait volontiers des vêtements masculins. Qu'elle avait une certaine inclination pour les boissons fortement alcooliques – ce qui, étant donné la rareté du ravitaillement, en faisait une invitée redoutable. Qu'elle parlait de mauvaise grâce d'elle-même et qu'aux questions sur son passé, elle répondait toujours de manière évasive. *Aber genug von meiner Person* – murmurait-elle, souriante, et elle coupait court à toute conversation sur ce thème.

Annemarie réalisa aussitôt – avec soulagement, mais également avec chagrin – qu'on ne la connaissait ni sur l'une ni sur l'autre rive du Congo. Personne n'avait jamais lu ses livres et beaucoup ne savaient même pas qu'elle écrivait. Si elle n'avait pas été si confuse et si elle n'avait pas eu un besoin désespéré de reconnaissance – pour obtenir de l'extérieur, de cette réalité qui devenait toujours plus inaccessible, la confirmation de son existence – elle aurait compris qu'elle aurait dû se taire. Elle aurait compris que son insuccès littéraire était – dans ces circonstances – une chance. Elle attendait au contraire

402

avec anxiété la bonne occasion pour parler de son livre sur son expérience persane, et dès qu'elle le pouvait, elle révélait qu'il était déjà paru depuis un an, en Suisse – même si elle avait bien peu profité de cette parution. Elle l'avait écrit trois ans auparavant. Cependant, ses livres avaient la peu enviable particularité de toujours paraître au mauvais moment : ils flairaient la pire conjonction historique et la choisissaient pour voir le jour – inexorablement. Ils lui coûtaient de la souffrance et de la fatigue lorsqu'elle les écrivait, et ils ne lui avaient jamais procuré aucune joie par la suite. Parfois, elle se disait qu'elle aurait dû renoncer à l'écriture, et se limiter à vivre. C'était un endroit où, semble-t-il, on pouvait se laisser vivre – inconnu et oublié. Cependant, elle n'y parvenait pas, et à ses nouveaux amis de Léopoldville, répétait avec une imprudente fierté qu'elle était une romancière, et une journaliste. Ses reportages d'Amérique et d'Asie, les années précédentes, lui avaient valu une certaine renommée. Ils ne savaient même pas cela : c'est elle qui le disait et elle le confirma à son hôte, Bohringer, qui a son tour s'était empressé de demander télégraphiquement une confirmation au Portugal auprès de qui l'avait recommandée – mais ici, on n'avait pas lu ses articles, ni vu ses photographies. Personne ne savait rien de sa vie. Ici, elle était seulement une étrangère sans passé : une femme mystérieuse qui se faisait appeler Clark.

Clark, donc, s'était installée chez Bohringer. Elle dormait mal et buvait beaucoup – résistant héroïquement au désir de courir chez un médecin pour se faire prescrire de l'Euka. Elle ne le fit pas – pour ne pas être montrée du doigt et marginalisée par la communauté. Ou peut-être parce qu'elle voulait démontrer à sa mère qu'elle s'était trompée en doutant d'elle, et qu'elle rêvait encore de la reconquérir. Et même parce qu'elle était *clean* – pure – ici en Afrique et entendait le rester. Elle menait une vie harassante faite de présentations, de conversations et de joutes oratoires. Elle cherchait à s'orienter dans cet environnement – à comprendre ce que faisait un tel ou un tel afin de comprendre ce qu'elle aurait pu faire elle-même, et comment elle aurait pu se rendre utile à son prochain. Comment retrouver le nord, dans la confusion et dans le déraillement de ces derniers mois. Démontrer à sa mère, à Erika, à ses amis et à elle-même qu'elle méritait encore – ou de nouveau – leur estime et leur amour. Renoncer à la dangereuse liberté découverte au Bellevue, pour trouver sa place dans le monde et savoir l'accepter. Il ne fut pas difficile d'associer un nom à chaque visage, et un métier à chaque nom. Il y avait trois mille cinq cents Blancs à Léopoldville. Tous ensemble n'auraient pas occupé un pâté de maisons de Zurich ou une copropriété de New York. Le soir, après une sélection préalable qui excluait les soldats, les employés d'un rang inférieur, les dactylographes et tout ce que la société jugeait indésirable, ils se réunissaient dans une boîte de nuit généreusement baptisée Club : en réalité, rien qu'une sinistre bâtisse en ciment sur les murs de laquelle on avait collé les reproductions des principaux monuments de Bruxelles, Anvers et Bruges – qui sur ces murs enduits faisaient un misérable effet irréel. Rapides, de petits négrillons en livrée – auxquels personne ne prêtait attention, comme s'ils étaient invisibles – servaient des liqueurs, distribuaient des gâteaux secs, écoutaient, pensant sait-on quoi. Quelques clients jouaient aux cartes, d'autres buvaient jusqu'à finir par s'affaler sur les fauteuils, d'autres encore lisaient des journaux vieux de quelques mois posés en tas sur les tables, qui apportaient des nouvelles de Londres, de Paris et de la pauvre Belgique. Un oppressant nuage de fumée flottait dans les pièces, contribuant à rendre l'air irrespirable. Bohringer avait introduit Annemarie au Club le premier soir, et elle y était retournée souvent. Étrangement, pourtant, par la suite, Bohringer avait toujours évité d'y retourner en sa compagnie.

Au Club, Hourdebise – celui de la Congolia – la présenta comme une « journaliste suisse expérimentée » à un Français poivre et sel : le directeur du Service d'information de Brazzaville. Ils étaient en train de livrer une grande bataille aérienne, au *Service**. Aérienne entendu comme dans les ondes : Radio Brazzaville avait commencé à transmettre sur les fréquences de la puissante radio nazie, pour en perturber les émissions. Le contrôle des informations n'était pas moins important que le contrôle des villes et des ports. « Vraiment ? demanda-t-elle, et comment faites-vous ? » « Avec beaucoup de peine, nous combattons leur signal, répondit le *directeur**. Avec beaucoup moins de peine les nazis interceptent le nôtre et le réduisent au silence. Actuellement, nous parvenons à émettre en Amérique au cœur de la nuit. Mais très vite nous transmettrons également à des horaires plus raisonnables. » Elle ne savait pas comment lui exprimer son admiration. Le *directeur** la scruta longuement : il était surpris de trouver une femme comme Annemarie à Léo. Elle apportait dans cette ville de petits-bourgeois et de commerçants, des marges du monde, le parfum d'une société d'un autre âge, le souvenir des grands hôtels, d'une époque qu'il croyait révolue. Désormais, l'horrible masse contaminait le monde, et il fallait en prendre son parti. C'est pourquoi, bien qu'il ait eu l'ambition d'un éditorialiste, un jour, il s'était donné à la radio – parce que la radio entre dans toutes les maisons : tout le monde peut la comprendre. Il lui demanda pourquoi elle était venue à Léo. Annemarie répondit (trop sincèrement) qu'elle cherchait un champ de bataille – il doit pourtant exister quelque chose que je puisse faire de ma vie, un but pour lequel mourir avec joie ou pour lequel vivre. Sur le bateau à vapeur, elle avait connu un ancien officier français qui lui avait proposé de partir en sa compagnie afin de découvrir une nouvelle route de la Sierra Leone au Tchad, et elle avait songé à le suivre. Peut-être, si les Anglais ne l'en avaient pas empêchée – parce qu'alors elle tomberait dans les bras des nazis de Vichy –, elle l'aurait vraiment suivi. Et vos intentions, quelles étaient-elles, madame Clark ? Pourquoi donc une journaliste devrait-elle chercher une nouvelle route pour aller de la Sierra Leone au Tchad ? Je veux combattre le fascisme, je veux rejoindre les troupes de De Gaulle – répondit-elle imprudemment, et elle sourit. La rescousse, la reconquête de l'Europe commenceront depuis l'Afrique libre – c'est d'ores et déjà notre futur. Resté assis à leurs côtés, Hourdebise se leva d'un bond. À l'écart, tout en nettoyant ses lunettes sur lesquelles s'était collé un insecte, le Club est tombé bien bas, dit-il à la femme du consul anglais – on admettait maintenant n'importe qui. Hourdebise et les Anglais examinèrent Clark : Annemarie faisait tomber la cendre de sa cigarette dans le cendrier et regardait son interlocuteur, sous le charme. « Nous sommes si peu nombreux, nous ne pouvons pas nous permettre d'être snobs de surcroît », rit Fischer, lorgnant du côté d'Annemarie avec le désir acide d'un homme non désiré. « Comment pourrait-on interdire l'entrée du Club à l'une des rares belles femmes arrivées à Léo ces dernières années ? » Hourdebise insista : il fallait être prudent, avec cette Clark. Il était évident qu'elle avait quelque chose à cacher. Que diable était-elle venue faire dans une ville libre, cette Allemande-là ? « *She's not German*, objecta le consul anglais en sortant le cadavre d'un moustique de son verre de whisky, *she's Swiss*. » « C'est du pareil au même, répondit l'autre. C'est du pareil au même. »

Le directeur était au contraire enchanté de la conversation de la nouvelle arrivée. Ils parlèrent des fraises à la crème de la rue Jacob, à Paris, de Majorque, des établissements balnéaires du lac de Zurich et des magasins de la Bahnhofstrasse. Comme Zurich est radieux l'été, lorsque souffle le föhn ! Quelle est douce notre pauvre Europe. Oh ! Madame Clark, c'est comme si ce monde n'avait jamais existé pour nous. Pour Annemarie aussi, il était agréable de trouver ici quelqu'un qui a vu ce que nous avons vu, qui a aimé ce que nous aimons… Autrement, c'est comme si ce monde n'avait jamais existé pour nous. Même pour Annemarie, il était agréable de trouver quelqu'un qui la comprît, qui sût de quoi elle parlait lorsqu'elle citait la *Zürcher Illustrierte*, la *Wetlwoche* ou l'*ABC*. Elle voudrait reprendre son métier : cependant, les journaux auxquels elle avait proposé ses correspondances ne lui avaient pas répondu, et elle n'avait donc rien à faire. Elle s'ennuyait et se sentait inutile. « Reprendre ? Pourquoi avez-vous arrêté ? » lui demanda le directeur, piqué de curiosité. Annemarie détourna les yeux, et cherchant à remplir un autre verre, elle le renversa sur elle. Il lui semblait étouffer. La sueur se collait à son vêtement, et son vêtement à sa peau. Elle avait trop bu et la tête lui tournait. « J'ai eu de graves problèmes de santé », susurra-t-elle. Mais le directeur était un homme discret – un vrai gentleman – et il ne lui demanda rien d'autre. Il le regrettait vraiment. Il espérait qu'elle était guérie. Était-elle à même de travailler ? « En ce moment précis, non, rit-elle, et son rire apparut excessif, je pense que je ne tiendrais pas sur mes pieds. » Le directeur – non sans bonhomie – lui demanda s'il pouvait se permettre de lui donner un conseil. Voilà, elle semblait trop jeune, et elle était seule, ici. Une femme ne devrait jamais venir seule en Afrique. Il lui conseillait d'y aller doucement, avec le whisky. Avec un tel climat, il montait aussitôt à la tête, et puis, il était de médiocre qualité. Dans les colonies, on envoie toujours des marchandises de rebut. Des conserves avariées, des médicaments périmés, des succédanés, des liqueurs altérées… C'est une lamentable habitude qu'il faut connaître aussitôt, pour comprendre comment fonctionne le monde. Annemarie ne savait que dire.

Elle se maudissait d'avoir bu et de l'avoir rencontré précisément ce soir-là. Comment savoir ce qu'il penserait d'elle. Le directeur lui demanda si un travail à Radio Brazzaville pouvait l'intéresser – ils avaient l'intention de préparer des émissions en langue allemande. Et elle, qui parlait trois langues, pouvait être une précieuse collaboratrice. « Ça m'intéresse beaucoup ! s'exclama-t-elle, surprise, si cela ne tenait qu'à moi, je commencerais même dès demain. Et qu'importe si je dois travailler à trois heures ou à quatre heures du matin. Puisque, après tout, la nuit, je ne dors jamais. » Le directeur sourit. Il avait un sourire vaguement triste. Il lui serra la main et leurs paumes poisseuses se superposèrent avec un léger embarras réciproque.

Le lendemain, Annemarie monta sur une petite barque à moteur et traversa le fleuve. Tout était calme – comme en suspens. La surface du Stanley Pool avait cette même couleur perle que le ciel. Sur l'immense miroir d'eau, il n'y avait pas même un ridement, pas même un frémissement. La station de radio fut la première chose qu'elle vit à Brazzaville. Elle consistait en huit pylônes de cent cinquante mètres de haut, orgueilleux et puissants. Pour la première fois après de nombreux mois, elle était heureuse. À la station de radio, le directeur lui présenta ses collaborateurs, il lui montra le studio d'enregistrement et le fonctionnement du microphone. Tout semblait mystérieux et dans le même temps simple comme bonjour. Annemarie avait toujours désiré se trouver dans un tel endroit – être partie prenante d'un groupe de personnes qui travaillait avec les mêmes objectifs, les mêmes intentions et les mêmes idées. Dans son imagination, son engagement à la radio était devenu quelque chose de semblable à un enrôlement. Et puis, fondée sur la voix et les mots, la radio peut lui ouvrir bien des possibilités. Lorsqu'elle s'assit derrière une table, et posa les écouteurs sur ses oreilles, elle ne put s'empêcher de sourire. Oh ! Erika, où es-tu ? Si tu me voyais en ce moment !

Presque certainement Erika était en train de faire la même chose qu'elle, à des milliers de kilomètres de distance, et Miro avait été une bonne élève, après tout, et était parvenue à faire la même chose que son grand frère. Qui savait si Erika le saurait jamais. Dans la salle d'à côté, quelques journalistes travaillaient à déchiffrer les communiqués en alphabet morse des agences de presse. Le bâtiment vibrait continuellement d'un bourdonnement exaltant. « Voyez-vous Clark, lui dit le directeur, avec fierté, nous recevons et nous interprétons des nouvelles aussi rapidement qu'à Londres ou à New York. » « Je ne connais pas l'alphabet morse », dit Annemarie, désolée. Il lui répondit qu'elle l'apprendrait très vite, c'était très simple – au fond, ce sont des impulsions électriques courant le long d'un fil. Point, tiret, point. Savait-elle, par exemple, ce que veut dire ceci ? Il lui prit la main et avec ses doigts tapa sur la table une longue séquence de sons tantôt rapides tantôt lents. Elle le regarda, surprise de cette familiarité soudaine, alors le directeur lâcha sa main. D'un ton éteint, il promit qu'il s'occuperait aussitôt de lui faire préparer ses papiers, ses permis et les autorisations, de simples formalités bureaucratiques : au plus vite, il la rappellerait à Brazzaville et Clark deviendrait une des voix de la Résistance. Tandis qu'elle se dirigeait vers la sortie, la longue séquence sonore que leurs mains avaient écrite ensemble dans le vide résonnait encore à ses oreilles. « Savez-vous ce que nous avons écrit, Annemarie, puis-je vous appeler ainsi ? lui disait-il dans un sourire, *Home sweet home*… Je donnerais n'importe quoi pour pouvoir rentrer chez moi. »

Bohringer commença à lui proposer de s'installer au plus vite dans un autre logement : Madame Clark aurait ainsi la liberté qu'elle souhaitait. Annemarie n'osa pas lui dire qu'elle ne cherchait pas la liberté, mais, au contraire, un contrôle discret. Elle avait absolument besoin d'un employeur, d'un commettant, d'un métier ou d'un but. Mais Bohringer ne voulait pas s'aventurer dans les méandres de sa vie psychologique, et lui proposa un bungalow sur la rive du Congo – la vue était vraiment magnifique, elle ne trouverait pas mieux. Annemarie remit sa décision à plus tard. À peine commencerait-elle à travailler à la radio, qu'elle vivrait à Brazzaville. Bohringer était toujours plus inquiet. Il voulait se libérer de son encombrante présence, et Annemarie ne s'en rendait pas compte. Il avait vu son passeport diplomatique français, et il voulait comprendre la position de Claude. Il voulait savoir où il se trouvait lorsque la France s'était effondrée, et s'il avait prêté serment au régime de Vichy. Annemarie lui répondit par un mensonge et une demi-vérité : qu'elle ne le voyait plus depuis longtemps, et qu'elle ne savait où il avait été nommé. Cependant, elle le savait : il était lui aussi en Afrique. De l'autre côté de la guerre – comme cela devait tôt ou tard arriver : eh oui, Claude avait prêté serment au régime de Vichy. Peu à peu, presque sans s'en apercevoir, elle aussi se laissait piéger par un visqueux réseau de mensonges.

Sa montre marquait toujours la même heure, les aiguilles étaient arrêtées au moment où elle était entrée dans le bureau de Bohringer. Quelque chose s'était cassé dans le mécanisme : un négociant soudanais de bonne volonté lui avait promis de lui trouver une pièce de rechange, mais il ne l'avait pas trouvée. Annemarie se rendit à trois reprises dans sa boutique, dans la pittoresque cité, toujours en pure perte : elle finit par renoncer. Elle portait sa montre arrêtée au poignet, tel un ornement inutile. Et pourtant, les heures passaient, et avec les heures les jours. Le mois de mai prit fin, et la première semaine du mois de juin aussi. L'été s'embrasait. Mais Clark apprit aussitôt que c'était une impression, une nostalgie d'Européens, que de parler d'été : ici n'existaient que deux saisons – la bonne et la mauvaise, la saison humide et la saison sèche – et c'était maintenant l'époque de la saison sèche. Le jour, la chaleur voilait le soleil de gris. Depuis qu'elle était arrivée, elle n'avait jamais vu un ciel bleu. Les pellicules de son appareil photographique, oubliées au soleil, fondaient, se changeaient en une bouillie glutineuse. Tout ce qu'elle touchait – livres, meubles, corps, vêtements, draps – était chaud. Et pourtant, le soir, au coucher du soleil, Léo devenait merveilleux : l'eau se colorait d'une splendeur rosée, et les toits des maisons d'un magique reflet violet. Un souffle de brise se levait alors qui permettait de respirer et de supporter une autre journée.

De Radio Brazzaville, aucune nouvelle. Le directeur ne l'appela pas, il ne revint pas non plus sur la rive droite du Congo. Laura Hastings n'avait pas non plus montré le bout de son nez. Annemarie chercha de-ci de-là des informations sur l'Anglaise – une jeune Anglaise veuve depuis peu, blonde, à la langue cinglante, très gracieuse, un tantinet coquette – mais elle rencontra seulement des visages de pierre, des réponses évasives, de nombreux « je ne la connais pas ». Et pourtant, les Blancs se connaissaient tous. « Madame, vous n'obtiendrez pas d'informations si vous ne changez pas », commenta Massar. « Que veux-tu dire ? », lui demanda-t-elle étonnée. Le boy l'escortait le long de l'artère principale de la ville, marchait un pas derrière elle – et cela l'ennuyait. Il lui semblait avoir un infirmier aux talons, et elle était aussi venue en Afrique afin de ne pas sentir une présence inquiétante derrière elle. « Madame ne plaît pas aux Blancs. » « Mais que dis-tu ? » le réprimanda-t-elle. Massar ne répondit pas, traînassant le parasol sur l'asphalte. Ce garçon l'ennuyait. Et Annemarie ne savait de quoi il parlait. Où qu'elle ait été, même parmi les nomades les plus sauvages du monde, même dans la légation la plus perdue, elle avait toujours été accueillie poliment, avec bienveillance, et même avec affection. Elle était toujours la fille, l'amie, l'épouse, la protégée de quelqu'un. Massar s'était arrêté devant une épicerie.

« Madame s'habille en homme, dit le boy, mais les hommes importants ici s'habillent tous ainsi. » Annemarie sourit, stupéfaite : Massar était en train de lui montrer un mannequin en short colonial couleur kaki et chemise militaire.

Les jours se suivaient les uns les autres avec une monotonie impressionnante, et l'inactivité lui chevillait au corps, une inquiétude qui devenait souvent une frénésie. Elle voulait se rendre utile, elle voulait travailler, elle voulait combattre le fascisme, et, au contraire, elle passait ses journées sur la véranda de Bohringer à taper syllabe après syllabe sur une machine à écrire Underwood des articles qui peut-être ne seraient pas publiés, et à faire la chasse aux blattes – de monstrueuses blattes noires, grosses comme des dattes – qui apparaissaient à l'improviste, provoquant chez elle un état de tension permanent, presque de panique. À Bocken, elle avait toujours attendu avec crainte les chasses d'octobre, espérant manquer les lièvres avec le pistolet que Renée lui avait offert, et elle se retrouva particulièrement habile à écraser d'un coup de chaussure décidé d'énormes blattes, qui laissaient sur les murs de sombres taches allusives. Elle commençait à se sentir prisonnière d'un cercle vicieux – une subtile, infranchissable, frontière la séparait de la vie et la rivait à une existence opaque et vide. Peut-être que les autres se méfiaient d'elle parce qu'ils la tenaient pour *différente*. Peut-être que le conseil de Massar n'était pas si insensé, elle devrait vraiment acquérir une chemise militaire et des shorts courts de cette triste couleur kaki qui uniformisait implacablement tous les hommes de la colonie. Mais elle ne s'était jamais uniformisée à quoi que ce soit. Et elle n'avait jamais cru qu'un uniforme ou une proclamation attestaient de la bonne foi des hommes.

Après le coucher du soleil, armée de son appareil photographique, Annemarie se hasarda à pousser au-delà du périmètre exigu du quartier occidental. Elle découvrit une ville qu'elle ne soupçonnait pas, confondue avec les taillis, dissimulée entre les collines et le rivage : mais c'était une ville étrangère – inattendue. Léopoldville était énormément plus étendue qu'elle le croyait. Une surprenante infinité de baraques, cabanes de tôle ondulée, d'argile et même de carton se succédaient entre les branches, des immondices en état de putréfaction et des déserts de poussière ; depuis leur obscurité, se levaient des regards cupides, mais plus curieux que méchants. Elle chercha à gagner la confiance de ces gens, elle voulait photographier leur misère – témoigner : mais comment se faisait-il que jamais personne ne lui en ait parlé ? Mais ce n'étaient pas les États-Unis, et ces gens étaient différents. Lorsqu'elle prenait des photographies, des bandes d'enfants accouraient, et souriaient. Les femmes aussi souriaient. Tous étaient désinvoltes et photogéniques. Leur nudité ne ressemblait pas à une dénonciation, mais à du folklore. Les jeunes filles nues étaient trop belles.

En dehors du halo des lumières des ambassades, des villas et des bureaux des compagnies tout tombait en ruine, comme corrodé par une maladie invisible. Dans ce pays, ce qui ne fonctionnait pas était condamné. Annemarie découvrit des squelettes d'églises inachevées déjà étouffés par la végétation, des bâtiments de l'antique corps de garde abandonnés depuis des décennies, à l'intérieur desquels il y avait seulement des amoncellements d'ordures et des machines détériorées réduites à d'immenses enchevêtrements de rouille. Derrière chaque ambassade, derrière chaque villa, elle trouva des pneumatiques troués, des débris d'instruments rendus obsolètes par une panne que personne n'avait su réparer, de vieilles automobiles inutilisables parce que les pièces de rechange qui auraient pu les faire fonctionner de nouveau n'étaient jamais arrivées. De douces moisissures recouvraient tout – les livres, les vêtements, et même les chaussures abandonnées dans l'humidité. Même le bois pourrissait aussitôt et les meubles ne duraient qu'une saison : dans les clairières, derrière les maisons des chaises, des tables, des buffets et des divans mités, recouverts de poussière et sur lesquels gambadaient des souris, s'accumulaient, et sur lesquels, de temps à autre, les petits garçons venaient voler des clous.

Les soirées n'étaient pas meilleures que les jours : Annemarie les passait au Club, à discuter de politique, à fumer, à boire – trop compte tenu de ses moyens. Et souvent, elle engageait des conversations acharnées pour des motifs futiles, avec un individu dont elle ne connaissait pas même le nom. Il y a guerre et guerre, s'écriait son interlocuteur occasionnel. Il y a des guerres justes et des guerres inacceptables, et cette guerre est une guerre juste. Elle doit bien être juste, disait-elle pour sa part d'une voix altérée, mais la violence est de toute façon une chose répugnante. Vous êtes donc pacifiste ? criait l'autre, scandalisé. Non je ne le suis pas, si vous entendez dire que je veux me soustraire au combat. Je n'ai pas peur de la lutte et d'ailleurs je la recherche. Je parle de l'amour de la paix, et des hommes. La mort n'est pas moins terrible parce qu'elle frappe quelqu'un qui la mérite. On ne peut pas, à aucun prix, mystifier ce massacre qu'est la guerre. Je ne veux pas répondre à la haine par la haine. La violence peut triompher de la violence, mais non l'éliminer, et aucune violence ne peut bâtir la justice. L'amour doit être plus fort que la haine. Le lendemain, Annemarie ne se souvenait plus de rien, mais *eux* s'en souvenaient. Aucun des mots qu'elle prononçait ne tombait dans le vide. Quelqu'un les entendait, quelqu'un les rapportait, quelqu'un les modifiait. Elle avait du mal à les reconnaître pour siens, à se voir de l'extérieur : elle se sentait comme un faisceau de sensations dépourvu de centre, elle avait une grande confusion en elle – sa propre personne semblait lui échapper, son corps ne lui appartenait pas et parfois elle redoutait de trouver une étrangère dans son miroir. Mais eux n'étaient pas effleurés par le moindre doute et ils savaient mieux qu'elle qui elle était. Clark photographie tout. Elle parle de la guerre avec dégoût. Elle dit du bien des poètes allemands et même de Wagner. Elle a vécu à Berlin. Elle a un mari collaborateur, qui a accepté sans honte de servir ces salauds de Vichy. Elle est parvenue à passer à travers l'Europe en guerre : comment ? C'est une millionnaire. Elle avoue elle-même n'avoir jamais pu pourvoir à ses besoins par son propre travail. Donc son travail est un prétexte, une couverture. *Ergo* : ce n'est pas une journaliste. Mais ce n'est pas pour faire du journalisme qu'elle rêve de s'engager dans l'armée de De Gaulle en Égypte. Parlez-lui de musique et de livres, parlez-lui de nos singes et de la faune tropicale, mais tenez-la à l'écart de nos femmes parce qu'elle entend les dresser contre nous et se moquer de nous. Ne lui dites rien d'important et surtout prévenez les Français de ne jamais, sous aucun motif, la laisser travailler à la Radio libre, parce que Clark est une espionne nazie.

La situation s'embrouilla définitivement au milieu du mois. Plus tard, Annemarie ne saurait jamais dire si un épisode particulier avait fait précipiter les choses ou si, au contraire, le mécanisme s'était simplement mis en mouvement et avait fini par la broyer. Dans un monde dominé par l'ennui et par la haine, un être différent devient le bouc émissaire des frustrations et des fautes collectives, il polarise les haines et incite à l'éliminer. Pour elle, cependant, ses ennuis demeurèrent liés à Sterckx et peut-être, certes, également à Laura. Lors d'une soirée plus caniculaire que d'ordinaire, dans la villa du consul anglais, elle eut une violente discussion avec l'agent belge de la Compagnie foncière, un certain Sterckx. Il était tard, il faisait encore trente-trois degrés en ville, un vent chaud semblable au souffle d'une fournaise surchauffait les esprits et les opinions. Le gramophone diffusait une vieille valse viennoise et quelques couples dansaient sans entrain, avec des gestes ralentis. L'épouse de Sterckx, une flasque petite-bourgeoise flamande, ne la quittait pas d'une semelle, et elle ne se lassait pas d'entendre des récits sur les guerriers afghans et les harems : comment avait fait Clark pour pénétrer dans un harem ? Tous les commérages que la Sterckx avait entendus sur son compte l'avaient intriguée et elle voyait en elle une aventurière, la pécheresse que, pour sa part, elle ne pouvait être. Tandis que, sombre, son mari l'observait, adossé au mur, un verre à la main, la femme, à l'écart en compagnie d'Annemarie dans l'angle opposé de la salle, la contemplait avec une langueur suspecte. « Si j'étais vous, je commencerais à me faire du souci, Sterckx. On dirait vraiment que Clark a décidé de vous enlever votre femme », commenta malicieusement Van der Elst, qui dansait avec Laura Hastings, serré contre elle en dépit de la chaleur et de la sueur. C'était un piètre danseur et souvent il lui marchait sur les pieds, mais en ville, Laura ne pouvait trouver mieux. « Que voulez-vous dire ? » lui demandat-elle, approchant son oreille de sa bouche. « Que vous êtes jeune, Laura !... », rit Van der Elst, heureux de sa naïveté. Sterckx marcha à grandes enjambées vers le gramophone, il souleva l'aiguille et ôta le disque. Dans la boîte de nuit, le silence se fit soudainement et les quelques danseurs s'arrêtèrent. « Ici, nous ne voulons pas entendre certaines musiques. Et pas non plus certaines gens. » Sa femme l'observa, étonnée. « Pour une fois que nous étions en train de nous amuser, protestat-elle faiblement, laisse-nous vivre, Gilles ! » Sterckx explosa. Il hurla qu'elle ne devait pas parler avec « elle », qu'il n'en avait rien à foutre de la valse, qu'il chiait sur les valses viennoises, Berlin, l'Allemagne, tout ce qui était allemand. Annemarie cria – oui, elle cria parce que ces jours-là, elle était en train de perdre à nouveau le contrôle de ses nerfs – que ça aussi était nazi. Qui utilise les mêmes armes que les nazis – l'insulte, la calomnie, la simplification – est lui-même un nazi. Vous êtes aveuglés par la rhétorique, emmêlés dans l'idéologie. Des insultes volèrent. Clark et Sterckx se jetaient l'un l'autre le contenu de leurs verres respectifs au visage. Sterckx hurlait qu'on ne peut pas dire impunément de telles phrases. Aujourd'hui, il faut être d'un côté ou de l'autre, et les chansonnettes elles-mêmes ne sont pas innocentes. La culture d'un pays est son ignominie : sa honte. C'est pourquoi elle était une fasciste. Annemarie rit, de mépris. « Fasciste, moi ? mais que savez-vous donc de moi ? C'est ridicule. Absurde. » Elle s'essuya le visage, recoiffa ses cheveux, furibonde, offensée et même irritée contre elle-même parce qu'elle n'aurait pas dû se quereller avec lui. Dans la société blanche, Sterckx comptait beaucoup. Il était l'agent de la principale compagnie concessionnaire. En un certain sens, il n'était inférieur qu'au seul gouverneur. Tandis qu'elle sortait Annemarie s'aperçut que dans le salon, les cheveux ébouriffés qui tombaient derrière sa nuque, complètement vêtue de noir, une écharpe de soie rouge nouée autour de ses hanches mise à part, pendu à ce menteur de Van der Elst, il y avait aussi l'Anglaise. Sans la regarder, Laura dit à Sterckx de pardonner à Clark : Sterckx l'avait offensée. Ainsi, cette jeune femme connaissait également son nom. « De quoi vous étonnez-vous ? rit Laura. À Léo vous êtes devenue célèbre. On ne parle que de vous – en mauvais termes, naturellement. Mais ce sont les inconvénients de la célébrité. »

Dehors, l'air était frais – et Annemarie se pelotonna dans son sweater. Elle s'éloigna du bâtiment et s'avança dans le jardin sombre. Elle marcha en direction du rivage, serrant les poings et respirant profondément. En dépit de ses convictions, elle était remplie de haine et de rancœur. Elle aurait voulu hurler. L'herbe palpitait d'une lumière intermittente : elle mit quelques instants à comprendre que c'étaient des milliers de vers luisants. Mais lorsqu'elle essaya de les saisir, ils lui échappèrent, laissant une poussière visqueuse sur ses doigts. Avec colère, elle s'essuya les mains sur sa veste. Elle aurait voulu fuir. Loin, très loin. Où personne ne pourrait l'accuser de manière si offensante sans qu'aucune voix ne s'élève pour prendre sa défense. Au loin, le fleuve scintillait dans l'obscurité. Elle aurait voulu fuir, mais elle ne savait où aller. Cet endroit était si hostile, si différent d'elle. Ou peut-être l'était-il pour tout le monde. Le directeur de la radio lui avait dit en plaisantant que ce pays c'était l'enfer : on expie ici les péchés d'une vie précédente – la belle vie que tous avaient vécue en Europe.

Et pourtant, l'Enfer possédait une beauté capable d'étourdir. À la lumière de la lune, la pelouse était une plaine opalescente dans un univers chimérique. Les troncs des palmiers fluctuaient comme s'ils flottaient, et ils ne projetaient devant eux aucune ombre. Annemarie s'arrêta devant un grand arbre au tronc noueux. Ses branches s'étendaient au-dessus d'elle comme un parapluie. Elle s'agenouilla sur l'herbe. Un silence irréel régnait, et un doux parfum de fleurs et de bourbe voletait dans l'atmosphère. L'arbre se dressait solitaire dans le clair de lune, et mis à part le paisible remuement de l'eau et les voix légères qui provenaient de la maison du consul, le silence de cette terre l'envahit pour la bouleverser avec son mystère, son ampleur, la réalité stupéfiante de la vie cachée qui en cet instant, pour la première fois, se révélait à elle.

« Madame Clark ? » elle reconnut la voix ironique de Laura, « Clark ? » Le faisceau lumineux d'une torche électrique l'éclaira. « Vous ne devriez pas rester dehors. Ce n'est pas un jardin anglais, savez-vous. Ce n'est pas très salubre. Il y a des moustiques, et des chauves-souris aux têtes énormes, des bosses sur la tête et des appendices cartilagineux sur les lèvres pour mieux adhérer à leurs victimes. Avez-vous jamais entendu parler des chics, des *pulex penetrans* ? ce sont des sortes de tiques terribles qui s'enfoncent sous les ongles des pieds, même à travers les chaussures, dix, vingt à chaque promenade, et si elles ne sont pas extraites dans l'heure elles engendrent des douzaines de larves, la chair pourrit et il n'y a rien à faire, il ne reste qu'à amputer le pied. » Annemarie regretta que Laura lui eût parlé : elle avait mis fin à un enchantement. Elle ne devait pas être une femme bien romantique. Laura éteignit sa torche et s'attarda quelques instants dans l'ombre. « Quoi qu'il en soit, il semblerait qu'il n'y ait pas de chics ici, mais seulement dans l'intérieur du pays. De toute façon, vous devriez vous acheter des caoutchoucs anti-moustiques. On ne sait jamais. Mon Dieu, ça n'a pas une tête bien élégante, mais je crois que vous pourriez vous y habituer. On s'habitue à tout, je vous l'assure. Oh ! vous vous êtes égratignée, je ne sais pas si vous vous en êtes aperçue mais vous vous êtes égratigné les bras. Vous devriez faire plus attention avec les plantes, ici. Elles égratignent et beaucoup sont vénéneuses. Je vous conseille de mettre de l'iode sur vos blessures, autrement, elles s'infecteront tout de suite. » Laura parlait beaucoup. Peut-être parlait-elle parce qu'elle avait peur de se taire. Ou peut-être parce qu'elle voulait passer pour experte, et mûre. C'était, au contraire, seulement une jeune femme d'un peu plus de vingt ans. Annemarie la dévisagea avec douceur, mais ne lui dit rien. Elle était encore sous le coup de l'émotion qu'elle venait tout juste d'éprouver et elle n'avait pas la force de parler. Quelques instants plus tard, puisqu'elle n'avait pas l'intention de lui répondre, et ne sachant que faire, Laura s'éloigna. Vêtue de noir, à la lumière de la lune, elle ondoya sur la pelouse telle une ombre désincarnée. Comme elle est jeune. Et combien j'aimerais être son amie.

Plus tard, tandis que les moteurs des automobiles, toutes en file sur l'avenue, allumaient l'un après l'autre leurs phares, et qu'Annemarie s'escrimait avec la Chrysler râlante que l'ambassade lui avait prêtée, Laura s'approcha d'elle et lui demanda de la raccompagner. « Me raccompagnez-vous chez moi, Clark ? vous savez, je ne suis pas suffisamment riche pour posséder une automobile. Mon père n'était pas propriétaire d'une usine de filés de soie, et mon mari n'est pas un diplomate. » « Quelle fin a eu votre lieutenant ? » « Vite, ouvrez la portière, autrement, ce casse-pieds va m'apercevoir. » Laura se glissa sur le siège auprès d'elle. C'était une nuit limpide, d'une pureté absolue. La luminosité de la lune était si intense que les phares étaient inutiles. Cependant, une route poussiéreuse s'éloignait des avenues asphaltées et montait entre les villas toujours moins somptueuses. Devant une maison sur le toit de tôle de laquelle se trouvaient perchés des vautours brillait une lumière purpurine : un des meilleurs bordels de Léopoldville, expliqua Laura, afin d'apparaître informée. Depuis les fenêtres closes ruisselaient une musique rythmée et des rires de jeunes filles. Laura dit que tôt le matin, lorsqu'elle se rendait à son travail, elle voyait ces jeunes filles africaines : elles bavardaient assises sous la véranda, dans leurs vêtements de coton aux couleurs tapageuses. Leur langue était un gargouillis de sons qui semblaient aussi joyeux que le chant des oiseaux. Les jeunes africaines sont plus chanceuses que nous. Le mariage n'est pas un sacrement, on reste difficilement ensemble toute une vie, tous ont une quantité d'épouses et de maris. Les princesses azandé ne se marient pas trop tôt afin de jouir de la vie et ont de nombreux amants. Dans certaines tribus, lorsqu'une jeune fille est mûre pour les noces, elle reste encore vivre un an et demi avec ses parents et entre-temps, elle se vend aux hommes afin de se procurer un peu d'argent, jusqu'à son mariage. Faire l'amour n'est pas pour eux une faute. Comme chaque nuit, devant la maison s'étendait une inévitable procession de clients en automobile – tous les fonctionnaires blancs de la ville. Derrière les vitres de leur Morris, Ford, Renault, Citroën, les deux femmes reconnurent quelques-uns des invités de la fête à laquelle elles avaient assisté ; elles détournèrent le regard.

Laura Hastings habitait une maison de brique, située sur le sommet d'une colline dominant le vaste méandre du fleuve. La maison était décorée de meubles standard mis à la disposition des officiers par le gouvernement : des meubles déjà craquelés, d'une laideur surprenante. Les lames du plancher étaient défigurées par des taches d'humidité. Tandis que Laura furetait dans l'armoire à pharmacie de la salle de bains à la recherche de teinture d'iode, Annemarie entrevit un petit tapis de liège imprégné d'eau et un robinet rouillé. Laura ne devait pas s'occuper beaucoup de sa maison. Pinceau entre les lèvres et flacon de teinture à la main, experte comme une infirmière, elle la fit asseoir sur le lit et lui conseilla d'enlever son sweater et son chemisier, sinon l'iode les tacherait irrémédiablement. Annemarie hésitait. Elle ne voulait pas se déshabiller devant une étrangère. Afin de lui faire de la place, Laura ôta du lit une quantité de bandes dessinées éparpillées sur le dessus-de-lit dans un grand désordre : *Jungle Jim, Flash Gordon, Tim and Spud les explorateurs, Batman*. Tandis qu'elle lui appliquait soigneusement la teinture d'iode sur ses égratignures, Annemarie fixait avec embarras les taches de moisissure sur le plancher. Mais Laura ne la regardait même pas. Elle expliquait que son préféré était le héros d'une nouvelle bande dessinée : *The Spirit*. Mais avec la guerre, on ne les lui envoyait plus, et c'est pourquoi elle ne faisait que relire de vieux numéros, datant parfois de plusieurs années. Les bulles étaient toutes tachées et décolorées. Elle les connaissait désormais par cœur. Les histoires en feuilleton étaient restées interrompues

– les aventures des héros, tronquées de leurs fragments les plus audacieux. Laura imaginait toute seule une conclusion possible à ces histoires. Oh ! mais Clark à coup sûr ne s'intéressait pas aux bandes dessinées. Elle avait entendu dire que c'était une intellectuelle, une romancière. Annemarie pensa que Laura était vraiment très jeune. Si la guerre ne s'était pas déclarée, elle serait encore une jeune fille pleine de rêves d'aventures – tout à fait innocente. Alors qu'au contraire, elle avait déjà tout vécu, et elle l'avait vécu vite et mal. De la vie, elle ne savait que trop de choses, sans avoir eu le temps d'en jouir. Et maintenant, elle travaillait au consulat, où elle écrivait des lettres commerciales et faisait parfois aussi de la dactylographie. Son mari était un officier de la Royal Navy. Les Allemands avaient torpillé son bâtiment à la fin du mois de mars. Après soixante heures de dérive en mer, quelques officiers agrippés aux épaves du croiseur avaient été récupérés par un bateau de pêche, mais James n'avait pas tenu. Il s'était noyé quelques heures seulement avant le salut. De nombreuses semaines durant, Laura n'en avait rien su, et elle avait continué à l'imaginer sur son bateau comme elle l'avait toujours fait – alors même qu'il était déjà mort. Hastings devait avoir une permission au début de l'été : mais en lieu et place de ça, c'était un petit écrin contenant les rubans des décorations qu'on lui avait décernées qui était descendu du bateau à vapeur. Laura ne parvenait pas à s'habituer à l'idée qu'il ne reviendrait pas.

Elle l'invita à rester encore un peu. Après tout, il n'était pas encore onze heures et elle n'avait pas sommeil. Elles fumèrent des cigarettes des heures et des heures, assises sur le lit, enveloppées dans une moustiquaire de mousseline aux mailles très étroites qui retenait la fumée et ne la laissait s'évaporer que lentement. Et pourtant, Annemarie ne se sentait ni prisonnière ni menacée – mais plutôt légère, presque apaisée – sans nullement présager ce qui était en train de lui arriver.

Laura ne lui demanda pas ce que tous lui demandaient continuellement : qu'était-elle venue faire en Afrique. Elle lui dit seulement qu'ici, on n'était pas aux États-Unis : ici, on ne voyage pas pour son plaisir, ni même pour faire du journalisme. Qui s'y risque voyage dans un but bien précis. Mais elle ne voulait pas savoir quel était le sien. Elle espérait qu'il en valait la peine, parce que des épreuves difficiles l'attendaient. Dans ce pays, comme elle l'avait peut-être déjà compris, il n'existe aucune justice, et la vérité est une denrée inconnue. C'est seulement une marchandise de contrebande, comme tout le reste, le résultat de mille compromis et mensonges. Et Clark, en dépit de tout, ne lui semblait pas à même de trafiquer avec le mensonge, mais seulement avec quelque lambeau de vérité : les mensonges qu'elle ne savait pas dire ni manier finiraient par l'écraser. Ici, il n'y a que des administrateurs qui mentent, des militaires qui obéissent, des aventuriers qui trahissent et des missionnaires dont le séjour dans le pays est tributaire de leur cécité. C'est pourquoi, quoi que vous soyez venue faire en Afrique, Clark, prenez soin de vous, et ne vous fiez à personne, parce que personne ne vous aime. Et quelque catastrophe qui vous soit arrivée aux États-Unis, il pourrait ici vous en arriver de pires. « Je ne crois pas, répondit Annemarie, dans un souffle. Aux États-Unis on m'a enfermée et ma vie s'est brisée. Je ne sais pas encore si je pourrai jamais la recomposer. La nuit, je me réveille en sursaut, comme si j'étais là-dedans, peut-être n'en sortirai-je jamais. » Laura lui lança un regard curieux, mais elle ne dit rien. « Puis-je au moins vous faire confiance, Laura ? » lui demanda alors Annemarie. Laura répondit qu'elle ne savait pas. Elle ne la connaissait pas suffisamment.

La nuit, dehors, se transformait en un coassement de grenouilles toujours plus sourd, et enfin, ce fut presque le silence. Dans l'obscurité, Annemarie croisa souvent les yeux verts de Laura et un instant, lorsqu'elle lui offrit sa cigarette, elle garda sa main entre les siennes. Laura dit que désormais il était trop tard, elle ne pouvait pas la laisser s'en retourner toute seule : la ville était dangereuse la nuit, et dans les rues, personne n'était en sécurité. Elle pourrait rester dormir chez elle. Dans le lit de James. Il resterait vide de toute façon. « Quel est votre vrai nom, madame Clark ? » lui demanda-t-elle en se levant et en s'escrimant pour diminuer l'intensité de la lampe à pétrole. « Mes amis m'appelaient Miro », lui répondit-elle.

Il était six heures et elle rêvait encore de Bellevue lorsqu'elle entendit frapper violemment à la porte. Elle pensa que c'était l'écho de son rêve et elle n'y prêta pas attention. Laura n'avait pas dormi du tout, troublée par la présence de cette femme dans la chambre de James. Elle se tournait et se retournait depuis des heures dans son lit, inhospitalier comme s'il était brodé de tessons de bouteille. « Qui est-ce ? » murmura-t-elle, se serrant dans sa robe de chambre. « La gendarmerie, s'entendit-elle répondre. Clark est-elle ici ? »

Un commissaire, un capitaine de l'armée et un policier, qui resta de bout en bout impassible derrière son bureau, hiératique tel un fétiche en bois, assistèrent à l'interrogatoire – même si *eux* ne le qualifièrent jamais ainsi. Comme par hasard, le commissaire avait posé des menottes sur la table. Annemarie ne parvenait pas à regarder ce bidule, mais elle ne savait où diriger son regard, qui s'échouait continuellement sur le crucifix cloué au mur. À cause de l'humidité, le plâtre s'écaillait en larges fissures, et une impalpable poussière blanche voilait le corps du Christ. Annemarie dut remplir un questionnaire, montrer son visa pour le Congo, délivré par les autorités de Lisbonne, faire la liste des journaux pour lesquels elle avait travaillé et expliquer sur la carte géographique l'itinéraire qu'avait suivi son bateau à vapeur – les escales dans les ports, l'heure des haltes, les courriers qu'elle avait expédiés. « Quel peuple bien-heureux, que les Suisses, disait le capitaine, avec une pointe d'amère malveillance, il y a la guerre, des gens meurent, et eux continuent à faire des affaires. Il est si commode d'être neutres, ne trouvez-vous pas ? » « Mais moi, je ne suis pas *neutre*. Lorsque vous étiez tous neu-tres, je ne l'étais pas, répondit-elle indignée, refrénant à grand-peine sa colère. Lorsque vous l'étiez, les nazis m'ont interdite de séjour en Allemagne, parce que je finançais une revue littéraire d'émigrés. Lorsque vous étiez neutres, je suis allée en Autriche occupée aider des amis juifs à fuir en Suisse. Un membre du parti socia-liste révolutionnaire m'avait donné une liste des gens à contacter afin d'organiser la Résistance. Et je l'ai fait. Lorsque vous vouliez à tout prix la paix avec Hitler, je suis allée en Tchécoslovaquie pour vous raconter à vous tous ce qui arrivait là-bas. » « Mais vraiment ? disaient-ils. Pouvez-vous prouver ce que vous avancez ? » « Comment le pourrais-je ? Les journaux n'ont pas voulu publier la vérité, personne ne voulait savoir. » À l'évidence, ils cherchaient à la provoquer, et elle ne devait pas se laisser entraîner dans une altercation. Sous aucun prétexte. « Rangez ces menottes, Lange, autrement madame pensera que nous voulons l'arrê-ter », dit le capitaine. Annemarie en eut froid dans le dos. Elle n'avait pas imaginé qu'ils eussent même songé la mettre à l'ombre. Leurs soupçons étaient si absurdes qu'elle ne parvenait pas à les prendre au sérieux. Tout lui semblait irréel, il était impossible que cela lui arrive. Un mauvais rêve. Elle ne s'était jamais trouvée dans une situation de ce type. Peut-être au Bellevue – était-il pos-sible que cela se reproduise de nouveau ? elle se sentait horriblement seule. « Peut-être me prenez-vous pour une autre, dit-elle. Je ne comprends pas ce que vous me voulez. » « Pourquoi ne nous l'expliquez-vous pas vous-même ? rétorqua le capitaine. Pourquoi n'essayez-vous pas de nous faire comprendre vous-même qui vous êtes ? »

Ils la mitraillèrent de questions qui ressemblaient à autant d'accusations. Elle chercha à tout expliquer – avec une logique serrée, tout un luxe de détails qui énoncés dans l'atmosphère hostile du commissariat semblèrent faux. Elle s'était informée de la situation économique des colonies, des accords commerciaux, des exportations d'or, de cuivre, d'étain, et cætera parce qu'elle voulait écrire un reportage et un reportage ne peut pas être générique – il faut des faits, des faits et encore des faits. Non, le reportage, elle ne l'avait pas publié par la suite. Elle l'avait déjà dit : les journaux censurent les articles de leurs correspondants. Elle avait discuté de fréquences radio avec le directeur des services de Brazzaville parce que l'horaire des émissions était important, pour elle qui aurait dû les animer, et si on ne pouvait transmettre qu'entre trois heures et trois heures trente-cinq, la nuit, elle devait réorganiser sa vie. L'alphabet morse, oui, elle avait demandé à l'apprendre, c'est vrai, parce qu'il lui servirait à traduire des dépêches d'agences, mais on ne lui avait appris que quelques mots. Lesquels ? Quelle importance cela pouvait-il avoir ? Oui, c'est vrai qu'elle allait se promener sur la piste de l'aéroport, mais c'est parce qu'elle aimait les avions – une fois elle avait volé au-dessus du désert irakien, ç'avait été merveilleux. Quant à Claude, leur mariage n'en était en réalité pas vraiment un. Elle divorcerait de son mari dès que possible, parce que désormais le passeport et la nationalité française qu'elle avait acquise en l'épousant lui créaient des problèmes et l'avaient entre autres rendue étrangère dans son propre pays, en Suisse, l'exposant au risque concret d'une expulsion. L'argent de son voyage en Afrique, c'est sa mère qui le lui avait donné. C'était elle qui l'avait priée de s'en aller le plus loin possible. « Cessez de dire des mensonges ! » éclata le commissaire, exaspéré. « Une mère ne laisserait jamais sa fille faire un voyage aussi dangereux, sur notre route deux navires ont été torpillés ces derniers mois ! Et puis, pourquoi une mère voudrait-elle éloigner sa fille ? C'est contre nature. » Annemarie aurait voulu lui dire que « nature », c'est un mot qu'on ne devrait pas utiliser, lorsqu'on parle d'êtres humains. La nature ne s'adapte pas aux hommes, elle n'est adaptée qu'à elle-même. Et puis, le Congo était l'endroit le plus éloigné de la Suisse que Renée Schwarzenbach pût imaginer. Sa fantaisie ne parvenait pas même à penser le Congo : c'était un énorme trou noir sur la carte de géographie. Maintenant elle était ici comme dans un autre monde – dans des limbes, une antichambre de la séparation définitive –, sa mère était peut-être tranquille. Venant ici, elle avait cru lui faire don du bonheur qu'elle lui avait ôté. C'était un geste d'amour. Même si cela pouvait apparaître comme son contraire. La chassant de chez elle, Renée avait cru lui faire don de ce qu'elle avait toujours recherché : la liberté. Peut-être que maintenant, elle pourrait accepter qu'Annemarie eût sa propre vie. Du moins avait-elle besoin de croire qu'il en allait ainsi. Elle n'aurait pas pu supporter qu'il en allât autrement et que Renée ne voulût vraiment plus d'elle – qu'elle eût, simplement, cessé de l'aimer. Qu'elle l'eût perdue. Mais les actions des autres semblent toujours incompréhensibles, les faits nous parlent peu et n'expliquent rien, une somme de stupidités et d'absurdités ne constituent pas une vie, sans les choses essentielles, qui pourtant ne peuvent pas être exprimées, sans les années et les incompréhensions que ces faits ont rendues possibles, et elle ne pouvait pas ajouter cela aussi. Elle pouvait seulement dire des demi-vérités, qui dans cette pièce devenaient seulement des mensonges. Elle était ahurie par la suffisance avec laquelle on écoutait ses paroles. Elle aurait juré qu'il y avait même de la moquerie, sur les visages de ces policiers. Il ne lui était jamais arrivé d'être traitée ainsi. Pas même en Amérique. Là-bas, ce qui lui avait été fait, n'avait pas été fait à elle – Annemarie Clarac Schwarzenbach – mais à une femme dépourvue de nom, dépourvue d'identité, réduite à un numéro, aimant de folie, personne. Et quoi qu'il en soit, elle avait fait quelque chose pour le mériter. Elle s'était trompée. D'une certaine façon, elle était coupable. Elle avait toujours été coupable, sa vie était constellée de fautes innommables – tout ce qui était arrivé était seulement une némésis, une punition. Mais ici, elle n'avait rien fait, et on s'en prenait à elle et précisément parce qu'elle était ce qu'elle était. Et si ceux-là étaient ses ennemis, ceux-ci devraient être ses alliés – ses camarades. Et devoir expliquer des faits aussi intimes, si personnels, à ces étrangers, était humiliant. Lorsqu'elle se tut, dans le silence seulement brisé par la lourde respiration de ses inquisiteurs, et par le tambourinement martelant de son cœur, elle se sentit désarmée, et sans défenses. Elle ne les avait pas convaincus. Et elle avait pourtant dit la vérité. Une vérité qui peut être dite ou comprise.

Lorsque le policier l'escorta le long du couloir et puis la chassa, sur le raide escalier de marbre, dans l'ardente matinée de Léopoldville, Annemarie comprit que dans ce bureau personne n'avait écouté ses réponses. Seules les questions avaient une importance. Et les questions étaient formulées de telle manière qu'elles restaient sans réponse – à voleter, dans une atmosphère pétrie de soupçon, avec leur charge d'inquiétude et de mystère.

Pourquoi se faisait-elle appeler Clark ? Pourquoi personne n'avait-il encore compris ce qu'elle était venue faire à Léopoldville ? Pourquoi était-elle allée poser des questions sur les accords commerciaux des compagnies avec l'Angleterre et les États-Unis ? Pourquoi fréquentait-elle l'Allemande Brighitte Goethals ? Pourquoi ne portait-elle pas – comme tout le monde – l'uniforme de l'armée de libération ? Peut-être n'était-elle pas partie prenante de la grande bataille contre le nazisme ? Pourquoi allait-elle se promener sur les champs d'aviation de l'aéroport ? Pourquoi avait-elle pris des photographies d'ambassades et de bâtiments militaires ? Pourquoi avait-elle pris des photographies dans les faubourgs de la ville ? Pourquoi approchait-elle les Nègres ? Voulait-elle faire se rebeller les indigènes contre les autorités ? Pourquoi voulait-elle travailler à la radio si elle n'avait aucune expérience dans ce domaine ? Pourquoi voulait-elle apprendre l'alphabet morse ? Pourquoi avait-elle convaincu le directeur des services d'information de Brazzaville de lui confier les émissions en langue allemande ? Pourquoi donc tenait-elle tellement à savoir comment fonctionnaient les émissions, pourquoi donc avait-elle posé toutes ces questions sur les fréquences et l'horaire des émissions ? Quel serait son salaire ? Était-il vrai que le gouvernement de la France libre – pauvre en ressources – ne lui avait pas offert de l'argent et qu'elle avait assuré qu'elle travaillerait gratis ? Comment avait-elle subvenu à ses besoins jusqu'à ce jour ? Qui lui avait donné de l'argent ? Qui lui avait procuré son visa ? Comment avait-elle fait pour se faire délivrer un visa pour l'Afrique libre, elle qui était l'épouse d'un diplomate de la France collaboratrice de Vichy ? Pourquoi avait-elle recueilli des informations sur Laura Hastings ? Pourquoi s'était-elle rendue trois fois dans le magasin d'un Noir soudanais qui avait été arrêté pour trafic et pour vol ? Pourquoi était-elle allée chez Laura Hastings ? Qu'avait-elle pris chez Laura Hastings ? Pourquoi feignait-elle de ne pas savoir que Laura Hastings travaillait au bureau de la censure ?

Bohringer n'était pas chez lui. Le boy lui dit qu'il était parti à Elisabethville : des affaires urgentes. Et quand reviendrait-il ? Difficile à dire. Les communications étaient irrégulières, depuis qu'il y avait la guerre. Peut-être en avait-il pour un bon mois – ou davantage. *Monsieur très désolé** de ne pas avoir pu vous saluer, mais il avait été appelé soudainement. Massar restait de toute manière à la disposition de *Madame** : que pouvait-il faire pour elle ? Annemarie ne le savait pas. Mon dieu – tout était en train de devenir si confus. Elle n'y comprenait plus rien. On voulait quelque chose d'elle, et elle ne savait pas quoi. De quoi l'accusait-on ? Elle écrivit à la hâte un billet à Laura, parce qu'il lui semblait que Laura ne trempait pas dans la cabale des Belges. Hastings ressemblait à une femme flegmatique aux nerfs solides : elle lui donnerait un conseil sage. Oui, elle était sûre que Laura était la bonne personne à qui s'adresser, et qu'elle l'aiderait. Elle recommanda au boy de lui porter aussitôt son billet. Il la trouverait au consulat anglais. « Je le sais », acquiesça Massar. Pourquoi le savait-il ? Pourquoi la veille avait-il encore dit qu'il ne connaissait aucune Laura Hastings ? Et comment le savait-il donc ? Tous semblaient savoir tout – et elle rien. Pour l'encourager à bien la servir, elle fouilla dans son tiroir et lui mit une pièce dans la main. Le boy la laissa glisser dans sa poche, sans se montrer content pour autant. « Tu ne me dis rien ? lui demanda-t-elle, en colère. Ne t'a-t-on pas appris à dire merci ? » « Non, répondit-il, dans ma langue il n'y a pas de mot pour le dire et dans la vôtre, je ne m'en souviens pas. »

Massar ne revint pas pour le déjeuner, ni de l'après-midi. Annemarie resta seule toute la journée dans une maison déserte, épuisée par la chaleur, le cœur gros, serré dans un étau d'angoisse, et son esprit vagabondait sans frein dans son avenir proche, imaginant les catastrophes les pires. Interrogatoire. Prison. Humiliation. Coups. Procès. Condamnation. Exécution. Mort. Elle n'était pas à même d'endiguer la dérive de ses pensées ni de mettre de l'ordre dans les faits qui s'étaient produits, pour leur donner un sens logique – parce qu'ils n'en avaient tout simplement pas. Elle ne comprenait pas ce qui était en train de véritablement arriver, ni comment la nuée des rumeurs, calomnies, commérages et racontars s'était densifiée jusqu'à atteindre une consistance telle qu'elle avait fini par impliquer les autorités. Elle ne savait que faire et elle espérait qu'on le lui souffle. Excepté Laura, elle ne parvenait à penser à personne qui pût l'aider. Cette jeune femme l'avait accueillie chez elle après tout, et l'avait fait se sentir comme chez elle. Avec une calligraphie incertaine, elle lui avait écrit « *Je t'en prie**, *don't mention to anybody what* je t'ai dit *about the USA. J'ai peur*. There's something wrong. I'm dazzled and confused. Help me.* M. » Mais Laura ne répondit pas.

À six heures de l'après-midi, lassée d'être seule, poussée par un impérieux besoin de parler avec quelqu'un – s'expliquer, dissiper l'équivoque, sur-le-champ, avant que le bruit se répande, avant que le mensonge s'étale – Annemarie se précipita au consulat anglais. Au fond, tout avait commencé dans la villa du consul. Peut-être. Parce que maintenant, tous les visages des habitants de Léopoldville portant les stigmates de la malaria lui revenaient en mémoire, et tous ces visages se révélaient hostiles, déloyaux : leur accent aussi était étrange, il avait une intonation circonspecte et insincère. Le consul ne put pas la recevoir parce qu'il n'était pas présent : mais depuis la rue, elle reconnut clairement, sans équivoque possible, son ombre derrière les persiennes à demi closes de son bureau. Depuis l'hôtel, elle chercha à téléphoner au consul suisse, à Hourdebise, au père Koulemans, à tous les « amis » qu'elle avait rencontrés ces dernières semaines, dans les villas desquels elle avait dîné, bu, et même joué du piano pour les amuser. Aucun d'entre eux n'était chez lui.

Des dizaines d'automobiles étaient arrêtées devant la porte d'entrée du Club. Avec un indescriptible soulagement, elle reconnut la camionnette de Van der Elst. Elle ne l'aimait pas, ce lieutenant menteur qui se vantait en grimaçant d'avoir couché avec la veuve Hastings, mais à cet instant, elle était disposée à l'oublier. Elle se diri-

gea presque en courant vers les marches, et alla se heurter au serveur qui venait à sa rencontre. « Je regrette,
mais je ne peux pas vous laisser entrer. *Madame** n'est
pas membre du Club », expliqua-t-il lorsqu'elle essaya
de l'éviter et de poursuivre son chemin. « Mais on me
connaît très bien ! cria-t-elle. Je suis venue des dizaines
de fois ! » Le serveur ne fit pas un geste. Il remonta
quelques marches : il la dominait parce qu'il était à une
plus grande hauteur qu'elle, la scrutant d'un regard
neutre – inflexible. « Je regrette, insista-t-il, *Madame**
n'est pas membre du Club, je ne peux pas vous laisser
entrer. »

Mon Dieu, je dois partir, je dois m'en aller – elle ne
parvenait pas à penser à autre chose. Suivre le fleuve,
rejoindre un pays où personne n'aurait entendu prononcer son nom. Mais ensuite ? Et comment ? Son visa
était resté dans le bureau du commissaire, avec son passeport. Même si elle avait voulu s'en aller, elle ne le pouvait pas. Elle était prisonnière de ce pays immense et
inconnu.

« Je vous remercie, Mrs Hastings. J'espère que cela
n'est pas trop grave pour vous », lui dit le consul, mettant le billet dans un dossier. Approbateur, Donadieu,
le directeur du bureau de censure, sourit à son
employée. Laura lisait pour lui toutes les lettres de langue anglaise écrites par les habitants de la ville : c'est
pourquoi elle connaissait tous les secrets d'alcôve et
d'argent. Elle avait lu les pensives lettres d'Annemarie.
Son talent pour les commérages venait de là. Elle exa-
minait la colle qui scellait les enveloppes (elle pouvait
cacher des microfilms), et les timbres – ils pouvaient
cacher des messages en code. Elle évaluait le type d'encre
utilisé, et s'occupait également des articles de bureau.
Elle commandait les plumes, les ramettes de papier et
surtout l'encre noire avec laquelle les fonctionnaires
effaçaient les phrases qui faisaient allusion à la guerre,

432

au moral de la colonie, et aux forces armées. Aux difficultés d'approvisionnement, aux horaires des bateaux. « Il n'y a pas de raisons de me remercier, monsieur le consul, n'importe quelle citoyenne britannique aurait fait la même chose. Je crains cependant de n'avoir rien d'autre à dire. Comme je le suggérais tout à l'heure, nous avons seulement parlé de choses insignifiantes. » Le consul la pria d'être plus précise.

« Hum ! dit Laura, en rougissant, mis à part ce que je vous ai déjà dit, nous avons parlé de nos maris et de l'amour. » « En quels termes ? » « Madame Clark m'a fait observer que l'amour n'est pas un esclavage mais quelque chose de grand, l'expression de notre désir de communiquer, de toucher le monde… » Mal à son aise, elle s'interrompit. Le consul taillait un crayon et dans la pièce, il n'y avait pas d'autre bruit. « En définitive, de dépasser les limites de l'individu, poursuivit Laura, presque à voix basse. De se fondre dans une autre personne, et cela est à la source de la force dont nous avons besoin. Oui, c'est précisément ce qu'elle m'a dit. » Elle avait le visage en feu. Les mots d'Annemarie, qui hier, au cours de la nuit, l'avaient tant frappée, maintenant vendus à perte et distillés dans l'ironie et le soupçon, devenaient vides et rhétoriques. Mais dans l'intonation d'Annemarie, il n'y avait aucune rhétorique – seulement le regret de quelque chose qu'elle n'avait pas connu. C'est du moins ainsi que Laura l'avait interprété. Ces mots avaient continué à bourdonner dans sa tête toute la nuit. Nerveuse, elle mordilla ses ongles. Ils avaient un goût de vernis. « Clark semble avoir vraiment une grande sympathie pour vous, dit le consul, en souriant. Si vous pouviez encourager cette amitié, nous en serions très heureux. » Laura s'embrasa. « Cela me serait vraiment difficile », bredouilla-t-elle. Donadieu lui adressa un sourire sournois. « Invitez-la de nouveau chez vous. Gagnez sa confiance. » « Monsieur, je suis une simple employée, je n'ai pas de goût pour ces choses », protesta Laura. « Ne dites pas de bêtises, Mrs Hastings, l'interrompit le consul, coupant court. Cherchez à comprendre avec qui elle est en contact et comment elle communique. »

Ce n'était que son devoir. Laura n'avait aucune raison de ne pas rapporter les discours de Clark – ils étaient, après tout, sans importance – et de garder chez elle le billet d'une inconnue qui avait été enfermée aux États-Unis et qui faisait allusion, en code, à des faits dont elle ne savait rien. Elle ne comprenait pas pourquoi Clark lui avait écrit si imprudemment ce billet, le confiant encore plus imprudemment à Massar qui l'espionnait, et même elle soupçonnait que Clark l'avait fait pour l'entraîner dans sa chute et se servir d'elle comme d'un bouclier, elle sur la loyauté de laquelle on ne pouvait pas avoir le moindre doute. Au consulat, on lui avait déclaré que Clark était une dangereuse espionne, et Laura l'avait cru, parce qu'elle avait toujours rêvé de connaître une espionne. Elle croyait qu'il n'en existait que dans les romans et dans les bandes dessinées. On lui avait demandé de l'approcher, et elle s'y était essayée – échouant misérablement parce que dans le jardin Clark était absorbée dans la contemplation d'un arbre et n'avait pas daigné lui adresser le moindre mot. On lui avait demandé de se faire raccompagner chez elle et de lui offrir à boire, et elle l'avait fait. Elle pensait qu'elles parleraient de politique, de la guerre et de Hitler, au lieu de cela, elles avaient parlé de leurs morts, de *Flash Gordon*, *The Spirit* et de l'amour. Tu as seulement fait ton devoir. Tu ne la connais pas. Et pourtant, si Laura pensait qu'elle s'était libérée d'un fardeau, en rapportant les propos et le billet de Clark à ses supérieurs – elle s'était trompée. Le prochain avion transportant les lettres expédiées depuis Léopoldville partirait sait-on quand : au bureau de la censure, elle n'avait plus rien à faire d'autre. Une longue journée vide l'attendait. Sous un soleil brûlant, brandissant son parasol rouge pour intercaler entre la lumière implacable et elle un fragile écran d'étoffe, Laura erra à travers Léopoldville en proie à une étouffante inquiétude. Qu'est cette femme pour toi ? Rien. Elle n'a même pas voulu te dire comment elle s'appelle vraiment. Tu le sais malgré tout, parce que tu disposes toi aussi de tes propres informations – ici, on ne peut faire autre chose que de grenouiller, on finit par devenir malveillant, et on ne peut même pas se fier à soi-même. Elle s'appelle Annemarie. Un prénom traditionnel – peut-être trop insipide, pour elle. Elle entend se voiler de mystère, se rendre intéressante. Clark – Clark comme Gable, le séducteur ? pourquoi ne se fait-elle pas appeler Clarac, comme son mari ? Au contraire, Laura Neville est devenue sans même y penser Laura Hastings. Annemarie est une femme déséquilibrée, désespérée et même *originale**. Sait-on, après tout, ce que cela signifie : lorsque les autres recourent à cet adjectif, Laura feint de comprendre l'allusion – mais en réalité, ne la comprend pas le moins du monde. Annemarie ne se soucie que d'elle-même. De ses livres, de ses cauchemars, de ses pensées. Le monde extérieur existe pour elle seulement lorsqu'il la menace. Tu es au contraire un individu normal. Et tu n'as pas encore commencé à pleurer James.

Laura se retrouva à se promener sur le môle du port fluvial – évitant les cordages, et des piles de caisses dont émanait une pestilentielle odeur de poisson pourri. À l'aide de son parasol, elle écarta une nuée de gamins nus qui l'entouraient pour lui demander l'aumône. Sur le fleuve, il y avait l'agitation habituelle des jours ouvrés. Des dizaines de bateaux et de petites embarcations sillonnaient l'eau, d'une couleur de boue, et tout aussi dense, semblait-il. Une grue soulevait des amoncellements de grumes depuis une barge, et les déposait dans la cale d'un bateau. La brume engendrée par la chaleur embuait l'horizon, l'enveloppant dans un rideau de brouillard gris. Elle éprouva un violent désir de s'en retourner en Angleterre. À Londres aussi, peut-être, à cette heure, sur les docks, des dizaines de grues déchargeaient des caisses et des marins débarquaient, pour une nuit. Cependant, là il y avait peut-être un crachin fin, si fin qu'il rafraîchissait la peau – et pas cette atmosphère opprimante et ce ciel impitoyable. Laura n'était pas comme tous les autres habitants de Léopoldville, qui vivaient ici une vie provisoire, en rêvant de rentrer chez eux. Elle avait toujours aimé cette ville. Elle aimait l'Afrique, ses peuples, sa lumière, sa violence. Elle aimait sa nature qui ménageait des symphonies de pluie, de vent, et les tempêtes tropicales – très soudaines, dévastatrices, extrêmes. Elle était arrivée en juillet 1939, après avoir passé son diplôme du *college*, pour retrouver son père, qui travaillait dans une filiale de la Banque d'Angleterre. Elle pensait revenir à Londres au début de l'automne, pour commencer à travailler comme secrétaire chez un avocat, mais la guerre avait éclaté et elle n'était plus partie. Elle avait petit à petit oublié sa maison de Pimlico : sa maison était désormais celle du sommet de la colline – son monde, cette ville-ci. Au mois de janvier 1940, elle avait rencontré Hastings, et lors de sa permission suivante, à Noël, elle l'avait épousé. Elle le connaissait à peine, mais son humour pince-sans-rire la faisait sourire. Hastings lui avait demandé sa main en lui passant un collier de dents de chien au cou. Si vous aviez eu la peau noire, avait-il dit, je vous aurais achetée à votre père contre trente couteaux ou dix lances de combat. Mais puisque nous avons la sinistre caractéristique d'être des Européens, je n'ai rien d'autre à vous offrir sinon l'ennui mortel de mon absence et la promesse de ma gratitude. Ils n'avaient été mari et femme que le temps de sa permission : deux semaines – ils avaient remis le voyage de noces à la fin de la guerre. Pour toute autre jeune femme anglaise, le Congo n'aurait pas été une destination appropriée pour un voyage de noces, mais elle avait déjà tout programmé : ils remonteraient le fleuve jusqu'où il est navigable, et puis ils prendraient des porteurs et poursuivraient à pied jusqu'aux grands lacs, sur les traces de Stanley. Ils voyageraient à travers le continent jusqu'à atteindre l'océan, à l'autre bout de l'Afrique. Et alors, au Kenya, ils s'arrêteraient. Et ensuite, ils auraient des enfants, et ils leur apprendraient à barrer une baleinière et à chasser les éléphants, à reconnaître les hérons et les perroquets cendrés et l'arbre du voyageur, qui, incisé à ses racines, fournit de l'eau aux nomades. Cependant, trois mois après James était mort. Aussi longtemps qu'il avait été vivant, elle n'avait pas eu le temps de l'apprécier et elle n'avait pas compris ce qu'il lui disait, ni ce qu'il aimait : elle n'avait jamais été aussi proche de lui que maintenant qu'il n'était plus. Et tous leurs projets, leurs rêves, la vie qu'ils avaient remis à plus tard, à la fin de la guerre, arriveraient pour d'autres mais n'arriveraient jamais pour eux. Il y avait une injustice tellement absolue dans cette séparation que Laura commença à pleurer. Les marins se retournèrent pour la regarder, piqués de curiosité. Elle devait représenter l'image du désespoir, sur le môle, si jeune, vêtue de deuil, avec son parasol rouge. C'est seulement après quelques minutes qu'elle se rendit compte que c'était la première fois qu'elle pleurait la mort de James.

« Je regrette, ma chère », lui dit le directeur de service, s'éventant le visage avec une feuille de papier. À chaque passage, les pales du ventilateur qui tournaient au plafond ébouriffaient les rares cheveux de son front, mais il n'y prêtait aucune attention. Pleine d'espoir, Annemarie le scrutait : cet homme était son salut. Il avait répondu au téléphone, et ne s'était pas montré particulièrement troublé d'apprendre qu'elle se trouvait à Brazzaville. Il l'avait reçue dans son bureau de la station de radio avec sa délicatesse habituelle.

Lorsqu'elle lui avait dit qu'elle avait quitté Léopoldville, et qu'elle s'était établie sur la rive gauche du fleuve, pour l'heure à l'hôtel, le directeur avait commenté en disant que c'était une excellente idée et lui avait proposé de dîner en sa compagnie, chez lui – samedi soir. Il y avait un piano à queue – un véritable Steinway. Des amis communs lui avaient dit qu'elle était une excellente pianiste. Lui jouait du violon, bien, en amateur, mais point trop mal : lui serait-il agréable de jouer la *Sonate à Kreutzer* avec lui ? Elle redoutait cependant que la question sur la musique allemande ne fût un piège destiné à la démasquer, et se garda de répondre.

Bronzé, serein, courtois à son habitude, le directeur semblait ignorer ce qui était en train de se produire sur l'autre rive du Congo. Ce n'était cependant pas le cas. Lui aussi *savait*. « Je suis mortifié, croyez-moi. Cependant, je ne peux pas vous donner le travail que je vous avais proposé. » « Mais pourquoi ? » hurla presque Annemarie, et sa voix commençait à se briser. « C'est une vilaine histoire, ma chère. Disons que j'ai reçu de fortes pressions. » « Mais de qui donc ? Pourquoi ? De quoi m'accuse-t-on ? Qu'ai-je donc fait ? » « Je l'ignore. D'après ce que j'en sais, aucun procès n'a encore été instruit. Annemarie se leva d'un bond parce qu'elle avait les yeux emplis de larmes et ne voulait pas qu'il s'en aperçût. Elle lui tourna le dos, effleura des doigts le vieux globe terrestre que le directeur avait relégué sur une étagère. Il était cabossé en plusieurs points – peut-être était-il tombé – mais l'Europe était encore intacte, avec les États qui n'existaient plus maintenant. Il y avait encore le Danemark, rose, la Belgique, ocre, la Tchécoslovaquie, bleue, l'Autriche, jaune, la Pologne, grise, et la France, un hexagone orange. La Suisse était colorée de rouge. Les États-Unis d'orange. Le Congo belge de vert. Il n'y avait pas un seul endroit, sur cette sphère, où elle aurait voulu aller. Et peut-être lui arriverait-il la même chose partout. Elle ne pouvait pas agir, elle ne pouvait pas être utile – rien que penser aussi longtemps que les pensées se pensent elles-mêmes, s'enchevêtrent et débouchent sur le néant. *Persona non grata*. Annemarie s'essuya les joues du dos de la main. « De toute façon, Clark, rien n'est compromis, cherchez à tirer votre situation au clair avec les autorités belges. Si vous n'avez rien à cacher, je veux plutôt dire, *puisque* vous n'avez rien à cacher, tout va finir par s'arranger. » Elle haussa les épaules. Mais que devait-elle donc tirer au clair si elle ne savait pas de quoi on l'accusait ? Comment pouvoir se disculper si on n'est pas même formellement accusé ?

Le directeur jeta un coup d'œil au couloir : il avait laissé la porte ouverte afin qu'on ne puisse pas dire qu'il avait reçu cette femme secrètement. Il n'avait rien à cacher, lui. Les journalistes passaient, lançaient un coup d'œil dans la pièce, puis, hésitants, entraient, consignaient des papiers, prenaient des feuilles, des rubans. Dans le couloir, il vit un télégraphiste et lui fit signe d'entrer. Il devait travailler, maintenant. Annemarie s'attardait devant le globe : au léger tremblement de ses épaules, il se rendit compte qu'elle était en train de pleurer. Le directeur ferma le tiroir, fit le tour du bureau et s'approcha d'elle. Il éprouvait un étrange sentiment de malaise : mais il ne s'agissait pas de l'habituel coup de bambou de la fièvre. Tout cela était désagréable et antipathique. Pénible, très pénible. Il ne savait que penser, et il préférait ne penser à rien. Il ne voulait pas prendre position contre elle mais il ne pouvait pas se permettre de la protéger. Au fond, il ne savait rien d'Annemarie, excepté que c'était une femme seule, égarée, fragile, qui cependant jouait à l'aventurière. Il n'avait pas créé cette situation, que peut-être personne n'avait créée, elle s'était créée comme d'elle-même. Et maintenant, il ne pouvait rien y faire, et elle pas davantage. Dommage. Il aurait voulu poser une main sur son épaule, mais il craignait qu'on le voie, et il la mit dans sa poche. Il y avait un bonbon que la chaleur avait fait fondre, poisseux. « Si je puis vous donner un conseil, Annemarie, ajouta-t-il à voix basse, ne restez pas ici. Rentrez chez vous. À la maison… » « Mais ma maison c'est ici maintenant. Je n'en ai plus d'autre. » Elle poussa imperceptiblement le globe et celui-ci commença à tourner – toujours plus vite. Les formes colorées des États se confondirent en une seule tache blanche.

Depuis la route, dans la lumière rosée, Annemarie remarqua que Laura se tenait sous la véranda, un verre de limonade à la main. Elle portait un habit à fleurs qui léchait à peine ses genoux, des chaussettes aux chevilles, une paire de chaussures blanches. Elle était plus ébouriffée qu'à l'ordinaire. Son apparition la fit sursauter. Annemarie s'arrêta à la hauteur de la palissade, laissant tomber ses sacs de voyage dans la poussière. Oh, non ! son imagination recommençait à inventer des gens, des faits, des choses. Ne mystifie pas – se dit-elle. Ne mystifie pas. Elle était si gracieuse et si malheureuse, cette Anglaise… Pauvre Laura, comment peut-on se retrouver seule à vingt ans et le supporter. À sa place, une autre commencerait à coucher avec un tel ou un tel, ou se tuerait. Laura n'avait fait ni l'une ni l'autre chose. Sa vie était encore un magma de possibilités intactes – et peut-être aurait-elle pu la diriger dans une direction ou dans une autre. À cet âge, les rencontres sont encore décisives. Après, plus rien n'est décisif excepté nous-mêmes. Annemarie ne s'était jamais intéressée aux jeunes filles, seulement aux femmes mûres, plus stables, plus rassurantes : c'est elle qui voulait être *l'enfant** – la fille. Et maintenant, au contraire, tout à coup, pour la première fois, à trente-trois ans, elle se trouvait attirée par une femme plus jeune. Mais les choses ne sont jamais comme on le souhaite : on doit accepter la réalité telle qu'elle est, et la réalité fait que

Laura Hastings est impliquée dans la cabale, et qu'elle n'a pas la moindre idée de qui tu es véritablement. La vérité est que les Français t'ont éloignée de Brazzaville – parce que tu es *persona non grata*. Ils ne veulent pas de toi dans leur ville. Ils t'ont escortée jusqu'au ferryboat et sont restés en faction sur le môle jusqu'à ce que tu t'en sois retournée. La vérité est que tu es en train de retourner chez Bohringer parce que tu ne sais où aller.

Laura Hastings regardait la route, absorbée : mais, sur la route, seuls passaient des serviteurs noirs des villas alentour. À Léo, les Blancs ne se promènent pas, ils roulent en automobile : ils se transportent d'un point à un autre, mais ce qui se trouve entre un point et un autre de l'espace n'a aucune importance pour eux – au reste, il n'y a rien à voir. Oui, décidément, c'était vraiment elle que l'Anglaise attendait. Et à cet instant, les yeux transparents de Laura se posèrent sur elle, la découvrant immobile, derrière la palissade. Annemarie n'oublierait jamais le changement soudain, foudroyant, de son expression, lorsqu'elle la reconnut : sur le visage de Laura s'alluma quelque chose de très semblable à une lumière. Ce regard – indépendant de sa volonté et certes de sa raison – elle le garderait toujours gravé en elle, quoi qu'il puisse arriver. « Miro ! » cria Laura, en se relevant d'un bond. Annemarie s'étonna parce qu'elle ne croyait pas que l'Anglaise voulût être au nombre des amis qui pouvaient recourir à ce prénom-là. « Oh ! *thank God, you're ok !* » Laura se leva et vint à sa rencontre à travers la pelouse – une pelouse qui n'avait jamais été verte parce qu'un soleil oppressant jaunissait l'herbe, la brûlant avant même qu'elle puisse pousser. « *I was worried sick ! I heard that the French had arrested you in Brazzaville !* » Laura s'arrêta à un pas d'elle, ne sachant que faire. Annemarie remarqua qu'elle parlait plus vite que d'ordinaire – et qu'elle semblait vraiment se faire du souci. Elle continuait à répéter que comme

Clark avait disparu trois jours de Léo, le bruit s'était répandu que les Français l'avaient jetée en prison... Peut-être aurait-elle dû l'embrasser, mais elle était paralysée par la peur : elle redoutait que quelqu'un l'épie depuis les fenêtres closes des maisons d'en face, et elle se l'interdit. Elle lui tendit la main et la lui serra – avec une cordialité tout extérieure, qui occultait sa véritable humeur, en réalité, débordante de tendresse et d'espoirs. « *Oh, God, my darling, you're ok* ! » répéta Laura, embarrassée. Puis, afin de justifier sa présence dans la maison de Bohringer, à cette heure aussi tardive, ce soir-là, elle sortit de son sac à main une torche électrique. « *You forgot your lamp.* » « Oh ! tu as mal fait de me la rapporter, dit Annemarie, dans un sourire, je l'avais laissée exprès. J'aurais eu ainsi un prétexte pour revenir te rendre visite. »

Elle se laissa tomber sur les marches, épuisée. Elle remarqua ces maudits vautours, aux aguets sur les fils où la sœur de Massar étendait les draps pour qu'ils sèchent, l'un à côté de l'autre. Laura s'assit auprès d'elle, et rajusta sa robe sur ses genoux. Les vautours prirent leur envol, tous ensemble, et tous ensemble descendirent en piqué sur la pelouse, encerclant un chat moribond : ils allongeaient le cou en battant frénétiquement des ailes et enfonçaient leurs serres dans les chairs de leur proie. « Du balai ! cria Annemarie, lançant sa torche contre les volatiles. Allez-vous-en ! » Les vautours s'envolèrent simultanément, battant des ailes ; épouvantés quelques instants durant, ils voletèrent et lorsque le danger sembla passé, ils revinrent s'acharner sur leur victime. « Du calme », susurra Laura. À la fin, il n'était rien arrivé. Des soupçons. De la malignité. Des calomnies. Une femme seule est une cible commode. Elle attire l'attention, aimante les problèmes de tout un chacun. Au reste, ici tout le monde était l'objet de commérages et de calomnies, c'était également son cas – également celui du consul, et des attachés de presse, et du médecin, du prêtre, du commissaire de police, du directeur du bureau de la censure, des proviseurs, des recteurs des instituts scientifiques, des préposés aux radars de l'aéroport – de tout le monde. Tout le monde avait quelque chose à cacher, et souvent ils attribuaient aux autres leurs propres pensées. Dans la colonie, il était facile de retourner une accusation contre celui qui la lançait. La corruption était pire que ce qu'on pouvait imaginer : les injustices, la rapacité, les fraudes, qu'en Europe les gens parvenaient à camoufler, ici, concentrées, décantées, réduites à leur essence, prospéraient, et si on dénonçait quelqu'un au hasard, on était presque sûr de toucher juste. Laura avait découvert ces choses en lisant leurs lettres répugnantes, découvrant ce que leurs vies dissimulaient derrière une façade respectable. Elle détestait l'hypocrisie, et c'est également pour cette raison qu'elle avait fini par aimer l'Afrique, parce qu'on connaissait ce que les hommes pouvaient faire de pire et qu'on ne pouvait se bercer d'aucune illusion sur leur compte et sur le sien propre. C'est pourquoi Miro ne devait pas perdre la tête. Seulement contrôler ses nerfs et ignorer. Annemarie ne l'écoutait pas. « Regarde-les », dit-elle, en montrant le groupe d'oiseaux qui bataillaient les uns contre les autres. D'une nuée grise s'élevèrent des cris rauques et un nuage de plumes. « Il faut leur tirer dessus, pour les chasser. Mais je ne peux pas le faire. Je n'entends pas devenir ce qu'ils sont. »

REFUSÉ – y avait-il écrit sur la demande de visa pour l'Égypte que le gouvernement lui restitua. Pourquoi ? Annemarie souhaitait quitter Léo au plus vite et rejoindre l'armée de la France libre, et, au contraire, REFUSÉ. Sans motif aucun. Elle s'enfonçait dans un cauchemar – une accusation incroyable la menaçait. Elle demanda un entretien. REFUSÉ. Personne ne lui faisait confiance, et elle ne faisait confiance à personne, pas même à Laura, qui pourtant, dans l'isolement désespérant qui l'entourait, se révéla sa seule amie. Elle ne l'avait pas abandonnée et souvent, après le crépuscule, montait chez Bohringer. Mais Annemarie soupçonnait qu'elle ne venait pas spontanément, et que quelqu'un l'envoyait espionner ses papiers. C'est pourquoi elle ne la recevait jamais chez elle – seulement sur la véranda. Elles s'asseyaient sur les marches, côte à côte : les moustiques entonnaient alentour un bourdonnement arrogant telles des machines à coudre. Elles fumaient les mêmes cigarettes, sans jamais se regarder dans les yeux. Dans ce climat, on ne pouvait pas se permettre des sentiments, des émotions de première main, mais seulement des ersatz : c'était un climat propice aux mesquineries et aux subterfuges, mais tout ce qui ressemblait à la haine, ou à l'amour, ou à la passion, faisait perdre la tête. Au fil des jours, au contraire, Annemarie se fourvoyait dans une haine impuissante, radicale, pour les autres et pour elle-même – et Laura dans un amour sans nom, inexprimé, inavoué. Elle continuait à revenir rendre visite à son amie, mais elle croyait le faire parce qu'on le lui avait ordonné. Elle l'aurait nié, si on lui avait fait remarquer que ce n'était pourtant pas le cas. Elle le nierait sincèrement, parce qu'elle ne le savait pas et qu'elle ne le comprenait pas. Et parce qu'on peut seulement désirer ce que l'on connaît.

Au reste, elle venait pour la faire parler, et pour rapporter ses conversations à son consulat. Annemarie parlait continuellement, avec une éloquence fébrile qui faisait vaguement peur à Laura. Il lui était si facile de la faire parler. Le fait est que, hormis Laura, personne d'autre ne voulait écouter ses bavardages : les autres n'avaient pas de temps à lui consacrer, ils se prétendaient très occupés, ils refusaient de la recevoir, ils annulaient leurs rendez-vous. Et comme Annemarie devait absolument s'expliquer, se disculper, tirer au clair, elle parlait à Laura librement. Laura rapportait cependant leurs conversations au consul épurées de toute scorie, n'inventant rien mais en améliorant tout, parce que Miro – lorsqu'elle l'attirait sur le terrain miné de la politique – ne lui donnait pas de réponses satisfaisantes, mais souvent plutôt embarrassantes : elle soutenait ne pas vouloir mentir, elle aspirait à la vérité et c'est pourquoi elle ne voulait pas lui paraître différente ou meilleure que ce qu'elle était vraiment – et ce faisant, elle finissait par exprimer des doutes et des craintes que personne n'aurait envie d'avouer ou d'écouter. Car l'hypocrisie des hommes est beaucoup plus grande que leur honnêteté et qu'il faut toujours dire ce que tout le monde s'attend à entendre. Miro lui disait, au contraire, qu'elle avait fait au Congo sa découverte la plus amère. Que les idées ne rendent pas les hommes meilleurs. Que les hommes qui combattent pour des causes justes peuvent être méprisables, au même titre que leurs ennemis, et guère plus libres, honnêtes et avisés qu'eux. Qu'elle éprouvait de la honte d'appartenir à l'espèce humaine. Car elle non plus n'était pas irréprochable – elle non plus n'était pas sans péché : lorsque la catastrophe s'abat sur des coupables et des innocents, on ne peut pas supporter le privilège de la sécurité et c'est pourquoi elle s'était embarquée pour l'Afrique. Elle avait cependant eu peur de mourir. La pensée de sa mort prochaine l'avait bouleversée, paralysée, lui suggérant l'espoir obscène que la mort frapperait quelqu'un d'autre plutôt qu'elle. Se découvrant par là-même si lâche qu'elle aurait voulu enjamber le parapet, se jeter dans l'eau, pour s'y noyer, et elle était vraiment sur le point de le faire, parce qu'elle ne voulait pas vivre une vie fausse et indigne. On vit seulement d'expédients et on survit à grand-peine. Et en dépit de cela, elle cultivait le rêve indigne de vouloir vivre une vie non indigne.

« Faut-il toujours choisir la voie la plus difficile pour vivre ? Pourquoi n'es-tu pas plus indulgente avec toi-même ? Ne pourrais-tu pas faire une fois semblant – comme nous tous – et dire ce qu'on veut entendre de ta part ? » la réprimandait Laura, exaspérée par tant de dureté. Mais Miro lui dit que pour elle le temps des mensonges était clos : les mensonges appartiennent en propre aux jeunes gens, qui ont devant eux toute une vie pour se racheter. Maintenant, elle ne cherchait rien sinon la vérité pure. « Mais la vérité à quoi sert-elle ? protestait Laura – elle ne te sert à rien, ni à moi, ni même à eux. C'est seulement un mot abstrait, tout juste bon pour les prêches des prêtres et des professeurs d'école, mais un écrivain n'est pas un prêtre ni même un enseignant. Elle n'a jamais servi à rien, la vérité, il est des gestes et des mensonges qui valaient mille vérités. »

C'est ainsi que Laura arrangeait les conversations, sur le chemin du retour au consulat. Elle mettait dans sa bouche des paroles nobles et sublimes, qu'Anne-marie elle-même avait prononcées pour ensuite les mettre en doute et les démentir, dans son impitoyable découverte. Madame Clark, rapportait-elle au consul, prétend qu'il ne faut pas se soucier de son existence personnelle lorsque le destin de tous est en jeu. Notre vie n'a d'importance que si elle est offerte. Aucun d'entre nous n'est superflu. Il n'est pas vrai qu'on vive seulement d'expédients et qu'on survive à grand-peine : l'engagement qui nous est demandé à l'heure de l'Histoire est total, absolu et nous sommes fiers de le donner car c'est ce que nous avons. Son pays est neutre, c'est vrai, mais madame Clark entend conquérir le droit d'être libre – et de marcher la tête haute dans le monde qui naîtra des décombres, demain. Ses convictions démocratiques et antifascistes l'ont conduite à monter dans un bateau en partance pour l'Afrique, pour vivre aux côtés des opprimés, des derniers d'entre les derniers – les réfugiés sans papiers, les exilés, les vaincus. Elle est montée sur ce bateau en vertu d'un libre choix, un choix de lutte et d'engagement. Se mordillant ses moustaches, le consul acquiesçait. Il semblait satisfait.

Laura arrivait lorsque la lumière faiblissait, incendiant les toits de tôle de la ville, les faisant briller d'une lumière éphémère avant de les plonger rapidement dans la nuit. Elle emmenait parfois Annemarie dans le lieu de la ville qui lui était le plus cher entre tous : la Corniche. Massar regardait les deux femmes marcher ensemble. Qui sait si lui aussi s'unirait à la meute des maîtres chanteurs qui déjà commençaient à l'assiéger : le boy parlait peu mais en savait long – en revanche, elles ne savaient rien de lui, hormis son nom, et ce nom n'était pas même son vrai nom. Depuis la Corniche, on pouvait contempler les cascades, attendant jusqu'au moment où le soleil s'abîmait dans le fleuve. Des moulinets, des remous et d'étranges tourbillons polissaient la surface et l'eau semblait se faire hésitante, comme si elle ne parvenait pas à trouver sa juste direction – mais finalement, elle la trouvait, le courant se libérait et coulait impétueusement. Les derniers rayons de soleil disparaissaient et tout devenait sombre. Les ténèbres avalaient la roselière, l'eau, les arbres, et les présences alarmantes de la journée, nées de la canicule et de l'inquiétude, se dissipaient comme par enchantement. Tout retrouvait une explication, un motif, presque une logique. Sur le chemin du retour, parmi les bois, il y avait des nuées si drues d'éphémères blancs qu'ils devaient mettre les essuie-glaces de leur automobile en marche. À la lumière des phares, on aurait dit qu'il neigeait.

Elles s'arrêtaient pour manger à l'hôtel de l'*Auberge du Petit Pont**, à un carrefour, en dehors de la ville, entre Léopoldville et une localité dénommée Léo II. L'hôtesse – une Belge nommée Thérèse – cuisinait bien et elle savait faire des œufs frits au lard exactement comme en Europe. À cette heure-là, il y avait toujours beaucoup de monde, à l'*Auberge** : des soldats belges, des fonctionnaires, des pilotes anglais et des officiers. Laura y était très connue. Auparavant, elle y venait avec James. Elle semblait désireuse de se faire remarquer en compagnie d'Annemarie : elle voulait démontrer qu'elle n'avait pas peur de se faire voir en sa compagnie. Elles prenaient un café – tandis que dans le restaurant de Thérèse tombait un silence embarrassé.

Laura ne se plaignait pas de la situation où toutes deux avaient fini par se fourrer. Elle s'efforçait de rester maîtresse d'elle-même et de sa vie, de rétablir un équilibre, tandis que son monde explosait. Un équilibre précaire fait de mensonges – mais c'étaient des mensonges qui valaient mille vérités. Annemarie avait au contraire perdu son équilibre. Après Bellevue, elle n'avait plus été capable de maîtriser sa vie. Elle avait la sensation que sa volonté ne pouvait ni contrôler ni influencer les événements. Tout ce qui survenait, elle ne l'avait ni prévu ni cherché. Elle ne parvenait plus à vivre dans la maison déserte de Bohringer : elle avait peur de Massar, des blattes, des vautours, des fourmis ailées qui vibraient sur sa table de travail, du silence. Et même du fétiche de bois, recouvert de feuilles et de bandelettes de cuivre et d'étain, que Bohringer avait acheté dans un village de l'intérieur et pendu dans les escaliers de sa maison. Cet objet inanimé aux yeux énormes, gravés dans le bois, commençait à l'obséder. Il lui semblait malin. L'incarnation même du mal qui l'avait élue pour cible. Massar ignorait ce qu'il était, pour lui c'était seulement un morceau de bois comme un autre – le boy avait toujours vécu auprès des Blancs, il était né à Léo et son père servait déjà le consul suisse. Il ne savait rien des usages de son peuple. Chaque nuit, Annemarie se réveillait en sursaut, ruisselante de sueur, parce qu'un rêve trop heureux qui avait Bocken pour *décor**, et

Renée et elle-même enfant pour actrices, l'avait emplie de nostalgie, l'incendiant du désir de rentrer chez elle. Alors, depuis la chambre du jeune garçon, elle entendait un battement rythmé de pieds et de mains – une cantilène qui ressemblait à un chant. Un soir, la peur de cette maison étrangère – hostile – devint si insupportable qu'elle se mit au volant de l'automobile et se présenta chez Laura.

Les vautours faisaient du bruit sur le toit, des cigales nocturnes, des libellules et des papillons voletaient autour de l'ampoule, Annemarie l'étreignit, Laura poussa sur le sol les albums de bandes dessinées qui encombraient le drap, Annemarie serra entre ses lèvres l'épingle qui retenait ses cheveux et les cheveux de Laura retombèrent sur son visage, lentement, dans un recueillement méticuleux, comme dans une cérémonie, un vêtement après l'autre, la veste, la cravate, le gilet, l'habit à fleur, les bretelles, la combinaison, jusqu'à ce qu'elles soient libres entre les murs verticaux de la nuit, et elles se turent, et tout à coup, il fut temps. Annemarie jeta son filet et Laura tourna le dos aux mots déjà dits et aux signes déjà déchiffrés, elle dit oui, et la suivit sur la ligne de faîte du monde, en contrebas dans les crevasses du temps. La moustiquaire devenue grise, les vilains meubles fournis par le gouvernement – sa vie quotidienne avait l'irréalité d'un pays connu seulement en rêve. Hésitant, Laura lui demanda si pour elle aussi c'était la première fois. Annemarie lui dit la vérité, dans un sourire : non. Certes pas. Ah ! dit Laura. La réponse d'Annemarie avait entamé le charme qui les serrait l'une contre l'autre. Elle aurait préféré s'entendre dire que tout cela arrivait pour la première fois – et pour elle. Si j'avais quinze ans de moins, si j'étais plus innocente, Laura, je saurais trouver des mots pour toi – des mots nouveaux. Mais tout cela m'est déjà arrivé, tant de fois. J'ai trente-trois ans, et je ne peux rien y faire. Je sais déjà que je m'attacherai à toi comme si tu pouvais me sauver – toi, cependant, tu ne me sauveras pas. Que l'intérêt que j'éprouve pour ta personne s'éteindra, qu'un jour tu me demanderas quelque chose que je ne pourrai pas te donner et tu ne me laisseras d'autre choix que de m'en aller. Je sais déjà que nous ne nous connaîtrons jamais vraiment et que cet amour aussi sera une illusion. On espère chaque fois que ce sera différent, et, au contraire, tout finit par se répéter. Seuls changent les gens qui m'entourent, pas moi. Peut-être trouverons-nous le bonheur lorsque nous cesserons de vouloir – lorsque je saurai renoncer. Mais j'ai toujours préféré le péché, la douleur, la souffrance et la faute au bonheur. Et le désir à la paix. Laura diminua l'intensité lumineuse de la lampe et tira les rideaux. Les vautours faisaient du bruit sur le toit et un chien aboyait au loin. Tandis que le sang de son cœur giclait, Annemarie trouva les gestes qui remontaient le silence, et plongea en elle, en elle.

Laura ne parlait jamais de James et ne semblait pas même s'en souvenir. Annemarie en était étonnée et attribuait cette attitude simplement à sa grande jeunesse. En réalité, Laura les avait simplement superposés l'un à l'autre, James et Miro, et confondus – et elle lui attribuait, à elle, des rêves qui lui appartenaient, à lui. Peut-être parce que c'était seulement ainsi qu'elle parvenait à accepter la présence d'Annemarie dans sa vie, et ce faisant, elle déplaçait de l'un à l'autre – intacts – tous ses sentiments, ses projets, et son futur. Annemarie ne pouvait pas le savoir et souvent, la blessant, lui disait qu'elle n'aurait pas dû la fréquenter, mais le pleurer. Après sa mort, elle parviendrait peut-être à vivre vraiment en communion avec lui – dans une union spirituelle parfaite : la vie sépare au contraire les gens. Après tout, Laura l'aimait et l'avait épousé. Elle, au contraire, était seulement de passage. « De passage ? murmurait Laura. Tu veux rester ici, Miro. Tu m'as dit que tu voulais rester. » C'était vrai, elle le lui avait dit. Mais elle n'était jamais restée nulle part.

Pourquoi n'écris-tu pas sur l'Afrique ? lui disait Laura. Abandonne l'actualité, le journalisme. Écris sur le Congo, Massar. Mais Annemarie n'aurait pas pu écrire sur Léopoldville, ni sur rien. Pour écrire, il faut savoir voir – savoir objectiver – et elle ne savait plus ce qu'il y avait dans son esprit et ce qui existait dans la réalité. Les Français lui avaient refusé un visa pour gagner Le Caire, avec le contingent de la France libre, et son passeport était resté dans les mains du capitaine belge qui l'avait interrogée – c'étaient ses seules certitudes. Elle pensait à ces choses lorsqu'il lui semblait avoir imaginé la méfiance, les accusations, la persécution. Souvent elle fermait les yeux, en tenant le visage de Laura dans ses mains – et, en dépit de tout ça, c'était vrai. C'était vrai. Alors, pelotonnées dans la moustiquaire, elles prenaient des cuites au vin sud-africain, parlant jusqu'au petit jour. Laura avait lu des dizaines de vieux livres d'explorateurs qui dans la seconde moitié du XIXe siècle s'étaient avancés dans le *darkland* : sait-on pourquoi l'Afrique a toujours été appelée ainsi, alors qu'elle est un pays de lumière, où la lumière possède d'ailleurs une aveuglante consistance. Peut-être parce qu'elle est un monde peuplé de forces obscures, mystérieuses et redoutables. Irrationnel et magique. Peut-être divin. L'impossible y devenait souvent vrai. La réalité, le délire et le mensonge s'enchevêtraient les uns aux autres dans leurs comptes rendus au point qu'il était impossible de les séparer. Laura raconta à Annemarie que les tribus de l'intérieur, tenues pour désorganisées et primitives par les Blancs, avaient au contraire une structure sociale, articulée en clans et familles, et étaient gouvernées par un chef infaillible. Une structure qui savait se protéger de toute intrusion, et éloigner tout danger. À en croire ce qu'elle avait compris, en lisant le *journal** d'un compagnon de Brazza, lorsque le chef ou ses parents voulaient se débarrasser de quelqu'un qui leur donnait du fil à retordre, ils l'accusaient d'un crime, d'ordinaire le plus effroyable. Par exemple de vouloir trahir le chef ou l'empoisonner ou sait-on quoi d'autre. L'accusation ne prévoyait aucune instruction à décharge. Dès lors qu'il était accusé, le malheureux était condamné. Le chef s'en débarrassait et le mangeait. En le mangeant, il le neutralisait. Ils nommaient ce système « faire fétiche » contre quelqu'un. « Pourquoi m'as-tu raconté cette histoire ? » lui demanda Annemarie, angoissée. « Comme ça, c'est une histoire comme une autre, dit Laura. J'en connais tant, et je voudrais toutes te les raconter. Tu es écrivain. Écris. Ne prête aucune attention aux bavardages, ne te laisse pas détruire. Intéresse-toi à la vraie Afrique. Nous ne sommes vraiment pas intéressants. » « Tu ne te rends pas compte, dit Annemarie, qui continuait à penser à l'histoire de Laura, que c'est exactement ce qu'ils sont en train de me faire ? »

Elle retournait souvent rendre visite aux autorités militaires. Ce n'était pas elles qui la convoquaient, mais Annemarie qui exigeait des entretiens car elle espérait comprendre, tirer au clair – en finir. Elle remit un mémorandum, un *curriculum vitæ*, des mémoires et la liste de ses articles, à la caserne et au commissaire de police. Elle passa des après-midi étouffants dans une petite pièce contiguë à la prison fédérale, où étaient enfermés les criminels de droit commun surpris à voler au marché ou dans les maisons des Blancs. C'étaient tous des Noirs. Tandis qu'elle parlait, elle entendait souvent leurs pleurs et leurs hurlements. Parfois, si la porte restait ouverte, elle les voyait défiler le long du couloir sous une pluie de coups de bâton – poussés menottes aux poignets vers leurs cellules. Elle ne détournait jamais son regard. Elle commençait à se sentir solidaire de tous ceux qui souffraient, quoi qu'ils aient pu faire.

La douleur des autres était la sienne. Et quoi qu'il en soit, l'injustice. Avec elle, les autorités étaient courtoises. D'une courtoisie glaciale et déloyale. « Entrez donc, Clark. Asseyez-vous. C'est gentil de votre part, de vous déranger et de venir nous rendre visite. » On la faisait asseoir derrière un bureau, sur un fauteuil rembourré d'un coussin qui quelques minutes plus tard commençait à brûler là où il était au contact de sa peau. On lui offrait du thé, des biscottes et des cigarettes, parce que leurs entretiens étaient destinés à se prolonger des heures et des heures. La lumière se décolorait sur les murs écaillés par les moisissures, les serviteurs noirs allumaient une lampe et, pour sa part, elle s'imaginait voir entrer d'un moment à l'autre des gardiens qui la pousseraient à coups de bâton le long du couloir, comme ils le faisaient chaque jour avec les coupables. Annemarie attendait cet instant avec un spasme à la gorge, qui l'empêchait de parler.

D'elle, les autorités ne voulaient rien en particulier, et pourtant elles voulaient tout. Elles lui faisaient raconter sa vie. Du début à la fin, et puis derechef, espérant entrevoir dans ses récits toujours plus confus et vagues une lueur d'explication. Un nom susceptible de les orienter. Un lieu, une ville. Rêvait-elle ou lui demandait-on vraiment si Renée était à demi allemande ? Oui, c'était vrai. S'il était vrai que son oncle était le commandant en chef Ulrich Wille, un ami de Rudolph Hess ayant fait l'objet d'interpellations au Parlement en raison de ses liens avec les hiérarques nazis. Cela aussi était vrai. S'il était vrai que Rolf Henne, le Fürher du Front national, avait été une passion de sa jeunesse – et s'il était vrai aussi que le commandant l'avait aimée. Et les diplomates qu'elle avait fréquentés, en Orient ? Était-il vrai que nombre d'entre eux occupaient maintenant des postes importants sous le Troisième Reich ? Se rendait-elle au moins compte du nombre d'ambiguïtés qui entachaient sa vie ? Et pourquoi était-elle allée si souvent à Munich ? « Parce qu'un homme, qui était pour moi la littérature même et dont je voulais qu'il jette un regard sur moi, habitait cette ville. Je rêvais alors d'écrire des romans, et de devenir un écrivain », répondait-elle. Elle se refusa cependant obstinément de donner son nom, parce qu'il ne pouvait pas être mêlé à ces misères coloniales, et ils ne purent le comprendre. « Et ensuite, les avez-vous écrits, ces romans ? » s'informait le capitaine, avec un même sourire ironique sous ses petites moustaches noires. Il n'avait pas beaucoup de considération pour les romanciers, encore moins pour les romanciers quand une guerre contre le nazisme était en cours, et pour les romancières, vraiment aucune. « Non, je ne les ai pas écrits », répondait-elle, sans mentir car elle pensait à ce qu'elle avait en elle et qu'elle n'avait pas encore trouvé ni les mots, ni la voix, ni la route pour partager, pas encore. « Mais peut-être que je les écrirai un jour. J'ai seulement trente-trois ans. »

Les autorités se passaient son passeport surchargé de tampons de main en main. Ils le déchiffraient à l'aide d'une loupe. Mais comment est-il possible qu'une femme si jeune ait tant voyagé ? Qu'est-ce qui l'y poussait ? Il était évident que seule *cette* explication était la bonne. Pour qui travaillez-vous, Clark ? Qui vous a envoyée vagabonder d'un bout à l'autre du monde ? Pour chercher quoi ? Annemarie répondait la vérité. La peur de vivre et le désir de mourir m'ont poussée à partir. Mais également le désir de vivre et la peur de mourir. Des paroles trop compliquées pour eux. Clark pose à la philosophe ! Clark est très cultivée, et intelligente, et elle nous méprise parce que nous sommes des gens simples. Clark est une enfant gâtée : tout a été facile pour elle. Sa vie a été trop privilégiée, mais la vie est autre chose, la guerre n'est pas la philosophie, en période de guerre tout est blanc ou noir, il n'est pas de place pour les nuances. Ce n'est pas vrai – répondait-elle – ma vie n'a été privilégiée qu'extérieurement, j'ai toujours ignoré les forces matérielles, qui peuvent devenir une formidable menace. Mais j'aspirais au savoir. Je cherchais quelque chose – rester immobile était ma damnation. Mais je n'ai jamais voulu avoir de privilèges. J'ai cherché à m'en défaire, de mes privilèges. J'ai refusé la sécurité et la richesse, lorsque j'ai compris qu'elles n'assuraient pas la liberté mais qu'elles constituaient des chaînes. J'ai profané le nom de ma mère. J'ai insulté le nom de mon père. J'ai voulu être moi-même et je n'y suis pas parvenue. Maintenant je ne suis rien. Clark divague. Clark se moque de nous. Mais si elle entend dire qu'ici personne ne lui proposera de privilèges, elle est dans le vrai. Son nom ne la sauvera pas.

On lui dressa, froidement, la liste des noms des nations qu'ils parvenaient à déchiffrer depuis les tampons de son passeport : l'Union soviétique, l'Iran, les protectorats français du Moyen-Orient, l'Irak, la Lituanie, l'Inde britannique, la Finlande, la Suède, l'Estonie, l'Autriche, la Tchécoslovaquie, les États-Unis, le Portugal, la France, l'Afghanistan. Une énumération aride de noms vides qui n'avaient aucune consistance pour eux et ne signifiaient rien. Mais qui parvenaient à évoquer chez elle le souvenir de ces lieux. Elle avait la nostalgie de Bagdad et de Damas, et même de Bakou et de New York, de la brume de Nantucket et des femmes fantôme de Kaboul – car la nostalgie de son passé et son passé lui-même s'éloignaient d'elle à une vitesse prodigieuse. Une lèpre invisible dévorait sa mémoire, corrodait les noms, vidait les mots. Sa vie elle-même semblait ne plus lui appartenir.

Ainsi, petit à petit, plus ils parlaient, plus Annemarie sentait devoir répondre non pas tant à ces militaires étrangers, trop fidèles aux ordres reçus et au devoir pour pouvoir envisager une vie comme la sienne, mais au tribunal de sa conscience : à la *Gendarmerie**, et elle s'en rendait compte, on poursuivait non son présent – elle était vraiment sans tache, vraiment innocente – mais toute sa vie. Et sa vie était une kyrielle de lâchetés et d'échecs, de fugues et d'erreurs – et là, elle n'était guère innocente. Mon agitation, ma peur de la répétition, de la monotonie, de la satiété, ne m'ont jamais permis de m'attarder longtemps dans un même endroit. Je n'ai été fidèle ni à mes amis, ni à l'amour, ni à mes idées, ni à une occupation et pas même à l'écriture. Je voulais fuir la solitude, et je n'ai pas cherché autre chose. Mais je n'ai jamais été en quête d'aventures. J'ai détruit des rapports humains, j'ai risqué ma carrière, j'ai interrompu des travaux ou je n'ai pas su les réaliser, j'ai consumé mon futur, seulement pour le besoin irrationnel de changer – de bouger. Mais maintenant, je ne cherche plus rien, le monde n'a plus rien à m'offrir. Et alors elle aurait voulu hurler, et ne pouvant dire ce qu'elle pensait, elle fumait et gardait le silence. Les mégots s'accumulaient dans le cendrier, la fumée saturait la pièce de brume, le silence devenait insoutenable – jusqu'à ce que, déconcertés, les militaires missent fin à l'entretien et l'escortassent jusque chez elle.

Ils l'escortaient vraiment, gentiment, en camionnette, parce qu'une femme comme elle ne devait pas rentrer à la maison à pied, par cette canicule. Mais ensuite, Annemarie avait l'impression qu'ils restaient, allaient et venaient autour de la véranda, qu'ils épiaient ses moindres faits et gestes. Elle sentait des yeux sur elle – des regards. Elle se sentait contrôlée. Espionnée. Pourquoi devrait-elle rendre compte de tout ce qu'elle faisait. Elle voyait des militaires à l'affût sur la pelouse, derrière les draps et leurs voix disant : « Clark – faites votre valise et suivez-nous. » Des voix tout aussi réelles que celle de Laura qui chantait dans le séjour. Elle était convaincue que l'ordre de l'arrêter avait déjà été donné, les autorités prenaient seulement leur temps. Elles jouaient avec elle une partie d'ores et déjà remportée, et elles attendaient qu'elle cédât. Sa condamnation était déjà écrite. Ce n'était qu'une question d'heures.

Préoccupée, Laura disait qu'on lui permettait tout – même ses fantaisies sans frein, mais non son délire de persécution. Celui-là non. Il fallait rester à même de comprendre qui est avec nous et qui est contre nous – autrement, on y perd la raison. Annemarie s'était assise sur la véranda et regardait la ville, en contrebas. Son visage semblait comme flasque – une inquiétante, étrange apathie s'y était déposée. Ce n'était presque plus son visage et Laura en ressentit de l'angoisse. Miro lui racontait le moindre détail, le moindre geste, phrase, parole qu'elle interceptait au café ou à la *Gendarmerie**, parce que c'était seulement en le disant que ce qu'elle était en train de vivre devenait réel. Cependant, pour Annemarie, c'était comme si elle essayait de raconter un rêve : ses mots logiques et blêmes ne parvenaient pas à restituer la sensation du rêve – cette promiscuité désordonnée de paradoxe, panique, paralysie et merveille, cette vaine impulsion de révolte, et le fait de se sentir en proie à l'incroyable, qui est l'essence la plus vraie du rêve. Et Laura ne savait pas où finissait la vérité et où son imagination prenait son envol : Annemarie interprétait des faits dépourvus de clarté, elle était obsédée, convaincue qu'on ne parlait de nul autre sinon d'elle – ce qui était vrai, mais également faux. Et comme dans les livres de ces anciens explorateurs qu'elle avait tant aimés, la vérité, le rêve et le délire se confondaient, devenaient inextricables et on devait les accepter les uns avec les autres, ou les repousser les uns comme les autres. Laura se retrouva à surveiller son amie, le cœur oppressé, avec épouvante, parce qu'il lui semblait qu'Annemarie était en train de s'étouffer, s'enfonçant chaque jour sous ses yeux dans une fange d'irréalité – et qu'elle ne parvenait pas à l'en arracher.

« Laura, lui dit Annemarie, d'une voix singulièrement aboulique, je ne suis pas une espionne, pas comme ils l'entendent. Je ne suis pas le juge des autres. Je ne suis pas préparée à cette lutte et je n'ai pas d'armes pour me défendre. Je dois ressaisir le fil de ma vie. Tout ce que je désire c'est fuir. » « Miro, tu dois rester, l'implora Laura. Partir sans cesse constitue une tentative pour éviter ton destin. Une fuite n'a jamais servi à expliquer l'innocence de personne et tu leur ferais seulement croire que tu as peur. On ne t'accuse de rien, tu leur fournirais l'occasion de croire qu'ils ont raison. » Mais Annemarie avait déjà pris sa décision. Elle n'avait plus rien à faire ici. On ne lui donnerait jamais ce travail à la radio ni la permission de publier ses articles – et peut-être, véritablement, si elle restait, les accusations finiraient par se concrétiser. Tôt ou tard quelqu'un la vendrait, contre de l'argent, de la bijouterie ou même par idéalisme. Elle devait quitter Léopoldville.

Elle prit un rendez-vous à la caserne et expliqua son intention de visiter l'intérieur du pays. « Pourquoi donc ? lui demanda, non sans stupéfaction, le capitaine. Vous vous ennuyez, chez nous ? Cette ville n'est pas suffisamment intéressante, pour vous ? Qu'entendez-vous dire lorsque vous parlez de l'intérieur du pays ? Avez-vous idée de ce qui vous attend ? » « Vaguement. Mais si je savais déjà tout du monde, j'aurais pu ne pas naître. » « Qu'imaginez-vous trouver ? Il n'y a rien, seulement des arbres, des sauvages et des esprits. Aller dans la jungle c'est comme aller à la guerre pour un soldat. Le retour n'est pas assuré. » « Me permettez-vous de partir ? » insista-t-elle, entêtée. « Mais certainement », sourit le capitaine, Clark peut faire ce qu'elle veut, à l'intérieur du Congo Belge. C'est une libre citoyenne et nous sommes dans un pays libre. Annemarie ne parvint pas à comprendre si ses paroles signifiaient qu'elle était destinée à demeurer enfermée au Congo comme dans une gigantesque prison, ou si, au contraire, tout ce qu'elle redoutait était seulement le fruit d'une imagination exacerbée – par son passé et par les difficultés auxquelles elle s'était heurtée ici. Elle regarda les yeux du militaire, mais ceux-ci – ironiques, indifférents – ne l'aidèrent pas à comprendre. Deux fois par mois, l'*Ondine*, un bateau à vapeur, partait du port pour remonter le fleuve sur des milliers de kilomètres. C'était un bateau jaugeant huit cents tonneaux, d'au moins vingt ans d'âge, qui avait connu des jours meilleurs. Le premier mercredi du mois de juillet, Massar y fit charger son bagage.

Laura l'accompagna à bord, et puis dans sa cabine. Le bateau – rongé par la rouille et archiplein – sentait la suie et le marécage. Tout autour, c'était la nuit. Les lumières de la ville étincelaient dans l'obscurité. Laura lui avait apporté un cadeau : un cahier relié en toile forte couleur de paille, avec des bordures d'une légère toile rouge munie d'un élastique pour le refermer. « Tiens un journal de voyage, l'exhorta-t-elle, dans un sourire. Il est important que tu écrives tout ce que tu fais, compte les jours. Fais comme les voyageurs d'autrefois : note toujours la date, la température, tout ce que tu vois, tous ceux que tu rencontres. » Elle espérait que son amie saurait se donner une discipline – qui se donne une discipline se donne un but, et revient. Comme si elle voulait repousser le moment de la séparation, Laura lui fit une quantité de recommandations affectueuses – ne reste jamais seule, ne bois pas, souviens-toi de ne pas laisser traîner tes rubans de machine à écrire sinon les termites te les mangeraient, fais attention à ne pas casser ta machine à écrire, parce que personne ne pourrait te la réparer, n'écris pas trop, as-tu pris de la quinine ? Et de l'atrabine ? N'oublie pas de mettre ton casque, autrement tu vas attraper un coup de soleil… » « Accompagne-moi, » l'interrompit Annemarie, enfilant son cahier dans son sac. Elle savait que Laura avait toujours rêvé de faire ce voyage sur le fleuve. Malgré tout, l'Anglaise avait su la faire se sentir aimée. Plus personne, peut-être, n'y arriverait – par la suite. Elle avait l'étrange sensation qu'il s'agissait là d'un voyage sans retour. Elle ne savait pas ce qu'elle avait représenté pour Laura. Probablement une heureuse parenthèse ou une erreur. Mais, peut-être, loin de Léo et de ses miasmes, tout redeviendrait possible. Laura installa ses livres sur une petite table et poussa les boîtes de l'appareil photographique sous sa couchette. « J'ai un travail, je ne peux pas le quitter et tout laisser en plan », dit-elle. « Viens, comme ça tu pourras prendre soin de moi », insista Annemarie, lui caressant les cheveux. Ils étaient toujours ébouriffés – et en désordre. Laura répéta : « Je ne le peux pas », et elle s'éloigna à petits pas, voûtée, marchant d'un pas mal assuré sur la passerelle. Depuis la cheminée, le vent fit tomber une pluie d'étincelles sur elle.

Lorsque le bateau s'éloigna de la rive et s'avança dans le fleuve large comme une mer, Laura était sur le môle – où se sont toujours tenues les épouses – et elle cherchait à identifier Annemarie parmi les derniers passagers. Il y avait de très jeunes soldats, il y avait des marchands, des marins noirs, il y avait un prêtre, mais elle ne l'apercevait pas. Elle devait être déjà entrée dans sa cabine. Virant de bord, le bateau dessina un vaste demi-cercle et l'eau clapota contre l'embarcadère. Le fleuve scintillait dans l'obscurité et s'écoulait majestueusement, sans un murmure. À cet instant, Laura la reconnut, debout sur la barre inférieure de la balustrade – les jambes nues, dans son short kaki et sa chemise militaire, très maigre, plus pâle que lorsqu'elle était arrivée à Léopoldville. Laura agita son mouchoir, poursuivit le bateau et la silhouette d'Annemarie dressée sur le pont, jusqu'à ce que l'*Ondine* devînt une ligne sombre parmi les eaux et qu'elle s'évanouît dans un nuage de fumée. Elle pensait qu'elle ne la reverrait plus jamais. Elle l'avait perdue. Annemarie resta sur le pont jusqu'à ce que les derniers feux de la ville disparaissent dans la nuit. Sur l'autre rive, très loin, les lueurs rougeâtres d'un incendie s'élevaient. En contrebas, l'épouvantable étendue des eaux courait vers l'embouchure et le bateau voguait, comme elle, à contre-courant.

L'*Ondine* remontait le fleuve, glissant au milieu d'une série ininterrompue de hautes collines. Depuis le pont, lorsque la brume nacrée résultant de la chaleur se dissipait, Annemarie parvenait à seulement deviner un paysage grandiose et dans le même temps monotone fait de pentes boisées et de hauteurs dépouillées, et surtout de forêts. Tout devint vert – les feuilles, les rivages, la couleur des eaux, l'horizon. Elle était entourée d'un océan vert, dans lequel le bateau s'avançait lentement. Trop lentement. Sept jours de voyage la séparaient de Lisala. Et il n'y avait pas d'autre voie pour rejoindre ce petit avant-poste de la jungle. Dans ce pays, comme cent ans auparavant, comme toujours, le fleuve – qui s'écoulait, particulièrement vaste, immense et pourtant serré par l'étouffante étreinte de la végétation – était la seule route. Un monde à l'état larvaire, vierge, se déployait devant ses yeux. L'immense fleuve, les rives désertes, l'ombre, le silence imposant, la forêt impénétrable, aucun signe de présence humaine, comme à l'aube du monde. Sur le sable de plages striées de lumière, ses yeux surprirent des hippopotames et des crocodiles couchés se prélassant au soleil. De loin en loin, sur la rive, seules de petites clairières – à grande distance l'une de l'autre – apparaissaient, et aussitôt surgissaient de misérables villages de huttes ombragées de mangroves, palmiers, bananiers, rassemblées autour de tas de bois. De fines pirogues voguaient sur le courant, poussées par de paresseux coups de rames. Dans la nuit, des flammes rougeâtres s'élevaient des feux allumés par les indigènes. Le bateau accostait souvent, et les marins descendaient charger des marchandises. On voyait leurs silhouettes évoluer avec des gestes lents dans la lumière froide de la lune. Au cours des haltes, qui se prolongeaient infiniment, dans un silence violé par le caquetage des singes invisibles et par l'écho de mystérieux tambours, au-dessous d'elle, les eaux gargouillaient et, très rapide, le courant roulait ses flots. Lorsque Annemarie descendait à terre avec ses nouveaux compagnons de voyage – des officiers belges qui retournaient à l'intérieur pour instruire des contingents de soldats de couleur et des officiers français qui, traversant le Soudan anglo-égyptien, devaient, pour leur part, rejoindre Le Caire –, ils marchaient avec hésitation sur une terre instable. Les villages semblaient être cernés par le néant. Depuis les cabanes partaient des sentiers qui s'enfonçaient dans la forêt : mais si on se hasardait à parcourir quelques pas seulement dans cette direction, on finissait par se perdre, parce que dans ce pays, il n'y avait pas de routes, et que les sentiers ne menaient nulle part.

Les heures et les jours passant, la douce monotonie du paysage, l'exaspérante lenteur du bateau, la succession ininterrompue de rivages, collines, et villages dépourvus d'individualité et d'histoire, la plongèrent dans un état de torpeur, dans une oppression rêveuse, comme si elle était en proie à un sortilège. Peu à peu, tout ce qu'elle avait connu, auparavant, ailleurs, comme dans une autre existence, se détachait d'elle – devenait l'objet d'une nostalgie lancinante car cette fois, il était définitivement perdu. Elle perdit la notion du présent, du temps, du lieu, d'elle-même. Elle avait été aspirée par ce voyage comme par un gouffre. Elle ne l'avait pas vraiment voulu, mais se l'était plutôt imposé, en vertu d'une sorte d'obscure nécessité. À Léopoldville, entourée d'une réalité urbaine qui recréait efficacement l'occidentale, elle n'avait jamais imaginé que l'intérieur du pays fût ainsi – un vide, un grand néant, où cependant s'écoulait une vie primordiale, éternelle. Le monde redevenait sauvage comme il l'avait été durant des millions d'années, la civilisation n'était pas encore arrivée ou, encore, elle était arrivée sans laisser de traces – parce que dans cette terre d'eau, d'arbres et de silence, les traces se perdaient et les sentiers s'effaçaient. C'était vraiment autre chose – c'était vraiment ça, l'Afrique. Ou peut-être, c'était vraiment ce qui était en elle, et plus elle s'enfonçait au Congo, plus son antique, dérisoire et désastreuse identité se brisait, son moi se désintégrait, absorbé, comme entraîné dans des remous et enfin englouti en tout ce qui existait.

Annemarie débarqua ses bagages à Lisala, salua ses compagnons et quitta le bateau. L'atmosphère était lourde, engourdie. Quelques jours auparavant, on avait traversé l'équateur. Une échelle raide montait depuis la rive du fleuve jusqu'à une hauteur entourée de grands palmiers et d'une végétation luxuriante. Elle ne reconnaissait ni un buisson ni une fleur – tout lui était étranger, et pourtant beau comme un jardin. Avec sa lampe de poche, elle éclaira une poignée de masures en briques, aux marges des taillis. Dans l'obscurité, un homme vint à sa rencontre, il lui demanda si elle avait un lit pour la nuit. Ici, il n'y avait pas d'hôtel – pas même une auberge. L'homme lui proposa de loger chez lui et Annemarie accepta le lit de l'inconnu. À Lisala vivaient quarante-cinq Blancs, faibles comme des fantômes. Elle fit leur connaissance. C'étaient des commerçants, des agents, des colons ; ils vivaient une vie suspendue, irréelle. Ils attendaient quelque chose d'indéterminé, peut-être une lettre qui les rappelait à la ville, des nouvelles de leurs parents et de leurs enfants restés en Belgique, peut-être l'avion qui chaque semaine s'envolait de Léo à Stanleyville, la maladie du sommeil – ou la mort. Ayant déjà accompli un service de trois ans, nombre d'entre eux avaient un besoin urgent, désespéré de vacances : mais ils ne pouvaient être ni rappelés, ni remplacés en Europe, rêvant ainsi d'Afrique du Sud ou des montagnes du Kivu – mais le changement de climat n'aurait pas été suffisant pour leur restituer ce qu'ils avaient perdu. L'événement principal de leur vie était représenté par l'arrivée, toutes les deux semaines, du bateau qui apportait de la nourriture, de la viande, du beurre, des légumes et des fruits frais. Puis le bateau repartait, il semblait se dématérialiser dans une bouffée de brume, fumée, vapeur, et d'autres semaines d'attente commençaient. Personne ne travaillait et personne ne semblait rien faire. Annemarie ne s'en étonna pas : pour travailler ici, il fallait plus d'énergie qu'ailleurs, et personne n'en avait. Pas même elle. À quelques dizaines de mètres des maisons, une croix de guingois sans nom, sans date, plantée dans la terre auprès d'un ananas en fleur lui révéla que là, voici bien longtemps, quelqu'un était mort – à coup sûr un chrétien. Pour des raisons désormais oubliées, quelqu'un avait fini par arriver dans ce village – et il n'avait pas été capable d'en repartir. Son nom avait duré moins que le bois de la croix. Les gens semblaient posséder une étrange inconsistance – ou peut-être était-ce elle-même qui perdait de sa consistance – et elle peinait à leur attribuer une individualité et une histoire. Elle les confondait les uns avec les autres – ils lui semblaient seulement des êtres abstraitement humains – et peu de jours après son départ, elle ne serait plus capable de dire un seul de leurs noms, de se souvenir d'un seul visage, pas même de celui, desséché et ligneux, de son hôte. Sur le cahier que lui avait donné Laura, diligemment, voulant tenir sa promesse, elle avait commencé à prendre ses premières notes de voyage : un vrai *journal**, avec date, notations météorologiques, descriptions de paysages, et repérage d'animaux que ses compagnons de voyage lui montraient depuis le pont – les crocodiles, les phénicoptères, les noires hirondelles du fleuve, les serpents, les écureuils volants munis d'une membrane alaire leur servant de parachute. Cependant, lorsque à Lisala elle relut ce qu'elle avait écrit au cours des sept jours passés sur le bateau, elle se rendit compte qu'elle avait toujours eu recours aux mêmes mots. C'était comme si le temps s'était arrêté – sa vie s'était arrêtée, ses propres pensées ne tournaient plus à vide : simplement, elles ne tournaient plus. Elle cessa d'écrire un journal et finit par perdre le décompte des jours.

Elle resta sait-on combien de temps dans un local situé près du dépôt des provisions, mis à sa disposition par l'homme qui était venu à sa rencontre dans l'obscurité, le soir de son arrivée. À la latitude de l'équateur, on n'y voyait goutte, et à Lisala, il n'y avait pas d'éclairage électrique. La nuit était longue et le voisinage de la forêt vierge profonde et inconnue la rendait épouvantable. Annemarie dit à son hôte que s'avancer dans le cœur nocturne de l'Afrique c'était comme s'avancer dans sa propre nuit – en sus de celle du genre humain. Dans un lieu tel que celui-ci, on devait entreprendre un voyage à rebours dans le temps, une bataille préhistorique contre les éléments d'une terre non encore faite pour les hommes et surtout une lutte primitive pour la survie, parce que chaque individu vit une existence de lutte continuelle, toujours chassé, toujours persécuté – et toujours à la chasse d'êtres plus faibles que lui. Son hôte ne pensait pas de cette manière : c'était un endroit comme un autre – au reste, en ce moment, Lisala n'était pas plus dangereux que Bruxelles. C'était un type hargneux, habitué à la solitude : au cours de la Première Guerre mondiale, il avait été commandant, maintenant il revendait des fruits de palmiers qu'il achetait aux Noirs et il avait commencé à planter du café. Parfois, au cours des longues heures d'obscurité, de laconiques conversations qui s'échouaient vite dans le silence étaient entamées. Sa femme et son fils étaient en Belgique. Son garçon allait à l'école et se portait bien : ces dernières années, l'homme avait eu de ses nouvelles seulement par l'intermédiaire de la Croix-Rouge. S'il avait su que la guerre arriverait, il n'aurait pas renvoyé sa femme à Bruxelles. Il lui demanda si elle avait l'intention de rester au Congo aussi longtemps que la guerre durerait. Annemarie lui répondit qu'elle n'y avait pas pensé, parce que depuis quelque temps, elle pensait peu. Et de toute façon, la chose ne dépendait pas d'elle, mais des circonstances : si on lui avait accordé un visa pour un autre pays, si les bateaux étaient partis... de tellement de choses. L'homme dit que les choses dépendent seulement de nous et arrivent quand nous les attendons.

Pour le moment, tout ce qu'elle attendait c'était l'arrivée d'un camion qui pouvait lui permettre de reprendre son voyage vers le nord. Elle voulait traverser la forêt, évoluer sous son couvert. Jusqu'ici, elle l'avait seulement regardée comme un tableau. Les Blancs de Lisala le lui déconseillèrent : elle ne comprenait pas s'ils le pensaient sérieusement, peut-être voulaient-ils lui faire peur, mais ils l'avertirent, dans la jungle, la route n'était guère plus qu'une piste en mauvais état, et les indigènes hostiles, toujours prompts à transpercer de leur lance, dans leur dos, les étrangers qui s'y aventuraient, et à les manger. L'anthropophagie était encore pratiquée par les tribus de la forêt. Pour ne rien dire des maladies. L'Afrique a engendré l'homme, mais également les maladies les plus létales qui le tuent. La fièvre jaune, l'encéphalite, la lèpre, la diphtérie, la malaria tropicale, pour ne rien dire des vers, comme le schistosome qui provoque la bilharziose ou l'ankylostome denté qui provoque l'anémie. Dans la forêt, aux Blancs, il arrive quelque chose d'étrange. Ils sont frappés d'une sorte de folie, et ils ne parviennent plus à repartir. Le camion cependant n'arrivait pas, personne ne savait lui dire quand il arriverait ni même s'il arriverait – peut-être était-il en panne quelque part, peut-être la route était-elle impraticable – et Annemarie restait des heures assise sur la véranda de l'entrepôt, sa machine à écrire sur les genoux, dans une chaleur et une humidité stagnantes, écrivant des torrents de mots dépourvus de direction préalable et de signification évidente – et qui devenaient seulement des labyrinthes de sons. Depuis cet endroit, il n'y avait aucune issue, elle n'avait aucune possibilité de se distraire, aucune tentation, aucune *consolation*, pas même le whisky parce que depuis des mois on n'en livrait plus et que les réserves étaient épuisées. Dans quelque direction qu'elle regardât, il n'y avait pas d'échappatoire, d'horizon ou de point de fuite : ses yeux voyaient partout les mêmes vagues vert-bleu de l'océan arboré, flottant au-dessus de la brume de la forêt. Elle était au centre d'un cercle enchanté, artificiels étaient les confins de son ondoiement et de celui du ciel nuageux. Autour d'elle et au-dessus d'elle vibraient des murmures d'insectes, le bruissement des feuilles, des arbres se fracassant, des barrissements, de mystérieux appels, qui devenaient toujours plus faibles, jusqu'au moment où se produisait le miracle de la fusion – une osmose absolue entre ce qui parlait en elle et le monde extérieur. Il n'existait plus de ligne de séparation entre sa réalité mentale et celle d'un léopard de passage ou d'un cercopithèque moustachu ou d'un roseau. Elle n'était rien, elle était tout, elle était partout et toute chose – éclat lumineux et sensitif, un anonyme palmier, brouillard, fleuve, tourbillon venteux. Mais c'était un miracle provisoire. Alors, elle recommence à s'escrimer avec la radio – un vieux modèle d'il y a vingt ans qui devrait la relier au monde. C'est d'ailleurs ce que faisaient tous les habitants de Lisala, collés à leurs appareils obsolètes, cherchant les fréquences des radios citadines et percevant – plus qu'écoutant – les voix des speakers. Mais les piles de sa radio ne fonctionnaient plus suffisamment, peut-être du fait de l'humidité, et se penchant sur l'appareil, elle parvenait seulement à distinguer un murmure confus.

Finalement, un matin, un camion fit son apparition. Il faisait le tour des plantations de l'intérieur et des villages perdus dans la forêt, afin d'acquérir des arachides et du copal et de charger des provisions : mais cette fois, il la chargea elle aussi. Le chauffeur sembla content d'avoir de la compagnie. Les indigènes croyaient que quiconque se retrouvait seul dans la forêt était en danger. La solitude mène à la folie et un homme isolé est la proie facile des esprits vagabonds. Annemarie s'assit auprès du chauffeur, ses sacs de voyage sur les genoux. Le camion s'éloigna de Lisala, laissant derrière lui les quarante-cinq Blancs échoués sur la rive du fleuve. Parmi les soubresauts, les embardées, les haltes forcées, il suivit une piste à peine visible dans l'obscurité de la forêt. Des jours et des jours, il roula dans le néant, sous une voûte de branches et de feuilles, parmi des troncs immenses comme des piliers de cathédrale, dans un enchevêtrement impénétrable de lianes grosses comme des cordages de transatlantiques qui laissait filtrer à grand-peine un rayon de soleil. On aurait cru se trouver sur le fond de la mer. La trace de terre rouge se perdait parmi des étangs, lacs et marécages, sur lesquels passaient des ponts faits de planches désormais pourries, qui croulaient sous le poids du camion. Souvent le chauffeur devait descendre, cherchant à reconstruire de la manière la moins mauvaise une passerelle afin d'empêcher son véhicule de s'enfoncer dans la boue. Tout aussi souvent un tronc obstruait la route – ou des racines proéminentes la barraient à l'improviste, obligeant le chauffeur à freiner brusquement, ce qui l'envoyait du même coup se cogner contre le pare-brise. De très hautes termitières rouges ponctuaient la piste, telles des bornes étranges. On sentait partout l'odeur âcre et lourde de la décomposition. Parfois, afin de franchir un fleuve, le camion était chargé sur un bac rudimentaire, formé de diverses pirogues assujetties les unes aux autres. Les rameurs sortaient comme du néant, appelés par le mystérieux tam-tam d'un tambour, qui pour elle commençait à acquérir la même signification familière et dans le même temps éloignée que celui des cloches de Sils. Les eaux du fleuve sans nom, resplendissant dans la lumière du soir, étaient comme un miroir froncé par le glissement léger des pirogues. Et puis sur l'autre rive ces hommes s'évanouissaient, le silence se refermait sur la forêt, le chauffeur allumait le moteur, les roues glissaient et le camion roulait de nouveau dans la solitude, les ténèbres – dans le néant. Et de nouveau, des impressions et des pensées subjectives et objectives se confondaient. Il lui semblait que ses cauchemars, ses espoirs, ses ennemis, elle-même, s'attardaient autour d'elle, et venaient à sa rencontre entre les lentes spirales des lianes descendant des branches les plus hautes, enracinées, enveloppées, brûlantes d'épines et de millions de fourmis – venaient à sa rencontre dans l'obscurité. Dans la pénombre, depuis les buissons pointaient à l'improviste des chiens sauvages à tête de chauve-souris : aveuglés par les phares, ils finissaient par se jeter sous les roues. Annemarie entendait le terrible bruit sourd de leurs corps heurtant le camion, et si elle se retournait, elle devinait leurs carcasses abandonnées au milieu de la piste. Cependant, étrangement, plus que les chiens sauvages, que les animaux féroces et qu'une agression possible de la part des chasseurs, elle craignait la route. Elle n'avait jamais rien vu de plus inquiétant que la fine bande rougeâtre qui, inexorable, pénétrait dans l'obscurité sans fin de la forêt.

À l'équateur, il pleuvait presque chaque jour. Le ciel se brodait d'éclairs fantastiques, l'air devenait électrique – une tempête de vent se levait, un tourbillon de feuilles et de branches brisées et, après un instant de silence épouvantable, éclatait, tonitruante, la foudre, et l'obscurité et la pluie tombaient ensemble. Une pluie inconnue – un flot violent comme une cascade, assourdissant comme le passage d'un train, qui pliait les arbres et plongeait le paysage dans une vapeur laiteuse.

Rapidement, comme ils étaient venus, les nuages se clairsemaient, et, oppressante, la canicule revenait. Des myriades de moustiques arrivèrent avec la pluie. Des moustiques implacables, qui attaquaient les jambes et les chevilles, s'aventuraient dans les pantalons et parvenaient à piquer même à travers le tissu. Leurs morsures étaient douloureuses comme des blessures de couteau. Annemarie portait toujours sa veste et une couverture sur ses jambes : on lui avait conseillé de transpirer plutôt que de risquer d'être dévorée. Les moustiques la piquèrent néanmoins : sur le visage, sur les mains, sur le cou. Lorsque les dieux décideront que tu devras mourir, tu mourras – lui dit, croyant la rassurer, le chef d'un village où ils s'arrêtèrent pour dormir. Ni avant, ni après. Aucune de tes prières ne peut les faire changer d'opinion. Les dieux n'aiment qu'eux-mêmes. Tout ce que tu peux faire c'est de chercher à les corrompre, leur offrir tes présents, te protéger – et les éviter.

Le camion roulait lentement sur la route, que la pluie avait rendue glissante comme de la glace. Aux marges du sentier, entre des troncs carbonisés et des arbres réduits à l'état de squelettes par les incendies, surgissaient des huttes de paille : se penchant à la fenêtre, Annemarie devinait, un instant durant, des hommes ensommeillés qui dodelinaient de la tête et des femmes qui allaitaient devant un feu. Ils n'étaient pas hostiles, seulement distraits – ou indifférents. Les hommes portaient des couvre-chefs de feuilles et des petits pagnes d'étoffe colorée, les femmes de petites tresses et des colliers. Elles étaient grasses, elles avaient des seins énormes et leur sexe était à peine couvert par des jupes de raphia ou de tissus exigus pendant sur leurs flancs. Il y avait des nuées d'enfants nus. Bohringer lui avait dit – avec une répugnance mal dissimulée – que cette effroyable fécondité est le seul vrai don de l'Afrique. Tout est fécond – la terre, la boue, l'eau, les femmes. Elles ont

470

des douzaines d'enfants. L'infanticide est inconnu, l'avortement inexistant. Une femme sans enfants est comme une malheureuse à coup sûr victime d'une sorcellerie quelconque. Certains enfants jetaient à peine un regard au camion, d'autres s'agrippaient au marchepied, et sur un court trajet se laissaient porter hors du village. On la regardait avec stupeur, une femme blanche assise auprès d'un chauffeur – c'est avec une stupeur identique, au reste, que le très noir chauffeur la regardait lui aussi. Il lui dit, en riant, qu'elle, si blanche et décolorée, ressemblait à un mort ressuscité. Une fois, il heurta une gazelle, l'écrasant sous les roues du camion : elle eut le sentiment qu'il n'avait pas voulu éviter l'animal, mais qu'il l'avait tamponné délibérément, d'un coup de volant, avec l'astuce d'un chasseur. Il freina soudainement, descendit, chargea la gazelle moribonde à l'arrière du véhicule, et de nombreuses heures durant, ils voyagèrent dans le fourmillant bourdonnement de la forêt – tous deux, seuls, avec ce fardeau à l'agonie : angoissée, elle se retournait pour la regarder, et la gazelle mourait – l'étincelle obstinée de ses yeux qui scintillaient dans la pénombre, le sang qui, jaillissant de la tête, dessinait sur le plancher du camion une vague rouge sinueuse.

Elle mangeait à la fortune du pot : des bananes, des gâteaux de manioc et des œufs achetés auprès des indigènes ; elle dormait où c'était possible, dans les cabanes mises à la disposition des voyageurs par l'État, dans le magasin d'un Portugais, dans la mission d'un prêtre catholique. Le prêtre, qui vivait seul dans un village d'indigènes et qui n'avait pas vu de Blanc depuis des semaines, avait envie de bavarder. Il lui demanda pourquoi elle se trouvait ici, et elle répondit que, sincèrement, elle n'en avait pas la moindre idée. Il lui demanda ce qu'elle était en train de fuir ainsi : ce devait être quelque chose d'épouvantable si elle avait été poussée si loin. Elle répondit qu'elle n'était pas en train de fuir quelque chose mais qu'elle cherchait quelque chose. Le prêtre lui demanda si par hasard cette chose était Dieu, et elle répondit qu'elle croyait que oui. Puis, comme elle n'était plus habituée à parler, et qu'elle n'en avait plus envie, elle ouvrit sa chaise pliante, y étendit sa chemise détrempée de pluie pour qu'elle sèche et recommença à s'affairer sur son appareil radio. Quelques instants, dans une vaste clairière du cœur du Congo, tandis que la pluie rebondissait sur le toit de la mission et noyait la piste, elle réussit à capter radio Londres. Elle sursauta parce qu'elle reconnut une voix familière – profonde, chaude, riche en nuances. Amis auditeurs, bonjour, Erika Mann au micro. L'écho de cette voix ne lui causa pas la nostalgie attendue : son passé réaffleurait comme un rêve illogique et invraisemblable dans ce prodigieux océan vert. Cependant, le prêtre n'avait pas eu la même impression qu'elle. La voix qui croassait dans le poste de radio n'était pas une voix humaine – comment aurait-elle pu se faire entendre ici ? – seulement des décharges électromagnétiques. La radio ne fonctionne pas, Clark.

À Molanda en Mongala – au cœur de la forêt vierge, à deux cent cinquante kilomètres de Lisala, à plus de mille cinq cents kilomètres de Léopoldville, et peut-être à sept mille de chez elle – elle retrouva des compatriotes et entendit de nouveau le son de sa langue. Et pourtant pas même l'accent traînassant de son pays n'évoquait de souvenirs chez elle. Vivien et son épouse étaient venus bien des années auparavant de Thurgovie afin de fonder une grande plantation de café et d'huile de palme. Ils y étaient parvenus, ou peut-être pas : la faillite était toujours une perspective possible, et probablement la seule. Ils se plaignirent de difficultés de tout type, mésaventures, maladies, calamités naturelles, et d'une indicible solitude. Leur factorerie ressemblait à toutes les autres factoreries de l'intérieur : une grande bâtisse sur pilotis, avec une véranda tout autour, tout au bout d'une très longue voie d'accès. Alentour, la terre était recouverte d'entrepôts, auvents et maisonnettes, le tout en bambou ou en planches couvertes de *paillotes** (une toile de paille de riz qu'on fabriquait en Inde). Le fleuve – le Mongala – s'écoulait non loin : ses eaux étaient denses, troubles, couleur café au lait. À Molanda vivait également un autre Blanc, un jeune agent de plantation, avec son épouse et un enfant. C'était le premier enfant blanc qu'Annemarie voyait depuis des mois, et elle s'étonna de sa présence comme d'un miracle. Elle dit qu'elle était venue pour écrire une série d'articles sur les pionniers de la jungle, et ils lui offrirent une maisonnette : elle y habita seule. Elle avait des heures de solitude pour réfléchir et se retrouver après tant d'embrouillaminis. Et pourtant, elle commença à penser que se retrouver équivalait à se perdre. Une nuit, elle rêva qu'elle devait se frayer un chemin dans l'enchevêtrement de la forêt, agrandir une clairière et s'ouvrir un sentier à travers la forêt jusqu'à sa fin. Cependant, elle n'eut pas le temps de voir ce qu'il y avait de l'autre côté, car le second boy de Vivien l'avait réveillée en lui apportant son café. Les domestiques de madame Vivien avaient pour nom Bungi, Ogoula, Bama, Baguma Samba, Léon : mais le second boy s'appelait Golo et cela lui apparut comme une étrange coïncidence que ce jeune à la peau très noire, qui ne comprenait pas un mot d'allemand, eut le même prénom que le frère d'Erika et de Klaus. Annemarie se rendit compte qu'elle ne parvenait absolument pas à imaginer un futur sans eux. Et, au contraire, ici, elle se défaisait petit à petit de toutes ses idées, de tous ses préjugés, et elle finirait par devoir se défaire également des sentiments qu'elle nourrissait pour eux.

À la fin du mois d'août, elle partit en voyage dans le bassin du Congo à travers la forêt équatoriale, la plus ancienne forêt vierge de la terre, qui depuis l'éternité n'avait pas subi de changements ni géographiques ni climatiques, et qui avait toujours été là où elle était encore. Un lieu où peu de Blancs étaient passés, et d'où personne n'était revenu. Et puis, toujours plus loin, remontant vers les sources du fleuve Uele, vers les lacs Albert, Edouard et Kivu – et la grande route. Ce fut un voyage différent de tous les autres et qui ne laissa de trace ni dans ses lettres, ni dans ses photographies, ni dans ses livres. Elle n'en rapporta pas de souvenirs – du moins dans le sens traditionnel de *souvenir** : d'objets à montrer à son retour, masques, étoffes, sculptures, colliers, insectes séchés et papillons – pas même des noms de lieu, personnages, adjectifs, ou mots : elle n'avait plus de rubans pour sa machine à écrire. Même après son retour elle fit seulement de vagues allusions à cette période – une « merveilleuse expérience ». À Laura non plus elle ne voulut pas expliquer pourquoi. Elle avait atteint quelque chose de très proche d'une vérité quêtée si longuement qu'elle en avait perdu le nom – et elle ne voulait pas la disperser en mots ni en images ni en sons. Elle conserva ce voyage en son for intérieur comme le seul trésor qui lui était resté.

Elle voyageait de fleuves en marécages, parfois hissée sur un radeau étrange, tel un naufragé, toujours en compagnie de porteurs indigènes qui se succédaient d'un village à l'autre, l'escortant chacun sur un bref trajet – c'étaient des présences familières et dans le même temps étrangères, d'étranges anges gardiens qui veillaient sur elle. Quelques jours durant, Annemarie se rappela leurs noms – Combo, Kinda, Pita –, puis les oublia. Elle avait imaginé des dizaines de fois l'Ange beau et terrible qu'elle avait découvert dans les pages de Rilke – invoqué et repoussé, proche et destiné à mettre sa conscience à l'épreuve au cours des heures les plus désespérées. Elle l'imaginait comme celui qu'elle aurait voulu être : une créature parfaite et autosuffisante, incontaminée et incorruptible. Ses anges furent au contraire de silencieux Sango, tatoués comme des cartes topographiques, émaciés comme les ombres du soir.

Les jours étaient très courts, et souvent ils voyageaient dans l'obscurité, et au crépuscule. Elle ne savait pas même où elle se trouvait, parce que les lieux qu'elle traversait n'étaient pas marqués et que la carte était totalement vide à cet endroit : un dédale de fleuves – le vert bassin du Congo. Elle voyageait dans une énormité informe, à laquelle manquaient tout dessin, tout ordre, toute décision – dans un monde aussi instable qu'elle, qui hier existait et qui aujourd'hui n'existait plus, parmi les îlots mobiles qui erraient dans le courant et des étoiles fixes au-delà des arbres, dans un univers qui comme elle ne choisissait pas, qui était tout et le contraire de tout. Et ce qui l'entourait n'était plus angoissant, ni étranger, mais profondément familier. Puis la forêt aussi commença à se clairsemer, les arbres ressortaient solitaires sur des miroirs d'eau immobile, et enfin ils parvinrent à ses marges : ils débouchèrent, et la lumière était aveuglante, tout autour des montagnes qui s'élevaient dans des lointains bleus, des savanes calcinées par les feux. La nuit, dans les lointains, elle voyait brûler les dernières lueurs des incendies allumés par les indigènes. Lorsque les boîtes de conserve se révélèrent pullulantes de larves, elle mangea des nourritures inconnues – rôtis d'antilope, ragoûts de tortue, viande de vautour, crocodile, singe, serpent, boa, porc-épic, et même des biftecks d'hippopotame, dont son guide portait des lambeaux crus à l'odeur fétide dans sa besace, et de la queue, de l'oreille et surtout de la trompe d'éléphant : cuit à l'eau, cela ressemblait très prosaïquement à du bœuf. Il y avait des centaines d'éléphants : ils couraient en troupeaux et la terre tremblait. La nuit, elle entendait leurs appels. Elle parcourut des pistes à peine marquées dans l'herbe de la savane et traversa des fleuves sur des bateaux tirés à la main le long d'une corde de fer. En montant vers les grands lacs, elle vit des tribus de pasteurs et de guerriers, et gravit des collines raides. Le climat devenait peu à peu plus frais – hospitalier. Les premiers Blancs avaient appelé cette région le « Paradis ». Ils disaient que rien de semblable n'existait plus sur terre. C'est ainsi qu'avait dû être le monde avant la venue des hommes.

Elle rencontra des animaux de milliers d'espèces qui lui étaient pour la plupart inconnues. Des aigles de rivière, des oies pygmées, des geais marins, des léopards et des chauves-souris l'accompagnèrent. Et des singes de tout type, barbus, moustachus, au nez jaune, rouge et bleu – commères et curieux. Elle s'arrêta dans des villages indigènes. Les hommes riaient, les enfants riaient, les femmes riaient, elle rit elle aussi – d'elle-même. Elle vit changer la couleur de peau des gens, leur religion, et la cantilène de leur langue, ce qui semblait être un monde uniforme pour un œil étranger était au contraire varié et contradictoire comme en Europe et davantage, découvrit-elle. Ils avaient des philosophies différentes, des langues différentes, des conceptions de la vie opposées. Le prêtre de la mission où elle s'était arrêtée dormir sur la route de Molanda lui avait dit que les Bantous croyaient en la force vitale – essence créatrice de toute chose au monde – vivante ou morte : maintenant seulement, il lui semblait comprendre la signification de ses mots. La force vitale unit l'énergie physique et l'énergie spirituelle – avec à son sommet l'Être suprême. Le bonheur suprême revient à la possession de la force vitale – autant que faire se peut. Chaque maladie, chaque blessure, souffrance ou injustice est à même de réduire la force vitale. C'est pourquoi elle semblait en posséder si peu. Elle aurait voulu lui demander si la force vitale pouvait également revenir, mais elle avait préféré tourner le bouton de la radio et

476

chercher la voix de son passé. Mais oui, lui aurait répondu cet homme, certes oui.

Au début elle chercha à photographier ces gens étrangers : une jeune femme Gwaka, au sourire énigmatique, tellement belle que ses seins pointus semblaient constituer une menace, une épouvantable vieille aux lèvres déformées par des disques grands comme des assiettes, sur l'Oubangui une jeune fille qui dansait, à Faradjé deux guerriers azandés vêtus d'un pagne court. Bombant le torse, la lance à la main, ils la regardaient tandis qu'elle s'escrimait avec la pellicule. Le plus petit – qui esquissait un gentil sourire – tenait une bicyclette flambant neuve sur son épaule. Pour elle, le contraste entre leur nudité archaïque, la lance et les pagnes et la modernité presque paradoxale de cette bicyclette semblait admirablement exprimer le contraste entre deux mondes – deux âges – entrés en contact et peut-être en collision. Mais le naturel de cette apparition menaçait de se changer en paternalisme conventionnel pour l'objectif de l'appareil photographique, et, au fil des jours, l'appareil devint un encombrement inutile – un lest comme la radio, perdue parmi les fanfreluches de son bagage.

Au Kivu, elle retrouva le ciel bleu de l'altitude et la nette sensation d'être chez elle. Elle retrouva aussi la mort. Le cimetière indigène ressemblait à la boutique d'un brocanteur. Les tombes étaient recouvertes d'objets ayant appartenu aux défunts et que ces derniers emportaient avec eux. Des colliers de perles de verre, des tessons de poteries, des armes, des lambeaux de vêtements, des parapluies, des chaises défoncées. Au guide qui l'escortait, elle demanda ce qu'il arrivait, après, selon eux, et où allaient leurs morts. Celui-ci la regarda – surpris – et répondit que les morts ne vont nulle part. Quand quelqu'un est mort, et qu'il a été pleuré, qu'il a obtenu son remerciement (chacun lui offre quelque chose), il n'a plus rien à demander aux vivants. Après, il est mort, et tout est fini. C'est comme après que le feu s'est éteint, que la pluie est tombée, que le vent a cessé. Les morts n'existent plus. Ils n'ont même plus de nom. Le nom d'un mort – même s'il est aimé et tout particulièrement s'il est aimé – ne peut être prononcé. À l'aide d'un ouvre-boîte, elle s'acharnait à éventrer un récipient de lait en poudre, et le guide la fixait des yeux sans cacher sa stupeur. Qui sait pourquoi la Blanche s'intéressait aux antiques superstitions de son peuple. Désormais, ils étaient tous convertis – et lui aussi allait à la messe, à l'église de la mission. Mais si vraiment elle voulait le savoir, *Madame**, c'est également ce qui arrive avec le nom d'un malade. Lorsqu'un malade guérit, il change de nom : le malade est mort. Si on l'appelle par son ancien nom, on lui procure seulement de l'horreur et du désespoir. Alors Annemarie pensa être proche de la guérison – elle aussi trouverait ce jour-là un autre nom pour elle. Mais quoi et qui deviendrait-elle, elle ne pouvait encore le savoir.

Devant les mines d'or du Kivu, les policiers armés fourmillaient. De très hauts murs de brique séparaient les précieux dépôts des habitations. Pour entrer, elle dut discuter, convaincre, exhiber son laissez-passer et promettre un article dans un journal : mais elle ne pensait pas l'écrire. Elle voulait seulement descendre au fond de la mine. Les mines étaient des gouffres sombres exhalant un souffle humide et chaud. Toutes les demi-heures, un monte-charge venu du fond déchargeait dans la cabane d'accès de petits wagons métalliques dont le contenu était recouvert d'une toile. Puis, il redescendait, la corde grinçait – et le monte-charge descendait toujours plus profondément jusqu'à ce que la surface devienne seulement un faible cercle de lumière – au loin. Des boyaux tortueux, pris dans une chaleur torride qui coupait le souffle, s'enfonçaient dans les flancs de la montagne. Nus, très noirs, presque invisibles dans l'obscurité, telles des ombres, armés de dynamite et de pioches, les mineurs travaillaient rapidement, sous le regard attentif de sentinelles qui les surveillaient afin qu'ils n'avalent pas de l'or et ne cherchent pas à en voler : ils devaient, au contraire, le déposer dans les wagons de la *Société**. Certains poussaient ces wagonnets dans l'obscurité en les faisant rouler sur des rails – les wagons défilèrent sous ses yeux comme devant ceux de ces hommes : comme quelque chose qui ne lui appartenait pas. La mine résonnait de voix et d'explosions. Annemarie avança dans l'obscurité – agitant au-devant d'elle sa torche électrique. Elle se demanda à quelle profondeur elle se trouvait, à quelle latitude – peut-être sur l'équateur ? Lorsque autour d'elle il n'y eut que le silence, et que l'écho de ses pas disparut, elle s'arrêta et éteignit sa torche. Dans l'obscurité, la voûte de la galerie scintillait, une clarté dorée éclairait ses mains. Partout, alentour, un fantastique étincellement, un scintillement d'une luminosité aveuglante. Elle était partie depuis plus de deux mois et à cet instant, elle se rendit compte qu'elle était arrivée au terme de son voyage : à l'intérieur de l'intérieur, en son sein, et en profondeur. Aucun territoire plus lointain n'existait plus pour elle. En novembre, elle était de nouveau à Léopoldville.

De nombreuses équivoques s'étaient dissipées, avec son départ. De Suisse, ou du Portugal, des informations flatteuses étaient arrivées sur son compte, car Bohringer lui fit bon accueil, et lui demanda même de l'accompagner au Club, un de ces soirs. Elle reçut même des invitations pour jouer dans les maisons de Léopoldville. À l'*Auberge du Petit Pont**, Thérèse lui servit son café habituel avec des œufs frits et du speck, et, lorsque Van der Elst vint s'asseoir à sa table, en compagnie de deux autres pilotes, elle fut surprise. Ils l'informèrent des derniers commérages de la ville. Le mess des officiers avait été fermé à cause des souris, Fisher avait eu une fièvre qui solidifiait son sang et il s'en était fallu de peu qu'il n'y laisse la peau, la femme d'Hourdebise s'était empoisonnée avec des barbituriques, Hastings avait couché avec le capitaine Goosens. Ils se réjouirent que Clark n'ait pas servi de pot-au-feu aux sauvages ou été la victime de quelque sorcier. Toutefois, elle devait avoir été l'objet de quelque sorcellerie, dans la jungle, parce qu'ils la trouvaient très, très différente. Calme, parfaitement maîtresse d'elle-même, sereine. Ses ennemis jugeaient encore qu'elle avait accompli son voyage à l'intérieur de l'Afrique afin d'espionner les immenses richesses de la colonie, mais beaucoup l'interprétaient seulement comme un caprice – une recherche d'émotions gratuites. Le capitaine l'avait surnommée la « Jeanne d'Arc de la jungle ». Annemarie sourit avec bienveillance de leur ironie. La ville ne lui était peut-être plus hostile, mais elle lui demeurait étrangère. Peu lui importait, maintenant. Rien de ce qu'elle avait vécu ne les regardait. Ils n'auraient pas compris, et surtout ils ne l'auraient pas crue. Désormais, elle les connaissait suffisamment. Et maintenant, c'était elle qui errait dans leur ville poussiéreuse sans la regarder, dans leurs cafés sans les voir, dans leurs restaurants sans les saluer.

Léopoldville était très loin d'elle, comme si des océans les séparaient. À ses yeux, elle n'avait plus aucune réalité ou consistance : c'était seulement une apparence. L'arbre au tronc noueux et aux branches allant s'élargissant vers les hauteurs, aperçu cette nuit-là – à la réception du consul d'Angleterre, lorsqu'elle s'était éloignée de la foule, se retrouvant à se promener sur les rives du Congo –, lui revenait constamment à l'esprit. Tout avait commencé ce soir-là. Elle n'avait alors pas accordé trop d'importance à cet épisode, qu'elle n'avait pas pu comprendre. Cependant, un instant – un miracle provisoire –, le monde et elle étaient devenus une seule et même chose. Souvent, par la suite, toujours plus souvent au fur et à mesure qu'elle s'enfonçait dans le Congo, ce miracle s'était répété, jusqu'à ce que toute séparation entre son esprit et le monde ait disparu, et elle avait recommencé à appartenir à la vie millénaire du cosmos – à la volonté de la nature. Sa volonté, son individualité, sa vie elle-même n'avaient plus d'importance. Elle comprenait maintenant pourquoi elle avait fait tout cela – abandonné les distractions et les sourires des gens importants, rompu ses engagements, mis sa réputation en jeu, pour n'écouter que la musique obscure du fleuve et d'elle-même. Elle comprenait pourquoi on ne l'avait pas crue, pourquoi la seule chose qu'elle devait dire – qu'il est possible de partager les hommes selon une limite nette et certaine, que tous ceux qui haïssaient le même ennemi étaient de ce fait des frères – elle n'était pas parvenue à la dire et elle ne la pensait plus. Dans la douleur et la souffrance du monde qu'elle avait prises sur elle, elle avait cherché un sens, un Dieu, la vérité de son existence. Quiconque souffrait était son frère, même le prisonnier de l'un des camps en présence, accusé, sans pouvoir se défendre, d'être communiste ou nazi ou défaitiste. Il n'y avait qu'un seul genre de voyage paré de valeur, et c'était celui qui menait aux hommes. Elle ne voulait plus fuir ni se défendre, ni même lutter. Elle était arrivée au point de n'éprouver plus d'amour ni de haine – d'ailleurs, elle ne voulait pas trouver l'amour dans la haine et commencer à aimer son ennemi, à ne craindre ni la chaleur de ce pays qui savait paralyser, ni ce qui était inconnu, étouffer de désespoir, ne plus connaître ni le doute ni la peur, pour se consacrer au début de toute chose – et de l'écrire. Elle n'avait plus même le droit d'être ce qu'elle avait été. Lorsque Dieu déciderait qu'elle devait mourir, tout finirait pour elle. Tout ce qu'elle devait faire c'était chercher à lui arracher son temps, lui offrir son don. Tout ce qui lui restait à faire c'était écrire son « livre ». Elle s'illusionnait encore, croyant que les livres – même ceux nés de l'illumination la plus profonde – peuvent être la partie la meilleure de nous-mêmes.

L'automobile s'arrêta devant la gare tandis qu'une tempête très violente s'abattait sur les toits de tôle, pour les éventrer, et la ville se noyait sous un déluge. Elle garda sa veste sur la tête, mais la pluie torrentielle la détrempa en un instant. Le train était prêt à partir : le jour suivant, avant qu'il fasse sombre, elle était déjà en sécurité – sur la colline de Thysville. Elle tourna le dos à la petite ville coloniale et, suivie par un cortège de papillons, poules, hirondelles et enfants, dépassa le fourmillant village indigène. Elle choisit la maison la plus isolée, la plus haute sur la colline. En vérité, ce n'était pas exactement une maison, plutôt une cabane de bois et de bambou, semblable à une maison sur pilotis suspendue dans le vide. En dessous, il y avait la vallée des oiseaux, une mer verte, et rien d'autre. L'altitude – Thysville était situé à sept cents mètres au-dessus du niveau de la mer – tempérait la chaleur et lui rendit son séjour plus agréable. Elle recevait très peu de courrier – mais ni de Léopoldville ni de Brazzaville, de loin, lorsque les avions atterrissaient, ou au port maritime lorsque les vapeurs arrivaient. Elle écrivait toute la journée, jusqu'à ce que sa main se durcisse dans une crampe et que toute l'encre sèche sur le ruban de la machine à écrire. Possédée, elle écrivait – rien d'autre. Poursuivie par les résonances des mots et la fragilité de sa trame, elle voulait révéler ce qu'elle croyait avoir découvert (le mot « miracle » figurait dans le titre, avec une assurance péremptoire), et elle voulait faire vite – avant de le perdre ou de rendre les armes face à sa désolante impuissance à l'exprimer.

Encore quelques mois auparavant, elle aurait constaté avec douleur combien à Thysville ses réveils du mois de novembre étaient sombres et décolorés, lorsque le ciel n'émettait aucun rayon ni aucun sourire avant midi. Cependant, maintenant, elle ne s'en apercevait même pas : elle ne faisait même plus attention au bruit de la pluie battante, qui quelques mois auparavant lui avait semblé assourdissant comme celui d'un train. Elle n'allait jamais dormir, et l'aube la surprenait assoupie sur sa machine à écrire – la tête posée sur son clavier. Elle cherchait à arracher les mots à leur silence, et plus elle écrivait, plus elle voulait écrire. Elle ne ressentait pas la fatigue ni la saturation ni le besoin d'un excitant, d'un stimulant – pas même d'une liqueur. Peut-être à ce moment-là se rendit-elle compte qu'elle en avait vraiment fini – qu'elle serait toujours *clean*. L'écriture était sa drogue – elle pouvait étourdir, embrumer, guérir, dévoiler, illusionner, consoler. Elle vivait en écrivant – elle écrivait en vivant. Il n'y avait plus rien d'autre. C'est pourquoi, lorsqu'un matin du mois de décembre elle trouva Laura sur le pas de sa porte – un béret rouge sur ses cheveux ébouriffés pour se protéger du soleil –, elle peina à réaliser que la jeune Anglaise était vraiment là. Qu'elle n'était pas un fantôme échappé des pages de son manuscrit (Laura aussi, en fait, même si c'était une Laura spiritualisée, jouait un rôle dans son livre), mais précisément elle : avec son habituel petit habit de coton à fleurs élimé et des yeux d'un vert presque transparent. Laura la regardait avec ce même sourire révélateur avec lequel elle l'avait entrevue sur la route de Léopoldville. « Miro, disait-elle, *you went into hiding, but I found you in the end !* »

Avec un sentiment d'ébahissement et de faute, Annemarie se rendit compte qu'elle n'avait plus pensé à Laura – et que depuis qu'elle était partie, elle n'en avait pas senti le manque. Elle l'observa avec stupeur, comme si elle la regardait pour la première fois, les cheveux collés sur son front, le sein débordant, les taches de rousseur. Sa valise. Comme si elle était venue s'installer chez elle. Ces derniers mois, Laura était devenue plus gracieuse que dans son souvenir – ou peut-être était-elle seulement plus consciente de l'être. Elle ne s'habillait plus en deuil et elle s'était peint les ongles et les lèvres en rose. Ses cheveux avaient poussé et une bande épaisse lui retombait sur l'oreille, imitation d'une coupe à la mode – elle ressemblait vaguement à cette actrice américaine, Veronica Lake. Savait-on si elle avait véritablement couché avec Goosens. Quelque chose de changé dans l'expression de ses lèvres et deux sillons profonds apparus autour de sa bouche lui disaient infailliblement que oui. « Ne devais-tu pas être au travail ? » lui demanda-t-elle, stupéfaite. « *I left my job. Well, perhaps I should say they sacked me*, répondit Laura, en riant. *Anyway, I've stopped reading other people's mail. I'm not playing the spying game anymore*, ajouta-t-elle, laissant tomber sa valise et l'embrassant, *but I couldn't think of anything better*. »

Laura remplit la chambre de livres d'explorateurs du siècle dernier, de bandes dessinées et de revues illustrées, elle disposa des masques hiératiques en bois dans le séjour de la maison de Thysville et s'installa chez Annemarie. Les doutes et la honte qui l'avaient tourmentée avant la saison des pluies n'avaient plus prise sur elle. Elle les laissait aux bavardages de la société coloniale de Léopoldville – à leurs intrigues. Si Miro n'avait jamais pensé à elle, elle n'avait rien fait d'autre sinon repenser aux moments les plus insignifiants qu'elles avaient passés ensemble, se reprochant de n'avoir pas su oser. Elle repensait continuellement à la façon dont Miro était entrée dans sa vie : sur la piste d'atterrissage de l'aéroport, dans un vrombissement de moteurs, une main sur la tête pour empêcher son panama – et peut-être elle-même – de s'envoler. Elle l'avait prise pour une apparition céleste – comme si cette femme était tombée d'un autre monde – et dans un certain sens c'était précisément le cas. Elle avait reproché à Miro de ne pas savoir lutter, mais elle non plus n'avait jamais lutté pour l'avoir : elle s'était retranchée derrière sa peur de l'aimer et dans le même temps de la perdre. Sa vie n'avait pas changé. Simplement elle supportait toujours moins le climat, attendait avec impatience l'arrivée libératrice des pluies, qui ferait se relâcher l'étau de la chaleur et de la tension, mais lorsqu'en octobre, les pluies étaient venues, elle avait commencé à lutter contre la fièvre. Et elle supportait toujours moins le milieu. La cérémonie ponctuelle du commérage la dégoûtait. La cour harcelante des officiers lui était insupportable et afin de s'en débarrasser, un soir elle avait invité chez elle le plus timide, Goosens. Lorsqu'elle s'était réveillée avec cet étranger inanimé dormant à ses côtés, elle avait éprouvé un soulagement désespéré. Elle continuait à fréquenter les réceptions du consul, les veuves des militaires et les secrétaires qui empruntaient à la bibliothèque du Club des livres d'amour terre à terre : son monde habituel – mais maintenant, dans ce monde-là, elle apportait également le fantasme de Miro, et elle se demandait ce que Miro aurait pensé quant à elle d'un tel ou un tel, et elle ne voyait plus rien sinon ses yeux – une lentille qui rapetissait des choses qui lui avaient toujours semblé grandes et agrandissait des détails qu'elle avait toujours jugés insignifiants. Et lorsque, au bureau, elle disposait les lettres et commençait à lire les secrets des autres, leurs confessions, leurs élans de faiblesse ou de coquetterie, elle entendait les paroles de Miro qui lui disaient : je ne suis pas une espionne, pas comme ils l'imaginent. Je veux restituer les mots à leur signification, les sons à leur origine, et « espionne » vient d'un mot antique qui signifie observer. Alors, c'est vrai. Je suis celle qui observe. Cependant, je ne suis pas le juge d'autrui. J'accepte d'être de leur espèce. Le consul avait cessé de la traiter comme une petite jeune fille animée par un sain sentiment patriotique et il avait commencé à penser que les rapports de Laura Hastings étaient partiels et pour cette raison inutiles parce que – infamie et déshonneur – elle était tombée amoureuse de Clark : c'était irréfutable. Il avait reçu des dizaines de lettres anonymes à ce propos, et à Léo on ne parlait que de cela. Laura ne savait plus ce qu'elle croyait vraiment, d'une certaine façon, peu lui importait. Elle savait parfaitement que Miro était une femme déracinée et instable, presque dévastatrice, mais n'avait peur ni du scandale ni d'elle. Elle avait fait son choix, sans lui en demander la permission. Elle était lasse de demander l'autorisation de vivre – à la société, à ses supérieurs, à elle-même. Tout ce qu'elle avait laissé à Léopoldville lui semblait mesquin et elle était prête à y renoncer. Elle était pleine de projets, pour son futur avec Clark. Elle la convaincrait de rester en Afrique – mais pas ici. Elle avait intrigué pour obtenir des visas pour le Kenya : en temps de guerre, pour deux femmes, il était facile de trouver du travail. Clark serait correspondante de presse depuis Nairobi et elle trouverait pour sa part un emploi quelconque, après tout, elle était veuve, elle savait dactylographier, et même écrire une lettre commerciale. Elle posa la photographie de James sur la table de travail, auprès d'une autre – prise par Van der Elst quelques mois auparavant – sur laquelle elle figurait en compagnie de Miro à l'aéroport de Léo, devant un avion pansu sur le point de décoller, le museau déjà projeté vers le ciel. Les seules choses indispensables étaient ici : le reste, elle pouvait l'abandonner à la moisissure et aux souris. « Miro *my darling*, lui dit-elle, rougissante tandis qu'elle lui effleurait le visage des doigts, *I love you so much*. »

Annemarie la scrutait sans répondre, troublée, et se demandait combien de fois elle avait désiré trouver enfin quelqu'un qui fût disposé à tout partager avec elle, anéantissant sa solitude, pour entrer dans une communion de vie, voyages et pensées. D'ordinaire, les gens se décourageaient, épouvantés par sa soudaine froideur, et personne ne l'avait poursuivie – personne n'avait quitté sa maison, son travail, personne n'était monté dans un train défoncé qui roulait des centaines de kilomètres durant, gravissant les hauts plateaux, encaissé dans la végétation, sur une voie déserte, pour se retirer sur une colline – comme Laura l'avait fait. Cependant, elle ne parvenait pas à en être contente. Elle était si loin de Laura, maintenant. Elle se sentait coupable, parce qu'elle ne ressentait plus rien, ni la faim, ni la soif, ni la canicule, ni l'humidité après la pluie, et avec la disparition de sa haine tout autre sentiment avait disparu de son cœur, et aussi l'amour qu'elle avait éprouvé pour elle – mais elle ne savait pas comment le lui dire, car Laura ne méritait pas son indifférence étrangère. Laura installait ses vêtements dans l'armoire, fredonnait une chanson à voix basse, et elle se retrouva à attendre seulement le moment où le silence reviendrait dans la maison – car c'était seulement dans le silence, écoutant la voix des arbres et de la pluie, qu'elle pourrait s'asseoir de nouveau devant sa machine à écrire et recommencer à poursuivre les mots.

Le matin suivant, à sept heures – c'était une des habituelles matinées grises et tristes du mois de décembre – Laura alla la réveiller, en larmes. Depuis que Clark s'en était allée, sa vie s'était transformée en une succession de problèmes et de difficultés – matérielles, spirituelles, humorales, d'argent et même de santé. Elle redoutait même que l'irréparable fût arrivé, d'être enceinte. Elle avait perdu son travail, de nombreux amis, toutes ses certitudes. Quelques-uns de ces problèmes étaient liés à Annemarie, d'autres seulement aux changements qui se produisaient en elle : de toute façon, elle ne lui en avait pas parlé parce qu'elle ne voulait pas de sa pitié ni de sa compassion. Elle supposait qu'elle la chasserait parce qu'au moment où elle lui avait demandé son aide, elle n'avait pas su la lui accorder – ou au contraire, qu'elle la remercierait, parce qu'une fois, lorsque c'était Miro qui avait eu besoin d'aide, elle avait fait tout ce qu'elle avait pu pour l'aider, et maintenant, c'était elle qui en demandait tout autant. Mais Miro n'avait fait ni l'une ni l'autre chose : elle l'avait accueillie avec affection, mais sans joie. Depuis son retour, elle était encore plus diaphane et maigre qu'auparavant, mais étrangement sereine, Laura au contraire était en proie au désespoir : si Miro l'avait repoussée, elle avait déjà décidé de se noyer dans le Congo. Annemarie l'attira contre elle. Comme une brûlure, elle sentit les larmes de Laura sur sa joue. « Calme-toi, cela suffit, susurra-t-elle, je suis calme, ne le vois-tu pas ? c'est passé. » Ah, oui, voudrait dire Laura, ta présence me calme et me fait sortir de cette atmosphère méchante d'intrigues et de mesquineries. Ne me chasse pas. Je ne sais ce qu'il m'arriverait si tu n'étais pas auprès de moi. Je serais capable de faire n'importe quoi. Cependant, Miro était si distante – si sereine, qu'elle n'en eut pas le courage.

Le soir, Annemarie trouva glissée dans sa machine à écrire une lettre de Laura – écrite à la main, avec une calligraphie hâtive et enfantine. Elle la lut avec tendresse et dans le même temps avec effroi, car au fur et à mesure qu'elle en prenait connaissance, elle commençait à redouter de perdre ce qu'elle avait conquis avec tant de difficultés. Elle laissa tomber la lettre dans son tiroir et chercha à se concentrer sur la page de son livre. Elle tapa des chiffres à la machine : 89. Elle ramena le chariot en début de ligne, mais elle ne parvenait à écrire rien d'autre. Son esprit était paralysé – comme desséché. Elle arracha une feuille et en glissa une autre. Elle tapa à la machine le nombre – 89. Cependant, sa concentration avait disparu comme par enchantement. Sur la page blanche, ses yeux continuaient à composer la dernière phrase de la lettre de Laura. *Today a tender hand reached out towards me and showed me a way. I will follow this way until the end. With you L.*

Mais jour après jour, amèrement, Laura constata qu'en Afrique, il n'y avait rien de sûr. Rien ne dure, rien ne reste, tout change continûment dans une germination incessante et secrète. Dans ce pays, rien n'a de valeur définitive, ici les mots abstraits n'ont pas été inventés, il n'y a pas de mot pour dire la mort, la vie, l'amitié, la douleur – pas même pour dire merci. Miro avait oublié ce mot-là, et de toute façon, ce n'était pas celui qu'elle voulait entendre sur ses lèvres. Dans ce pays, la notion de la durée du temps n'existe pas, les maisons sont construites pour durer une saison, les champs sont brûlés à chaque récolte, les villages abandonnés, les mariages dissous, les routes s'effacent aux premières pluies, même les noms des individus changent plusieurs fois au cours d'une même vie. Ici l'impossibilité est dans les choses et c'était le seul pays qui avait compris Annemarie. Annemarie avait peur de choisir, d'être – d'exister. Peur de tout lien, et sa présence la plongeait dans la panique. Lorsqu'il lui semblait que Laura était trop exigeante vis-à-vis d'elle, possédée, elle répétait que le manuscrit – cette précieuse présence infaillible – réclamait toute son attention. Elle n'avait rien à lui donner. Tout ce qu'elle avait – son passé, ses pensées, son amour – était dans ces pages, le reste était lassitude, égarement, nostalgie et même déplaisir, parce qu'elle ne voudrait jamais lui faire du mal ni lui rendre son amour de cette façon. Laura n'avait cependant pas l'intention de l'accepter, et lorsque Miro hasardait la litanie des adieux – justifiant son propre malaise par une incapacité congénitale à aimer –, elle souriait, parce qu'elle était patiente, et pleine de vie, et croyait avoir du temps pour la convaincre du contraire. Il n'était pas vrai qu'elle était arrivée trop tard. Elle était arrivée – elle était là. Et Miro également était là : non, elle ne la laisserait pas partir, certes pas. Si elle entendait fuir une fois encore, elle lui courrait après – même sur ce bateau, même dans la forêt. Cependant, plus probablement, elle la convaincrait de s'arrêter avec elle. Et d'apprendre à utiliser le « nous » – à penser pour deux. Ou même pour trois.

Des centaines de feuilles arrachées rageusement recouvraient le sol de la chambre d'Annemarie. Lorsqu'elle s'éloignait pour ses promenades habituelles, Laura se hâtait de les récupérer, avec patience cherchait à les déchiffrer, parce qu'il ne lui était pas permis de lire autre chose. Elle ne savait pas l'allemand et elle ne comprenait pas de quoi le livre de son amie parlait : les pages étaient serrées – une marqueterie de mots, sans alinéa. Si elle demandait des explications, Miro restait dans le vague : on y parlait d'un amour, d'une persécution, qui réévoquait ses expériences américaines, et d'un miracle. Le protagoniste masculin était un alter ego de Miro elle-même et la protagoniste féminine s'appelait Louise ; la plus grande preuve d'amour que celle-ci offrait à son amant consistait à l'obliger à la quitter. Renonçant à lui, elle préservait sa liberté à lui. Et qu'en fait-elle de sa liberté ? répliqua Laura. L'amour n'est pas un esclavage, c'est quelque chose de grand, l'expression de notre désir de toucher le monde, de communiquer, de se fondre avec un autre être, de comprendre, de dépasser nos limites, c'est la source de la force dont nous avons besoin – c'est toi qui me l'as dit, Miro. Mais Annemarie ne se souvenait pas de lui avoir jamais parlé de cela : et même si elle l'avait fait, ce devait être dans un moment de naïve confiance dans son prochain, instant déjà évanoui et quoi qu'il en soit, elle n'y croyait plus – mais elle croyait au contraire que toute possibilité de communication entre les êtres humains était impossible, ni l'amitié, ni la bonté, ni l'amour n'existent, c'est seulement en capitulant, en abandonnant sa propre volonté, dans le renoncement définitif, que l'homme peut trouver de l'apaisement. Cependant, le renoncement définitif dont elle parlait à Laura ressemblait comme un frère jumeau à la mort.

Et lorsqu'elle le lui demanda, Annemarie répondit que peut-être, dans une certaine mesure, c'était vraiment le cas. « *You're wrong*, Miro. *It's not true. Not true at all.* » Depuis lors, Annemarie ne lui dit plus rien de son livre.

Laura se glissait dans son lit et l'entendait taper à la machine, dans la pièce d'à côté. Miro arrivait en bout de ligne, poussait le chariot et allait à la ligne. Le bruit des touches ne cessait pas de la nuit – il la berçait dans son sommeil et la réveillait le matin. Plus tard, lorsque tout finirait, Laura ne se souviendrait plus du visage instable d'Annemarie ni de ses yeux gris dans lesquels s'étalait parfois un secret bleu, ni du profil hautain de sa nuque, ni de ses lèvres brûlées, ni du geste large de sa main droite avec lequel elle soulignait ses propos ni même de son corps mince, presque aveuglant sous les draps : rien que du bruit de la machine à écrire, insistant, maniaque, dans le silence. C'était un bruit torturant, parce qu'il la séparait d'Annemarie et n'apportait aucun apaisement. Si Miro daignait lui expliquer ses nouvelles conceptions philosophiques, à la dérive en fulgurances mystiques, Laura lui répétait que c'était là un rêve – une illusion. Il n'existe nulle passivité chez un être – il n'est aucune vérité dans l'absence de mouvement et de vie. Il ne faut pas renoncer à l'action, s'enfermer dans le silence des morts : c'est une défaite, c'est impossible.

La pile des feuilles tapées sur le bureau d'Annemarie devenait de plus en plus haute – jusqu'à atteindre trois cent soixante-dix-sept pages. Écrites en quelques mois seulement, comme dans un rêve, comme écrites par un autre – par une entité qui lui était totalement étrangère. « Tu sais, lui avoua-t-elle un soir, tandis qu'elles se promenaient ensemble sur la colline, lorsque je relis certaines pages, je m'étonne de les avoir écrites. Mais en réalité, ce n'est pas moi qui les ai écrites, ce n'est pas moi qui écris. Je ne fais que l'effort de me concentrer, car mon Moi le plus profond n'aurait été capable d'aucune parole vers la vérité. La faculté d'écrire est une grâce que Dieu nous accorde – afin que j'aie un guide qui exprime le désir de mon âme. » Laura ne comprenait pas ces discours. Elle les croyait dangereux. Elle avait le sentiment que Miro avait besoin d'une aide pour mettre son rapport à la réalité au point, pour rééquilibrer son monde extérieur et intérieur, parce qu'elle les avait superposés – et confondus. Elle ne savait pas si cela était arrivé à Léopoldville, à l'époque des poisons, et de ce que Miro appelait la persécution, ou après, lors de son étrange voyage au cœur du Congo, ou maintenant, tandis qu'elle écrivait. Cependant, son univers avait explosé, son identité s'était dissoute – il en restait seulement des illuminations aveuglantes, des idées éparses incapables de trouver un centre, une dissolution panique aussi redoutée que désirée, des trous de conscience alarmés qui la laissaient vidée – comme absente. Toutefois, elle ne savait par où commencer et ne voulait pas appeler un médecin car Miro haïssait les médecins, et disait qu'ils n'avaient jamais rien compris à son cas. On lui avait seulement posé des questions inessentielles. Laura s'était détestée parce qu'elle n'avait pas été capable de la soustraire à ce livre, et s'était consolée se disant que tôt ou tard elle le finirait et ce jour-là, finalement, elles pourraient s'occuper d'elles deux. Revenir à la réalité de Léopoldville, acquérir ces visas pour Nairobi, et chercher à gagner de l'argent car il ne lui en restait plus beaucoup : Annemarie n'avait plus rien reçu de chez elle et elle-même avait épuisé ses économies. Penser aux choses concrètes de leur futur – bref, vivre. Cependant, les semaines passant, Laura commença à comprendre que lorsque Miro le finirait, ce livre, ce serait encore pire. La dépression, le vide et la peur reviendraient, et, peut-être, Miro reparlerait de fuite – et Laura n'était pas sûre que l'Afrique eût encore quelque chose à lui offrir –, Annemarie proclamait qu'elle avait beaucoup reçu, tout, de ce pays.

Et alors, le bruit de sa machine à écrire dont elle entendait le tic-tac toute la nuit cessa d'être une dissonance stridente et devint une musique, parce que désormais, tout ce qui les réunissait c'était précisément ce livre. Maintenant Laura en était venue à souhaiter qu'Annemarie ne parvînt pas à le terminer – ne lui avait-elle pas dit que c'était le livre de sa vie ? Mais les écrivains, pour autant qu'elle le sût, ne finissent jamais d'écrire les livres de leur vie, ils les portent en eux des années et des années et s'en séparent seulement lorsqu'ils meurent – elle en venait à souhaiter que ce bruit ne dût jamais cesser.

C'était déjà le mois de février : la courte saison sèche était déjà finie, les pluies étaient revenues. Il pleuvait des torrents d'eau – le ciel déjà gris, l'air électrique, le vent impétueux. Une nuit, Laura n'entendit plus le bruit ininterrompu de la machine à écrire. Un silence non naturel régnait dans la maison. Elle se leva pour s'asseoir. Silence. Là dehors, un oiseau nocturne gazouillait. Elle se leva sur la pointe des pieds, traversa le couloir et trouva Annemarie endormie dans son lit. C'était la première fois depuis des mois. Elle se pencha pour la regarder. La raie fine qui séparait ses cheveux en deux bandes, laissant retomber une mèche sur sa tempe, était une ligne blanche – définitive, implacable. Sa main était abandonnée sur son oreiller ; à l'auriculaire de la main gauche, elle portait une bague ornée d'une pierre sombre. Ses lèvres semblaient dessinées avec patience – elle aurait dit avec amour. Je t'aime tellement, Miro, si tu t'en rendais compte, au lieu de penser aux miracles, qui n'existent que dans les livres… Elle avait le front humide et un teint maladif. Elle semblait malade. Ou peut-être était-elle seulement épuisée, comme après un travail supérieur qui excédait ses forces. Lorsqu'elle remarqua sa présence, Annemarie ouvrit les yeux et lui sourit. « J'ai fini, Laura, lui dit-elle triomphante, et maintenant je peux même mourir. »

« *What are you saying* ? plaisanta-t-elle. *Don't be ridiculous. Show me.* » Elle écarta la moustiquaire et approcha sa joue de son front. Il était brûlant. Ah ! c'est ce qu'il me semblait, pensa-t-elle amèrement, ce n'est pas toi qui l'as arrachée à son manuscrit, mais la malaria. Elle dut appeler le médecin et deux heures plus tard, Annemarie était hospitalisée à l'hôpital de Thysville.

On la garda presque un mois – parce que son organisme débilité avait cédé à la maladie avec un abandon suspect. On diagnostiqua un grave accès de malaria tropicale. À la fin du mois de février, sans rien lui dire, Laura rassembla ses photographies, ses livres, ses masques, ses bandes dessinées, les enferma dans une caisse et les expédia à Léopoldville. Elle resta quelques jours dans la maison vide – où le tic-tac de la machine à écrire, ainsi que l'odeur de ses cigarettes et l'empreinte de son corps sur la chaise de cuir étaient restés emprisonnés. Le manuscrit aussi était sur le bureau, là où Annemarie l'avait laissé – lié par un ruban rouge. Laura transcrivit la dernière ligne de son cahier : un jour, péniblement, feuilletant son dictionnaire, elle réussirait à la traduire. Ces mots disaient : « Et toi, tu pars intact, comme durci par une flamme, léger... » Laura attendait un mot qui ne vint pas, jusqu'à ce qu'un matin, elle allât lui rendre visite à l'hôpital, lui apportât des fruits frais qu'elle avait achetés au marché, et pour l'aider à passer de longues heures alitée dans cette ambiance si peu confortable – parmi des gémissements de moribonds et un relent de sang et de gangrène, elle lui lut, comme elle le faisait toujours, le dernier album de bande dessinées de *Flash Gordon* qu'elle avait reçu avant la guerre. Cette histoire aussi se terminait brusquement : son dernier mot était : « *à suivre...* ». Miro n'aimait pas les bandes dessinées, elle aurait seulement lu des livres de poésie. Mais les livres de poésie, Miro en avait lu avec des dizaines de femmes, dans le passé, et peut-être en lirait-elle avec autant d'autres à l'avenir. Laura voulait, au contraire, lui laisser quelque chose – quelque chose lui ayant appartenu. Annemarie était fatiguée, elle avait mal à la tête, attendait la montée de la fièvre et entre-temps, tremblait, frissonnant de tout son corps : elle n'enregistrait pas tous les mots, ne comprenait pas l'histoire, et lui demandait souvent de répéter. Puis arriva le médecin, qui demanda à Laura de s'en aller, car une malade ne devait pas se fatiguer. Laura laissa l'album sur la table de nuit et se pencha pour essuyer le front d'Annemarie avec une éponge. Elle avait envie de pleurer, parce qu'elle était en train de faire ce qu'elle aurait voulu ne jamais faire – afin de ne pas fondre en larmes elle commença à parler et dit les premières choses qui lui passèrent par la tête. Une Anglaise lui avait écrit pour lui proposer de la remplacer jusqu'à la fin de la guerre dans la mission catholique située entre Buta et Stanleyville, dès son hospitalisation, la maison était envahie par les enfants, depuis le village indigène ils venaient traînasser chez elles, Laura ne les chassait pas, l'un d'entre eux lui avait offert un merveilleux papillon bleu, d'une espèce inconnue. Les enfants africains ont un père, et des pères, une mère, et des mères – peut-être est-ce la société non du passé mais de l'avenir, toi aussi Miro tu disais toujours que demain la famille serait autre chose. Celui-là, Miro, est un pays sans orphelins. Puis elle dit, *well, I really have to go Miro*, et elle l'embrassa du bout des lèvres. Dehors, la pluie tombait encore à seaux et elle était toute trempée lorsqu'elle arriva à la gare. Si on pouvait la tenir pour une gare. Il y avait seulement une masure décrépite et une sorte de trottoir envahi par les chèvres. Les rails scintillaient dans la solitude, et se perdaient parmi les palmiers, les bananiers. Laura attendit en se promenant nerveusement, jusqu'à ce que le train débouchât du brouillard et, grinçant, vînt s'arrêter devant elle. Alors elle monta.

« Pour être tout à fait franc, Clark, je ne comprends pas l'objet de cet entretien », répéta le capitaine, ses doigts allant et venant sur les documents. La pulpe de ses doigts humides de sueur laissa un emprunte graisseuse sur le texte dactylographié. « Je veux partir, répéta Annemarie, d'une voix ferme. Je vous demande seulement de lire ce livre. » « C'est une bien étrange requête de votre part, Clark. » « Faites-le lire au gouverneur, au bureau de la censure, à qui bon vous semblera. Vous comprendrez ainsi qu'il n'y a rien d'inconvenant dans ce que j'ai écrit – rien qui puisse diffamer votre colonie ou vous-même. L'auteur tient le monde comme le lieu du malheur, de la complète injustice et d'une pureté incomplète, qu'on peut seulement supporter si on s'adresse à quelque chose de plus élevé. Si je le laisse à la légation suisse, je voudrais avoir l'assurance qu'il sera en sécurité et qu'il ne sera pas détruit. Mais, si c'était possible, je voudrais avoir la permission de l'emporter. » Le capitaine se lissa les moustaches et lui planta bien droit ses yeux sombres sur le visage. Annemarie soutint son regard. « Je crois que vous êtes vraiment devenue folle », dit-il en la congédiant. Il ne savait pas l'allemand. Dans toute la colonie, peu savaient la langue exécrée de l'ennemi. Et cette femme pensait qu'avec toutes les lettres, les dépêches, les messages que le bureau de la censure devait examiner, ils perdraient leur temps à lire son roman mystique. Les écrivains ont vraiment d'étranges exigences.

Le jour suivant, Annemarie fut convoquée par le plus haut responsable du bureau de la censure. Son cœur battait dans sa poitrine. Le manuscrit était sa seule pensée. Elle s'attarda sur le seuil, s'appuyant au chambranle de la porte parce qu'elle redoutait de ne pas pouvoir supporter qu'on lui annonce la confiscation de son livre. Elle n'en possédait qu'un seul exemplaire et elle le leur avait laissé. Le petit nombre mis dans la confidence s'accordait à dire qu'elle avait commis une véritable folie. Elle entendit dire, très loin d'elle :

« Asseyez-vous. » Elle s'assit sur le bord de la chaise, balançant nerveusement la jambe et alors elle le vit. Son passeport était sur le bureau. On l'autorisait à partir de Luanda, avec le premier bateau portugais qui jetterait l'ancre dans le port. Le *Chef de Cabinet** ouvrit un placard, il prit quelque chose et poussa le pli volumineux vers elle. Annemarie s'en saisit avec un soupir de soulagement et le serra contre sa poitrine. C'est seulement à ce moment-là qu'elle se rendit compte qu'il n'avait jamais été ouvert. Les quatre cents feuillets étaient encore reliés avec la ficelle qu'elle avait utilisée. Surprise, elle leva les yeux vers le *Chef de Cabinet** et butta contre un regard glacial, qui pouvait être celui d'un prêtre, d'un juge ou d'un médecin. « Vous vivez hors du monde, Clark, ou, quoi qu'il en soit, votre façon de voir les choses est incroyablement naïve. Votre requête est un luxe et c'est pourquoi elle est évidemment superflue. Je crains également que vous ne soyez une femme superflue. Vous pouvez quitter la colonie quand bon vous semblera. Et emporter votre précieux manuscrit. »

Le 14 mars 1942, lançant un appel de sirène hululant, le bateau *SS Quanza* sort du port de Luanda et met le cap sur Lisbonne. Il laisse un sillage pétillant derrière lui, un reflux de vagues et un essaim de bateaux de pêche, de petites embarcations et de chaloupes de la capitainerie du port, en comparaison minuscules comme des moustiques sur les flancs d'un éléphant. Annemarie est sur le pont : le soleil, qui doit frayer son chemin à travers les nuages très denses au-dessus de la côte, en se jetant dans l'océan lance comme une grande flambée de soufre – pour illuminer le ciel d'un reflet dramatique. De la terre, encore si proche, elle reconnaît seulement les contours, un vague profil de collines et la baie emplie de brouillard. Elle n'est même pas restée un an en Afrique, et pourtant, cette période a été longue comme une ère. Le bavardage de deux officiers qui non loin d'elle se disputent avec acharnement la propriété d'une chaise longue la dérange. Elle perd du temps à le leur reprocher, et lorsqu'elle relève le regard, le soleil s'est évanoui, et il fait déjà sombre. Tandis qu'un missionnaire portugais à longue barbe récite la messe sur le pont et qu'un maigre carré de fidèles catholiques murmure des litanies de salut pour elle incompréhensibles, demandant à Dieu de leur accorder à eux tous un voyage paisible, Annemarie commence à écrire à Claude. Ce n'est ni une lettre sentimentale ni une lettre philosophique : brusque, au reste, presque lapidaire. Je viens à Tétouan, *mon petit**, je dois te parler. C'est très, très important. Elle plie la feuille, la glisse dans une enveloppe et colle le timbre. Elle lève alors la tête et jette un coup d'œil au ciel. Suivant le sillage du paquebot, une nuée de mouettes vole au-dessus d'elle. Les premières étoiles ponctuent l'obscurité – presque imperceptibles dans une poussière de brouillard et d'embruns –, formant une constellation inconnue. Elles lui donnent une impression de détachement, de sécurité et de liberté. Elle ne sait que dire d'elle-même. Elle rentre en Europe, mais elle ne sait pas si elle pourra jamais rentrer chez elle. Si tant est qu'elle en ait encore le temps. Et pourtant, une vague espérance se fait jour en elle. Ce n'est cependant pas le plus important. Les mots l'ont sortie de Bellevue, un fil tendu vers la lumière. Je vais bien – se répète-t-elle. Je vais bien, je n'ai plus peur.

LE DERNIER LAMBEAU DE TERRE AFRICAINE

Claude descend de la camionnette du consulat devant l'aéroport de Rabat. Mis à part la piste, il y a seulement une grossière construction en pierres blanches d'où le drapeau français pend mollement dans l'air immobile. Il scrute le ciel, au cas où l'avion serait déjà en vue. Il se maudit de ne pas avoir prévu d'apporter un bouquet de fleurs, un porte-cigarette marqueté, un présent quelconque à son épouse – il avait trop à faire et il n'y a pas pensé : il est venu les mains vides, comme s'il l'avait quittée voici quelques jours seulement. Alors qu'au contraire, il ne l'a pas vue depuis 1937. Presque cinq ans ont passé. Et, dans la vie d'un homme, cinq années représentent une éternité. Il lance un coup d'œil anxieux à la verrière de l'aéroport : ses cheveux aplatis par la brillantine sont toujours plus clairsemés. Dans une dizaine d'années, il sera peut-être complètement chauve, comme son père. Et elle ? Quelle allure aura-t-elle ? Finira-t-elle aussi par devenir une matrone épaisse, comme sa mère ? C'est étrange, mais il ne parvient pas à imaginer Annemarie dans vingt ans, pas même dans dix ans. Comme si elle ne devait jamais grandir, jamais se faner, jamais vieillir – comme si elle était destinée à rester toujours comme elle était la première fois qu'il l'a rencontrée, un éphèbe dressé dans une poussiéreuse étendue de ruines. Quoi qu'il soit arrivé depuis la dernière fois qu'il l'a vue (Claude ignore

499

beaucoup de choses, il a seulement eu de vagues et imprécises nouvelles), dans ses pensées, elle est restée sa femme. Un mince éphèbe dans ses pantalons à la zouave, son béret noir sur les cheveux courts – une ombre laiteuse dans la poussière. Le cigare argenté qui se dessine clairement dans l'azur doit être précisément son avion – aucune autre arrivée n'est prévue aujourd'hui. Cependant non, c'est seulement un bimoteur des gardes-côtes. Claude ne sait pas encore ce qu'il lui dira, quels seront ses premiers mots, après un si long temps. S'il parviendra à cacher la déception et la colère de l'avoir attendue si longtemps, ou s'il parviendra à le lui dire – *bonjour chérie**.

En ce moment, il n'est pas le seul à penser à Annemarie. Car beaucoup, qu'il le sache ou non, continuent à s'occuper d'elle. Son avenir – ou destin – les préoccupe, les angoisse, les émeut. Naturellement, il est maintenant trop tard, Annemarie ne sait que faire de leurs projets, et ce n'est pas d'eux qu'elle attend le salut : à la fin, en Afrique, elle a appris ce qu'elle voulait – à vivre seule et sans besoins. Mais eux, chacun à sa manière, voudraient qu'elle parvienne à trouver quelque part un minimum de bonheur. Certains cherchent même à le lui procurer, ce bonheur. Assise à sa table de travail, dans sa chambre de Bocken, Renée lit la lettre que Henry Martin, le protecteur de sa fille, lui a écrite voici quelques jours depuis Lisbonne. L'ambassadeur l'informe qu'à son retour d'Afrique, il a trouvé Annemarie dans un état de santé meilleur que celui, des plus alarmant, qui avait été le sien, avant son départ, le printemps précédent. Il assure lui avoir présenté beaucoup de monde, et qu'Annemarie pensait maintenant uniquement à ses activités littéraires et qu'elle semblait avoir retrouvé son équilibre. Il s'est également empressé de spécifier qu'il lui écrit cette lettre uniquement parce qu'il éprouve de l'affection pour Annemarie, mais à son insu – et il souligne que sa fille ne lui a pas

500

demandé de lui écrire et qu'elle n'y a même pas fait allusion. Renée ne sait que penser de cette lettre. Elle a toujours trouvé déconcertante la facilité avec laquelle sa fille se trouve des alliés et ne comprend pas pourquoi ces derniers s'efforcent tellement de l'aider. Avec Annemarie, c'est tout simplement perdre son temps. Une défaite certaine. Naturellement, Renée ne croit pas à la sincérité de l'ambassadeur : qui s'excuse s'accuse. Elle ne croit pas le moins du monde que sa fille ait retrouvé son équilibre, et elle est sûre, parfaitement sûre, qu'Annemarie l'a imploré de lui écrire combien elle se sent mieux parce qu'elle espère encore pouvoir être pardonnée. Toutefois, Martin est étranger à leur guerre personnelle, et Renée se doit de lui répondre. Elle se demande quel ton prendre avec cet homme important qui, sans but apparent, dépense du temps et de l'énergie, et même de l'argent, à prendre soin de sa très malheureuse fille. Gratitude ? Agacement dans la mesure où il se mêle de leurs affaires ? Remerciements chaleureux ? On ne doit pas trop remercier : autrement, les gens penseront qu'ils ont fait beaucoup pour nous. Nous ne devons pas perdre la contenance découlant de notre position sociale. Et puis, si elle le remerciait trop, elle lui ferait comprendre la vérité : qu'elle a été touchée par la pitié qu'il a éprouvée pour Annemarie, une pitié qu'elle voudrait pouvoir, elle aussi, éprouver et que, au contraire, elle n'éprouve pas, ou qu'elle s'est, de toute façon, interdit d'éprouver. C'est pourquoi Renée choisit un ton neutre, et griffonne une petite lettre aussi bourrue qu'elle-même. Elle le prie d'accepter ses remerciements d'avoir bien voulu l'informer de la santé de sa fille, il a toujours été bon avec elle et sa fille lui sera, comme la soussignée, toujours reconnaissante de pouvoir revenir à Lisbonne et de pouvoir y exercer son métier de journaliste, veuillez agréer, *Monsieur**, l'expression de mon estime la meilleure – Renée Schwarzenbach.

Henry Martin ne s'est cependant pas borné à écrire à Renée. Tandis qu'Annemarie survole la côte africaine, à bord d'un avion de plus, scrutant sans aucun intérêt l'écheveau doré des maisons de Tanger et des plages désertes situées entre Larache et M'bou Selam, il lui cherche un emploi stable, qui pourrait la soustraire à la dangereuse incertitude existentielle à laquelle la condamne le métier qu'elle s'est choisi, lui permettant d'avoir un salaire, qui la rende enfin indépendante de sa famille, la contraigne à s'occuper de quelque chose qui ne soit elle-même et lui laisse le temps d'écrire ses livres, puisque c'est ce qu'elle désire. Bref, il veut qu'un journal l'engage comme correspondante à Lisbonne. Il bombarde de coups de téléphone le secrétaire de la *Propaganda Nacional* et le directeur d'une revue américaine venu au Portugal prendre en compte la situation des réfugiés européens. Le talent descriptif d'Annemarie, son intérêt pour les problèmes sociaux, son esprit d'observation et sa connaissance de la politique internationale en font une journaliste très capable, répète-t-il. Cependant, comme il n'obtient de tout un chacun que de vagues paroles et des remerciements pour leur avoir présenté une femme si belle, si cultivée et si intelligente, l'ambassadeur décide d'écrire en personne au directeur de la *Neue Zürcher Zeitung* pour lui demander explicitement de l'engager. Il est difficile de dire non à un ambassadeur. Avant de partir, Annemarie lui a demandé, en souriant, si par hasard il ne voulait pas changer le cours des événements, décider pour elle – bref, s'il voulait devenir son destin. Martin ne lui a pas répondu. Il aimerait, mais il ne commande ni les événements ni sa vie : il peut seulement lui souhaiter bonne chance.

Sur la piste de l'aéroport de Rabat, un groupe d'élèves du collège catholique féminin s'est aligné : chacune des filles agite un petit drapeau de papier. De l'autre côté de la piste, la fanfare municipale est alignée : des soldats en uniforme, fondant au soleil, tiennent leurs instruments avec un dévouement stoïque. Claude s'évente paresseusement avec son chapeau. Sait-on pourquoi on a mobilisé un groupe d'écolières et une fanfare ? Il doit y avoir un passager important dans l'avion d'Annemarie. *Bien, chérie** sera accueillie par le tintamarre des cuivres et par le roulement des tambours. Son retour ne pouvait être plus solennel.

Dans l'avion qui a commencé ses manœuvres d'atterrissage et se prépare à descendre sur Rabat, Annemarie continue à se demander de quoi sera fait son avenir, quand elle sera finalement libre vis-à-vis de toute chose et de tout un chacun, l'avenir d'Annemarie est une inconnue qui hante et épouvante également les pensées de Freddy. Après une longue période de silence, Annemarie lui a écrit. En un certain sens, il y a eu moyen de se réconcilier avec son frère. Pour lui Annemarie est encore le fantôme souffrant à peine entrevu derrière la vitre arrière d'un taxi qui s'éloignait parmi les fumées des plaques d'égout et les gaz d'échappement des automobiles. L'infirmière était assise auprès d'elle, et elle ne s'était pas retournée. Freddy était resté immobile sur le trottoir, entre des tas de neige sale, à regarder sa sœur qui, également à cause de lui, avait quitté l'Amérique comme une prisonnière. Maintenant, dans son appartement donnant sur le trafic chaotique de la Septième Avenue, à New York, il commence à lui écrire une lettre crépusculaire, non moins aride et embarrassée que celle de sa mère. Qui n'exprime nullement ce qu'elle devait exprimer, mais qui y fait allusion – si vaguement et de façon si obscure, qu'elle ne communique plus rien, excepté une confuse mélancolie. Au fil des ans, Freddy est devenu comme son père et comme lui, il dissimule sa vie intérieure dans les tiroirs secrets de son bureau. Cependant, il a juré obéissance aux règles communément admises à la base de l'ordre social et familial et sa vie anonyme est un monument de conformisme. Personne ne le louera cependant pour cela. Il voudrait lui dire qu'il est content qu'elle aille mieux et que ce qui était arrivé jusqu'alors lui est désagréable, mais tout ce qu'il parvient à lui écrire c'est de lui conseiller d'accepter la proposition de travail qu'on lui fait et de devenir correspondante de presse depuis Lisbonne. Il l'écrit de manière si sèche et si concise qu'il donne l'impression de vouloir l'obliger à rester de l'autre côté de l'océan afin de lui épargner d'autres scandales et de l'autre côté de l'Europe afin d'épargner sa mère. Mais, y avait-il besoin de lui écrire une lettre pour lui dire de telles choses ? Elle comprendra. Il lui parle de Clarina qui grandit et d'Ines qui, même si elle est encore très jeune, n'est plus une toute petite fille, et que la croissance rapide de ses filles prouve seulement combien eux deux vieillissent vite. Par ces paroles désolantes Freddy voudrait en réalité faire allusion à combien l'époque de Bocken et de leur enfance est loin : combien il avait été plus facile d'être cet enfant gâté, protégé, aimé, au lieu d'un mari, d'un père de famille, d'un industriel en difficulté, écrasé par ses responsabilités et obligé de commettre, au nom de sa famille et de son usine, également des actions dégradantes comme faire enfermer sa sœur dans un asile pour l'arracher à sa folie et à ses pernicieuses amitiés. C'est pourquoi maintenant il n'a pas de pitié pour les adultes qui se comportent comme des enfants, il les veut prêts à assumer leurs responsabilités – comme il l'a fait lui-même. Autrement dit, en acceptant ce travail à Lisbonne, Annemarie prouve qu'elle est devenue adulte – même si cette normalisation comporte de l'amertume et de la douleur. Cependant, Freddy n'a jamais été capable d'écrire et encore moins comme elle. Ainsi, il la rassure sur son compte : les restrictions ne sont pas si terribles et on s'habitue à vivre sans luxe. Il sous-entend : tu t'y habitueras toi aussi. Au reste, ils ont de quoi manger et rien ne laisse supposer qu'il en ira jamais autrement. Avec un soupçon de regret, qui dure le temps de laisser les mots s'écouler sur le papier à en-tête, il conclut en écrivant que sa vie à New York est tranquille et point trop intéressante. Il sous-entend que la vie de sa sœur est différente – insensée, certes, mais beaucoup plus intéressante que la sienne. Puis il signe, et oublie de lui envoyer un baiser ou de l'embrasser et il écrit seulement, à l'américaine : Freddy.

L'avion est arrêté au centre de la piste et depuis la porte soulevée sortent les premiers passagers. Immobile sous le soleil, la brillantine dissoute par la chaleur coulant sur son col, Claude scrute le groupe de militaires en haut uniforme qui descendent de l'avion d'Annemarie. Une foule de moustaches et d'uniformes défile en ordre martial le long de l'échelle : ce sont les membres de la commission allemande venus au mois de janvier seconder les Italiens, trop laxistes, qui après la convention de l'armistice ont pris sous leur surveillance les ports de la Méditerranée, afin d'empêcher l'acheminement de renforts en hommes et en matériel vers l'Afrique du Nord. En réalité, l'administration du Maroc devrait revenir aux Français : mais les militaires français sont peu sûrs, ils reçoivent des ordres contradictoires et en réalité ne savent pas bien qui servir – et qui est leur ennemi. La fanfare de Rabat entonne une marche germanique et les écolières du collège catholique agitent de petits drapeaux en criant « Bravo ! ». Les membres de la commission défilent devant les autorités de Rabat, qui serrent leurs mains et le cortège s'éloigne, suivi par une escorte de soldats armés, jusqu'à se perdre dans les bâtiments de l'aéroport. Les petites filles ne savent que faire et continuent à agiter leurs petits drapeaux, mais elles ne crient plus rien et jettent un regard circulaire autour d'elles, indécises. C'est seulement à cet instant que depuis la carlingue de l'avion les autres passagers, un peu dépaysés, se montrent. La fanfare les accueille eux aussi avec la même marche de triomphe.

Étonnés et embarrassés, ils se pressent gauchement sur les marches escarpées du petit escalier. Et puis, il la voit. Les années ont marqué le visage d'Annemarie – elles l'ont rendu, si possible, encore plus fuyant, plus précaire, plus aimé. Alors, Claude se moque d'être devenu un diplomate très en vue, un consul limité par les contraintes de la forme et de la représentation. Il abandonne l'espace dévolu aux parents attendant des passagers, écarte le groupe des petites filles qui ont rompu les rangs et s'éparpillent de façon désordonnée sur la piste, arrache des mains d'une écolière un petit drapeau de papier et se hâte vers l'escalier, jouant des coudes parmi les passagers qui avancent en sens contraire. Il escalade les marches, deux par deux, criant fort : « Annemarie ! *Chérie** ! *Chérie** ! » Mais elle ne l'a, pour sa part, pas vu, ou ne l'a pas reconnu, elle est passée auprès de lui sans le remarquer, confondu à la foule, et maintenant, elle est sur la piste, sous le soleil brûlant, à se demander pourquoi Claude n'est pas venu la chercher – peut-être est-il trop affairé. Les écolières l'entourent, une vague de blanc-rouge-bleu se lève de leurs drapeaux, et l'une d'entre elles lui dit, avec ce même sourire qu'on lui a appris à adresser aux généraux : « Bienvenido. » Merci petite, j'en ai vraiment besoin. Lorsque tous les passagers sont déjà descendus et que la grosse porte de l'avion s'est refermée, sur la petite échelle, il ne reste personne, rien qu'un vieux garçon aux cheveux ras, un petit drapeau à la main, qui regarde alentour, désespéré, égaré – comme quelqu'un qui a perdu quelque chose d'important, de vraiment important et qui ne se console pas de l'avoir perdu. Alors, Annemarie se rend compte que son mari, c'est vraiment lui.

Tétouan était une grande ville de cinquante mille habitants (dont des milliers de juifs, en sécurité dans le protectorat espagnol), entourée de jardins et d'arbres fruitiers, sur la rive gauche du Río Martin et à dix kilomètres seulement de la côte. En automobile, on arrivait rapidement à la mer. Claude y avait été nommé consul de France deux ans auparavant. Ce qui signifiait que, pour la première fois, il n'avait aucun supérieur : à Tétouan, il n'avait personne au-dessus de lui. Il habitait un grand bâtiment du quartier espagnol, construit en style occidental au début du siècle. Son bureau était au rez-de-chaussée, et son appartement à l'étage supérieur. Dans le palais, il y avait une cour avec une treille et sur la façade du bâtiment flottait un drapeau tricolore délavé. Mais le luxe était seulement apparent. Les murs peints récemment délimitaient des pièces vides, affligées par une désolante pénurie de personnel, le réfrigérateur attendait une pièce de rechange qui n'arriverait jamais et la glacière fonctionnait quant à elle par à-coups. Dans le bureau de Claude, les stores vénitiens étaient cassés, le fichier ne fermait pas à clef, le ventilateur s'enrayait continuellement, sur l'écritoire, les porte-documents débordaient de pièces poussiéreuses et tout témoignait d'une surprenante incurie. « Que veux-tu, commenta Claude, avec une nonchalance insolite, il ne vaut pas la peine de s'échiner, je ne crois pas que je resterai très longtemps ici, personne ne sait ce qu'il en sera de nous demain. » La situation était très confuse. Le Maroc pullulait de soldats français – plus de quarante-cinq mille –, d'espions, indicateurs italiens fascistes, déserteurs de la Légion étrangère et de franquistes, mais également d'agents du contre-espionnage qui utilisaient les vétérans de la première guerre, des antifascistes et des antifranquistes. Les Italiens venus après l'armistice – au nombre d'environ cinq cents – suscitaient la méfiance des Français, qui redoutaient de les voir leur arracher un des derniers lambeaux de leur empire colonial resté sous le contrôle du gouvernement légitime ; les Français suscitaient la méfiance des Allemands, car ne disposant pas d'avions, chars, canons, ils ne leur seraient d'aucune utilité en cas de guerre. Le Maroc espagnol – où Claude avait été expédié –, enclavé dans le Maroc franco-italo-allemand, était un bout de terre précieux, point de rencontre de complots de tout type, également parce que sa neutralité semblait précaire : en cas de débarquement allié les franquistes refuseraient-ils vraiment un passage à une armée nazie-fasciste ? Ou les secourraient-ils ? La seule certitude du moment provenait d'indiscrétions d'indicateurs des services d'espionnage, selon lesquels la contre-offensive alliée était imminente. Le front africain était le premier sur lequel éclaterait la bataille visant à rééquilibrer les forces du conflit, qui en ce mois de juin – après les succès allemands en Russie et en Afrique du Nord – semblait tourner en faveur de l'Axe. Il semblait que les Anglo-Américains songeaient à débarquer au Maroc avant l'hiver. Parmi de si nombreuses hypothèses, un débarquement à Casablanca, ou même à Port-Lyautey était envisagé. Et si les Américains arrivaient au Maroc avant l'hiver, Claude ne savait ce qu'il arriverait en Afrique du Nord aux Français de Vichy et par conséquent à lui aussi. Il n'avait reçu ni instructions ni ordres, et il ne savait contre qui se préparer à se défendre – les Anglais, les Allemands – et quelles étaient les véritables intentions de son gouvernement. Il vivait dans la précarité, au jour le jour, cherchant à interpréter des signaux contradictoires – conscient que ces jours étaient décisifs pour lui, pour la France, pour la guerre elle-même. Il se sentait comme saoul.

De nombreux employés s'en étaient déjà allés. Ils avaient demandé à être mutés en Espagne, ou pris de longs congés en France afin de chercher des nouvelles de parents disparus après l'armistice. Claude aurait voulu, lui aussi, rentrer chez lui – Nantes avait été incluse en France occupée – mais, au contraire, il restait. On lui avait appris à représenter son pays de la meilleure manière possible et il croyait devoir le faire jusqu'au bout – à tout prix. Il cherchait seulement à ne pas se créer des inimitiés inutiles, à s'entendre avec tout le monde, et cela ne lui était pas difficile parce qu'il avait toujours eu un caractère réservé et conciliant. Il avait toujours le sourire aux lèvres – mais son sourire d'autrefois avait disparu, pour se changer en la grimace cérémonieuse et maniérée dont les diplomates usent, désinvoltes, comme de l'un des instruments de leur métier.

Sa vie n'était pas différente de celle des autres Français de Tétouan. Il passait ses journées dans son bureau, à recevoir des inspecteurs sanitaires, des officiers de marine et des attachés commerciaux qui lui parlaient seulement de denrées, de stocks d'huile rancie et de farine de blé, et se désintéressaient totalement de ce qui était en train d'arriver en Europe, en France et même à quelques kilomètres de distance seulement. Cependant, à cause des difficultés politiques et bureaucratiques, le commerce légal devenait difficile et au cours de l'été 1942, avec toute l'Europe occupée, à l'apogée du nazisme, il était presque inexistant, ses collègues s'enrichissaient par le biais de trafics misérables en marge de la légalité – vente de visas et de faux documents, contrebande d'armes et de certificats. Qui, comme Claude, restait obstinément fidèle à une vieille idée de loyauté et de rectitude était l'objet d'un mépris universel. Ces derniers temps, l'honnêteté était une denrée sans marché, et seul Claude semblait ne pas s'en être rendu compte. Beaucoup le tenaient, impitoyablement, pour un fada ne sachant tirer parti des circonstances, d'autres pour un naïf qui serait balayé par la suite des événements. Cependant, Claude n'avait jamais été naïf et le temps lui donnerait raison. « Bref, *ma Chérie**, lui avoua-t-il, le soir précédent, tandis qu'il cherchait à lui expliquer la confusion de ces derniers jours, je suis très seul. Je dois tout décider tout seul, et assumer la responsabilité de ce que je fais. Ici, je ne peux compter sur personne. Tu es mon seul ami. » « Tu es devenu un personnage trop important, *mon petit**, lui dit-elle, dans un sourire. Les gens importants sont seuls. » La sincérité de Claude, et même la confiance qu'il accordait encore, en dépit de tout, la désarmaient. Cependant, jamais au grand jamais, elle ne voudrait vivre une telle vie auprès de lui. D'ailleurs, après y avoir longuement réfléchi mais sans avoir trouvé les paroles apaisantes qui lui étaient dues, elle lui dit brusquement, dans un souffle. « Claude, je ne m'attarderai pas long-temps. Grand-mère Schwarzenbach-Zeuner est morte. Une part d'héritage me revient. Je repars aussitôt pour Sils parce que je veux m'acheter une maison. Je suis simplement venue pour reprendre ma liberté. Tu dois m'accorder le divorce. »

Claude ne commenta pas sa demande, il ne s'en mon-tra pas non plus mécontent. Annemarie trouva cela naturel. Au fond, elle n'exigeait rien, tout ce qu'elle lui demandait, c'était de lui rendre son nom de jeune fille, parce que c'est celui qu'elle avait maintenant de nou-veau choisi pour elle. C'était le nom de sa guérison, il possédait tout ce qui avait encore une valeur pour elle – c'était le nom de sa mère, de sa lignée, de son passé, et maintenant elle voulait juste se réapproprier sa vie. Claude esquissa un sourire flegmatique et dit simple-ment que le bateau à destination de l'Europe ne parti-rait pas de Ceuta avant la semaine prochaine. Imaginant qu'elle s'ennuierait, dans l'atmosphère corrompue de la ville – et qu'elle s'ennuierait à ses côtés –, il avait d'ores et déjà organisé des excursions et des explorations dans l'arrière-pays, à Meknès, sur les montagnes de l'Atlas, à Rabat. Ce serait dommage pour elle d'y renoncer. Il s'empressa de lui dire qu'il n'entendait d'aucune façon prolonger son séjour et la retenir auprès de lui. Mais il avait déjà prévu de fermer son bureau pour l'accompa-gner. Peut-être la guerre commencerait-elle pour lui aussi. Peut-être étaient-ce ses derniers jours de tranquillité. J'aimerais les passer avec toi, *chérie**. Puis nous nous séparerons, si c'est vraiment cela que tu veux, Annemarie.

Le premier endroit où il l'emmena fut les collines derrière la ville. Dans la cour un domestique tenait par leurs brides deux chevaux déjà sellés. « Viens, *chérie**, l'incita Claude, montant sur le sien. C'est l'heure du vent – c'est la plus belle, ici. » Annemarie hésitait : elle n'était pas venue à Tétouan pour voyager, et aurait volontiers refusé, mais elle ne voulait pas le décevoir. Elle avait déjà été suffisamment brusque. Comment pouvait-on décevoir Claude ? Il avait toujours un sourire aux lèvres – un sourire rassurant, confiant. Il lui avait toujours été pénible de lui infliger de la douleur. Au moins, il se souviendrait des journées de sa visite au Maroc comme de jours heureux.

Dès qu'ils furent hors de la ville, un vent fort montant de la mer ploya les oliviers, les eucalyptus et fit bruire les blés déjà hauts à travers champs. Le long de la route, ils ne rencontrèrent que des femmes voilées de noirs manteaux à capuchon, des Berbères à cheval accompagnant des charrettes chargées de fascines, quelques garçonnets, à dos d'âne, une petite fille portant au cou une étrange amulette d'argent – et puis plus rien. Dans une galopade qui devenait toujours plus rapide, ils traversèrent des prés balayés par le vent, où ruminaient des vaches brunes et des troupeaux de moutons qui se déplaçaient paresseusement sur les prés – de loin, à peine un frémissement de duvet. Le vent était si fort qu'il semblait pousser les chevaux et les cavaliers tout en haut, vers le sommet de la colline. Et Claude cravachait son cheval, le lançant dans une course folle à en perdre haleine. « *Chérie**, viens, laisse ces brides, abandonne-toi, n'aie pas peur », hurlait-il. « Mais que fait monsieur le consul ! » hurlait-elle, faisant mine d'être scandalisée et épouvantée par sa fougue. « Ce que je veux, *chérie** ! riait Claude, se soulevant sur son cheval, tandis que la hausse de son cheval voletait, emportée par le vent, n'es-tu pas fière de moi ? J'ai fait carrière, *chérie**, tu as vu ? Je ne suis pas un perdant, nous aurions pu nous promener à travers le monde ensemble, *chérie**, y songes-tu ? Où aurais-tu aimé aller ? Quel est le continent qui te manque ? Où n'es-tu jamais allée ? Quel pays voudrais-tu découvrir avec moi ? »

Claude avait raison. Au seuil de ses quarante ans, le garçon paresseux, timide et renfermé de Téhéran n'existait plus. Il était devenu un diplomate expérimenté, il piaffait et était sur le point de se voir attribuer un poste important. Il en était persuadé, et Annemarie tout autant que lui. Qui sait si Claude avait profité du changement de régime ou si, au contraire, il avait conquis estime et confiance rien que par sa ténacité. Le consul avait la peau dorée par le soleil, le visage creusé, des joues lisses sur lesquelles, miraculeusement, ne poussait pas un poil de barbe, des mains délicates, et pourtant, son corps amaigri n'avait rien de frêle, et il transmettait une étrange – une solide sérénité. Claude était le seul homme qui eût su l'étreindre. Il n'avait cependant jamais su la protéger. Bien au contraire, c'était souvent elle qui l'avait protégé de lui-même, des autres et surtout d'elle. « Je ne suis jamais allée en Indochine ! » cria-t-elle. « Quoi ? » hurlait Claude. « En Indochine, Claude ! Je ne suis jamais allée en Indochine ! » Elle le regarda plonger avec son cheval parmi les blés, et réapparaître plus loin, sur le sentier à peine visible – en sueur, haletant, les cheveux emportés par la tempête. Claude avait changé. Voici quelques années, il n'aurait jamais fait une chose semblable. Il ne se serait pas abandonné.

Le sommet de la colline était désert. Des moignons de colonnes grecques – tout ce qui restait d'un temple, peut-être – et la statue mutilée d'un éphèbe gisaient dans l'herbe. Il n'y avait personne, rien qu'un petit pâtre en haillons qui dormait à l'ombre des oliviers comme dans un tableau de genre – une idylle géorgique si inactuelle qu'elle semblait fausse. Comment était-il possible qu'il existât encore sur terre un endroit pareil... Claude avait mis pied à terre. Il était trempé de sueur, le visage couvert de poussière, le souffle court, et pourtant, il avait l'air triomphant. Il lui dit que c'était elle qui le lui avait appris. « Mais que dis-tu ? » protesta Annemarie, surprise. « Oh ! si *chérie**, tu le sais très bien. C'est toi qui as fait de moi ce que je suis. » Sur la mer, dans le lointain, on entrevoyait les voiles des barques des pêcheurs, et face à eux une forteresse que le crépuscule teintait d'une couleur dorée. La fumée moutonnait à mesure qu'elle montait des cheminées d'un paisible village de maisons blanches, beaucoup plus bas, dans la vallée, entre les collines. Le vent aussi diminuait d'intensité, et un parfum de lavande descendait sur eux, et une immense tranquillité. Claude montra un berger. Regarde-le – lui dit-il – ils sont capables de rester immobiles des heures et des heures, les yeux à demi clos et à demi ouverts, ils ne dorment pas, ils ne sont pas réveillés, on ne sait vraiment pas ce qu'ils peuvent bien faire. Peut-être rêvent-ils, dit-elle dans un sourire. Ah ! non, sûrement pas, objecta Claude. C'étaient des gens très pauvres. Ils ne possédaient rien d'autre que leurs moutons et leurs fils. Il n'y avait rien à faire avec ces gens. Ce sont des gens qui ne pensent pas à l'avenir. Comme moi, pensait-elle. Elle aurait voulu lui dire de ne pas mépriser la résignation de ces gens – la résignation rend libre.

Le soir tombait lorsqu'ils traversèrent le village au pas ; certains avaient déjà allumé des lanternes. Une bande d'enfants les suivait, et à la hauteur du moulin, elle les rejoignit et les encercla. Ils hurlaient, imploraient, mais sait-on quoi – peut-être un peu d'argent, peut-être était-ce seulement une invitation –, une sorte de salut. Un siège joyeux et dans le même temps sans-gêne – fait de poussées, de secousses, de mains qui s'agrippaient à la selle, de suppliques, de prières. Le cheval d'Annemarie était devenu nerveux, et s'ébrouant, dressé sur ses pattes arrière, il tentait de la désarçonner. Elle qui n'était jamais devenue l'amazone qu'elle avait pourtant rêvé d'être, cherchait vainement à le calmer. « Eh ! éloignez-vous ! Faites attention, vous allez la faire tomber !... », hurlait Claude, se résignant à fouiller dans les poches de sa saharienne à la recherche de menue monnaie. « Monsieur », appelaient les petits garçons, s'agrippant aux brides du cheval d'Annemarie, ils disaient quelque chose – quelque chose que ni elle ni Claude ne comprenaient : les seuls mots que tous deux reconnurent parce que sans confusion possible furent : *Monsieur*, je t'en prie, Monsieur** ! Ils l'avaient prise pour un des amis du consul français, qui venait souvent chevaucher de ce côté. Annemarie sourit, parce que cela lui était arrivé d'autres fois, il en avait toujours été ainsi. Au reste, comment auraient-ils pu comprendre qui elle était ? Ils n'avaient jamais vu une femme en pantalon : les leurs marchaient voilées de noir, les épouses des diplomates montaient à cheval en tenue d'équitation et leurs putains en habits aux couleurs criardes. Cependant Claude se rembrunit, il lança des piécettes à la volée et commença à faire tournoyer son cheval sur lui-même, moulinant sa cravache à l'aveu-glette sur les petits garçons, qui s'éloignaient en hurlant. « Ce n'est pas un *Monsieur**, ignorants, rustauds, c'est une *Madame** ! » « Qu'est-ce qui te prend ? Laisse-les donc, Claude, dit-elle, étonnée, calme-toi, quelle importance ? » Cependant, son visage large et rassurant avait laissé échapper son dernier sourire, il était devenu violet, bouleversé – elle ne l'avait jamais vu ainsi. Il poursuivit la bande jusqu'au petit moulin et dans le pré, jusqu'à ce qu'ils se dispersent, les faisant courir le long de la pente raide de la colline.

Durant tout le trajet du retour en direction de la ville, ils ne se dirent pas un seul mot, chevauchant en silence – côte à côte – dans une obscurité toujours plus épaisse, tout juste éclairée, dans les environs des villages, par des feux de charbon. « Ce jeu m'a fatigué, Annemarie, lui dit tout à coup Claude, d'une voix ferme, nouvelle pour elle. Tu es ma femme. »

Claude n'avait jamais songé à prendre la demande d'Annemarie en considération. Même si leur projet avait échoué, s'ils n'avaient pas su vivre l'un auprès de l'autre, il ne voulait pas lui accorder le divorce. Pourquoi précisément maintenant ? Il ne parvenait pas même à imaginer que ce seraient les derniers jours passés ensemble, ni comment, Annemarie partie, il resterait toujours à manier des paperasses dans un bureau vide – à attendre l'avenir, sans même l'espoir de la revoir. Il ne voulait pas renoncer à elle. Il l'avait choisie, Annemarie, et ce que disait sa famille était vrai : ils lui trouveraient des dizaines de femmes qui lui seraient plus fidèles et qui auraient davantage de respect pour lui et bien plus de patience. Et pour lesquelles il lui serait plus simple d'éprouver de la compréhension et du respect. Mais eux, même s'ils ne s'étaient jamais compris, ils s'étaient choisis – à la première rencontre, et cela en vertu d'un miracle qui se répète rarement au cours d'une vie. C'est pourquoi, d'entre toutes les femmes, elle avait été la seule qu'il ait voulue à ses côtés. À aucune autre, il n'avait jamais concédé ce privilège, et, à l'avenir, il ne le concéderait à personne. Il l'avait attendue des mois, avant qu'elle lui dise oui, puis il avait supporté ses scandales et ses fugues, il lui avait pardonné ses mensonges et ses trahisons, et même son absence et son abandon. Qu'avait fait d'autre Annemarie, sinon l'abandonner pour essayer de vivre sa vie ? Et il était juste qu'il en aille ainsi, ils étaient trop jeunes, en Perse, trop immatures, impatients, désarmés face à la vie. Ils avaient tous deux besoin d'expérience, de connaissance, et dans le même temps, ils n'avaient pas su la trouver. Mais pourquoi se quitter précisément maintenant qu'ils avaient tous deux grandi – mûri, et s'étaient même améliorés ? Cela aurait été stupide, après tant d'épreuves si difficiles. C'était précisément le moment d'essayer de transformer leur mariage apparent en une véritable union.

Dès le premier jour au Maroc, Annemarie fut parfaitement claire quant à la véritable et seule raison de son voyage ; mais Claude affichait une surdité absolue et inébranlable. Il ne voulait pas en parler tout de suite. Ils en parleraient demain, ils devaient maintenant se rendre à Rabat. Après-demain. Mais ils devaient aller à Meknès. Ou à la plage, ou ailleurs. Et lorsque, même lors des soirées de Rabat et de Meknès, Annemarie insistait pour lui parler de divorce, Claude répétait que oui, peut-être, si vraiment tel était son désir, il le lui concéderait. Mais pourquoi ? Je ne veux pas divorcer, tu le veux. Je te demande seulement d'essayer de vivre avec moi. Essayons de recommencer. Ou de commencer, puisqu'en réalité nous n'avons jamais vraiment été mari et femme. Je veux tes conseils, tes reproches. Je veux prendre les décisions importantes, et les prendre en accord avec toi. Je veux dormir à tes côtés. Je veux fonder une famille. Construire quelque chose qui soit seulement à nous. Entre-temps, ils montaient dans les villages de l'Atlas, ils allaient voir les forteresses du désert, et l'océan, ils s'habituaient aux chants du muezzin et aux silhouettes efflanquées des cigognes – Claude voulait qu'Annemarie connût le Maroc, ce pays était intéressant, empli de ruines et d'histoire, comme la Perse l'avait été – et ensuite, oui, ensuite, puis, ensuite, un jour ils parleraient de divorce. Mais d'ici là, ils vivaient ensemble, comme autrefois. La première semaine du mois de juin passa, la deuxième, la troisième, la fin du mois s'approchait – et Annemarie était toujours au Maroc.

Et chaque jour qui passait, elle s'habituait à la présence de Claude qui autrefois lui avait semblée si pénible. Étrangement, le temps passant, Claude, l'insupportable étranger de Téhéran, était devenu une présence familière à Tétouan, dont elle connaissait tout – la voix aiguë, le sillon vertical que la tension avait gravé entre ses sourcils, le rythme de sa respiration. Les chansons joyeuses et parfois stupides de Maurice Chevalier elles-mêmes qu'il écoutait le soir sur son petit gramophone portable, tandis que, détendu, il lisait dans le lit à deux places au-dessus duquel pendait une étoffe marocaine à motifs géométriques, ou en pleine campagne, lorsque le soir descendait et que sur la nappe posée dans l'herbe par les domestiques, ils buvaient un thé douceâtre et bouillant relevé de menthe pipérine, comme le faisaient les gens d'ici. *L'amour est passé près de vous, un soir dans la rue n'importe où, mais vous n'avez pas su le voir en chemin*...* La chanson évoquait des occasions manquées. Elle parlait d'amour... *une autre fois sachez le comprendre et le garder toujours. L'amour est passé près de vous...** Claude lui passait un bras autour de la taille et ils restaient à bavarder dans la pénombre des heures et des heures – comme autrefois. Ils se racontèrent tout – sans honte aucune. Les égarements, les échecs, les violences, les abjections, et même les découvertes et les illuminations. Claude lui raconta ses amours malheureuses et ses amours clandestines. Il était plein de doutes sur tout – sur lui-même, sur son talent pour une profession qu'il n'avait pas choisie et qui limitait atrocement sa liberté personnelle, réprimait sa personnalité, sur cette France nazifiée qu'il s'était retrouvé devoir servir précisément tandis qu'elle s'en allait de l'autre côté de la guerre – sur la vie. Mais il n'avait aucun doute sur eux deux. Dans la confusion universelle qui l'entourait, dans le renversement de tout

517

ce qui avait été stable jusqu'alors, Annemarie – autrement dit, l'instabilité incarnée – représentait à cet instant sa seule certitude. La seule personne, le seul engagement, le seul serment auquel il sentait devoir rester fidèle. Et elle se rendait compte qu'elle était liée à cet homme paisible, qui, à ses prévisions pessimistes, opposait une confiance inébranlable. Non pas tant fondée sur les souvenirs, même si elle l'était sur eux aussi parce qu'il en avait beaucoup – bien que presque tous empreints de malheur et de mélancolie –, et pas même sur des projets d'avenir, parce que si elle avait un avenir, c'était celui que Henri Martin avait prévu pour elle, correspondante à Lisbonne, et certainement pas épouse d'un diplomate de carrière. Liée surtout par un sentiment de complicité indéfinissable, de tendresse également, que Claude pourrait appeler amour. Et lorsque Claude rêvassait d'Indochine, dans l'obscurité, elle ne savait quoi lui dire, parce qu'elle savait qu'elle n'irait jamais en sa compagnie, et, dans le même temps, il ne lui déplairait pas de pouvoir rejoindre quelqu'un – quelque part.

Quelques jours avant son départ, Annemarie se rendit au consulat suisse pour retirer son courrier. À l'insu de Claude, qui ne l'aurait jamais laissée partir, elle avait réservé pour le premier juillet une cabine sur un bateau qui faisait route vers Ceuta. On lui remit une lettre d'Henry Martin (je te souhaite bonne chance, ma chère Annemarie), la lettre de Freddy (et ce qui te fera comprendre combien nous deux avons vieilli, et cætera), et une lettre expédiée de Lisbonne à Madrid et de Madrid jusque-là. Elle reconnut immédiatement la calligraphie d'Erika. Elle avait attendu cette lettre depuis des mois. À Léopoldville, même si tous soupçonnaient qu'elle le faisait pour des motifs différents, elle allait à l'aéroport peut-être juste pour savoir si le courrier était arrivé d'Amérique. Lorsqu'un avion en provenance de l'autre côté de l'océan atterrissait, il apportait rarement des lettres d'Erika – jusqu'à ce qu'il n'en apporte plus, et lorsque Annemarie était revenue de son voyage dans l'intérieur du Congo, elle n'en avait trouvé aucune. Petit à petit, elle avait cessé de l'attendre, et maintenant, elle retournait dans ses mains cette enveloppe froissée et elle n'avait pas le courage de l'ouvrir. La lettre venait de Pacific Palisades, Californie. La demeure des Mann. La seule maison des Mann qu'elle n'ait jamais vue. Donnant sur un océan inconnu. Sur le chemin du retour, ne parvenant plus à attendre, elle s'arrêta à l'ombre du store d'une boutique et déchira l'enveloppe. « Miro chérie, lut-elle. Il est absolument *inexplicable* que je ne me sois jamais manifestée, sinon tout au plus au moyen d'un câble à l'occasion des fêtes. C'est que le calme propice m'a toujours fait défaut, et il est également vrai que la correspondance entre les continents devient toujours plus inimaginable, donc, on n'a jamais le courage d'écrire, même si, en pratique, on pourrait le faire. » Elle leva les yeux – la ville était déserte à cette heure-là de l'après-midi, mais de l'autre côté de la route, derrière la vitrine opaque d'un café, elle remarqua le regard vide d'un homme à fez rouge. Elle poursuivit sa lecture. Mais cette lettre – qui pourtant lui parlait avec la voix habituelle d'Erika – lui semblait étrangement maniérée et insincère. « Toutes ces vérités n'expliquent pas grand-chose et n'excusent absolument rien. Parce qu'il est sûr que tu aurais aimé recevoir du courrier et il est sûr qu'il a été *mal élevé* ne pas t'en envoyer. Et au fond, je n'ai jamais été mal élevée… » Lorsqu'elle finit de lire, elle était si effondrée qu'elle marcha durant des heures, abandonnant la géométrie du quartier espagnol pour s'enfoncer dans la confusion de la vieille ville, jusqu'à se perdre dans des ruelles parfumées d'épices et de jasmin. Elle erra sans but jusqu'à ce que la solitude lui devienne insupportable. Même si Claude était au travail à cette heure, elle frappa à la porte de son bureau, et lorsqu'il eut dit « Entrez » – elle entra et se laissa tomber dans un fauteuil.

« Y a-t-il quelque chose qui ne va pas *chérie** ? » lui demanda-t-il avec douceur. « Oh ! non monsieur le consul, c'est juste qu'il fait trop chaud, dehors. » Claude l'observa du coin de l'œil ; le ventilateur ne voulait absolument pas fonctionner, et pourtant, Annemarie préférait ce bureau aux autres pièces du bâtiment. Pour lui, c'était un événement significatif. Très significatif. Annemarie se pelotonna dans un fauteuil – les jambes en travers, sur les accoudoirs ; elle caressa distraitement le dos d'Ourmès, le chien paresseux dont Claude ne se séparait jamais, elle s'alluma une cigarette et le regarda s'escrimer avec le ventilateur, chasser les mouches à coups de règle, compiler d'arides fascicules commerciaux, encrer un tampon dans une petite boîte et signer des lettres inutiles que personne ne lirait. Quant à elle, elle avait lu la lettre d'Erika – une fois seulement car il n'y avait rien de sous-entendu, aucune signification à découvrir. C'était une lettre ni longue ni courte, où, mis à part les excuses frivoles au moyen desquelles elle justifiait son silence, il n'y avait que des malédictions conte le Monstre, autrement dit Hitler, et des nouvelles sur son compte et sur celui de sa famille. Erika a passé l'hiver à faire des conférences, écrire à la machine et à voyager, et à cet instant, elle est en train d'écrire un livre pour enfants ; Klaus est très déprimé par l'échec de sa revue américaine, qui n'a pas eu de meilleur destin que la *Sammlung*. Suivaient quelques lignes sur le lunch qui l'attendait, sur une conférence à donner au Texas – et rien d'autre. Erika ne sait ce qu'il adviendra d'elle à l'avenir : « Mes plans sont obscurs comme les voies divines. » Qu'est-ce qui n'allait pas dans cette lettre ? Elle est agréable, à l'évidence amusante, certes pas aussi inventive que d'autres lettres d'Erika. C'est qu'Erika n'était pas dans ces lignes, comme si elle ne parvenait pas à être vraiment présente à elle-même lorsqu'elle pensait à elle. Une lettre écrite avec le bout de la plume – retenue. Distante.

De loin en loin, Claude levait les yeux des paperasses, et il s'assurait qu'elle était encore assise dans le fauteuil – tellement proche – et, en effet, Annemarie était là, la cigarette entre les doigts, les yeux tristes qui, un instant, se posaient sur son visage, et aussitôt s'abaissaient pour fixer le revêtement élimé du bras de son siège. Erika m'a écrit qu'elle n'était pas mal élevée. Mais que lui importent les bonnes manières ? Peut-être est-ce une façon de souligner que c'est toujours moi qui ai été celle qui ne sait pas se conduire, qui ne sait pas vivre – l'enfant mal élevée, intérieurement sauvage. « Qui sait ce que tu es vraiment en train de faire... » Mais t'importe-t-il vraiment de le savoir, Eri ? Il n'est pas vrai que tu éprouves de la curiosité pour mon livre africain, mes livres ne t'ont jamais plu. « Je suis certaine qu'il est bourré de belles images et qu'il contient seulement les choses les plus sincères, et je suis curieuse de savoir combien, si elles sont utilisables et accessibles pour tous, si elles se différencient de tes petites nouvelles persanes » Petites nouvelles... Belles images... Que de limitations, que de précautions. Mais je sais moi aussi que les belles images et la sincérité ne suffisent pas à faire un livre, et que les livres ont besoin de pensée, d'idées, de personnages, de la société... Mon livre, cependant, a toutes ces qualités. Mais tu n'y crois pas. Tu t'attendais à quelque chose de plus de moi, ou seulement quelque chose de différent, et lorsque tu as compris que j'avais d'autres intérêts, que j'étais une autre chose, tu as renoncé – et maintenant, tu ne me demandes plus rien. Tu n'éprouves qu'une complaisance affectueuse à mon égard. Tu es toujours mon grand frère, mais où est donc passée ta petite fille ? « Après-demain, je dois prendre l'avion pour le Texas où je me produis pour de l'argent (peu) et ainsi, que Dieu m'assiste, même si, à croire ce qui a été prouvé, il ne se *fait* pas

commander. Tous te saluent, comme je te l'ai déjà dit !
Sois sage et ne sois pas trop triste. Pour ce qui concerne
ma famille et moi, nous te sommes fidèles, même si
nous savons trop souvent feindre l'infidélité au moyen
d'un silence mal élevé. Très : E. »

Claude plongea son regard dans sa correspondance
et feignit de ne pas s'apercevoir que *chérie** s'essuyait
les yeux du revers de la main. Elle était si infiniment
triste, et il redoutait d'en être la cause. Peut-être
exigeait-il trop d'Annemarie : elle n'était pas taillée pour
être l'épouse d'un diplomate, il devrait comprendre – et
la laisser libre. Cependant, leur mariage était tout ce
qui lui restait, et s'il le jugeait indissoluble, ce n'était
pas parce que c'est ce qu'on lui avait appris à l'école
catholique, mais parce que leurs vies s'étaient finalement rencontrées, et comment appeler cela sinon :
amour ? Il ne lui avait jamais parlé de cela, parce qu'il
n'était pas habitué à exprimer ses sentiments, seulement ses craintes. Et pourtant, ces heures d'un après-
midi d'été passées dans son bureau, avec elle qui pleure
silencieusement dans son fauteuil, lui semblaient être
les plus belles qu'ils avaient partagées, parce
qu'aujourd'hui, pour la première fois, il en était absolument certain, ils étaient seuls, eux deux – Annemarie
qui s'est rendue à son bureau à une heure insolite et
qui pleure en sa présence sans le moindre embarras,
et qui d'ailleurs lui sourit de loin en loin, et Claude qui
feint de travailler, même lorsqu'il ne sait plus ce qu'il
est en train d'écrire et qui continue à gribouiller sur le
papier uniquement pour prolonger l'enchantement de
cette intimité retrouvée.

Il y a un grand silence dans le bureau du consul, et
pas le moindre bruit hormis le grincement intermittent
des pales du ventilateur. La main de Claude s'attarde
sur le buvard, et Annemarie, sans qu'il s'en soit aperçu,
s'est approchée, et se penche sur le bureau, l'observe
tracer des gribouillis de lignes insensées sur le papier.

Son front s'est encore plus dégarni, son nez effilé, et aux coins de la bouche se creusent des rides qui autrefois n'étaient perceptibles que lorsqu'il souriait. Il sait être obtus, et même insensible, et il ne l'a jamais comprise. Cependant, *mon petit Claude**... Annemarie a la tête complètement vide. Elle sait très bien pourquoi. Parce que la pensée encombrante, exhaustive, qui l'a occupée tant d'années – la pensée d'Erika, de son amour pour elle – a disparu. Peut-être a-t-elle disparu depuis très longtemps, mais elle a continué à l'alimenter artificiellement et n'a pas voulu s'en rendre compte. Erika, au contraire, est peu à peu sortie de sa vie – du noyau profond de ses pensées : elle y restait agrippée comme un rocher solide, un point stable, mais ce quelque chose n'était plus même Erika, seulement l'idée qu'elle se faisait d'elle. Donc, à la fin, rien. Au fil des ans, Erika ne lui est pas devenue étrangère, elle est toujours la même, sa chère Erika, mais c'est maintenant elle – la nouvelle Annemarie – qui est devenue étrangère à Erika, qui ne la connaît plus – rien que les faits extérieurs de sa vie, et encore pas tous. S'il y a un avenir, s'il y a vraiment un demain, il n'y aura plus aucune place pour elle. Et cet avenir est arrivé – c'est maintenant, et ce qui est pire, c'est qu'il est possible de le penser. Une larme goutte sur les gribouillis de Claude, noie l'encre, et Claude lève les yeux. *Chérie**, dit-il, le cœur gros, *chérie**... Annemarie esquisse un sourire et de la main lui ébouriffe les cheveux.

Claude aussi subodore qu'il est arrivé quelque chose. Il n'y aura pas de divorce. Annemarie n'en parlera plus. Elle est venue là, chez lui : ils auront une seconde chance et ils chercheront à ne pas la gâcher. Il n'y a plus de tierce personne entre eux – toutes les ombres se sont dissoutes. Ils sont seuls, et entre eux, il n'est plus de barrière d'aucune sorte : ni sa terrible mère qui s'est finalement résignée à la perdre, ni Erika, ni même son seul rival possible, ce Klaus en qui Annemarie voyait le compagnon parfait, ni les autres amours qui les avaient occupés et qu'ils avaient dû brûler, apaiser, consumer, et à la fin éteindre, pour les laisser libres. Ils sont finalement seuls. Au plus profond de lui-même, il n'a jamais perdu la confiance intuitive qu'il a placée en elle – un de ces sentiments qui vont plus loin que tout raisonnement. Claude, simplement, savait que ce moment arriverait, et qu'eux deux se retrouveraient : peut-être un peu fanés car tout a été difficile, terriblement difficile, mais sûrement mieux armés contre les difficultés d'une vie qui à l'avenir promet également d'être dure. Et à la fin, qu'importe ? Après tout, tu n'as pas encore quarante ans et elle vient tout juste de fêter ses trente-quatre ans. Vous avez le temps, pour constater la solidité de votre affection réciproque, d'approfondir sa signification et de garder ensemble l'amour. Sur le mur, l'horloge marque cinq heures. C'est l'heure du thé, et il s'en souviendra toujours, car aujourd'hui c'est peut-être la première fois que sa *chérie** l'a cherché – la première fois que Claude lui a été nécessaire.

L'avant-dernier soir, ils retournèrent à la Chellah, la nécropole des sultans Mérinides. Claude voulait lui monter les ruines ensevelies dans la poussière à la lumière de la lune. Annemarie avait toujours adoré errer parmi les pierres mortes de gens morts depuis des siècles. Adoré découvrir de nouvelles gens, de nouveaux modes de vie et de mourir. Ils y étaient déjà allés, de jour. Claude avait cependant toujours désiré lui apprendre à cesser d'avoir peur de la nuit, et il pensait que maintenant, il y parviendrait. Parce que, au fond, maintenant, il n'avait plus peur de rien. Annemarie respirait à fond, pour la dernière fois, cet air embaumant la rose et le jasmin. Même si le vent de l'Atlantique n'arrivait pas dans la citadelle abritée, il faisait frais et elle se serra dans sa veste, nouant un foulard autour de son cou. Tout là-haut, les remparts ocre de la Chellah – carrés, massifs – ressortaient dans la lumière du crépuscule. Claude marchait d'un pas rapide le long du petit sentier qui de la ville des vivants montait à la porte de la nécropole.

Ils gravirent la colline, parmi des arbres immémoriaux, les plaques de marbre et les nids de cigogne perchés sur les colonnes, errant dans la ville dévastée par l'abandon ou seulement par le temps. Les anciennes routes pavées se perdent parmi l'herbe de la colline, où paissent maintenant des moutons. C'est la ville des morts, des esprits. Claude n'y fait pas attention, l'emmener promener dans un tel lieu ne lui semble pas constituer un mauvais présage. Il est complètement absorbé par sa présence. Annemarie apparaît et disparaît parmi les ruines, parmi les colonnes brisées, les murs effrités et les chapelles des marabouts – elle lui tourne le dos, s'éloigne, Annemarie au *foulard** noué autour du cou, Annemarie aux cheveux décoiffés par le vent, Annemarie à l'ombre d'un olivier, comme une pâle divinité païenne. Elle n'a pas changé et il a eu la chance unique de rencontrer son ange – un ange éphèbe qui est devenu par la suite son épouse. Les dieux, ou Dieu, ou, encore Allah, puisque c'est là un lieu sacré pour les mahométans, pour une chance comme celle-là, sans prix, te demanderont-ils de payer ? Et de quelle manière ? Claude Clarac, qu'as-tu à donner à un Dieu qui t'envie ce précaire bonheur ? Que pourrais-tu lui offrir ?

Annemarie ne regardait rien et ne parvenait pas à s'intéresser à ce qui l'entourait. Elle était lasse de voyager et ne voulait pas chercher à découvrir un pays inconnu supplémentaire. À la fin, le passé du monde n'était plus qu'une ruine immense dont s'élevaient des échos toujours plus faibles, le présent était en train de devenir partout identique et tout se révélait étrangement, désagréablement uniforme. Désormais, il n'y avait plus sur terre un lieu véritablement différent – où, avec de l'argent, il n'était pas possible d'acheter un lit, un repas, une automobile et un boy. De surcroît, après tant d'années de vagabondages, ses yeux étaient rassasiés des couleurs les plus resplendissantes, des spectacles de la nature les plus étranges : dorénavant, ils ne pourraient que découvrir la décevante monotonie de la terre, et la ressemblance des êtres humains se révéler comme une ultime désillusion.

Claude la rejoint derrière la Medersa. Dans la cité des morts errent seulement les ombres encapuchonnées des pèlerins, et très près s'élève un chant – des voix mystérieuses de femmes, dont cependant, on entrevoit seulement l'ombre longue derrière un rideau. « Annemarie, lui dit Claude, sais-tu que j'éprouve toujours quelque embarras pudique à dire les choses que je ressens fortement. » « Mais dis-le, l'encourage-t-elle, pour une fois, ne peux-tu pas le dire ? » « Quel besoin de rentrer en Suisse si hâtivement ? glissa Claude – à Ceuta nous trouverons un autre bateau, dans quelques semaines. Comment parviendrons-nous à nous séparer précisément maintenant ? » « Claude ? dit-elle, murmurant car il lui semblait que leurs paroles rendaient un son un peu trop arrogant dans l'atmosphère presque sacrée de la Chellah. J'ai besoin d'une maison à moi. Le comprends-tu ? » Elle pensait que si des plaisirs inconnus et un environnement différents suffisaient à changer les hommes, à libérer leur personnalité de leurs entraves et à les rendre heureux, elle continuerait à voyager pour toujours et ne reviendrait jamais de l'Afrique profonde, elle se perdrait dans un village, dans une forêt. Elle avait au contraire découvert que la clef du bonheur n'est cachée en aucun lieu terrestre – pas même dans les mines scintillantes du Kivu ou dans cette ville sacrée où les pèlerins viennent demander la grâce et la fortune à leurs saints. La vie terrestre se déroule, indifférente à notre bonheur ou à notre souffrance, indifférente et majestueuse, mais la clef pour le supporter a été dans nos propres mains, toujours et partout.

« *Chérie**…, murmura Claude, lui effleurant les lèvres d'un léger baiser, ne pars pas, je t'en prie, reste avec moi. » « Je serai partie un mois seulement, deux, trois tout au plus. Je veux revenir à Sils et mener à bien l'achat de cette maison », dit-elle, lui effleurant le front à l'aide d'un brin d'herbe qu'elle portait entre ses lèvres. Claude n'objecta rien parce qu'il adorait l'Engadine, cette merveilleuse vallée heureuse, et il était content qu'elle eût finalement trouvé de l'argent pour s'acheter la vieille maison de Sils. Il savourait à l'avance ses longs congés, à l'avenir, dans cette maison, avec sa femme – l'été à se promener dans la bruyère, l'hiver à glisser en luge sur le lac gelé. *Chérie**, dit-il, s'allongeant sur les coussins de soie qu'un domestique disposait pour eux sur l'herbe – je suis si heureux en ce moment à cause de ta simple présence à mes côtés que j'ai peur de payer cette joie que je ne mérite pas avec quelque chose de triste. Et quoi alors ? Par exemple, de devoir t'attendre encore longtemps. Cinq ans, peut-être plus. Mais cesse donc ! riait-elle, il ne s'agit que de quelques semaines. Cependant, je ne compte pas les semaines, Annemarie ! – observa Claude, affligé – je compte les jours parce que les jours ne passent jamais, sais-tu que depuis le premier juillet jusqu'au premier octobre, il y a quatre-vingt-dix jours ? Que vais-je faire durant quatre-vingt-dix jours ?

Ce que tu as toujours fait, Claude. Tu t'ennuieras, tu rempliras des paperasses et tu m'écriras. Oh ! tu survivras – tu as survécu à mon absence cinq ans durant, tu pourrais même la supporter pour toujours – même si je n'ai nullement l'intention de t'infliger cette épreuve, *mon petit**. Et si quelque imprévu retarde ton retour, dit Claude, comment pourrai-je le supporter ? Imprévu ? Quel genre d'imprévu ? rit-elle. Je resterai chez moi, dans le lieu le plus agréable de la Suisse, j'écrirai, je chercherai à faire publier mon livre, je jouerai du piano, je ferai de longues promenades et voilà tout. Ma famille, la morphine, les psychiatres suisses, les docteurs américains, les cannibales, les tribunaux belges, les torpilles allemandes, qui ont tous cherché à me détruire, ne m'ont pas atteinte. Que veux-tu que ma maison me fasse ? Mon paradis ? Le chant des femmes voilées devenait peu à peu plus faible dans les lointains, jusqu'à ce qu'on ne parvînt plus à le percevoir. Au-delà des feuilles qui bruissaient dans l'obscurité, au-dessus de la colline aux oliviers, la lune errait doucement diffusant une lumière froide et argentée sur l'infini des collines, sous elles, le monde s'étendait comme une mer, qui resplendissait et s'en allait mourir. Sache que si le premier octobre tu n'es pas revenue, menaça Claude en plaisantant, en la serrant contre sa poitrine épuisée, tu me verras faire mon apparition à Sils et je ne t'enverrai pas de télégramme pour t'avertir. Je corromprai moi aussi quelqu'un, j'inventerai un congé et je viendrai te reprendre. Mais Claude, je reviendrai ! rit Annemarie – je te le jure, je reviendrai.

DANS DE PROFONDES TÉNÈBRES

Dé-
porté dans
l'étendue
à la trace sans faille :

Herbe, écrite : désassemblée. Les pierres, blanches,
Et l'ombre des tiges :
Ne lis plus – regarde !
Ne regarde plus – va !

Va, ton heure
N'a nulle sœur, tu es –
es de retour. Une roue, lentement,
tourne par elle-même, les rais
grimpent,
grimpent sur un champ de noirceur, la nuit
n'a besoin de nulle étoile, nulle part
n'est souci de toi.

PAUL CELAN, *Strette*

Elle retournera en Engadine. Elle passera juillet et août
dans sa maison, parmi les montagnes, la bruyère, le lac –
dans un magnifique paysage estival. Elle pensera que
« Rien n'est plus désespérant que ce retour », et pourtant,
il lui semble étrange, et beau d'être de nouveau – après
tant de vicissitudes – à Sils-Baselgia, assise à la même
table, dans la même Stube, marcher sur les mêmes sentiers tant de fois parcourus : sur la même route. Un véri-

table voyage ne peut se conclure que par un retour. Elle sera fêtée par ses amies en vacances à Saint-Moritz, et elle hébergera l'amie d'Erika, à la fin chère et fidèle pour elle aussi : Theres. Elle écrira des lettres, et elle en recevra de Carson et de Margot, à laquelle a été infligée une souffrance égale ou pire à celle qu'elle avait dû subir, parce que après la déclaration de guerre de l'Allemagne aux États-Unis, elle a été qualifiée de « *enemy alien* » et internée dans un camp de concentration américain. Elle recevra également une lettre du professeur Charly Clerc qui se proclamera enchanté par son livre africain. « Un roman d'élévation spirituelle, d'une langue merveilleuse – le qualifiera-t-il – riche en pages magiques et magnifiques, dont il faut cependant couper environ un tiers. » Alors, elle le relira elle-même, et comme Laura en avait eu l'intuition, le livre étant sa vie, elle ne le tient pas pour achevé, au contraire, elle décidera de le corriger, et finira par le transformer complètement – pour l'écrire une autre fois : le roman deviendra un poème, une monodie, une prière. Elle sacrifiera l'été à ce livre, qui exige une concentration absolue, une méditation, « une entreprise presque religieuse » – un immense labeur, mais elle ne s'épargnera pas et donnera à ce livre toutes les forces qui lui restent. Elle sera satisfaite de ce qu'elle écrit et il lui semblera écrire pour la première fois comme elle a toujours désiré écrire. Sauf qu'elle ne réussira pas à retrouver la fin du livre, et s'agrippera aux mots comme s'ils pouvaient lui apporter le temps dont elle a besoin, mais les jours passeront trop rapidement et tout à coup les mots eux-mêmes l'abandonneront et elle sera incapable d'écrire une seule phrase. Elle recevra une première, puis une seconde lettre de Claude, qui trouvera dans la distance qui les sépare la force de lui déclarer son amour. Hasi lui confirmera que sa part d'héritage équivaut à cent mille francs suisses : un patrimoine dont elle pourra disposer à sa guise. Elle trouvera aussitôt un accord avec les propriétaires qui lui vendront volontiers la maison de Sils-Baselgia. Elle prendra rendez-vous avec le notaire de Silvaplana pour rédiger l'acte d'achat. Elle écrira une lettre à Klaus, qu'elle sentira, après tant de séparation, infailliblement proche : « Klaus, toi mon cher, vieil, immuable… tu peux toujours être sûr de notre très ancienne amitié et de ma tendresse, ta Miro. » Elle lui dira « ne sois pas triste » – elle recourra, sans le vouloir, aux mêmes mots qu'Erika lui aura adressés à elle, vraiment Klaus et elle ont toujours exigé les mêmes mots, la même attention, contre le même chagrin. Elle lui dira que le destin, les routes et les événements de la vie sont si inattendus et si étranges qu'elle est prête à croire que dans très peu de temps, ils se retrouveront, avant qu'ils ne deviennent gris, blancs et changés. Peut-être ce jour-là sera-t-il devenu un soldat et aura-t-elle pour sa part fini d'écrire son poème. Viendra un temps où leurs travaux connaîtront un sort différent, et, entre-temps, ils doivent seulement devenir meilleurs et plus sûrs. « C'est tout ce que nous pouvons faire, le reste est au-delà de nos projets. »

Le jour prévu pour la signature de l'acte notarié ardemment attendu, elle louera une calèche car sa petite Ford sera au garage, sans essence. Elle passera la journée comme à l'ordinaire – lisant son journal, écrivant, bavardant avec Godli, se promenant dans la péninsule de Chasté. Le rendez-vous sera annulé par le notaire, mais la calèche sera déjà là. Elle montera malgré tout sur la calèche car elle aura envie de pendre l'air : ce sera une journée lumineuse, après la pluie, le ciel sera une surface d'émail bleu et la vallée une symphonie de couleurs. Cependant – c'est elle-même qui l'a écrit –, le destin, les routes, les événements de la vie sont à ce point inattendus.

La route lui amènera son amie Isabelle, qui la suit à bicyclette. Elle lui demandera de lui prêter sa bicyclette : son amie s'en étonnera, mais descendra de sa bicyclette et prendra sa place sur la calèche. Elle montera sur la bicyclette. Elle pédalera le long de la route qui va de Sils-Baselgia à Silvaplana, dans un paysage enchanté et irréel, sans rencontrer âme qui vive. La route se dénouera dans la plaine le long du lac, et son ombre se dessinera sur les eaux limpides. Elle peinera sous le soleil, et son ombre glissera sur les eaux, éthérée – libérée, légère. Le vent se lèvera. La corde qui la retenait amarrée à la rive dénouée, la barque abandonnée à elle-même se balancera doucement sur la surface bleue et donc également sur le ciel qui se reflète dans le lac. Elle lâchera le guidon et dira : « Regarde-moi ! » comme elle le faisait toujours. Son amie et le cocher de la calèche la regarderont, oui, mais tomber. La bicyclette heurtera le caillou pointu qu'elle n'avait pas vu, elle en perdra le contrôle, la bicyclette s'inclinera sur le côté et elle sera projetée au centre de la route. Elle tombera, et restera immobile. De la blessure à sa tête jaillira du sang et une mare rouge s'élargira dans la poussière.

Ils l'appelleront par son prénom. « Annemarie ? » Ils lui diront de cesser de plaisanter. De ne pas leur faire peur. Ils se pencheront sur elle, ils s'apercevront qu'elle respire encore. Ils la chargeront sur la calèche. Ils la transporteront chez elle. Ils appelleront un médecin. Ils appelleront sa mère. Quelqu'un suggérera d'envoyer un télégramme à son mari, à Tétouan. Le médecin arrivera, et chez elle, on n'aura pas encore allumé les lumières lorsque – quelques heures seulement après – Renée arrivera. Elle descendra précipitamment de sa voiture, traînant sa jambe endolorie. Elle ne criera pas son prénom, elle ne s'abandonnera pas à des scènes manquant de dignité. Et pourtant, elle a quitté le domaine de Bocken sans même changer d'habit, à l'instant même où elle a été informée, tandis qu'elle était encore dans le box de Parzifal, immobile devant le corps rigide de son poulain bien-aimé, qui a vécu si peu de temps. Elle portera encore son vêtement d'intérieur, peut-être taché de sang séché, là encroûté. Elle aura conduit elle-même. Depuis Zurich, elle aura mis moins de trois heures pour arriver, épuisant le moteur de sa Packard dans la montée de Julier Pass et se jetant à tombeau ouvert le long des virages sans toucher au frein. Elle ignorera le groupe de femmes attroupées devant la porte – ce doit être des amies de sa fille, elle ne les connaît pas et n'entend pas les connaître – et fera irruption dans sa chambre. On la suivra, on la regardera, mais le visage de Renée ne laissera transparaître aucune émotion. C'est un signe de faiblesse – de reddition. Elle ne se rend pas, jamais. Elle se penchera sur son lit et reverra sa fille pour la première fois depuis qu'elle l'a chassée.

Anne ? Annemarie ? On lui aura bandé la tête avec une gaze. On l'aura déshabillée de ses vêtements de promenade et on lui aura mis une chemise de nuit blanche. Renée pensera avec orgueil qu'elle a toujours été belle, sa fille, même s'il n'y a rien de parfait en elle – elle a le visage asymétrique, les sourcils épais, le nez fort, les cheveux très, très fins. Personne n'a jamais percé le secret de sa beauté. Renée l'a toujours tenue pour son chef-d'œuvre. La petite Godli – qui semblera bouleversée et aura les yeux rougis par les pleurs – susurrera que la Dame était sans connaissance depuis sa chute. Elle n'a pas bougé et elle n'a pas prononcé le moindre mot – pas même émis une plainte. Le médecin de Pontresina supposera qu'il s'agit d'une perte de connaissance due à un coup sur la tête. Renée ne voudra pas parler avec le médecin d'un petit village de montagne. Ce sont des gens acquis à sa fille. Et sait-on si les choses se sont réellement passées comme ils les racontent – cette histoire de chute ne la convaincra pas. Une banale chute de bicyclette : mais sa fille ne tomberait jamais d'une bicyclette. Sait-on si au contraire on ne lui cache pas quelque chose – elle ne pourra pas ne pas penser que de cette bicyclette Anne a fait un saut, un plongeon dans le vide. Renée ne fera confiance qu'à son médecin personnel. Et puis sa fille ne lui semblera plus dans le coma. « Gardez-la, criera-t-elle au médecin de Pontresina. Elle est seulement endormie. » Elle affichera une arrogante assurance répétant que, si elle est bien soignée, Annemarie se réveillera. Que de fois quelque chose de ce genre est arrivé. Annemarie semblait perdue dans un rêve, et au contraire, on la lui a rendue. Les mécanismes fragiles de son corps et de son esprit s'étaient enrayés, on les a réparés, et ils ont recommencé à fonctionner. Ce sera la même chose cette fois-ci.

Dans la chambre d'Annemarie, personne n'aura encore touché à rien. Tout sera resté comme quelques heures auparavant, lorsqu'elle est sortie se promener : comme si elle devait revenir d'un moment à l'autre. Il y aura le désordre d'une vie brisée brusquement, sans préavis : une feuille dans le chariot de la machine à écrire, sur la commode un flacon de son parfum, les factures du bois à brûler, des livres ouverts, des lettres de Claude sur sa table de nuit – *ma chérie**… Une montagne de photographies dans son tiroir ouvert : un Noir avec une lance à la main, cette effrontée d'Erika Mann habillée en Pierrot, un chien sur un vapeur, des danseuses nues dans un village de la jungle, Klaus et Annemarie sur le bastingage d'un transatlantique, l'océan infini derrière eux, des enfants, des jeunes filles en uniforme de collège, des petites filles, des jeunes filles de tout type. Des femmes. Sur la table de travail, une lettre pour Klaus, déjà glissée dans une enveloppe cachetée – le timbre a également été collé – prête à être expédiée. Une bouteille de cognac et même des somnifères. Renée sera tentée de vider ce tiroir, de fouiller parmi ces monceaux de papiers et d'images honteuses – de finalement pénétrer dans l'intimité de sa fille. Mais elle aura peur – une peur irrationnelle, inouïe, de la proximité du fantôme muet en chemise de nuit blanche, et elle ne touchera à rien. Comme si sa fille était seulement momentanément absente et qu'elle devait revenir sous peu. Elle ne restera pas ici. On la regardera sans comprendre lorsqu'elle ouvrira l'armoire d'Annemarie et qu'elle détachera ses vêtements des cintres. Elle prendra un manteau de demi-saison et le posera sur les épaules de sa fille. « Je l'emmène, dira-t-elle au docteur. Tout de suite, il ne faut pas perdre de temps. » Personne n'osera contredire Renée. D'ailleurs, le docteur et le jardinier l'aideront à monter Annemarie dans l'automobile. Ils l'installeront sur le siège arrière. Elle sera complètement sans défense – un balluchon en chemise de nuit blanche, aux yeux clos. « Où l'emmenez-vous ? » demandera la petite Godli dans un susurrement. « Ce ne sont pas vos affaires », lui répondra Renée. « Si je puis me permettre, je… je ne crois pas qu'Elle serait d'accord… Annemarie, je suis sûre qu'elle voudrait se réveiller ici, c'est sa maison, toutes ses affaires sont là… » murmurera-t-elle, suivant Renée qui, l'ignorant, sera déjà remontée dans sa voiture. « Où l'emmenez-vous ? » insistera Godli. Et alors, émue, Renée répondra : « Je l'emmène avec moi. »

La route, le voyage, encore. Cette fois, elle traversera la Suisse sur le siège arrière d'un taxi. Durant ce voyage aussi, elle sera seule, car sa mère ne l'accompagnera pas chez le docteur Forel – dans sa clinique de Prangins, il l'a déjà accueillie une fois, il y a bien longtemps. À Prangins, le docteur Forel mettra à sa disposition la même chambre qu'à cette époque et il prononcera le premier diagnostic : état comateux. À Tétouan, dès la lecture du télégramme, Claude fermera son bureau et se précipitera à Ceuta. Il ne trouvera pas de place sur le bateau, mais il montera néanmoins à bord, inventant une mission diplomatique quelconque, et débarquera à Marseille. Annemarie sera toujours dans le coma : le docteur Forel et la doctoresse Favez, comme Renée, sentiront cependant qu'elle se réveillera. Il doit seulement s'agir d'un sommeil profond – d'un rêve peut-être.

Le docteur et la doctoresse penseront que c'était un rendez-vous, que durant toutes ces années, ils l'ont attendue, espérant cependant qu'elle ne viendrait pas au rendez-vous. Entre-temps, agitant son passeport diplomatique, Claude traversera la France – il sera arrêté des dizaines de fois par les militaires de Vichy. Il expliquera chaque fois ses bonnes raisons, il menacera, hurlera et peut-être même pleurera car bien des heures seront perdues dans de telles questions bien marginales, et Dieu seul sait ce qu'il arrive entre-temps à Annemarie. Cependant, à la fin, bouleversé, sans avoir dormi une seule heure, il atteindra la clinique de Prangins.

Annemarie sera dans sa chambre habituelle : entourée par des murs blancs sur lesquels seront encore accrochés les tableaux de la fois précédente – des barques sur le lac de Genève, des montagnes, des images de rêveuses quiétudes – mais elle ne les aura pas regardées. Elle sera recroquevillée au pied de son lit, les genoux contre sa poitrine, les yeux ouverts : et elle sera réveillée. Claude sera cependant intercepté dans le couloir. Ils seront proches – très proches, mais entre eux il restera une porte et cette porte ne sera pas ouverte. « Vous êtes Clarac ? Achille Clarac ? » lui demandera l'infirmière, voyant cet homme en piteux état au visage de vieux garçon errer par les couloirs silencieux de la clinique, et lui répondra oui. La doctoresse Favez s'approchera et lui demandera avec beaucoup de délicatesse de la suivre dans son bureau. Claude ne voudra pas s'asseoir. Il sera bouleversé, agressif. Il criera qu'il est en voyage depuis trois jours sans interruption afin de revoir sa femme, pour être auprès d'elle. C'est son droit, le seul qui lui reste. La doctoresse aura pitié de cet homme qu'elle a autrefois beaucoup envié, rien que parce qu'il avait – même si c'était quelques mois seulement – vécu avec Annemarie. Avec Claude elle sera bonne et gentille. Elle lui dira de ne pas se faire de souci car sa femme est hors de danger, qu'elle est sortie du coma. Ce sera une guérison longue et difficile, il faudra du temps pour qu'elle puisse vraiment se remettre, et elle pourra passer sa convalescence à Tétouan. Il aura beaucoup de temps à passer avec elle, Annemarie aura besoin de ses soins et alors oui, il devra être à ses côtés. Claude regardera la doctoresse Favez dans les yeux et, rendu soupçonneux, il demandera : « Êtes-vous en train de me dire la vérité ? » « Oui », répondra avec douceur la doctoresse. Claude choisira de la croire. Il repassera la frontière, il retournera dans les zones de guerre, il traversera la France, il essaiera de rejoindre Marseille, son odyssée sera longue et amère, on l'arrêtera des dizaines de fois, on l'interrogera, on le prendra pour un espion, un déserteur, un traître, mais à la fin, il parviendra à rentrer à Tétouan, et là, dans son bureau, il attendra des nouvelles. Cependant, personne ne lui écrira : aucune lettre, aucun télégramme. Rien de rien. En octobre, le Maroc sera occupé par les Américains, les Français de Vichy seront arrêtés, Claude quittera Tétouan, et il n'aura pas encore eu de nouvelles d'Annemarie.

Cependant, la doctoresse Favez ne lui aura pas dit la vérité. Elle lui aura menti pour lui épargner une rencontre inutile et déchirante. Annemarie en effet, lorsqu'il était en voyage, sera sortie du coma – ou, comme tous préfèrent le dire, elle se sera réveillée. Mais elle ne sera pas redevenue celle qu'elle était. Maintenant, non seulement elle se sera vraisemblablement éloignée du monde mais elle s'en sera probablement affranchie. Elle ne reconnaîtra personne. Elle n'aura pas reconnu la doctoresse Favez, ni même sa voix, ou ses caresses. Elle ne reconnaîtrait pas son mari, et la doctoresse préférera épargner à Claude la douleur insoutenable, qui lui a été infligée, à elle, de n'être plus rien pour un être qu'on aime. Claude se souviendra d'elle telle qu'elle était, et non telle qu'elle est – une chose que l'on ne pourrait pas même qualifier d'être humain. Elle est morte entre les vivants et vivante parmi les morts. C'est un corps sans vie, fluctuant dans l'insignifiance – et qui ne répond pas. Ses yeux, même lorsqu'ils sont ouverts, ne regardent pas alentour, mais s'abîment dans une distance infinie et insaisissable dans laquelle il n'est pas possible de la suivre. Ses yeux sont aveugles, ses oreilles sourdes, et sa bouche muette. Annemarie n'est plus ici.

Jusqu'à ce qu'il apparaisse évident pour les médecins qu'Annemarie a sombré dans une amnésie totale qui lui aura fait oublier non seulement son prénom, mais également son passé, sa douleur, ses proches, le temps qu'elle doit avoir vécu : elle sera sans défense comme une enfant à peine née, sans parole, sans langage, sans sourire. Elle ne saura pas même marcher. Elle aura perdu la mémoire, l'esprit, la conscience d'exister. Ils diront qu'ils ne peuvent plus rien faire pour elle. Peut-être tout cela constituera-t-il seulement un vide tempo-raire, avant qu'elle redevienne comme avant, mais ce ne sera pas la volonté du médecin qui la soignera : si cela arrive, ce sera parce qu'ainsi le veut cette Volonté supérieure qui nous meut tous autant que nous som-mes. Mais Renée ne croira pas à l'amnésie. Elle ne saura jamais ce qui est arrivé à sa fille. Pour elle – lorsqu'elle était évanouie dans sa chemise de nuit blan-che –, Annemarie semblait présente, seulement elle ne voulait pas prendre la peine d'être là, avec eux – avec elle. Elle était comme en rébellion, son dernier défi. Oui – c'était probable. Et maintenant, l'observant, tandis qu'elle chancellera au pied du lit, au cours d'une visite à la clinique de Prangins, sa fille lui semblera perdue dans des ténèbres tellement profondes qu'elles lui ont non seulement fait oublier sa propre existence, mais également sa propre espèce – l'espèce humaine. Sa fille, scellée dans ses limites implacables, n'a plus un monde auquel parler, auquel adresser un geste, ou un mot – l'être muet que sa fille sera devenu sera un ange déchu, non par superbe, mais en vertu d'un calcul du hasard, conservant la beauté de ses origines – ses yeux renfermeront le mystère, son corps sera fragile comme un cristal, et ses mouvements gauches, un être anormal, sauvage et douloureusement sublime, et parmi ses semblables, elle demeurera seule et égarée, et elle sera marginalisée et punie. Si elle a été humaine, elle nous a quittés, et elle a tourné le dos à notre race.

Alors, elle prendra la Chose-Annemarie, la fera monter de nouveau dans son automobile et la ramènera dans sa maison de Sils-Baselgia. « À la fin, c'est là que tu voulais être, lui dira-t-elle, sans aucune indulgence, tu es chez toi. » Annemarie ne la regardera pas et ne répondra pas. Elle se mordra les doigts et son regard éteint, comme ensorcelé, fixera un point non précisé de l'autre côté de la vitre du véhicule : et si sa mère regarde de nouveau où elle regarde pour sa part, elle ne verra rien sinon le reflet tremblant de l'eau du lac à la lumière des phares. Lorsque la majestueuse automobile noire de Renée s'arrêtera derrière la maison, le crépuscule sera tombé et les quelques habitants du hameau ne s'en apercevront même pas. Dans les maisons dispersées dans la bruyère brilleront de faibles lumières, voilées par des rideaux blancs. Sur le lac, jaunâtre, flottera un croissant de lune. Il n'y aura pas un souffle de vent. L'eau sera cristallisée dans une immobilité irréelle, fantastique, la vallée parfaitement plate, douce. Indolentes, les hautes montagnes qui l'enserrent se mireront dans l'eau. Ici tout s'apaise et se recompose. Ce paysage ne connaît pas la douleur.

Renée ne sera pas venue seule, avec sa fille. Deux femmes énergiques et presque aussi robustes qu'elle – et presque aussi expéditives qu'elle – sortiront par les portières de la Packard. Ce seront des infirmières, mais elles ne porteront pas de blouses blanches ni aucun autre signe distinctif de leur profession. Dans le silence de la maison, elles s'annonceront seulement au moyen d'un piquant tintement métallique : celui d'une clef. La clef de la chambre d'Annemarie, qu'elles porteront accrochée à leur ceinture. Du siège arrière, elles déchargeront quelque chose. Quelque chose – parce qu'on ne pourrait pas dire quelqu'un. Elles la soulèveront, comme si elle était infiniment légère, et elle l'est – parce que son corps, vertigineusement séparé du poids de son âme, n'aura pas de consistance. Elles la porteront où elle demeurera : dans sa chambre. Quelques jours plus tard, Renée aussi barricadera les volets du premier étage et personne ne pourra jamais lorgner dans la maison, et avec les infirmières qui iront et viendront dans le jardin, le bruit se répandra que la Dame est revenue. Certains diront qu'elle s'est réveillée. D'autres qu'elle dort encore. Les uns et les autres ont raison.

On l'enfermera dans sa chambre, parmi les meubles qu'elle a achetés elle-même, ses rideaux, ses livres, ses objets que personne n'aura touchés. Mais l'Entité-Annemarie ne semblera pas les reconnaître : elle ne saura plus ce qu'est une machine à écrire, une plume, une feuille de papier, une photographie. Renée s'assoira dans le fauteuil de sa fille devant la fenêtre donnant sur la bruyère : dans la pénombre du soir, le lac reflétera de reflets métalliques roussâtres. Elle jettera une œillade distraite à quelques feuilles dactylographiées – une pile en désordre sur un escabeau. *Depuis Tétouan* trahira la date de composition récente ; ce titre la frappera. Elle le prendra en main et jettera – presque involontairement – un coup d'œil à Annemarie : elle saura que sa fille ne voudrait pas qu'elle le fasse. Elle ne lui a jamais fait lire ses manuscrits. Elle savait qu'elle les avait toujours trouvés lyriques, indisciplinés, emplis d'inquiétude. Mais Annemarie ne se souciera pas d'elle. Diaphane et lumineuse, absorbée et brisée, traquée par le silence immémorial qui la réclame, elle sera recroquevillée sur le tapis et occupée à mordiller un lambeau de couverture et elle ne lui interdira pas de lire ses mots. Au reste elle les aura écrits pour être lue – pas par elle cependant. Elle les aura écrits pour être sauvée – pas par elle cependant. Une surface émaillée de mots – son dernier rempart contre le chaos, la dissolution, l'indifférencié – le néant. Un miroir qui aura maintenant englouti sa fille et devant lequel Renée se retrouvera seule, comme un participant retardataire – après la célébration du rite. Dans la maison de Sils-Baselgia, il y aura un silence mortel, et dans les lointains, l'écho des cloches de l'église s'éteindra lui aussi. Renée lira le manuscrit intitulé *Nuit de lune dans la Chellah* : il s'agit du dernier article écrit par sa fille. Jamais publié. Elle lira seulement ses premières lignes : « Nous fuyons les ténèbres comme si nous les sentions appartenir à la mort et aux esprits, et même si la mort devait être pour nous aussi naturelle que le soir ou le matin, et même si les esprits devaient nous être devenus familiers, nous ne voudrions rien avoir à faire avec eux. » Elle se demandera quel type d'intérêt journalistique peuvent avoir de semblables pensées, et pourquoi donc sa fille a été toujours obsédée par la nuit. Elle se souviendra lui avoir dit une fois que nous portons des fleuves de ténèbres enclos dans notre nom – Schwarz, Bach… Nous les portons en nous. « Mais ces ténèbres sont seulement si noires parce que nos yeux ne les pénètrent pas, et nous devrions toujours tenir nos sens en éveil, tels des gardiens, car la vie ne s'éteint pas en nous ; notre cœur ne bat peut-être pas, notre esprit ne vagabonde pas dans le sommeil, lorsque nos sens se reposent et que nous semblons comme éteints ? Et lorsque nous fermons nos yeux, lorsque tout alentour l'obscurité règne, lorsque nous faisons taire tous nos sens, toutes nos pensées et restons cependant éveillés, d'autres facultés de voir et d'écouter ne s'éveillent-elles pas en nous, ne sommes-nous pas mus par un nouveau, étrange désir, un émouvant présage ? »

Distraite par un bruit inattendu, Renée se penchera pour lui ôter la plume des lèvres afin qu'elle ne l'avale pas et ne se fasse pas mal. L'Entité-Annemarie effleurera de ses yeux vides le visage de sa mère. Quelques instants, Renée sentira de nouveau la force totalisante, absolue de sa présence désarmée – et elle aura le sentiment de l'avoir eue comme ce jour au cours duquel on la lui a mise dans les bras pour la première fois, un jour de mai, il y a trente-quatre ans. Alors non plus, ce balluchon ne pouvait voir clairement sa mère – rien qu'une tache confuse –, ni lui parler, ni même sourire : ce balluchon n'était pas encore Annemarie, et deviendrait ce qu'elle voudrait qu'elle soit. Elle lui appartenait. « Anne ? » murmurera Renée. Annemarie la regardera, mais elle ne la verra pas – rien qu'une tache confuse. Renée voudra tendre une main dans sa direction, mais elle ne le fera pas, elle éprouvera de la peur pour cette « chose », et pire encore, de l'horreur, de la répulsion, du dégoût. Les enfants dépendent de nous – ils assimilent chacun de nos gestes, chacune de nos paroles, tout éloge et tout interdit. Nous sommes leur exemple, et ce qu'ils haïssent le plus. Nous sommes responsables de nos enfants. Ils deviennent ce que nous sommes et que parfois nous ne savons pas même être ce que nous sommes. Ils sont nos intentions. Le pire et le meilleur de nous-mêmes. Elle tendra les bras, effleurera son visage du bout des doigts et l'attirera contre sa poitrine. Elle sera parfumée de talc et de savon – elle sera quelque chose de doux et d'abandonné, et elle entendra contre le sien propre le battement mécanique de son cœur. Annemarie cachera son visage dans les mains qui l'ont blessée. Sa mère ne reviendra pas lui rendre visite une autre fois : le courage lui manquera. Elle aura cependant compris ce qu'elle doit faire : sa fille lui aura été redonnée – remise désarmée et nue. Et cette fois aussi, Annemarie sera ce qu'elle voudra qu'elle soit. Cette fois, cependant, aucune erreur ne sera commise.

« En de telles heures, lorsque nous nous sommes éloignés du cours normal de notre vie quotidienne, nous croyons entretenir des rapports avec les esprits de l'autre monde. Nous croyons presque ne plus nous appartenir, être une essence qui change. Et en effet, nous le sommes, comme les plantes, les feuilles des arbres et les fleurs – qui sont les mêmes au cours de la nuit sauf qu'elles ne respirent pas comme au cours de la journée – et cette vie fantastique comme une vision, que nous rencontrons maintenant, agit toujours, jaillissant de profondeurs secrètes, notre monde, tel un souffle invisible et silencieux fait bouger la mer, même lorsque mille fois le bruissement et l'écume des vagues l'accablent. » Renée se détachera d'elle et, marchant en direction de la porte, regardera une dernière fois le visage méconnaissable de sa fille, qui n'aura plus aucune expression humaine. Elle aura le sentiment de quelqu'un qui voyage dans les ténèbres, et vivant la vie reflétée et légère des plantes, des feuilles des arbres, des fleurs. Ce sera une autre plante, une feuille, une fleur. À la fin, après avoir lu ses mots, Renée pourra même penser qu'elle ne veut rien d'autre.

À Sils, après la pluie. Sur le lac planent des nuages effilochés. La brise de Maloja fait bruire les arbres du rivage. Avec le vent parviennent l'appel arcane des cerfs nichés sur les rochers de la péninsule de Chasté, le sifflement des oiseaux invisibles et une odeur de bois, d'humidité, de champignons. Le ruban de la route est une ligne noire qui scintille dans la lumière de plomb. Je viens pour interroger son silence – saturée de questions et d'inquiétude. La route de la haute Engadine, qui de Sils mène à Silvaplana, a été goudronnée il y a longtemps. Large, plate, sinueuse, elle court le long du lac entre les mélèzes, edelweiss et rochers en surplomb. Des automobiles, des bicyclettes, de rapides autocars jaunes à bandes noires la parcourent. Le trafic est intense, l'été comme l'hiver. En dépit de cela, aucun accident ne se produit jamais. Aucune route n'est plus sûre, et même lorsque je pédale entre les virages tortueux et les légères descentes qui mènent à Silvaplana, je n'ai jamais la sensation du danger. Rien – aucun mal – ne peut arriver en Engadine. Sur la surface du lac moirée par le vent de Maloja filent des windsurfs aux couleurs éclatantes. Sur le lac de Sils, de longues et fines barques à voile. La silhouette blanche du Waldhaus, imposante sur les rochers comme un château, domine encore Sils-Maria. La roselière et la bruyère de Sils semblent immobiles, hors du temps comme l'odeur de résine que libèrent les mélèzes et la rosée du matin qui argente les feuilles des myrtilles. La publicité de la vallée – dès le XIXe siècle – disait : fréquenter l'Engadine, c'est retrouver la santé. « J'ai pris demeure, écrivit Nietzsche à Peter Gast en 1881, dans le recoin le plus amène de la terre : je n'ai jamais joui d'autant de paix, et toutes les cinquante nécessités de ma misérable existence semblent être satisfaites. Je prends cette découverte pour un don, aussi inattendu que non mérité. » Depuis lors jusqu'à l'époque d'Annemarie peu de choses avaient changé, et aujourd'hui encore, le temps a préservé la vallée. La reposante beauté du paysage rend sa chute encore plus absurde. Et son destin, paradoxal, presque désespérant. Comme si ce paradis – tout paradis – dût s'avérer à la fin plus dangereux que son opposé. Cependant, peut-être que tout retour équivaut à une fin, et remonter ce qu'elle appelait les fleuves les plus éloignés du paradis aboutit à un tel résultat. Et pourtant, suprême liberté, suprême admonestation, la chambre de Nietzsche ne donnait ni sur la vallée, ni sur le lac, ni sur le paysage amène : elle donnait sur la raide paroi du Marmoré, un escarpement de presque mille mètres, qui planait au-dessus de lui – indifférent, grandiose, hostile.

À Sils, je ne trouverai pas de réponses. Un silence ardent engloutira toutes mes questions. Qu'est-il véritablement arrivé ce jour de septembre ? Isabelle, la bicyclette, la pierre ont-elles jamais existé ? Pourquoi rien ne cadre, les dates se confondent, les témoignages se contredisent ? Pourquoi Klaus raconte-t-il une autre version et affirme-t-il qu'une « vulgaire bicyclette la heurta comme un cheval emballé et l'envoya dinguer contre un arbre ? » Avec quelle ambivalente et contradictoire complaisance souligne-t-il que son « cher, charmant visage d'ange inconsolable en fut atrocement défiguré ». Mais pourquoi compare-t-il le « macabre martyre » d'Annemarie à ceux endurés sur les champs de bataille et dans les camps de concentration ? Pourquoi ce cheval et cet arbre emblématique lui viennent à l'esprit ? Était-ce peut-être l'arbre sous lequel elle avait eu l'intuition de son éternité ? Peut-être parce qu'ainsi tout ressemble à un hasard – à un destin ? Après cet onirique 7 septembre, Annemarie a encore vécu longtemps – ici. Muette, sans mémoire et évaporée. Mais comment ? Qui étaient ces infirmières rémunérées par sa mère ? Comme les fantômes persécuteurs de nos rêves, elles ne possèdent pas de nom. L'ont-elles soignée ou recluse, protégée ou punie ? Qu'ont vu les dernières femmes de sa vie ? A-t-elle jamais prononcé un mot ? A-t-elle jamais fait montre de *savoir* ? Qui d'autre a pu la rencontrer ? Est-il possible que durant tout ce temps personne – personne – ne soit parvenu à l'approcher ? L'homme à tout faire qui s'occupait du jardin vit-il encore ? Et la jeune fille qui cuisinait dans la pension voisine est-elle l'alerte octogénaire, minuscule comme la fée d'une fable, qui y cuisine encore ? Les habitants de Sils ne se sont-ils jamais demandé pourquoi la Dame ne sortait jamais, pourquoi la lumière de la fenêtre du premier étage demeurait éteinte, pourquoi sa voiture rouillait sur la pelouse ? Il n'est pas non plus très facile de savoir quelle peut être la maison dans laquelle elle a passé ses très longues journées sans mémoire.

Certains considèrent que la maison d'Annemarie à Sils-Baselgia était la Maison Salis (comme tendent à le prouver les journaux de Klaus et de Thomas Mann), la construction principale, et la plus luxueuse, du village. D'autres, la petite maison blanche qui est devenue la Biblioteca Engadinese : recouverte de livres et de Compact Disc, plongée dans le silence, tout particulièrement fréquentée les jours de pluie, c'est sans aucun doute la bibliothèque la plus accueillante du monde. Mais selon Annemarie, la maison de son silence est la Jägerhaus – enchâssée entre un hôtel et un poulailler, donnant sur un petit chemin se perdant dans la bruyère. Elle a été restructurée, mais les murs des chambres sont encore revêtus de bois, dans le bureau trône encore un vieux fauteuil à rayures, et dans la cuisine, la cheminée est demeurée intacte. Au premier étage, les volets entrebâillés semblent encore cacher quelque chose, et ils ne restituent que l'ombre des corps. Dans cette chambre, devenue au fil du temps un nid, une barque, une montgolfière, surveillée par deux infirmières rémunérées par sa mère, elle a vécu – si de vie nous pouvons parler – des jours, des semaines, des mois – une éternité dépourvue de direction, de douleur, de faute, d'espérance. Les infirmières, devenues ses deux Parques, n'avaient rien à faire, elles n'auraient quoi qu'il en soit pas non plus su comment faire, et elles trompaient le temps en dénouant des pelotes et en tricotant des fils de laine. Elle était dans sa chambre, à quelques pas d'elles et des autres. Cependant, aucun de ses amis ne l'a jamais vue. Si, en effet, les instructions reçues par ses gardiennes quant à la manière d'en user avec elle, de veiller sur elle, de la nourrir, étaient vagues, la manière d'en user avec tous ceux qui viendraient demander de ses nouvelles était très claire. Ces femmes n'étaient pas là pour empêcher Annemarie de sortir, mais les autres d'entrer. Personne, sous aucun prétexte, ne devrait plus la voir. La fille était en lieu sûr – la mère était en lieu sûr, puisque son existence ne pourrait plus lui nuire d'aucune manière – il n'y avait *personne* à la maison. Les amies d'Annemarie vinrent lui rendre visite, elles frappèrent à sa porte, elles savaient qu'elle était là, mais tout ce qu'elles virent est ce que je vois également aujourd'hui : des volets clos aux fenêtres du premier étage, des lumières tamisées, une ombre qui ondoie derrière un rideau blanc.

La pension bien nette de mademoiselle Godli existe encore. Elle a cet air un peu vieillot des pensions de famille d'autrefois. La demoiselle tenait à ses clients, qui appréciaient sa discrétion, son intelligence. Des retraités y sont revenus durant des années et des années, ponctuels, avec une fidélité remarquable. Feuilletant fortuitement le *Fremdenbuch*, un quart des noms de la liste me frappe. 22 juillet 1959. Paul Celan. Domicile : *Paris**. Il a dormi à Sils-Baselgia une seule nuit. Il est venu seul. En regard de « *Beruf* » (profession), le mystérieux hôte a tracé une ligne et garde le silence. Tant et si bien que je pense que ce nom est véritablement celui du poète. On vient à Sils pour de nombreuses raisons. Et si on veut donner une voix au silence, si on cherche quelqu'un, quelque trace incontestable, on la trouve – fût-ce une seule ligne, un piano ou une sensation.

Lucia, l'employée de la poste de Sils-Baselgia, qui à ses heures joue de la contrebasse dans une fanfare avec son mari musicien dans un orchestre de jazz, me dit que dans la pension qui appartint à Godli, le piano noir installé dans la salle des hôtes est celui de la Dame. Que soixante ans après, une jeune femme du lieu l'appelle encore ainsi me frappe. Interrogé, Jeckelmann, le gérant de la pension, rit, restant dans le vague. Tous viennent lui poser des questions sur cette Schwarzenbach, dit-il, presque agacé. Quelle importance cela peut-il avoir ? Et puis, qui sait – ajoute-t-il. Qui sait. C'est un piano vertical noir. Un Ripp Lipp & Sohn, fabriqué à Stuttgart. Une petite plaque signale qu'il provient du PIANO FLÜGEL UND HARMONIUM MAGA-ZIN des GEBRÜDER HUCH & C. de Zurich. De Zurich. Le piano est ancien. De part et d'autre du clavier, deux bougeoirs en laiton avec un motif de feuilles repoussées sont incorporés, et au centre une incrustation est gravée. L'ivoire des touches est jauni, et le piano a une voix réticente. J'aime à penser que c'est vraiment le sien, et qu'elle en a joué. Et même davantage. Que les vieilles partitions de Schubert, déchirées à différents endroits, qui traînent dans le petit salon des hôtes et qu'une main mystérieuse a fait aussitôt disparaître, étaient les siennes. Peut-être n'en va-t-il pas ainsi, mais à Sils-Baselgia, où Annemarie est venue vivre et mourir, et où il n'est rien resté d'autre d'elle, de nombreux anciens se souviennent d'elle, ils l'ont rencontrée, mais ils préfèrent le nier – sa présence est encore très forte. Comme si elle était encore ici.

Car ce n'était pas elle qu'on a emmenée par un jour de novembre, contre son expresse volonté – mais sa mort. Annemarie a été emmenée non dans le cimetière de Sils-Baselgia, à l'ombre du clocher, mais dans la partie haute du cimetière de Horgen : un lopin de terre, de pelouse, sur la colline, face au lac de Zurich. Un cimetière protestant, englobé dans le village, entre de belles maisons de verre et de briques : ce n'est pas un lieu en soi, divisé, même physiquement, de la vie, mais une sorte de jardin ensoleillé. La tombe de la famille la plus importante ne réclame aucun privilège, elle n'attire pas l'attention. Sobre, spartiate et très réformée : pas d'anges, pas de chapelles, pas même une croix. Rien qu'un carré de pelouse – que les années ont recouvert de fougères luxuriantes – et une simple stèle de pierre posée contre le mur, qui porte le prénom d'Annemarie, ses noms de famille (celui de Claude précède le sien, et cela semble la dissocier définitivement de sa propre famille) et ses dates de naissance (23 mai 1908) et mort (15 novembre 1942). Les seules occasions pour lesquelles les gens bien nés devraient être mentionnés dans les journaux. Parmi les mauvaises herbes et les fougères, renversés, deux vases vides dans lesquels depuis longtemps personne ne dépose plus de fleurs. Les Schwarzenbach au reste n'habitent plus à Bocken, ils ont vendu leur entreprise, démantelé l'usine de Thalwil. Au soleil, parmi les feuilles et l'herbe non cultivée, une toile d'araignée scintille. Le temps passant, le lierre a poussé sur le mur, il a enlacé les stèles, recouvert les inscriptions. Les intempéries ont corrodé les dates, la mousse a noirci la pierre, qui a peu à peu absorbé les noms, les mots, le souvenir. Le prénom d'Annemarie s'est évanoui depuis longtemps, ne laissant derrière lui qu'une ombre illisible. Le tombeau a été ouvert à deux reprises : en 1975, afin de faire de la place à Robert Schwarzenbach, et en 1993, pour faire de la place à Hasi. On a enterré ses frères auprès d'Annemarie – l'aîné et le cadet, le muet et le loquace, le différent et l'intégré, le vaincu et le vainqueur, afin qu'ils la protègent, l'escortent, l'admirent, comme ils l'ont fait du temps de leur enfance. Je me rends compte seulement maintenant que la tombe de gauche est identique. Même stèle, mêmes caractères. C'est la tombe d'Alfred Schwarzenbach de Bocken, né le 26 avril 1876 et mort le 17 novembre 1940, et de Renée Schwarzenbach, née Wille, le 4 septembre 1883 et morte le 26 avril 1959. Les parents et les enfants, les uns auprès des autres – à la fin de tout. La famille s'est réunie et comme refermée sur Annemarie. La fille prodigue a été ramenée à la maison. Alors, je réalise que je dois tout recommencer depuis le début, et le début c'est la famille – puissante, redoutée, enfuie, regrettée. Je consulte la carte routière et je prends la route de Zurich.

La famille Schwarzenbach m'attend à la *Graphische Sammlung* de la *Zentralbibliothek* – au premier étage du vieux bâtiment situé au cœur de la vieille ville. J'ai rendez-vous avec madame Agnes Rutz à deux heures tapantes. Je viens consulter l'album photographique de Renée, conservé dans ses collections parmi d'autres, plus précieuses, apparemment, images de la culture locale. Je m'attends à des photographies de voyage et d'enfants conventionnelles. On met au contraire à ma disposition trente ans de vie quotidienne d'une famille de la haute bourgeoisie – ses rites, ses loisirs, ses cérémonies privées, ses fastes, ses douleurs. Ses pique-niques, ses baignades dans le lac et ses excursions sur la neige, ses chasses d'octobre, ses mascarades du carnaval, ses représentations théâtrales, ses bals, ses amis, ses chiens, ses palefreniers. Le temps traverse les images, et change les vêtements, les comportements, les modes. Aux équipages font suite les automobiles, aux chevaux à bascule les bicyclettes, aux valses les tangos, les jupes raccourcissent, les cheveux tout autant. Toute une vie de relations et d'affections – tantôt réprimées, tantôt assoupies, tantôt explosives – la joie, la souffrance, le bonheur, se déroule sous mes yeux. Un interminable roman non encore écrit. Décrit par une femme qui haïssait simplement l'écriture.

Renée Schwarzenbach née Wille a pris des milliers de photographies. Elle a inexorablement immortalisé sur des plaques de verre et puis sur des pellicules presque chacune des journées de sa vie d'adulte, avec un vertige catalogueur qui touche à l'obsession visionnaire. Dans les années 1930, elle s'est convertie à la caméra, mais, hélas, je ne suis pas parvenue à voir ses courts-métrages. Ces photographies scrupuleusement accompagnées de légendes de sa main sont conservées dans trente boîtes de toile rouge sur le couvercle desquelles son monogramme, R.S., est gravé en caractères dorés. De ces boîtes passées entre plusieurs mains, aujourd'hui encore, quarante ans après sa mort, émane un parfum obstinément féminin : le sien. Chaque boîte contient une centaine d'enveloppes jaunes. Chaque enveloppe jaune des douzaines de négatifs. En tout, quelque chose comme dix mille photographies.

Annemarie a-t-elle hérité de sa mère son talent pour la photographie ? Personne ne le lui a jamais demandé. Elle rêvait de cinéma, écrivait des correspondances depuis l'étranger pour des journaux, photographiait ce qu'elle vivait et voyait et elle finit par devenir une professionnelle. « Les photographies devraient dire quelque chose sans qu'un texte soit nécessaire, déclara-t-elle dans un entretien. Les photographies constituent un document. Un cliché est bon si, pour ainsi dire, sa signification saute aux yeux du spectateur. » Les photographies d'Annemarie ont le style dépouillé et objectif des documentaristes des années 1930, peut-être en raison de l'influence des travaux de Joris Ivens, tant admiré, peut-être en vertu d'un choix stylistique instinctif, qui s'affine au fil des années sans véritablement changer. Ses photographies présentent un intérêt social, elles montrent des usines, des mines, des lambeaux de rue, des carcasses d'automobiles, des panneaux publicitaires défraîchis, des vitrines empoussiérées, des baraques et des bidonvilles. Mais le plus souvent des gens – des marginaux : des nomades aux visages immémoriaux, de vigoureux pêcheurs kurdes, des lavandières, des vendeuses d'eau, des pauvres, des vieilles gens de couleur, des mineurs, des chômeurs, des enfants déguenillés, déchaussés et parfois même nus. Néanmoins, ses photographies de voyage dans des pays lointains présentent rarement des accents exotiques. Les paysages arides l'intéressent, la poussière des caravanes, les architectures de boue, les vertigineux turbans faits de haillons, les montagnes inaccessibles, les danses cryptiques des tribus africaines, les cases aux toits de paille, les chemins de fer s'enfonçant dans la jungle, les monuments corrodés par le temps, les bateaux, les ferry-boats, les chameaux comme des apparitions dignes d'une fable, non moins visionnaires que sa Ford avec sa plaque d'immatriculation des Grisons – GR 2111 – emportée par la crue d'un fleuve afghan ou arrêtée sous le soleil sur une place indienne. La figure exotique, c'est tout au plus elle-même, dans le regard des autres.

Les photographies de sa mère sont d'un tout autre type. Elles sont destinées à sa mémoire et à celle de sa famille. Et pourtant, les clichés de Renée Schwarzenbach n'ont pas non plus besoin de texte, et leur signification saute aux yeux du spectateur. Ainsi, précisément la femme qui croyait que les « meilleures archives étaient la poubelle », qui ne parla à personne de sa fille, ni d'elle-même, raconte mieux qu'un chanteur ambulant le roman de sa famille – les Schwarzenbach, parmi lesquels le 23 mai 1908 une petite fille aux yeux clairs fait son apparition.

Dans la pénombre, assise à une table encombrée d'estampes du XVIIIe siècle, dans un silence rituel, les mains gantées afin de ne pas abîmer les plaques antiques, brandissant une pincette pour extraire les négatifs de leur emballage, éblouie par la crépitante lumière au néon du projecteur, j'ouvre le vase de Pandore, les trente boîtes de Renée. J'interroge les plaques rayées, les négatifs en piteux état, les sourires spectraux des muets et des morts. Je pose la plaque sur le projecteur, et depuis la muraille noire d'un silence immémorial, depuis les limbes aveuglants du passé, jaillissent des rires, des rancœurs, des promesses. Le visage imaginé d'Annemarie fait son retour. Les baisers et les illusions font leur retour, le corps et le sourire, les pas le long des sentiers déjà perdus et l'étrange chrysalide de son enfance plus lointaine. Et la puissante rancœur de sa mère, la mélancolie d'Alfred, les malicieux équilibres de la fortune, la sensation du « heureux et contents » qui

552

clôt les fables qui ne finissent jamais. Tandis que dehors il pleut, le soleil disparaît et revient au zénith, dans tous les jours de leur existence, dans le domaine, sur la pelouse et dans les bois, évoqués, dans une lumière blanche les Schwarzenbach font retour comme en rêve.

La première est une surprenante Renée. Jeune mère d'un peu plus de vingt ans, elle vient à notre rencontre avec un sourire bleu et des yeux ronds sous des mèches cuivrées. En 1911, elle affiche un regard doux, presque égaré, tandis qu'elle tient d'une main celle de son premier-né, Robert, et de l'autre berce le dernier-né, Alfred, âgé de quelques jours seulement. L'enfant est enveloppé dans une couverture brodée, il est étendu sur ses genoux : les deux petites filles, Suzanne à sa droite, Annemarie à sa gauche, l'entourent telles des demoiselles d'honneur. Au mois de juin 1912, Renée est seule avec ses deux filles : l'une s'agrippe à son dos, l'autre est énergiquement portée dans ses bras. Elle fait moins que ses vingt-neuf ans ; vigoureuse et presque espiègle, elle a des cheveux fauves noués derrière la nuque, des yeux clairs et des sourcils touffus, des dents larges et fortes, la mâchoire carrée : un aspect décidément teutonique. Si elle sourit, deux imperceptibles *fossettes** se dessinent sur ses joues. « C'est quelqu'un qui fait une forte impression aux hommes qui s'y entendent en femmes », commente Ulrich Wille, son père. « Elle a du tempérament, de l'esprit, de la supériorité, un aspect piquant et de surcroît aucune impatience de plaire aux autres. »

Dans la vie de Renée, il y a cependant une faille, qui ira s'élargissant au fil du temps jusqu'à devenir une fracture. Peu à peu, la mère conventionnelle cède le pas à une dominatrice agressive : avec complaisance, elle exhibera des cravates, des cigares et des fouets. Le motif de sa mâle coquetterie ? Peut-être une femme qui a commencé à apparaître avec une fréquence suspecte dans son album de famille. Nous la connaissons déjà. Son nom est Emmy Krüger. Elle fait pour la première fois son apparition en 1911 : la femme – une cantatrice wagnérienne venue se produire à Zurich dans *Le Chevalier à la rose* et invitée à prendre un thé chez Renée, son enthousiaste admiratrice – pose pour une photographie telle une diva du cinéma muet, avec les mains dans les cheveux et des gestes histrionesques. Mais c'est un jeu complice : la cantatrice ne se prend nullement au sérieux – et rit.

En 1911, Renée et Emmy passent de courtes vacances ensemble sur le Schliersee. Chemin faisant, elles dorment dans une Gasthaus de Jerofals. Elles voyagent seules : sans mari et sans enfants. En 1917, Renée pose pour Emmy. Sur la légende, elle écrit avec une satisfaction mal dissimulée : EGO. Elle est plus corpulente que d'ordinaire, et radieuse. On ne peut pas tenir Renée pour une belle femme, elle a une expression trop sévère, la mâchoire trop volontaire, une silhouette trop trapue, des traits durs – en dépit de leur prix, elle porte ses vêtements avec une gaucherie irrésistible et c'est seulement sur la selle d'un cheval qu'elle est véritablement élégante. Parfois, cependant, elle le devient. Elle a profondément changé. Elle suscite des passions inédites – sensuelles. Des plus surprenantes. Au point que quelque chose d'excessif dans son comportement dérange et préoccupe. En 1938, le général Wille écrit à sa femme Clara : « L'intensité de ce qu'elle éprouve constitue la force de Renée : il ne peut en aller autrement, et c'est son trait de caractère le meilleur. Il faut cependant qu'elle se modère. Elle doit savoir que quelqu'un qui éprouve de fortes sensations a le devoir, envers soi-même et envers les autres, de traiter les souffrances de son âme comme si elles étaient une propriété privée – elles ne regardent personne, personne ne doit s'en mêler. C'est seulement de cette façon que les émotions fortes parviennent à un degré de clarté qui leur confère le droit d'exister. »

L'emblème de Renée est un cheval. Les chevaux sont pour la mère ce que les automobiles seront pour la fille. Un symbole d'affirmation et de liberté. Dans une photographie du XIXe siècle de la famille Wille, enfant, Renée est en selle dans un uniforme de soldat, la main droite militairement posée contre la visière de sa casquette en signe de salut. La petite Renée porte des vêtements masculins, son plus grand désir était – à l'époque – d'être un garçon. On disait d'elle que « la plus jeune de ces trois enfants, devint précocement à même de se défendre des hommes ». En août 1912, Renée chevauche sa monture favorite, faisant montre d'une familiarité et d'une maîtrise absolue. Le cheval et elle forment une seule figure, qui communique harmonie et assurance. Encore en février 1915, elle monte en amazone, coiffée d'une bombe : dans la main droite, avec assurance, elle serre les brides et une cravache. Quelques mois plus tard, dans les écuries, elle s'occupe personnellement de son cheval : elle l'étrille énergiquement et lui tient une patte soulevée.

Cette femme à la personnalité dominante, parfois impétueuse, était prisonnière des conventions de son milieu mais capable de deviner, au-delà de son horizon fermé, l'*ailleurs*. Et peut-être de le vivre – même si c'était simplement dans l'espace inviolé de l'intimité –, probablement de l'étouffer pour lui donner, comme l'écrivait son père, le droit d'exister. Cette femme « sentait » beaucoup, avec force et presque avec violence. Elle était sévère avec elle-même, comme elle l'était avec les autres, elle jugeait impitoyablement et définitivement. Elle était capable d'élans, de générosité, d'enthousiasmes et même de bonté : à Bocken, on se souvenait d'elle comme de « la juste », et, dans un mélange de crainte et de respect, on l'appelait « Frau Doktor ». Elle s'avérait cependant également capable de méchancetés impressionnantes, d'étroitesse d'esprit et de dureté. C'était une femme de tempérament, et de passion. Comme l'écrivit sa fille, elle était douée d'une énergie vitale impétueuse, qui rendait celle des autres inutile. Cependant, cette énergie explosive se canalisait en colères banales, intolérances, refus, et resta au fond inexprimée. L'insolence qui était la sienne avec les autres était en premier lieu dirigée contre elle-même.

L'épiphanie la plus énigmatique de Renée Schwarzenbach remonte à 1940 – à l'époque où Annemarie subit l'effondrement psychique qui lui vaudra son internement dans un asile, et Alfred la maladie qui le tuera. Âgée de cinquante-sept ans, Renée est de trois quarts, en tenue d'équitation, sa cravache dans la main gauche. Derrière elle, la dominant, un fantastique cheval blanc fixe l'objectif de ses grands yeux ronds. La photographie est prise d'en bas, c'est pourquoi le cheval acquiert une taille insolite, onirique. Derrière, un ciel qu'on imagine bleu, et une palissade – peut-être des écuries. La joue de Renée est sillonnée de rides, mais son sourire est souverain. En 1940, Renée affiche encore une granitique volonté d'être heureuse.

Dans les boîtes parfumées de Renée, Alfred est une présence occasionnelle, il apparaît beaucoup moins souvent qu'Emmy Krüger, que ses enfants. Peut-être parce qu'il travaillait beaucoup, voyageait et se trouvait souvent à l'étranger pour s'occuper des affaires de son entreprise. Peut-être. Quoi qu'il en soit, il n'occupe pas une place de choix dans la vie de sa femme. Alfred semble flou. Robert Schwarzenbach le Grand portait peut-être dans les traits durcis de son visage les signes des entreprises qui l'avaient rendu riche, et de ce qu'il avait dû faire pour le devenir – tous les gens qu'il avait exploités, ceux qu'il avait oubliés ou dont il avait piétiné les droits pour assurer les siens propres –, mais lorsque Alfred était né, toutes ses mauvaises actions avaient déjà été commises : c'était déjà un héritier, un homme aux traits délicats et harmonieux. Sur l'une des premières photographies, Alfred Schwarzenbach apparaît à nos yeux comme un stupéfiant sosie de Dirk Bogarde dans *Mort à Venise*, qui de son côté avait été maquillé pour le faire ressembler à Thomas Mann : petites moustaches châtain, vêtements impeccables de couturier, chapeau à la mode, chaîne en or à sa montre de gousset bien en vue sur son *gilet**, un homme élégant, bichonné, très mélancolique.

Et pourtant, Alfred Schwarzenbach avait tout. Santé, beauté, fortune. Né et élevé dans la propriété de famille « Windegg », sur la Banhofstrasse, il avait étudié au lycée de Zurich et été premier de sa classe au baccalauréat ; il s'était consacré ensuite à l'étude du droit auprès des universités de Berlin et de Leipzig, qu'il termina avec une thèse d'économie politique. Après un bref séjour à Paris, en 1902, il entra dans l'entreprise de son père, l'Entreprise internationale Robert Schwarzenbach de Thalwil, pour lui succéder en 1904, après la mort du président, au poste occupé par son père. Robert le Grand désigna en effet son cadet effacé, surnommé l'« ermite », comme héritier de son empire : il considérait évidemment qu'Alfred avait les qualités d'un chef d'entreprise. L'arrivée de son frère et l'installation d'un autre encore en Amérique élargirent notablement l'éventail de ses obligations. Au travail, Alfred était soigneux, clair et efficace dans le commandement, autoritaire et dans le même temps bienveillant, infatigable. Il possédait en outre un sens du devoir poussé et une autodiscipline monstrueuse. Les innovations techniques l'intéressaient, il ne cessa jamais de les expérimenter dans ses usines, il aimait les chiens de chasse, les chevaux et l'odeur trouble des écuries de haras, il croyait au progrès et se tenait politiquement pour un libéral. Il aidait les pauvres et subventionnait une fondation d'aides sociales portant son nom. Dans la vie, c'était un raffiné, il aimait la musique et les choses fragiles, caduques et vaines : durant des années, il fut le généreux bienfaiteur de l'Association du Jardin des roses de Thalwil. Il se proclamait l'adversaire de tout luxe personnel et croyait vivre de manière spartiate. Il fit en sorte que tous tinssent son épouse pour la maîtresse de Bocken, que cependant il avait lui-même tenacement voulu pour trouver dans le cadre idyllique de la campagne une lueur de paix, et il choisit pour lui-même un rôle aristocratiquement discret. Il était fiable et pointilleux : à partir de 1911, trente années durant, il fut membre du conseil d'administration du Crédit Suisse, une des principales banques de son pays, et en présida la commission de contrôle. « À ce poste à responsabilités, le remercia un collègue lors de son oraison funèbre, son jugement limpide et incorruptible, qui s'exprimait surtout dans ses rapports humains, fut hautement apprécié. » En 1940, il devint vice-président de cet institut de crédit.

Comment Renée Wille et Alfred Schwarzenbach se sont-ils connus ? Peut-être grâce à Olga, l'une de ses sœurs dont Renée était l'amie. Renée sortait d'un cours d'études de Genève et d'un bref séjour en Silésie : elle épousa Alfred en 1904. Ils se sont aimés, supportés, ignorés ou même haïs – quel type de mariage était-ce ? Alfred dut plaire à son beau-père : il était immensément riche. La soie avait fait des Schwarzenbach l'une des familles les plus riches de la Suisse riche. Robert le Grand mourut l'année même du mariage de son fils, le laissant à la tête de son entreprise et en faisant l'héritier d'une immense fortune. Alfred pouvait offrir à sa future épouse un niveau de vie sans égal, lui offrir des équipages, des chevaux, des hôtes de sang bleu, des automobiles, le bonheur peut-être. De son côté, en dépit de son caractère anguleux et du « maudit orgueil des Wille », Renée dut plaire aux Schwarzenbach : c'était la fille d'une comtesse et d'un général. Leur mariage a dû être typique de leur époque : une affaire et un devoir.

Au cours des trente-sept années de leur union, les époux – par timidité ou réticence – ne se montrent presque jamais l'un auprès de l'autre. Comme s'ils avaient circonscrit pour eux-mêmes des espaces différents – séparés, incommunicables. Le plus souvent, Renée photographie son mari avec ses enfants. En dépit de son caractère réservé, Alfred se révèle un père affectueux. En 1909 – tandis que, maussade, Suzanne cherche par-delà l'objectif sa mère invisible – Alfred pose tendrement un bras sur l'épaule du petit Robert Ulrich, habillé en marin. En 1913, il regarde avec plaisir les premiers pas de son quatrième enfant, Freddy – qui en réalité porte son propre prénom, Alfred. Il le soutient, tendrement. Tous deux sont assis sur un banc, dans le parc du domaine de Bocken : auprès d'eux sur l'herbe, il y a une poussette et, au premier plan, trône un jouet, c'est un chien. Alfred est habitué à dissimuler ses propres sentiments, et pourtant, quelque chose s'impressionne sur la plaque et dans le regard du père occupé à accompagner les premiers pas d'Alfred Jr, un orgueil patent et une joie contenue transparaissent également. Celle d'avoir un fils en bonne santé et fort auquel il pourra un jour confier son entreprise et son nom. Un héritier.

Il n'était pas aussi fier de Robert, son aîné. Même si seules les photographies de l'adolescent au regard effaré, et peut-être vide, trahissent son inadaptation, l'enfant était différent : aphasique à la suite d'un choc subi dans sa plus tendre enfance, dès 1911, il avait été éloigné de la famille et vivait du côté de Stuttgart, auprès de la famille de l'ex-directeur de l'Institut pour épileptiques de Zurich. Après une longue période de séparation, ses parents commencèrent à le recevoir à Bocken environ une fois l'an. En grandissant, Robert devint un gros garçon maladroit et lent, qu'Emmy devait aider à entrer dans l'eau limpide du lac, car il avait peur de se baigner. Il n'existe pas de photographie de Robert adulte en compagnie d'Annemarie, il ne nous est pas donné de savoir si elle est jamais allée lui rendre visite au cours de ses nombreux voyages en Allemagne, ou si elle a continué à le rencontrer lorsque Robert passait ses vacances à Bocken. Peut-être ne savait-elle même pas où il était. Dans une lettre de 1930 à Erika, d'un ton chagrin, elle déclare intolérable de ne pas savoir où sont les gens qu'elle aime : « N'oublie pas de me dire aussitôt et toujours où je peux te joindre, tu sais que je trouve la chose insupportable, chaque fois que mon frère aîné disparaît à l'improviste dans ce monde ridiculement petit. » Dans ses écrits, c'est la seule fois où elle fait explicitement allusion à son frère différent – ravi par l'hypocrisie, par les conventions, ou seulement par le silence. Quoi qu'il en soit, perdu. Annemarie n'explique jamais comment elle a vécu le mutisme sibyllin de son frère. Cependant, dans ses écrits – transfigurée, élevée au rang de symbole de l'aspiration humaine à la libération de la souffrance –, la figure de la créature muette, innocente, qui devient la nature elle-même, et dont le silence se change en musique, langage quasi divin, revient de manière obsessionnelle.

Alfred se montre, au contraire, très fier de son dernier enfant de sexe masculin, Hans. Les deux enfants mineurs deviennent pour leurs parents une entité unique : habillés de la même façon, coiffés de la même façon, déguisés de la même façon (en lords ou en petits serviteurs noirs), Renée les appelle indifféremment « les garçons ». Cependant, ils ne se ressemblent pas. Freddy est grand, maigre comme un clou, il a un visage long et sérieux, Hasi est gros, il a un visage large et jouflu – Freddy ne sourit jamais, Hasi toujours. En canoë ou à ski, en excursion sacs à dos à l'épaule, solidaires, les enfants s'alignent volontiers aux côtés d'Alfred. Ils le prennent par le bras, l'escortent, marchent à ses côtés ou suivent ses traces, dans la neige comme dans la vie. Avec ses filles, peut-être parce que les conventions de l'époque l'imposent, Alfred ne manifeste guère une grande familiarité. Sur les très rares photographies où Alfred est présent aux côtés d'Annemarie, une étrangeté embarrassée transparaît. C'est le 6 août 1925. Annemarie a dix-sept ans. Alfred, bien planté sur ses jambes larges au milieu d'un sentier forestier, a les mains dans les poches de son pardessus. Debout sur une racine, embarrassée, les bras ballants le long de son corps, sa fille regarde par-dessus la tête de son père, au loin. Lorsqu'ils sont l'un auprès de l'autre, Alfred et Annemarie ne se regardent jamais dans les yeux. Cette même année, en octobre, ils sont ensemble à Nuremberg. Il garde obstinément les mains dans ses poches, nageant dans son manteau à gros carreaux, elle serre un chapeau entre ses doigts. Leur silence est éloquent. Il semble presque que père et fille ne se soient jamais effleurés.

Freddy est peut-être le fils préféré d'Alfred, du moins à en juger par une photographie qui les représente tous deux, côte à côte, en 1914 : Alfred porte l'uniforme (peut-être à l'occasion des exercices périodiques auxquels sont astreints les citoyens suisses de sexe masculin), et son fils de trois ans un petit manteau de laine – si petit auprès de l'homme si grand, protecteur et compassé qui est auprès de lui. Alfred est un père gentil mais distant, contrairement à Renée, omniprésente, sans-gêne comme son regard derrière l'objectif qui ne quitte jamais ses enfants. Significativement, Renée photographie souvent son mari sur le départ – jamais quand il revient. Une fois, elle le photographie sur un hydravion : il semble, pour sa part, sur le point de prendre son envol vers l'infini. Une autre tandis qu'il s'achemine – seul – vers le sommet d'une colline : une étrange image ressemblant à une prise de congé. Lorsque Alfred part pour l'Amérique, en octobre 1919, ses cinq enfants l'entourent, comme s'ils voulaient le retenir. Cependant, Alfred assis au volant de son automobile ne s'occupe pas d'eux. Il a l'air absent, vague, presque comme s'il ne voyait pas l'heure de s'en aller.

La beauté, comme la santé, abandonne très vite Alfred. Son métier (il semblerait que la mélancolie et les maux qui en découlent soient une caractéristique typique des tisserands en soie et de leurs maîtres), des angoisses secrètes, des responsabilités ou des inquiétudes le consument. Les années passant, il devient méconnaissable, presque un autre. Cependant, en février 1919, Alfred apparaît ineffablement beau, auprès d'une autre protagoniste de la saga familiale : Emmy Krüger. Tous deux se sourient cordialement et affichent une entente amicale. Depuis lors, ils sont souvent ensemble sur les photographies de Renée. En 1920, ils sont à Zug, en 1922 à la montagne, en 1923 à la Gasthaus Alpenrose, en 1925 à Madrid et à Saint-Sébastien, en 1929 à Alps, chaque année à Bocken. Parfois Emmy et Renée font un voyage ensemble, parfois les enfants les accompagnent, Annemarie surtout. En août 1925, Alfred photographie sa femme, la cantatrice et sa fille dans le bois de Regensburg : Emmy et Renée sont bras dessus bras dessous ; portant une veste à rayures blanches et noires et une jupe de collégienne, Annemarie a les mains derrière le dos et, ennuyée, regarde fixement devant elle. En septembre 1923, Renée photographie Emmy, Alfred et le général Wille. Assis sous une tente rayée, Emmy et Alfred jouent une symbolique partie d'échecs. Wille observe, impassible, comme il ne le fit pas toujours quand il s'agissait des affaires de sa fille. Sur l'échiquier, il n'y a presque pas de pièces, la bataille a été sanglante, mais le vainqueur n'est pas encore connu. Emmy déplace une pièce, sournois, Alfred attend. En apparence, rien ne peut faire supposer qu'il y ait eu entre eux une quelconque forme de jalousie ou de rivalité.

Une des très rares photographies représentant Alfred et Renée remonte à 1925, à Bocken. La chasse automnale rituelle bat son plein. Tous deux sont sur le point de monter à cheval. Galant, Alfred boutonne quelque chose sur la veste de sa femme. Elle lui sourit. La dernière remonte à 1927, à Vitznau. Poivre et sel, complet de tweed, pantalon à la zouave, chaussettes à *pois**, les moustaches désormais blanches, précocement vieilli, il a perdu son charme et ressemble maintenant à un bourgeois à la retraite ; pour sa part, au contraire, nœud papillon au cou, canne de promenade et jupe sous le genou, elle triomphe. Sur les deux conjoints mûrs plane une sérénité mélancolique. C'est cependant un de leurs derniers moments de quiétude. La dernière photographie d'Alfred date de 1937. L'histoire des difficultés de son entreprise, qui a perdu les trois quarts de ses commandes en Europe à cause de la crise économique mondiale faisant suite au krach de 1929, des erreurs qu'il a commises lui-même dans la gestion de son empire (par snobisme, il a refusé ne serait-ce que l'hypothèse d'utiliser de la rayonne, qui sous peu détruira les empires de la soie), des préoccupations que lui infligent les turbulences de la politique européenne, son épouse avec ses duretés, Annemarie par ses scandales, ses souffrances, et ses fugues, et ses autres enfants au loin ou enfoncés dans le silence, est gravée sur son visage. Même s'il est habillé avec son habituelle et mélancolique distinction, Alfred apparaît très vieux, et il a le regard sombre et las. Il incline déjà vers la mort.

Cependant, dans l'enfance d'Annemarie, il y a une autre femme – qui transforme la présence parentale en une trinité insolite. À cette époque, Emmy Krüger habite Bocken quelques mois par an. Elle va et vient courageusement de Munich sur un avion de la taille d'un jouet, elle présente sa vieille mère à Renée, sympathise avec la vieille mère de celle-ci et les Schwarzenbach qui, même s'ils ne l'approuvent pas, n'entravent pas leur liaison. Elle est cependant toujours une cantatrice, elle part, revient. Renée va chaque fois la chercher à l'aéroport ou à la gare : leur vie ensemble est un bref interlude entre un retour et un adieu. Moins de vingt ans plus tard, Annemarie reproduira le destin de sa mère, et se trouvera une actrice non moins accaparée à suivre et à vénérer. Des années et des années, tandis que peu à peu leurs corps se flétrissent, leurs cheveux deviennent poivre et sel, leurs lunettes de presbytes deviennent nécessaires pour seconder une vue défectueuse, Renée et la cantatrice vivent et voyagent ensemble. Elles se font immortaliser enlacées ou bras dessus bras dessous, dans leur chambre ou en excursion, droites comme les deux figures de proue d'un galion ou lors d'une pause de la *Walkyrie*. Dans un champ de blé, parmi le foin, tête contre tête : la grande Emmy semble chercher un soutien, Renée se tient bien fermement – un sourire résolu aux lèvres. Sur un négatif rayé par un censeur de la famille, on entrevoit les silhouettes enlacées de deux femmes s'embrassant sur les lèvres. On devine clairement leurs visages et on se demande qui a bien pu prendre la photographie. Alfred, peut-être.

Emmy resta au côté de son amie Renée plus long-temps que sa fille bien-aimée, que son mari. Unies durant les vicissitudes de la Seconde Guerre mondiale, les deux femmes finirent par se séparer en 1949, après une vie commune de plus de trente ans, et non sans rancœurs. Cependant, sur une photographie de 1944, Alfred était mort, Annemarie était morte, et l'opulente Emmy se trouvait encore à Bocken – avec Renée. Le 11 novembre 1924, Renée avait fait accrocher une banderole entre les arbres devant sa maison. Elle portait l'inscription suivante : REINE DE BOCKEN POUR TOUJOURS.

Cependant, mis à part Emmy et les chevaux, la vie de Renée est occupée par ses cinq enfants. Pour eux, elle invente des cadrages spéciaux, de petites scènes insolites – révélant ainsi beaucoup de sa personnalité. La femme dont on dit toujours – même le prêtre qui prononça pour elle une verbeuse nécrologie – qu'elle fut comme une virago au caractère adamantin, autoritaire, colérique et intraitable, incapable de tendresse, aimait photographier ses enfants. Cependant, peut-être est-ce parce que les enfants sont un sujet élémentaire : ils sont sans défenses. En 1913, elle semble s'en détacher à l'improviste – peut-être parce qu'elle est lasse de ses grossesses continuelles, ennuyée par la répétition inexorable des mêmes rites avec chaque enfant, ou pour d'autres motifs. Quoi qu'il en soit, par la suite, ses enfants éveillent de nouveau sa curiosité. Elle organise pour eux des mises en scène compliquées, qui satisfont son goût du théâtre passionnément wagnérien. Le théâtre permet d'oser ce que la vie interdit : par jeu et donc pour de vrai, elle peut appeler Emmy Isotta, et Annemarie Octavian. Pour ses enfants, elle invente des costumes (le pauvre Hasi se voit contraint de se déguiser en Napoléon, ses neveux en damoiseaux du siècle des Lumières pour les besoins d'un concert de Haydn, tous autant qu'ils sont en chevaliers du Moyen Âge le temps d'un tournoi) : le carnaval l'amuse plus qu'eux. Elle invente le Cirkus Buben, transformant les enfants en prestidigitateurs, en acrobates. En vacances, elle nage en leur compagnie, elle skie en leur compagnie, patine sur la glace en leur compagnie, escalade des montagnes en leur compagnie, les traîne derrière elle à l'étranger et aux fêtes. Plus tard, elle se montre fière de Hasi jouant du violoncelle, de Freddy décrochant son baccalauréat, et même de Suzanne, la négligée – certes, seulement lorsque cette dernière devient mère à son tour. Même lorsqu'ils grandissent, ne lui plaisent plus ou simplement cessent de lui appartenir, ils ne disparaissent jamais totalement de ses photographies. Et pourtant, Renée perd très vite tous ses enfants. Robert part vivre dans une autre ville dès 1911 ; Annemarie en 1923 étudie dans une école privée de Zurich et puis dans un collège en Engadine, elle ne reviendra jamais plus vivre à la maison ; Suzanne en 1925, très jeune, épouse un homme plus âgé qu'elle et s'installe en Suède : les photographies des années suivantes qui la montrent, belle et détendue, en compagnie de ses enfants, témoignent seulement qu'en s'éloignant de sa famille, elle a trouvé quelque chose de très proche du bonheur. Hasi et Freddy aussi témoignent d'un désir impatient de se marier. Dès 1933, lorsqu'il n'a pas encore vingt-deux ans, Freddy amène Itala, sa fiancée, à Bocken, qui cependant, gracieuse et polie, plaît à Renée : sa future belle-mère lui consacre de nombreuses photographies. Les attentions qu'elle ne réserve plus à Annemarie sont pour Itala. Cependant, Freddy aussi s'en va. En avril 1934, il s'embarque même pour l'Amérique. Renée photographie leur dernière séparation – la dédicace lapidaire porte : *Abschied*.

Une photographie assez déconcertante est contenue dans une des premières boîtes, entre les plaques du début du siècle – l'époque des pique-niques sur l'herbe, lorsque les femmes sont habillées de blanc et portent de grands chapeaux, et que les hommes sont tous en uniforme – et dans le ciel de Zurich flotte une charmante montgolfière baptisée *Parseval*. En 1907, Annemarie n'est pas encore née. La maison de famille est encore celle de la Thalgasse, 6 à Zurich. L'image représente la chambre des enfants : grande, ensoleillée, avec un papier peint neuf. La pièce est vide. Il y a un petit chevalet de bois, une petite chaise et des jouets épars sur le tapis. Mais les enfants sont absents. Ils sont ailleurs. Probablement tout près de leur mère qui les photographie, et, pourtant, ce pourrait être une photographie prise bien des années après – ses fils ont grandi, et ils sont partis, et – impassible – leur mère photographie leur absence. Leur perte.

Annemarie est blonde, rose, avec des yeux bleu-gris grands ouverts sur les dons que le monde lui promet. La regardant parmi les dentelles et les joujoux, entre les symboles opulents qui faisaient d'elle une « héritière », on devine pourquoi Erika ironiquement, d'autres sérieusement finirent par l'appeler la « princesse ». Renée n'a photographié aucun de ses autres enfants avec l'attention, le soupçon, l'adoration, le trouble avec lesquels elle la photographiait. Et pourtant, Renée, qui invente des diminutifs agaçants pour tous les êtres qui lui sont chers, gratifie simplement Annemarie du surnom humiliant de « petit nain » sur les légendes accompagnant ses prises de vue. Peut-être était-ce un surnom ironique : Annemarie était grande, très grande, beaucoup plus que la courtaude Renée. Ou alors peut-être était-ce une sorte d'exorcisme. La malveillance masque à grand-peine un trop grand amour. C'était sa fille préférée. Celle qu'elle aimait le plus. Elle fut donnée à Renée comme un don possédant quelque chose de fatal. Leur première séparation – l'accouchement – ne fut pas moins traumatique que la dernière : pour Renée, la naissance d'Annemarie apporta douleur, sang et mort. Annemarie naquit en causant une hémorragie à sa mère : ce fut un véritable miracle que toutes deux aient survécu. À ce point aimée, que Renée, afin de l'avoir toujours auprès d'elle, ne voulut pas l'envoyer à l'école publique et préféra la confier à une préceptrice. Qu'elle ignora toujours sa sœur, préférant Annemarie en laquelle elle se reconnaissait comme dans un miroir et qu'elle tint d'emblée pour son recommencement. Qu'elle voulait la contrôler, même dans ses rêves, ses pensées, et qu'à contrecœur – peut-être pour l'arracher à une préoccupante tendance à l'isolement et à l'écriture, peut-être à quelque passion précoce –, elle l'envoya dans un collège, lorsque Annemarie eut plus de quinze ans. Renée faisait montre vis-à-vis d'elle d'une affectivité exaspérée, possessive, exclusive. Et pourtant, la tant aimée fait son entrée dans la famille comme tous ses autres enfants : on lui réserve les habituelles photographies d'enfant gâtée, embrassée délicatement par sa mère et ses frères et petite sœur. En outre, les photographies de Washington, Philadelphie et New York, qui interrompent brusquement la série, révèlent qu'en octobre 1908, alors qu'Annemarie est à peine âgée de six mois, Alfred et Renée sont partis pour un voyage d'affaires et de plaisir outre-mer qui durera au bas mot deux mois. Ils doivent avoir confié leurs enfants à la gouvernante et la petite fille à une nourrice. C'est la deuxième des infinies séparations de la mère et de la fille et puis de la fille et de la mère, qui deviennent paradoxalement plus douloureuses à mesure qu'Annemarie grandit, comme si leur lien au lieu de se déliter et de libérer l'une et l'autre, devenait toujours plus envahissant, asservissant. En effet, contrairement à ce qu'on pourrait déduire de la suite de leurs rapports – fondés sur une peur réciproque, et, dans le même temps, sur le besoin de se séparer – Annemarie semble s'être plu en compagnie des amies de sa mère telle la cantatrice May Schroeder, qui dans une très tendre photographie du mois d'août 1909, l'attire contre sa poitrine et l'embrasse. Âgée de un an et deux mois, Annemarie est une enfant vêtue de dentelles comme la petite princesse qu'elle est, très aimée dans les bras de sa gouvernante, très aimée par sa mère qui la photographie, laissant apparaître dans un coin de l'image ce qui a été peut-être son premier jouet : un petit lapin de chiffon.

Par la suite, Annemarie s'avère présente seulement sur les photographies qui témoignent d'une enfance privilégiée et heureuse. Dans une petite poussette aux roues immenses, parmi des coussins brodés. Jouant avec Robert et Suzanne – avec de petits seaux et du sable, avec une luge, avec une vache, un petit veau, un chien, sur les balançoires, sur l'herbe, dans le parc de leur propriété, théâtre d'insouciantes découvertes enfantines. Et également sur la selle d'un cheval : c'est un rite initiatique auquel Renée soumet, les uns après les autres, tous ses enfants, les faisant monter – lorsqu'ils ont un peu plus d'un an – sur un cheval qui doit vraisemblablement leur sembler gigantesque. Minuscules en comparaison de leurs chevaux, ils s'agrippent à leur crinière. Mais, lorsque l'année suivante, ils montent en compagnie de leur frère puîné, épouvanté, le plus grand s'est déjà familiarisé avec sa monture, et il semble plus souriant. Se pavanant, nue, en compagnie de sa petite sœur, sur la rive du lac de Baden, et par la suite, avec Robert tout aussi nu qu'elle, sur la pelouse de la propriété des Wille à Mariafeld – image complaisante d'innocence édénique. En 1913, le 30 juin, habillée de charmante façon, hésitante, coiffée d'un petit chapeau blanc, elle erre parmi les paysans suisses, propres comme des figurants d'un film de la UFA, fauchant le foin dans les champs. Ce n'était pas une enfant solitaire ou triste. Annemarie avait de la chance. Elle avait une sœur soumise qui ne protestait pas contre ses privilèges, un inoffensif frère aîné, deux petits frères accommodants, de nombreux cousins et cousines du même âge qu'elle, elle fréquentait les enfants des amis de ses parents – fils d'industriels, nobles, militaires. Ils s'amusaient probablement à lorgner les hôtes importants qui venaient à Bocken, et les somptueuses réceptions que les Schwarzenbach offraient pour leur rendre hommage – vagabondant dans le parc orné de festons et de petits lampions de papier, pour admirer l'impressionnant *buffet** et la ribambelle des serveurs. En 1914, pour son sixième anniversaire, de nombreuses petites filles et de nombreux petits garçons viendront à Bocken. Parmi les buissons de la pelouse, tous les quinze en ordre décroissant, du plus grand au plus petit, blottis dans l'herbe, regardent l'objectif et sourient : ils ont l'air de s'amuser beaucoup. En 1915, Annemarie et Suzanne, si gracieuses avec leurs petits tabliers blancs, leurs petites tresses tombant sur leurs épaules, obéissantes, de parfaites femmes en miniature, parfaitement accordées avec le destin de femmes d'intérieur qui les attend, tricotent, assises sur un *canapé** : derrière elles, le papier peint répète des motifs art nouveau. Les petites filles sont absorbées, tranquilles, Annemarie, en particulier, plongée dans son travail, et pourtant, elles sont cadrées de loin et semblent très petites en regard des murs : ces fleurs qui les surplombent communiquent une étrange inquiétude.

Sur ces entrefaites, cependant, le 23 avril 1914, Emmy Krüger a refait son apparition, et dès cet instant, ce sera une présence envahissante dans la vie des Schwarzenbach et de Bocken. Une intimité totale s'établit avec Renée et ses enfants, surtout avec les petits, Freddy et Hasi (respectivement âgés de trois et de un an) : Suzanne et Annemarie, peut-être, peuvent avoir vécu sa venue comme une menace et une intrusion. Les photographies de la cantatrice en compagnie des enfants de Renée – spontanées, affectueuses, de guingois – rompent l'aspect conventionnel et un tant soit peu maniéré de la collection. Le regard de *Madame** Schwarzenbach est d'ordinaire impassible : tout apparaît digne, retenu, comme une convention du temps et une particularité de la classe sociale à laquelle elle appartenait. On ne pleure jamais, dans l'histoire que raconte Renée : les garçons non plus ne pleurent pas. Ordre et discipline sont les axes de l'éducation prussienne qu'elle a reçue et qu'elle leur transmet. « La discipline est le résultat d'une réflexion, lui avait appris son père. Seule une discipline comprise et suivie comme un impératif catégorique mène à la victoire. » Cependant, le contrôle de soi, la capacité de se plier et de se soumettre en cas de nécessité, sont également les vertus les plus vénérées de son pays. Les vêtements sont toujours repassés et propres, la pelouse est parfaite, la neige immaculée, les chevaux magnifiques, les veaux gras. On sourit peu, on ne rit presque jamais. Ce qui ne veut pas dire qu'on n'est pas heureux ou qu'on ne s'amuse pas. Sauf qu'il est vulgaire de le montrer. De fait, c'est seulement aux domestiques, aux femmes de chambre, aux gouvernantes, aux surveillantes, tabliers sens dessus dessous, cheveux ébouriffés, que les rires grossiers sont permis. Cependant, à l'improviste, ce regard impassible et presque impersonnel révèle la force retenue du sentiment et s'émeut : en raison de la beauté incompréhensible d'un pur-sang, d'un aéroplane, de la personne aimée ou d'une petite fille. Alors, les sentiments débordent, les gestes sont gauches, presque excessifs. Emmy prend sur ses genoux le rayonnant Hasi (autrement dit, Hans Herbert, comme l'écrit sa mère, ou Hans Robert, comme il est écrit sur sa tombe), et le fait jouer. Elle tient dans ses bras, le choie, et serre Freddy qui, tout heureux, s'amuse avec ses cheveux. Emmy l'embrasse tendrement sur les lèvres. Au mois d'août de cette même année 1915, Renée viole le tabou de la chambre à coucher : sur la table de nuit, il y a un vase de fleurs fraîches, mais il ne s'agit pas d'une nature morte. La cantatrice est langoureusement étendue parmi les coussins.

En 1916, l'image d'Annemarie commence à changer. Jambes nues, chaussettes à la cheville, casquette à visière sur la tête, petit sac à dos militaire à l'épaule, en uniforme de majorette, elle pose auprès de Willi Schindler, un garçon du même âge qu'elle, habillé en marin. La main droite de la princesse tient orgueilleusement un fusil de bois. C'est un écho – très faible, et presque le seul – de la guerre en cours par-delà les frontières de la Suisse et qui est en passe de dévaster l'Europe. Cependant, neutre, la Suisse ne semble pas s'en ressentir, et le paradis privé de Bocken pas davantage. Et pourtant, sous peu, le général Wille fera bombarder les pacifistes qui manifestent contre la guerre lors de ce que l'on appellera le « dimanche rouge », il sera accusé de violer la neutralité de la Suisse en raison de ses sympathies proallemandes, le pays entrera en agitation, la révolution éclatera en Russie, à Zurich il y aura des émeutes et les travailleurs proclameront la grève générale contre la « dictature militaire et bourgeoise » ; redoutant une contagion bolchevique, hors les grilles des usines de Thalwil les Schwarzenbach seront pris de panique ; appelée par Alfred, la cavalerie fera diligence, sabrant et faisant feu sur les ouvriers en grève ; l'Allemagne sera défaite, l'honneur militaire prussien, dans le mythe duquel ils avaient vécu, en sortira anéanti, et des millions de marks brûleront dans le tourbillon de l'inflation. Cependant, rien ne filtre dans les photographies. L'Histoire est un bruit de fond. Le niveau de vie des Schwarzenbach ne change pas, leurs habitudes pas davantage. Les enfants jouent (ils portent, certes, l'uniforme, la cravate, la casquette et des bottes, tels de parfaits officiers, mais pour eux, c'est une mascarade comme une autre et le rêve enfantin d'Annemarie de devenir général fait long feu), les adultes continuent à voyager, à faire des excursions au belvédère du Rigi – où, comme dans une scène identique de *L'Homme sans qualités*, sur les bancs de bois d'un alpage, ils boivent le lait d'une vache qu'on vient tout juste de traire.

À neuf ans, Annemarie se coupe les cheveux comme un page, comme un garçon, elle chevauche courageusement un cheval sans selle. Contente, sa mère écrit la légende suivante : *Annemarie als Parzifal*. La préférée va devenir le héros vierge et pur d'une saga initiatique : mais son identité s'est renversée. C'est un prince. En 1917, Emmy et les enfants – que Renée appelle fièrement « mes pages » – jouent avec leurs bicyclettes. Annemarie, perplexe, désireuse de monter elle aussi sur un vélo – observe. Cependant Renée appelle également Annemarie son page. *Mon page, mon beau page**… La petite fille inspire cependant encore seulement fugitivement la photographe, obsédée par son amie – Emmy drôle, familière, *osée**, Emmy qui prend des airs et lit *Vogue*, ou, encore, fume, peint, peine sur ses béquilles, se montre à la fenêtre, se promène à Paris, Vienne, Berlin, Lugano, Genève ou Hambourg, dort avec le chien Bimbo, dort dans un train, s'embarque sur un aéroplane, se pare d'un sweater blanc, regarde un match de football, s'affiche érotiquement les épaules nues – son bustier noir est délacé. Il semblerait presque que pour réussir à conquérir l'intérêt de sa mère, Annemarie doive affronter des épreuves toujours plus difficiles. En 1918, elle s'exerce à marcher en équilibre sur un fil suspendu à une certaine hauteur du sol. Elle avance avec circonspection, mais elle avance. Il est probable qu'elles étaient en train de préparer les représentations habituelles du cirque pour les enfants. Il est probable qu'Annemarie n'a pas déçu sa mère, et qu'elle a marché dans les airs. Telle cette funambule qu'elle est par la suite devenue : légère, en équilibre précaire sur le bord du vide.

En novembre 1917, Emmy – qui, le temps passant, prend un aspect toujours plus maternel, est toujours plus prospère, épanouie, presque une ménagère – est en compagnie des enfants de Renée, qui l'entourent, se pressent autour d'elle presque jusqu'à l'étouffer. Les enfants affichent de l'affection et de la tendresse et semblent aimer l'amie de leur mère. Annemarie aussi. Lorsque Renée la surprend avec Emmy, la petite fille fait montre d'un prudent attachement pour la blonde cantatrice. À douze ans, vêtue en petit soldat, les cheveux coupés sous l'oreille, un air de gamin impertinent, les genoux écorchés sortant de son pantalon court, elle se laisse embrasser avec transport par Emmy, qui l'enlace par les épaules et lui tient la main : toutes deux se regardent dans les yeux, intensément. Annemarie lui abandonne sa main, mais semble demander à cette femme si elle peut lui faire confiance. Sur ses lèvres, un timide sourire. À treize ans, habillée en officier, elle laisse Emmy lui passer une bague au doigt, mais elle tourne son regard vers un point indéfinissable au-dessus de celle-ci. En grandissant, elle l'observe avec une ombre d'ennui, comme une tante arrogante, et finira par renier son affection enfantine. Elle dira que c'était seulement une fiction. Il fallait aimer Emmy Krüger, et l'idolâtrer, parce que Renée l'idolâtrait. Elle racontera des épisodes dont Suzanne et Hans nient qu'ils soient jamais survenus : à en croire Annemarie, sa mère l'obligeait à allumer des bougies sur un autel pour la cantatrice, comme pour une madone ou une déesse. Chaque soir, elle devait lui offrir la rose que dans une opérette Octavian offre à Sophie pour le compte de son amoureux. Cependant, peut-être était-ce la jalousie qui élaborait ses souvenirs.

Le seul éclat de rire d'Annemarie saisi par sa mère remonte à 1920. Annemarie se trouve en compagnie d'une jeune femme, probablement son professeur de piano, qu'elle étudie avec passion, elle se révèle tellement douée qu'on espère qu'elle pourra entreprendre une carrière de concertiste. Seule des crampes à la main – d'une origine clairement psychosomatique – l'en empêcheront. À douze ans, Annemarie n'a encore jamais fréquenté une école régulière car, à cause de sa santé fragile, sa mère lui a épargné la fatigue occasionnée par une classe. Elle reçoit une éducation privée, non conventionnelle, qui apaise ses curiosités et qui dans le même temps l'ennuie. Mais le privilège singulier que sa mère lui a réservé pour préserver sa santé et l'avoir toujours auprès d'elle ne peut pas lui déplaire. D'ailleurs, rester à la maison lui a permis de nouer avec Renée un lien spécial : sa fragilité et l'amour de sa mère se sont scellés dans sa mémoire et dans son imagination – la maladie *fonctionne*. Cette position de faiblesse apparente la favorise. À l'avenir, elle explorera toutes les voies afin de se rapprocher de sa mère, mais elle les trouvera barrées, parce que – inexplicablement – Renée semble vouloir se défendre d'elle et l'empêcher de la rejoindre : elle comprendra très vite que sa mère lui accordera son indulgence ou son pardon seulement lorsqu'elle est malade – en proie à la douleur. « Les mères blessées et abandonnées peuvent être apaisées seulement si nous les filles leur offrons nos douleurs – comme un tribut », écrit-elle. Mais quelle est sa faute ?

En 1922, la métamorphose s'accomplit. Le page – devenu un éphèbe mince et longiligne – est promu chevalier. Et bien davantage chevalier de la rose : sa mère la déguise en Octavian-Quinquin pour un des spectacles de Bocken. Ces jours-là, à Zurich, Emmy Krüger interprète avec succès le personnage du *Chevalier à la rose*. Sur les affiches on peut lire : *Emmy Krüger als Octavian*. La carrière de Krüger connaît précisément à cette époque le tournant qui la consacre parmi les principales mezzo-sopranos de son temps. Afin de soutenir son amie et lui offrir l'occasion de chanter dans sa ville, Renée finance généreusement un festival de musique à Zurich. Cependant, si on peine à imaginer la florissante cantatrice dans le rôle du malicieux, charmant adolescent, Annemarie, en habit du siècle des Lumières, agenouillée une rose dans les mains devant Sophie – ou encore, la main sur les hanches et le chapeau sous le bras, le regard fuyant – est un Octavian parfait, et du personnage elle possède la mélancolie ambiguë mozartienne.

Quinquin, chante la Maréchale, tôt ou tard tu rejoindras Dieu, tu me quitteras par amour d'une autre, plus belle, plus jeune que moi ! Jusqu'alors, Renée a encouragé l'androgynie de sa fille : c'était elle qui avait souligné l'ambiguïté de son aspect physique et qui l'appréciait pour cela même ; elle qui voulait l'habiller en garçon, choisissait pour Annemarie des rôles en *travesti**. La Krüger aussi avait une prédilection pour cette étrange petite fille-éphèbe, et les autres amies de Renée étaient enchantées par le charme troublant de la petite fille-garçon et elles l'agaçaient volontiers – pas toujours innocemment. Annemarie subissait à son tour le charme de ces dames mûres et excentriques – un monde dont les hommes étaient exclus. Ce rôle, qui peut-être fut suggéré, que peut-être elle dut interpréter afin d'être acceptée, aimée, préférée, finit par devenir conforme à sa nature. Une condition de privilège, de différence et de solitude. Cependant, lorsque Annemarie commença à susciter chez les autres femmes les sentiments que Renée espérait qu'elle suscitât, elle la punit : c'était sa faute. C'était sa faute.

Ainsi, l'inclination de sa fille pour les femmes (Annemarie s'en rendit compte très tôt et ne la cacha jamais) fut refusée par sa mère – comme s'il s'agissait d'une trahison. Qui lui reprocha toute sa vie exactement ce que son père et sa mère lui avaient reproché : de ne pas savoir contrôler ses émotions, ses désirs, son désir effréné d'amour. Elle n'accepta jamais ses passions, et la punit toujours, même violemment, lorsqu'elle eut vent de relations trop intimes nouées par sa fille avec des cousines, des enseignantes ou des amies de classe. Elle détesta, et en arriva à haïr, ses amies en qui elle subodorait des rivales. Peut-être parce que Renée avait toujours respecté les apparences, refermant ses secrets dans le cercle sacré du privé, préservant ainsi la dignité et l'honneur de sa famille à laquelle elle tenait tellement, elle était, ou semblait être, une épouse, une mère, une maîtresse exemplaires. Peut-être pour d'autres raisons. Annemarie était exactement comme elle aurait voulu, et redoutait, être. Cependant, peut-être est-ce ce pourquoi elle était impardonnable.

Dès 1914, Emmy est devenue le centre de gravité affectif de Renée, et pourtant, chez sa fille quelque chose l'attire irrésistiblement. Plus Annemarie devient ambiguë et sexuellement déstabilisante, plus Renée devient possessive. À Mariafeld, sur la rive du lac, après les baignades, elle l'attire contre elle, lui passe un bras derrière les épaules. Quelques années plus tard, perdues dans un bois, encore une fois, Renée passe avec force un bras sur les épaules de sa fille, tandis que de l'autre elle serre son sac à main contre sa poitrine. Propriété privée semble-t-elle dire. Et tandis qu'elles se promènent sur une petite route, au Rigi, elles s'affrontent en plaisantant – la fille imite la mère : Renée s'appuie sur un parapluie, Annemarie, en cravate, sur sa canne de promenade. En 1930, elles sont sur une barque à rames qui se balance sur le lac de Zurich : Renée brandit un accordéon, Annemarie, rigide et tendue, comme anéantie par la présence de Renée ou redoutant de faire quelque chose de répréhensible, se recroqueville sur le bord de la coque et détourne le regard.

Le temps passant, une fascination réticente s'est insinuée dans les photographies que la mère prend de sa fille. Puisque désormais, durant l'année, Annemarie vit au collège, ce sont des photographies estivales : Annemarie en plein air ou dans la chambre bleue, en tenue militaire ou à cheval, sur le bord d'un volcan ou parée d'un petit habit à carreaux avec un ruban sur le décolleté, la jupe arrivant au genou, en pantalons courts ou dans l'eau – les longues jambes découvertes, les hanches moulées par son maillot de bain, le dos nu. Annemarie s'apprêtant à jouer au tennis, lui tournant le dos et s'éloignant – légère, absorbée et belle. Annemarie les pieds dans l'eau, sur la rive d'un lac, dans une cabine, sur la plate-forme d'un établissement balnéaire. Annemarie presque toujours en maillot de bain, une pellicule noire adhérant à sa peau et soulignant la fraîcheur de ses seins. Elle est embarrassée et n'a jamais un regard pour sa mère : sa mère aussi est embarrassée et prend souvent – étrangement – des photographies floues. Annemarie vit tout d'abord sa maturation physique avec effroi, et, redoutant d'acquérir les formes abhorrées qui arrondissent le visage décidément féminin de sa sœur, devenue des plus joufflues, elle se soumet à de secrètes ingestions de purgatifs. Cependant, peu à peu, elle semble devenir consciente de son charme. Au cours d'une réception, assise sur un banc, elle flirte tendrement avec un très beau jeune homme. Elle évolue avec une conscience féline. Elle embrasse audacieusement une amie, traite ses frères plus jeunes comme une femme le ferait de deux garçonnets, va et vient parmi les viragos amies de sa mère – très élégante, sinueuse, dans les fêtes de Bocken. En cravate, habillée en marin, un sourire de supériorité aux lèvres, elle embrasse avec élan une jeune fille prénommée Tanja.

La préférée a désormais poussé : le baccalauréat en poche, elle s'inscrit à l'université, va étudier à Paris en compagnie de sa cousine, obtient une licence en histoire le plus vite possible, découvre qu'elle veut écrire, s'en va à Berlin pour commencer progressivement à vivre sa vie nouvelle, tandis que Renée continue à mener sa vie habituelle, faite de chevauchées, réceptions, festivals de musique et de voyages, en compagnie d'Emmy et parfois de son mari. Elle voit sa fille toujours moins fréquemment, et désormais Annemarie est une jeune femme qu'elle ne connaît pas, qu'elle ne possède pas, qui ne lui appartient plus. Une femme qui a acquis – et peut-être l'ignore-t-elle ou peut-être pas – un pouvoir terrible sur elle : le pouvoir de la séduire. Le 22 juillet 1928, il fait chaud sur le lac et les femmes sont dévêtues. L'une pose un disque sur le gramophone, sur ces entrefaites, on commence à danser. Annemarie porte un petit pantalon très court, retenu par une fine ceinture. Un rêche maillot de corps blanc et de frivoles chaussures de bal – blanches. Ses cheveux sont coupés sous l'oreille et rasés sur la nuque, mais ses formes sont douces – des cuisses bien tournées, des fesses arrondies, le sein tout douceur. Il y a un souffle de vent. Elle serre entre ses bras une femme plus petite qu'elle, mais plus âgée qu'elle de quinze, vingt ans peut-être. Toutes deux sont en train de danser. Puisqu'elles dansent, la pellicule enregistre les vibrations des corps, et un mouvement qui ressemble à un frémissement fronce l'image. Annemarie tient résolument la main gauche de cette femme dans la sienne, tandis que de sa main droite, posée sur le dos de l'autre, elle l'attire contre elle. Pâle, concentrée, et perdue en elle – les yeux enchaînés à son visage –, elle la guide. La femme ne renvoie pas le regard pénétrant d'Annemarie, elle semble presque apeurée par la contiguïté de leurs corps et par la proximité de leurs visages – mais elle s'en remet à elle et se laisse porter. La femme ressemble de façon incroyable à Renée, mais ce n'est pas elle. Voltigeant sur la véranda Annemarie danse, entraîne la femme avec elle et Renée fixe la scène, le moment est celui-là : elle saisit sa fille qui en séduit une autre, qui apprend à un autre soi-même à s'abandonner avec elle. Depuis cet instant, Renée la tient pour son ennemie.

En novembre 1942, plus de quatorze ans après, Renée a pris encore une dernière photographie, particulièrement atroce, de sa fille – Annemarie, la tête posée sur un oreiller rembourré, la mâchoire serrée par une bande blanche, est morte depuis quelques heures seulement – son visage est marmoréen, figé et distant. Les paupières fermées, elle a les traits sereins et évanescents des rêveurs et des morts. Pourquoi Renée a-t-elle voulu prendre cette photographie terrible ? Certainement pas à cause du scrupule documentaire qui a accompagné sa vie et ni même pour rendre un dernier hommage élégiaque à sa préférée avant que la mort ne les sépare. Peut-être pour avoir une sorte de confirmation. Cette photographie témoigne, sans équivoque possible, qu'elle est vraiment morte, finalement. Qu'elle ne pourra plus revenir. Cette photographie était un exorcisme, et assurément pas le dernier que Renée pratiquerait contre sa fille la plus aimée.

LE REMERCIEMENT

Si longtemps, tu m'as évité en rêve,
toi qui très tôt t'es évanouie. Aujourd'hui, tu étais ici
si jeune, intacte, et étrangement proche
comme lorsque la première fois nous nous sommes séparés.
Dans la nuit jeune, comme les étoiles étaient ardentes,
comme le monde semblait empli de bonheur. Combien
de temps est passé,
combien lourdes devinrent pour toi tes jeunes années,
comme tout cela m'a chassé au loin.
Maintenant, tu m'interroges en rêve,
En lui, il n'est plus
aucune douleur – aucun deuil.
Tu acquiesces et susurres. Es-tu guérie alors ?
Je suis couché et muet. Mon cœur bat dans le silence.
Le remerciement est resté.
Le remerciement doit te tirer
de ta tombe d'Engadine.

ALBRECHT HAUSHOFER, *Visage d'un rêve*

Le gramophone joue de la musique de Händel et dans
la maison de Bocken règne le murmure étouffé et lugubre des jours dédiés à la mort. Dans le salon, plongé
dans la pénombre, Renée reçoit les condoléances de ses
frères, de sa nièce et de ses amies de Zurich. Elle ouvre
les télégrammes en s'aidant d'un coupe-papier et puis
les dépose sur un plateau d'argent où autrefois on déposait les cartes de visite de ceux qui passaient rendre
hommage aux Schwarzenbach. Le pasteur, qui vient

tout juste de présider aux obsèques, commente à l'écart avec une parente l'avancée des Alliés en Tunisie. Il a récité des prières d'une voix monotone, tandis que le vent faisait voler les feuilles et que sur les verrières du crématoire les arbres dispensaient des ruisselets de pluie. La pluie sied bien aux enterrements et aux adieux. Annemarie est morte dimanche soir. À trente-quatre ans, cinq mois et quelques jours.

Les traits tirés, Hans serre des mains, lit des télégrammes : il est écrasé par une immense douleur, indicible, mais il se comporte comme tous l'attendent de sa part, avec un contrôle mortifère de sa personne. Ici, c'est celui qui a été, et qui est encore, le plus proche d'elle. Il avait même accepté de gérer son patrimoine à sa place, afin de la libérer du poids de devoir s'occuper de questions pratiques qui entament, qu'on le veuille ou non, même les facultés morales. Lui qui, depuis deux ans, ne s'occupe de rien d'autre, le sait bien. Dimanche, le téléphone a sonné. C'étaient les infirmières de Sils. Elles ne savaient que faire. Ne faites rien – a dit Renée –, ne touchez à rien. Ne la touchez pas. Je viens tout de suite. Elle est allée la chercher, pour la dernière fois. Elle ne l'a pas laissée à Sils, elle a voulu l'emmener avec elle. Et la mettre auprès d'elle – Horgen se trouve à quelques kilomètres à peine de Bocken. À la fin, Annemarie est revenue dans la maison de son père – Alfred aussi est là. Tout s'est recomposé. Tout s'est conclu.

Renée l'a fait peigner et habiller, et puis elles sont restées seules – et ce fut vraiment leur dernier entretien. Même les yeux clos, et les mains nouées sur son giron, Annemarie semblait sur le point de commencer à parler – comme en rêve, et Renée a eu peur qu'elle dise ce mot. *MAMA*. Mais les mots ont été consumés, même les reproches, les rancœurs et les silences : ne sont restées que les images. Renée a pris son appareil photographique depuis si longtemps enfermé dans une boîte, elle a inséré une pellicule et, pour la dernière fois, elle a photographié sa fille. Elle l'a photographiée morte – et l'a fait sans hâte et sans émotion. Puis, lorsque le rouleau a été fini, elle s'est habillée de noir et elle est allée au Krematorium. Là-bas, dans un reflet crépusculaire, les flammes ont brûlé le corps de sa fille – qui maintenant est cendres et fumée, poussière de poussière. Le corps figé, indifférent et blanc – ange déchu, créature d'un autre monde. Le corps, la seule chose dont il est impossible de se libérer – jusqu'à la mort. Et l'enchantement irrésistible que nous exerçons avec nos corps s'avère à la fin la chose la plus profonde qui soit dans la vie. *Regarde-moi. MAMA.*

Dans le salon avec Renée, à recevoir les condoléances de la parenté aux côtés de Hasi – le jeune frère d'Annemarie, auquel elle a peut-être signalé une voie pour s'enfuir – il y a également sa mère, la comtesse Clara. Elle a quatre-vingt-douze ans, mais elle est parfaitement lucide, en bonne santé, et elle y voit encore bien. C'est un petit être osseux, diaphane, aux mains marquetées de veines violettes, aux paupières transparentes, au regard vif derrière ses petites lunettes, ses cheveux blancs sous son bonnet, mais son caractère froid, ironique et arrogant est resté inchangé. La vieille dame a déjà appris ce que voir mourir un enfant veut dire. *MAMA.* Les allers-retours des connaissances qui viennent présenter leurs condoléances à la maîtresse de maison sont incessants, et il faut répondre à chacun, murmurer les mots de circonstance. Beaucoup demeurent désagréablement surpris par la froideur de Renée, qui n'a même pas versé une larme et semble seulement avoir hâte de tout conclure. Certains trouvent que son comportement rappelle celui de sa mère : la comtesse aussi perdit, dans la fine fleur de sa jeunesse, à la suite d'une chute absurde, son fils le plus aimé, Fritz. Des destins qui se répètent. Des hasards. Des coïncidences. Des identités.

Adrienne, l'épouse de Hans, lui montre la nécrologie évoquant le souvenir d'Annemarie dans le *Tages Anzeiger*, une gazette citadine. Hasi se demande qui a pu l'écrire. Quelqu'un qui connaissait bien, très bien Annemarie. Celui-ci la qualifie de très vive, le type de la femme émancipée. « Nous nous souvenons très bien d'Elle, quand au Studio Flunten, pour sa première et unique lecture devant un grand auditoire, elle lut son roman inédit. Les ampoules électriques illuminaient son visage de jeune fille beau et intelligent ; d'adolescente élancée et gracieuse... » Comme c'est étrange, l'anonyme se souvient même d'un épisode vieux d'une décennie. Hasi ne s'en souvient pas. Bien sûr, il n'y était pas. Il aurait voulu y être, il en fut empêché. Il est agacé que tandis qu'il déplore la mort prématurée et la perte d'une romancière singulière, l'auteur de la nécrologie persifleuse évoque « la tzigane insouciante et égocentrique » – rappelant que son intelligence, son charme, ses intérêts, la rendaient supérieure à la masse, mais qu'elle n'a jamais mis ses qualités à profit. Elle est morte, après tout. Pourquoi rappeler que – comme les personnages de ses livres –, même si elle était une femme moderne, Annemarie n'avait pas un vrai métier ? Pourquoi rappeler qu'elle n'a pas voulu jouer un rôle social ? Sa sœur était intransigeante et ne faisait rien à moitié. Elle a toujours vécu et fait les choses – même celles qu'elle ne savait pas faire – avec un zèle sacré. Et cela est-il dépourvu de valeur ? Elle marchait vers son but, et ne se souciait pas du reste : était-ce sa faute si le but se déplaçait continuellement et si les traces de son mouvement finissaient par être obliques et ne menaient nulle part ? Anne cherchait quelque chose – et Hasi ne savait pas quoi, il ne l'avait jamais compris. Il espérait seulement qu'à l'improviste Anne avait trouvé quelque part le signe prévu, et qu'elle avait su le reconnaître. Oblique était la voie qu'elle parcourut, oblique, oui – parce qu'elle était droite. Qui peut en effet dire si grâce à son vagabondage inquiet sur la moitié de la terre, grâce à sa poursuite des hommes et des idées, cette vie ne trouverait à la fin son sens ? Comment peut-on juger une vie qui a duré trente-quatre ans ? Est-il vraiment vrai que dans ce pays impitoyable, on n'achète pas l'indulgence, pas même avec sa mort ?

Personne ne parle de ce qui a été vraiment perdu. Le charme ne peut ou peut-être ne doit pas être décrit. La personnalité – se dit Hasi, scrutant le visage d'Annemarie qui le fixe sombrement depuis la photographie du journal – est faite de milliers de détails, uniques – impossibles à répéter. La manière dont une femme parle ou marche, regarde ou sourit. Telle était la perte définitive, irrémédiable, et aucun gazetier, ni même un ami ne pourrait décrire l'enchantement de la présence d'Anne. Et cela – qui était tout, peut-être – restera insaisissable, et survivra seulement dans ses souvenirs émus, et dans ceux de ses amis, et puis pâlira, peu à peu, se modifiera dans la mémoire de chacun, subira les déformations auxquelles sont soumis tous les souvenirs, et à la fin s'évanouira totalement, car notre temps sans dieux et sans mythes ne transforme pas les gens spéciaux en source ou en belle fleur, et alors Annemarie sera vraiment perdue.

Renée lui arrache la gazette des mains : elle veut y jeter un coup d'œil, redoutant que quelque souvenir désagréable ne soit devenu public. Hasi tourne le dos à sa mère, à sa femme et à tous les autres et il s'essuie furtivement les yeux. Puis il passe une porte et se cache dans l'obscurité des escaliers, et durant de nombreuses minutes il ne revient pas afin qu'on ne voie pas que cet homme gros et grand, de presque trente ans, le président de la Ro. Schwarzenbach & Co., le conseiller du Crédit Suisse, est en train de pleurer comme un enfant. Le premier mot tombant sous les yeux de Renée est MANN, puisqu'il est question des enfants de l'écrivain, et elle ne poursuit pas sa lecture. Elle tend à l'instant le *Tages Anzeiger* à sa domestique afin qu'elle le fasse disparaître. Est-il donc possible qu'Annemarie doive rester liée à ces deux-là pour toujours ? Quoi qu'il en soit, à la fin, Annemarie eut deux colonnes dans le journal, celui qui doit être oublié a été oublié et désormais on parle seulement de littérature. Au reste personne – mis à part ses amis et quelques professeurs – n'a jamais lu les livres de sa fille, et en l'espace de peu de jours, son nom sera tombé dans la poussière.

Certains ont remarqué que la cérémonie du Krematorium de Zurich n'avait pas drainé une foule importante – les vastes salles étaient presque vides. Rien à voir avec le faste habituel des obsèques de la famille. Freddy, le frère sage, celui qui n'a pas même reçu le bouc biblique en partage, mais seulement les devoirs de l'entreprise, n'est même pas venu pour Annemarie. Les derniers amis d'Annemarie ne sont pas venus non plus. La plupart n'ont même pas été informés – également à cause de la hâte non innocente avec laquelle tout a été effectué et organisé. Cela aurait été de toute façon difficile : il y a la guerre, beaucoup ne peuvent recevoir de courrier, d'autres se trouvent sait-on où. Erika, Margot et Carson sont en Amérique, mais allez savoir où ; Claude est aux prises avec l'avancée des Alliés qui ont débarqué au Maroc voici moins de sept jours et ont occupé l'ex-Afrique du Nord française, tandis que le consul – également à la suite des conversations illuminées qu'il a eues avec sa femme – est passé de l'autre côté de la guerre, avec le gouvernement de la France libre et demeure introuvable. Klaus, au contraire, est de nouveau à Governor Island : il a passé un mois de septembre et un mois d'octobre comme en rêve, comme suspendu dans des limbes de mort. Il a tenté par deux fois de se tuer. Il était presque mort, au monde et à lui-même. Comme Annemarie. Mais à l'improviste, les militaires américains l'ont rappelé pour une visite supplémentaire et cette fois, ils l'ont accepté et enrôlé. Ils le font comme il l'espérait, et comme le lui souhaitait Annemarie, comme une partie de quelque chose : soldat. Entre chien et loup, lorsque tout est fini, que les hôtes s'en sont allés et que Hasi, apaisé, s'est retiré avec Adrienne, Annemarie demeure seule avec sa mère – *MAMA*.

Annemarie a laissé un testament minutieux, écrit en 1938 dans une clinique d'Yverdon, lorsqu'elle voulut renoncer à ce qu'elle possédait – se séparer de tout et demeurer déracinée de tout contexte social, étrangère dans sa propre maison, à la civilisation, au monde – commencer le cheminement vers la seule authenticité qu'elle jugeait possible. La clinique s'appelait Bellevue. Ils étaient tous très loin de cette atmosphère ouatée, paisible, lacustre. *Mama*, Erika, Claude, Klaus, les femmes, le journalisme – il y avait seulement sa machine à écrire, la fenêtre donnant sur l'eau, son sang, sa respiration qui résonnait dans un désert de silence où elle s'était enfermée, sa langue, son esprit, et sa mort. Il n'y avait plus rien d'insignifiant, au Bellevue, seulement l'essentiel. Parce que le Bellevue était la fin du voyage – le point le plus éloigné qui lui était concédé, le plus distant de ce qu'elle s'obstine à appeler Paradis. Et de quelque façon, il en fut ainsi, même si c'était un autre Bellevue qui lui avait été réservé. C'est pourquoi elle écrivit son testament au Bellevue, disposa la division de ses biens, ses objets, ses souvenirs. Depuis qu'elle avait tourné le dos à tout et s'était enfermée là, et en elle-même, elle marchait sur le fil inhabitable tendu entre le tout et le néant. Vous ne pourrez plus me rattraper, ni me faire du mal, parce que je vous ai échappé. Et alors – enfermée dans un petit village, dans une petite ville, dans une petite chambre d'une petite clinique, dans le silence de ses oreilles qui n'entendent plus – elle a découvert la liberté de l'espace et du temps, elle est vraiment devenue la voyageuse sans bagages qui naïvement avait rêvé d'être en Asie, elle a légué ses biens aux vivants, et s'est réservé une vie équivalant aussi à la mort, parce que là où elle s'avance, les opposés coïncident et les contradictions s'annulent, elle s'est réservé la vie des fous et des prophètes, elle s'est dépouillée de tout, et – libre, légère – elle voyage sur les mots, dans la langue, et dans la vérité. Mais aucun mystère ne lui sera révélé, et à la fin, seul un sommeil sans rêves viendra, aucune image, aucune voix, et même aucune hallucination. Elle cachera son visage dans les mains qui l'ont blessée, et ne se réveillera pas, et il y aura seulement – glaçant – le silence de la créature. Elle donnait tout son patrimoine à Hasi, mais elle spécifiait quelle rente devait être dévolue à Erika, à quelle amie elle laissait ses papiers, ses manuscrits, les inédits et les inachevés, entre quels amis elle partageait ses objets personnels et ses souvenirs (Claude, Klaus, Theres et peu d'autres). Elle spécifiait que cette amie devrait entrer la première dans sa maison de Sils, et aurait tous les droits sur la circulation de ses documents.

Mais Annemarie est désormais un fil de fumée dans le ciel de Zurich, et ses papiers au contraire sont ici – amoncelés pêle-mêle dans des boîtes de carton emportées en toute hâte de Sils pour encombrer la chambre de Renée. Des centaines de pages, des cahiers, des feuilles dactylographiées, des manuscrits, des journaux, des lettres, des romans, des récits, des poèmes, une avalanche de mots – un labyrinthe sans issue. Il est presque impossible de concevoir que quelqu'un ait pu écrire autant en aussi peu de temps. Nombre de ces mots – Renée le sait – sont pour elle. Sont contre elle. Sont contre sa famille. Faits et sentiments privés mis sur la place publique sans honte par une romancière qui n'a jamais fait la distinction entre la vie intime et la vie publique – le point d'appui sur lequel se fonde toute société civile, tout ordre, toute morale, toute famille. Mais Annemarie n'a jamais publié ces mots, elle ne l'aurait jamais fait. Dans son testament, elle ne lui laisse, elle ne lui donne pas non plus le droit d'empêcher la divulgation de ses textes, mais elle remercie tous ceux qui lui furent proches tout au long de sa vie, et qui cite-t-elle ? Alfred et elle, sa mère. *MAMA*. Il est vrai que depuis ce jour beaucoup de choses sont arrivées, il y a eu une rupture, la séparation, mais Annemarie n'a pas pour autant publié le moindre mot contre Renée – d'ailleurs, encore récemment, lorsqu'elle a appris sa chute de cheval, elle lui a écrit une petite lettre délicate et affectueuse, dépourvue d'ombres. Pourquoi devrait-elle écrire contre sa mère, au reste ? Elle a été tant aimée.

À la place de Renée, n'importe qui ferait la même chose. Il s'agit seulement de papiers privés, de documents sans importance, de confessions qui jettent de la boue sur la vie des autres. Mais même s'il s'agissait de chefs-d'œuvre, s'il s'agissait d'art, en irait-il autrement ? Qui n'écrit pas est désarmé et ne peut pas se défendre des mots des autres. L'écriture est une arme dangereuse, une forme violente de justice. Qui écrit s'empare de tout – des vivants, des morts, des non encore nés. Et si Annemarie a écrit sur sa mère – et elle l'a fait –, ce n'est pas pour la rendre immortelle, ni pour lui rendre la vie que sa mère lui a donnée. Elle l'a fait pour la tuer de nouveau, comme un homicide rituel qui toujours – continûment – se reproduit. Et elle continuera à la tourmenter avec ses mots et ses prières, et chaque fois que quelqu'un posera les yeux sur ses pages, Annemarie tourmentera de nouveau Renée, et c'est à travers elle que sa mère mourra de nouveau. C'est ce qu'Annemarie voulait faire à sa mère. C'est la seule arme dont Annemarie a toujours disposé de plus qu'elle, et contre elle. Ou la seule qui lui a été accordée. Même si elle ne lui avait pas été accordée – mais, au contraire, interdite. Une fois, Annemarie devait avoir seize ou dix-sept ans, après une dispute suivie d'un présage de son effondrement nerveux, elle a fait une promesse à Renée, et pour la rendre plus solennelle, elle l'a couchée sur le papier : « Je te jure, *Mama*, que je n'écrirai plus. » Renée aussi a écrit un billet en réponse. « Merci. N'écris pas. Tiens-toi à cette décision. TU DOIS préserver ta santé. C'est ce qui est essentiel. » Mais Annemarie n'a pas voulu préserver sa santé, et n'a pas tenu sa promesse. Mis à part Annemarie, personne n'a jamais posé les yeux sur ces pages, sur ces journaux. *MAMA*. Renée lit ces cahiers de bout en bout. Elle ne désire pas connaître les secrets dont elle a été exclue, parce qu'il n'est pas digne de fourrer son nez dans les mystères des autres. Mais elle doit maintenant le faire afin que ses dettes soient soldées. Renée reprend en elle les mots qui furent écrits pour elle ou à cause d'elle. Elle ne veut ni s'en souvenir ni les conserver. Elle entend, au contraire, les abolir – comme s'ils n'avaient jamais été pensés. Annemarie est morte, et sa voix ne peut ni ne doit plus l'atteindre. Ni pour lui déclarer son amour, ni pour l'abandonner. Seul un détail la frappe, en feuilletant l'ensemble : la fréquence avec laquelle un mot est répété : *MAMA*.

Les lettres qu'Annemarie a reçues (de tous les continents, à ses innombrables adresses), rangées dans une boîte de fer blanc, se comptent par centaines. Quelques-unes sont écrites par des gens que Renée ne connaît pas et dont elle n'a jamais entendu citer le nom. D'autres, au contraire, ne lui sont que trop familières. La calligraphie d'Erika Mann ne prête à aucune équivoque possible. L'assurance effrontée de cette femme filtre même de la manière dont elle tient la plume ou trace ses initiales. Elle a écrit à sa fille une quantité invraisemblable de lettres. Au début, des années et des années, presque une par jour ; puis, de moins en moins. Elle a toujours cherché à les séparer. Rétrospectivement, Renée peut à coup sûr l'identifier comme la principale coupable de tout ce qui est arrivé : au reste, si on demandait son avis à Erika, Erika en dirait tout autant d'elle. Il y a même eu une période au cours de laquelle Erika et Klaus ont rêvé de Renée comme d'une persécutrice. Dans les rêves de Klaus, Madame Schwarzenbach était « quelque chose de terrifiant » : celle qui donne la mort. Renée aussi rêve souvent d'Erika Mann. Elle est ici, et elle l'insulte – chose inouïe – en écrivant sur le portail de Bocken à l'aide d'une peinture rouge antirouille : « abominable vieille hystérique », et, chose encore plus inouïe, elle tente de la chasser et d'effacer l'insulte, mais en réalité, elle *voudrait* seulement le faire, parce qu'elle n'a pas de voix et que la peinture est indélébile, de sorte qu'Erika repart vainqueur laissant derrière elle ces mots ineffaçables telle une marque de feu. Parce qu'il faut trouver un coupable, pour sauver Annemarie. Et maintenant, elle est morte, elle s'est remise dans ses bras nus, sans défense et innocente, Renée est également disposée à la sauver, sa fille – à la faire renaître : mais en secret, seulement en elle. Elle ne la nommera jamais plus devant quiconque. Ce sera comme si cette fille n'était jamais née. C'est Erika qui l'a éloignée de sa fille – elle qui a mis dans la tête d'Annemarie l'absurde idée des voyages dans des pays exotiques, elle qui lui a appris le méphitique plaisir de la drogue, elle qui l'a incitée à abandonner sa maison, qui l'a poussée dans les bras des communistes de Moscou, l'a attirée en Amérique, l'a déracinée… elle a fait d'Anne une vagabonde sans patrie et sans famille. À la fin, si elle ne l'avait pas rencontrée, Annemarie aurait fini par oublier ses rêves – elle se serait, comment dire, modérée, contrôlée. Qui éprouve des sensations fortes a le devoir, envers soi-même comme envers les autres, apprendrait-elle, de traiter les souffrances de son âme comme si elles étaient une propriété privée. C'est seulement ainsi que les émotions fortes atteignent un degré de clarté qui leur confère le droit d'exister. Bref, Anne aurait renoncé à écrire parce que personne ne l'encourageait à le faire et qu'elle n'aurait trouvé aucun exemple d'écrivain autour d'elle. Elle aurait mis sa licence dans un tiroir, courtisé les femmes seulement par jeu, épousé quelqu'un de sérieux et non un perverti catholique. Maintenant, elle aurait des enfants et s'habillerait en homme uniquement pour monter à cheval. Elle serait devenue comme elle. Comme Renée est en train de devenir comme sa mère, et ainsi de suite car « chacun doit rester à sa place et faire son devoir, et s'il le fait, il a droit d'être content de lui, même s'il lui revient de faire seulement des choses misérables – et cela est tout ».

Renée écarte la grille de fer et depuis la cheminée, une flambée de chaleur lui parvient. Elle ne veut plus les toucher, ces papiers d'Annemarie. Elle a peur qu'ils puissent parler, que de ces feuilles jaunies s'élève sa voix – pour demander pardon et l'accuser. *MAMA*. Peur qu'elle revienne. Et au contraire, tout passage doit être barré, toutes les portes closes, et aucune route ne doit la ramener en arrière. Cendres et fumée – poussière. Il y a quelque chose d'autre qui doit brûler aujourd'hui, un dernier bûcher. À l'aide des pinces à feu, elle retourne le contenu de la boîte dans la cheminée et le vide dans la flambée. Brûlant, les lettres d'Erika grincent, crépitent et claquent, et semblent se moquer d'eux – comme elle l'a toujours fait. Les lettres de Renée brûlent rapidement, parce qu'elles sont courtes, et ses sentiments ne passent pas à travers les mots. Des mots de mère à fille – reproches, prières, accusations, offenses, menaces, déceptions. Cependant, toujours signées : ta M. – et non *MAMA*, parce que Renée n'a jamais aimé ce mot. Les lettres de Claude aussi brûlent rapidement, car le papier à en-tête du *Ministère des Affaires étrangères** est mince. Celles de Klaus lentement – parce que, en dépit de l'excitation et de la hâte convulsive avec lesquelles elles ont été rédigées, elles sont bourrées de conseils, d'admonestations et d'évasives marques de tendresses. Le journal d'Annemarie, ensuite, semble ne pas vouloir brûler du tout. Les mots qu'il contient demeurent longuement visibles. *MAMA*. Les flammes agressent la couverture rigide du cahier, mais demeurent circonscrites, et ne prennent pas. *MAMA*. Avec un mouvement d'agacement, Renée enfonce les chenets dans la braise, et tourne et retourne le tout. Misère. Elle se mord les lèvres et, tremblante, s'agenouille devant la cheminée. Parmi les flammes, dans la cendre, un des derniers mots à brûler est précisément celui-là – le sien : *MAMA*.

Puis vient le silence. Une semaine, un mois, on parle encore d'elle. Dans les journaux paraît quelque complainte gratifiante. Puis, comme Renée s'y attendait, le désirait, Annemarie est oubliée. Sa mémoire éteinte. Les textes dactylographiés des romans inédits de sa fille, que sa mère n'a pas osé brûler – parce qu'à la fin, elle a voulu laisser le dernier mot à la littérature – se perdent dans la confusion des papiers de Renée, au fond de boîtes finies dans les archives de bibliothèques d'où personne ne les exhume. Pendant presque cinquante ans, pour témoigner de l'existence d'Annemarie ne restent que des notes en bas de page aux livres des autres – dans lesquelles elle fait une fugitive apparition, en tant qu'« amie de célébrités » – et sa tombe, dans la partie haute du cimetière de Horgen.

Le seul livre à succès d'Annemarie, *Une vie pour la montagne* – dédié à l'alpiniste suisse Lenz Saladin, mort sur les montagnes d'Asie – s'épuise rapidement, disparaît des librairies et puis du catalogue. Les romans invendus sont pilonnés. Les articles disparaissent entre les plis des vieux journaux. La graine du silence germe. Son nom ne figure dans aucune histoire de la littérature. Lorsque, en avril 1959, Renée est enterrée dans la tombe de son mari, auprès de celle de ses enfants, peu s'en souviennent encore. Ce sont ses amies, ses amis, ses amours, son mari : non ses lecteurs. Renée meurt dix-neuf ans après son Alfred, et pas moins de dix-sept ans après sa fille. Le temps doit avoir domestiqué sa rancœur, effacé ses incompréhensions et, comme il arrive toujours, ramené à sa mémoire des souvenirs lancinants du passé, ceux des jours plus heureux. Le temps a apaisé son amour. Elle meurt probablement sereine, croyant avoir obtenu ce qu'elle voulait – avoir effacé ses erreurs, ses déviations, et sauvé sa mémoire et sa famille. L'honneur et l'amour. Et pourtant, leur duel ne finit pas avec la disparition de leur vie individuelle. Il continue, à travers le temps, au-delà des cendres et du silence : et le temps semble avoir choisi sa fille.

Annemarie est redécouverte en 1987. C'est quelque chose comme une résurrection. Un jeune chercheur genevois, Roger Perret, publie un encart de quatre pages sur elle dans le plus important des journaux suisses, la *Neue Zürcher Zeitung*, et ces mêmes jours, une longue monographie dans la revue *Der Alltag*. Redécouvrant son histoire et ses œuvres, il trouve des mots déchirants, et conclut par une invitation passionnée destinée à être entendue. « Nous voulons à la fin accueillir la poétesse Annemarie Schwarzenbach dans la maison de la littérature suisse. Non, pas dans une maison. Parmi nous. » Une photographie prise dans un lointain 1932 et reproduite en pleine page précède son essai : Annemarie vêtue d'un chandail avec une encolure en bateau, la chemise déboutonnée, le regard hypnotique, des yeux cernés, des cheveux coupés à la garçonne, les lèvres entrouvertes. Son visage énigmatique (inquiet et inquiétant), coupé en deux par la lumière rasante, comme pour dévoiler sa double identité, ne regarde pas mais dit, impérieusement : « Regarde-moi. » Cette même année, un autre chercheur, Charles Linmayer, republie *La Vallée heureuse*, le livre persan visionnaire écrit à Yverdon, augmenté d'une biographie rapide. Par la suite, sont republiés (ou publiés pour la première fois) ses romans et les lettres qu'elle écrivit à Erika et à Klaus (mais naturellement sans leurs réponses). Des chercheurs de littérature et des exotistes, des historiennes des femmes et des féministes, des femmes universitaires allemandes, suisses, françaises, américaines s'intéressent à elle. En l'espace d'une décennie, ses livres sont réimprimés en édition de poche. Les photographies qui la représentent au sommet de son charme – androgyne, éthérée, presque menaçante – lui valent des expositions et des colloques. Progressivement, elle devient l'objet d'un culte – et, comme objet de culte, clandestine et dans le même temps célèbre. À Sils, ses admiratrices se réunissent en tables rondes pour discuter et interpréter ses textes. À Sils-Baselgia, à la table de la pension qui appartint à son amie Annigna Godli, près de sa maison, il peut arriver d'entrevoir – au-delà de douzaines de tables, dans un bruit de vaisselle – son visage qui nous regarde. Mais c'est une illusion : seulement une femme, qui au cours du dîner lit un livre qui porte son visage en couverture. Qui la connut, et ne l'avait jamais prise au sérieux, comme Golo Mann, qu'elle avait songé un temps à prendre pour mari, est pris à contre-pied. C'était une femme « impardonnable », pontifie-t-il. Annemarie elle-même serait surprise de tant d'intérêt posthume – parce que, même si elle n'était jamais parvenue à s'occuper d'autre chose que d'elle-même, elle ne se souciait pas le moins du monde de sa personne, à laquelle elle n'attribuait aucune importance. Dans ses livres, elle a déguisé son Moi à l'aide de mille masques, elle a cherché de mille façons à occulter les traces, briser les pistes, à être *impersonnelle au plan biographique* – et non un Moi, non un Soi, seulement un sujet qui traverse avidement le monde, incapable de le posséder et de le saisir, et qui voit, pense et aime et connaît à travers ses yeux – ceux d'un témoin neutre, angélique, d'une violente pureté – que la jeunesse protège et abrite. La fille de Renée, tant aimée, tant haïe, détruite, dissoute enfin et disparue, a défait ce qui semblait être sa peur la plus angoissante : la solitude.

Si cela constituait un épilogue, il ne pourrait être qu'une prise de congé, car les protagonistes de cette histoire s'en sont tous allés. Qui jeune, comme Klaus, qui s'est indirectement éliminé, dans l'après-guerre, de sa propre main, comme tous ses héros, refusant le monde nouveau et divisé qui s'élevait des décombres d'une guerre combattue et remportée ; qui au début de sa vieillesse, comme Carson McCullers ou comme Erika, qui a vu s'avérer sa prophétie : elle a survécu à ses amis de jeunesse. Qui décidément vieux, comme Hasi, auquel la vie a donné la satisfaction de remporter, à l'âge plus très jeune de quarante-sept ans, une médaille aux jeux Olympiques de Rome. Ce fut en 1960 : le « docteur Hans » concourait pour la Suisse ; sa spécialité était naturellement l'équitation. En vertu d'un étrange hasard ou d'un destin significatif, il n'a conquis son affirmation la plus haute en tant que cavalier qu'après la mort de sa mère. Claude a eu une carrière pleine de satisfactions : il est devenu inspecteur général, ministre plénipotentiaire puis ambassadeur, et enfin directeur de cabinet d'un ministre. Il a reçu, comme il en rêvait depuis trente ans, la Croix – la Légion d'honneur – de la main du président de la République française, qui le remerciait d'avoir bien servi sa patrie. Une fois à la retraite, il s'est retiré dans le petit village de la Loire-Atlantique dont sa famille était originaire, mais il se tenait informé sur le compte d'Annemarie et il s'est intéressé à sa redécouverte tardive : il a ainsi assisté au « retour » qu'elle lui avait promis. Il est mort le 11 janvier 1999. Il avait quatre-vingt-seize ans. Il a survécu cinquante-sept ans à Annemarie : une vie entière, une vie plus longue que celle qui a été accordée à Annemarie. Mais il ne s'est jamais remarié, et il était encore veuf de madame Annemarie Schwarzenbach.

Mais il y a également un autre retour, une autre vie, qui a été destinée à Annemarie : une vie fluctuante, indépendante, libérée de l'étroitesse du temps, dans les livres des autres. Elle a traversé la littérature de cinquante années et de nombreuses langues : elle est apparue et elle a disparu, tel un fantôme toujours insaisissable, toujours poursuivi, souvent aimé. Il est difficile de dire qui fut le premier – mais, peut-être que, comme il est juste, ce fut Klaus Mann. C'est lui qui l'a appelée Johanna et en a fait le portrait, en 1934, dans son roman *Flucht in den Norden*. La passionnée Johanna avait le tourment, le visage, les lèvres, les pantalons de marin et le caractère d'Annemarie mais c'était également lui-même. Puis Klaus conféra quelque chose lui appartenant en propre aux personnages qui apparaissaient dans ses romans successifs. Des romans écrits, mais également inventés pour sauver sa réputation : certains tiennent les romans pour des synonymes d'histoire d'amour. Lorsqu'il débarqua en Amérique, en 1937, un journaliste peu perspicace du *New York Post* insista pour lui demander quel était le « roman » actuel de sa vie. Il répondit : « Il s'agit d'une jeune Suissesse. » Et, enfin, il crut solder sa dette envers elle en lui réservant des mots aimables dans son autobiographie, *Le Tournant*. Mais lorsqu'il écrivait ces pages, Annemarie avait à peine traversé la période la pire de sa vie – son effondrement psychologique en Amérique – et c'est pourquoi son portrait se révéla étrangement retenu : un chant funèbre pour une enfant fragile. Pour son « délicieux petit page suisse », « [son] amie si chère, si fidèle et si belle ». Il enchâsse son souvenir entre deux sinistres épisodes de folie. « Est-elle folle ? » fait-il s'interroger à son propos un gondolier qui leur fait passer un canal dans une Venise spectrale. « Est-elle folle ? », se demande au contraire peut-être, précisément Klaus Mann, effaré. Des années plus tard, cependant, peu avant de mourir, le souvenir d'Annemarie l'obsède à nouveau, et lorsqu'il esquisse son dernier projet de roman, c'est encore à elle qu'il pense tandis qu'il dessine les contours de son personnage féminin. Il l'appelle Marceline, ou M. – comme Miro. « Sa petite Ford. Ses doigts tachés d'encre, comme ceux d'une pauvre écolière. Son avarice infantile. K. pense qu'elle est pauvre. Elle a honte de sa richesse. M. est l'ange de malheur de K. – et sa femme. »

Peu avant la fin de la Seconde Guerre mondiale, dans un camp de Berlin encombré de gravats, on retrouve le corps du poète Albrecht Haushofer, qui, en 1944, avait été enfermé dans une prison nazie parce qu'impliqué dans une tentative d'assassinat de Hitler. Sur son cadavre, quelques feuilles tachées de sang, ses derniers poèmes. Un de ses sonnets est dédié à Annemarie, qu'il a aimée – en vain – des années auparavant, et à qui il a en pure perte demandé de l'épouser. Le sonnet s'intitule : « Visage d'un rêve ».

Annemarie traverse également comme une musique les romans de Carson McCullers, qui le jour de sa mort eut un étrange pressentiment, assaillie par une vague de désespoir, parce qu'elle comprit, en dépit de la distance qui les séparait, qu'une communication s'était interrompue. Klaus se chargea de lui écrire la lettre lui confirmant la perte d'Annemarie. Peu de temps auparavant, Carson lui avait écrit – la seule lettre qu'on ait conservée. Elle lui demandait si elle se souvenait de leurs conversations de New York, lorsqu'elle lui avait parlé de Sils, de la maison à la trappe et de l'escalier qui menait à sa chambre à coucher, de la pièce au grand poêle. Elle lui disait qu'elle n'avait jamais rien oublié d'elle. Qu'elle n'oublierait jamais rien d'elle. Elle lui demandait de croire qu'elles se reverraient. De croire au monde après la guerre. De se souvenir seulement qu'elle l'aimait.

Sous le nom de Christina, Annemarie traverse l'Iran et l'Afghanistan dans la *Voie cruelle* d'Ella Maillart, qui fut l'amie platonique des dernières années de sa vie. Le livre est un journal de voyage transfiguré par le temps. Il est écrit aussitôt après la guerre, et sous le coup de la très forte émotion suscitée par la nouvelle de la mort d'Annemarie. C'est un hommage à son amie, qui naît sous le signe de la perte : c'est un livre désolé, plein de regrets. Annemarie en est l'adorable et désespérante héroïne. Elle l'habite comme une présence difficile, et même hostile. Incomprise et incompréhensible. Dans d'autres livres d'autres auteurs, Annemarie prend d'autres noms, d'autres masques, d'autres identités. Les portraits ne se ressemblent pas, les avis sont – comme il est naturel – discordants. Ce sont toutefois presque tous des déclarations d'amour posthumes à un être différent et menacé, quelqu'un qu'on n'a pas su comprendre, mais qu'on aurait voulu sauver.

Dans les livres qu'elle a laissés, Annemarie se peint de la même façon. Comme une figure étrangère et égarée, visionnaire et épouvantablement seule. Qui est parmi nous mais non des nôtres. Elle ne se donne presque jamais de nom. Souvent, elle se dissimule sous une identité masculine, pas seulement à cause de motifs de raisonnable autocensure. D'abord elle se représente comme une innocente : « *he's quite a child* ». Un enfant prodigieusement mignon (« ce n'est pas une faute d'être mignon »), à la santé fragile, faible, capricieux et parfois même méchant – « ce jeune homme contradictoire, manquant d'assurance, lâche et horrible ». Mais « il ne peut se trouver sérieusement en danger. Ma seule préoccupation consistera à savoir si, avec sa gentillesse si éloignée du combat et de la défense, il sera suffisamment zélé pour relever les défis que la vie lui proposera ». Le benjamin de la fortune n'y réussira pas. « Son enthousiasme facile, son manque bouleversant d'esprit d'entreprise, son intensité passionnée pour tout, font de lui un homme véritablement prédestiné à la souffrance, son désir d'être aimé et sa fragile sensibilité le livreront à des gens que son charme enchante et qui lui sont supérieurs en tout. » Mis à l'épreuve, agressé, isolé, moqué, repoussé par la vie et par ses amis, l'enfant devient un homme torturé et agressif, en qui couvent des impulsions homicides, et qui connaît la violence et la honte – mais qui demeure toujours passionnément aimé.

Et Annemarie vit encore, absorbée et distante, dans un film corrodé par le temps, que la Cinémathèque suisse conserve dans ses dépôts très ordonnés. La pellicule remonte à 1939, à l'époque du voyage en Afghanistan en compagnie d'Ella Maillart : les deux femmes, outre leurs machines à écrire et leurs appareils photographiques, avaient emporté une caméra. Le film a été remonté pour constituer un documentaire de quarante minutes faussement intitulé *Nomades afghans*. Il présente un intérêt strictement ethnographique. Usages, coutumes, bijoux et vêtements des peuples de l'Asie centrale. « Vous ne trouverez rien, me décourage courtoisement l'expert du dépôt. Que vient donc chercher ici une Italienne ? Vous avez Fellini, qu'avez-vous besoin d'Annemarie Schwarzenbach ? » Mais je ne cherche pas un metteur en scène talentueux, c'est elle que je cherche. « Les protagonistes des films sont comme des ombres vivantes, a écrit Thomas Mann. Ils n'existent pas – ils *existaient* explicitement et existaient exactement comme vous les voyez, et c'est un fait narratif. » Et je la rencontre, pour la première et la seule fois, dans une caniculaire matinée d'un mois d'août. Le point le plus lointain de mon voyage se trouve dans la campagne des environs de Lausanne, verte de vignes – un village anonyme dont le nom résonne en moi comme celui du champ d'une bataille désormais oubliée. Dans le parking d'un entrepôt plongé dans le silence, pas même une voiture. Lorsqu'on me remet une boîte circulaire couleur argent, je m'empresse de m'enfermer dans la salle n° 3, j'embobine la pellicule sur l'appareil de projection et j'éteins la lumière. Je ne parviens pas à apprécier la néanmoins appréciable danse des guerriers khattaks ni même le dépècement d'un mouton par des Ghilzais. D'ailleurs, je m'ennuie presque, car les deux voyageuses filment à tour de rôle, – mais elles ne se filment jamais. Elles se tiennent pour peu intéressantes, en comparaison du paysage humain qu'elles ont sous les yeux. Annemarie est toujours ailleurs. Tout ce que je vois, elle l'a vu – mais elle n'est pas là. Comme dans ses livres, elle est absente. Elle se cache. Elle se refuse. Jusqu'à ce que les profondes et chaudes ténèbres d'un jour quelconque – le temps d'un instant aussi bref que le bourdonnement de quelques photogrammes passant sous la lumière – me restituent sa vie – son pas sans écho, ses paroles sans voix. Annemarie ne fait son apparition que quelques instants, comme dans une épiphanie ou une intermittence, et déjà c'est de nouveau le désert, la route, l'horizon. Sa figure se révèle élusive, suavement insaisissable. Mais l'appareil de projection permet de la capturer. Je bloque le mécanisme, j'arrête l'image, je passe au ralenti et je fais défiler la pellicule à l'envers.

La première fois, peut-être par hasard, Annemarie apparaît à cause d'une panne – un mécanisme rebelle. La Ford a une avarie. Le coffre est ouvert. Un berger turcoman verse l'eau de son outre dans le radiateur. Annemarie se faufile de profil dans le cadre. Elle a retroussé les manches de sa chemise blanche. Pour se protéger de la chaleur estivale, elle porte une sorte de turban fait d'une étoffe à pois. Sa peau a la couleur du lait. Qui est cette figure ? Une femme ? Plus loin, aux pieds du Kyber Pass, elle se tient sous un auvent de feuilles, sur une terrasse de pierres perdue dans l'immensité de l'Asie. Est-ce un voyageur ? Et où va-t-il ? Et, là encore, allongée à l'afghane devant la tente, en pantalon, elle semble en méditation : peut-être se demande-t-elle si elle doit rester ou revenir – elle tourne le dos à la caméra, et à qui la regarde. Devant elle, un paysage vide. La dernière fois, elle est accroupie dans un champ de blé sur la route de l'Hindû Kush. Elle porte toujours son turban. Elle tresse deux épis pour en faire quelque chose. Mais dans le même temps, elle serre une cigarette entre les doigts de sa main gauche. Annemarie n'est pas sérieuse et elle ne sourit pas. Elle ne lève pas les yeux et ne se soucie pas de nous. Le ciel pâlit, la caméra bouge, elle s'est évanouie. Je rembobine la pellicule, et de nouveau Annemarie tresse ses épis, serre sa cigarette entre ses doigts et le fil de fumée monte dans un ciel que je sais être bleu, ses paupières se ferment et s'ouvrent, découvrant ses yeux gris, et de nouveau, et encore, la cigarette se consume, le soleil ne se couche pas, le temps n'avance pas, elle n'arrive pas à la fin de son voyage, elle ne revient pas en Europe, elle ne part pas pour l'Amérique, elle ne s'avance pas dans les ténèbres du Congo, elle ne tombe pas de bicyclette, elle ne s'égare pas dans le silence – si seulement on pouvait rembobiner sa vie – toute vie – dévier les trajectoires, tromper les séquences, ralentir le rythme et arrêter cet instant avant que ce soit déjà fini – ne laisse pas tomber les épis, ne fais pas tomber la cendre, ne ferme pas les yeux, ne t'en va pas, reste – ainsi.

Merci à Michel Dand de la Cinémathèque suisse de Lausanne qui en plein mois d'août a interrompu ses vacances afin de chercher pour moi le film intitulé *Nomades afghans* ; à Huldrych Gastpar de la Schweizerisches Literaturarchiv de la Landesbibliothek de Berne – qui, en dépit des restaurations en cours, m'a laissé fouiller parmi les milliers de négatifs d'Annemarie ; à Agnes Rutz de la Graphische Sammlung de la Zentralbibliothek de Zurich, qui m'a permis de passer quelques-uns des après-midi les plus enthousiasmants de mes « années Annemarie » ; à Alexandra Winkler et à tous les employés du Communication Center Landhaus Bocken du Crédit Suisse, qui m'ont fourni la documentation exhaustive sur le domaine ; à monsieur Vuillemin de la Cinémathèque, qui me pardonnera d'avoir cité ses paroles ; à la pension Chasté de Sils-Baselgia, à Rachelina et à la sympathique Lucia. Merci aux principaux spécialistes d'Annemarie – Roger Perret, Charles Linsmayer, Uta Fleischmann, Niklaus Meienberg, Areti Georgiadou qui me pardonneront si une romancière ne se contente pas de données incontestables et prend des libertés qui leur sont interdites : modifier quelques surnoms et en inventer quelques-uns qui n'ont jamais été utilisés, préférer au cancer une maladie de cœur, déplacer les séquences, interpréter les épisodes, relier les faits, combler les lacunes des archives et de la mémoire des témoins au moyen de l'imagination.

Les citations des articles d'Annemarie Schwarzenbach proviennent de *Auf der Schattensseite – Ausgewählte Repor-*

tagen und Fotografien 1933-1942, Lenos Verlag, Bâle, 1995 ;
les citations des romans d'après *Lyrische Novelle*, 1988 ; *Bei
diesen Regen*, 1989 ; *Freunde um Bernhardt*, 1993 ; *Flucht
nach oben*, 1999, tous édités par la maison d'édition Lenos
Verlag, Bâle ; les citations des lettres d'après l'ouvrage intitulé *Wir werden es schon zuwege bringen das Leben*, Centau-
rus, 1998. Tout ce qui n'est pas entre guillemets est le fruit
d'une réélaboration ou d'une invention. Merci aux experts
d'Erika, Klaus et Thomas Mann : Frederic Kroll, Irmela von
der Luhe, Peter de Mendelssohn, Uwe von Naumann,
Michael Tötenberg, qui ont conçu d'imposantes biogra-
phies, publié et commenté des lettres, des œuvres, des journaux. Les citations des romans, de l'autobiographie et des
articles de Klaus Mann sont tirées de : *Flucht in der Norden*,
Querido, Amsterdam, 1934 ; *Symphonie pathétique. Ein
Tschaikowsky-Roman*, Rohwolt, Reinbek, 1999 ; *Der Vul-
kan. Roman unter Emigranten*, id., 2001 ; *Der Wendepunkt.
Ein Lebensbericht*, id., 1993 ; *Zahnärzte und Künstler.
Ausfsätze*, Reden, Kritiken 1924-33, *id.*, 1993. La citation des
mémoires de Golo Mann est tirée de *Erinnerungen und
Gedanken. Eine Jugend in Deutschland*, Suhrkamp, Franc-
fort-sur-le-Main, 1986. Merci à Niklaus Röthlin pour *Handel
und Produktion von Seide in der Schweiz*, à H. Bernegger et
H. G. Rhonheimer pour *La Soie zurichoise de la révolution
industrielle à nos jours*, au professeur R. qui m'a dirigée vers
la bibliothèque du ministère de l'Agriculture où on a
exhumé pour moi la très rare collection de « Mitteilungen
über Textil-Industrie Schweizerische Fachschrift für die
Gesamte-Industrie » ; à Maria Teresa et Andrea Guerra pour
leurs visites au Bellevue Hospital de New York, à Silvia
Mazzucco pour ses recherches dans les vieux numéros du
New York Times, à Christina Molnar, Giovanni, Evelyne,
Ulrike, à Margherita pour sa compétence en matière d'équitation ; à mes amis italiens, syriens, libanais, palestiniens,
bédouins, que j'ai connus au cours de mon voyage au
Moyen-Orient et qui m'ont accompagnée sur les traces
d'Annemarie ; merci à Viktoria qui m'a dévoilé nombre de
secrets de la langue allemande, à Tiziana qui m'assiste si

aimablement ; à Benedetta Centovalli qui a eu la patience de m'attendre et de m'encourager, à l'avocat Giovanna Cau qui depuis des années veille sur moi, et – pour tout – à Luigi.

« Oh ! ange de la sévérité,
je ne suis pas un filou,
je ne demande rien.
Je voudrais de nouveau rencontrer tes yeux
sévères
que tu as depuis longtemps tournés ailleurs
et, ange, la pitié arrive trop tard
mais depuis la mer des forêts où les fauves
sauvages aussi
se taisent, depuis les déserts que la mer de
flammes du soleil
ne dévaste plus,
d'un pas léger, intact,
tu reviendras et nous nous embrasserons
fraternellement. »

Rome, Paris, Zurich
décembre 1997 – décembre 1999

TABLE

Melania G. Mazzucco
Vita

« *Ils n'avaient pas la moindre idée de l'endroit où ils se trouvaient. Ils auraient aussi bien pu être sur la lune. [...] Ils se trainaient, désormais, les pieds en feu, et la ville n'en finissait plus.* »

En 1903, deux petits Italiens un peu perdus débarquent à New York. Vita et Diamante, âgés de 9 et 12 ans, s'installent dans la pension de famille tenue par le père de la fillette. C'est la vie de ses ancêtres, de sang ou de cœur, que Melania G. Mazzucco relate ici : les espoirs et les désillusions, la violence quotidienne, la misère, le despotisme paternel, les rivalités et les expédients et, rayon de soleil fugace, l'amour impossible qui naît entre les deux enfants.

L'auteur se livre à un exercice littéraire original, entre enquête généalogique, recherche historique et création romanesque, donnant naissance à une fresque familiale aussi instructive que palpitante.

JL 7662

8426

Composition Nord Compo
Achevé d'imprimer en France (La Flèche)
par Brodard et Taupin le 23 juillet 2007. 43078
Dépôt légal juillet 2007. EAN 9782290003541

Éditions J'ai lu
87, quai Panhard-et-Levassor, 75013 Paris
Diffusion France et étranger : Flammarion